20세기 중국의 지식인을 말하다 1

20世紀中國知識分子史論 ⓒ 2005 by Xu Jilin
All Right Reserved.
Korean Translation rights arranged by Shanghai Sanhui Culture and Press Ltd.
through Shinwon Agency Co., Korea
Korean Translation Copyright ⓒ 2011
by Kookmin University Center for Interdisciplinary Research on China

이 책의 한국어 판권은 신원 에이전시를 통하여
저작권자와 독점 계약한 국민대학교 중국인문사회연구소에 있습니다.
저작권법에 의해 한국 내에서 보호를 받는 저작물이므로
어떠한 형태로든 무단 전재와 무단 복제를 금합니다.

국민대학교 중국인문사회연구소 번역 총서·1

20세기 중국의 지식인을 말하다·1

쉬지린(許紀霖) 편저
강태권/박종혁/이호현/장창호/팽철호 옮김

도서출판 길

편저자 **쉬지린**(許紀霖, 1957~)은 중국 상하이에서 태어났다. 그는 중국 근현대사상사를 전공한 대표적 사학자로서 현재 화둥(華東) 사범대학 역사학과 교수로 재직하고 있으며, 같은 대학의 중국현대사상문화연구소 부소장을 비롯하여 상하이 역사학회 회장, 홍콩 중문(中文) 대학에서 발행하는 잡지 『21세기』(二十一世紀)의 편집위원으로도 활동하고 있다. 1997년 이후 홍콩 중문 대학, 오스트레일리아 국립대학, 싱가포르 국립대학, 미국 하버드 대학 등에서 연구하였으며, 다양한 서구 학문의 사조와 이론을 섭렵하였다. 특히 중국 지식인에 대한 연구의 권위자이면서 China Quarterly 2006년 6월호에 티모시 치크(Timothy Cheek)가 발표한 논문 「쉬지린과 중국 공공지식인」(Xu Jilin and the Thought Work of China's Public Intellectuals)의 연구대상이 되기도 할 만큼 활발한 활동을 전개하는 지식인이기도 하다.

쉬지린은 한국 내에서 중국의 대표적인 자유주의자 지식인으로 알려져 있다. 중국 내에서는 2004년 타이완 총통(總統) 선거와 관련한 언급으로 대중의 주목을 받았으며, 지식인의 역할과 위상에 대해 지속적으로 고민해왔다. 이를 바탕으로 중국 지식인들의 담론 변화 지점들을 진단하는 데 탁월한 연구를 진행하고 있다. 아울러 1980년대부터 문화현상에도 관심을 갖고 현대문화, 현대화 변화 과정에 대한 연구를 비롯하여 지식인 연구에서도 다양한 서구 이론을 토대로 중국의 도시공간에서의 관계망을 파악하는 연구를 병행하고 있다.

주요 저서로 『無窮的困惑』(1988), 『智者的尊嚴』(1992), 『中國現代化史』(주편, 1995), 『尋求意義』(1997), 『許紀霖自選集』(1998), 『二十一世紀中國思想史論』(편저, 2001), 『中國知識分子十論』(2003), 『回歸公共空間』(2006) 등이 있다.

국민대학교 중국인문사회연구소 번역 총서 • 1
20세기 중국의 지식인을 말하다 · 1

2011년 6월 15일 제1판 제1쇄 찍음
2011년 6월 25일 제1판 제1쇄 펴냄

엮은이 | 쉬지린(許紀霖)
옮긴이 | 강태권 · 박종혁 · 이호현 · 장창호 · 팽철호
펴낸이 | 박우정

편집 | 이현숙

펴낸곳 | 도서출판 길
주소 | 135-891 서울 강남구 신사동 564-12 우리빌딩 201호
전화 | 02)595-3153 팩스 | 02)595-3165
등록 | 1997년 6월 17일 제113호

ⓒ 국민대학교 중국인문사회연구소, 2011. Printed in Seoul, Korea

ISBN 978-89-6445-035-2 94300

이 저서는 2009년도 정부의 재원(교육과학기술부 학술연구조성사업비)으로
한국연구재단의 지원을 받아 연구되었음(NRF-2009-362-B00011).

한국어판 서문

이 책(원제: 『20世紀中國知識分子史論』)의 중국어판이 출판된 지 이미 5년이 되었다. 이 책을 엮게 된 궁극적인 이유는 연구생들에게 근대 중국 지식인의 역사를 연구하는 데 유익한 참고 서적을 제공하기 위해서였다. 이 책에 실린 문장들은 모두 중국 지식인 연구의 대가들의 글이다. 출판된 뒤 독서계의 반응은 매우 좋았으며, 적잖은 독자들이 유익한 서적이라며 편지를 보내왔다.

이제 이 책의 한국어판이 곧 출판된다니 편자로서 응당 기쁜 일이다. 번역을 기획한 국민대학교 중국인문사회연구소 김수영 소장이 한국어판 서문을 부탁해 왔기에, 이 기회를 빌려 최근 몇 년 동안 줄곧 고민해온 '왜 근대 중국 지식인은 사회의 중심을 세우는 데 실패했는가'라는 문제에 대해 이야기해보고자 한다.

장구한 2천 년의 고대 역사 속에서 중국의 사대부는 사민(四民)의 으뜸이자 사회와 국가의 중추로서, 조정에서는 제왕을 도와 함께 천하를 통치하고 재야에서는 민간사회를 이끄는 지방 엘리트였다. 사대부계층은 가장 영향력 있고 중요한 사회 핵심 세력이었다. 그렇다면, 근대 이후 전통 사대부들이 점차 현대 지식인으로 바뀐 뒤, 그들의 사회정치적 영향은 과연 상승했는가 아니면 하락했는가? 계속해서 사회의 핵심이 되었는가 아니면 사회적으로 주변화했는가? 이러한 문제에 관해 근래 학계의 논의가 적지 않았다. 그 가운데 가장 영향력 있는 위잉스(余英時) 선생이 「중국 지식인의 주변화」(中國知識分子的邊緣化)라는 글에서 제시한 20세기 중국의 지식인은 부단히 주변화했다는 주장은 상당한 공감과 반향을 불러일으켰다.

20세기 중국 지식인의 하향 추세를 지적한 위잉스 선생의 관점은 물론 일리가 있지만, 이러한 하향 추세는 지식인의 전반적 궤멸이 아니라 반대로 현대 지식인을 전통 사대부와 비교해 볼 때 문화 면에서의 영향력은 결코 약화되지 않았을 뿐 아니라 오히려 상당히 제고되었다는 점에 주의해야 한다. 사회정치적 지위는 하락했는지 모르지만 문화적 영향력은 향상되었다는 것이다. 그렇다면 왜 이렇게 서로 논리적으로 모순되는 두 가지 현상이 동시에 근대 중국에서 발생하였을까?

만청(晚淸) 시기에 발생한 '3천 년 이래의 대격변'은 사대부의 입장에서 볼 때, 영락없는 춘추전국 이후 제2차 예악 붕괴의 시대였다. 그들이 생존과 발전의 근거로 삼았던 사회문화 질서가 부단히 해체되어갔고, 게다가 1905년 과거제도의 폐지는 과거 입신과 출세의 기반이 되었던 문화와 제도가 붕괴되는 전환점이 되었다. 전통적 질서가 붕괴되고 새로운 질서가 요구되던 이 역사적인 제2차 예악 붕괴의 시대에 사대부는 자신의 사상과 실천을 통해 구질서의 와해에 참여하였고, 동시에 구질서에 의해 사회로부터 밀려 나가다가 또다시 민간의 자유로운 유동 자원으로서 떠돌게 되었다. 이러한 지식인들은 비록 각자 직업이 다른 떠돌이[游士]가 되었지만 결코 알알이 흩어진 모래가 아니라 긴밀히 연결된 사회문화 네트워크를 가지고 있었다. 이러한 사회문화 네트워크를 우리는 '지식인사회'(intellectuals society)라고 부른다.

19세기 중엽 태평천국 반란을 평정한 기회를 통해, 지방 신사의 권력은 지방의 사회문화 실무에서부터 전국적으로 영향력을 지닌 정치군사 영역으로 확대되었다. 조정의 중앙 권력이 점차 쇠락함에 따라 지방 신사는 신정(新政)과 자치의 제도화라는 명목하에 권력의 기초를 더욱 확대해나갔으며, 마침내 신해혁명에서 최대의 수혜자가 되었다. 만청 때는 '신사사회' 권력이 최고봉에 이르렀지만 동시에 지나친 정치화로 인해 자기분열에 놓이게 되었다. 이를테면, 일부 사대부는 정치권력으로 변하여 민간의 신분을 잃었고, 다른 일부는 새로운 제도 아래 새로운 지식인으로 탈바꿈하였다. 청말 민초 연간 전통적 '신사사회'는 점차 자연히 '지식인사회'로 변화해갔다.

장하오(張灝) 선생은 「중국 근대사상사의 전환시대」(中國近代思想史的 轉型時代)에서 만청 이후 도시사회 속에서 점차 현대 지식인에 의해 형성된 제도적 매체, 즉 학교, 전파 매체, 결사가 출현했다고 하였다. 그는 이 세 가지를 '기초구조'(infrastructure)라고 했으며, '지식인사회'는 이 세 가지 기초 공공 네트워크를 기반으로 한다는 것이다. 1890년대 이후 신식 학당, 매체, 사단(社團)의 출현은 하나의 '지식인사회'를 낳았다. 이러한 '지식인사회'는 국가(상층의 국가권력)와 사회(하층의 시민사회)의 중간에 놓여 전통의 신사가 아닌 현대 지식인으로서 교사, 편집, 기자, 출판인, 자유기고인 등 다양한 직업과 신분을 유지하였다. 이제 그들은 신사계층처럼 통일적인 의식형태를 지니지도 않았고, 국가 과거제도가 공인하는 정식 신분도 없었다. 하지만 바로 이렇게 직업과 신분이 다양한 현대 지식인들이 공동으로 지식을 생산, 유통하는 문화 교류 네트워크를 형성했다는 것이다. 전체 지식의 생산, 유통 과정에서 학교와 전파 매체는 아주 중요한 두 가지 핵심 고리이다. 지식인은 전파 매체와 학교의 핵심 자원을 장악하고 있었기 때문에, 만청 이후 문화와 여론에서의 영향력은 전통 지식인에 비해 많으면 많았지 떨어지지 않았다. 이렇게 지식과 여론의 생산, 유통 권력을 장악하고 있던 지식인들은 자체적으로 조직화를 이루어 각종 지식인 공동체를 형성하였다. 따라서 학교, 전파 매체, 사단이라는 세 가지 조직적 네트워크를 토대로 다양한 신분과 직업을 갖춘 지식인은 전통 '신사사회'를 대체할 '지식인사회'를 형성하게 된 것이다.

청말 사상가 량치차오(梁啓超), 탄쓰퉁(譚嗣同) 등은 학당, 잡지, 학회는 백성들의 지식과 사회를 개혁할 가장 중요한 세 가지의 길이라고 보았다. 비록 그들은 이것이 앞으로 출현할 지식인사회의 기초구조가 될 것이라고 의식하진 못했지만, 진작부터 신식 사대부들은 사회에 영향을 줄 중요한 통로가 될 수 있을 것이라고 믿었다. 기능의 의미에서 보자면, 학교, 잡지, 결사는 이미 현대 중국의 공공 네트워크이자 중국만의 특수한 공공 영역이었다. 현대 중국의 공공 영역은 시민사회를 기초로 하고 자산계급을 기본 성원으로 하는 서구의 그것과는 달랐고, 발생 형태도 기본적으로 시민사회와는 관련이 없으며, 주로 민족국가의 구조, 사회변혁 등과 같은 정치적 주제와 관련이 있다. 그리고 바로 명대(明代) 사대부의 서원(書院), 강학(講學), 결사와 역사적·정신적으로 매우 밀접한 관련이 있다. 즉 현대 중국 '지식인사회'의 공공 네트워크는 중국의 역사문화의 맥락 속에서 출발할 때 그 특수한 발전 형태를 이해할 수 있다.

첸무(錢穆) 선생은 중국 신사(紳士)의 영향의 하나는 청의(淸議)이고 둘째는 문벌이라고 하였다. 현대에 들어 청의는 공공 매체와 여론으로 바뀌었고 문벌은 학교와 학벌로 바뀌었다. 공공 여론이든 출신 학교든 모두 현대 사회가 공인하는 제도 건립의 역량이 되었다. 지식인 역시 매체와 학교를 통해 등급적이고 전국적으로 분포된 문화권력 네트워크를 형성하였다. 그리고 지식인의 각종 사단과 간행물은 문화권력 네트워크의 결절점이 되었다. 이러한 결절점은 중심도 없고 서로 연결된 인맥 네트워크도 각기 겹쳤지만, 그럼에도 이러한 문화권력 네트워크의 결절점은 실제로 하나의 통일체를 형성하였고, 동시에 대항하고 평형을 이루면서 상쇄하기도 하였다. 아무튼 이렇게 등장한 '지식인사회'가 현대 중국 사회에서 획득한 문화 영향력은 과거에는 상상도 비교도 할 수 없었으며 만청에서 1930년대까지 최고에 달했다. 전통 중국 정치의 이중적 권위 속에서 지식인이 지닌 도통의 권위는 예를 들면 상대적으로 독립된 학교, 매체, 학회 이 세 가지 기초구조를 지녔기 때문에 전에 없던 강대함을 가질 수 있었다. 나아가 무기를 장악한 군벌과 정권을 차지한 정객, 재력을 확보한 재단과 저층의 세력을 지닌 비밀 사회 등으로 하여금 지식인을 소중히 여기고 떠받들 수밖에 없도록 하였다.

그러나 묻고 싶다. 왜 근대 중국 지식인의 문화 영향력은 상승하였는데도 여전히 사회의 중심을 세우지 못했는가 하는 점이다. 1932년 9·18사건(만주사변) 1주년에서 후스(胡適)는 「침통한 기억과 반성」(慘痛的回憶與反省)이라는 글에서 침통한 어조로 중국은 근대 이래 왜 이렇게 쓸모없게 되었고, 민족자구운동은 왜 번번이 실패하였는지 그 원인을 반성하였다. 그는 그중 가장 커다란 문제점은 "바로 우리 사회에 중심이 없는 것"이라고 지적하였다. 일본은 메이지 유신 이후에도 사회의 중심을 잃지 않았지만 중국은 "60~70년의 시간을 사회의 중심을 찾는 데 썼지만 결국 성공할 수 없었다." 전통 중국에서 사대부는 중국 사회와 정치의 중추였고, 근대 이후의 지식인은 학교, 매체, 사단의 힘으로 사회의 중심을 세우고자 했지만 결국 성공하지 못했던 이유는 단지 외부 정치권력의 변화로만 해석할 수는 없을 것이다. 결국 근대 이후 지식인이 더는 사회의 중심이 되지 못한 내적 원인은 무엇이며, 사대부에서 지식인으로의 자기 전환과 어떠한 내재적 관련이 있는지를 캐내야 할 것이다.

전통 중국에서 사대부는 지방사회, 제국 정치와 내재적으로 제도적인 점과 관련이 있고, 내부적으로도 공히 유가(儒家)의 우주관, 가치관, 윤리관을 가지고 있었으며, 사대부 집단 역시 하나의 의식형태의 공동체를 형성하였다. 그러나 과거제도 폐지 이후 지식인은 문화권력을 지닌 '지식인 사회'를 형성하긴 했지만 오히려 내외적으로 분열된 국면을 보였다. 이를테면, 외부적으로는 독립된 현대 지식인과 중국 사회는 점차 분리되어 문화의 뿌리와 사회의 뿌리를 상실했다. 그리고 내부적으로는 공동의 신앙, 가치와 의식형태를 상실하여 지식인은 더는 하나의 통일된 집단이 될 수 없었고, 나아가 의식형태에서도 분열이 발생했을 뿐만 아니라 도시 엘리트와 향촌 엘리트 간의 유기적 관계도 상실했던 것이다.

도시를 중심으로 한 현대 지식 엘리트는 특히 해외에서 귀국한 정예 엘리트로서 서방에 대해서는 그야말로 훤하게 알고 있지만 중국 농촌에 대해서는 오히려 조금도 알지 못했다. 해외를 향할 뿐 향촌은 등졌다고 할 수 있다. 엘리트들이 농촌에서 도시로 한꺼번에 많이 옮겨 가면서 전통적 사회문화의 뿌리를 잃었다. 그렇다면 이것은 과연 그들이 도시에서 새로운 존재의 기초를 찾았다는 것을 의미하는가? 현대 지식인이 장악한 학교, 매체, 학회와 같은 공공 구조를 놓고 보자면, 그렇다고 볼 순 있을 것이다. 하지만 앞서 분석한 바와 같이, 지식인은 한편으론 전에 없던 독립을 획득했지만 다른 한편으론 사회에서 유리될 수 있는 존재라는 점에서는 농촌 생활에서도 도시 생활에서도 마찬가지였다는 것이다. 학교와 매체는 지식인이 사회에 중요한 영향을 끼치는 공간과 통로가 되었지만, 그 자체의 성질로 인해 지식인과 도시의 관계는 오히려 허구적으로 변하였고 실체적인 것에서 말뿐인 것으로 변하였다.

지식인과 사회 외부의 분열뿐만 아니라 지식인 내부에서의 분열도 발생하였다. 전통 중국에서 신사계층은 거대한 사회 네트워크를 형성하였고 과거제도를 기초로 한 공동의 유가 가치관을 가지고서 전국의 유명 인사, 지방의 무명 인사, 기층의 유명 인사라는 세 등급의 유동적 네트워크를 구축하였다. 이러한 네트워크는 만청 이후 내부 분열이 일어나면서 도시에서는 신사계층이 현대 지식인으로 변모하고, 농촌에서는 신사계층이 여전히 영향력을 행사했지만 점차 등장한 다른 엘리트 집단에 의해 희석되어갔다. 더욱 중요한 것은 도시의 지식인계층과 농촌의 엘리트계층이 현대에서의 도시 농촌 관계와 마찬가지로 두 개의 상호 독립적인 엘리트 공동체로 구별되었다는 점이다. 개별적으로 볼 때 두 집단 간의 유동은 있었지만, 전체적으로 볼 때 출신 학교, 지식구조 및 문화적 취미나 각자가 의지하는 사회관계 면에서는 두 개의 분절적 집단으로 나누어졌다고 할 수 있다.

새로운 지식인 내부에서 유가가 더는 공동의 가치관이 되지 못했다 할지라도 그를 대체할 만한 공공 의식형태는 출현하지 못했다. 5·4 시기 지식인들은 일정 기간 동안 모호하게 신문화 연맹을 형성하였고 1920년대 이후 여러 주의와 유파로 빠르게 분열되었다. 전통 사대부에게도 시기마다 송학(宋學)과 한학(漢學), 고문경학파(古文經學派)와 금문경학파(今文經學派) 등 여러 유파가 있었지만, 그들의 기본적인 지식구조와 가치 관념은 상통하였으며 공동의 지식 틀을 가지고 있었다. 그러나 현대 지식인 내부의 분열에서 가장 주요한 것은 공동의 지식 틀을 상실하였고, 다른 시대와 다른 배경의 지식이 한데 얽혀 지식층 내부의 여러 가지 충돌과 긴장을 야기하였다는 점이다.

중국이 19세기 중엽에서 20세기 중엽까지 한 세기 동안 암울한 내우외환 속에서 역사적으로 제2차 예악이 붕괴되는 난세에 놓였을 때, 중국의 지식인은 사회로 내던져져 자신만의 '지식인사회'를 건립하였다. 그들은 자신의 지식권력과 여론의 영향력으로 사회의 중심을 다시 세우고자 하였다. 이러한 '지식인사회'는 자유롭고 독립적인 것이었지만 그 뿌리는 튼튼하지 못했다. 이는 한편으론 향촌사회와 도시사회의 유기적 관계를 상실하고 다른 한편으론 정치적 제도와의 관련도 약화되었기 때문이며, 더욱 중요한 것은 대학은 물론이고 매체 역시 체제적 보장이 결여되었기 때문이다. 근대 중국의 '지식인사회'는 하나의 기적이었고 모래 위에 쌓은 상아탑 같은 것이었다. 전란이 거듭되면서 결국 무너지고 말았다. 찬란했지만 난세를 견뎌낼 수는 없었던 것이다.

끝으로 국민대학교 중국인문사회연구소와 김수영 소장에게 고마움을 전한다. 그들의 열정과 노력이 있었기에 이 책이 한국 독자들과 만날 수 있게 되었다. 한국 학인(學人)들의 많은 비평과 조언을 기대하면서 서문을 갈음하고자 한다.

2011년 1월 상하이에서
쉬지린(許紀霖)

'단절된 사회' 속의 지식인

● 엮은이 서문

　이제 막 지나간 20세기는 중국 역사상 가장 변동이 심하고 동요가 컸던 세월이었다. 짧은 100년 동안 청(淸) 왕조, 중화민국, 중화인민공화국이라는 세 시대를 겪었으며, 정치군사에서 사회문화에 이르기까지 이전의 수천 년 동안 볼 수 없었던 대변동이 발생했다. 루쉰(魯迅) 선생의 표현에 따르면 이는 하나의 대변혁의 시대였다.

　이러한 대변혁의 시대에 모든 것은 변하였으며, 그렇게 시대의 해일 속에서 한차례 단련을 거쳤다. 그러면 사회의 엘리트 지식인으로서 그들은 어떤 변화를 겪었는가? 간단히 말해 그들은 고대 사대부로부터 현대 지식인에 이르는 대전환에 직면해 있다. 이러한 대전환은 사상적 의미에서 가치의 전환일 뿐만 아니라 사회사 측면에서 신분, 지위, 역할의 변화였다. 전자에 관해서는 이미 2000년에 엮은 『20세기 중국 사상사론』에서 언급한 바 있으며, 이 책은 후자에 초점을 두어 지식사회사 측면에서 이러한 대전환과 그 과정 속의 사회정치와 문화사상의 상호 작용을 연구한 것이다.

　전통 중국 사회는 사대부를 중심으로 하는 사민(四民)사회였다. 사민사회는 량수밍(梁漱溟) 선생이 말한 것처럼 바로 윤리적 중심, 직업적 분화 위주의 사회를 말한다. 사농공상(士農工商) 4대 계급은 유가 가치를 핵심으로 하는 사회계층을 형성하였다. 유럽 중세의 봉건사회와는 달리 사민사회의 등급 계층은 상하 간에 유동성이 있는 사회계층이었다. 사회의 중심으로서 사대부계급이 과거제도를 통해 사회에서 엘리트로 선발된 것은 엘리트 근원의 개방성과 경쟁성을 보장하고 또한 사회문화 질서의 통합과 안정을 유지시키는 것이다.

사대부계급은 고대 중화 제국에서 제국의 왕권제도와 사회의 종법제도가 상호 연결된 중추적 고리였다. 이는 두 가지 방면에서 표현된다. 첫째, 사대부계급이 신봉하는 도통-유가 가치관은 제국 정부의 정치의식 형태일 뿐만 아니라 종법 가족사회 공동의 문화 전통이다. 둘째, 사대부계급(사신士紳계급이라고도 함)은 한 사람이 두 가지 일을 겸하는데, 조정에서는 군왕의 천하 통치를 보조하고 재야에서는 도덕의 모범이자 민간을 이끄는 지방 엘리트였다.

명대(明代) 이후 사대부계급을 중심으로 하는 사민사회에 차츰 변화가 발생하였는데, 강남 경제의 발전과 번영에 따라 상인의 지위가 상승하기 시작하여 비록 선비 아래에 있었지만 이미 농민과 장인 위에 있게 되었다. 만청에 이르러 태평천국을 진압하고 외국 열강에 대항할 필요 때문에 지방 사신이 이끄는 개인의 군대가 나타나고, 본래 줄곧 억압받던 군인집단들이 난세에 두각을 드러내어 점차 중국 정국을 좌우하는 중요한 역량이 되었다. 군인과 상인 지위의 상승에 따라 선비와 농민의 위치는 급격히 떨어졌는데, 특히 사대부의 핵심적인 위치는 심각한 도전을 받았다. 크고 격렬한 사회적 동요 속에서 사민사회는 점차 해체되었다.

사민사회가 해체될 뿐만 아니라 사대부계급도 철저히 전복되었다. 100년 전인 1905년 과거제도가 정식으로 폐지되었고, 이때부터 사대부계급은 제도화된 재생산의 기제를 잃어버려 단지 무형의 영혼만 남기고 다시는 그 유형의 껍데기가 존재하지 않게 되었다. 사대부계급은 없어졌으나 지식인은 여전히 존재하였고, 그들은 일순간 현대의 지식인으로 변하였다. 만청의 지식인과 전통 사대부를 서로 비교하면 많은 차이점이 존재한다. 우선 지식의 구조가 사서오경(四書五經)에서 중국과 서양의 신학문으로,

윤리정치의 규범적 지식에서 응용적인 지식으로 변하였다. 둘째, 지식의 공간이 과거의 사숙(私塾), 서원에서 중국과 서양이 혼합된 학당으로 변화하였고, 또한 민국 이후에는 서양식의 학과를 중심으로 하는 학교 체제로 변하였다. 마지막으로 지식인의 활로가 과거처럼 벼슬길 한 길만 존재하지 않았고, 그들과 국가의 제도적 연계는 과거제도의 폐지에 따라 끊어졌으며, 지식인은 이제 국가 엘리트가 아니라 자유로운 유동 자원이 되어 사회 즉 군대, 상업, 금융, 사업, 매체, 출판업과 학계로 유입되기 시작했다. 또한 일부는 사회 정식 구조의 변두리와 외곽에서 생존하면서 국가의 모반자와 반역자가 되었다.

현대 지식인이 처한 사회는 지식인이 중심인 사민사회가 아니라 중심이 없는 '단절된 사회'였다.

이른바 '단절된 사회'란 두 가지 의미를 내포한다. 하나는 국가와 사회의 단절을 의미한다. 사대부는 원래 국가와 사회를 일체화하는 중추적 기능을 수행하였으나, 과거제도의 폐지에 따라 사대부계급은 와해되고, 국가와 사회 사이에도 다시는 제도적인 소통을 수립할 수 없게 되면서 양자 사이에 심각한 단절이 발생했다. 엘리트가 민간과 사회 각 영역으로 유출되면서 국가 통치집단의 비엘리트화를 야기하였다. 군인이 정치를 하고 무인이 권력을 휘둘렀으며 경계에 놓인 많은 인물들이 무장력과 정실(情實) 관계를 구실 삼아 중앙에서 지방 기층까지 각급 통치기구로 들어가면서 정치 암흑과 부패를 초래하였다. 국가권력과 사회에 널리 퍼져 있는 상업 엘리트, 지식 엘리트, 매체 엘리트 사이에 갈수록 긴장이 심해지고 충돌이 발생하여, 최후에는 분리되고 붕괴되는 대혼란 속에서 경계에 놓인 엘리트 지식인들은 농민을 이끌어 위에서부터 아래로의 사회 대혁명을 추진하여 새로운 국가 정권을 수립하였다.

또 다른 하나는 각 계층 간의 단절을 의미한다. 원래 사민사회는 사대부계급을 핵심으로 하며, 사농공상 사이에는 윤리적 중심, 직업적 분화, 상하 간 유동의 유기적 연관 관계가 존재하였다. 20세기 이후 사대부계층의 몰락, 농민계층의 피폐, 상인과 군인의 지위 상승에 따라 계층 간의 단절이 발생하여 사회에는 중심이 없게 되었고 상호 간에 제도화된 유기적 연계가 결핍되었다. 이러한 '단절된 사회'는 외형적으로 보면 현대의 '다원화 사회'〔多元社會〕처럼 보인다. 왜냐하면 현대성의 본질은 곧 분화(分化)이며, 사회 분화는 더는 중심을 두지 않는 다원화 사회이기 때문이다. 그러나 '단절된 사회'와 다원화 사회가 가장 구별되는 점은 다음과 같다. 다원화 사회에서 국가와 사회, 각 영역과 계층 사이에는 합리적인 분업과 분화에 근거를 둔 토대 위에 질서 관계가 존재하여 분화된 질서가 다시 제도화된다. 그러나 '단절된 사회'에서는 사회 각 계급과 계층 사이에 공공의 가치관과 제도적 토대가 결핍되어 질서 관계를 형성할 방법이 없다. 뿐만 아니라 안정적으로 제도화된 계층 조직의 결핍 때문에 일종의 무중심(無中心), 무규범(無規範), 무질서(無秩序)의 해체 양상을 띠게 된다.

이러한 '단절된 사회'의 난국(亂局) 속에서 지식인은 국가 · 사회와 어떠한 관계를 맺는가? 전통 사회에서의 사대부계층과 국가 · 사회의 유기적 관계는 오늘날 모두 붕괴되었다. 과거제도의 폐지는 현대 지식인으로 하여금 국가와의 내재적인 체제 관계를 잃게 했을 뿐만 아니라 또한 국가에 대한 강렬한 소외감을 낳았다. 다른 측면에서 다수 엘리트 지식인들은 고향과 농촌을 떠나 도시로 들어갔다. 이는 그들이 전통적인 민간사회에서 벗어났으며, 자신의 혈연, 지연 그리고 문화의 뿌리를 잃어버렸다는 것을 의미한다. 전통 중국에서 사대부는 국가와 사회의 중추였지만 오늘날 그들은 국가에서 소외되었을 뿐만 아니라 사회에서도 유리(遊離)되어 의지할 바 없는 표류하는 지식인이 되었다.

그러나 베이징, 상하이 등의 대도시로 간 지식인들은 비록 '땅'은 잃었지만 오히려 '하늘'을 얻게 되었으니, 바로 현대 사회에서 지식인이 속한 지식 공간(知識空間) 즉 학술집단과 문화 매체이다. 학술집단은 대학을 중심으로 하고 기금회, 학술 사단, 동인지 간행물 등을 보조로 하였으며, 지식 생산의 영역에 속한다. 문화 매체는 지식 유통의 영역에 속하며 신문, 잡지, 출판업으로 구성되어 있다. 학술집단이든 문화 매체든 간에 상대적으로 독립적인 이 지식 공간들은 고대 중국에는 없었으며, 제도화된 네트워크 규모로 출현한 적도 없었다. 이는 현대 지식인들이 의지함으로써 존재하는 사회 공간이다. 비록 이와 같았지만 학술 단체든 문화 매체든 간에 그들은 더 이상 사회의 중심 영역이 되지 못했으며, 이와 동시에 시장이 핵심이 되는 상업사회와 권력이 핵심이 되는 국가 체계가 존재하였다. 사실상 상인과 군인의 지위 상승에 따라 사회 안에 존재하는 국가와 시장의 중요성은 이미 학원(學院)과 매체를 뛰어넘었으며, 권력과 자본의 역량 또한 끊임없이 지식의 생산과 전파 영역에 투입되어 마땅히 지녀야 할 자주성을 확보할 수가 없었다.

엘리트 지식인이 자신들의 작은 사회인 학술집단과 문화 매체를 가지고 있었을 때에도 그들은 국가·사회와의 유기적 연계를 상실하였다. 지식인과 사회의 관계는 상징적이고 기호화되어, 단지 지식의 기호 형태로 사회에 영향을 주었으며 추상적인 담론 방식으로 민중을 계몽하였다. 지식인과 사회 특히 향촌사회와의 이러한 상징화된 관계는 배후(背後)가 부족하며, 이는 사대부계층의 그런 제도화의 연원(淵源)과 유사하다. 그리고 추상적인 담론은 일단 조직화된 토대가 부족하면 하찮은 것이 된다. 현대 지식인은 더는 사회의 중심이 아니며, 도리어 '단절된 사회'에서 더욱더 주변화하고 있다.

지식인들이 주변화하면서 지식인 내부에서조차 단절이 발생하게 되었다. 량치차오(梁啓超), 옌푸(嚴復)에서부터 후스(胡適), 딩원장(丁文江), 장쥔마이(張君勱), 장둥쑨(張東蓀) 등 일부 지식인들은 전통 사대부의 몽상을 품고 언론과 지식의 힘을 통해 사회의 중심으로 돌아오기 위해 노력하였으며, 아울러 서양식 개혁을 통해 사회와 국가를 다시 정합(整合)하고자 했다. 그러나 장타이옌(章太炎), 쑨중산(孫中山)에서부터 천두슈(陳獨秀), 리다자오(李大釗), 마오쩌둥(毛澤東) 등의 지식인들은 '단절된 사회'의 틈을 이용하여 사회의 변두리, 반역 체제, 반역 주류를 자처하면서 사회 조직 밖에서 혁명을 발동하여 20세기에 두 번의 장렬한 정치 대혁명과 사회 대혁명을 연출하였다. 결국 민중정치가 사대부정치에 승리를 거두고, 주변화한 지식인은 학원(學院) 지식인에게 승리하여 강력한 국가가 건립되기 시작했다. 이사크 레비탄*에게는 이제 더는 사회도 지식인도 없는 것이다.

　20세기의 마지막 20년 동안 사회는 새롭게 국가로부터 해방되었으며 지식인 또한 주변에서 중심으로 나아갔다. 그러나 매우 빠르게 세속적인 상공사회(商工社會)가 궐기하자 지식인은 다시 주변화해갔으며 새롭게 변화하기에는 너무도 미약하였다. 이번에는 그들이 국가에 전복(顚覆)당한 것이 아니라 사회 자체에 전복당한 것이었다. 명확히 말하자면, 시장사회(市場社會)로 인해 중심으로 다시 돌아가려는 갈망이 매장당한 것이다.

　중심으로 되돌아가든 아니면 민간으로 떨어지든 간에 모두 전통 사대부의 잔영에 불과하며, 이른바 관리(官吏)들이나 유세(遊說)꾼들은 사대부 정신의 양면(兩面)에 불과할 뿐이다. 전통 사대부에서 현대 지식인으로 나아가면서 끌어안아야 했던 것은 다름 아닌 현대 사회의 공민의식(公民意識)이다. 공민의식은 사민사회에서는 탄생할 수 없고 '단절된 사회'에서도 쌓아나가기 어렵다. 그것이 요구하는 것은 건전한 공민문화와 민주정치이며, 이러한 것들은 바로 지식인사회의 변화를 제도화하는 근간이 되는 것이다.

2005년 설날 여왜(麗娃)의 강가에서
쉬지린(許紀霖)

---

* 이사크 레비탄(Isaak Il'ich Levitan, 1860~1900): 조국 러시아의 대자연을 사랑하여 이를 소재로 서정적인 풍경화를 많이 그린 러시아의 화가.

● 차례

한국어판 서문   5

엮은이 서문 | '단절된 사회' 속의 지식인 ___ 쉬지린許紀霖   13

제1장 지식인: 표류 속에서 귀착점을 찾다 ___ 황핑黃平   21
제2장 중국 지식인의 사적 고찰 ___ 위잉스余英時   41
제3장 중국 고대 유가 지식인의 구조와 역할 ___ 두웨이밍杜維明   75
제4장 사대부의 '이중적 역할'에 대하여 ___ 옌부커閻步克   95
제5장 중국 지식인의 역사적 성격과 운명 ___ 쉬푸관徐復觀   131
제6장 중국의 지식인 ___ 첸무錢穆   159
제7장 '지식계급'을 논하다 ___ 페이샤오퉁費孝通   205
제8장 근대 지식인 자아형상의 변천 ___ 왕판썬王汎森   221
제9장 근대 중국의 사회권력 이동
         —지식인의 주변화와 주변적 지식인의 출현 ___ 루오즈톈羅志田   257
제10장 20세기 초 지식인의 지사화와 근대화 ___ 양궈창楊國強   321
제11장 청말 지사의 유협적 심리 상태 ___ 천핑위안陳平原   347
제12장 20세기 초 중국 신지식계 사단 ___ 상빙桑兵   401

지은이 소개   440
옮긴이 소개   443

■ 일러두기

1. 본문의 각주 가운데 일련 번호가 있는 것은 저자의 주이고 *로 표시된 것은 옮긴이의 주이다.
2. 모든 외래어와 중국 인명(신해혁명 이후)은 외래어 표기법에 따랐다.
3. 본문의 〔 〕는 옮긴이의 부연 설명이다.

제1장 지식인: 표류 속에서 귀착점을 찾다

● 황핑 黃平

현대 사회의 지식인 현상은 산업화와 함께 나타났지만 그 근원을 찾는다면 그리스·로마나 춘추전국 시대에서 이러한 현상의 추형(雛形)을 찾을 수 있다. 이 글에서는 상세하게 역사적 근원을 밝히지는 않고 다만 현대 사회의 지식인은 어떤 사람들이었는지를 대략 설명하고자 한다. 지식인들은 어떻게 탄생하였는가? 그들을 어떻게 가려낼 것인가? 그들의 사회적 위상은 어떠한가? 왜 현재 지식인들의 이론적 주장은 저마다 장점이 있는데도 이를 다 발휘하지 못하는가? 어떠한 이론적 구조가 지식인과 사회체제의 관계에 대한 사회학적 경험 연구에 더 유리한가?

1. 지식인의 개념과 그 배경

현대 사회생활에서 '지식인'이라는 말은 널리 사용된다. 그러나 조금만 관찰을 해보면 '지식인'의 정의에 대한 각 나라와 사람들의 이해와 표현은 다양하여 일치된 결론을 내리기 힘들다는 것을 알 수 있다. 사회학자들 간에도 상당한 의견의 불일치를 볼 수 있다.

저명한 지식인 연구가 에드워드 실스(E. Shils)는 상당히 넓은 의미에서 지식인을 한 사회에서 늘 일반적인 추상적 기호를 사용하여 사람, 사회,

자연, 우주에 대한 이해를 표현하는 사람이라고 한다. 다시 말하면 그들은 지식의 생산, 해석, 전수, 전파에 종사하고 나아가 이러한 지식을 대량 '소비'하거나 관리하는 사람이라고 정의하였다.[1] 이러한 정의는 상당히 광범위하다. 왜냐하면 설령 원시사회일지라도 지식인이 있었다는 뜻이며, 또한 책을 많이 읽었거나 ('소비') 문화 사업을 관리하는 사람(예를 들면 박물관의 직원)들을 모두 포함하기 때문이다. 일부 사회학자들은 이러한 광범위한 지식인 개념을 사용하지 않는다. 그들은 주로 관념이나 사상을 생산하는 직업을 가진 사람으로 제한한다. 예를 들면 학자, 작가, 과학자, 예술가, 기자, 대학교의 일부 연구생과 같은 사람들이다. 그들은 심지어 엔지니어, 건축가, 변호사, 의사처럼 지식의 응용에만 종사하는 사람조차 그 범위에서 배제한다. 오직 지식을 '소비'하거나 관리하는 사람은 더 말할 필요도 없다.[2]

심한 경우 많은 사람들은 이렇게 지식인의 개념을 정의하는 것이 지나치게 광범위하다고 탐탁잖게 여긴다. 예를 들면 막스 베버(M. Weber)는 지식인을 혁혁한 성과를 통해 "문화의 보물"로 인정받은 사람에 한정하였으며, 이들은 사회집단의 정신적인 지도자라고 보았다.[3] 루이스 코저(L. Coser)는 더욱 명확하게 공언하였다. 대학 교수라고 해서 반드시 지식인은 아니며 지식인은 "사상을 위하지만 사상에 의지하여 생활하는 사람은 아니다"라고 하였다.[4] 프랑크푸르트학파의 사상가들도 지식인은 반드시 "각각의 시대에 비판적인 지혜를 지닌 자"라고 줄곧 주장해왔다.[5]

이렇게 서로 다른 정의(定義)의 뒷면에는 약간의 공통점이 있다. 정의를 내린 사람들은 자신이 정의된 사람 가운데 한 명이라고 자인한다. 다시 말하면 모두 자기 정의라는 것이다.[6] 이러한 자기 정의에 대한 간단한 평론을 하기 전에, 무엇보다도 지식인이라는 단어가 생겨난 과정을 거슬러 올라가 보는 것이 선행되어야 한다.

'지식인'(intellectual)이라는 단어는 1898년 1월 23일 프랑스 신문 『로로르』(L'Aurore)에 실린 글에서 처음 보인다. 프랑스의 한 사건에 대해 일부 문인들은 「지식인 선언」(知識人宣言)이라는 글을 발표하였는데, 그 속에서 이 사건에 대해 긍정적인 태도를 표명했다. 이로부터 '지식인'이라는 단어가 프랑스에서 점점 광범위하게 사용되기 시작했다. 그러나 상술한 사건에 대해 부정적인 태도를 지닌 우익 인사는 부정적인 의미에서 '지식인'이라는 단어를 사용했다. 이러한 우익 인사에 대해 말하자면, 스스로 민족적 양지(良知)의 예술가와 과학자를 대표한다고 자인하는 것은 매우 가소로운 짓이다. 한 사람이 어떻게 자기의 어떤 학술 영역의 실적에 근거하여 자신을 추천하여, 이로 인해 바로 민족적 양지의 대표가 될 수 있단 말인가? 예를 들어 한 사람이 무엇을 근거로 자신이 문학이나 수학에 조예가 깊거나 연구를 했기 때문에, 정치 문제에 대해 발표했다고 하여 결정권이 있다고 할 수 있겠는가? 이로써 부정적 의미든 긍정적 의미든 점차 프랑스에서는 '지식인'을 교육을 받았지만 또한 전통과 질서에 모순되는 사람으로 묘사하게 되었으며, 이들은 강한 정치적 포부를 가지고 있어서 직접 국가의 지도자가 되거나 정책 결정에 간접적인 영향력을 행사하려고 하였다.[7]

'지식인'은 19세기 말 미국의 경우와 프랑스의 상황이 매우 흡사하다. 당시 '지식인'은 운명이 기구한 '기이한 사람'을 형용하는 부정적인 의미로 쓰였다. 즉 노동자이지만 대학 졸업생보다 박식하며, 출신은 높고 귀하지만 자신의 가정을 인정하지 않으며, 교육은 받았지만 학업을 완성하지 못했으며, 지식은 있지만 개성이 없으며, 뛰어난 재능은 있지만 기준이 없는 사람이다. 그 시대의 미국은 심지어 반지식인의 사회로 여겨졌다. '지식인'의 난감한 처지는 20세기 1930년대에 들어서야 변화가 생겨났다. 대공황 시대에서 사회과학자, 특히 경제학자는 썩은 것을 신기한 것으로 바꾸고 생기 없는 것을 번영시키는 비범한 특기를 가진 듯했다. 이렇게 '지식인'의 운명도 바뀌었고 이로써 지식인은 긍정적인 어휘가 되었다.[8]

영국의 상황은 프랑스, 미국과 판이하다. 상당히 긴 시간 동안 문인 학자는 모두 체제 안에서 생존하고 활동했다. 그들 중 버트런드 러셀(B. Russell)을 포함한 많은 사람들은 철저하게 자신을 지식인으로 여기지 않았으며, 다른 사람이 자신을 지식인이라 부르는 것조차 원치 않았다. 옥스

퍼드와 케임브리지의 정신적 훈도 아래 사람들은 점차적으로 사회 현실에 대한 보수적 습관이 길러졌으며, 또한 현실에서 많은 특권과 명예를 누렸다. 영국 사회의 두드러진 특징은 훗날 지식인이라고 일컬어진 사람들이 아주 높은 동질성을 갖추고 있었지만 비판정신을 지닌 사람으로 분화되지 않았다는 점이다. 현재 영국의 지식과 지식인에 대한 사회학 전문가 앨런 스윈지우드(A. Swingewood)가 분석한 바와 같이, 영국 사회 특유의 보수주의와 사회 변천에 적대적인 태도는 매우 논리적으로 이러한 환경을 만들어냈으며, 그 속에서 지식인은 언제나 지배적 지위를 점유한 정치와 사회적 조직을 통해 영향을 발휘하였다.[9] 1950년대 중반에 들어서도 영국 지식인은 여전히 근본적으로 자신들에 대한 사회적 질서에 대해 인정하고 있었다.[10]

앞서 말한 사회학자들의 '지식인'의 정의에 관한 상이한 의견을 되돌아 보면, 실스 식의 광범위한 정의는 지식인 현상에 대한 역사적인 사회적 파악이 어렵다. 코저와 프랑크푸르트학파 식의 한계는 너무 좁고 지식인을 이상화하는 색채를 띤다. 하물며 어떤 심리적 특징(예를 들면 비판정신)에만 의거하여 어떤 사회 구성원을 확정하는 것 역시 부족한 점이다.

2. 지식집단: 특정 사회의 산물

일부 지식인들이 비판정신을 특징으로 삼지 않았다고 말하려는 것이 아니며, 여태껏 일부 지식인들이 비판정신으로 모이거나 유명해진 사회가 없었다고 말하려는 것은 더욱 아니다. 페리 앤더슨(P. Anderson)은 영국 지식인의 보수적 전통을 논의할 때 "영국은 지금까지 진정한 지식집단이 없었다"[11]고 말했다. 그러면 무엇이 진정한 지식집단인가?

'지식집단'(intelligentsia)이란 용어는 1840년대에 벨린스키(V. G. Belinsky) 등 러시아, 폴란드인이 제일 먼저 사용하였다.[12] 하나의 개념이 지닌 사회학적 의의는 그것이 제일 먼저 누구에 의해 언제 발명되고 사용되었는지가 아니라, 그것이 확실하게 하나의 사회 현상으로 융화되었는지에 달려 있다. 19세기 중엽의 러시아, 폴란드 등의 경제, 사회는 서유럽 국가 중 비교적 낙후하였으며, 분명 특별한 지식인의 유형이 존재하였다. 이를테면 그들은 서방 교육을 받았지만 비서방의 환경에서 살았으며, 지식은 있었지만 재산은 없었으며, 정신적으로는 귀족보다 더 고상하고 우아했지만 최고의 직업을 갖지 못했고 혁혁한 지위도 얻지 못했다. 그들은 또한 사회의 보통 민중도 멀리했고 사회의 특권 계층도 인정하지 않았다. 설사 그들이 일류 교육을 받았을지라도. 이러한 유형의 지식인들을 한데 묶을 수 있는 것은 현존 질서에 대한 불만과 현 체제에 대한 비판이다. 이러한 지식인들이 살았던 사회는 경제적으로 낙후되었을 뿐만 아니라 정치적으로도 항상 전제적이었다.[13] 이렇기 때문에 그들은 처음부터 개인 형태가 아니라 집단 형태로 출현하였다. 이 점 역시 그들이 지식집단이라고 불리는 이유가 될 것이며, 현실에 대한 비판정신으로 무장되어 있어서 종종 "비판적 지식집단"이라고도 불린다. 그들은 비판정신을 실제 운용하여 격렬한 사회변혁을 이끌어내고자 할 때 심지어 비밀 사회집단을 조직하여 목적을 달성하였다. 러시아의 데카브리스트에서 볼셰비키까지, 중국의 동맹회에서 공산당에 이르기까지 모두 이러하다. 정치적 성향으로 볼 때, 지식집단은 현상에 대한 비판 외에도 깨뜨릴 수 없는 조직임을 알 수 있다.

이것으로 미루어 '지식인'과 '지식집단' 개념의 차이를 구별해 보자. 전자는 현대 사회의 사상, 관념 속에서 생활하는 창조적인 개인이고, 후자는 경제, 사회가 비교적 낙후된 환경에 있지만 서방의 여러 관념을 받아들이고, 이로써 현존 질서에 대해 강렬한 비판적 태도를 견지하는 계층을 말한다.

많은 사회학자들이 이와 같이 정의하거나 지식인과 지식집단의 개념을 구분하여 사용하는 것은 아니다. 어떤 학자는 동등하게 보기도 하고, 어떤 학자는 1917년 이후 러시아를 비롯한 세계의 거대한 변화를 고려하여, 현재 지식집단은 모든 과학기술에 종사하는 사람들이며, 지식인이야말로 시사에 관심을 가지고 현실을 비판하는 사람들이라고 보았다.[14]

이상을 종합해 볼 때, 이 글에서 지식인이란 이러한 유형이라고 본다. 이를테면 그들은 현대 사회에서 자주 추상적 기호를 사용하여 사람과 그 환경을 둘러싼 사상을 창조하며, 혹은 사람과 환경에 대한 이해를 표현하고 이것을 기본적인 생활의 내용으로 삼는다. 그들은 현실을 비판할 수도 있고 현상을 인정할 수도 있으며, 사회로부터 용납될 수도 있고 대중에 의해 조롱당할 수도 있으며, 사회의 상층일 수도 평범한 가정 출신일 수도 있으며, 대학 졸업장이 있을 수도 혹은 없을 수도 있다……

그러나 지식집단은 여전히 고전적 의미로 사용하기에 적합하다. 과학기술 종사자는 현대 사회에서 항상 집단의 형식으로 출현한다는 점을 고려하자면, 고전적 지식집단을 비판적 성향의 지식집단이라 할 수 있고, 과학기술 종사자를 기술적 성향의 지식집단이라고 부를 수 있을 것이다. 모든 사회마다 반드시 지식집단 혹은 비판적 성향의 지식집단이 존재하는 것은 아니라는 점을 강조하고자 한다. 그것은 단지 비교적 낙후된 사회와 현대 산업사회가 충돌한 이후의 산물일 뿐이다.

3. 카를 만하임과 '자유롭게 떠도는' 지식인

지식인의 개념에 대해 사회학자들의 서로 다른 의견이 존재한다면, 지식인과 관련된 이론적인 조직에 관하여 각자의 의견을 고집하고 심지어 양보하지 않는 현상은 더욱 분명하게 나타난다. 이러한 여러 이론들 가운데 만하임의 '자유롭게 떠도는' 지식인 이론은 가장 초기의 고전 학설 중의 하나이다.

지식사회학의 창립자인 만하임은 1929년 발표한 『이데올로기와 유토피아』(*Ideologie und Utopie*)에서 그의 지식과 지식인 이론을 체계적으로 설명했다. 지식 현상을 단지 사람들의 지적 활동의 산물이라고만 여겨서는 안 되며, 더욱 중요한 것은 그것 역시 일정한 사회역사 환경에서 배양된 결과로 보아야 한다는 것이다. 그러나 지식을 창조하고 해석하는 일에 종사하는 지식인은 일정 정도 사회적 조건의 제한을 받지 않을 수 있으므로, 다른 사회집단의 경험을 종합하여 지식이라고 부르는 것을 창조해낼 수 있다. 그는 알프레트 베버(A. Weber)의 견해를 빌려서, 지식인을 '자유롭게 떠도는' 사람이라고 불렀다. 이를테면 "지식인은 뿌리가 없는 혹은 거의 없는 계층이라는 의미이다. 이러한 계층의 의미에서 말하자면, 이들에게는 어떠한 계층과 등급의 지위도 정확하게 갖다 붙일 수가 없다." "넓은 의미에서 그들은 어떠한 사회계급에도 속하지 않는다." 바꾸어 말하면, 지식인들은 "본래 자신이 속하지 않았던 그러한 계급으로 돌아갈 수 있으며", "어떠한 계급적 관념도 가질 수 있거나" 혹은 "모든 계급적 관념을 종합할 수 있다."[15]

만하임이 볼 때, 자유롭게 떠도는 지식인에는 두 개의 큰 특징 즉 동질성과 이질성이 있다. 동질성이란 지식인들은 모두 교육을 받은 사람이며, 그 교육이 지식인들로 하여금 서로 동류임을 인정하고 각 사회계급을 초월하게 하며, 아울러 이 때문에 각 계급의 다른 정치적 관념을 동태적으로 종합할 능력이 있음을 가리킨다. 이질성이란 정반대로 정치적 관념이 매우 불일치하여 완전히 서로 다른 정치적 주장을 지지할 수 있으며, 뚜렷하게 대립된 계급 진영에 속하는 것을 의미한다.

이러한 두 종류의 상반된 특질을 지닌 지식인이 어떻게 자유롭게 떠돈다고 생각하는 것인가? 만하임은 다음과 같이 논증하였다. 첫째로 지식인은 사회의 거의 모든 영역에서 나오기 때문이다. 둘째로 그들은 본래 자신들의 근거지가 아닌 사회집단을 위해 효력을 발휘할 수 있기 때문이다. 마지막으로 그들은 노동자 혹은 상인과 달리 직접적으로 사회의 경제 생산관계에 속박되지 않기 때문이다.

이 세 가지 원인을 자세히 분석하면, 하나하나가 토론할 수 있는 것임을 알 수 있다. 첫째, 사람들의 사회적 신분이나 지위는 결코 그들의 출신, 근원과 동의어는 아니며 하나하나 대응되는 것도 아니다. 비록 후자는 전자에 크게 영향을 주지만, 어떤 한 사람 혹은 다른 계층이나 계급으로부터 온 한 종류의 사람이라는 점에 근거해서, 그 또는 그들이 자유롭게 떠돈다고 추론하는 것은 설득력이 부족하다. 둘째로 단지 지식인이라야만 본디 자신의 근거지가 아닌 사회집단을 위해 효력을 발휘할 수 있는 것은 아니다. 이것은 장황하게 설명하지 않아도 명백하다. 즉 지식인이 다른 집단의 효능을 위하는 것이 어찌 반드시 '자유롭게 떠도는 것' 때문이라고 할 수 있겠는가? 끝으로, 노동자나 상인과 다르게 경제 생산을 위해 직접적으로 속박되지 않는 사람 가운데는 정부 관리, 군대 장교, 경찰, 법관 등이 있지만, 그들 역시 자유롭게 떠돈다고 여길 수는 없다. 경제에 속박당하지 않더라도 정치, 군사, 법률 내지 종족, 성별, 종교에 속박당할 수 있기 때문이다.

지식인의 동질성과 이질성이란 특징을 좀더 설명해보자. 현대 사회에서 교육을 받는 것은 이미 지식인만의 특권은 아니다. 정부 관리에서부터 법관, 변호사, 기업가, 은행가, 현대 노동자, 농민에 이르기까지 많은 사람들은 다행히 교육을 받았다. 좀더 나아가 말하자면, 교육은 사회를 뛰어넘기 어려우며, 교육을 받은 자들이 또 어떻게 사회를 뛰어넘는 통합을 진행할 수 있겠는가? 바로 만하임이 『이데올로기와 유토피아』를 쓸 때, 그 나라의 지식인들은 결코 어느 정도의 동질성도 나타내지 않았다. 당시 많은 사람들은 나치를 지지했지만, 베를린 정치대학의 몇몇 사람들은 여전히 자유파 인사들이었으며, 프랑크푸르트의 사회연구소는 급진적인 좌파 지식인이 모여 있었다. 지식인의 동질성과 각 방면의 종합적 능력은 만하임의 희망과 이상에 불과할 뿐이다.

지식인이 자유로이 떠도는지 아닌지의 각도에서 볼 때, 이질성은 동질성보다 더 의미가 있지만, 만하임이 논술한 이질성 자체는 단지 지식인이 다른 진영과 구분된다는 것을 뜻하는 것이지, 그들이 자유롭게 떠도는 결과라고 볼 수는 없다. 좀더 논리적으로 말하자면, 만하임이 논술한 지식인의 동질성과 이질성은 상호 모순적이다. 만하임 자신도 그의 '자유로이 떠돈다'는 학설이 완벽하지 않다고 의식하였기 때문에 매번 이탤릭체를 써서 '자유로이 떠돌아다님'이라고 제한했다.

나는 결코 상대적으로 자유로이 떠돌아다니는 지식인의 존재를 완전히 부정하려는 것은 아니다. 서유럽에서 적어도 문예부흥 이래로 시민사회의 존재는 문인, 예술가, 편집자, 기자, 의사 등이 생존하는 조건이 되었다. 학교, 신문사, 극장, 서점, 교회, 병원 모두 시민사회에 존재하며 기능하였으며, 일반적인 상황에서 이들은 결코 정치사회의 직접적 영향을 받지 않는다. 시민사회에서 생활하는 지식인은 상대적으로 말하자면 비교적 자유롭게 자기의 직업, 생활 장소, 그리고 학과와 경향까지 선택할 수 있다.

하지만 우리는 그러한 역사적 시기가 있었음을 잊어서는 안 된다. 예를 들면 영국의 신교 초기와 독일의 나치 시기 및 시민사회는 정치나 국가의 심한 간섭을 받았으며, 지식인도 강요에 못 이겨 그들의 '자유'를 희생했다. 더욱 중요한 것은 서유럽, 북미 그리고 세계 각국의 역사는 근대 이래로 시민사회의 역사일 뿐 아니라 현대 민족국가의 흥기와 발전의 역사였다는 점이다. 민족국가 체제 내의 지식인은 자유롭게 떠돌 천국이 얼마 없었다.[16]

4. 지식인: 신흥 통치계급인가

만하임의 이론적 성향과는 달리 현대 지식인을 새로운 계급으로 보는 몇몇 시도가 있었다. 그중 하나는 빌프레도 파레토(V. Pareto), 로베르트 미헬스(R. Michels) 등 뛰어난 이론의 영향 아래 몇몇 사회학자들이 언급한 것이다. 19세기 말 20세기 초, 경제 발전이 뒤처진 사회에서 실제 발생한 것으로 혁명은 아니며 "지식인의 쿠데타"에 불과한 것이다. 서양 교육을 받은 일부 급진적인 지식인은 군사 혁명을 이용하여 정권을 탈취하고 나서 스스로 새로운 통치자가 되었다.[17]

이러한 시론은 이론적으로보다는 역사적으로 설명하는 것이 더 낫다. 시론자들도 분명히 풍부한 역사 자료를 수집하고 분석했으며, 이러한 시도 역시 유고슬라비아의 지도자 밀로반 질라스(M. Djilas)의 명저 『신계급』(新階級)에서 증거를 얻었다. 20년 후 두 명의 헝가리 사회학자는 서양에서 『계급 권력의 길로 통하는 지식인』(The Intellectuals on the Road to Class Power)을 출판했고, 더욱 새로운 자료와 상세한 분석을 통해 동유럽과 소련 지식인이 1950년대부터 어떻게 관리와 융합하고 더 나아가 신계급을 조성하는지를 설명했다.[18]

『신계급』과 『계급 권력의 길로 통하는 지식인』의 우열은 논하지 않겠다. 주로 논급한 점은 소련과 동유럽의 사회변혁(혁명 혹은 지식인 정변)이 발생한 이후의 정치 구조와 그 구조 안에서 지식인의 지위이다. 이러한 사회변혁은 지식인이 참여하고 이끌어왔기 때문에 변혁 자체는 단지 '정변'에 불과하다고 본다면, 변혁 발생 이후 사회의 많은 관리들은 바로 지식인이 담당하여 만들어낸 지식인들이 하나의 새로운 통치계급을 형성하였다는 것과 같은 뜻이며, 이는 충분한 설명이 되지 못한다.

비교를 해보자면, 앨빈 굴드너(A. Gouldner)의 시론과 그 속에 포함된 이론은 아주 뛰어나고 정교하다. 1979년 그는 『지식인의 미래와 신흥계급의 흥기』(*The Future of Intellectuals and the Rise of the New Class*)를 출판했다. 그는 이 책에서 서양과 당시 소련 집단사회의 지식인들을 모두 '문화자본계급'이라고 명명하였으며, 이 계급은 두 사회에서 마침 통치자로 변하는 중이었다.

지식인은 이 두 종류의 다른 체제에서 굴드너에 의해 하나의 계급(문화자본계급)으로 획일화되었다. 그들은 같은 문화 배경을 누리고 있으며, 생산수단 관계도 같다고 보았기 때문이다. 이른바 같은 문화 배경이란 굴드너가 명명한 '비판적 담론문화'를 가리킨다. 이는 지식인들 가운데 역사적으로 형성된 불문율의 규칙이다. 어떻게 사상적 표현으로 정당성을 갖추게 하는지를 주시하는 것인데, 이 정당성은 결코 당국의 권위에 도움을 요청하지 않는다. 그 규칙은 필연적으로 초래한 자발적인 언론이며, 완전히 논쟁의 기초에 세워진 것이다. 한마디로 말해 이것은 목적이 정당성을 찾는 특별한 담론 행위이다.

왜 이렇게 다른 체제하의 지식인들을 생산수단의 관계에서도 같다고 말하는 것인가? 굴드너는 '비판적 담론문화'를 배경으로 하는 지식인들은 전체적으로 지식의 생산과 분배를 장악하고 있다고 여겼다. 그의 관점에서 보면 현대 사회에서는 지식도 일종의 자본이지만 화폐자본과는 다르며, 그것은 실체가 아닌 기호인 것이다. 그러나 그것은 또 화폐자본과 같이 사람들의 수입, 지위와 권력을 지배하는 데 사용될 수 있다. 굴드너는 이러한 종류의 자본을 '문화자본'이라고 부르며, 이 자본을 소유한 사람 역시 '문화자본계급'이라고 부른다. 지식인 혹은 '문화자본계급'은 서유럽, 북미, 동유럽, 소련을 막론하고 모두 새로운 지배계층으로 상승하고 있다. 왜냐하면 과학기술, 문화, 교육 등이 나날이 사회 발전에 매우 중요한 요소로 작용하고 있기 때문이다.[19]

굴드너의 논증은 오래된 병에 새 술을 담는 느낌을 주어 낡은 형식에 새로운 뜻을 담은 것 같다. 엄격히 말하자면, 그의 논술에서 '비판적 담론문화'와 문화자본(의 개념)은 모두 완벽성이 요구된다. '비판적 담론문화'는 분명 지식인들의 어떠한 특성을 포함하며, 그것은 일반적으로 말해 비지식인들에게 결여된 것이다. 그러나 그것은 다른 학문, 다른 학파, 다른 체제하의 지식인들 사이에 존재하는 여러 중요한 차이를 사라지게 했다. 예를 들면 이른바 정당성에 대한 이해에서 매우 커다란 차이를 보인다. 또한 비판성이라는 점을 놓고 볼 때, 현재 많은 사회학자들은 적어도 사회 현상에 입각해 볼 때, 이것이 기술적인 지식집단에게 상당히 결여되어 있다고 생각한다. 심지어 기술에 내재된 하나의 특성은 곧 사람(기술적인 지식집단)을 신중하고, 철저하고, 보수적으로 훈련시키며, 나아가 그들의 일이 비판성이 아닌 건설성을 더 갖추도록 한다고 가정할 수 있을 것이다.

'문화자본'의 개념은 더욱 엉성하다. 알다시피 화폐자본은 이동이 가능한 것이다. 그것을 소유한 사람은 시장의 수요 혹은 시장의 수요에 대한 자신의 예측에 근거하여 철강이나 석유 혹은 다른 어떤 영역에 투자를 결정할 수 있다. 그러나 지식은 그렇지 않다. 토목 건설을 공부한 학자 혹은 학생이 어떻게 그의 토목 건설 지식을 투자하여 방직업이나 복장 설계업으로 갈 수 있겠는가? 또한 현대 시장 경영에서 소유권과 경영권은 분리할 수 있다. 화폐자본의 소유자(주주)는 반드시 본인이 사장을 맡거나 직접 관리 과정에 참여할 필요는 없다. 그러나 지식인은 이러한 것에서 자신을 '문화자본'과 분리할 수 없고 대리인도 없다. 만약 지식 혹은 '문화자본'을 활용하고자 한다면 어떠한 일이 있더라도 반드시 몸소 실행해야 한다. 이렇게 되면 지식을 과연 자본으로 간주할 수 있겠는가?

가장 중요한 것은 여전히 지식, 과학기술 등이 현대 사회에서 확실하게 점점 중요해지고 있다는 것이다. 그러나 지식인 혹은 지식, 과학기술에 정통하다는 사람들이 지배계급이 되었는지의 여부는 여전히 의문이다. 과학의 중요성 역시 노동력의 중요성으로 볼 수 있다. 즉 현대 사회의 노동력은 과학기술에 정통한 사람들이 더욱 맡을 필요가 있다. 따라서 논리상으로 현대 지식인은 마치 고대의 농노, 중세의 농민, 근대의 노동자와 같다고 할 수 있으며, 이는 당대의 주요한 노동력일 뿐이다.

굴드너의 '문화자본계급' 이론에서는 한 가지 중요한 것을 소홀히 하고 있다. 서방과 소련의 사회체제상의 구별이다. 후자에는 본래 서방에서 뜻하는 시장이 없기 때문에 지식이 그곳에서 자본이 되는지의 여부는 말할 수 없다. 만약 소련 체제에서 지식인도 지배계급이 되었다면 이는 결코 그들이 '문화자본'을 점유했기 때문이 아니다.[20]

5. 이질성: 지식인의 분화

굴드너와 만하임의 이론적 성향은 정확히 상반된다. 만약 이 두 이론 자체를 지식사회학적으로 분석한다면, 그들의 이러한 분명한 구분에 대해 놀라지 않을 수 있다. 만하임이 『이데올로기와 유토피아』를 썼던 시기는 이미 앞서 언급한 것처럼 바로 독일 지식인이 분화하여 다른 정치 유파로 된 시기이다. 이것은 그가 지식인들이 분명히 다른 사회정치집단에 귀속될 수 있으며 그렇기 때문에 자유롭게 떠돌아다닌다고 생각한 것에 대해 매우 큰 영향을 주었다. 굴드너는 오히려 '제2차 세계대전' 이래로 동·서방 사회에서 과학기술이 날로 중요한 작용을 한다고 보았고, 이에 따라 지식인이 새로운 통치계급을 형성한다고 확신하였다. 앞에서 간단히 분석한 것처럼, 두 가지 상반된 방향은 각기 장점도 착오도 있다. 그들에게 공통적으로 부족한 한 가지는 하나의 모형을 통해 여러 방면의 지식인들을 거기에 맞춰나가려고 시도했다는 점이다.

이렇게 한 가지 모형만으로 지식인들을 바라본 방향의 차이를 안토니오 그람시(A. Gramsci)는 감옥에서 쓴 수고(手稿)에서 지식인을 유기적인 지식인과 전통적인 지식인의 두 가지로 분류하였다. 전자는 흔히 하나의 사회경제정치 체제 내에서 유기적으로 구성된 일부 지식인으로서, 그들은 반드시 정치와 이데올로기에서 체제의 재통합과 패권을 위해 존재하고 모이며 역할을 발휘한다. 후자는 흔히 하나의 사회에서 체제 밖으로 떨어져 있는 문인, 학자, 예술가 및 일부 이전 사회체제 내의 유기적 지식인에 속했던 사람들을 가리킨다(그 밖의 일부는 아마도 이미 현존하는 체제에 유입되었을 것이다). 그람시가 이들을 전통적인 지식인이라고 부르는 까닭을 전통적인 측면에서 말하자면, 체제 밖으로 떠도는 문인과 학자들이 대중들로부터 '진정한 지식인'으로 여겨지고 아마도 그들 중의 일부가 미래 사회의 유기적 지식인의 구성원이 될 수 있기 때문이다.[21]

그람시의 사유 방식은 상당한 시사점을 지닌다. 만약 그의 구분 방법을 이용하여 만하임과 굴드너의 이론을 살펴보면, 만하임이 묘사한 자유롭게 떠돌아다니는 사람은 정확히 체제 밖에 동떨어져 있는 전통적인 지식인이며, 굴드너가 묘사한 신흥 지배계급 구성원은 체제 내의 유기적인 지식인이라고 말할 수 있다. 바꾸어 말하면, 결코 모든 지식인이 자유롭게 떠돌아다니는 것은 아니며, 모든 지식인들이 지배계급의 구성원이 되는 것도 아니다. 지식인들은 분화하는 것이다.

이러한 분화는 분명 만하임이 보았던 이질성, 즉 지식인들의 정치 관념상의 분야일 뿐만 아니라, 굴드너 등이 주목한 현상, 즉 전문 연구 영역에서의 분담일 뿐이다. 더 중요한 점은 이것은 지식인들의 사회적 위치와 사회적 분화에 대한 인식의 발단이라는 것이다. 나아가 유기적 지식인과 전통적 지식인 사이의 통합과 이동을 보면, 부분적으로 이전의 유기적 지식인이 전통적 지식인으로 사라지기도 했고, 전통적 지식인은 미래의 유기적 지식인으로 편입되어갔다. 그것은 일종의 동태 분석의 가능성을 보여준 것이다.

그람시의 옥중 수고는 아직도 정리되지 않았다. 그는 어떠한 경험적인 연구로도 더 이상 자신의 사상을 검증할 수 없을 것이다. 지식인에 대한 그의 상세한 논술은 주로 서유럽 특히 이탈리아 문예부흥 이래의 역사에 근거하였으며, 당연히 미래에 대한 상상을 포함한다. 그의 두 가지 개념 구분 또한 표면상으로는 명백히 상응할 수 없다. 그러나 그의 사상 중 최초의 독창적인 부분이 우리에게 깨우침을 주는 데는 아무런 지장이 없으며, 이는 만하임과 굴드너가 우리에게 지대한 사유 공간을 열어주는 것과 같다.

앞에서 서술한 분석을 종합하자면, 이 글은 지식인에 대한 새로운 구분을 시도한 것이다. 이러한 구분은 장차 경험적인 연구로 한 발 더 나아가는 방법이 될 것이다. 본문의 둘째 부분에서 나는 일찍이 지식인의 개념에 대한 함의를 핵심적으로 서술했다. 이러한 서술이 상당히 추상적인 것임은 의심할 나위가 없다. 만일 지식인의 현상에 대해 사회학적 연구를 할 생각이라면, 그 사회의 위상(과 흐름) 문제를 고려해야 한다. 아래의 구분은 바로 이러한 시도이다.

그람시가 보는 것처럼, 현대 사회의 경제, 정치, 문화의 이데올로기 체제 자체가 유기적으로 지식인을 포함하며, 그들은 현존 체제의 운행이나 정치, 이데올로기의 패권적 지위에서 대체할 수 없는 정합 작용을 일으키고 있다. 더 명확히 하기 위해, 이러한 부류의 사람을 '체제 내 지식인'이라고 일컬을 수 있을 것이다. 이에 상응하여 시민사회 혹은 유사 환경에서 전통적 의미의 문인, 학자, 예술가, 과학자 등은 현존 체제와 유기적인 내적 연관이 없기 때문에 '체제 밖 지식인'이라고 일컫는다. 이 두 유형 외에, 현존 체제와 서로 섞이지 못하는 지식인들도 있다. 그들은 체제를 비판하고 심지어 그 체제를 바꾸는 데 진력한다. 이것이 바로 '반체제 지식인'이다. 예를 들면 19세기 말 20세기 초 러시아 사회의 비판적인 지식집단이 바로 이러한 부류이다.

앞에서 말한 구분은 현실 속의 지식인 전부를 아우르는 것은 아니다. 만약 우리가 어느 한 사회(예를 들면 중국)에 대해 꼼꼼히 연구한다면 바로 깨닫게 될 것이다. 적어도 몇몇 역사적 시기에서 삼자 간의 과도기적 지식인도 존재할 것이고, 그들은 심지어 역사학 혹은 사회학에서도 꽤 의의를 지닌다. 그러나 개념을 분석하여 이론적인 측면에서 현실 개체 전부를 포괄하려 해서는 안 된다. 체제 내, 체제 밖, 반체제 지식인은 사회적 위치의 각도에서 보면, 이미 지식인의 전체 모습을 개괄한 것이다. 이러한 구분은 흔히 보듯이 연령에 따라 노년·중년·청년으로 나누는 것도, 지식 수준에 따라 고급·중급·저급으로 나누는 것도, 정치적 견해에 따라 좌파·중파·우파로 나누는 것도, 전문 영역에 따라 인문·과학·기술 지식인으로 나누는 것도 아니다. 사회체제를 함께하는 그들의 관계에 근거하여 그들을 현존하는 사회구조 속에 두고서 그들의 사회발전 참여 정도와 참여 과정 속에서 서로 다른 사회적 지위에 대해 고찰하는 것이 유리하다. 여기에 입각하여 논의하면 경험적인 연구에서 장차 표명할 적에 그것의 해석적 성격은 기타의 구분보다도 나을 것이다.

어떤 이론은 소련식 체제하에서는 체제 내 지식인만이 생존할 수 있다고 주장한다.[22] 이 이론은 소련식 체제의 몇몇 주요 특징과 결과에 주의한 것으로 여러 문서에 드러난 많은 역사 사료를 자세히 분석하면 쉽게 발견할 수 있지만, 사건의 진면모는 매우 복잡하다. 의심할 여지 없이 정치나 행정이 상당히 엄밀하게 조직된 사회에서 이른바 시민사회는 꽤 유한할 것이다. 따라서 체제 밖 혹은 반체제 지식인이 사회의 정식 구성원 신분으로 그 역할을 수행하기란 상당히 어려울 것이다. 즉 상대적으로 '자유롭게 떠도는' 지식인은 많지 않을 것이며, 사회를 반대하거나 혹은 현실을 비판하는 지식인이 생존하기란 더 쉽지 않을 것이다. 그렇지만 모든 지식인이 다 체제의 유기적인 지식인이 되어야 하는 것은 결코 아니다. 기원으로부터 말하자면, 일반적으로 체제 내 지식인은 상당 부분 기타 유형의 지식인으로부터 '모집'되거나 옮겨 왔다고 말한다. 특히 체제 건립 초기에는 더욱 그렇다. 이는 물론 어떤 사회의 어떤 단계에서도 세 종류의 지식인이 항상 똑같거나 비슷한 비율에 의거하여 존재한다는 말이 아니다. 반대로 몇몇 특정 시기에 어떤 지식인은 확실히 없었을지도 모른다. 영국에 바로 이러한 단계가 있었다. 그 해당 시기의 지식인은 모두 기존 체제를 인정하여 반체제 지식인이 존재하지 않았음은 본문에서 앞서 언급한 것과 같다. 현대 중국을 연구할 때에도 대략 20여 년 동안 적어도 대륙의 범위(타이완 역시 마찬가지) 내에서는 어떤 원인에서든지 반체제 지식인은 존재하지 않았거나 기본적으로 존재하지 않았다는 것을 알 수 있을 것이다. 여기에는 우열과 좋고 나쁨의 문제가 존재하지 않지만, 설명하고 싶은 것은 역사적 조건이 다른 사회에서는 지식인의 유형 역시 다르다는 점이다. 이 글에서 만하임, 굴드너의 이론 모형이 치밀하지 못하다고 보고, 지식인을 동태적으로 분류해야 한다고 주장하는 것은 이 때문이다.

6. 마침표가 없는 맺는말

체제 내, 체제 밖, 반체제 지식인 분류는 동태적이다. 지식인 개인으로 놓고 볼 때, 여자는 출가 후에 싫든 좋든 평생토록 남편을 따라야 한다는 식의 한 번의 거래 혹은 계획된 결혼은 존재하지 않으며, 그 혹은 그녀의 사회 위치가 고정불변하는 것은 아니다. 이보다 더 심한 것은 커다란 사회 개혁 시대가 도래함에 따라 서로 다른 유형의 지식인 역시 위치를 옮길 수 있다는 것이다. 특히 체제 내 지식인과 반체제 지식인은 사회체제 변혁이나 혁명이 발생했을 때 서로 위치가 바뀌는 일이 많다. 20세기 초 중국과 러시아에서 모두 일어난 적이 있다. 그러나 체제 밖 지식인은 민족문화 정신과 국가주권 존엄이 외부의 위협을 받는 비상 시기에 계속 문을 닫고 책을 읽거나 번잡한 세상사를 멀리하지 않았으며, 서재에서 걸어 나와 자신의 사회적 행위를 통해 비학술적 활동으로 위기를 극복하려고 노력하였다. 항일 시기 중국에서 바로 이러한 상황이 있었다. 위기가 구제되었든 아니든 간에 많은 사람들은 더는 체제 밖 지식인이 아니었다.

만하임이 세운 지식사회학은 지식을 단지 사람들의 지적 활동의 결과로만 보지 않고, 하나의 사회 제약 현상으로 보려고 시도하였다. 같은 이치로, 지식인을 연구할 때 역시 그들을 일정한 사회체제에 두고 아울러 그들이 어떻게 이러한 체제에 제약을 받는지, 또 어떻게 사람과 환경에 관한 사상인 지적 활동을 창조하여 체제와 사람(지식인 포함)을 변화시키는지를 고찰해야 한다.

　비교해서 말하자면, 지식인은 안분지족(安分知足)하지 않고 운명을 향해 고개를 숙일 줄 모르는 것 같다. 설사 이미 사회체제 안에서 어떤 일부 자리를 가졌다 해도 그들은 여전히 안분지족을 느끼지 않을 것이다. 그들은 영혼 깊은 곳에서 항상 표류하며, 또 그러면서 끊임없이 귀착점을 찾고 있을 것이다.〔박종혁 옮김〕

- 『中國社會科學季刊』(香港), 1993, 總第2期.

주註

1) E. Shils, "Intellectuals, Tradition, and the Traditions of Intellectuals: Some Preliminary Considerations", in Eisenstadt/Graubard(eds.), 1973.
   S. Lipset/A. Basu, "The Role of Intellectuals and Political Roles", in A. Gella(ed.), 1976.
2) S. Lipset, *Political Man*, New York: Doubleday, 1960.
   R. Brym, *Intellectuals and Politics*, London: George and Unwin Ltd., 1980.
3) M. Weber, *From Max Weber: Essays in Sociology*, NY: Oxford Univ. Press, 1946.
4) L. Coser, *Men of Ideas: A Sociologist's View*, NY: Free Press, 1965.
5) F. Neumann, 1976: 432.
6) Z. Bauman, *Legislator and Interpreters: On Modernity, Post-modernity and Intellectuals*, Cambridge, England: Polity Press, 1987.
7) W. Martin, "The Role of the Intellectual in Revolutionary Institutions", in R. Moban, 1987.
   R. Hofstadter, *Anti-Intellectualism in American Life*, NY: Vintage Books, 1963.
8) L. Feuer, "What is an Intellectual?", in A. Gella(ed.), pp. 47~58, 1976.
9) A. Swingewood, "Intellectuals and the Construction of Consensus in Postwar England", in A. Gagnon(ed.), 1987.
10) L. Feuer, op. cit.
    E. Shils, "The Intellectuals: I. Great Britain", in *Encounter*, vol. IV, no. 4, April, 1955, pp. 5~16.
    R. Kirk, "The American Intellectuals: A Conservative View", in Huszar, 1960, pp. 308~15.
    P. Anderson, "Origins of the Present Crisis", in *New Left Review*, no. 23, 1964, pp. 26~53.
11) P. Anderson, op. cit.
12) M. Malia, "What is the Intelligentsia?", in R. Pipes(ed.), 1961, pp. 1~18.

A. Gella(ed.), *The Intelligentsia and the Intellectuals*, London: Sage Publication Ltd., London, 1976.

13) V. Nahirny, *The Russian Intelligentsia: From Torment to Silence*, NJ: Transaction Books, NY: Columbia Univ. Press, 1983.

14) R. Michels, "Intellectuals", in *Encyclopaedia of the Social Sciences*, vol. 8, 1932.

A. Gouldner, *The Future of Intellectuals and the Rise of the New Class*, London: The Macmillan Press Ltd., 1979.

15) K. Mannheim, *Ideology and Utopia: An Introduction to the Sociology of Knowledge*, London: Routledge and Kegan Paul, 1979.

K. Mannheim, *Essays on Sociology and Social Psychology*, London: Routledge and Kegan Paul, 1953.

16) A. Giddens, *The Nation-State and Violence*, Cambridge, England: Polity Press, 1985.

17) H. Lasswell/D. Lerner(eds.), *World Revolutionary Elites: Studies in Coercive Ideological Movements*, Cambridge, Mass: MIT Press, 1965.

18) G. Konrad/I. Szelenyi, *The Intellectuals on the Road to Class Power*, A. Arato/R. Allen(trans.), NY: Harcourt Brace Jovanvich, 1979.

M. Djilas, *The New Class: An Analysis of the Communist System*, London: Thames and Hudson, 1957.

19) A. Gouldner, op. cit.

20) A. Giddens, *Social Theory and Modern Sociology*, CA: Standford, 1987.

21) A. Gramsci, *Selections from the Prison Notebooks*, Q. Hoare/G. Smith(eds.), London: Lawrence and Wishart, 1971.

22) C. Hamrin/T. Cheek, *China's Establishment Intellectuals*, NY: M. E. Sharpe Inc., 1986.

제2장 중국 지식인의 사적 고찰

● 위잉스 余英時

1. 지식인과 도(道)

　고대 중국에서는 지식인을 '사'(士)라고 불렀다. '사'라는 글자의 출현은 '도'(道)의 개념과 분리될 수 없다. 공자(孔子)는 "사는 도에 뜻을 둔다"(『論語』「里仁」)고 했지만 '사'와 '도' 두 개의 명사는 공자 이전에 이미 있어왔다. 그것들이 내포하는 뜻이 다른 경우도 종종 있다. 먼저 공자 이전의 상황에 대해 간단하게 이야기해보자.
　상(商)나라, 주(周)나라의 문헌 속에는 '다사'(多士), '서사'(庶士), '경사'(卿士) 등의 칭호가 흔히 보인다. 이러한 종류의 '사'는 대개 당시 학식과 교양이 있고 예절에 밝은 귀족이었다. 상(商)대의 갑골문자에 보이는 '점쟁이'〔卜人〕도 아마 사의 일종일 것이다. 『설문해자』(說文解字)와 『백호통』(白虎通)은 모두 "사(士)는 사(事)이다"라고 했다. 이 때문에 오늘날 많은 학자들은 모두 상(商)과 주(周)대의 문헌에서 '사'는 관청에서 각종 직무를 담당하는 사람이라고 믿는다. 주대의 교육은 예(禮), 악(樂), 사(射), 어(御), 서(書), 수(數), 즉 '육예'(六藝)를 위주로 하였고, 육예의 훈련을 받은 자를 일컬어 '술사'(術士) 혹은 '유'(儒)라고 일컬었다. 그들은 자신의 뛰어난 재주에 근거하여 다른 임무를 맡을 수 있었다. 예를 들어 공자는 일찍이 '위리'(委吏)가 되어 창고를 검열하고 드나드는 사람의 수를 검사하는 일을 맡았다. 이는 당연히 육예 가운데 수를 반드시 배워야 한다는 뜻이다. 공자 자신도 이렇게 말했다. "나는 무엇을 할까? 마부를 할까? 궁수를 할까?"(『論語』「子罕」) 공자도 어(御)와 사(射)를 배웠음을 알 수 있다. 예(禮)와 악(樂)에 대해 공자는 매우 깊이 연구하였다. 예와 악은 고대 귀족사회에서 용도가 가장 넓어서 이 두 종류의 기능을 배운 이후에야 적합한 일 즉 '사'(事)를 맡을 수 있었다. 예를 들면 각종 '상례'(相禮)와 '악사'(樂師)가 그러하다. 이것으로 볼 때, 『설문』(說文)에서 '사'(士)를 '사'(事)로 해석한 것은 확실히 근거가 있다.

공자 이전에 '도'(道)의 관념은 대체로 '천도'(天道)를 가리킨다. 즉 천도의 변화로써 인간사의 길흉화복을 설명한다. 이 점에 관해서 청(淸)대 전대흔(錢大昕)은 아주 핵심적으로 고증하였다.

> 옛 책에서 천도를 언급한 것은 길흉화복을 위주로 말했다. 『고문상서』(古文尚書): 사람이 거만하면 손해를 불러오고, 겸손하면 이로움을 받는다고 하였다. 이것이 바로 천도이다. 천도는 선한 자에게 복을 주고 방종한 자에게 화를 내린다. 『역전』(易傳): 천도는 가득 차면 덜어내고 겸손하면 보태준다. 『춘추전』(春秋傳): 천도는 서북쪽에 많이 있다. 천도는 멀고 인도(人道)는 가깝다. 부뚜막 신이 천도를 어찌 알리오! 천도는 아첨하지 않는다. 『국어』(國語): 천도에서는 선한 것에 상을 주고 방종한 것에 벌을 준다. 나는 악관(樂官)도 아니고 사관도 아니니 어찌 천도를 알겠는가? 『노자』(老子): 천도에는 친함이 없지만, 늘 선한 사람과 함께한다. 이 모두가 길흉의 운수를 언급하고 있다. (『十駕齋養新錄』卷三「天道」)

춘추 시대 이전에는 『논어』, 『노자』에서 말하는 추상적인 '도'라는 것이 없었다. '도'라는 글자는 단독으로 쓰였으며, 본래의 뜻은 단지 사람이 가는 길을 가리켰다. 그래서 『설문』에서 "도(道)는 가는 길이다"라고 하였다.

한마디로 말해서 고대의 '사'(士)는 관청의 각 부문에서 어떤 일〔事〕을 맡아서 하는 관리를 말하는 것이다. 고염무(顧炎武)는 "사자(士者)란 구체적으로 어떤 직책이 있는 사람을 말한다"고 했다(『日知錄』 卷七 「士何事」). 또 다른 면에서, 고대에도 일종의 보편적이고 추상적인 도라는 개념이 발전하지 않았다. 춘추 이전에 말하는 이른바 천도라는 것은 구체적인 것으로서 인간의 길흉화복을 주관하는 것이었다. 이러한 천도는 그때까지도 완전히 원시 종교(primitive religion)의 단계에서 벗어나지 못했다. 원시 종교에서 특수한 능력을 가질 수 있는 소수만이 천인(天人)이라든가 신인(神人) 사이의 매개가 될 수 있었다. 예를 들면 상나라 때 점쟁이라든가 주나라의 무당, 악관, 사관 등이었다. 그러나 점쟁이, 무당, 악관 혹은 사관은 단지 '사' 가운데 일부일 뿐이었다. 나머지 '사'는 결코 천도와 직접적인 관련이 없었다. 그래서 단양공(單襄公)은 노성공(魯成公)의 질문에 "나는 악관도 아니고 사관도 아닌데, 어찌 천도를 알리오?"라고 대답하였다(『國語』 「周語下」). 위소(韋昭)의 주해에 따르면 고(瞽)는 악태사(樂太師)로서 음악을 관장하는데, 군인들이 내지르는 소리를 듣고 길흉을 관찰하였다고 한다. 사(史)는 태사(太史)로서 천시(天時)를 관장하였다. 이 둘의 직업은 모두 천도를 아는 것이었다.

여기서 알 수 있듯이, 공자가 "사(士)는 도에 뜻을 둔다"고 말한 것은 새롭게 출현한 역사적인 상황을 가리키는데, 이는 춘추 시대 이전의 전통과는 확연히 다르다. 이러한 새로운 상황의 출현은 사와 도라는 두 개념이 모두 춘추 시대에 기본적인 변화가 있었음을 말해준다. 다음은 이러한 변화의 과정을 한번 거슬러 올라가기로 한다.

춘추 이전의 '사'란 고염무가 말했듯이 "대체로 모두 직책이 있는 사람"을 의미했다. 이것은 주(周)대 봉건제도 아래에서 '사'는 귀족계급 중 가장 낮은 층에 속하고 '사' 위에는 '천자'(天子), '제후'(諸侯), '대부'(大夫) 등 각 등급이 있어 피라미드식 구조를 이루기 때문이다. 봉건 귀족은 대대로 세습하여 시(詩), 서(書), 예(禮), 악(樂) 등의 각종 지식을 독점했을 뿐만 아니라 정부의 각급 지위 또한 독점하였다.

이러한 상황에서 사의 지위는 제한되어 있었다. 이와 같은 한정성은 세

가지 측면으로 말할 수 있다. 사회적 신분으로 말한다면, '사'는 봉건 귀족 계급 내에 제한되었으며, 정치적인 면에서 '사'는 각종 구체적인 지위 가운데 한정되었고, 사상적 측면에서 '사'는 왕조 관학의 범위 내에서 시·서·예·악 등으로 한정되었다. 이러한 세 가지 제한 속에서 '사'가 초월적 정신을 발전시켜 현실 사회에 대해 전면적이고도 체계적으로 반성하고 비판하기란 그리 쉽지 않다. 그러므로 춘추 이전의 '사'는 '지식인'(intellectuals)으로 간주할 수 없다. 현대적인 관념 속의 지식인이란 필연적으로 비판자의 역할 또한 맡아야 하기 때문이다.

그렇다고 춘추 이전의 '사'가 현실 사회에 대해 전혀 비판이 없었다는 말은 결코 아니다. 『시경』(詩經)을 보면 서주(西周) 말기(여왕麗王 이하)에 현실 비판의 작품이 더욱 많았고 풍자적 시편도 많이 출현하였다. 소공(召公)이 여왕(麗王)에게 말한 것에 따르면, "그러므로 천자가 정사를 듣기 위해 공경(公卿)에서부터 여러 사(士)에 이르기까지 시를 바치게 하였다"고 했다. 『국어』「주어상」(周語上)의 이러한 '풍자시' 중에는 특히 '사'의 비판이 잘 담겨 있다. 또한 『좌전』(左傳) 양공(襄公) 14년에 따르면, "사가 전하는 말에는 사람을 비판하는 말"이 많이 담겨 있다. 그러므로 '사'는 고대에 원래부터 이미 비판의 책임을 갖고 있었다.

그러나 서주 시기의 사회 비판, 예를 들어 『시경』 소아(小雅)의 「절남산」(節南山), 「정월」(正月), 「십월지교」(十月之交), 대아(大雅)의 「상유」(桑柔), 「첨앙」(瞻卬) 편 등은 모두 국부적 또는 구체적인 풍자를 담고 있다. 이는 공자 이후의 '사'와 크게 다르다. 후자는 모두 도의 초월적 관점에서 현실 세계를 비판한 것이기 때문에 깊이 있고 철저하였다. 이때를 전후로 두 시대의 사는 같지 않으며, 주로 전기의 '사' 사상은 사회적 지위와 정치적 직위에 제한되었다. 이것은 바로 증자(曾子)가 "군자의 생각은 그 지위를 벗어나지 않는다"고 말한 것과 같다. 『논어』「헌문」(憲問)에서 만약 사가 사고하는 문제가 완전히 그들 직무 범위 내에 제한되었다면, 그들이 제기하는 비판 역시 구체적이고 국부적이었을 것이다.

그러나 춘추 시대에 이르러 사의 사회적 지위는 근본적으로 변화를 일으키게 된다. 이것은 주로 주(周)대 봉건 질서가 해체된 결과이다. 봉건제도 아래에서, '사'는 본래 '대부'(大夫)의 아래에 있었고 귀족 가운데 최하계층이었으며, 사의 밑에는 오직 서인(庶人)이라 일컫는 평민만이 있었다. 현존하는 문헌에 따르면, 대략 기원전 6세기 전부터 사는 점차 서인과 합해지게 되었다고 한다.『국어』「초어하」(楚語下)에서 관사부(觀射父)가 제사에 대해 논할 때, "사와 서인이 머무를 때", "사, 서인은 그 조상을 넘어서지 못한다"고 말하였다. 금문(金文)의『주공화종』(邾公華鐘)에서도 "누대에서 잔치하는 사(士), 서자(庶子)"라고 했는데, 이것은 곧 사, 서인을 가리킨다. 그리고 당시 사람들의 관념 속에서 사와 서인 사이는 사회적 거리로 볼 때 사와 대부 사이보다 더욱 가까웠다. 이러한 현상은 사회적 흐름의 한 결과였다. 한쪽 면에서 서인은 이미 사의 자리에 오를 수 있는 기회가 적지 않고, 또 다른 면에서는 귀족계급에서 특히 사는 엄청나게 많이 서인으로 지위가 떨어지기도 하였다. 기원전 538년 숙향(叔向)은 이미 진(晉)나라 귀족 가운데 팔성(八姓)의 후대가 "하급 관노로 떨어진 계급"(『左傳』昭公 3年)이라고 하였다. 기원전 509년 사묵(史墨) 또한 감개무량하여 말했다. "삼후(三後)의 성은 현재 서(庶)가 되었습니다"(『左傳』昭公 32年). 삼후란 단지 우(虞), 하(夏), 상(商) 삼대의 왕족을 가리키는 말이 아니고, 예로부터 모든 망국(亡國)의 제후 일족과 쇠락한 귀족의 후대를 모두 일컫는 말이다. 사는 제일 낮은 귀족층에 속했기 때문에, 귀족계층의 하강과 서인의 상승이 모이는 지대에 속한다. 사와 서인 간의 경계선은 이 때문에 점점 더 모호해졌다. 전국(戰國) 시대로 발전되자(기원전 5세기 중엽 이후), 사는 결국 더는 귀족에 속하지 않았고 사민(四民)의 우두머리일 뿐이었다.『곡량전』(穀梁傳) 성공(成公) 원년에 이르기를,

> 상고(上古)에는 사민(四民): 사민(士民), 상민(商民), 농민(農民), 공민(工民)이 있다.

『곡량전』은 비교적 나중에 쓰였으므로 여기서 말하는 사민(四民)과 사

민(士民) 등은 대개 전국 시대 중기, 말기에 유행된 명사다.

사가 귀족 가운데 최하 계급에서 사민(四民)의 우두머리로 변한 것은 아주 중요한 역사적 발전이다. 이로부터 사는 고정적인 봉건 질서에서 해방될 수 있었다. 그들은 한편으로 지위의 보장을 상실하여 고염무가 말한 대로 "사(士)는 고정된 주인이 없는"(『日知錄』「周末風俗」) 상태가 되었다. 그러나 다른 한편으로 그들은 자유를 얻었으며 사상적으로 '정해진 자리'의 제한을 받지 않았으며, 종종 '유사'(游士)라고 불렸다. 여기서 '유'(游)는 적어도 두 가지 층위의 의미를 내포한다. 첫째는 여러 나라를 이곳저곳 다니며 직업을 구하는 것이고, 둘째는 봉건 관계로부터 벗어나는 것을 일컫는다. 그들은 중국 역사상 지식인의 원형을 대표한다.

위에서 말한 사의 전환은 공자의 시대에 발생하여, 공자가 말한 "사(士)는 도에 뜻을 둔다"라는 역사적 배경을 설명할 수 있다. 봉건 해체와 사회 흐름의 결과 사는 고정적인 신분의 구속을 받지 않게 되었으며, 이 때문에 사상적 측면에서도 해방될 수 있었다. 그들은 과거 "생각함에 그 지위를 벗어나지 않는다"에서 현재 "그 지위를 벗어날 생각을 한다"로 변하였다. 이러한 초월적 정신의 출현은 그들로 하여금 현실 세계에 대해 전면적인 반성과 비판을 할 수 있는 능력을 가질 수 있게 하였고, 나아가 자유자재로 이상 세계―'도'(道)에 대한 탐구를 할 수 있게 하였다. 그러므로 중국 역사상 지식인은 처음부터 도와 분리될 수 없었다.[1]

2. 철학적 돌파와 내향적 초월

청대(淸代) 장학성(章學誠, 1738~1801)은 『문사통의』(文史通義) 「원도중」(原道中)에서 말했다. "관리의 다스림과 교사의 가르침이 통합되면 천하의 총명함은 하나로 범주화된다. 기(器)에 입각하여 도(道)가 존재하면 사람의 마음에 초월적인 사고가 없게 된다. 관리의 다스림과 교사의 가르침이 분리되면 총명, 재지(才智)는 제한을 받지 않는다. 바로 일음(一陰)과 일양(一陽)이 천성을 수용하는 한쪽에 들어가서 각기 드러나는 것을 두고 본래부터 그러한 것이라고 여기는 것도 형세인 것이다." 그의 생각을 현대적으로 해석해보자. 공자 이전에는 정치와 사상이 하나로 통합되어서 학자들에겐 하나의 초월적 관점이 없었다. 그래서 그들은 구체적인 문제〔器〕에 대해 그저 자신의 직분 안에서만 사고하여 정치사회 질서의 본질〔道〕에 대한 총체적인 이해가 없었다. 그러나 공자 이후 정치와 사상이 나누어져 학자의 총명함과 재주가 더는 제한을 받지 않게 되었고, 이 때문에 그들은 자신의 천성에 따라 독특한 견해를 펼칠 수 있게 되었으며 스스로 도(道)의 전모(全貌)라고 간주했다. 장학성은 마지막으로 "제자(諸子)들은 저마다 이미 도를 말하고 스스로 극에 다다랐다고 여기며, 그러한 도를 통해 천하를 바꿀 수 있다고 생각한다"고 말했다. 이는 현대적인 안목을 통한 깊은 관찰이지만, 그 근거는 『장자』「천하편」(天下篇)에 있다. 「천하편」에서 이렇게 말했다.

천하가 크게 어지러워지자 성현들은 자취를 감추고 도덕이 통일되지 못했다. 세상에서는 한쪽 끝을 더 터득했다고 하여 스스로 만족하였다. 예를 들면 귀와 눈과 코와 입은 제각기 분명한 기능이 있지만 서로 통할 수 없는 것과 같다. 이것은 마치 백가들의 여러 재주와 같아서 모두가 특징이 있어서 때때로 각기 쓰이는 데가 있는 것과 같다. 그러나 그것들은 모든 것을 포괄하고 모든 일에 적용될 수 없는 한쪽 모퉁이로 치우친 학문을 하는 선비들이다. …… 슬프도다! 백가의 여러 학자들은 자기들 생각대로만 달려나가 근본에 다다르지 못하고 도에 합치되지 못할 것이다. 후세의 학자들은 불행히도 하늘과 땅의 순수함과 옛사람들의 전체적인 모습을 보지 못하여 도술이 세상의 학자들에 의해 찢기고 있다.

「천하편」의 저자는 고대에 통일적이던 도(道)가 전국 시대에 이미 완전히 분열되었으며 이 때문에 제자백가가 흥기하게 되었고, 제자백가는 각기 도의 일부분을 얻게 되었다고 지적하였다. 이는 확실히 중국 도의 역사에서 일대 변화로서 다른 고대 사상가들 또한 동일하게 관찰된다. 순자(荀

子)는 "보통 사람의 근심거리는 하나의 왜곡에 가려 큰 이치에 어두워지는 것이다"라고 하였다. 즉 제자백가들이 제각기 '가려진 바'가 있어서 생각이 이르는 곳마다 "모두 도의 한쪽 구석일 뿐"(『荀子』「解蔽」)이라고 지적하였다. 『회남자』(淮南子)「숙진훈」(俶眞訓)에는 "주나라 왕실이 쇠퇴하자 왕도가 무너지고, 곧 유가(儒家)와 묵가(墨家)가 일어나기 시작하여 도를 놓고 서로 주장하며 무리를 나누어 시비를 다투었다"고 말했다. 이는 장학성의 논점이 옳다는 것을 증명한다. 제자(諸子)들이 저마다 도를 말하고 그러한 도로써 천하를 바꾸려 하는 것은 그들이 이미 초월적인 관점을 가지게 되었고 각자 자유로운 지식인이 되었기 때문이다.

도의 관념에서 커다란 변화는 공자의 시대에 발생했다. 제일 먼저 기존의 천도 신앙이 흔들리기 시작했다. 기원전 523년 자산(子産)은 이렇게 말했다.

> 천도(天道)는 멀고 인도(人道)는 가깝다. 천도가 인도에 미칠 바가 아닌데 무엇을 근거로 천도로써 인도를 안다고 하는가? 비조(裨竈)가 어찌 천도를 알 수 있겠는가? (『左傳』昭公 18年)

비조는 정(鄭)나라의 악관이자 사관이었던 인물로 그의 전공은 '천도를 아는 것'이다. 그러나 당시 자산은 이미 그가 '천도를 아는 것'을 믿지 않았다. 뿐만 아니라 자산의 "천도는 멀고 인도는 가깝다"는 말은 중요한 선언으로서 도의 중심이 이미 하늘에서 사람으로 전환되었음을 설명한 것이다. 자산은 길흉화복이 원시 천도만을 언급하는 것을 타파하였는데, 이는 이후 유가에 가장 큰 영향을 미쳤다. 맹자(孟子)는 "마음을 다하는 자는 본성을 안다. 본성을 알면 하늘을 알게 된다"(『孟子』「盡心上」)고 하였고, 순자는 "자신에게 있는 것을 공경하고, 하늘에 있는 것을 흠모하지 않는다"(『荀子』「天論」)고 논한 바 있다. 이는 사람의 자아에 대한 이해를 거친 이후에야 하늘을 알 수 있음을 강조한 것이다. 기원전 494년 범려(范蠡)는 이렇게 말하였다.

천도는 가득 차도 넘치지 않고 번성하여도 자만하지 않으며, 노력하면서도 그 공을 자랑하지 않는다. …… 하늘은 사람에 근거하고 성인은 하늘에 근거한다. 사람이 스스로 살아가면 천지가 징조를 드러내고 성인은 이에 근거해 일을 이룬다. (『國語』「越語下」)

이 또한 비교적 참신한 천도의 의미로서 후세 도가(道家)의 관점에 가깝다.[2] 원시 천도는 "가득 차면 흔들린다"(『左傳』莊公 4年) 혹은 "가득 차면 반드시 무너진다"(『左傳』哀公 11年)고 가정하였다. 길흉화복은 이것으로부터 추론되어 나온 것이다. 이러한 전통적 사상은 공자 시대에 여전히 영향을 끼쳤다. 여기서 "가득 차도 넘치지 않는다"는 "가득 차면 흔들린다", "가득 차면 반드시 무너진다"의 반대 명제임을 알 수 있다. 이 외에도 묵자(墨子)의 천지(天志)는 하늘을 인격화하여 길흉화복을 주로 하는 원시 천도를 초월하였다. 결론적으로 공자 이래 제자백가는 제각기 도의 관념을 발전시킨 것이다. 대체로 각 학파의 도는 천도와 인도를 결합하여 이른바 천인합일(天人合一)의 경향을 지니게 되었다. 또한 학파마다 견해가 나뉘어 주요 중점이 각자 다르다. 예를 들면 사람을 중시하는 유가가 있고 하늘〔天〕을 중시하는 도가가 있다.

그러나 『장자』「천하편」, 『순자』「해폐」, 『회남자』「숙진훈」에서 말한 도 혹은 천도는 절대로 길흉화복의 천도만을 가리켜 말한 것은 아니다. 사실상 "도술은 장차 천하에 분열될 것이다"라는 말은 주로 고대 문화사회의 질서가 전면 해체됨을 지적한 것으로서, 당시 사람들이 말한 '예악의 붕괴'를 말한다. 춘추 시대 사람들도 예(禮)를 '하늘의 도'(天道)라고 간주했는데, 이는 계문자(季文子)가 "예는 하늘에 순종하는 것으로써, 하늘의 도이다"(『左傳』文公 15年)라고 말한 것과 같다. 자산도 일찍이 "무릇 예란 하늘의 떳떳한 도리이고 땅의 도의이며 백성의 행실이다"(『左傳』昭公 20年)라고 하였다. 따라서 『장자』「천하편」에서 말한 '도'의 분열도 '예악의 붕괴'에 대한 철학적 기술로 간주할 수 있다.

비교문화사의 관점에서 보면, "도술은 장차 천하에 분열될 것이다"라는 말은 바로 현대의 사회학자, 철학자, 사학자 들이 말하는 "철학적 돌파"(哲學的 突破, Philosophic breakthrough) 혹은 "초월적 돌파"(超越的 突破, transcendent breakthrough)라고 말할 수 있다. 고대의 몇 가지 주요한 문화는 모두 '돌파'의 단계를 거쳤다. 그리스의 돌파는 소크라테스와 플라톤의 고전철학으로부터 발생했고, 이스라엘의 돌파는 선지 운동(先知運動, prophetic movement)을 가져왔다. 보편적이고 뛰어난 상제(上帝)의 관념은 이로부터 성립하게 된다. 인도(印度)의 돌파는, 즉 업보(業報)와 윤회(輪廻)가 그 중심 관념이라 할 수 있고, 경험적 세계를 비현실적인 것〔虛幻〕으로 여긴다.[3] 한편 사학자들의 관찰에 따르면, 역사상 '돌파'는 늘 몰락에 이어 '붕괴'(崩壞)가 출현했다. 원래부터 있었던 문화사회의 질서가 붕괴했기 때문에 사상가들도 비로소 새로운 돌파를 찾으려고 노력했다.[4]

　춘추전국 시대는 몰락에서 돌파까지 이러한 역사 과정과 완전히 일치한다. 이른바 몰락은 곧 '예악의 붕괴'이고, 돌파는 즉 유가, 묵가, 도가 3가의 출현이다. 이들은 모두 예악 붕괴의 반향으로부터 직접 생겨났으며, 이것은 분명한 사실이다. 유가의 반향은 예악의 전통을 새롭게 바꾸는 것이었고, 예악에 새로운 정신적 기반을 제공했는데 이것이 바로 공자의 '인도'(仁道)이다. 예악의 붕괴는 예악이 이미 위선적인 형식으로 흘렀기 때문이다. 그래서 공자는 이렇게 말했다.

　　흔히들 예절 예절 하는데, 그게 옥이나 비단을 말하는 것이겠는가! 흔히들 음악, 음악 하는데 그게 종소리나 북소리를 이르는 것이겠는가? (『論語』「陽貨」)

　형식화를 극복하기 위하여 공자는 예악에는 반드시 인을 그 안에 내재된 근거로 삼아야 한다고 강조했다. 그래서 그는 또 말했다.

　　사람으로서 어질지 않으면 예를 배워 무엇하며, 사람으로서 어질지 않으면 악을 배워 무엇하리? (『論語』「八佾」)

자기를 극복하고 예로 돌아가는 것이 인을 실천하는 것이다. 하루라도 자기를 극복하여 예로 돌아가면 천하가 인으로 돌아올 것이다. 인을 하는 것은 자기로부터 비롯되는 것이지 어찌 남으로부터 비롯되는 것인가? (『論語』「顔淵」)

묵가는 '예악의 붕괴'에 대해 유가와는 상반된 반응을 보였다. 묵자는 고대 예악 전통의 가치를 부정했다. 그래서 유가의 예악 이론에 반대했다. 『묵자』(墨子)의 「절장」(節葬)과 「비악」(非樂) 두 편은 이러한 묵가의 태도를 대표한다. 『장자』「천하편」에서 묵자가 "고대의 예악을 훼손했다"고 한 것은 확실히 근거가 있다. 묵가의 '돌파'는 종교적 방식을 채택하여 의지를 지닌 '하늘'(天)을 구성하였고, '겸애'(兼愛)와 '비공'(非攻)은 모두 하늘의 뜻을 계승한 것이라 했다. 도가의 '돌파' 또한 예악의 전통을 극복한 것이다. 『노자』에서 말했다.

　　그러므로 도가 없어진 뒤에 덕이 나타나고, 덕이 없어진 뒤에 인이 나타나며, 인이 없어진 뒤에 의가 나타나고, 의가 없어진 뒤에 예가 나타났다. 무릇 예라는 것은 충성과 신의의 얄팍한 껍데기이며 혼란의 으뜸이다.

도가의 도는 자연을 근본으로 여기기 때문에 문화(인위적인 것)를 부정한다. 예는 곧 문화의 산물이며 또한 사람으로 하여금 자연 상태에서 떨어지게 하는 시발점이라는 것이다. 여기서 '인'과 '의'는 유가의 이론을 가리킨다. 인과 의가 설사 고대의 예악을 초월했다 하더라도 도가의 입장에서 보기에는 여전히 인위적인 것이며 자연적이지 않은 것이다. 이른바 장자의 '좌망'(坐忘) 역시 먼저 "인의를 잊어버리고" 그 후에 "예악을 잊어버리고" 가장 나중에, 즉 모든 지식을 "잊는 것이다"라고 했다. 여기서 '잊는다'는 것은 초월함을 말한다. 사람은 반드시 문화가 조성한 모든 분별에서 초월해야 비로소 도가 완전히 합쳐져서 하나로 된다는 것이다(『莊子』「大宗師」).

　서방의 학자들도 일찍이 이에 대해 지적했다. 중국 고대의 '초월적 돌파'는 가장 덜 급진적(least radical)이며,[5] 혹은 가장 보수적(most conservative)이다.[6] 이러한 논단은 갖가지 문화의 돌파를 상호 비교하여 얻어낸 것이다. 문화사(文化史)에서 돌파가 갖는 가장 중요한 의미는 서로 양립하는 두 세계의 출현이라 할 수 있다. 즉 '세간'과 '출세간'의 구분이다. 예컨대 그리스 고전 철학 가운데 '실재 세계'(the real world)와 '현상 세계'(the phenomenal world)의 구별이다. 플라톤의 이데아 또는 형상 이론(Platonic Theory of Ideas or Forms)은 이러한 구별을 위해 철학적 해석을 제기한 것이다. 현상 세계에서 구체적 사물은 모든 실재 세계의 이데아와 원형(理型, Forms or Ideas)의 불완전한 복제품이다. 이로써 그리스 '철학의 돌파' 이후에 양립한 세계는 경계가 분명한 것임을 알 수 있다. 초월적 세계는 세상 모든 가치의 근원이며, 그것은 세간보다 높을 뿐만 아니라 또한 세간 밖에 존재하는 것이다.

　이스라엘의 '돌파' 또한 두 개의 첨예한 대조적인 세계에서 출현하였다. 신과 그가 창조한 인간 세상이다. 선지자〔예언자, prophets〕는 즉 신의 사자〔신의 계시를 받은 사람, messengers〕이며, 그는 세상 사람들을 향해 신의 뜻을 전달한다. 세간이라는 것은 한편으로는 완전히 신과 그 존재에 의지하면서도 다른 한편으로는 신의 모든 계획을 실현하는 수단이다.

　인도의 '철학적 돌파'는 대체로 『우파니샤드』(*Upanisbad*) 안의 철리와 불교 교의를 대표한다. 인생은 무명(無明) 때문에 업보를 짓고, 업보를 갖기 때문에 윤회에 빠진다. 윤회의 고해에서 벗어나고 싶다면 반드시 지혜에 의지해야 한다. 이 사상은 『우파니샤드』와 불교에 이르러 비로소 체계적으로 발휘될 수 있다. 인도의 두 세계는 이러한 사상 위에 건립된 것이다. 속세는 바로 수시로 변하는 윤회이며 단지 부정적인 의미만 있으므로 후세의 철학자들은 속세는 덧없다는 말을 더욱 강조했다. 출세간은 즉 브라만이며, 브라만은 조물주이자 변함이 없는 세계를 가리킨다. 『우파니샤드』의 중심 관념은 브라만과 아트만이 합쳐져 하나가 된 것이다. 그래서 인간이 해탈을 구하고자 한다면, 오직 브라만의 세계에 영원히 머물러야 한다. 인도의 출세간 사상은 여기에서 완전히 나타난다. 속세에 대해 포기하는 태도를 취하는 것 중에 인도 사상보다 더 철저한 것은 없다.

중국의 두 세계는 상술한 3대 문화와 모두 같지 않다. 속세와 출세간은 가깝지도 멀지도 않은 관계이다. 유가와 도가는 한나라 시대 이래로 이미 중국 사상의 주류가 되었으므로, 이 두 학파를 예로 삼아 보충 설명한다. 유가는 주류 중의 주류이며 속세에 대해서 가장 긍정적이지만, 동시에 속세의 모든 가치는 출세간에서 왔다는 것을 강조한다. 만약 도로써 유가적 '출세간'을 대표하고, 일상의 인생으로써 유가적 '속세'를 대표한다면 우리는 이렇게 볼 수 있다. 이 두 세계는 완전히 합일된 것도 아니고 분리된 것도 아니다. 『중용』(中庸)의 첫 장에서 말했다.

도라는 것은 잠시도 떨어져 있을 수가 없는 것이니, 떨어질 수 있다면 도가 아닌 것이다.

주희(朱熹)가 『집주』(集注)에서 말했다.

도는 일상 사물(日用事物)에서 마땅히 실천해야 할 이치이니, 모두 본성의 덕(德)으로서 마음에 갖추어져 있는 것으로 사물마다 있지 않음이 없고, 때마다 그러하지 않음이 없다. 이 때문에 잠시도 떠날 수 없는 것이다. 만일 떠날 수 있다면 외물(外物)이지 도가 아니다.

『중용』에서 또한 공자의 말을 인용하였다.

도란 사람에게서 멀지 않은 것이니, 사람이 도를 실천하면서도 사람을 멀리 하면 도를 실천할 수 없다. (제13장)

여기서 도는 한편으로 일상의 사물을 초월하며, 한편으로 일상의 사물 안에 두루 존재하는 것임을 알 수 있다. 왕양명(王陽明)은 시에서 이렇게 말했다.

일용(日用)을 떠나지 않고 항상 마음 안에서 실행하고, 곧장 선천(先天)으로 나아가지만 아직 앞을 계획하지 못하네. (「別諸生」)

이는 모두 유가가 속세에 나아가면서도 속세를 초월하는 태도를 충분히 설명하고 있다.

도가는 비교적 출세간에 편중되어 있지만 여전히 속세를 떠나지는 않는다. 『노자』에서 "도는 두루 행하여 다함이 없다"(제25장)고 하였고, 『장자』에서도 "도는 없는 곳이 없다"(「知北遊」)고 했다. 따라서 도가의 출세간과 속세는 결코 분리된 것이 아니다. 『노자』에서는 "그 빛을 감추고 먼지 속으로 들어간다"(제4장)는 말이 있는데, 하상공(河上公)은 이에 대해 이렇게 주를 달았다.

비록 혼자만이 볼 수 있는 밝음이 있더라도 어두움이 있다는 것을 알아야만 하고, 남을 요란하게 해서는 안 된다. 항상 대중들과 먼지를 같이 쓰고 유별나게 다르게 해서는 안 된다.

이는 즉 도를 지닌 사람은 여전히 세속에 있으며 나아가 세속에 있는 사람과 한 덩어리라는 것을 말한다. 『장자』의「천하편」에서도 "시비를 따지지 않으며, 속세와 더불어 거처한다"는 말은 도가가 세속과 단절하지 않았다는 증거이다. 곽향(郭向)이 『장자』 주를 달아서 말했다.

그러므로 세파를 함께해도 스스로를 잃어버리지 않으면 비록 세속에 노닐더라도 민멸되어 흔적이 없다. 어찌 반드시 너로 하여금 놀라게 하겠는가! (『莊子』「天地」)

도가의 입장은 "세속을 초월하면서도 세속을 벗어나지 않는다"라고 말할 수 있다. 유가와 도가 두 학파뿐만 아니라 후대의 중국 불교 특히 선종(禪宗) 역시 이와 같다. 『담경』(壇經)에서 말했다.

진리는 원래 있지만 속세와 출세간에도 있으리. 속세를 떠나지 말고 밖으로 출세간을 구하리. (「敦煌本第三六節」)

속세와 출세간은 여전히 가깝지도 멀지도 않다. 이로써 알 수 있는 것은 중국 고대의 '초월적 돌파'는 사실상 그 뒤 2천여 년의 사상적 전통을 결정하고, 또한 중국 지식인의 기본 성격을 결정했다는 점이다. 공자가 말한 "선비는 도에 뜻을 둔다"는 말은 선진 시대의 유가 지식인에게만 적용되는 것이 아니라, 후세 각파의 지식인에게도 똑같이 적용된다. 중국의 도는 처음 시작부터 특징을 갖추었는데, 우리는 이러한 특징을 '내향적 초월'이라고 말할 수 있다. 중국의 지식인은 대체로 모두 내향적 초월이라는 특징을 지닌다.

3. 내향적 초월과 '세계를 변화시킴'

마르크스는 일찍이 "철학자는 이전에 여러 다른 방식으로 세상을 해석하였다. 그러나 진정한 관건은 그것을 변화시키는 것이다"라고 말하였다. 마르크스는 여기에서 '세상을 해석하는' 철학자는 서양 고대와 봉건 시대의 지식인이고, '세계를 변화시키는' 철학자는 서양 근대와 현대의 지식인이라고 하여, 서양 지식인을 두 유형으로 나누었다. 그리스 '철학의 돌파'는 세상을 초월하고 세상보다 더 높은, 그러나 세상 밖에 존재하는 외재적 초월(external transcendence)이다. 철학자의 주요 관심사는 영원히 변하지 않는 초월 그 자체 혹은 진리 세계에 있었기 때문에 그들의 사변적 이성(speculative or theoretical reason)은 세간을 초월하여 정관(靜觀)하고 명상(contemplation)하며, 변화하는 소란스러운 세간의 생활에는 크게 관심을 두지 않았다. 소크라테스가 고대 도시국가의 정치 생활에 휘말려 사형당한 뒤부터 그리스의 철학자들은 더욱 정치 생활에 참가하지 않았다.[7] 플라톤 이후로 서양 문화사에 '정관하는 인생'(vita contemplativa)과 '행동하는 인생'(vita activa)의 구분이 나타났다. 철학자가 '세상을 해석하는 것'은 곧 '정관'의 결과이다. 봉건 시대의 스콜라 철학자(schoolmen)들은 여전히 계속해서 정관하는 인생을 살았다. 또 다른 면에서는 서양 봉건 시대 기독교 교회가 세계를 변화시키는 임무를 인정하고 받아들였다. 기독교에서 하느님의 뜻은 '세상을 구하는 것'이라는 생각에 근거를 두기 때문이다. 유럽 봉건 시대의 교회는 이른바 '야만인'(barbarians)에게 교화를 진행하고, 군주의 권력에 제한을 가하는 동시에 학술과 교육을 발전시켰다. 이러한 일들 모두 세상을 변화시키는 일에 속하는 것이며 이것이 바로 행동하는 인생이다. 서양의 근대와 현대의 지식인은 계몽운동(enlightenment) 이후가 되어서야 대거 출현했다. 이는 서양 문화가 '세속화'(secularization)된 결과이다. 18세기 이후의 서양 지식인은 이때 비로소 방향을 바꾸어 '행동'과 '실천'(practice)을 중시하게 되었다. 서양 근대 사상의 혁명에는 모두 지식인들의 참여와 지도가 있었다.

서양의 상황에 비추어 보면 우리는 더 확실하게 중국 지식인의 특징을 알 수 있는데, 이러한 특징은 도의 내향적 초월성과 큰 관련이 있다. 첫째, 중국 지식인들은 스스로 세간을 초월하는 정신으로 세간에서 일어나는 일에 대하여 질문을 던지기 시작했다. 달리 말하면 그들은 도를 이용하여 '세상을 변화시키려' 했던 것이다. 청나라 초 유명한 사상가이자 문학가인 고염무는 말했다.

> 군자가 학문을 하는 것은 도를 밝히고 세상을 구하고자 하는 것이다. (『亭林文集』卷四「與人書」二十五)

동시대 이옹(李顒)도「답고영인선생」(答顧寧人先生)에서 말했다.

> 만약 도를 밝히고 마음을 정하여 체(體)로 삼으며, 세상을 경영하고 사물을 관장하여 용(用)으로 삼게 되면, 체는 진체(眞體)가 되고 용은 실용(實用)이 된다.(『二曲集』卷十六,「書牘上」)

'구세', '경세' 모두 세상을 바꾸는 일이다. 이러한 의식이 춘추전국 시대에서 청대에 이르기까지 계속해서 중국 지식인들의 전통으로 관통되었다.

이른바 구세 혹은 경세에도 긍정적인 면과 부정적인 면 두 가지 방식이 있다. 긍정적인 면의 방식은 관직에 나아가는 것이다. 그러나 관직에서 도를 근거로 삼는다는 것은 실현 불가능한 일이다. 그래서 공자는 "천하에 도가 있으면 나아가고, 도가 없으면 물러난다"(『論語』「泰伯」)고 하였다. 순자도 거듭 "그 도를 좇아야지 임금을 좇아서는 안 된다"(『荀子』「臣道」, 「子道」)고 하였다. 이 원칙은 적어도 이론상으로는 후세 유가 지식인들 모두에게 공통으로 받아들여졌다. 비록 실천에는 많은 어려움이 있더라도 말이다. 송대(宋代)에 유학이 부흥하여 범중엄(范仲淹), 왕안석(王安石), 정이(程頤) 등은 모두 "천하를 잘 다스리는 일을 임무로 여긴다"는 의식을 갖고 있었다. 그들이 비록 관직에 있으나 변함없이 지식인의 입장을 유지할 수 있었던 것은 바로 '도'로 세상을 바꿀 수 있다고 보았기 때문이다. 왕안석이 왕의 신임을 받아 도를 실천할 때 그의 도는 일면만 있는 것이 아니라 불교적 도의 측면도 있었다. 설봉선사(雪峰禪師)가 일찍이 "이 늙은이가 일찍이 중생이 되어 무엇을 하였겠는가?"라고 말하자, 왕안석은 이 말에 큰 감동을 받아 재상의 직책을 받아들이기로 결정하였다(惠洪, 『冷齋夜話』卷十).

'세상을 변화시키는' 다른 하나의 방식은 바로 '무도'(無道)한 사회에 비판을 가하는 것이다. 이것 또한 고대의 '초월적 돌파'에서 온 보편적인 현상이다. 세간을 초월함이 나타나면서 사람들로 하여금 최고의 이상인 '도'로 세상의 모든 시비를 판단할 수 있도록 하였다. 사회 비판은 이때에 이르러 완전히 성립되었다. 그래서 이스라엘의 예언자 아모스(Amos)와 아테네의 철학자 소크라테스는 모두 신의 이름을 사용하여 당시 사회상의 무도덕한 행위들을 맹렬히 비난하였다.[8] 중국 춘추전국 시대가 시작되면서 대량의 사회 비판(social criticism)이 생겨났고 맹자는 이에 대해 "처사가 제멋대로 의견을 토로한 것이다"(『孟子』「滕文公下」)라고 하였다. 공자도 일찍이 말하였다.

천하에 도가 있으면 서인(庶人)이 분분하게 의론하지 않는다. (『論語』「季氏」)

공자 역시 만약 '천하에 도가 없다'면 '의'(議)를 피할 수 없다고 여겼음을 알 수 있다. 유가 지식인들은 공자에서부터 명대(明代)의 태주학파(泰州學派)와 청대의 황종희(黃宗羲), 대진(戴震)에 이르기까지 모두 일찍이 '명도'(明道) 이외에 또 사회 비판자로서의 역할을 담당하였다.

공자께서 자신의 주장이 받아들여지지 않자 선왕의 도가 행하여지지 않을 것을 아시고 242년간의 노나라 역사의 옳고 그름을 따져 천하의 표준으로 삼았다. 잘못한 천자들을 비판하고 무도한 제후들을 물리쳤으며, 불손한 대부를 다스리셨고 왕도의 일을 달성하셨을 뿐이다.

사마천(司馬遷) 자신도 말했다.

무릇 『춘추』(春秋)는 위로 삼왕(三王)의 도(道)를 밝히고, 아래로 인간사의 질서를 분간하며, 혐의를 변별하고, 옳음과 그름을 밝히며, 망설임을 결정하고, 선한 것을 착하다 하고 악한 것을 나쁘다 하며, 어진 이를 어질다 하고 천한 이를 천하다 하고, 망한 나라를 보존하고, 단절된 세상을 잇고, 해진 것을 보충하고 피폐한 것을 일으켰으니, 왕도의 큰 것이라. (『史記』「太史公自序」)

『춘추』는 공자가 쓴 책인지 아닌지 아직 단정할 수 없다. 그러나 위의 태사공의 말에서 한대(漢代)의 지식인임을 알 수 있다. 확실히 공자를 매우 위대한 문화, 사회 비판자로 여겼고, 또한 『춘추』를 중국에서 가장 체계적인 문화, 사회 비판의 첫 저서로 간주하였다. 이것은 사실 동시에 한대 지식인이 사회적 비판의식이 높았음을 설명하고 있다. 이러한 비판은 깊이 있고도 철저하며, 심지어 "천자를 폄하하는" 정도까지 이르렀다. 바로 이러한 역사적 배경 아래서 한대에 비로소 새로운 '사'(士)의 정의가 나타난다. 유향(劉向)은 『설원』(說苑)에서 말했다.

> 그러한지 아닌지를 분별하고, 고금(古今)의 도(道)에 통달하는 것을 사(士)라고 일컫는다. (卷十九 「修文」)

"그러한지 아닌지를 분별하는 것"은 "옳음과 그름을 밝히는 것"으로서 옳고 그름을 밝히는 근거는 바로 도에 있다. 이는 중국 지식인이 문화 가치의 옹호자임을 충분히 설명하고 있다.

도가의 지식인은 더욱 철저하고 열정적인 문화, 사회에 대한 비판자다. 한대 말기, 위(魏)나라, 진(晋)나라 때까지의 명교(名敎)를 예로 들 수 있다. 한나라 말기에 이름을 모르는 한수 북쪽에 사는 어느 노인이 예민한 정치 문제를 이렇게 제기한 적이 있다.

> 묻건대, 세상이 혼란스러우면 천자를 세우는 것인가? 아니면 세상이 평화로울 때 천자를 세우는 것인가? 천자를 세우는 것은 세상 사람의 부모가 되게 하기 위해서인가? 아니면 천하를 부려서 천자를 받들기 위함인가? (『後漢書』 卷一一三 「漢陰老父傳」)

이것은 황제제도에 대해 근본적인 회의를 드러낸 것이다. 이러한 회의는 점점 더 심각해서 위나라, 진나라의 무군론(無君論)이 출현하였다. 완적(阮籍)은 "왕이 없어도 만물이 안정되고, 신하가 없어도 모든 일이 처리된다"(『阮籍傳』 「大人先生傳」)고 여겼다. 포경언(鮑敬言)은 더 나아가 "옛날 왕이 없었을 때가 지금보다 더 낫다"(『抱朴子』 「詰鮑」)고 하였다. 이것은 이미 아주 철저한 무정부 사상이었다. 왕과 신하가 똑같이 부정되었을 뿐만 아니라 부자(父子) 또한 똑같이 비난을 받았다. 공융(孔融)과 예형(禰衡)은 아래의 대화를 한 적이 있다.

> 아비가 자식에게 응당 무슨 친함이 있겠는가? 자식을 낳은 본래의 뜻으로

따진다면, 사실 정 때문에 발생되었을 뿐이다. 자식이 어미에게도 무슨 존재가 되는가? 예를 들면 그저 같은 병 안에 의탁한 물건이 나온 후 분리된 것일 뿐이다. (『後漢書』卷100「孔融傳」)

이 대화는 정말로 공융과 예형이 나눈 것이라고 단정할 수는 없지만 당시에 분명히 어떤 사람이 이러한 식의 논의를 펼쳤던 것이다. 위나라, 진나라 이후 새로운 도가는 '자연'(自然)을 전면으로 내세워 '명교'를 공격했는데, 바로 이 같은 기초를 근거로 전개한 것이다. 유가의 명교(혹은 예교 禮敎)는 한대 말기에 이미 위선적으로 전락해버렸다. 당시에 이미 "효렴(孝廉)에 선출되면 그 부모는 같이 살지 못한다"는 속담이 전해져왔다(『抱朴子』「審擧」). 이 때문에 도가 지식인의 사회 비판 역시 갈수록 더 맹렬해졌다. 결국 유가에서 옹호하는 기본 가치인 충(忠)과 효(孝) 역시 받아들이는 것을 거부하였다. 도가 지식인의 사회 비판은 후세에 큰 영향을 주어, 전통을 반대하는 전통을 형성하였다. 명대 태주학파, 청나라 말기에 장빙린(章炳麟), 류스페이(劉師培)로부터 '5·4운동'에 이르기까지 모두 이 전통과 사상에서 유래한 것이다.

중국 지식인의 비판 전통은 또 다른 특색이 있는데, 그것은 제도화를 거쳐서 정치 질서의 한 부분이 되었다는 것이다. 전국 시대 중기 이후(기원전 4세기 중엽), 제(齊)나라가 직하학궁(稷下學宮)을 창립하여, 당시 각 학파의 저명한 지식인을 존중하여 '직하선생'(稷下先生)이라고 일컬었다. 『장자』「천하편」과 『순자』「비십이자」(非十二子)에서 열거된 사상계의 지도자 중에 꽤 많은 사람이 이전의 직하선생이었다. 이 외에 연소왕(燕昭王) 또한 갈석궁(碣石宮)을 지어 스승의 예로써 추연(鄒衍)을 대하였다(『史記』「孟荀列傳」). 직하선생의 특색은 "다스리지 않지만 의론한다"(『史記』「田敬仲完世家」) 또는 "재직하지 않지만 국사를 논한다"(『鹽鐵論』「論儒」)는 것이다. 바꾸어 말하자면, 그들은 관료 계통에 속하지 않았으며, 그들의 전공은 바로 정치 비판이었다. 그래서 그들은 의연히 자유 지식인('유사' 遊士)의 신분을 지킬 수 있었다. 후대 진대(秦代)에 설치된 모든 박사의 직분은 고금에 통하고, 질문과 대답을 이어가는 것이었다. 이것은 다스리지 않지만 의론하는 것과 같다는 의미로서 박사제도는 직하선생의 역할 변화로부터 나온 것임을 알 수 있다. 그래서 한대(漢代)에도 여전히 박사를 직하선생이라 일컬었다.9) 그러나 박사는 '리'(吏), 직하선생은 군주의 '사'(師) 또는 '우'(友)였으므로 지위는 이미 크게 떨어졌다. 진시황(秦始皇) 34년(기원전 213년) 박사는 옛날을 기준으로 지금을 그르다고 여겨, 봉건제도 폐지를 반대하여 정치 풍조를 일으킴으로써, 마침내 유명한 '분서' 사건이 발생했다. 그러나 진대(秦代) 박사의 정치를 의론하는 풍조로부터 전국 시대 직하선생이 필연적으로 정치 비판의 자유를 향유했다고 추론하는 것은 어렵지 않을 것이다.

중국의 전통적 정치제도 중에는 어사(御史)와 간관(諫官)이 있는데, 이 또한 제도화된 비판자이다. 어사는 모든 관리를 감독하고 간관은 황제의 잘못을 바로잡는데, 이 둘 모두 이른바 '언관'(言官)이라 한다. 간관은 진·한대의 정식 명칭으로는 '간의대부'(諫議大夫)였고, 말 그대로 '의'(議)는 비평이다. 이로써 중국 통일 이후의 정치 질서에서 내재적 비판과 반대는 처음으로 이미 합법화의 지위를 얻었음을 알 수 있다. 이와 같은 중앙 정부뿐만 아니라 진·한대의 지방 정부 내에서도 '의조'(議曹)가 설치되었는데, 이는 군수를 위해 여러 다른 의견을 제공하는 것이었다. 진·한 정치제도는 왜 이렇게 많은 '의'(議)의 직위를 포함하고 있을까? 이는 전국 시대 자유 지식인의 '의'(議)의 전통과 유관하며, 특히 직하선생의 "다스리지 않지만 의론한다"는 영향과 유관하다고 본다. 예를 들면 동한 초기, 임연(任延)이 회계도위(會稽都尉)가 되어 동자의(董子議), 엄자릉(嚴子陵) 등 명사를 초빙하여 '사우지예'(師友之禮)로 대했고, 또한 은사(隱士) 용구장(龍丘張)을 '의조좨주'(議曹祭酒)로 배치했다(『後代書』「循吏任延傳」). 이것은 분명한 직하제도이다. 순자는 직하에서 세 번이나 좨주가 되지 않았던가? 임연의 의조가 직하를 모방했다는 것은 매우 명백한 사실이다.

간의제도는 중국 지식인들에게 관직을 맡도록 했고 이후에는 합법적 '언로'(言路)를 열어주었다. 이는 그들로 하여금 떳떳하게 조정을 비판할 수 있게 하였다. 언관의 강한 비판은 때때로 그들을 사형의 운명에 처하도록 하기도 했다. 한유(韓愈)는 「논불골표」(論佛骨表)에서 당 헌종(唐憲宗)의 분노를 크게 사서 처음에는 사형까지 거론되었다가 나중에 조주자사(潮州刺史)로 강등되어 그날로 길을 떠났다. 그러므로 한유의 시에서 "아침에 올린 한 통의 상소로 구천을 헤매다가 저녁에는 조주로 좌천되니, 길이 팔천 리라네"(「左遷至籃關示侄孫湘」, 『昌黎先生集』卷十)라고 하였다. 그러나 후세 지식인들은 오히려 이 때문에 더욱 한유를 존경했다. 소식(蘇軾)이 쓴 「한문공묘비」(韓文公廟碑)에서는 특히 그를 "도로써 천하의 도탄을 구제했다"고 추숭하면서 또한 이렇게 말했다. "무력으로 천하를 얻을 수 있으나, 필부의 마음은 얻을 수 없다. 그러므로 공의 정성은 능히 형산의 구름을 열 수 있으나 헌종의 미혹함을 되돌릴 수는 없었다"(『經進東坡文集事略』卷五十五). 이 글의 의미를 정확히 말하자면, 지식인 한유는 도를 근거로 정치 비판을 진행하였지만 당 헌종은 완전히 '힘'〔力〕에 의지하여 천하를 가졌던 것이다.

이를 통해 제왕에게 도가 없으면 단지 '세간'의 부정적인 세력을 대표할 수 있을 뿐이며, 지식인이 도를 밝혀 세상을 구제한다는 원칙을 지킬 수 있다면 비록 제왕의 조정에 입신해도 변함없이 세간을 뛰어넘는 이상을 대표할 수 있음을 알 수 있다. 이러한 점은 유가 지식인의 "세간에 나아가면서도 세간을 초월"하는 특성을 가장 잘 설명할 수 있다. 세간과 세간을 뛰어넘는 사이에서 직접적으로 충돌이 발생할 때, 제왕의 징벌은 도리어 지식인의 영광이 되었다. 징벌이 무거울수록 영광은 더욱 컸다. 범중엄은 세 차례나 간의 때문에 파면을 당했지만, 당시 지식인은 그가 날이 갈수록 더욱 빛이 난다고 여겼다. 첫 번째 동료들이 그를 전송하면서 "이번 길은 참으로 영광스럽다"고 말했고, 두 번째는 "이번 길은 더욱 영광스럽다"고 말했으며, 세 번째는 "이번 길은 특히 영광스럽다"고 말했다. 그러자 그는 맨 나중에 떠나는 자에게 "중엄(仲淹)이 전후로 세 번 빛났다"(文瑩, 『續湘山野錄』)고 웃으면서 말했다. 그가 세 번째 쫓겨났을 때, 매성유(梅聖兪)는 「영오부」(靈烏賦)를 지어 그를 위로했고, 그 역시 부를 지어 보답했다(葉夢得, 『石林燕語』 卷九). 그의 「영오부」 가운데 두 명언이 있다.

> 차라리 울면서 죽을지언정 침묵하며 살지 않겠다. (『范文正公集』 卷一)

중국의 전통 지식인은 간언이야말로 그들의 '천직'이라 여겼고, 현대 중국 지식인은 이 말을 더욱 언론 자유를 쟁취하기 위한 계시로 체득해야 한다고 여겼다.[10] 제도화, 합법화된 정치 비판은 '내향적 초월'의 문화적 특징으로서, 많은 지식인들로 하여금 비록 관직에 나아갔지만 늘 도를 밝혀 세상을 구제할 수 있도록 해준 것이다.

만약 서양의 '외재적 초월'과 대조해 본다면, 오히려 중국 지식인의 특수한 정신이 더욱 분명해진다. 앞에서 이미 고대 그리스의 "정관(靜觀)하는 인생"과 "행동하는 인생"의 구분에 대해 지적한 바 있다. 이 때문에 서양 고대 철학자들은 늘 마음을 속세의 밖에 두고 노닐며 세상일을 묻지 않았다. 기독교의 원시 교리도 외재적 초월의 형태에 속한다. 그래서 "카이사르(Caesar)의 것은 카이사르에게, 하느님의 것은 하느님께 돌려라"는 설교가 있다. 성 아우구스티누스(Aurelius Augustinus)에 이르러 하느님 나라(the Kingdom of God)와 세상의 나라(Kingdoms of this world)라는 이원 사상의 체계가 형성되었고, 심지어는 종교개혁 시대가 지나서 마르틴 루터(Martin Luther)가 다시 기독교 신자를 향해 "너희에게 천국이 있다. 그러므로 지상 낙원을 누구든지 원하는 자에게 넘겨주어야만 한다"[11]고 하였다. 서양 고전철학과 기독교에 기초하면, 모두 세속과 세속을 초월하는 것이 분명하게 두 개의 영역으로 나누어져 있다.

서양 지식인은 현대에 이르기까지 줄곧 편견을 가지고 있다. 즉 지식인의 본분은 영원한 가치를 보호해야 하므로 세속 활동, 특별히 정치 활동에 말려들면 안 된다고 보았다. 프랑스 철학자 쥘리앵 방다(Julien Benda)는 1927년 『지식인의 배반』(*La Trahison des Clercs*)에서 이 관점을 제기하였다. 그는 서양 지식인들이 "내 나라는 이 세상에 속한 것이 아니다"라는 예수의 신조를 계속 지킨다고 보았다. 그러나 19세기 말부터 서양 지식인들은 이미 그들의 사명을 배반했고, 마침내 사상의 세계가 타락하여 행동의 세계로 진입하였다.[12] 물론 방다의 이 책에도 상당한 결점이 있지만, 그가 지적했던 서양 지식인들의 사상 경향은 확실히 부인할 수 없는 역사적 사실이다.[13] 이것은 '외재적 초월'의 기본 정신을 나타낸다. 그러나 '내향적 초월'의 중국 사상 체계에서 세속과 세속을 초월하는 것을 명확히 구분할 방법은 없다. 육구연(陸九淵)의 말을 빌리면, "도를 벗어난 일도 없고 일을 벗어난 도 역시 없다"(『象山先生全集』卷三十四)고 하였다. 그래서 주희는 "앎과 행함은 서로 필수이다"를 강조하고, 왕양명은 "앎과 행함은 하나로 합쳐야 한다"고 제창하였다. 결국 중국 지식인의 주요 경향은 "앎이 곧 실천이다", "정(靜)은 곧 동(動)이다"라고 하였다. 만약에 고요히 관조만 하고 행동이 없다면, 중국 지식인의 관점에서 볼 때 일종의 배반이다. 따라서 명나라 말기에 고헌성(顧憲成)은 왕학(王學)의 말류(末流)를 "물 사이 숲 아래에서 삼삼오오 서로 성명(性命)을 강구하고, 덕의를 갈고닦으며, 생각이 세상살이에 있지 않다"(黃宗羲, 『明儒學案』卷五十八)고 비판하였다. 고윤성(顧允成)도 "내가 무릇 오늘날 학술을 강연하는 자에 대해 탄식함은 이토록 하늘이 무너지고 땅이 꺼져도 그는 상관하지 않고 단지 학술 강연만 하기 때문이다"(上同, 卷六十)라고 하였다. 즉 '외재적 초월'과 '내향적 초월'의 정신적 대조는 이러한 점에서 매우 첨예하게 표현됨을 알 수 있다.

4. 수신정심(修身正心)과 '도'(道)에 대한 담보

내향적 초월은 중국 지식인들에게 또 다른 특별한 특징을 부여했다. 즉 정신 수양의 중요성을 인식하게 한 것이다. 이는 모든 혹은 대다수의 중국 지식인들이 정신 수양 부분에서 진정한 성취를 이루었다는 것은 아니며, 또 중국 지식인의 평균 정신 수준이 다른 민족의 지식인보다 높다는 것을 의미하지는 않는다. 이를 위해 다음 문제에 주의해야 한다. 왜 중국 문화는 지식인에게 특별한 정신 수양을 요구하는 것인가? 게다가 이 요구는 적어도 공자로부터 시작해서 오늘날까지 아직 완전히 소실되지 않았다는 점이다.

먼저 지적해야 할 점은 중국 고대의 '초월적 돌파' 이후, '수양'(修養) 또는 '수기'(修己)는 유가, 묵가, 도가 등 각 학파가 공통으로 강조하는 관념이라는 것이다.

자로(子路)가 군자에 대하여 물었다. 공자는 "공경으로 자신을 수양하는 것이다"라고 하였다. (『論語』「憲問」)

세상의 군자들은 '의'(義)를 이룬다 하면서도, 자신을 수양하는 것을 도와주려고 하면 화를 낸다. (『墨子』「貴義」)

이러한 이치로 자신을 수양하면 그 덕이 참될 것이다. (『老子』第五十四章)

이 외에도, 『관자』(管子) 중에 본래 있었던 「수신」(修身) 편은 일찍이 소실되었다. 왜 각 학파는 '수신'의 문제에 대해 논하였는가? 이것이 고대 '예'(禮)의 전통과 관계가 있다는 것을 짐작할 수 있다. 수신의 원래 뜻은 대개 외적 모습을 꾸미는 것을 가리킨다. 즉 의복 관모의 종류를 일컫는다. 옛사람들은 인사할 때 이를 매우 중시하였다. 오늘날 존재하는 『의례』(儀禮)에 수록된 「사관례」(士冠禮), 「사상관례」(士相冠禮) 등은 모두 '사'(士)가 외적으로 모습을 꾸미는 것에 대해서 매우 자세하게 규정한 것이다.

위에서 이미 지적한 중국 고대의 '돌파'(突破)는 '예악의 붕괴'에서 시작되었다. 돌파 이후, 각파의 사상가들은 '예'(禮)의 전통에 대해 변화를 가져왔으며, 그 결과 원래는 신체의 외적인 모습을 꾸미던 예가 정신 수양으로 바뀌게 되었다. 위에서 인용한 공자, 묵자, 노자 세 사상가의 말 '경'(敬), '의'(義), '덕'(德)은 모두 정신적 상태를 드러낸 것이다. 뿐만 아니라 공자의 "공경으로써 자신을 수양한다"와 묵자의 "자기 몸을 수양한다"는 것은 똑같이 '군자'를 대상으로 삼은 것이다. 공자, 묵자 시대에 군자는 오직 사를 주체로 삼았다. 이는 사 이외의 사람들에게 수양이 필요 없다는 뜻은 아니다. 순자는 "신하 및 여러 관리에서 서민에 이르기까지 스스로를 수양하고 난 뒤에 편안하고 바르게 되지 않음이 없다"고 하였다(『荀子』「君道」). 『대학』(大學)에서도 "천자로부터 일반 백성에 이르기까지 한결같이 모두 수신함으로써 몸을 닦아야 한다"(第一章)고 하였다. 하지만 선진 제자백가가 정신 수양을 논할 때, 특별히 지식인을 대상으로 삼은 것은 문제가 되지 않는다.

왜 지식인들에게 특별히 수신을 요구하는가? 바로 '도'(道)와 밀접한 관련이 있기 때문이다. 맹자가 말했다.

> 그러므로 선비는 곤궁하여도 '의'를 잃지 않고, 출세하여도 '도'에서 벗어나지 않는다. 옛사람들이 뜻을 얻으면 혜택이 백성에게 더해지고, 뜻을 얻지 못하면 몸을 닦아 세상에 드러낸다. 곤궁하면 홀로 자신의 몸을 잘 닦고 출세하면 두루 천하를 구제한다. (『孟子』「盡心」)

맹자는 다른 편에서도 "뜻을 얻는 것은 백성과 뜻을 함께하는 것이고, 뜻을 얻지 못하는 것은 홀로 그 도를 행하는 것이다"(「滕文公下」)라고 하였다. 종합해 보면, 수신(修身)은 즉 '행도'(行道)이다. 그래서 『중용』(第二十章)에 "도로써 수신한다" "수신하면 도가 확립된다"는 견해가 있다. 맹자의 수신은 그의 「지언양기」(知言養氣)장(「公孫醜上」)에서 토론한 '부동심'(不動心)과 '호연지기'(浩然之氣) 두 부분을 통해 이해할 수 있다. 이 중 호연지기는 '의'(義)와 '도'(道)가 함께 배합된 것이므로 '양기'(養氣)는 사람들로 하여금 직접 초월적 도와 만나게 하는 것이다. 도가 있기 때문에 비로소 부동심의 경지에 도달할 수 있는 것이다. 수신은 '기'(氣)와 '심'(心)을 벗어날 수 없으며, 이 또한 순자의 사상을 통해 검증할 수 있다. 순자는 「수신」(修身) 편에서 '치기양심'(治氣養心)의 중요성을 반복 강조하고 있다. 순자가 말했다.

무릇 기를 다스리고 심을 키우는 방법은 예를 따르는 것보다 더 지름길은 없고, 스승을 얻는 것보다 더 중요한 것은 없으며, 좋아하는 것을 한결같이 하는 것보다 더 신통한 것은 없다.

순자의 수신의 방법은 맹자와 같지 않지만 관건은 기(氣)와 심(心)이 여전히 일치되는 데 있다.『관자』「내업」(內業)에서 말했다.

마음이 고요하고 기가 다스려지면 도(道)가 이른다.

마음을 닦고 의(意)를 고요히 하면 도를 체득할 수 있다.

치기양심을 통해 도를 체득할 수 있음을 알 수 있다. 이는 선진 시대 학파들이 공통으로 받아들인 이론이며, 여기서 내향적 초월의 구체적 방식을 엿볼 수 있다. '돌파' 이전의 천도(天道)는 길흉화복을 위주로 여겼다. 이것은 옛사람들이 천상의 제(帝) 혹은 상제(上帝)가 있어서 그들이 인간의 운명을 주재한다고 믿었기 때문이다. 하지만 돌파 이후 도의 중심은 '인'(人) 쪽으로 옮겨왔다. 그러나 '천'(天)의 근원이 결코 이 때문에 끊어지지는 않았다. 동중서(董仲舒)가 "도의 커다란 근원은 하늘로부터 나왔다"고『한서』(漢書)「본전」(本傳)에서 말한 것은 대표적인 주장이다. 전국 시대 이래 각 학파의 지식인들은 대체로 천에 대해 긍정을 했을 뿐 체계적인 해석을 하지는 않았다. 장자는 "육합(六合)의 밖에 성인이 있지만 논의하지는 않는다"(『莊子』「濟物論」)고 하였다. 순자는 더욱 극단적으로 "오직 성인만이 천(天)을 알려고 추구하지 않는다"(『荀子』「天論」)고 하였다. 이처럼 선진 시대 대가들의 천에 대한 이해가 다르긴 하지만, 도를 추구할 때 직접 천(天)에 호소하지 않고 심(心)으로부터 시작하였다. 맹자가 말했다.

그 마음을 다하면 본성을 알게 된다. 본성을 알면 천을 알게 된다. 마음을 보존하고 본성을 길러 천을 섬긴다. (『孟子』「盡心上」)

이는 분명히 초월적인 천을 사람의 심(心)으로 거둬들인 것이다. 따라서 '지천'(知天)이란 외부나 위를 향해서 천을 인식하는 것이 아니라, 내부를 향해 자기의 심을 끝까지 다하는 것을 말한다. 순자가 말했다.

사람은 어떻게 도를 알 수 있는가? 마음이다. 마음은 어떻게 알 수 있는가? 텅 비워 하나로 해서 고요하게 하는 것이다. (「解蔽」)

마음은 반드시 텅 빔, 하나로 향함, 고요함의 상태라야 도를 알 수 있는 것이다. 이는 도가의 영향을 받은 것으로, '텅 빔'〔虛〕은 매우 중요하다. 장자가 말했다.

오직 도만이 텅 빔을 모은다. 텅 빔은 마음이 가지런함(心齋)이다. (『莊子』「人間世」)

성현영(成玄英)이 『소』(疏)에서 말했다.

오직 이 참다운 도라야 텅 빈 마음에 모일 수 있다.

이는 마음이 꼭 공허한 상태에 있게 된 뒤에야 도가 비로소 그 안에 모일 수 있다는 말이다. 『한비자』(韓非子)「양권」(揚權)에서도 말했다.

그러므로 기쁨과 증오를 제거해서 마음을 텅 비우면 도의 집(道舍)이 된다.

송본(宋本)의 옛 주에서 이 구절을 다음과 같이 해석했다.

기쁨과 증오를 제거하여 마음을 텅 비워두면 도가 와서 머문다. 그래서 도사

(道舍)라고 한다. (『四部叢刊本』)

이렇듯 그 뜻은 매우 명확하다. 심재(心齋), 도사(道舍)가 모두 집을 가지고 비유한 것은 도는 심(心) 속에 머물러야 하기 때문이다. 『관자』「내업」에도 유사한 말이 있다.

마음을 정하여 속에 두면 눈과 귀가 총명해진다. 사지가 견고하면 정사(精舍)가 된다. 정(精)이란 기(氣)의 정이다. 기는 도가 있으면 생기고, 생겨나면 사고하고, 사고하면 알게 되고, 알게 되면 멈춘다.

정사(精舍)는 바로 도사를 말한다. 기(氣)의 정(精)함이 도와 조화되어 결합할 수 있기 때문이다. 이 정기와 맹자의 호연지기는 매우 유사하다. 호연지기 또한 의(義)와 도(道)의 배합이 아닌가? 『관자』「추언」(樞言)에는 또 다른 주장이 있다.

도가 하늘에 있는 것이 태양이고 사람에게 있는 것이 마음이다.

윤지장(尹知章, 옛날에는 방현령房玄齡이라 함)이 주를 달았다.

마음이란 만물이 그것으로부터 사고를 하는 것이고, 만 가지 이치가 그것으로부터 판단을 하므로 그보다 더 큰 것이 없다고 말한 것이다. 그러므로 그것을 일컬어 도라고 일컫는다.

이는 도와 심(心)을 더욱 동등하게 본 것이다.
선진 제가의 마음과 도의 관계에 대한 견해를 거슬러 올라가 보면 확실하게 알 수 있다. 중국 고대의 '철학 돌파' 이후 초월성의 도는 이미 사람의 마음 안으로 들어왔다. 그래서 선진 시대 지식인들은 어쨌든 "도를 심화하고", "학문을 하는데" 모두 "돌이켜 자신에게서 원인을 찾고" "자득"하

는 것을 강조했던 것이다. 이것이 '내향적 초월'의 정확한 의미라고 할 수 있다.14)

그러나 내향적 초월은 단지 돌파 시대에만 국한된 것은 결코 아니다. 사실상 그것은 이로부터 견고한 전통을 형성하였고 후대 지식인의 사유 모형(model of thinking)을 지배했다. 불교는 본래 외재적 초월의 형태였으나 오랫동안 중국적 발전을 거쳐 마침내 내향적 초월의 중국 선종을 이끌어냈다. 송대에 이학(理學)이 흥기한 이후 도 혹은 이(理)의 내향적 초월 성격은 더 명확해지고 완정해졌다. 주희의 한마디를 인용해 이 문제를 충분히 설명하기로 한다(『朱子語類』卷九十八).

무릇 사물에는 심(心)이 있지만 그 속은 반드시 비어 있다. …… 인심(人心)도 그러하다. 단지 이러한 텅 빈 곳이라야 많은 이치를 포함하고 간직하며 천지를 통틀어 정리하고 고금을 개괄할 수 있다. 확충해나가 천지를 뒤덮는 것은 모두 이것을 말미암지 않음이 없다. 이것이 인심의 오묘함이 되는 까닭이다. 이(理)가 사람의 마음에 있는 것을 일컬어 성(性)이라고 한다. 성은 마음의 밭과 같아서 그 속의 빈 것을 꽉 채우면 이(理)가 아닌 것이 없다. 심은 신명(神明)의 집이며 한 몸의 주재자이다. 성은 수많은 이치로서 하늘로부터 체득하고 마음에서 갖춰지는 것이다.

이 말을 앞에서 언급한 선진 시대의 학설과 비교해 보면, 주희의 논리는 더 복잡하고 정밀하지만, 그 가운데 서로 일맥상통하는 흔적도 아주 명확하게 드러남을 알 수 있다.15)

중국 지식인은 도에 뜻을 두었으며, 현재의 '이치'는 "하늘에서 체득하여 마음에서 얻어지는 것"이니 '구도', '득도'에 뜻을 둔 어떤 지식인일지라도 자연히 우선 자기의 마음에서 돌이켜 찾지 않을 수 없다는 것이다. 마음을 도사(道舍) 또는 신명지사(神明之舍)라고 한 것은 바로 지식인의 '세속을 초월하여' 존재하는 곳이라는 의미이다. 일반적인 선종(禪宗)시 한 수를 들어보자.

부처가 영산(靈山)에 있으니 멀리 찾지 말라. 영산은 단지 내 마음에 있을 뿐이다. 사람마다 모두 영산의 탑을 지녔으니 저마다 영산의 탑 아래에서 수양하라.

마음을 닦고 본성을 기른다는 개념은 중국 지식인의 특징일 뿐만 아니라, 또한 통속 문화 속으로 들어가기도 했다. 외재적 초월의 서양 문화에서 정신 수양은 주로 수도원 수사(修士)의 일로서 세속의 지식인은 수양을 그다지 크게 강구하지는 않았다. 근대 서양 지식인들의 언행 불일치는 참으로 놀라운 경지에 이르렀다.[16] 종교개혁 이후 예수회의 수사 역시 속인을 데리고 가서 수행하였다. 그러나 반드시 피정(避靜)하는 곳에서 해야 하고 시간도 몇 주에 불과했다. 서양에서 수양을 강의한 저명한 저서는 예수회 창시자인 로욜라의 『정신 수양』(The Spiritual Exercises)이다. 이 책을 선종 및 이학가(理學家)의 어록과 비교해 보면, 내향적 초월과 외재적 초월이 어떻게 다른지 알 수 있다. 모든 도, 이(理)는 상제(上帝), 예수, 성도(聖徒)에게서 모두 인간의 바깥에 존재하는 것이지만, 인간 마음의 내부는 정욕과 죄악으로 충만하다는 것이다. 이 얼마나 심한 대조인가.[17]

중국 지식인들은 특히 정신 수양을 중시했다고 할 수 있으며, 이는 주로 도의 장엄함과 순일(純一)함을 담보하기 위한 것이었다. 내향적 초월의 중국 지식인은 이미 의지할 교회도 없고 기댈 체계적인 교조도 없었다. 정통과 이단은 중국에서 객관적 표준이 결여되었다. 주희와 육상산은 일찍이 서로 상대를 배척해 '이단'이라고 하지 않았던가? 왕양명과 그의 제자들은 일찍이 3교 통합을 제창하지 않았던가? 따라서 도의 유일한 담보는 바로 지식인의 내심 수양이며, 그것이 진실이든 허위이든 개인 스스로 판단과 결정을 내리는 것이다.

그러나 중국 지식인 특히 유가가 도를 강조하고 심지어 도통(道統)을 제창하는 데는 또 다른 중요한 의미가 있다. 그들의 초세간적 도와 세간의 '세'(勢)—주로 군주의 정권—는 서로 충돌한다. 맹자가 일찍이 지적하였다.

옛날의 현명한 왕은 선(善)을 좋아하고 세(勢)를 잊었으며, 옛날의 현사들만 유독 그러지 않았겠는가? 그들은 도를 즐기고 사람의 세력을 잊기 때문에, 왕공이 공경과 예를 극진히 하지 않으면 그들을 자주 볼 수 없다. 자주 볼 수조차 없는데 하물며 그를 신하로 삼을 수 있겠는가? (『孟子』「盡心上」)

맹자는 이렇게 '도'와 '세'의 긴장 관계에 대해 서막을 열었다. 지식인은 반드시 도로써 자임하고 스스로를 중히 여기며, 부귀를 구하기 위해 왕과 제후 앞에서 신하로 굴복하지 않는 것이 유가의 일관된 입장이었다. 진대(陳代)가 맹자에게 제후를 알현함으로써 자신의 이상을 어느 정도 펼칠 수 있을 거라고 권하면서 "한 자를 굽혀 여덟 자를 바르게 펼 수 있다면 해볼 만한 일인 것 같습니다"라고 말하였다. 맹자는 이에 대해 결연하게 대답했다.

만약 도를 굽혀 상대를 따른다면 어찌 되겠는가? 그대는 너무 지나쳤다. 자기를 굽히는 사람치고 남을 바로잡는 자는 아직껏 없었다. (『孟子』「滕文公下」)

맹자는 도를 굴복시키지 않았다. 지식인의 최대 약점은 세속적 권세의 유혹에 저항하지 못한다는 것이다. 그래서 공손추(公孫丑)가 "만약 제나라가 선생님께 경상(卿相)의 지위를 준다면 도를 실천하고 마음이 동요되지 않겠습니까"라고 묻자, 맹자는 "그렇지 않다. 나는 40세에 마음이 동요되지 않았다"고 답하였다(「公孫丑上」). 이어서 맹자는 바로 그에게 어떻게 자신이 호연지기를 잘 기른 뒤에 비로소 부동심의 경지에 도달할 수 있었는지 말해주었다. 이 대화는 선진 시대 지식인이 기를 다스리고 마음을 기르는 일이야말로 그들 마음속의 도를 견고히 하고 바름을 담보하는 것임을 알려준다. 오직 속세를 초월하는 도를 지녀야만 속세의 세(勢)에 맞닥뜨려도 동요하지 않을 수 있었다. 순자도 말했다.

의지를 수양하면 부귀에 초연할 수 있고, 도의가 무거우면 왕공을 가벼이 여길 수 있다. 안으로 돌이키면 바깥 사물이 가벼워 보인다. …… 군자는 빈궁으로 인해 도를 게을리해서는 안 된다. (『荀子』「修身」)

이는 순자가 왜 반드시 수신이 필요하고 기를 다스리고 그 마음을 길러야 하는지를 말해준다.

도통으로 '통치'를 순복시키는 것은 후세 유가 지식인들이 가장 중시한 것이었다. 이는 중국의 세속을 초월한 이상이 세속에서 실현될 수 있는 유일한 통로였다. 송·명 이학의 두드러진 의미가 여기에 담겨 있다. 여곤(呂坤)의 설득은 아주 분명하다.

> 그러므로 천지간에는 오직 이(理)와 세(勢)가 가장 존귀하다. 그렇지만 이(理)는 존귀함 중의 존귀함이다. 조정에서 이(理)를 언급하면 천자는 이를 세(勢)로써 빼앗을 수 없다. 설사 빼앗았다 해도 이(理)는 언제나 천하 만세에 펼쳐졌다. 그러므로 세(勢)는 제왕의 권한이고 이(理)는 성인의 권한이다. 제왕에게는 성인의 이(理)가 없으므로 그 권한은 굴복할 때가 있다. 그러한즉 이(理)는 세(勢)가 이를 의지하여 존망(存亡)을 삼는 것이다. 막대한 권력을 가졌으면서도 분에 넘치는 자리를 탐내지 않는 것이야말로 유자가 사양하지 않는 바요, 유가가 감히 통치를 자임할 수 있는 바이다. (『呻吟語』卷一~四)

이(理)의 존엄을 유지하기 위해서 중국 지식인은 심신 수양을 논하지 않을 수 없었다. 그렇지 않으면 이(理) 또한 어찌 세(勢)에게 빼앗기지 않을 수 있겠으며, 또 어떻게 이(理)를 천하 만세에 펼칠 수 있겠는가? 이는 바로 전통적 구조 속에서 '내향적 초월' 지식인의 유일한 출로였던 것이다. 〔박종혁 옮김〕

- 余英時, 『士與中國文化』, 上海人民出版社, 2003.

주註

1) 이 장에서 논의한 내용은 余英時, 『士與中國文化』, 上海人民出版社, 1987, 제1편 「古代知識階層的興起與發展」 참조.
2) 馮友蘭, 『中國哲學史』, p. 57.
3) Talcott Parsons, "The Intellectual: A Social Role Category", in P. Rieff(ed.), *On Intellectuals*, A Doubleday Anchor Book, 1970, pp. 6~7.
4) Eric Weil, "What is a Breakthrough in History?", in *Daedalus*, Spring, 1975, pp. 21~36.
5) T. Parsons, op. cit., p. 7.
6) Benjamin I. Schwartz, "Transcendence in Ancient China", in *Daedalus*, Spring, 1975, p. 60.
7) Hannah Arendt, *The Human Condition*, Chicago, 1958, pp. 7~22 and *Between and Future*, Penguin Books, 1977, pp. 71~72.
8) Michael Walzer, *The Company of Critics*, Basic Books, 1988, pp. 4~5.
9) 錢穆, 『兩漢經學今古文評論』, 香港, 1958, pp. 165~66 참조.
10) 胡頌平, 『胡適之先生年譜長編初稿』, 臺北: 聯經出版事業公司, pp. 2437~41 참조.
11) Walzer, op. cit., p. 31에 인용됨.
12) Julien Benda, *The Treason of the Intellectuals*, New York, 1969.
13) H. Stuart, *Consciousness and Society*, New York, 1958, pp. 411~18 참조.
14) 나는 『從價値系統看中國文化的現代意義』(臺北: 時報文化出版公司, 1984)에서 일찍이 '內在超越'이라는 말을 서방 신학의 관념(immanent transcendence)이라고 오용하였는데, 나의 본의와 맞지 않는다. 지금 특별히 '內向超越'로 수정한다.
15) 이학의 '心'의 관념에 대해 Wm. Theodore de Bary, *The Message of the Mind in Neo-Confucianism*, Columbia Univ. Press, 1989 참조.
16) Paul Johnson, *Intelletuals*, New York, 1988 참조. 서방의 현대 저명 사상가들의 언행 불일치 현상을 논하고 있다.
17) W. H. Longridge, *The Spiritual Exercises of Saint Ignatius of Loyola*, London, 1919.

제3장 중국 고대 유가 지식인의 구조와 역할

● 두웨이밍 杜維明

고전 유학이 기원전 6세기에 출현한 것은 추축(樞軸) 시대의 한 가지 표징으로서 중국 문화의 윤리-종교적 취향을 결정하였다.[1] 공자(孔子)와 많은 후계자 가운데 두 사람인 맹자(孟子)와 순자(荀子)에 의하여 창도된 사상의 틀은 진(秦)나라가 중국을 통일하기(기원전 221년) 전에 보편적으로 유행하던 몇 가지 지식 사조 중의 하나에 불과하지만, 점차 모호한 '중국 문화'로 하여금 명확한 주요 정신 역량이 되게 하였다.

펑유란(馮友蘭)은 '문화대혁명' 동안 유가사상 비판 운동에 참여하였지만 근래에는 유학에 대하여 상세한 해석을 시도하고 있다. 그는 유학이 확실한 하나의 문화적 존재로서 중국인의 자아의식을 분출시키는 데에 도움이 되었다는 점에 주목하였다.[2] 펑유란의 견해는 특별히 새로운 점은 없고, 첸무(錢穆)·탕쥔이(唐君毅)·쉬푸관(徐復觀)·머우쭝산(牟宗三)과 그 밖의 신유가들이 수십 년 동안 일관되게 견지해온 견해를 긍정한 것에 불과하다.[3] 그러나 리원썬(李文森)은 그가 유학의 문제를 다시금 정의하려 했던 것은 역사적인 의의가 있었다고 보았다. 왜냐하면 이렇게 해야 마르크스주의 역사학자에게 하나의 문을 열어줌으로써 유가의 용어로 중국 문화의 뿌리를 탐색할 수 있고, 당대 중국에서 유학의 역할에 대한 평가 문제를 직접 대면할 필요가 없기 때문이었다. 이렇게 한 걸음 한 걸음 물어 가는 것이 유가 중국과 그 현대적 전형에 대한 철저한 반성을 이끌어낼지의 여부에 대해서는 잘 모르겠지만, 중국 대륙의 학자들은 이미 유가의 현상에 대하여 대규모의 연구를 진행하였고, 이를 중국 문화의 형성을 더욱 정확하게 이해하는 데 필요한 단계로 보고 있다.[4]

최근에 부흥하고 있는 유학 연구 속에서 펑유란의 작업은 고대 중국 사상과 사회의 명확한 특징을 철저하게 고찰하고자 한 집단적인 계획의 일부분이다. 이 계획은 일부 명석한 중국 지식인들에 의해 진행되었다. 설사 유가 중국과 그 현대적 전형에 대한 철저한 반성을 이끌어내지는 못한다 하더라도 유학의 내재적인 논리, 전통 중국에서 유학의 역할, 현 중국에서 유가 윤리의 실용적 의의에 대해서는 근본적인 새로운 해석을 이끌어낼 것이다.[5]

유가의 윤리와 산업화된 동아시아의 기업정신과의 관계에 대한 흥미는 나날이 고조되면서 베버의 논점에 대해 도전성이 강한 문제를 제기하였는데, 그 근거로 삼은 이유는 유가 윤리가 특히 중국에 적합할 뿐만 아니라, 현대화 과정의 해석적 틀로서 보편적으로 유효하다고 보았기 때문이다. 20세기 다원주의 세계관의 복잡성을 드러내는 하나의 방도로서 베버 식의 현대성 해석에 대한 유가의 반응은 아마도 문명의 비교 연구에 도움이 되는 새로운 개념의 틀을 이끌어낼 것이다.[6]

고대 중국에서 지식인의 구조와 역할에 관한 간단한 분석을 발표하고자 하는 데는 두 가지 목적이 있다. 하나는 추축 시대에서 유가문화 가치의 제도화라는 중요한 역사적 사건에 대한 현상학적 묘사를 제공하는 것이며, 다른 하나는 이 사건의 심원한 의의에 대하여 평가하는 한 가지 방법을 제기함으로써 중국의 정치문화를 총체적으로 이해하고자 하는 것이다. 이것은 쉽지 않은 일이고, 또 지금까지 나의 연구는 단지 이러한 문제에 대한 피상적인 접근을 허용해왔다는 점을 잘 안다. 그러나 내가 접해온 최근 발간된 동서양의 유학 연구 논저들은 거듭 나의 믿음을 굳게 해주었다. 그것은 바로 과거의 사물이 부활하는 것을 통해 비로소 새로운 사물을 획득할 수 있다는 점이다.[7] '새로운 사물을 획득한다'는 것은 결코 유학의 미래를 가리키는 것이 아니라 더욱 합당한 어떤 방법을 가리키는 것인데, 내가 일찍이 지적하였던 모종의 새로운 개념 설정일 수도 있다. 『도 · 학 · 정―유가 지식인』(道 · 學 · 政―儒家知識分子) 제1장에서 다음과 같이 말했다.

> 유가 학자는 대중적 이미지와 자신의 위치에서 교사의 역할과 철학자의 기능을 두루 갖고 있다는 점에서 우리는 그들이 문인일 뿐만 아니라 또한 지식인이라고 생각하게 되었다. 유가 지식인은 행동주의자이다. 실제적 효과를 추구함이 그들로 하여금 현실 정치의 세계를 바로 바라보게 하였고, 나아가 내부로부터 시작하여 그것을 바꿀 수 있게 하였다. 그들은 자신의 노력을 통해 인성이 훌륭해질 수 있고, 고유한 미덕이 인류 사회 속에 존재하며, 하늘과 사람이 하나가 될 수 있다고 믿는다. 이런 점은 그들로 하여금 권력을 가진 자와 영향력을 행사하는 사람에 대해 비판적 태도를 가질 수 있게 하였다.[8]

일반적으로 유가 지식인이 당시 권력 구조와 맞닥뜨리면 상대적으로 약할 것이라고 생각한다. 권력 게임에 참여하는 사람으로서 그들이 지닌 도덕적 이상주의는 그들의 효용성을 한 단계 더 침식하였다. 상군(商君)이 처음에 진(秦)왕에게 접근하지 못하고 진왕에게 인애와 공정의 길로 나아가라고 권고했던 것은 결코 고립된 작은 일이 아니다.[9] 공자의 상갓집 개와 같은 느낌, 맹자가 권력자들과 관계를 오래 유지할 수 없었던 것은 모두 유가 지식인들이 ― 동시에 유가적 방법을 의미하기도 하지만 ― 정치 무대에서 결코 노련하지 못했음을 극명하게 보여준 것이다. 이러한 의미에서 후스(胡適)가 굳이 '유'(儒)의 어원을 '유'(柔)로 고증한 것은 정말로 깊은 성찰을 하게 만든다.[10]

고전 유학이 생겨나 고대 중국 사상의 주요 역량이 된 시기에도 유가는 그다지 큰 영향력을 발휘하지 않았는데, 이는 이해하기 어려운 것이 아니다. 동주(기원전 8세기~기원전 3세기) 정치의 특징은 봉건 체제의 붕괴이다. 이는 군신 관계를 포함하여 모든 인간관계를 도덕화하려 했던 유가의 계획과 도무지 맞지 않았기 때문이다. 중국은 여러 가지 경제적·사회적 원인으로 인해 확실히 점점 더 이상 복잡한 예의 질서를 고수하지 않았다. 예의는 통치 엘리트들의 '작업 방식'(modus operandi)으로 규정되었지만, 일반적으로 '패'(覇)라고 일컫는 새로운 권력 구조는 다른 것 즉 '현실 정치'의 규칙을 채용하였다. 새로운 구조를 만들어낸 이들은 특정 가치를 고집하지 않는 학자들로서, 그들은 시류를 어떻게 좇아가야 하는지를 알고 있었다.[11] 앞에서 언급했던 상군은 마침내 자신이 부국강병의 구체적인 방법을 논할 때에야 국왕이 귀 기울여 듣고자 한다는 사실을 알게 되었다.[12] 다른 한편에서 맹자는 제(齊)나라에 '이익'을 제공하라는 건의를 거절하였다.[13] 권력자의 말은 지배적인 지위를 차지하고 있었으므로 유가 지식인들은 적어도 표면상으로는 '유'(柔)하게 보였던 것이다.

그러나 유가가 정치에서 실패했고 상군과 같은 법가가 권력투쟁에서 성공적으로 정치에 영향을 주었다는 통상적인 관점은 고대 중국 정치의 실제적인 운용과 관계있는 편협한 관점에 의해서 만들어진 것이다. 만약 정치 활동을 소수 통치자들의 정책 결정 집단으로 정의한다면 유가는 확실히 참담하게 패배하였다. 하지만 이는 그들이 고의로 실패를 선택한 것이라고 덧붙일 수 있을 것이다. 맹자가 권세 있는 대신을 질책하면서 그를 '첩부'(妾婦) 곧 '아녀자'라고 칭한 것이 바로 그 예다.

경춘(景春)이 "공손연(公孫衍)과 장의(張儀)는 어찌 진정한 대장부가 아니겠습니까? 한번 노하면 제후들이 두려워하고, 가만히 있으면 천하가 조용해집니다"라고 하자, 맹자는 "그들이 어찌 대장부가 될 수 있겠소? 당신은 예를 배우지 않았소? 남자가 관례를 올리게 되면 아버지가 남자의 도리를 알려주고, 여자가 시집을 가게 되면 어머니가 부녀자의 도리를 알려주는데, 딸이 시댁으로 갈 때 대문까지 전송하면서 훈계하기를 '시댁으로 가거든 반드시 공손하고 조심하여 남편의 뜻을 거스르지 마라!' 하오. 순종하는 것을 정도로 여기는 것이 바로 아녀자의 도인 것이오"라고 하였다.[14]

이 단락에 대한 한 가지 해석은 맹자는 비현실적이며 권력 앞에서 자존감을 지킨다는 것이다. 맹자는 철저하게 교사나 철학자와는 달리 자신의 견해를 당시 정치 활동에 운용하기를 매우 원하였다. 그는 권력자와 소통할 수 없어서 마치 그의 도덕 사업의 건립에 필요한 토대에 손상을 입은 듯하다. 맹자는 충분한 권력을 행사하여 유가의 특색을 갖춘 정치제도를 확립할 수 없었으며, 이는 권력정치의 각도에서 볼 때 실패자인 듯하다. 권력을 잡고 있는 대신들을 고분고분한 아녀자로 묘사한 것은 바로 자신의 신 포도 심리를 드러낸 듯하다.

유가는 전국 시기(기원전 403년~기원전 221년)에 소수 통치자들로 구성된 정책 결정 집단에 들어간 적은 없지만, 확실히 문화 시스템을 통제하고 사람들이 주목하는 유력한 사회적 역량이 되었다. 이 방면의 성공은 주로 교육을 통하여 이루어졌다. 유가가 교육을 장악한 것은 한(漢)대에 유가 지식인들이 다시 일어날 수 있는 유일한 요소였을 것이며, 그들은 사회 속에서 의의를 제공하고 체제 안에서 권위의 합법성을 변호하는 자가 되었다.[15] 이것은 유가만이 중국이 봉건제에서 제국으로 전향하는 데 필요한 상징적 자원을 제공했다는 뜻이 결코 아니다. 사실은 전혀 그렇지 않다. 법가와 음양가, 장자(莊子), 황로(黃老) 등 여러 유파를 포함하며, 도가(道家), 묵가(墨家)도 이러한 전환기에 중요한 작용을 했던 것 같다. 유가가 특히 예의를 중시했다는 것은 단지 여러 가지 태도 중의 하나를 나타낸 것에 불과하며, 상대적으로 말하자면 그것은 그래도 비교적 평담한 것이다.

그러나 옛사람들이 점진적으로 쌓아온 지혜인 '고상한 문화'를 전파한 것은 유가가 유일무이하다.[16] 그들은 도(道)의 사자로서 교육을 그 영향을 전파하는 매체로 삼았다. 공자는 교육 방면에서 핵심적인 작용을 하였다. 원래 귀족 자제들만이 교육을 받을 수 있었던 것을 평민 백성들에게도 대문을 열어주었다는 점이다. 교육의 민주화는 사회 하층의 거대한 역량을 쏟아내게 하였다. 상승할 수 있는 사회적 통로가 하루아침에 문인들에게 열리자 금세 의미심장하게 그 특성을 바꾸었다. 야만스럽고 난폭한 힘은 권력투쟁자로 하여금 더는 두려움을 느끼지 않게 하였다. 이는 국왕의 무력이 아무리 강대하다 하더라도 궁극에는 아무래도 문인들에게 의존하여 관료 체제를 움직여야 했으며, 호적에 올리고, 세금을 거두고, 외국과 담판하고, 합당한 예의를 확립하는 것을 도와주었기 때문이다. 간단하게 말하자면, 국왕의 정권에 법률과 질서를 가져다주었고 국제정치에서 국왕의 지위를 높여주었기 때문이다.[17] 제왕은 무력에 의지하여 권력의 중심에 서 있지만 통치를 유지하기 위해서는 부득불 문관을 이용하여 영향을 넓혀나갈 수밖에 없다는 점은 의심할 여지가 없다. 유학자 육가(陸賈)가 절박한 상황에서 한고조(漢高祖)에게 "말 위에서 천하를 얻었지만 말 위에서 다스릴 수는 없다"고 한 것은 시대에 좀 뒤떨어진 듯하다.[18] 왜냐하면 일찍이 통일이 되기 전에 문관들은 이미 몇백 년 동안이나 중국을 통치해왔기 때문이다.

　유가는 결코 중국 역사상 첫째의 관원(官員)은 아니다. 상(商)나라와 주(周)나라 초기(기원전 18세기~기원전 8세기)의 무격(巫覡)과 사관(史官), 점성가는 모두 고대 중국에서 관원의 역할을 하였다. 유가는 전국 시대의 봉건 관원으로 임용된 적이 없었다. 이 밖에도 그들은 다각적인 교육을 실행할 의무를 안고서 유학의 문화 규범을 전파하려 한 것이지, 본래 마음이 정부에 봉사하는 것이 결코 아니었다. 그러나 유가가 고대 경전의 계승자라는 사실은 부인할 수 없으며, 그 때문에 유가는 문헌정신의 계승자이기도 하다. 도가는 문자를 초월하려 했고, 법가는 문헌을 법률과 문서로 제한하려 했으며, 묵가는 문헌을 의식형태의 무기로 삼으려 했고, 음양가는 그것을 신비화하려 했다. 그러나 유가는 이들과 다르게 문헌에다 해석의 예술을 가하여 그 속에 생명력을 주입하였고, 나아가 그것을 신성한 사명으로 삼았던 것이다. 해석학 방면에서 그들의 노력은 인류 역사상 포괄하는 범위가 가장 넓은 문학의 전통을 창조해냈다. 결과적으로 미래의 발전에 쓰일 수 있는 중국 문관의 상징적 자원은 크게 확장되었고, 봉건과 제국 간의 제도적 연속성도 크게 제고될 수 있었다. 하지만 유가의 중국 관료제도에 대한 인식과 순응은 과장되어서는 안 된다.

넓은 의미에서 말하자면, 유가 교육이 중국의 정치문화에서 지니는 가장 큰 의의는 결코 문관제도에서 구현된 것이 아니고, 지식인의 정치적 역할의 확립에서 구현된 것이다. 이것은 앞에서 언급했듯이, 맹자가 권세 있는 대신들에 대해 멸시하고 깔보았던 일을 회상하게 한다. 대신이 결코 '대장부'가 될 수 없었던 부분적 원인은 자신의 '가'(家)가 없어서였다. "천하의 넓은 집〔仁을 가리킨다고 함〕에 살고, 천하의 바른 위치에 서며〔禮에 따라 행동한다는 뜻〕, 천하의 큰길〔義를 가리킨다고 함〕을 간다"[19]고 한 진정한 대장부와는 달리 권신들은 자신의 고장을 떠나서 남의 집에서 봉사하는 것이다. 그의 공손함과 조심스러움은 그가 결코 자신의 주인이 아니라는 것을 분명하게 보여준다. '여자가 시집감'에 비유했던 것은 매우 타당하고 적실하다. 왜냐하면 국왕의 명령에 영합하는 대신은 자존감이나 자주성, 독립적인 의식을 이미 상실했기 때문이다. 그와 반대로 유가 지식인들은 집을 떠나 따로 살지 않았다. 바꾸어 말하자면 그는 도덕 본체의 중심에서 출발하여 무엇이 정치인지를 확정했던 것이다. 그들은 선후의 차서(도덕이 정치에 앞선다)를 뒤집지 않았기 때문에 정치의 제한을 받지 않는다. 심지어 임기응변의 권도(權道)——불가의 '방편'(upaya)에 해당함——를 좇아야 할 때에도 도덕상의 정직과 성실은 여전히 임기응변의 선결 조건이었다.[20] 이러한 각도에서 볼 때, 유가의 이상인 '내성외왕'(內聖外王)[21]은 '성'(聖)이 '왕'(王)에 앞서며 성인만이 왕의 자격이 있다는 것을 의미한다.

『도·학·정──유가지식인』제1장에서 지적했듯이, 맹자는 인(仁)을 '사람의 편안한 집'으로 정의했고, 의(義)를 '사람의 바른길'로 정의하였다. 따라서 유가 지식인들은 이른바 '넓은 집'과 '바른 위치'와 '큰길'을 사람들과 다른 자신의 생활 방식을 형용하는 상징으로 삼았다.[22] 구체적으로 말하자면, 유가 지식인이 자신을 위해 지은 집에는 시와 정치와 사회와 역사와 형이상학적인 향기가 충만했다. 그는 성전(聖典)과 조상의 가르침, 모범적인 교사, 사귈 가치가 있는 친구, 그리고 옛사람들의 예악과 친근해지기를 원했다.

이 밖에도 그들은 사람들의 기본적인 느낌과 내재적인 공명을 나누었고, 자신이 속한 사회집단의 심리와도 소통하였다. 확실히 자신이 속한 집단의 대변인이었다. 이렇듯 옛말에 "하늘은 우리 백성이 보는 것으로부터 보고, 우리 백성이 듣는 것으로부터 듣는다"[23]고 했듯이, 그들은 천명을 똑똑히 보았던 것이다.

이러한 초월적인 관심은 유가 지식인들로 하여금 사회 체계의 제한을 받지 않게 하였으며 정치에 대한 참여도 사회적 차원에만 그치지 않았다. 하지만 일반적으로 유가 관리들은 자신의 마음을 표현해낼 줄만 알았지 사회적 역할을 뛰어넘는 강력한 항의를 보여주지 못했다는 인상을 준다. 이러한 관점은 그들이 천명이나 개인의 도덕적 바람 등과 같은 초월적 원칙에 호소하여 대중의 심리적 역량을 움직일 수 있는 능력을 고려하지 않았다는 것이다. 하지만 가장 일반화할 수 있는 사회적 관계(인민의 감정)와 가장 보편화할 수 있는 윤리-종교(천명)적 인식을 한데 모으면, 유가가 정치를 생명의 궁극적인 의의와 보통 인류 존재의 기본적 사실로 간주하고 있음을 알게 된다.

이처럼 유가는 교육을 통해 문관제도의 발전은 물론 고대 중국 정치에 대한 정의(定義)에도 공헌이 컸다. 그러나 그들은 권력을 가진 법가의 대신과는 달리 봉건제에서 제국으로 전환하는 과정에서 소수 통치자들 사이에서 확실한 역할을 하지 못하였다. 현실 정치의 각도에서 보면, 그들은 상대적으로 약하다고 할 수 있지만 권력 놀음의 정치적 게임의 유혹을 의식적으로 거부하였다. 그들이 신봉하는 핵심적인 가치의 지배 아래 그들은 교육을 통해 사업을 열었으며, 이는 문화 체계의 외부로부터 착수하였다. 그들은 커다란 노력을 기울여 교육의 민주화를 추진하였고, 점차 고대 중국의 정치 체제의 중요한 변화를 이끌어내었다. 모순되는 것은 끝내 권력의 중심에 접근할 수 없었던 약자가 성공적으로 개념의 틀을 제공하였고, 정치는 바로 그 안에서 비로소 의의를 드러낼 수 있었다는 점이다.

비록 이와 같지만, 만약 고대 중국의 정치 체제가 변한 특징을 문관제도의 유가화로 돌린다면 그것 역시 편협한 것이다. 유가 지식인이 한대 문관제도에 적극적으로 참여할 때, 그들이 소중하게 여긴 가치도 분명 정치화였다. 유가의 가치를 정치화함으로써 의식형태에 대한 한 왕조의 통제를 강화하였고, 정부에 참여한 이상주의에서 출발한 유가 지식인들은 정치를 도덕화하였다. 이는 한대 정치문화에서 서로 충돌하는 두 갈래의 사조였다. 앞에서 언급한 육가, 거리낌 없이 직언을 한 학자 겸 관리인 원고생(轅固生), 저명한 통인(通人) 동중서(董仲舒), 문인 철학자 양웅(揚雄) 등이 바로 그 예이다. 그들은 모두 정치가 그들의 도(道)에 봉사하게 하려 했다. 그들은 모두 성현을 배우는 것이 한나라 정부의 실제 운용에서 어떻게 쓰일 수 있는지에 관심을 가졌다. 그들이 정치를 도덕화하려 했던 바람은 종종 좌절을 맛보았지만, 고집스럽게 유가의 학설을 전파한 점은 유학이 점진적으로 한대의 관방 의식형태로 확립되는 데 커다란 도움이 되었다. 광의의 문화라는 각도에서 볼 때, 더욱 중요한 것은 그들은 정치적 언어, 좀더 적확하게 말한다면 소수의 통치자를 포함한 모든 정치 인물의 행위 원칙의 발전에 커다란 공헌을 했다는 것이다. 주목할 만한 것은 그들은 권력의 중심에 직접 진입하기 전에 이미 그 일을 해냈다는 것이다.[24]

  고도로 사변적인 철학 관념을 정부의 정치 행위의 운용 원칙에 적합하도록 변화시킨다는 것은 장기적이고도 복잡한 과정이다. 한대 초기 여러 황제들의 법률과 정치적 배경은 실제로 한대의 체계를 세웠다. 그들은 더 이상 진대의 관료 체제가 의거했던 법가의 패턴을 결코 따르고자 하지 않았다. 제국의 일상적 사무 처리를 위해서는 반드시 방대한 통치 관리기구가 있어야 했고 법률과 질서는 물론 그 밖의 선결 조건들도 필요했다. 결국 이러한 것들이 모두 유학의 흥성을 촉진하였으며 나아가 유학이 관방의 의식형태가 되게 하였다. 유가 지식인, 특히 창의력과 설득력을 충분히 갖추어 유학 관념을 새로운 정치 질서의 공통된 예비 전제가 되게 했던 사람들은 온 힘을 다해 그것이 실현되도록 하였다. 유학이 한대의 주류 사조가 된 것은 도움이 되지 않는 학자풍의 현묘한 생각도 아니었고, 객관적인 조건의 필요에서도 아니었다. 물론 유가는 그들의 학술 활동의 정치적 함의를 완전히 의식할 수 없었다. 주변의 일부 힘 — 제왕의 기호, 주요 대신의 흥미, 관원의 관심 ─도 분명 유학의 부흥에 도움을 주었고, 법가나 도가와 같은 기타 사상적 경향을 이겨냈다. 하지만 유가 지식인들은 함께 노력하여 그들의 학설이 한 제국의 가장 이상적인 의식형태가 되도록 체계적이고도 실용적으로 선양하였으며, 바로 이 점이 유가로 하여금 정치 현실이 되게 한 주요 요소가 된 것이다.

통상적으로 상당한 영향력을 가지고 있었던 정치가 공손홍(公孫弘: 기원전 121년 졸)과 걸출한 학자 동중서가 한 무제 시기(기원전 141년~기원전 87년) 유학을 주도적인 학설이 되게 한 핵심 인물이라고 생각한다. 기록에 따르면 그들의 비범한 성취는 야심만만하고 진시황처럼 철두철미하게 법가였던 한 무제로 하여금 유학을 신봉하도록 성공적으로 설득한 데 있다. 특히 주목할 만한 점은, 일부 역사학자들은 더 나아가 이 과정 중에 어떠한 대단한 일도 발생하지 않았다고 지적한다는 것이다. 유혈사태도 군사정변도 뚜렷한 권력투쟁도 없었으며 평화로운 변화만이 있을 뿐이었다. 널리 받아들여지는 이 기록은 어느 정도 신뢰성은 있지만 유학의 '부흥'은 실제적으로 한나라 전체를 관통하는 장기간에 걸친 힘든 노력의 결과였다. 지식사의 시각에서 볼 때, 유학이 점진적으로 주도적인 지위를 차지한 궁정(宮廷) 학설로 변한 다음에는 더는 공자와 맹자의 학설이 아니었다. 그것은 순자의 예교주의, 법가 관념, 음양의 우주 학설, 도가사상, 당시 유행했던 기타 신앙들이 한데 섞인 것이다.

공손홍이 선양한 유가의 의식형태와 동중서가 구축한 유가의 우주론은 명백히 다른 유가의 두 가지 패턴이었으며, 바로 이 점이 상황을 더욱 복잡하게 만들었다. 한 무제가 유학을 채용하여 관방 학설로 만들었다는 것은 분연히 일어나 그 통치권을 돋보이게 했던 유학자들이 승리를 거두었음을 의미한다. 그들은 숙손통(叔孫通) 정신의 진정한 계승자였다. 그들은 한나라의 관료 체제 안에서 자신과 문생들을 위해 적합한 자리를 찾기 위해 유가 지식인의 신분을 스스로 낮추면서 제왕의 존엄을 드높이는 궁정의 예의를 설계했던 것이다.[25] 숙손통은 성공적으로 실용적 예의라는 전문 지식을 직업으로 삼음으로써 유가의 가치를 정치적 필요에 융화되게 하는 길을 보여준 것이다.

　육가, 원고생, 동중서, 양웅 등 유가 지식인이 생각하는 유가의 '도'(道)에 대한 인식은 판연히 달랐다. 그들의 입장에서 보자면, 차지할 만한 유일한 정부 직위는 반드시 그 자리를 차지함으로써 도덕적 영향을 발휘하여 정치를 인정(仁政)을 토대로 한 질서로 바꾸고 예악에 잠긴 세계로 바꾸고자 했다. 그들은 대신이나 교사의 임무를 맡을 수 있었지만, 그들의 기본적인 관심은 소수 통치자들의 편안함에 있는 것이 아니라 인민들이 편안한 삶을 영위하는 데 있었다. 그들은 제왕의 노예 신분이 아니라 도덕적 이상의 사자로서 정부 운용에 참여한 것이다. 그들은 자신의 도덕적 이상은 천명에서 받았다고 생각하였으므로 초월적인 하늘과 인민들에게 지지를 호소하였다. 그들과 권력자의 사이는 적대적이지는 않았지만 교사, 고문, 비평가 혹은 친구의 신분으로서 제왕에 대하여 독립적인 자세를 유지하였다.

　많은 사람들의 해석, 입장과는 달리 동중서의 우주론은 제왕의 신성함을 증명하려는 의식형태가 아니다. 그의 '천인합일'(天人合一)이라는 명언은 황제의 권한에 초월적 중요성을 더하려는 뜻이 아니다. 정확하게 말한다면, 그는 제왕으로 하여금 위로는 하늘과 아래로는 백성에 대하여 자신의 행위를 한번 살펴보게 하고자 했던 것이다. 하늘의 지고무상함과 사람의 일을 최종적으로 결정하는 지위를 확립하는 것을 통해 동중서는 제왕의 권력은 상대적인 권위라는 것을 깨달았다. 만약 우주 운행의 합법적 기능이 없다면 제왕은 영수로서의 자격에 문제가 생긴다고 보았다. 길한 징조와 흉한 조짐에 대한 동중서의 해석은 그의 『춘추번로』(春秋繁露)에서 독특한 위치를 차지한다. 그는 거기에서 정치 비평의 미묘한 예술 속으로 완전히 빠져버렸다. 전체의 이론은 다음과 같은 가설에 바탕을 두고 있다. 만약 국가가 잘 다스려지면 인류 세계가 질서 정연해질 뿐만 아니라 우주도 조화롭고 순조로울 것이며, 만약 천문 기상에 이상이 생기면 황제 자신이 책임을 져야 한다는 것이다. 이러한 이상을 바꾸기 위해 황제는 통치를 할 때 더욱 조심하고 주의해야 한다는 것이다.[26] 동중서와 기타 한대 유학자들은 모두 이러한 관점이 증명할 필요 없는 자명한 것이라고 생각했으며, 그것이 통치 원칙으로서 확실히 효험이 있음을 설명해주었다. 역사가 사마천(기원전 85년 졸)이 공손홍을 곡학아세(曲學阿世)했다고 비난했지만 동중서는 공자의 진정한 신도라고 칭찬했던 점도 이해하기 어려운 것이 아니다.[27]

기원전 136년 조정에서 오경박사를 설치하면서 유가 학설의 정치화는 새로운 단계로 접어들었다. 기원전 124년에 50명의 박사 제자를 파견하여 박사에게 배우게 한 것은 태학의 발전을 촉진하였다. 태학의 학생 수는 반 세기 안에 수천 명으로 증가하였다고 한다. 한나라 말기 태학생은 정치계의 중요한 역량이 되었다.[28] 유가의 윤리와 문학적 기준을 기초로 한 찰거(察擧)제도의 실시는 유가 신앙의 역량을 한 단계 더 강화하였다. 서기 원년이 되면 매년 백 명이 유학자들이 주관하는 고시를 통해 성공적으로 정부에 진입하였고, 사람의 수도 안정적으로 매년 증가하였다. 이에 유가 경전을 교육받은 선비들에 의해 만들어진 문관 체계가 자연적으로 출현하게 되었다. 무제 때부터 시작하여 유가 학설은 중국의 관리를 배양하는 중요한 수단이 되었다.[29] 교육의 중심인 관학이 전국으로 퍼졌다는 사실이 더욱 의의가 있다. 유가 경전이 핵심적인 과정으로 채택되었기 때문에 공자는 학교를 보호하는 신으로 추숭되었고, 유가의 윤리도 정치 엘리트를 모집하는 사회적 기준이 되었다.[30] 『한서』(漢書)의 저자 반고(班固: 32~92)는 유학의 연구가 우세를 얻을 수 있었던 까닭은 "아마도 봉록이라는 이익을 얻을 수 있는 길이었기 때문에 그러하였다"[31]고 논평하였다.

유가가 법가의 관료제도를 뒤엎었다는 말은 유가의 관념이 법가의 실천과 결합한 것이라고 보는 것이 더 합당하며, 결과적으로 고도로 일체화한 유기적 체계를 구현하였다. 정치화한 유가가 정부의 특성에 막대한 영향을 끼쳤음은 의심할 바 없다. 예를 들어 서양 중국학계에서 크게 주목을 끌었던 '법률의 유가화'라는 과제는 한대에서 비롯되어 점차 중국식 통치 예술의 고정적인 성분이 되었다.[32] 왕도와 패도가 뒤섞인 것을 두고 한대의 어느 황제는 이것이 바로 한나라 왕실의 '가법'(家法)이라고 인정하였으며,33) 그것은 권력 관계의 한 패턴을 만들어내었고 뒤에 가서는 중국 정치의 영구한 특징이 되었다. 관료 체제 안에서 총체적인 책임을 지는 재상을 황족의 존귀한 손님처럼 대해야 한다는 관념은 한나라 정치사에서 부분적으로 실현되었다. 초연하여 정치의 밖에 있던 사람은 존경을 받을 권리가 있었고 또 권력 엘리트들의 인정도 받았다. 전체 중국 역사에서 정부는 언제나 은사들의 적극적인 지지와 묵인을 적극 취하였다. 한나라 때는 이 오래되고도 신성한 예의를 새롭게 제정함으로써 후대의 여러 왕조들에게 기준을 확립해주었다. 통치자는 명사들에게 예의를 갖추어야 하고 학자에게 공손해야 한다는 유가의 가르침은 비록 끝내 완전히 실현되지는 못했지만 여전히 각종 직업에 종사하는 사람들에게 교육을 받은 사람들을 존경해야 한다고 고무하였다. 한나라 때 선비들에 대한 관념이 중국인들의 머릿속에 이미 특수한 의의를 차지하고 있었다 해도 이는 억지가 아닐 것이다.34)

그러나 비록 정치화된 유가 윤리가 한 무제 이후 주도적 지위를 차지한 지적 분위기를 집중적으로 구현하였고 또 유가화한 법가의 정권에 봉사하였다 해도, 그것은 단지 유가 역사의 일부분일 뿐이다. 유가 경학의 흥기와 사회 속에서 유가 도덕의 전파는 정치적 의식형태로서 유학의 일반적인 규칙 아래에 귀결시킬 순 없다. 그것은 중앙 정부가 의식형태의 설득력과 법률의 강제력을 이용하여 법률과 질서를 유지하려 했던 의도와 밀접한 관련이 있다. 하지만 이는 결코 정치적 요소의 부수적 현상도 아니며 정치적 요소의 독립 변수도 아니었다. 그들의 발전 과정은 비정치적 성질의 충동에 의해 결정되었지만, 이러한 충동은 또한 항상 정치적 의의를 지닐 수 있는 것이다. 우리는 그러한 영역에서 유가 지식인의 역할에 특별히 주의해야 한다.

유학은 처음 수신(修身)을 출발점으로 삼았다. 유가는 인성이 자신의 노력을 통해 완전해질 수 있다고 믿었으며 이는 수신을 배움의 한 항목으로 삼는 데 동력을 제공하였다. 경전을 학습하는 것은 경험적 지식을 얻기 위한 것일 뿐만 아니라 자아의식을 심화하기 위한 것이기도 했다. 동중서는 스스로 3년 동안 정원을 쳐다보지 않았기 때문에 온 마음을 다해 학술 작업에 헌신할 수 있었으며, 이는 정신적 추구이자 지식 활동이기도 했다.[35] "그 의로움을 올바르게 하나 그 이익은 도모하지 않으며, 그 도를 밝히지만 그 이익은 따지지 않는다"[36]는 그의 말은 그가 열심히 『춘추』(春秋)의 의미를 밝혀냈던 것이 바로 성현의 진리를 이해하겠다는 책임감에 의해 추동되었을 뿐 그것의 유용성 여부와는 상관이 없었다는 것을 의미한다. 동중서의 입장에서 볼 때, 공정함을 선택하는 것과 이익을 선택하는 것은 그 차이가 분명하였으며, 개인의 존엄·자유·독립 등 진정한 유가의 신앙과 가짜 유가가 공중을 위한다는 핑계 아래 재물과 권력에 흥미를 가지는 것은 물과 불의 관계처럼 서로 용납되지 않는 것이었다.

위기지학(爲己之學)은 수신을 제가(齊家), 치국(治國), 평천하(平天下)의 전제로 삼기를 요구한다. 이러한 수신이 우선되어야 한다는 생각은 뒤바뀔 수 없는 것이었다. 수신을 근본으로 삼고, 제가·치국·평천하를 말단으로 삼는 태도를 견지하는 것은 정치적 봉사는 마땅히 개인의 도덕이 자연적으로 드러나야 한다는 점을 분명하게 설명해준다.[37] 거기에 함축된 또 다른 뜻은 지도자의 위치에 있는 사람은 반드시 엄격한 행위 규칙을 성실하게 지킴으로써 높은 지위에 걸맞도록 해야 한다는 것이다. 노블레스 오블리주의 관념이 여기에 가장 적절하다고 할 수 있다. 그러나 중국에서는 단지 출신이 고귀한 것만 가지고는 반드시 권력과 영향력을 보장받을 수 없다는 점이 다르다. 누군가 만약 성공의 길을 가고자 한다면 문학적 재능과 사회적 명예와 정직과 성실이 있어야만 한다. 『대학』(大學)에서 "천자에서 서민에 이르기까지 모두 한결같이 수신을 근본으로 삼는다"[38]고 결론을 내린 것은 바로 그러한 정신을 드러낸다.

정치와 문화의 영역에서 모든 사람들이 반드시 수신을 근본으로 삼아야 한다는 이러한 보편주의적 요구는 분명하고도 쉬운 결론을 도출하였다. 즉 정치와 도덕은 불가분하며 도덕은 정치에 우선한다는 것이다. 그러나 '내성외왕'이라는 유가의 이상은 실천에 옮길 수 없으며, 단지 성인만이 왕이 될 자격이 있다는 요구 사항도 비현실적이라는 점을 부인할 수 없다. 실제로 한나라 때 혹은 중국 역사상 성인이었던 황제는 한 명도 없었다. 비록 한 무제가 유학을 신봉하는 것으로 바뀌었다고 하지만 그는 여전히 모질고 잔인했고, 오로지 가혹한 형벌과 엄격한 법에 의지하였으며, 가장 나쁜 것은 희한할 정도로 미신에 빠져 있었다는 것이다. 유가의 윤리는 현실에서 통치자의 내재적 생활을 건드리는 경우가 극히 적었고, 그것은 흔히 사회의 의식형태를 통제하는 무기로 남용되었다. 천자 본인은 결코 수신하기를 원하지 않았지만 대신들이 수신함으로써 얻는 정치적 이익에 대해서는 충분히 의식하고 있었다. 권력을 가진 학자이자 관리인 자신은 유가의 윤리를 실천에 옮기지 않을 수도 있겠지만, 만약 평민 백성들이 진짜로 그렇게 한다면 사회의 안정을 유지해야 하는 임무가 상대적으로 쉽게 완성될 것이라는 점을 확실히 알고 있었다.

 한나라 때 실제로 발생한 일들은 이 글에서 조금 밝힌 고찰에 비하면 훨씬 복잡하다. 하지만 궁정의 학자이자 관리가 전체 사회를 위해 행위 기준을 설정해야 한다고 의식하는 것은 취할 만하다. 박사들이 모두 '삼강'(三綱)과 '오상'(五常)에 반영된 인간관계가 통치상 가치가 있다는 것을 인정하는 점이 바로 그런 예이다. 심혈을 기울여 조직한 궁정의 토론은 임금은 신하의 벼리이고 아버지는 아들의 벼리이며 남편은 아내의 벼리라는 권위가 확립될 수 있고, 오륜(부자·군신·부처·형제·붕우)이 매우 중요하다는 것이 인식될 수 있음을 담보하는 데 그 취지가 있었다. 이러한 사실은 조정이 인민들에게 윤리 규범을 주입하는 것은 정부의 일이라고 믿었다는 점을 보여준 것이다.[39]

 한나라 왕조의 입장에서 볼 때, 유학을 사회 통제의 기제로 삼았다는 점은 마치 양날의 칼과 같다. 군권(君權)·부권(父權)·부권(夫權)을 확립하는 것은 진실로 군주독재 체제와 부권 가장제의 지배 아래 사회의 안정을 보장하는 유력한 방법일 수 있었지만, 유가의 의식형태는 실천적인 말과 행동으로 가르치는 것과 상호 간의 책임감을 강조하였고, 동시에 임금은 이상적인 임금 같고, 아버지는 이상적인 아버지 같으며, 지아비는 이상적인 지아비 같아야 한다고 하였다. 유가 지식인은 특정한 의미에서 통상 집을 지키는 개로 간주되었는데, 왕실을 지켜야 할 뿐만 아니라 평민 백성도 지켜야 했기 때문이다. 그들은 소수의 통치자가 사회에서 법률과 질서를 지키는 것을 도와줄 수 있었으므로 잘못된 것을 바로잡는 모종의 강제력을 가지고 있었다. 일반적인 상황에서 그들은 교사의 신분으로서 도덕적 설교를 통해 영향을 펼쳤다. 동시에 인민을 대표하여 상급 관리에게 억울함을 호소할 수도 있었다. 그들은 왕조의 과실이 아직은 보완할 수 있다고 보았을 때는 비판자와 감찰자의 역할을 맡았으며, 설사 현 왕조의 부패 상태가 회복될 수 없다고 보았을 때에도 새로운 왕조의 탄생을 예언할 수 있었다.

유가들은 분명 그들의 황제를 성왕으로 간주하지 않았으며, 역사적으로 볼 때 성인이 꼭 제왕이 되지는 않는다는 것에 주의하였다. 그들이 공자를 '소왕'(素王)이라고 존칭하는 것은 아마도 성왕의 이상이 그렇게 만들었을 것이다.[40] 이러한 논리를 파악하는 것은 어렵지 않다. 만약 성인만이 왕이 될 자질을 갖추고 있다면, 성인이 왕이 되는 것을 몹시 바랄 것이다. 공자가 성인인 것은 그가 수신을 통하여 인(仁)·의(義)·예(禮)·지(智)·신(信) 등의 덕성을 구현하였기 때문이다. 그가 왕이 되지 못하였던 까닭은 그의 개인적인 자질과는 무관하였다. 이는 매우 이상한 것이다. 만약 그때라면 분명 왕이 되었어야 한다. 따라서 그를 높이는 가장 좋은 방법으로 그를 왕으로 삼아 존경하는 것보다 좋은 것은 없다. 공자를 높여 '소왕'이라고 부른 함의는 눈에 보이듯 분명하다. 성왕의 자질을 보여주지 못한 제왕은 기껏해야 임시방편의 제왕일 뿐이다. 한나라 때 이러한 유가의 관념은 중국의 후대 역사에서 발견되는 맹목적인 충성과는 그 성격이 판연히 다르다. 주의할 만한 것은, 제왕이 일단 성인이 되어야 하는지에 대해 주저하게 되면 불가피하게도 실제에서 벗어난 방법으로 정무를 처리한다는 것이다. 이로 볼 때, 유가가 황제의 계승자를 정하는 선택과 교육에 주의력을 집중한 것도 이해할 수 있을 것이다.

불행한 것은 유가 지식인들이 실질적으로 법가의 정치 체제를 바꾸었다고 하더라도 군주제에 대해서는 의심을 품은 적이 없었다는 것이다. 그들은 일찍이 법가식 관료제를 예의화(禮義化), 인문화(人文化)하는 데는 적극적이었지만 공맹의 정치관에 따라 그것을 새롭게 짤 능력은 없었다. 유가 학자는 『염철론』(鹽鐵論)에서 확실히 정치와 사회의 본질에 대해 도전적인 문제를 제기하였다. 그들은 상호존중·분업노동·다원주의·자연등급제·평화공존의 기초 위에 건립된 위탁 형태의 사회를 선택하였다. 그러나 결국 그들의 이상주의는 재물과 권력을 추구하는 법가의 충격에 의해서 점차 훼손되었다. 국가가 북방 민족의 위협을 막고 정부가 소비를 필요로 한다는 것에 관한 토론이 모든 것을 압도하였다. 결과적으로 유가 문인들은 단지 회고적이고 역사적인 방식으로써 자신들의 사상을 소중히 여길 수밖에 없었다.[41] 성왕(聖王)의 관념은 타락하여 실제로 왕성(王聖)이 되어 정치권력 외에 도덕과 의식을 추구하는 형태의 권위를 가진 성인으로서 자질을 갖춘 제왕의 모습을 보여주지 못했다. 왕성은 군사적 폭군처럼 파괴성은 없었지만 독불장군이나 자기중심적 태도는 맹자가 말한 '대장부'의 발전에 매우 무익했을 것이다.

유가는 주나라 때 봉건 질서가 붕괴되고 와해된 이래 천하를 지배하는 왕권 아래서 대통일이 다시 나타나기를 고대하였다. 한나라 제국은 유가 관념의 제도화에 절대적으로 좋은 기회를 제공하였다. 그러나 그것은 복과 재앙이 반반이었다. 제도화된 유가의 의식형태는 아마도 법률을 예의로 변화시키고 관료제를 도덕적으로 바꾸었지만, 법가의 정치 체제를 위탁받는 형태의 사회로는 바꾸지 않았다. 그와 반대로 기본적으로 의식형태의 통제에 사용되었던 정치화된 유가의 도덕적 기호는 유가 지식인의 교화정치의 본의가 아니라 한나라가 중국의 정치문화에 남겨준 유산이었다. 왕성의 실천은 성왕의 관념이 아니라 중국 문명 속에서 영원한 정치적 현실이 되었다. 〔팽철호 옮김〕

• 杜維明, 『道·學·政―論儒家知識分子』, 上海人民出版社, 2000.

주註

1) '추축 시대'의 개념에 관해서는 K. 야스퍼스의 『역사의 기원과 목적』(*Vom Ursprung und Ziel der Geschichte*, Zürich: Teil Weltgeschichte, 1949), pp. 15~16 참조. '초월적 돌파'라는 관점으로 중국 문제에 대해 진행한 토론에 관해서는 Benjamin I. Schwartz, "Transcendence in Ancient China", *Daedalus*, spring, 1975, pp. 57~69 참조.
2) 이 문제에 대한 그의 최근 생각은 『헤이먼 센터 회의 요강』(*Proceedings of the Heyman Center*)에 실린 컬럼비아 대학 명예학위 수여식에서 그가 한 답사 참조.
3) 신유가의 공동 가설에 대한 일반적인 토론은 張灝, 「新儒學與當代中國的知識危機」 참조. Chang Hao, "New Confucianism and the Intellectual Crisis of Contemporary China", in Charlotte Furth(ed.), *The Limits of Change: Essays on Conservative Alternatives in Republican China*, Cambridge, Mass: Harvard Univ. Press, 1976.
4) 中國社會科學院哲學研究所 編, 『中國哲學年鑑』, 中國大百科全書出版社, 1982, pp. 104~14 참조.
5) 이 방면에서 특별히 주의할 만한 것은 李澤厚·龐朴·湯一介의 저작이다. 李澤厚, 「孔子再評價」, 『中國社會科學』, 1980, 第2期 참조.
6) 이 문제에 관한 전반적인 내용은 S. N. Eisenstadt, "This Worldly Transcendentalism and the Structuring of the World: Weber's 'Religion of the China' and the Format of Chinese History and Civilisation" 참조. 이 글의 독일어 판본은 W. Schluchter(ed.), *Max Webers Studie Über Konfuzianismus und Taoismus*, Frankfurt: Suhrkamp, 1983, pp. 363~411.
7) 杜維明, 『仁與修身: 儒家思想論集』(*Humanity and Self-Cultivation: Essays in Confucian Thought*, Berkeley: Asian Humanities Press, 1979), p. xxii.
8) 杜維明, 『道·學·政 —論儒家知識分子』, 옆면 번호 pp. 10~11 참조.
9) 司馬遷, 『史記』, 中華書局, 1959, 7: 2228(원문은 8: 2228로 잘못되어 있음—엮은이).
10) 胡適, 「說儒」, 『胡適文存』, 遠東圖書出版公司, 1953, 4: 1~103.
11) 許倬雲, 『轉變中的古代中國: 公元前722~前222年間社會流動性的研究』

(*Ancient China in Transition: An Analysis of Social Mobility, 722~222 B. C.*, Stanford: Stanford Univ. Press, 1965), pp. 140~74.

12) 『史記』, 7: 2228.
13) 『孟子』「梁惠王章句上」, 영역본 *Mencius* 1A: 1(영역본은 보지 못했으나 『孟子』 통행본의 첫머리는 모두 맹자가 양혜왕을 만나는 것으로 되어 있고, 齊나라 宣王과의 대화는 약간 뒤에 있다—엮은이).
14) 『孟子』「滕文公章句下」, 영역본 *Mencius* 3B: 2, 이 단락의 번역문은 劉殿爵의 번역본, 107 참조.
15) 余英時, 「古代知識階層的興起與發展」, 『中國知識階層史論 ― 古代篇』, 聯經出版公司, 1980, pp. 1~108.
16) 『論語』「子罕篇」, 영역본 *Analects* 9: 5.
17) 余英時, 「道統與政統之間 ― 中國知識分子的原始形態」, 『史學與傳統』, 中國時報出版公司, 1982, pp. 30~70.
18) 徐復觀, 「漢初的啓蒙思想家―陸賈」, 『兩漢思想史』, 學生書局, 1976, 2: 85~108.
19) 『孟子』「滕文公章句下」, 영역본 *Mencius* 3B: 2 참조.
20) 『論語』「子罕篇」, 『孟子』「離婁章句下」「盡心章句上」. '權'의 해석에 대해서는 趙紀彬, 「譯權」, 『中國哲學』, 三聯書店, 1983, 9: 18~29 참조.
21) 『莊子』「天下篇」에 보임. 『莊子引得』(Cambridge, Mass.: Harvard-Yenching Institute, 1947), 91/33/15.
22) 杜維明, 위의 책, 옆면 번호 p. 12.
23) 『孟子』「萬章章句上」, 이 구절의 역사적 분석에 대해서는 劉殿爵이 번역한 *Mencius*, 144 참조.
24) 余英時, 위의 글, pp. 64~70.
25) '유물주의'의 관점으로써 이 전환에 대하여 수행한 역사적 연구는 侯外廬 主編, 『中國思想通史』, 人民出版社, 1957, 2: 40~63 참조.
26) 董仲舒의 연구에 관한 것은 徐復觀, 「先秦儒家思想的轉折及天的哲學的完成」, 『兩漢思想史』 2, pp. 295~438 참조.
27) 『史記』, 10: 3128.
28) 侯外廬 主編, 『中國思想通史』 2, pp. 331~63.
29) Ibid., pp. 364~414.
30) Ibid., pp. 50~55.
31) 이것은 무제(武帝)가 설립한 오경박사에 대한 반고의 '찬'(贊)으로서 侯外廬, p. 48에서 인용함.

32) 瞿同祖, 『法律與中國傳統社會』. 영역본은 *Law and Society in Traditional China*(Paris: Mouton, 1961).

33) 司馬光, 『資治通鑑』, 中華書局, 1971, 1: 880~81.

34) 余英時, 「漢晋之際士之新自覺與新思潮」, 『中國知識階層史論』, pp. 205~30.

35) 『史記』, 10: 3127.

36) 동중서가 교서왕(膠西王)에게 한 말. 『漢書』 「董仲舒傳」(『漢書』, 8: 2524-엮은이) 참조.

37) 38) 『大學』, 영역본은 陳榮捷 譯編, 『中國哲學資料』, p. 87.

39) 侯外廬, pp. 232~47. 『白虎通』 영역본은 Tjan Tjoe Som(曾祖森), *Po Hu T'ung, The Comprehensive Discussions in the White Tiger Hall*(Leiden: Brill, 1949~52) 참조.

40) 한대(漢代) 시대의 '소왕'(素王)이라는 이 어휘의 사용 상황에 대해서는 劉向, 『說苑』 「貴德」 참조. 상세한 색인은 *Index to Shuo Yüan*, Harvard-Yenching Institute Sinological Index Series, no. 1(reprint; Taipei: Chinese Materials and Research Aids Service Center, 1966), 5: 2a 참조.

41) 徐復觀, 「鹽鐵論中的政治社會文化問題」, 『兩漢思想史』 3, pp. 117~216. 『鹽鐵論』 1~19편의 영역(英譯)은 *Huan K'uan, Discourse on Salt and Iron: A Debate on State Control of Commerce and Industry on Ancient China*, E. Gale(trans.), Leiden: Brill, 1957 참조.

제4장 사대부의 '이중적 역할'에 대하여

●옌부커 閻步克

　중화 제국의 길고 긴 역사 속에서 '사' 또는 '사대부'라는 집단은 특별히 중요한 지위를 차지하고 있었다. 그 정치문화적 성격의 사건과 현상을 중점적으로 고찰할 때 더욱 그러하다. 전국 시대 '사' 계층의 탄생부터 그 후 양한 시대의 유생, 중고 시대의 사족(士族)을 거쳐 당·송·명·청대의 과거를 거쳐 벼슬길에 오른 문인 관료에 이르기까지 그 면모는 시대에 따라 끊임없이 변화하고 있지만 이 계층의 기본적인 특징은 대단한 연속성을 유지해왔다. 그 사회적 지위와 정치적 역할과 관련해 그들이 중화 제국의 통치계급을 구성하였다고 생각하는 까닭은 한나라 시대 이후 중국 고대 사회의 독특한 정치 형태가 특히 '사대부 정치'로 표현되었기 때문이다. 이러한 정치 내지 문화 형태에는 그 독특한 작동 기제가 있었고 독특한 정치문화 전통을 구성하였다.
　이 글은 중국 고대의 사대부 정치 문제를 대상으로 삼는다. 그러나 여기서 다룰 논의 범위는 사대부 계층과 사대부 정치의 발생 과정으로만 한정하고자 한다. 역사의 후기, 대략적으로 말해 당·송·명·청대의 과거 시대에 사대부 정치는 비로소 고도로 성숙된 발전 형태로 나아갔지만, 나 역시 전국 시기, 진(秦)·한(漢)의 역사적 발전을 겪은 후에 사대부 정치는 이미 가장 기본적인 특징을 갖추었다고 본다. 특히 한 사물의 발생과 형성과정에 대한 분석은 왜 다른 것이 아닌 그것이 최종적으로 발전 국면으로 형성되었는지를 이해하고, 나아가 이를 통해 더욱 깊이 있게 그 특질을 이해할 수 있게 한다. 그렇다면 전국 시대와 진·한대의 사대부 정치의 발생 과정에 대한 고찰은, 그것의 성숙되고 전형적인 형태의 고찰과 비교해 보아도 아마 똑같이 중요할 것이다.

중국 고대 사대부계층에 대해 학자들은 이미 다양한 시각에서 상당히 풍부하고 깊이 있는 연구를 해왔으며, 이러한 연구들은 물론 이 글에서 다룰 논의의 기초를 형성하였다. 그러면 이 글의 분석 틀과 접근하려는 시각은 무엇인가? 이 점에서 시작해보자.

1. 사대부의 '이중적 역할'에 대하여

여기서 논하고자 하는 점은 주로 정치문화의 문제다. 여기서 말하는 '정치문화'란 우선 정치와 문화의 경계에서 발생한 사건과 현상을 가리키며, 중국 고대에는 이 양자의 관계가 특히 밀접하였다.[1] 사회사, 정치사, 사상사 등의 시각을 통해 '사대부'에 대해 각각 분석할 필요가 있지만, 하나의 연구가 모든 면을 두루 포괄할 수 없으므로 여기서는 사대부를 중심으로 파생되는 모든 부분들을 다루지는 않을 것이다. 필연적으로 그러한 방면들의 문제를 널리 다루어야 하겠지만, 이 글의 시각은 사회사적인 것도 아니고 정치사나 사상사적인 것도 아니다. 제한된 논의 범위 안에서 이 글의 최종적인 목표는 사대부 정치의 발생을 통해 독특한 정치문화 틀의 발생 과정과 구조의 설계를 드러내 보이는 것이다. 그 틀은 '치국(治國)의 도(道)'라고 불리는 것과 흡사하나 완전히 그런 것은 아니다. 그것이 실제 정치 행위의 '평균'이거나 혹은 실제 정치제도와 같은 것도 아니다. 그러나 전통으로서 그것은 일찍이 행위, 제도, 관념에 깊은 영향을 주었고, 그러한 행위, 제도, 관념 속에서 그 존재를 구현하였다. 결국 '사대부 정치'를 일종의 '독특한 정치문화의 틀'로 보고 논의를 전개하며 이러한 특정 시각에 기초하기 때문에, 이 글의 서술 맥락과 전체적인 틀 및 역사 자료에 대한 운용, 해석, 구성은 정치사·사상사·제도사 혹은 사회사의 시각에 기초하여 전개하는 것과 상당한 차이가 있을 것이다. 이 점에 대해 독자들은 충분한 주의를 기울여주기를 바란다.

먼저 첫머리에서 논의의 접근 지점을 찾아야 한다. 『찰거제도의 변천사』(察擧制度變遷史稿)[2)]에서 나는 일찍이 관료계층 조직의 이성적 행정 요소, 관료 제국 정치 체제 속의 특권 분배, 권력투쟁의 요소, 오랜 역사를 지닌 지식집단과 그 문화 전통의 요소 이 세 가지를 찰거제도 변천을 지배하는 주요인으로 설정하였다. 이 글의 주제는 사대부 정치의 발생과 형성이므로 그 연구 대상은 다르지만 문제에 접근하는 시각은 그것과 밀접한 관련이 있다. 먼저 진·한 이래 중국의 국가 형태는 이미 전형적인 관료 제국이었고, 황제와 국무를 담당하는 관료집단이 공동으로 사회를 통치해왔다고 가정한다. 이러한 제국 안에서 관료들이 누리는 위세와 특권 그리고 권력을 이용하여 재물을 취할 가능성은 사회 통치계급의 중요한 구성 요소로 작용한다는 것을 알 수 있다. 그리고 이러한 제국의 관료들을 단순히 직업 문관으로만 볼 수 없는 까닭은 그들이 지식문화계급, 사인 출신이라는 점에 있다. 사인들은 문화적 교양이 풍부하고 철학, 예술, 교육 등 문화적 활동에 종사했으며, 특히 왕조에 의해 정통으로 인정받은 유가의 의식형태를 담당하고 있다. 과거제도는 사인들이 제국의 정부에 참여하는 제도화된 경로를 형성하였다. 잘 알다시피 고대 중국에서 이러한 특수한 유형의 문인 관료를 부르는 호칭이 있다. 바로 '사대부'가 그것이다.

먼저 '사대부'라는 호칭의 함의에 대하여 논의한 뒤, 그것을 통해 특정 방면에서 몇 가지 참고 자료를 얻어 서술 맥락을 이끌어내기로 한다(물론 이러한 참고 자료 자체는 이 글의 분석이나 결론과 다를 수 있다).

학자들이 '사대부'란 호칭으로 하나의 특정 계층을 지칭할 때 '신사'(紳士)가 그 유사어로 쓰였다. 비교적 일찍 이에 대해 연구한 사람은 우한(吳晗) 등의 학자들이다. 그들이 1940년대에 토론한 『황권과 신권』(皇權與紳權)[3)]이란 책에 수록되어 있다. 우한은 "내가 보기에, 관료·사대부·신사·지식인 이 네 가지는 실제로 같은 것이다. 경우에 따라 한 사람이 여러 가지 신분을 가질 수는 있지만, 본질적으로는 결국 같은 것이다. ……
보통 우리가 사대부를 말할 때 항상 현대의 '지식인'을 연상하게 된다. 그
것은 바로 사대부와 지식인 양자 간에 밀접한 관련이 있음을 의미한다. 관
료는 사대부가 관직에 있을 때의 호칭이고, 신사는 사대부의 사회적 신분
이다"[4]라고 하였다. 최근의 문헌 중 한국 학자 오금성(吳金成)의 「명·청
시대 신사층 연구의 제 문제」(明·清時代紳士層研究的諸問題)라는 글은
한국·일본·서구 및 중국의 관련 연구 속에서 사대부·신사 등의 어휘를
검토하였다. 그는 "한국에서는 사대부·향신(鄕紳)·신사 세 가지 용어를
사용하고 있다. 사대부는 주로 의식형태와 문화 개념으로 쓰였는데, 간혹
관직 경력자와 아직 벼슬길에 들지 않은 학위층을 포함하는 용어로 쓰인
다"고 하였고, "사대부(유가의 교육을 받은 지식인인데, 대체적으로 지위
를 말함)를 지배계층으로 하는 사회구조는 송나라 때 확립된 이래로 본질
적으로 변함없이 천 년에 가까운 청(清)말까지 지속되었다"[5]고 하였다.
'사대부'라는 말에 대한 이러한 정의는 보편적인 현대적 용법이라고 할 수
있다.

상대적으로 말하자면, '신사' 혹은 '향신'(鄕紳은 대략 1588년 『명실록
明實錄』에서 처음으로 보임)이라는 명칭이 강조하는 것은 주로 지역에서
사대부의 지위와 역할이다. 장중리(張仲禮)의 추산에 따르면, 19세기 태
평천국 이전에 생원(生員과 監生) 자격을 취득한 사람은 이미 110만 명 정
도에 달했으며, 여기에다 임용 후보 관리와 은퇴한 관리를 더하면 대체로
신사계층의 주체가 구성된다. 만약 신사의 가족들을 계산에 넣는다면, 신
사계층의 총인원은 약 550만 명에 가깝다. 신사와 그 가족들은 여러 가지
의 공식, 비공식 특권을 가지고 있었으며, 지역과 국가 사이에서 사법·행
정·치안·경제·교육 및 공익 사업 방면에서 중요한 역할을 수행하였
다.[6] 역사적으로 이러한 신사를 흔히 '사대부'라고 불렀다. 예를 들어 하량
준(何良俊)의 『사우재총설』(四友齋叢說) 제13권에서 "이러한 분위기가 한
번 일어나자 사대부들은 땅을 사지 않으려고 했고, 빚을 놓지 않으려고 했
다"고 하였고, 『속장서』(續藏書) 제23권 「해서전」(海瑞傳)에서는 "공(해

서)은 어려운 백성들은 어미 새가 알을 품듯이 돌보았으나, 큰 세력을 가진 사대부들은 눌러 꺾어버렸다. …… 이로부터 사대부 중에 탐욕스럽고 포악하기로 이름난 사람들은 먼 군으로 피해 숨어 들어가는 이가 많았다"고 하였다.

　우한이 말한 4개 유형인 관료, 사대부, 신사, 지식인의 상관된 신분에 대해, 만약 사회 신분으로서의 '신사'라는 항목을 고려하지 않는다면, 사대부는 바로 관료와 지식인의 결합물이다. 여기서 사대부는 '신사'와 완전히 동일시할 수는 없다(또 오금성이 말한 것처럼 여기서 '사대부'라는 말이 강조하는 것은 '의식형태의 개념과 문화 개념'이다). 『사원』(辭源)의 '사대부'에 대한 해석은 '관직에 있으면서 직위가 있는 사람'과 '문인'이라는 두 가지 의미를 포함한다.[7] 사대부가 지니는 이러한 이중적인 신분은 중국 역사에 대하여 조금이라도 알고 있는 사람이라면 생소하게 느껴지지 않을 것이다. 중국 역사상 엄청나게 많은 문학, 역사 저술은 대체로 국가 관료의 작품이라는 것을 보기만 해도 이 점은 분명하다. 물론 역대 문헌 속에 보이는 '사대부'의 함의는 『사원』에서 해석한 것보다 더 복잡하며, 이것에 대해서는 뒤에서 별도로 논할 것이다. 대체로 말해, 사대부의 특징을 현대의 언어로 간단히 개괄한다면, 일단 관료와 지식인이라는 두 가지 역할의 결합이라고 정의해도 무방할 것이다.

　역사와 문화 전통이 각기 다른 학자들의 견해도 매우 참고할 만한 가치가 있다. 영어에서 '사대부'라는 말은 scholar-official(학자-관원), scholar-bureaucrat(학자-관료), literati-officialdom(문인-관원) 등으로 번역된다. 영어에서는 두 개의 어휘를 사용해야 비교적 중국어의 '사대부'의 의미를 잘 드러낼 수 있으며, '관원' 혹은 '관료'라는 하나의 어휘로는 전체적인 의미를 드러내기 어렵다는 것을 알 수 있다. 이는 영어 세계의 역사에서는 그것에 해당하는 사회계층이 없고, 그곳에서 학자와 관료는 사회적 역할이 상당히 달랐기 때문에 일대일로 번역할 수 있는 적절한 어휘가 생겨나지 않았다고 할 수도 있다. 이는 이중적 역할을 지닌 '사대부' 계층의 존재와 그들의 높은 사회적 지위는 아마도 중국 고대 사회의 특성이 매우 풍부한 현상임을 보여주는 것이기도 하다.

미국 학자 조지프 레벤슨(Joseph R. Levenson)도 중국 사대부에 대하여 아마추어(amateur)라는 재미있는 이름을 붙였다. 이 단어는 원래 취미 애호자와 문외한이라는 뜻을 동시에 가지고 있는데, 전문가와는 상반된 의미이다. 그는 다음과 같이 말했다.

> 팔고문(八股文) 같은 극단적 미문주의가 보여준 것처럼, 중국의 관리는 업무를 수행하는 면에서 아마추어이다. 이러한 상황은 명나라에 이르면 더욱 심해진다. 그들은 학원식의 교육을 받았고, (절대다수는) 서면 고시를 통과했지만 직접적인 직업 훈련은 받은 적이 없었다. …… 학자의 인문학적 소양은 관리의 임무와 별 상관 없는 학문이었는데도 학자에게 정무를 담당할 수 있는 자격을 부여하였다. 이러한 학문의 중요한 의의는 기술적 효율이 필요한 관리의 직능 수행 면에 있지 않고(도리어 상당한 장애가 되었다), 그러한 직능에 문화적 덧칠을 제공하는 면에 있었다.

또 레벤슨은 중국의 사대부에 대해 다음과 같이 평가하였다.

> 정무 면에서 그들은 아마추어였다. 그들이 익힌 것은 예술이었기 때문이다. 그리고 그들의 예술 자체에 대한 애호도 아마추어식이었다. 그들의 직업은 정무였기 때문이다.

레벤슨은 중국과 영국을 비교하였다. 영국에서도 "인문학적 소양이 흔히 행정 부문에 진입할 수 있는 자격을 구성하였기" 때문이다. 레벤슨은 한 문관에 대한 찬사를 한 단락 인용하였는데, 그 찬사에서는 그 문관의 뛰어난 성취를 인문학적 소양으로 귀결시켰다. 하지만 그는 바로 이어서 "작자는 아마추어가 거의 모든 경우에 전문가에게 양보해야 하는 고도로 전문화된 사회, 즉 아마추어라는 말이 실상 이미 실력은 보잘것없지만 보수와 무관하지 않은 취미를 의미하는 사회에서 생활하기 때문"이라고 지적하였다. 그래서 작자가 고전적 인문 소양이 관리들의 전문적인 임무에 도움이 된다는 점을 해명할 때, 그 말투에는 일종의 '변명하는 뉘앙스'가 깔려 있으며, 이는 청중이 그것에 대해 회의를 표시할 수도 있다고 느꼈기 때문이다. 이는 고대 중국의 "최고의 문화 가치와 최고의 사회 권력의 빛나는 상징적 결합"과도 크게 다르다. 그리고 레벤슨이 지적하듯이, 그 찬사 속에서 고전 학식과 행정 직무의 관련성은 "목적에 도달(관원의 임무를 가리킴)하는 데 필요한 논리에 맞는 실용적 수단"이라는 의미로부터 논증한 것이다. 그러나 중국 사대부의 입장에서 볼 때, "그들의 인문학적 소양 속의 직업적 의미는 어떠한 전문적인 직업적 의미를 갖지 않는다는 데 있다."[8] 서방 세계이자 현대 사회에서 생활하는 학자에게 그것은 분명 특별한 주의를 끌었다.

사대부의 이중적 역할에 대한 특별한 민감함은 두 방면에서 의의가 있다. 먼저 중국과 다른 나라의 차이와 관련이 있다. 많은 민족의 역사에는 유사한 계층이 출현한 적이 없었다. 이는 동시에 고금의 차이와도 관련이 있다. 주지하다시피 현대 사회의 중요한 특징 하나는 사회의 분화와 전문화이다. 이로 인해 지식인과 직업 관료 사이에 고도의 제도적 분화가 일어났고, 지식계와 정치 편제는 판연히 다른 둘로 나누어졌다.

사회 분화, 좀더 정확하게 말해 사회구조와 역할의 분화는 다음과 같은 사회 과정을 의미한다. 사회 분화가 진행되면 사회의 여러 영역, 시스템 및 상응하는 역할, 집단, 조직, 제도, 규범, 가치 등에서 끊임없는 번식이 나타난다. 이러한 요소들이 분화된 이후 이어서 각자 특유의 내부 법칙과 외부 관계를 드러내고, 자주성과 전문성을 갖추게 되며 아울러 새로운 기초 위에 새로운 정합된 형태를 건립할 것을 요구하게 된다.[9] 만약 정합의 과정과 형태가 더욱 복잡하고 더욱 균형 잡히고 더욱 적응 능력을 갖춘 사회 시스템을 가져온다면 이는 종종 진화의 과정으로 간주된다. 지식인과 직업 관료는 모두 사회 분화의 산물이자, 사회의 문화 체계와 정치 체계가 일정 정도까지 분화되어 발생한 사회적 역할이 전문화된 결과이다. 탤컷 파슨스(T. Parsons), 시모어 립셋(S. M. Lipset), 에드워드 실스(E. Shils)

등은 지식인을 문화적 성격의 사무에 몰두하며 문화의 창조, 전파, 사용에 종사하는 사회적 배역이라고 정의하였다. 그 기능은 인류의 다음과 같은 수요, 즉 인간·사회·자연·우주의 최고 혹은 가장 본질적인 방면에 종사하여 인지적·도덕적·심미적 연계를 세우는 것이다.[10]

관료의 사회적 역할은 막스 베버(M. Weber)의 정의에 따르면 다음과 같다. 그들은 단지 전문적인 자격에 의해 직책을 받고 일을 맡으며, 실적과 연공에 따라 봉급을 받고 승진을 하며, 성문화된 법전의 규정과 문서의 기록을 엄격히 따르고 충분히 이용하여 공공 행정에 종사하는 직원이다. 이에 상응하여 집권적 관료제 형식으로 직능, 자원, 권위를 분배하고, 이로써 특정한 선발 과정을 거쳐 승진의 길로 들어가는 전문적인 유급 문관이다. 또한 성문화된 체계적인 법규에 따라서 움직이는 행정 조직을 관료제라고 부른다.[11] 관료제의 기본 정신은 이른바 '도구적 이성'이다. 즉 목적이 명확하고 계산적이며 논리에 부합하고 보편주의적이며 체계적으로 목적을 이루는 수단으로 드러난다.[12]

상술한 이러한 정의는 고도로 분화된 사회를 배경으로 생겨났다. 따라서 그러한 정의를 내린 사람은 무엇보다도 경제적 이익, 사회적 이익, 정치적 태도 등의 면에서 지식인과 관료의 사회적 맥락을 제거함으로써 그들의 전문적 기능을 부각하려고 한다. 가령 이러한 틀 속에다 중국의 사대부를 투사한다면 다음과 같은 인상을 가져올 것이다. 즉 현대 지식인과 관료가 판연히 나뉜 점을 놓고 비교해 보면, 중국 고대 사대부의 이중적 역할의 형태는 기능의 혼용성(混溶性)과 역할의 확산성을 보여준다. 제도화된 '일인이역'은 분명 현대 사회의 전문적인 분업 원칙과 상치된다. 앞서 레벤슨이 사대부를 아마추어라고 한 것은 바로 이런 뜻이며, 또 에티엔 벌라주(É. Balázs)가 "중국 사대부들은 모든 중개 기능과 행정 기능을 한다. …… 그러나 이 이전에 그들은 어떠한 형식의 전문화도 완강히 반대하였다"[13]고 단언한 것과 같다.

관료제 이론의 기초를 세운 베버는 중국 사대부에 대해 정의하면서, 중국에는 전문적 정치가 부족하며 "사대부는 기본적으로 옛 문학 교육을 받은 공명을 이룬 사람이었지만 행정 훈련은 추호도 받은 적이 없으며, 법률을 전혀 알지 못하지만 문장은 아주 잘 쓰며, 팔고문을 잘 알고 고문에 능통하며 그에 대한 해석과 설명에 능하다. 정치적 복무 면에서 그들은 어떠한 중요성도 갖고 있지 않다. …… 이러한 관리를 가지고 있는 국가는 서방의 국가와는 일정 부분 서로 다르다"[14]고 하였다. 베버는 『논어』(論語) 「위정」(爲政) 편의 "군자불기"(君子不器)라는 말을 인용하여 사대부의 비전문가적 특질을 개괄하였는데, 이것은 공자의 말에 대한 매우 독창적인 해석이라고 할 수 있다.[15] 그가 보기에는 이러한 사대부 '군자' 형태는 이른바 '합리성'('형식적 이성')이 결여되어 있다는 것이다. 물론 사회의 분화는 '합리화'와 일치하는 것은 아니다. 하지만 특정 상황의 특정 문제를 겨냥한 특정 수단의 발전을 위해서는 길을 열게 되어 있다. 이론적으로 바꾸어 말하자면, 각기 다른 영역의 법칙, 규범, 역할의 뒤섞임은 요소의 전문화로 인해 수반되는 합리적 성질을 저하시키게 된다는 것이다.

  그렇다면 그들은 현대 혹은 서양의 기준을 맹목적으로 사용하여 편협한 척도로 중국 고대의 사대부 정치에 대입하고 있는 것인가? 여기서 좀더 신중하게 논의의 범위를 한정하여 잘못된 범주로 빠져드는 것을 피해야만 한다. 위에서 인용하고 기술한 것은 단지 문제를 끌어내기 위해 참고한 것이며, 이는 결코 의미가 없는 것은 아니다. 중화 제국에서 관료 조직은 아주 이른 시기에 상당히 발달했으며, 서양 세계에서는 매우 뒤늦게야 그에 근접하는 규모와 복잡한 수준에 도달하였다. 그러나 쌍방은 각자의 관료 형태가 이처럼 달랐고, 그것은 결국 사대부 형태의 독특성을 드러내었다. 사대부를 이중 역할의 결합이라고 볼 때, 다음과 같은 점을 의미한다. 기능 면에서 볼 때, 이미 그 안에서 두 가지 역할을 분명하게 분별해낼 수 있다. 제국 정부의 방대하고 복잡한 행정 사무는 '관료'의 형상을, 시와 문장의 많은 저술은 '문인'의 형상을 부각했다는 것이다. 만약 이러한 사실이 발생하지 않았더라면 위에서 인용하여 기술한 것들은 큰 의미가 없게 된다.

  그러나 사대부의 '이역'(二役)은 이미 분명하게 차이가 있으며 각자 이미 상당히 발달했다. 하지만 '일인'(一人)에게 통합되었고 심지어 그에 상응하는 아름다운 문장을 시험 내용으로 하는 문관을 선발하는 과거제도를 발전시켰다. 어쨌건 이것은 분명 특별한 현상이다. 사실상 과거를 통해 선발된 문인이 정무에 서투르다는 지적은 서양의 학자들에게서 나온 것만은 아니며, 중국에서도 옛날에 이미 있었던 것이다. 예를 들어 과거제에 대해 "배운 것은 쓸모가 없고, 쓸모가 있는 것은 배우는 것이 아니다"[16]라는 비판은 아주 일찍부터 고대 관리 선발에 관한 주요 논쟁거리였다. 이러한 비판은 문인이 관직에 있는 것이 행정 효율에 부정적인 영향을 끼친다는 사실을 옛사람들도 이미 상당히 인식하고 있었음을 의미한다. 이는 관료 체제의 발달 정도에 따라 확실히 전문화를 요구하는 내재적 경향을 드러낸 것이다.

일반적으로 말해, 통치자와 피통치자가 이원적 계층으로 나뉜 전통사회에서 상층계급이 종종 종교와 문화의 기능을 함께 하고 있음은 보편적인 현상이다.[17] 이는 사회적·정치적·경제적·문화적 등급 간의 커다란 중합(重合)의 정도로 표현될 수 있다.[18] 그러나 중화 제국의 특수한 점은 문인의 역할과 관료의 역할이 각기 상당한 분화가 있었고, 동시에 양자는 사대부라는 형태로 긴밀히 융합되었으며, 레벤슨이 말한 것처럼 "최고의 문화 가치와 최고의 사회 권력의 눈부신 상징적 결합"을 이루었다는 데 있다. 이는 현대 사회와 다를 뿐만 아니라 서양의 역사에서 정권과 교권이 뚜렷이 양분되었던 것, 혹은 옛 인도의 종교적 대표 브라만과 정치권력의 대표 크샤트리아가 서로 다른 바루나로 구분되었던 상황과도 다르다.

중국의 관원들이 전문화 방면에서 드러낸 위와 같은 특징은 단지 행정 조직의 발달 정도의 문제만은 아니며, 커다란 정치문화 질서의 특징이 정치 역할 면에서 구현된 것이었다. 베버가 말한 "이러한 관리가 있는 국가는 서방의 국가와는 다소 다르다"는 말이기도 하다. 사대부를 문인과 관료의 결합으로 보는 것은 그저 상당히 간략화된 말일 뿐이다. 이른바 사대부의 '일인이역'은 실제로 새로운 산물을 형성하였다. 다른 면에서 볼 때, '관원'과 '문인' 양자는 유기적으로 융합되어 있기도 하다. 사대부는 순수한 행정 사무와 순수한 문화 활동에 투신할 뿐만 아니라, 유가의 정통 의식형태도 담당하였다. 의식형태는 일종의 종합적인 관념 체계이며 그러한 관념 체계에 근거하여 정치에 종사하는 의도와 실천이다.[19) 유가사상은 천·지·인 사이의 많은 사상(事象)에 대하여 체계적으로 해석함으로써 인생·가정·교육·문화·치국평천하 문제 등을 처리하고 우주 문제까지도 처리하였으며, 아울러 포괄하지 않는 바가 없는 체계로써 제국의 정치를 지배하고자 하였다. 제국의 관료는 유가 교육을 깊이 받았으며 각종 상황에서 그것을 받들고 관철하고 수호해야 할 의무가 있었다. 의식형태에서 두루 다 포괄한다는 성격은 사대부 역할의 기능의 혼용적(混溶的) 성격과 서로 표리 관계를 이루며, '문인'이라는 일면과 '관료'라는 일면을 충분히 일체화했던 것이다.

전문화의 시각에서 볼 때, 사대부가 나라를 다스리는 것은 정치 전문가가 다스리는 형태에 그다지 부합하지 않는다. 그러나 전문화된 행정이 반드시 균형 잡히고 적응력이 뛰어난 사회 체계를 촉진하는 것만은 아니다. 그것은 사회 전체의 정치문화 전통과 정치사회 배경에 의해 결정되는 것이다. 사회의 분화도 필연적으로 사회의 통합과 조절의 문제를 제기하게 된다. 상대적으로 그 배경과 전통에 대해 말하자면, 어떤 한 요소가 '과도'하게 전문화하면 그것은 도리어 그 밖의 요소에 대해 부정적인 기능을 낳을 가능성이 있으며, 그러한 소극적인 영향은 또 그 자신에게로 되돌아가게 마련이다. 전문화는 당연히 정치문화 유형의 우열을 평가하는 유일한 표준은 아니다. 중화 제국의 사대부 정치 또한 정치하고 세세한 운용 기제를 발전시켰다. 비록 거기에는 전문성이 결여되었다는 문제가 존재하지만, 그것이 2천 년이란 세월 동안 흥성하고 쇠미하지 않았던 것은 결국 중국 전통사회에 대한 고도의 적응성을 보여주었기 때문이다.

'사대부'라는 형태로 출현한 사회적 역할과 그로 인해 지게 된 '사대부 정치'에 대해 더욱 깊이 이해하려면, 위에서 인용한 것으로는 턱없이 부족하다. 하지만 그들은 그래도 분석상의 적지 않은 편리를 가져왔다. 예를 들어 '지식인-관료'라는 이중 역할은 논의를 전개하는 데 상당한 도움이 된다. 따라서 무엇보다 다음과 같은 점을 지적할 수 있다. 고대 중국에서 지식인과 관료 사이에 결코 분화가 발생하지 않았던 것은 아니다. 심지어 중화 제국의 창건 초기에 상당히 순수한 직업 관료가 행정의 골간을 구성했으므로 당시 학자와 문인들은 반대로 배척을 당했다. 이는 진(秦) 제국의 상황이다. 진 왕조에서 '문법리'(文法吏)는 제국 정무의 기본적인 담당자가 되었으며, 그들은 후세의 사대부와는 크게 달랐다. 이를테면 중화 제국의 역사에서 사대부 정치는 처음부터 그랬던 것은 절대 아니라는 것이다. 그러나 이런 순수한 '문법리' 정치는 중국 고대 사회에서 계속되기 어려웠다. 한(漢)나라 때 접어들면서 '문법리' 집단은 유생 관료(학자와 관료를 겸했던 '사대부')에게 점차 자리를 내주기 시작하였다. 우리는 이러한 사실의 전후 인과에 대해 특별한 관심을 기울여야 한다. 그리고 전술하였듯이, 중국 고대 사대부들의 '일인이역'에 대해 논했던 학자들은 그것에 대해 아직 충분히 깊이 있는 토론을 하지 않았다. 다음은 이 문제에 대해 좀더 상세하게 설명해보자.

2. 문제: 학사(學士)와 문리(文吏)의 분합(分合)

중화 제국의 역사에서 사대부 정치가 애초부터 이랬던 것은 아니다. 지식문화의 역할과 직업 관료의 역할 간에는 일찍이 상당히 두드러진 분화와 분리가 있었으며, 순수한 직업 문관이 행정을 담당하던 체제가 분명 출현한 적이 있었다. 바로 진(秦) 왕조의 제국 정부이다. 일인이역을 하던 사대부들은 이보다 나중에 나타났지 처음부터 그랬던 것은 결코 아니다. 중화 제국이 기초를 닦던 초기 정치는 또 다른 형태로 드러났다.

지식인과 관료는 근대 사회에서 비로소 제도적인 분화가 일어났지만, 고대 사회에는 그에 상응하는 역할이 없었다고 말하는 것은 아니다. 사회 분화의 개념 속에서 다음과 같은 설정을 이끌어낼 수 있다. 근대 사회에서 고도로 전문화된 기능의 단위들은 설사 상당히 원시적인 사회라 할지라도 그에 상응하는 모종의 것이 필연적으로 존재하지만 당시 그것들은 발달되지 않은 것으로서 그 밖의 사회적 요소와 미처 분화되어 있지 않다. 예를 들어 정치·행정·사법·생산·교환·소비·예술·철학·종교 등은 모두 씨족 단위 속의 그러한 상황과 뒤섞여 있다. 이는 사회 분화의 정도가 중요한 참고 지표가 된다는 것을 의미한다. 여기서 슈무엘 아이젠슈타트(S. N. Eisenstadt)가 언급한 초기 사회에 정치 체계가 존재했는지에 대한 토론은 참고할 만하다. 그는 "어떠한 사회일지라도 반드시 거기에는 일정한 정치 체계가 있다는 것을 드러낸다"고 하였고, "이 점은 현재 이미 보편적으로 받아들여지고 있다. 즉 이미 국가를 구성한 원시사회와 아직 국가를 구성하지 못한 사회(이른바 '분할성'分割性 부락)라는 이러한 전통적인 구분은 그러한 사회 속의 약간의 정치 활동과 정치 조직이 식별될 수 있는 정도와 분화의 정도에 기초한 구분을 새롭게 기술해야 한다."[20] 유사한 논리적 사고에 입각하여, 상당히 오래된 사회에도 후세에 지식인과 직업 관료가 맡은 기능(혹은 그 맹아)이 반드시 존재한다는 것을 믿는다. 물론 이때의 기능들은 그 밖의 기능적 요소와 통상 고도로 뒤섞여 있다. 그러나 문명이 어떤 단계까지 진화했을 때, 사회 분화는 이러한 기능을 전문성을 막 갖춘 집단에 맡기기 시작한다. 이와 같이 '사회 분화'라는 개념을 매개로 하여 지식인과 관료라는 개념을 중국 전통사회에 적용하였으며, 아울러 전국(戰國)과 진한(秦漢) 시기에 지식집단과 관료집단이 출현하였고 그들 간에는 일찍이 충분한 분화가 있었음을 알 수 있었다.

춘추 후기와 전국 시기 사회에서 '사'(士)라는 역할이 매우 활발해지기 시작했으며, 후세 사람들은 그들을 '사계층'(士階層)이라고 불렀다. 판원란(范文瀾)은 전국 시기의 '사'를 대략 네 부류로 분류했다. 학사(學士)는 유가·묵가·도가·명가·법가·농가 등의 전문가들로서 책을 쓰고 학설을 세우고, 당시 사회 여러 계급의 사상을 반영하고 각종 정치적 주장을 제기하여 문화 방면에 크게 공헌한 부류이다. 책사(策士)는 바로 종횡가이다. 방사(方士) 혹은 술사(術士) 들이 잘한 것은 천문·역산(曆算)·지리·의약·농업·기예·음양·복서(卜筮) 등이다. 최하 등급은 바로 식객이었다.[21] 이러한 분류는 대체로 수용할 수 있다. 책사와 방사도 저술이 없는 것은 아니었지만 학사는 의심할 바 없이 사계층의 문화를 대표한다. 『한서』「예문지」에는 선진에서 동한 초기까지의 저술을 '6략(略) 38종 596가(家) 13,269권'으로 수록하였는데, 이것은 과거를 계승하고 미래를 여는 의미가 있는 거대한 문화적 성취이다. 바로 실스가 "심지어 가장 발달하지 않은 사회와 상대적으로 분화되지 않은 사회라 할지라도, 또한 아직 그러한 활동에 종사하는 전문적인 역할이 없다고 하더라도 예술과 사물을 해석하는 사고를 위한 지식 활동에 장소를 제공하였다. 분업이 비교적 발달한 사회에서는 더욱 전문적인 분업의 성격을 갖춘 지식인의 역할을 요구하고 제공하였다"[22]고 말한 것과 같다. 파슨스는 '서면 언어'(written language)의 발달과 '철학의 돌파'(philosophical breakthrough)를 지식인 출현의 조건으로 삼았으며, 기원전 1천 년 동안 대문명에는 모두 이러한 변동이 출현하였다.[23] 중국의 전국 시대와 진한 시기의 학사를 놓고 보자면, 학생들을 모아 교육하던 사학 조직, 유학(遊學)하면서 토론하던 의리(義理) 연구, 지금까지 전해지는 문화 작품, 지금까지 전해질 수 없었던 문화 작품, 그리고 인간·사회·자연·우주의 '돌파' 성격에 대한 체계적 인식 등은 이미 우리로 하여금 그것을 독립적인 지식문화 역할로 인식하게 하였다.

중국 고대 지식집단의 탄생에 대해서는 이미 상당한 연구가 있다. 하지만 여기서 특별히 주의해야 할 점은, 그들과 직업 관료들 간의 분화 문제이다. 즉 전국 시대와 진한 시기 '문리'(文吏)라고 칭하던 역할은 일찍이 직업 관료 집단을 구성함으로써 학사와 분리되었다는 점이다.

전국 시대의 대규모 변법운동은 그 실질을 따지자면, 전제 관료제로의 사회 변화로 볼 수 있다. 적어도 진(秦) 제국을 놓고 보자면, 학자들은 이미 그것이 전형적인 관료 제국이었다고 공인하였다. 미국 학자 헐리 크릴(H. G. Creel)은 중국 관료제도의 발생과 변화를 분석한 뒤, 다음과 같은 논의를 제시하였다. 일찍이 기독교 시대가 시작될 무렵 중화 제국은 이미 20세기의 초강대국과 유사한 점을 많이 드러냈다. 이 제국은 중앙 집권 관료제 방식의 정부가 관리하였고, 법가(法家)의 학설은 여러 방면에서 현대 관료제 이론과 이미 상당히 가까웠다. 또한 그는 베버가 중국 역사를 잘 알지 못해서 관료제 발달의 수준에 대하여 지나치게 저평가했다고 비판하고, 설사 베버의 정의에 따른다고 해도 중국 진한 시대의 정부는 현대적 성격을 상당히 갖추고 있었다고 지적하였다.[24] 크릴의 이러한 논의에 대해 다른 의견도 있다. 예를 들면 파슨스는 크릴이 이러한 체제를 지나치게 높이 평가했다고 생각했지만 중국의 관료제도는 "확실히 매우 선진적이었다"[25]고 인정하였다.

관료제도의 발전은 반드시 전문화된 행정 인원이 직책과 일을 맡는 것을 요구하므로 '이'(吏) 집단이 점점 발달하게 되었다. 많은 학자들은 '사'(士)계층이 전국 시대에 신식 관료의 중요한 내원(來源)이 되었다고 지적한다. 예를 들어 양콴(楊寬)은 "신흥 지주계급이 정권을 차지하고 정치개혁을 단행할 때, 각 방면에서 인재를 선발하여 개혁 작업을 진행하는 것이 절실했다. 주요 선발 대상은 바로 '사'였다"[26]고 하였다. 전국 시대에 '사'가 열국의 정치에서 매우 큰 활약을 하였다는 점은 의심할 바 없는 사실이다. 그러나 동시에 '이' 집단이 점차 변모된 모습으로 나타났으며, 점차 학사와 다른 길로 갔다는 사실도 경시해서는 안 된다. 물론 전국 시대에 '사'와 '이' 사이의 경계는 그다지 분명하지 않았으며, 거기에는 여전히 과도기적이고 중간적 성격의 역할이 존재한다. '사'는 당시 사회와 정계에서 괄목한 만한 집단이었으며, '이' 집단이 점점 성장하여 나날이 관료 행정의 주요한 담당자로 되어가는 것을 막았다. 하지만 '사' 중의 문화적 역할을 담당하는 '학사'와 직업 문관의 역할을 담당하는 '이'의 분기는 진(秦)제국에 이르면서 분명한 사실로 드러났다. 이른바 "진나라는 법리(法吏)를 존중하였다", "진나라는 도필리(刀筆吏)를 임용하였다"는 것이다. 즉 '법을 잘 아는 것'을 자격으로 삼는 직업 관리는 제국 정부의 주요소가 되었다.

전국 시대 '사'라는 명칭이 포괄하는 범위는 매우 넓으며 관련 내용도 복잡하다. 하지만 '이'라는 호칭은 함의가 훨씬 명확하였다. 바로 직업 행정관리라는 뜻이다. 후세의 이른바 '이'는 하급 서리와 아전을 가리키는 경우가 많았으나, 여기서는 그것과 일치하지 않는다. 『설문해자』(說文解字)에서 "이(吏)는 사람을 다스리는 자"라고 하였고, 양천(楊泉)은 『물리론』(物理論)에서 "'이'라는 것은 다스린다는 뜻이다. 온갖 사무를 처리하는 자이다"라고 하였다. 무릇 사람을 다스리고 일을 처리하는 이를 모두 '이'라고 칭한다는 것이다. 『예기』(禮記) 「곡례하」(曲禮下)에서는 "오관(五官)의 우두머리를 '백'(伯)이라고 하였는데, 그를 천자에게 말할 때는 '천자의 이(吏)'라고 하였다"고 하였다. 정현(鄭玄)은 주(注)에서 "백(伯)은 삼공(三公)을 가리킨다"고 하였다. 『좌전』(左傳) 성공(成公) 3년에는 "천자의 사자가 삼리(三吏)에게 맡겨졌다"고 했으며, 두예(杜預)는 주(注)에서 "삼리는 삼공이다"고 하였다. 『한서』 「두주전」(杜周傳)에서도 "장탕(張湯)과 두주(杜周)는 모두 글을 쓰는 작은 관리에서 입신하여 삼공의 지위에 이르렀고 엄혹한 관리의 반열에 올랐다"고 한 것은 삼공을 '이'로 불러도 무방하다는 것이다. 『한비자』(韓非子) 「현학」(顯學) 편에서는 "현명한 군주의 관리는 재상은 반드시 말단 지방에서 올라오고 장수는 반드시 졸병에서부터 시작한다"고 하였는데, 이것은 장수와 재상을 '이'로 불러도 무방하다는 뜻이다. 『사기』(史記)와 『한서』에는 순리(循吏)와 혹리(酷吏)의 열전이 있는데, 그중에는 높은 벼슬아치가 적지 않다. 연봉이 2천 석 되는 군수를 '장리'(長吏)라고 불렀다. 『국어』(國語) 「주어상」(周語上)에는 "왕은 그리하여 사도(司徒)로 하여금 공경(公卿)과 백리(百吏)와 서민(庶民)들에게 모두 주의를 주게 하였다"고 하였으며, 위소(韋昭)는 주(注)에서 "백리는 백관(百官)이다"라고 하였다. 『한서』 「백관공경표」(百官公卿表)에서는 "좌사(佐史)에서 승상(丞相)에 이르는 이원(吏員)이 12만 285인"이라고 하였는데, 이것은 좌사에서 승상에 이르기까지 모두 '이'라고 부를 수 있다는 말이다. 그래서 관리를 선발하는 부서를 '이부'(吏部)라고 한다. 구별하자면 벼슬이 높은 이는 '관'(官)이고 통틀어 말하면 백관이 모두 '이'이다.[27] 비록 '사'(士)가 확실히 전국 시대 관료의 중요한 내원이지만 '사'보다 '이'로 불렸다. 특히 '문리'(文吏)·'문법리'(文法吏)·'도필리'(刀筆吏)로 불린 그들의 역할은 전국 시대에서 진한(秦

漢)에 이르기까지 행정 직원과 행정 조직의 분화, 전문화, 복잡화의 정도를 더욱 집중적으로 반영한다.

'문리'라는 호칭은 본래 이중적 함의를 지닌다. 한(漢)나라 때 '문리'는 '무리'(武吏)에 반대되는 이름이었다.[28] 동시에 '문리'라는 말은 흔히 유생(儒生)과 상대되는 경우에 쓰였는데, 이 점이 논하려는 문제와 밀접하다. 이른바 "진나라에서는 법리를 존중했다", "옥리(獄吏)가 총애를 받았다", "진나라는 도필리를 임용하였다" 등의 말들은 모두 진나라 조정이 학사 유생을 임용하지 않은 것을 두고 한 말이다. 또 『한서』 「원제기」(元帝紀)에는 원제가 태자였을 때 "선제(宣帝)가 임용한 사람들 중에는 형명(刑名)으로써 아랫사람을 구속하는 문법리가 많은 것을 보고는" "폐하께서 형벌을 사용하시는 것이 너무 심하옵니다. 마땅히 유생을 등용해야 합니다"라고 진언했던 것을 기록하고 있다. '문법리'는 분명 또 유생과 상대되는 역할자의 명칭인데, 유생을 등용한다는 것과 문리를 등용한다는 것은 전혀 다른 정치적 노선을 의미한다. 또 같은 책의 「하무전」(何武傳)에서는 하무가 "그러나 패거리 짓는 것을 싫어하여 문리는 반드시 유생에게 물어보았고, 유생은 반드시 문리에게 물어보며 교차 확인을 하였다"는 사실을 기록하고 있다. 이것은 붕당의 존재는 유생과 문리로 크게 나누어지며, 그들이 정치상으로 다른 집단과 당파를 형성했다는 것을 의미한다.

심지어 왕조의 관리 선발 제도에서도 그 둘의 구별을 명확하게 드러내었다. 『후한서』(後漢書) 「순제기」(順帝紀)의 양가(陽嘉) 원년 겨울 11월의 조서(詔書)에는 "처음에 군국(郡國)에 명령을 내려 효렴(孝廉)을 선발하게 하되 나이는 40세 이상으로 제한하였는데, 장구(章句)에 능통한 유생과 전(箋)이나 주(奏)와 같은 공문서를 작성할 수 있는 문리들이 응모할 수 있다"고 하였으며, 이 제도는 같은 책 「좌웅전」(左雄傳)에 "유생은 가법으로 시험을 보았고, 문리는 시험에 전이나 주와 같은 공문서를 부과하였다"고 기록하고 있다. 양가의 제도는 단지 효렴과(孝廉科) 때문에 고시 제도를 만든 것인데, 유생과 문리라는 이 두 집단을 대상으로 한 찰거(察擧)는 분명 이 시기에 아직 시작되지 않았다. 유생과 문리를 함께 뽑아서 임용하는 이 제도는 조위(曹魏) 초기까지 줄곧 지속되었다.『삼국지』(三國志)「위서」(魏書)「문제기」(文帝紀) 황초(黃初) 3년 봄 정월에 내린 "각 군국에서 선발하는 사람은 늙고 어림에 구애되지 말고 유생으로서 경술(經術)에 통달하고 문리로서 문법(文法)에 통달한 사람이라면 오는 대로 모두 써보도록 하라"고 한 조서는 이 시기에 이르기까지 유생으로서 관리가 되는 것과 문리로서 관리가 되는 것이 여전히 관리를 선발하는 두 가지 길이었음을 의미한다.

문리(文吏)와 무리(武吏)의 상대적인 의미에서 볼 때, 유생으로서 문관이 된 자도 마땅히 '문리'로 쳐야 한다. 그리고 한나라 때 군현의 하급 관리 중에서 관리를 선발할 때 유생들도 종종 '이'(吏)의 신분을 빌려 큰 벼슬을 얻곤 했으며, 그들이 관리가 된 다음에는 흔히 문리와 같은 직책을 담당하였다. 이 시기의 유생과 문리의 구별은 후세의 사대부와 서리의 구별과 같은 것은 아니다. 그러나 그 당시 사람들의 태도에서는 유생이 맡은 이(吏)와 문리는 여전히 뚜렷하게 구별되었다.『한서』「예관전」(倪寬傳)에는 "당시 장탕(張湯)은 정위(廷尉)였다. 정위부(廷尉府)에서는 모두 문서 작성을 의미하는 문사(文史)와 법률을 전문으로 하는 관리들을 임용하였는데, 예관(倪寬)은 유생으로서 그들 사이에 끼어 있었다. …… 종사(從史)에 임명되었다"는 말이 있다. 예관은 정위의 종사였으며 법리의 직책이었다. 그러나 사람들은 그가 '유생'이라는 것을 특별히 강조하면서 단순한 문리와는 다르다고 생각하였다. 이른바 '문사와 법률'은 바로 '문법'의 내용에 대한 진일보한 해석이다. 그래서 '문리'(文吏)의 '문'(文)은 '무'(武)와 대립될 뿐만 아니라, 유생들이 전문으로 했던 '경술' 및 '가법'(家法)과도 대립되었다. 이 '문'은 이른바 '문사법률'(文史法律)을 특별히 지칭하는 것이다.

『신당서』(新唐書)「예문지」(藝文志)의 정부(丁部)에는 '문사류'(文史類)가 있다. 그러나 한(漢)나라 때 이른바 '문사법률지리'(文史法律之吏)의 '문사'는 그것과 다르다.『한서』「동방삭전」(東方朔傳)에는 "나이 열셋에 서(書)를 배웠는데 3년 만에 문사(文史)가 쓸 만하였다"고 하였는데, 여기서 '서'는 글을 쓰는 것을 가리키고, '문사'는 바로 문서에 사안을 기록하는 것을 가리킨다. 한나라 초기의 속담에 "예(禮)는 배워서 무엇하나? 사서(史書)만 잘하면 벼슬을 하는데"라는 말이 있는데, 여기서 '사서'는 역사 서적을 가리키는 것이 아니라, 문리(文吏)와 영사(令史)가 익히는 글쓰기로서 곧 예서(隸書) 또는 '좌서'(佐書)라고 불렀다.[29] '사'(史)와 '좌'(佐)는 모두 하급 관리를 가리키는 말이다. 한나라 조정의 『위율』(尉律)에 따르면 글자 9천 자를 외우고 여덟 종류의 서체에 능통한 사람은 '이'(吏)가 될 수 있다고 하였다.[30] 이것은 문리가 반드시 갖추어야 할 기본적인 기능이었으므로, 문리를 또 '도필리'라고도 불렀다. 한나라 때 효렴의 선발에서 "문리의 선발 시험에 전(箋)이나 주(奏)와 같은 공문서를 부과하였던" 제도를 『후한서』 「호광전」(胡廣傳)에서는 "문리는 장주(章奏)를 시험으로 보았다"고 기록하고 있다. '전'(箋) · '주'(奏) · '장'(章)은 모두 행정 문서다. 또 엄가균(嚴可均)이 편집한 『전후한서』(前後漢書)의 제54권에는 장형(張衡)의 「논거효렴서」(論擧孝廉書)가 별도로 들어 있는데, 그 속에는 "지금 조서에서는 일괄적으로 장구(章句)에 능통하고 주안(奏案)을 처리할 수 있는 자들로 한정한다"는 말이 있다. 이것은 '전과 주를 부과한다'고 한 것의 그 내용이 '주안을 처리하는' 것임을 의미한다. '주안을 처리한다'는 것은 바로 사례를 제공하여 법에 따라 안건을 처리하게 한다는 뜻이며, 그 목적은 그것으로써 문리의 행정 능력을 고찰하는 것이다.[31]

문안을 최종적으로 확정하려면 당연히 법률에 따라야 하므로 법률과 법령을 운용하는 능력은 바로 '문법'의 중심 내용이 된다. 한나라 때 '문'은 매번 법률 조문만을 전문적으로 가리켰다. 그 때문에 '심문'(深文) · '문치'(文致)와 같은 어휘가 있다. 『후한서』 「광무제기」(光武帝紀)에는 "수염이 깎이는 벌을 받아 몸을 숨기면 관리가 문에 따라 그를 없는 것으로 하였다"는 말이 있고, 또 같은 책의 「곽궁전」(郭躬傳)에는 "법령에는 알고서도 죄를 지은 고(故)가 있고, 잘 모르고 죄를 지은 오(誤)가 있는데, 오의 경우는 그 문이 가볍다"고 한 것들이 모두 그러하다. 『한서』 「설선전」(薛宣傳)에는 "이도(吏道)는 법령을 스승으로 삼는다"고 하였고, 「주박전」(朱博

傳)에도 "법률과 율령에서 사람의 일이 나온다"고 하였으며, 법률 속에는 '이도'라는 기본적인 행정 규정이 포함되어 있다.

거연한간(居延漢簡) 안에는 하급 관리들의 개인적인 상황을 기록한 문서가 있는데(대체적으로 이른바 '벌열閥閱'과 같은 종류의 것이다), 그것도 '문리'의 역할을 이해하는 데 도움이 된다. 여기에 몇 가지 예를 뽑아 인용한다.

견수후관(肩水候官) 겸 산수장 공승(山燧長 公乘) 사마성(司馬成)은 중등 정도 성실하였고 2년 8개월 14일 근무했다. 글씨를 잘 썼고 재물의 관리를 잘 하였으며, 관리와 백성을 잘 다스렸고, 법령에 상당히 밝았다. 무(武) 계열이다. (죽간 번호 13-7)

견수후관시안수장(肩水候官始安隧長) 공승 허종(許宗)은 중등 정도의 공로가 있고 한 가지 성실하게 일한 적이 있으며 1년 15일간 근무했다. 글씨를 잘 썼고 재물의 관리를 잘하였으며, 관리와 백성을 잘 다스렸고, 법령에 상당히 밝았다. 문(文) 계열이다. (죽간 번호 37-57)

장액(張掖) 거연(居延) 갑거새(甲渠塞)에는 질사리(秩士吏) 공승 단존(段尊)이 있는데, 중등 정도 성실하였고 1년 8개월 20일간 근무했다. 글씨를 잘 썼고 재물의 관리를 잘하였으며, 관리와 백성을 잘 다스렸으며, 법령에 상당히 밝았다. 문 계열이다. (죽간 번호 57-6)

후관궁로수장(候官窮虜燧長) 잠뇨(簪裊) 단립(單立)은 중등 정도의 공로가 있고 다섯 가지 성실하였고 3개월간 근무했다. 글씨를 잘 썼고 재물의 관리를 잘하였으며, 관리와 백성을 잘 다스렸고, 법령에 상당히 밝았다. 문 계열이다. (죽간 번호 89-24)

견수후관집호수장(肩水候官執胡隧長) 공대부(公大夫) 해로인(奚路人)은 중등 정도로 성실하게 일하였으며 3년 1개월간 근무했다. 글씨를 잘 썼고 재물의 관리를 잘하였으며, 관리와 백성을 잘 다스렸고, 법령에 상당히 밝았다. 문 계열이다. (죽간 번호 179-4)

화후장(和候長) 공승 봉사장당(蓬士長當)은 중등 정도의 공로가 있고 3년 6개월 5일간 근무했다. 글씨를 잘 썼고 재물의 관리를 잘하였으며, 관리와 백성을 잘 다스렸고, 법령에 상당히 밝았다. 무 계열이다. (죽간 번호 562-2)[32]

위에 기술한 죽간의 문장은 관원의 직위와 성명을 기록한 다음 공(功)과 노(勞)를 기록하였다. 공과 노(즉 공적과 근무)는 한나라 때 관리 승진의 기본적인 근거의 하나였으며, 이에 대한 계산과 관련하여 한나라 조정에서는 상당히 엄밀한 제도가 있었다.[33] 이른바 "글씨를 잘 썼고 재물의 관리를 잘하였으며, 관리와 백성을 잘 다스렸고, 법령에 상당히 밝았다"고 했던 것은 관리의 자질에 대한 한나라 조정의 기본적인 요구였다. 죽간의 문장 중 '문' 혹은 '무'라는 글자는 바로 '문리'와 '무리'의 구별을 나타낸 것이다.[34]

『한서』「가의전」(賈誼傳)에는 가의의 「진정사소」(陳政事疏)가 실려 있다. 거기서 "속리(俗吏)의 임무는 도필(刀筆)과 광협(筐篋)을 하는 데 있다"고 하였는데, 왕선겸(王先謙)은 '보주'(補注)에서 주수창(周壽昌)의 말을 인용하여 "도필은 문서를 만드는 도구이고 광협은 화폐를 저장하는 곳이니, 속리가 하는 일은 과조(科條) 즉 법령을 다루고 세금을 거두어들이는 것이라는 말이다"라고 하였다. '도필'과 '광협'과 '과조'는 각기 위에서 인용한 한나라 죽간에서의 이른바 '능서'(能書)와 '회계'(會計)와 '파지율령'(頗知律令)*과 일일이 들어맞으므로, 가의가 속리의 임무를 논한 것은 결코 근거 없지 않음을 알 수 있다. 이러한 행정적 기능은 전문적인 훈련

---

* '능서'는 글씨를 잘 씀, '회계'는 재물의 관리를 잘함, '파지율령'은 법령에 매우 밝음을 뜻함.

을 통해 습득되는 것이다. 진(秦)나라 때 관서에는 '학실'(學室)을 설치하였는데 '사자'(史子)가 거기서 공부했으며, 학자들은 그것을 '문리'를 배양하는 학교라고 해석하였다.[35] 한(漢)나라 때에도 엄밀한 관리 배양 제도가 있었다. 『논형』(論衡)「정재」(程材) 편은 당시 관리가 되기 위해 공부하는 것을 기록하였다. "함께 가서 역사서를 배우고 법령을 읽고 외웠으며, 진정서와 상주문을 짓는 것을 익혔고, 응대하는 것을 익혔으며, 무릎을 꿇고 절하는 것을 배웠다. 결혼하여 가정을 이룬 사람을 관서에서 임용하면 금세 잘해냈다"고 하였다.

후베이(湖北) 운몽(雲夢) 수호지(睡虎地)에서 출토된 진나라 때의 법률문서를 두고 학자들은 법률 교재의 성격이 있다고 하였다. 또 최근에 발표된 장링(江陵) 장자산(張家山)의 한(漢)나라 때 죽간인 「주언서」(奏讞書)에 대해서는 "그 작용은 분명 관리가 일하는 데 참고 자료를 제공하는 것이거나 혹은 관리가 열람하는 문서의 양식이다"[36]라고 하였다. 학자들이 말하는 것처럼 진나라와 한나라 때는 "관리의 길에 들어가려고 하면 모두 반드시 먼저 관리가 되는 것을 배우는 과정이 있어야 했다. 관학(官學)이나 사학(私學)을 통하든지 혹은 정식 관리에게 가서 그의 학생이 되든지 간에 어쨌든 관리가 되는 데 필요한 업무 능력과 자격을 먼저 취득해야만 그런 다음에 다시 책임 관리가 불러 써주면 관리의 길에 들어가게 되었다. 그래서 한나라 때 '문리지학'(文吏之學)이 생겨나게 되었다.[37]

위에서 서술한 것을 통해, '문리'라는 사회적 역할자는 아래와 같은 특징이 있음을 알 수 있다. 그들은 전문적인 훈련을 거쳐 기본적인 행정 기술을 갖추었으며, 능력과 공적과 연공에 따라 직책을 맡고 승진하였으며, 또 엄격하게 법률 규정을 준수하고 문서의 기록을 충분히 이용하여 일을 진행하였다. 비록 그들은 현대의 문관과 같은 고도의 분화 수준에는 미치지 못했지만, 베버의 정의에 비추어 본다 하더라도 그들을 직업 관료로 볼 이유는 충분하다. 분명 '문리'와 '무리'도 대립되는 이름이다. 그리고 무직(武職)과 문직(文職)의 차이 때문에 무리의 문법 즉 법률에 대한 소양도 아마 문리에 뒤떨어졌을 것이다. 예를 들어 『한서』「주박전」에 "주박(朱

博)은 본래 무리여서 문법을 익히지 않았다"고 한 것이 그것이다. 그(주박)는 일찍이 스스로 "본래 무리에서 출발하였기 때문에 법률을 알지 못한다"고 한 바 있다. 그러나 앞에서 인용한 거연(居延)의 한나라 죽간을 통해, 무리와 문리는 소양이 비슷하였으며, 모두 "글씨를 잘 썼고 재물의 관리를 잘하였으며, 관리와 백성을 잘 다스렸고, 법령에 상당히 밝은 것"으로써 자격 요건으로 삼았지만 유생과는 달랐다는 것을 알 수 있었다. 곧 주박의 경우를 놓고 볼 때, 그는 법률에 대해 전혀 몰랐던 것은 아니었을 뿐만 아니라[38] 공공연히 '법률과 법령'으로써 문학(文學) 유리(儒吏)가 견지하였던 '성인(聖人)의 도(道)'를 배척하기도 하였다. 이 때문에 정치 분야에서는 무리와 문리를 같은 부류로 보는 것이 무방할 것이다. 문리와 무리의 구별보다 유생과 문리의 구별이 한나라 때 더 많은 정치문화상의 알력을 야기하였다.

곧 당시 사람들의 견해로는 '유생'과 '문리'도 대립되는 이름을 형성하였으며, 이 두 종류의 역할자들이 구성하는 각기 다른 집단의 분립과 대립은 당시에 이미 중요한 정치사회적 문제로 간주되었다. 동한(東漢) 시대 왕충(王充)의 『논형』에 실려 있는 「정재」 등 7편의 논문은 유생과 문리의 차이와 우열을 집중적으로 논하고 있으며, 특히 당시 사람들의 이 문제에 대한 인식과 중시를 잘 반영하고 있다. 「정재」 편에 다음과 같은 내용이 있다.

논자들은 대부분 유생이 저 문리만 못하다고들 하고, 문리를 보고는 영리하다고 하며, 유생은 제대로 뜻을 펴지 못한다고 하였다. 이것은 곧 유생을 깎아내려서 깊이가 없다고 생각한 것이며, 문리를 칭찬하여 깊이가 있다고 한 것인데, 그것은 유생을 모르며 문리도 몰라서 한 말이다. 유생과 문리는 모두 재능과 머리가 있고 문리의 재주가 많으며 유생의 머리가 못한 것이 아니다.

문리는 일에서는 뛰어나지만 충성심은 부족하다. 유생은 절개는 우수하나 직무에서는 열등하다. 이 둘의 장단점은 각기 적합한 바가 있다. 세상의 장수와 재상은 각기 취하는 바가 있는 것이다. 유생을 선택하는 자는 반드시 덕에 입각하여 교화를 세우는 자이고, 문리를 선택하는 자는 반드시 일을 우선하고 어지러운 것을 다스리는 자이다.

오조(五曹)에는 나름대로의 규정이 있고, 장부에는 그 안에 구체적인 일이 기록되어 있어서, 부지런히 가지고 놀다 보면 요령 있는 관리가 되는데 어찌 훌륭하다고 칭찬할 만하겠는가? …… 문리와 유생은 모두 지향하는 바가 있다. 그리하여 유생은 충성스럽고 착한 일에 힘쓰고 문리는 일을 처리하는 쪽으로 나아간 것이다. 만약 충성스럽고 착한 업적이 있다면 일을 하는 데에 서투르다고 해도 그 고상함에 손상은 없다.

그런즉 유생이 배우는 것은 도(道)이고, 문리가 배우는 것은 일이다. …… 유생은 근본을 다스리고, 문리는 말단적인 것을 처리한다. 근본이 되는 도와 말단이 되는 일을 비교해 보면 높고 낮음을 판정하는 것을 가늠할 수 있을 것이다.

유생과 문리의 차이에 대한 왕충의 분석은 아주 분명하다. 전자의 공은 "덕에 입각하여 교화를 세우는"데 있고, 후자가 힘쓰는 것은 바로 "일을 우선하여 어지러운 것을 다스리는 것"이다. 위잉스(余英時)는 「한대 순리와 문화 전파」(漢代循吏與文化傳播)라는 글에서 한나라 때 두 가지 '이도관'(吏道觀)이 존재한다고 지적하였다. 하나는 법령을 충실하게 집행함을 강조하는 것이고, 하나는 교화를 널리 시행함을 강조하는 것이다.[39] 왕충의 분석은 바로 이에 대한 인증이 될 수 있다. 왕충의 입장은 유생을 편드는 것이지만, 그 서술로부터 당시 곧 동한 시대 초기 사회에는 여전히 유생을 경시하고 문리를 높이는 분위기가 상당히 있었다는 것을 어렵지 않게 볼 수 있다.

이쯤 되면 유생을 지식문화의 역할자로 보고 문리를 행정 문관의 역할자로 보는 것은 아마도 아무런 문제가 되지 않을 것이다. 이 두 집단의 대립은 당시 사람들의 눈에는 이미 문제가 되었고, 심지어 직접적으로 정치제도의 방면에 영향을 끼쳤다. 예를 들면 관리의 선발에서 유생과 문리를 각기 다른 방식으로 시험을 보아 임용하던 제도가 그것이다. 이상의 사실은 사대부 정치의 발생 문제, 특히 사대부의 이중 역할 문제와 직접적으로 관련이 있다고 생각하게 된다. 유생들은 한 무제(武帝) 이후 정치에 참여하는 자가 날이 갈수록 늘어났고, 그로 말미암아 점차 학사 집단의 주체가 되었다. 그러나 의식형태에서 한나라 조정이 유학만을 숭상했던 것은 명경(明經)의 길이 유생들을 향하여 크게 열리게 하였지만, 상당 기간 그것은 유생과 문리를 함께 쓰는 상황을 만들었을 뿐 결코 유생들로 하여금 문리를 대신하게 하지는 않았다. 실제로 대부분의 정무는 여전히 문리가 담당하였다.

중국 역사상 첫째의 대통일 관료 정권이었던 진(秦) 제국의 창건 초기에 이르면, 전국(戰國) 시대에 한 시대를 주름잡았던 백가(百家)의 학사들은 '분서갱유'(焚書坑儒)라는 참혹하고 심각한 타격을 당하게 된다. 이 시기에는 평소에 훈련이 잘되어 있던 도필리가 제국 행정의 골간을 이루었으니, 문리정치의 전성시대라고 이를 만하다. 그리고 관료제 정신을 관철했고 진나라 정치의 지침이 되었던 법가의 상앙(商鞅)과 한비(韓非)의 학설에서 학사가 벼슬을 맡아 정치에 참여하는 것은 가장 격렬한 비판과 부정을 받았다. 이러한 부정에는 당연히 문화를 멸시하는 것과 문화적 전제주의라는 의미가 들어 있다. 그러나 법가가 그것을 위해 논증한 것은 또 상당히 선명한 사회 분화 의식을 드러내었다. 왜냐하면 그들이 제시한 논거는 사회 분화가 진행됨에 따라 국가의 공공 행정과 민간의 문화 연구는 이미 판연히 다른 두 가지 일이 되어 뒤섞일 수 없다는 것을 보여주었기 때문이다.

전술한바 파슨스는 크릴이 중국의 관료제도에 대해 높이 평가한 것에 대해 찬성하지 않았다. 그 이유는 과거제의 표준은 결코 직업 훈련이 아니었다는 데 있었다. 이는 또한 '군자불기'(君子不器)를 지적하였던 베버의 관점이기도 하다. 그러나 중화 제국이 기초를 다진 초기에는 공교롭게도 지식문화 집단에서 온 사대부나 혹은 군자 현인들이 아니라, 상당히 순수한 직업 문관인 문법리가 행정을 담당했던 것이다. 베버는 예교와 효도가 중국 관원의 공리적 합리주의 정신을 제약했다고 생각했다.[40] 그러나 진(秦) 왕조 때 국가 사무를 관장하는 관리정치를 지배했던 것은 관료에 의한 법과 제도였지 도덕과 예교가 아니었다는 것도 알았다. 만약 전문성이 관료제 발달 정도를 보여주는 지표의 하나가 된다면, 진 왕조의 문리정치는 후세의 사대부 정치에 비해 더욱 선진적이었는가? 그러나 진 제국의 공업(功業)이 확실히 전문적인 관료 체제의 거대한 효용을 보여주었다는 것을 인정한다고 해도 이 제국은 2세 만에 망하였다. 뒤이어 등장한 한(漢) 왕조는 방향을 바꾸어 유생을 불러들였고, 또 유생과 문리는 대립하면서 또 날로 융합되기 시작하였다. 이렇게 하여 융합되어 탄생한 '역유역리'(亦儒亦吏) 곧 학자 겸 관료라는 새로운 형태의 역할이 정계의 새로운 주도자가 되었으며, 그로부터 중화 제국으로 하여금 문리정치에서 궤도를 바꾸어 사대부 정치로 나아가게 하였고, 또 2천 년 동안이나 지속되게 하였다. 전문성이 결여된 역할자가 사회 속에서 도리어 더욱 강한 생명력을 드러내었던 것이다.

학사(學士)와 문리(文吏)는 분립과 대립의 단계를 거친 후, 한나라 때 융합되어 '일인이역'의 사대부계급이 되었다. 동시에 만약 방향을 바꾸어 분립하는 단계의 바로 앞부분 곧 서주(西周)와 춘추(春秋)의 종법봉건시대(宗法封建時代)를 관찰하면, 또 다른 종류의 '사'(士)와 '대부'(大夫)를 볼 수 있는데, 귀족 관원 계급이었다. 제국 시대의 '사대부'라는 이름은 바로 주(周)나라 시대의 '사'와 '대부'에서 계승되고 변화되어온 것이다. 이것은 곧 그들 간의 원류(源流)와 변천의 관계에 주의하지 않을 수 없다는 것을 의미한다. 학자들은 일반적으로 '사'를 귀족의 가장 낮은 등급으로서 '대부'의 아래에 있는 것으로 인식한다. 그러나 넓은 뜻에서 보자면, '사'도 귀족 관원을 총괄하는 이름으로서 '대부'를 그 안에 포함할 수 있다. 심지어 그것을 직접 '사대부'라고 불러도 무방하며, 그것도 역사서에 다소 증거가 있다.

군주의 아래와 서민의 위라는 계층적 지위로 보면, 봉건 시대의 사대부와 제국 시대의 사대부는 바로 비슷한 등급에 있었고, 또 이로 말미암아 유사한 정치적·문화적 특징을 많이 보였다. 이 시기의 정치 체제는 후세와 크게 다르지만 봉건 사대부는 국가 정무의 담당자이면서 동시에 고급문화의 담당자이기도 했으며, 학자들은 '예악'(禮樂)으로써 그러한 문화의 내용과 특질을 개괄한다. 봉건 사대부 역시 정치적 기능과 문화적 기능을 한 몸에 갖추고 있었으며, 일찍이 봉건 시대의 정치문화 관념 속에서 사대부의 이상적 인격은 이미 예의를 가슴에 새긴 '군자'(君子)로 해석되었다는 것을 어렵지 않게 볼 수 있다. 여러 가지 흔적들이 봉건 사대부를 제국 사대부의 전신으로 간주할 이유를 갖게 한다. 전국 시대 이래의 학사와 문리라는 역할은 바로 이 앞의 봉건 사대부의 정치적 기능과 문화적 기능이 분화와 전문화를 거쳐서 생겨난 것이라고 볼 수 있다. 이것은 또한 학사의 역할과 문리의 역할이 '나누어지기' 전에 '합쳐지는' 단계도 있었음을 말하는 것이다.

'나누어짐'의 단계 양 끝에는 각기 두 개의 '합쳐짐'의 시기가 이어져 있다. 우리가 논의하는 현 단계에서 이러한 진술은 아마도 지나치게 간략하게 보일 것이며, 때문에 일정 정도 어떤 이념적 연역인 것처럼 보일 수 있다. 그러나 나중에 진일보한 사료를 제공하여 논증하게 될 것이다. 바꾸어 말하자면, 중국의 역사에서 '사대부'라고 불리는 계급은 그 기능의 분화 혹은 역할의 분화 과정에서 일찍이 '합침'에서 '나뉨', 또 '나뉨'에서 '합침'으로 가는 과정을 겪었다는 것이다. 이러한 점은 우리가 논제를 파고드는 실마리가 될 것이다. 이것으로부터 어떠한 정치적·문화적 전통이 그러한 변천을 야기하였는지 연구 토론할 것이다. 이러한 정치적·문화적 전통 속에는 정치적 역할과 문화적 역할의 분화와 통합, 나아가 그 사회의 분화와 통합을 조장하는 어떤 독특한 기제와 유형이 포함되어 있을 가능성이 매우 높기 때문이다.

문화의 진보 가능성의 크기는 그 과정에 참여하는 문화 요소의 많고 적음에 의해 결정된다. 또한 기존의 각종 전통 요소는 모두 '문화 유전자'가 될 것이며 그에 따라 진보의 방향과 형태에 영향을 준다. 이 때문에 우리의 논의도 마땅히 기원을 소급해 가는 작업을 포괄하여야 한다. 서주와 춘추 시대의 '예'(禮) 문화와 '예치'(禮治)의 전통은 분명 유가적 의식형태의 문화적 연원이다. '예치'의 전통과 봉건 사대부계급의 결합에는 제국 시대의 사대부 정치가 발생할 수 있는 가능성이 이미 감추어져 있었다는 뜻이다. 사회 분화는 새로운 조건 속에서 새로운 사회 통합을 필연적으로 요구한다. 그런데 '진(秦)나라 정치'의 문리정치가 한 시대에 흥성했다가 2세만에 망했다는 것은 한 면으로만 발달하고 한 면으로만 분화한 관료 체제는 전체 사회를 통합하기에는 결코 부족하다는 것을 설명한다. 학사 집단이 촉진한 사대부 정치는 전통 속에 깊숙이 뿌리를 내리고 있었으며 동시에 제국 시대의 새로운 정치 발전에 적응한 것이었다.

우리가 논의하려는 것도 바로 중국 고대의 정치문화가 '사대부'를 중심으로 생겨난 사회 분화 문제에 대해 행한 독특한 설명과 조처와 처리이다. 옛날 사람들에게는 '사회 분화'라는 개념이 결코 없었다. 그렇다고 그것에 대하여 전혀 의식이 없었던 것은 결코 아니다. 예를 들어 『관자』(管子) 「주합」(宙合) 편에서는 다음과 같이 말한다.

> 하늘에는 한 가지 때만 있는 것이 아니고, 땅에는 한 가지 이로움만 있는 것이 아니며, 사람에게는 한 가지 일만 있는 것이 아니다. 그래서 직업은 많은 수로 나뉘지 않을 수 없고,[41] 이름과 지위가 다르지 않을 수 없다. …… 성인은 이로 말미암아 말이 중복될 수 없음을 알기 때문에 널리 그 말을 연구하여 그 뜻을 따졌고, 일이 겹칠 수 없음을 알았기 때문에 각기 그것에 대해 해설을 하고 그 일의 내용을 설명하였다.[42] …… 고을에는 풍속이 있고 나라에는 법이 있다. 음식은 각기 맛이 다르며 의복은 각기 그 무늬가 다르다. 세상에서 사용하는 기물들은 여러 가지 자들을 사용하여 수치를 잼으로써 만들어지는 것이다. 그러므로 사람의 일은 한 가지만 있는 것이 아니라고 한 것이다. 이것은 갖가지 일 중에서 전형적인 것일 뿐, 그 상세한 내용은 다 거론할 수 없다.

이러한 논술은 바로 사회 속의 '사'(事)·'업'(業)·'명'(名)·'위'(位)가 이미 분화된 것에 대한 특별한 관찰이다. 그중 "사람에게는 한 가지 일만 있는 것이 아니다"라는 구절에 대한 옛날 주(注)에서는 "사(士)·농(農)·공(工)·상(商)은 각기 그의 일이 있다"고 하였는데, 이와 같이 사·농·공·상으로 사람들을 나누고 또 '사'를 첫머리에 두는 '사민'(四民)의 개념은 곧 사회 분화에 대한 중국 고대 정치 전통 특유의 조처를 드러낸다. 또 이른바 "고을에는 풍속이 있고 나라에는 법이 있다"고 했을 때, 여기서의 '풍속'과 '법' 및 앞에서 거론한 '예'도 모두 사회 분화의 각기 다른 정도에 상응하는 정치문화 형태를 말한다. 법치(法治)가 요구하는 정치적 역할자는 문법리(文法吏)이고, 예치(禮治)가 요구하는 정치적 역할자는 사군자(士君子)이다.

고대 중국에서 '군자와 소인(혹은 野人)' 둘로 나누는 이원적 개념은 그 연원이 매우 오래되고 뿌리가 깊다. 봉건 시대였을 때에도 '사대부'는 이미 '군자'의 계급으로 간주되었으며, 제국 시대에도 여전히 그러했다. 주원장(朱元璋)이 사대부에게 특권을 수여할 때, 그들을 '군자'로 간주하였다. 『명실록』(明實錄) 태조 홍무(洪武) 10년 12월 조칙에는 다음과 같은 내용이 있다.

국가의 봉록을 먹는 집안은 서민과는 귀천의 차이가 있다. 일을 하고 노역을 하여 윗사람을 받드는 것은 서민의 일이다. 현인과 군자의 경우는 자신의 몸으로써 책무를 다하고 있는데, 다시 그 집에 요역을 부과한다면 군자와 야인이 구분이 없는 것이 되며, 선비를 권면하고 현명한 사람을 우대하는 도리가 아니다. 오늘부터 모든 직위에서 임무를 맡고 있는 관원의 집안은 전답이 있는 자가 조세를 내는 것 이외에는 모두 그 요역을 면제하고자 하니, 이것을 법령으로 삼도록 하라.

이 '군자'라는 명칭은 신분의 우월함뿐만 아니라 학문과 기능에서의 우월함도 가리킨다. '군자'는 문리(文吏)와 같은 단순한 직업 문관과는 크게 다른 확산적 성격이 강한 종합적인 이상적 인격체이다. 단지 어느 한 가지 구체적인 기능에 뛰어나다고 강조하는 것은 그 전체적인 완전한 아름다움을 파괴하는 것이다. 더 나아가 말하자면, 군자가 나라를 다스리는 것은 바로 사대부 정치의 중심 이상인 것이다. 전통적인 정치문화 속에서 '군자'는 그 밖의 모든 사회적 역할의 통섭자로 간주되었다.

고대 중국 사람들은 사회 분화 현상에 대해 의식이 없었던 것은 결코 아니며, 그들만의 독특한 설명과 조처와 처리를 가지고 있었다. 그 속에 옛사람들의 사대부 정치에 대한 정밀한 기획이 포함되어 있었다. 이를 분석할 때 몇몇 현대 사회과학의 개념들을 끌어와서 참고하였으며, 동시에 전통에 근접하는 그러한 개념과 용어 들도 독특한 뉘앙스를 유감없이 전달하는 효과를 내었다. 따라서 뒤에서는 중국 고대의 정치문화 전통에서 유래한 개념을 충분히 이용할 것이다. 예컨대 아래의 문장에서 '정통'(政統)·'친통'(親統)·'도통'(道統)·'이도'(吏道)·'사도'(師道)·'부도'(父道)·'존존'(尊尊)·'친친'(親親)·'현현'(賢賢) 등과 같은 용어를 사용하여 사대부 정치를 분석할 것이며, 이 용어들은 전통적 정치문화의 배경에 더욱 근접할 것이다. 이들은 오늘날 사람들이 말하는 이른바 정치 체계, 혈연 체계, 문화 체계 및 그 규범과 관련되지만 똑같은 것은 결코 아니다. 그러나 그들 간의 차이도 반드시 주목해야 할 것이다. 사대부 정치의 정밀한 의미를 상술한 3 '통'(統)의 삼위일체와 3 '도'(道)의 상이상유(相異相維)로 설명하고자 한다. 그리고 사대부의 기능이 지니는 확산적 성질은 그들이 '존'(尊)자이고 '친'(親)자이고 '현'(賢)자이며 혹은 이른바 '군(君)·친(親)·사(師)'의 정치한 융합물인 데서 유래한다.

종합하여 말하자면, 사대부 정치의 발생과 형성, 유형과 기제에 대해 서술하고 분석할 때, 현대의 사회과학과 전통적 정치문화에서 유래한 개념과 용어를 동시에 차용하고 아울러 그 두 가지를 융합하여 해설에 사용할 것이다. 하지만 이렇게 되면 그 용어들도 본래의 정의와 완전히 같지는 않게 될 가능성이 있으며, 아마도 이 책의 맥락이나 틀 속에서 몇 가지 새로운 함의도 얻을 수 있을 것이다. 이 점에서 이 글은 '차유'(借喩)와 인신

(引伸)의 의미에서 그러한 개념들을 사용한다고 생각해도 무방할 것이다. 이 점에 대해 독자들의 충분한 이해를 바란다.〔팽철호 옮김〕

- 閻步克,『士大夫政治演生史稿』第一章, 北京大學出版社, 1996.

주註

1) 현대 정치학에서 '정치문화'는 특정한 함의를 가지고 있다. 예를 들어 올먼드는 "정치문화는 한 민족이 특정 시기에 유행시킨 일련의 정치적 태도와 신앙과 감정이다. 이 정치문화는 그 민족의 역사와 현재의 사회·경제·정치 활동의 전개에 의해서 형성된다. 사람들이 과거의 경험 속에서 형성한 태도 유형은 미래의 정치 행위를 강제하는 중요한 작용을 한다. 정치문화는 각각의 정치적 역할을 담당하는 사람들의 행위와 그들의 정치적 요구의 내용과 법률에 대한 반응에 영향을 준다. 올먼드와 파월의 『比較政治學: 體系, 過程和政策』(曹沛林 外 譯, 上海人民出版社, 1987, p. 29) 참조. 또 『布萊克維爾政治學百科全書』의 '정치문화' 항목(中國政法大學出版社, 1992, pp. 550~51)을 참조. 이 책에서 말하는 '정치문화'도 그 속에는 비록 올먼드가 정의한 내용을 대체로 포함하지만 더욱 넓다. 또 통상 정치와 문화의 경계에 걸쳐 있으며, 정치와 문화의 성질을 겸한 관련 사항과 문제를 가리킨다. 이러한 것은 중국 고대의 정치와 문화 간의 밀접한 관계에 적응하기 위해서이다.
2) 遼寧大學出版社, 1991. 이 책에서 나는 이미 사대부 정치에 관한 몇몇 생각들을 관찰하였다.
3) 吳晗, 費孝通 等 著, 『皇權與紳權』, 天津人民出版社, 1988 참조.
4) 위의 책, p. 66.
5) 이 글은 『中國史硏究的成果與展望』(東洋史學會第一屆硏討會暨國際學術討論會論文集, 中國社會科學出版社, 1991)에 실려 있다. 이 글은 이전의 중국 신사 연구에 대한 인증(引證)에 대해 비교적 상세하게 다뤘다.
6) 張仲禮, 『中國紳士 — 關于其在19世紀中國社會中作用的硏究』(李榮昌 譯, 上海社會科學院出版社, 1991)의 관련 부분 참조.
7) 『辭源』, 商務印書館, 1984, 修訂本, p. 640. 『辭源』에서 '士大夫' 조에 나열한 세 번째 의미는 "봉건 지주계급의 문인과 사족"인데, 여기서 '봉건 지주계급'이라는 이 수식어는 필요하지 않다. 또 『辭源』에서 든 용례 중에 『荀子』「强國」에서 나오는 한 가지는 "不比周, 不朋黨, 偶然莫不明通而公也, 古之士大夫也"인데, 나는 이 구절 중의 '士大夫'가 가리키는 것은 '官人百吏'보다 높은 관원의 차원으로서 그것을 직접 '문인' 또는 '사족'으로 이해해서는 안 된다고 생각한다.
8) Joseph R. Levenson, *Confucian China And Its Modern Fate: A Trilogy*,

Univ. of California Press, vol. 1, pp. 16~19 참조.
9) '사회 분화'(social differentiation) 개념에 대해서는 비교적 이른 시기의 사회과학 문헌에서 스펜서(H. Spencer), 뒤르켐(É. Durkheim), 짐멜(G. Simmel) 등의 사회학자들이 모두 논의한 적이 있다. 몇몇 현대 작자에게 그것은 모든 역할자와 집단의 증식 과정을 가리키는 데 사용될 수 있다. 예를 들어 *The Encyclopedia Britannica*(15th Edition, 1933)의 "Social Differentiation And Stratification"(vol. 16, p. 953)에서 T. B. Bottomore는 "사회 분화가 가리키는 것은 집단과 개체의 종류 간의 차이가 사회 속에서 인정되고 확립되는 것이며", "이러한 현상을 기술하는 또 하나의 방식은 각 개인이 '사회적 역할'을 점유하고 수행한다고 말하는 것이다. 이와 같이 사회는 분화된 역할자들에 의해 구성되는 체계로 간주된다"고 하였다. *International Encyclopaedia of the Social Science*(Macmillan and Free Press, 1968)의 "Social Differentiation"(vol. 14, pp. 406~407)에서 P. A. Sorokin은 사회 분화를 인류사회 중 집단의 구분 방식과 증식 과정으로 보았다. 구조기능주의자 파슨스(T. Parsons)는 사회 분화 과정은 "하나 혹은 한 종류의 사회 속에서 단일하고 상대적으로 명확한 지위를 가지고 있는 단위와 서브시스템이 바로 좀더 큰 시스템에 대해서는 구조와 기능적 의의에서 서로 다른 몇몇(통상은 두 개) 단위나 서브시스템으로 나눠지는 과정"이라고 생각하였다. 그의 *Societies: Evolutionary and Comparative Perspectives*(New Jersey, 1966, p. 22) 참조. 파슨스는 거기에서 사회 분화는 진화적 의의를 가지고 있는데, 예를 들어 가정 단위와 실업 공사에 대해 분석한 것이 보여주는 바와 같이, 이러한 분화는 그 둘로 하여금 모두 그 특정의 역할을 더욱 훌륭하게 수행하도록 한다고 한다. 파슨스의 『現代社會的結構與過程』(梁向陽 譯, 光明日報出版社, 1988, pp. 90~95) 참조. 루만(Niklas Luhmann)은 진화의 세 가지 형식을 밝혀냈는데, 분할(segmentation), 계층 나누기(stratification), 기능의 분화가 그것이다. '분할'은 더욱 많고 유사한 동등한 단위를 만들어내었고, 계층 나누기는 권력, 재산, 명망 그리고 교육 등의 방면에서 불평등한 수많은 집단들에 의해서 구성되는 등급 체계의 출현을 야기하였다. 기능의 분화는 더욱 높은 진화의 형식이다. 그의 *Differentiation of Society*, S. Holmes and C. Larmore (trans.), NY: Columbia Univ. Press, 1982, pp. 232~38 참조. 이스라엘 학자 아이젠슈타트는 관료 제국이라는 이러한 정치적 실체를 분석할 때, '사회 분화'를 중심 개념의 하나로 삼았으며, 이 책의 구상은 상당한 시사점을 준다. 그의 『帝國的政治體系』(閻步克 譯, 貴州人民出版社, 1992) 참조.
10) T. Parsons, "Intellectual: A Social Role Category", *On Intellectuals*, P.

Rieffs(ed.), New York, 1969, pp. 3~25; S. M. Lipset, "American Intellectuals: Their Politics and Status", *Daedalus*, summer 1959, vol. 461; E. Shils, "Intellectual", *International Encyclopedia of the Social Science*, Macmillan and Free Press, 1968, vol. 7, pp. 399~400; "The Intellectuals and the Powers: Some Perspectives for Comparative Analysis", P. Rieffs(ed.), *On Intellectuals*, pp. 25~48 참조. 그리고 葉啓政의 「誰才是知識分子?」(『中國論壇』, 1974, 臺北, 第265期)와 金耀基의 「知識分子在社會上的較色」(『中國現代化與知識分子』, 時報文化出版企業有限公司, 1977)도 참조.

11) 막스 베버의 관료와 관료제에 대한 정의는 Max Weber, *Economy and Society*, G. Roth and C. Wittich(eds.), Univ. of California Press, 1968, pp. 220~21 참조. 이 외에 *From Max Weber: Essays in Sociology*(H. H. Gerth and C. W. Mills, trans. and eds.)의 제8장, 특히 제1, 2절과 蘇國勛의 『理性化及其限制—韋伯思想引論』(上海人民出版社, 1988)의 관련된 장과 절도 참조.

12) 상술한 여섯 가지는 사회학자 Arnold Eisen의 베버의 도구이성 개념에 대한 해석을 참고했으며, 王振寰의 「論伯'理性化'的意義及其對工具理性的批判」(『思與言』, 第18卷 第4期, 臺北)에서 재인용.

13) É. Balázs, *Chinese Civilization and Bureaucracy*, 제2장 참조.

14) 베버, 『世界經濟通史』(姚曾廙 譯, 上海人民出版社, 1981), p. 287.

15) 베버, 『中國的宗教』(簡惠美 譯, 遠流出版事業公司, 1989), pp. 225~26.

16) 『通典』, 卷17 「選擧五」, 趙匡, 『選擧議』.

17) 이것에 대해서도 T. Parsons, *Societies: Evolutionary and Comparative Perspectives*에서 관련된 분석을 참고할 수 있음.

18) 아이젠슈타트(S. N. Eisenstadt)는 가산제(家産制), 봉건제 정권, 관료제국 정권과 현대 사회의 특징을 구분할 때 사회·정치·경제 등급 간의 통합과 분화 정도를 기준의 하나로 삼았다. 그의 『帝國的政治體系』 제2장 제9절 "歷史官僚帝國的政治體系與家産制的封建制的和現代的政治體系的區別" 참조.

19) '의식형태'의 정의에 대해서는 『簡明不列顚百科全書』(中國大百科全書出版社, 1986), 第9冊, pp. 101~102; E. Shils, "Ideology", *International Encylopaedia of the Social Science*, Macmillan and Free Press, 1968, vol. 7, pp. 66~67 참조.

20) 아이젠슈타트, 위의 책, p. 6.

21) 范文瀾, 『中國通史簡編』(修訂本) 第一編, 人民出版社, 1949, p. 251.

22) E. Shils, "Intellectual", p. 400.

23) T. Parsons, "Intellectual: A Social Role Category", pp. 6~7.
24) H. G. Creel, "The Beginning of Bureaucracy in China: The Origin of the Hsien", *Journal of Asian Studies*, XXXII, 1964.
25) T. Parsons, *Societies: Evolutionary and Comparative Perspective*, p. 76.
26) 楊寬, 『戰國史』, 上海人民出版社, 1980, p. 401.
27) 兩漢魏晉南北朝 시대에는 '吏'라고 불리는 노동에 종사하는 부역자도 있었고, 이 때문에 '吏卒', '吏士', '吏徒' 등의 명칭이 있었다. 高敏, 『試論漢代'吏'의 階級地位和歷史演變』(『秦漢史論集』, 中州書畵社, 1982) 참조. 부역자를 '吏'로 불렀던 것은 '吏'와 '事'가 옛날에는 본래 같은 글자였던 것과 관련이 있을 수 있다. 그러나 이러한 '吏'는 이 책에서 논의하는 것과 무관하다.
28) 漢나라의 벼슬길에는 文도 있고 武도 있었다. 『漢書』「何幷傳」에는 "文吏로 하여금 세 사람의 안건을 심리하게 하였고, 武吏에게는 그들을 체포하러 가게 하였다"는 말이 보이고, 「尹賞傳」에는 "동네의 소년들이 …… 붉은 구슬을 얻은 이는 武吏를 습격하고, 검은 구슬을 얻은 이는 文吏를 습격하였다"는 말이 보인다(한나라 때 문리들은 검은 옷에 푸른 두건을 썼고, 무리는 붉은 두건을 썼기 때문에 그러했다). 한나라 때 또 '文東武西'라는 제도가 있었는데, 『史記』「叔孫通傳」에는 "功臣, 列侯, 諸將軍, 軍吏들은 차례대로 서쪽에 나열하여 동쪽을 향하고, 문관으로서 丞相 이하는 동쪽에 나열하여 서쪽을 바라보았다"는 말이 보인다. 『漢書』「尹翁歸傳」에는 "옛 관리 오륙십 명을 모두 불러서 (田)延年이 친히 접견을 하였는데, 文이 있는 자는 동쪽에 武가 있는 자는 서쪽에 있게 하였다"는 말이 보인다. 의미상 '文吏'는 '武吏'와 상대되는 이름인데, '문리'는 '文'으로써 벼슬길에 든 자로서 文職의 관리였고, '무리'는 '武'로써 벼슬길에 든 자로서 武職의 관리였다. 이러한 용법은 후세에까지 이어졌는데, 『新唐書』「劉蕡傳」에는 "머리에 한번 무리의 고깔을 쓰게 되면 문리를 원수처럼 싫어하였다"는 말이 보인다.
29) 『漢書』「元帝紀」에는 "元帝는 재주가 많았으며 史書를 잘하였다"는 말이 보이는데, 應劭는 '史書'는 大篆이라고 주를 달았다. 錢大昕의 『三史拾遺』二 '元帝紀'에서는 이를 隸書라고 생각하였다. 『說文解字』「後敍」에는 "四曰佐書, 卽秦隸書"라는 말이 보이고, 「後敍」에서는 또 "廷尉說律, 至以字斷法, 苛人受錢, 苛之字止句也"라는 말이 보이는데, 여기서도 문자 지식은 문리가 반드시 능통해야 하는 것임을 알 수 있다.
30) 『說文解字』「後敍」참조.
31) '課箋奏'와 '結奏案'에 대한 상세한 고증은 閻步克, 『察擧制度變遷史稿』(遼寧大學出版社, 1991), pp. 62, 67~69 참조.

32) 『居延漢簡釋文合校』(文物出版社, 1987), pp. 21, 63, 100, 157, 286, 658에서 인용.
33) 大庭脩, 『論漢代的論功昇進』(姜鎭慶 譯, 『簡牘硏究譯叢』, 第2輯, 中國社會科學出版社, 1987) 참조.
34) 위에서 인용한 간독문 중의 '文'과 '武' 두 자의 해석에 대해서는 金少英, 『漢簡臆談及其它』(기간지와 출판일 불명), pp. 68~69 참조.
35) 『秦律十八種·內史雜』(『睡虎地秦墓竹簡』, 文物出版社, 1978) 참조.
36) 李學勤, 「『秦讞書』解說(上)」, 『文物』, 1993, 第8期.
37) 張金光, 「論秦漢的學吏制度」, 『文史哲』, 1984, 第1期.
38) 『朱博傳』에서 "주박이 武吏 출신이어서 문법을 익히지 않았다"고 한 것은 그가 전문적인 法吏가 처음부터 법전에 정통하여 벼슬길에 든 것만 못한 것을 두고 한 말이다. 그러나 『朱博傳』에 기록되어 있는 것, 즉 그가 冀州刺史로 있을 때 "吏民 수백 명이 길을 막고 각기 자신의 말을 한" 일을 처리한 것과 廷尉였을 때 "전 시대에 일을 처리할 때에 관리들이 의논해도 알기 어려웠던 일 수십 가지"를 무난하게 처리한 일을 놓고 보면, 그가 文法吏의 전문적인 일을 알지 못했던 것은 결코 아님을 알 수 있다. 그의 정치적 태도로 볼 때, 주박은 문리 세력의 대표적 인물 중의 한 사람으로서 유생의 반대편에 서 있었다고 할 수 있다.
39) 余英時, 「漢代循吏與文化傳播」(『士與中國文化』, 上海人民出版社, 1987) 참조.
40) Max Weber, *Economy and Society*, 1968, p. 1050.
41) '分'자는 원래 '人之'로 되어 있었는데 위로 붙인다. 『管子集校』에 의거하여 고쳤다. 科學出版社, 1956, 上冊, p. 181.
42) 郭沫若은 문장 속의 '兼'은 '慊'의 가차자라고 보았다. 『管子集校』참조. 여기서는 여전히 '兼'의 본래 의미, 곧 '兼愛'의 '兼'으로 해석한다. 또 '各爲之說'의 '各'은 원래 '名'으로 되어 있었다. 어떤 이는 "'名'은 '多'가 되어야 한다"고 하였으나, 王念孫은 "'名'은 '各'이어야 한다. 일이 겹칠 수 없기 때문에 반드시 각기 그것에 대한 해설을 한 다음에야 갖추어지게 되는 것이다"라고 하였다. 곧 아래 문장의 "此各事之儀"(이것은 갖가지 일 중에서 전형적인 것)의 '各'과 같은 것이다. 그의 『讀書雜志』七 '管子第二'(北京市中國書店, 1985, 中冊, p. 68)에 보이며, 그 설이 옳다.

제5장 중국 지식인의 역사적 성격과 운명

● 쉬푸관 徐復觀

　이 글에서 말하는 지식인이란 과거의 '사'(士)·'사인'(士人)·'사대부'(士大夫) 및 보통 '독서인'이라고 부르는 집단의 대부분을 말한다. 오늘날 우리가 알고 있는 이러한 집단 속의 특출한 선비들은 우연히 정치상의 기회를 얻었던 것을 제외하고는 당시 그들이 차지한 수는 실제로 아주 미미하다. 따라서 중국 역사에서 집단적 기록은 있으나 절대다수의 사인들이 만들어낸 각각의 기록은 없다. 이러한 절대다수 사람들의 성격은 완전히 중국 역사의 성격을 대표할 수는 없으며, 이들 말고도 중국 문화를 길러낸 선량한 다수 농민들이 있다. 하지만 그들의 성격은 지금도 여전히 중국 역사의 운명을 결정할 수 있으며, 그 운명을 결정하는 정치와 문화 역시 아직 그들의 손에 달려 있기 때문이다. 따라서 그들의 운명은 거의 중국 역사의 운명이라고 할 수 있다. 여기에서는 이러한 집단적·역사적 성격의 간략한 분석을 통해 그들의 운명의 유래(由來)를 찾아보고, 이를 통해 개인의 반성과 시대의 반성에 도움이 되었으면 한다.

1

　지식인의 성격은 우선 그가 지니는 문화적 성격과 관계가 있다. 중국의 문화정신이 지향하는 바는 주로 도덕의 성취에 있지 지식의 성취에 있지 않다. 때문에 중국 지식인의 성취는 행위에 있지 지식에 있는 것이 아니다. 바꾸어 말하면, 중국인들의 독서는 지식을 위한 것도 아니며 지식은 중국 지식인을 가늠하는 척도도 아니라는 뜻이다. 이는 2천 년의 역사 속에서 명백히 드러난다. 따라서 중국 지식인은 '지식을 위한 지식'이라는 전통이 부족할 뿐만 아니라 객관적으로 지식에 대해 책임을 지는 습성도 결핍되어 있다. 서양인들은 지식을 구할 때 구체적인 사물 위에서 추상적인 개념을 찾아낸다. 개념은 구체적인 사물의 전체(全體)를 대표할 순 없지만 구체적인 사물의 각 부분에서 추출하여 확실한 정의를 내릴 순 있다. 중국인들은 바로 구체적인 사물 자체를 가지고 사물을 보기 때문에 개념에 대한 사유 습성이 부족하다. 구체적인 하나하나의 물건은 그것이 담고 있는 내용이 무한하다. 한 포기 풀과 한 그루 나무 이 모두는 무한한 것이다. 사람들은 무한한 물건에 대해 언제나 상상을 정의보다 중히 여겼으며 또한 정의를 내리지도 않았다. 중국 지식인은 확실히 사물에 대한 확고하고 명확한 개념이 부족하기 때문에 여러 방면으로도 말할 수 있고, 또 정론을 뒤집는 문장을 지을 수도 있다. 어렸을 적에 아버지는 혀는 평평하기 때문에 이렇게 말을 할 수도 저렇게 말을 할 수도 있다고 하였다. 이는 과거에 청년들에게 사고의 길을 열어주는 일반적인 견해였다. 정말로 일찍부터 "옳고 그름을 판단하는 마음은 사람마다 모두 있다"는 것을 알았지만, 이는 단지 각 개인의 동기에서 출발하여 판단을 내릴 순 있지만 객관 속에서 둘 더하기 둘은 넷과 같다는 공동의 긍정은 아닌 것이다. 따라서 '시비'는 중국 문화에 객관성이 부족하다는 증거이다. 심지어 중국 지식인이 독서를 통해 얻은 재능과 지혜는 단지 변란과 시비의 도구로 쓰였다. 때문에 이러한 사람들을 모두 '지식인'이라고 일컫는 것은 다소 억지스러운 점이 있다. 가장 적절한 칭호는 '독서인'이라고 생각한다. 왜냐하면 교육이 채 보급되기 전에 이러한 집단의 사람들이 많건 적건 간에 모두 글을 읽으며 책을 보았다는 점은 논쟁의 여지가 없는 사실이기 때문이다.

  중국 문화가 세운 도덕의 의미란 "안에서 나오는 것"이고 "자신이 근본이고 자신이 뿌리"이지 외적인 도덕에 기대지 않는다. 공자가 말한 "인을 행함은 자신으로부터 말미암는다", "내가 인을 하고자 하면 인이 이른다"는 정신에서부터 송·명 유학의 '마음을 말하고 본성을 논하는 것'으로 발전하기까지, 모두 개인으로부터 도덕의 근원을 발굴하고 각 개인의 신성(神性)을 발굴하여, 사람들로 하여금 스스로 도덕의 근원을 발굴해내는 것은 외부에 있는 것이 아님을 인식하게 하였다. 이는 완전히 인격주의의 인문 종교를 의미한다. 때문에 인류의 도덕은 단지 중국 문화 속에서만 공고한 뿌리를 내릴 수 있었고, 중국 문화 속에서만 역량을 발휘할 수 있었다. 중국의 도덕문화 속에서 인간은 누가 뭐라 해도 만물의 영장이다. 그러므로 사람들은 예로부터 "천자에서 일반 서민에 이르기까지 일제히 모두 수신을 근본으로 한다"는 말로써 지금까지 짐을 다 짊어졌으며, 모든 것을 포용하는 위대한 인격을 양성하였던 것이다. 그러나 지혜롭고 명철한 사람은 타고난 성품이 좋아서 내재적인 '자력'(自力)에 의해 일어설 수 있는 사람들이다. 하지만 노둔한 사람은 평범한 사람들로서 대부분 외재적인 '타력'(他力)에 의존하게 되는 것이다.

  종교는 일종의 외부적인 '타력'이며, 법 관념이나 국가 관념은 일종의 '타력'이다. 중국 문화의 입장에서 가장 중시하는 것은 "마음과 본성을 다하는 것"이고 그 다음은 "예는 미연에 앞서 방지하는 것"이고, 그런 후에 광대하고 끝없는 "평천하"로 귀결되거나 혹은 "천지와 함께 섞이는 것"이다. 따라서 중국 문화에서 종교는 필요하지 않을 수 있고, 법이나 국가 등의 외부적인 요소가 인생을 규제하는 개념을 중시하지 않을 수 있다. 그리스인들의 행위 규범은 국가 안에서 완성된다. 국가와 법은 불가분의 개념이다. 소크라테스가 도주를 하지 않은 것도 '법'을 존중해서이며, 이는 서방 문화가 지식을 구하는 것 외의 또 다른 전통으로 형성했다는 것이다. 그러나 이러한 것은 적어도 중국 지식인 사이에서 견고하고도 안정적으로 생성되기란 쉽지 않다는 것이다. 불교가 중국에 전파되면서 중국의 사대부들이 그것을 소화할 수 있었던 것은 "성불할 수 없는 중생도 모두 불성이 있다"는 점에서 출발했기 때문이다. 당·송 양대의 상층사회에서 풍미했던 것은 견성성불(見性成佛)의 선종(禪宗)이었다. 이로써 자신을 근본으로 하는 중국 문화가 얼마나 깊고 공고한지를 알 수 있지만, 도덕적으로 성취를 이룬 사람은 소수이고, 많은 사람들은 성취하기가 쉽지 않았다. 중국 문화가 사회 속에서 깊이 자리하면서 정치적(他力)으로 "백성을 교화하여 풍속을 바로잡는 것"을 바라왔다. 이는 양한(兩漢) 시대가 이루어낸 임무였다. 그러나 지식인들이 항상 '백성'과 '풍속' 위에서 발돋움했던 것은 '교화하고' '바로잡기' 위한 까닭이며, 이는 지식인의 신분상 가장 안정성이 부족한 것이다. "예를 잃어버리면 그것을 민간에서 구한다"고 한 말은 '민간'이야말로 비교적 안정성이 크기 때문이다.

지식의 대상은 사물이고 지식의 척도 또한 사물이다. 사물은 외부에 있는 것으로 볼 수도 헤아릴 수도 있으며, 그 논증은 공인할 수 있고 그 방법은 함께 쓸 수 있으며, 또한 시간과 공간 속에서 보존이 가능하다. 때문에 지식은 유형의 상태로 쌓일 수 있는 것이다. 자신을 근본으로 하는 도덕적 대상은 각 개인의 마음이며, 그 척도 또한 각 개인의 마음이다. 마음은 내면에 있는 것이므로 안에서는 볼 수 있지만 외부에서는 볼 수 없고, 성찰할 수는 있지만 계량할 수는 없다. 그 실증은 단지 개인적 체험일 뿐이고 그 방법도 개인의 손에 달려 있을 뿐이며, 모든 것은 주관적이므로 객관적으로 경중을 논할 수 없다. 그러므로 중국 문화의 기초가 되는 '마음'은 객관적으로 규정할 방법이 없으며, 단지 마음의 편안함과 불안함에 의존할 수밖에 없다. 공자의 제자 재여(宰予)가 공자와 '삼년상(喪)'을 가지고 논쟁을 할 적에, 재여에게 자신의 주장에 대해 마음이 편하냐고 물었더니 그렇다고 대답하자 공자는 어찌할 방법이 없다고 느껴 "너의 마음이 편하다면 그렇게 해라" 하였다. 이는 자신을 믿으면 다른 사람에게 믿음을 구하지 않으며 자신만 보게 되면 다른 사람은 못 보기 때문이다. 마치 위로 올라가지 못하면 아래로 떨어지는 것과 같아서 자신만 있다고 알고 다른 사람이 있다는 상황은 알지 못하여, 개인적이고 이기적인 자연스러운 바람에 부합하는 것이다.

때문에 중국 지식인들은 항시 문화 면에서 도덕적인 마음을 모든 것의 출발점으로 삼았으며, 이는 개인의 도덕적 마음을 채우는 밑천이 되었고 개인의 이기적인 마음을 만족시켜주는 도구가 되었다. 그러므로 중국 문화는 성취한 사람의 인격 속에서 항시 두 가지 극단으로 표현되었다. 하나는 탕쥔이(唐君毅) 선생이 『중국의 인격 세계를 논함』(論中國的人格世界)에서 서술한 세계로서, 문화 상향성(上向性)의 소수 지식인의 세계이고, 다른 하나는 이 문장 속에서 서술하고자 하는 일반 지식인의 순수한 이기적인 개인주의적 세계로서 문화 하향성〔墮性〕의 다수인의 세계이다. 서방의 이기적 개인주의는 '타력'인 종교, 법, 국가, 사회 등으로부터 제한을 받는다. 그러나 중국 지식인의 이기적인 개인주의는 그런 것이 없고, 또한 이러한 '타력'의 제한도 받아들이지 않으며, 단지 인간의 욕망이 가는 대로 흘러갈 뿐이다.

2

이상은 단지 문화 자체의 장단점과 유무의 영향에 대해 말하였다. 그러나 문화가 역사의 실천 속에 놓이면 반드시 역사적 조건과 상호 영향을 낳는다. 이쯤에서 우리는 역사 조건이 문화에 어떠한 영향을 끼치고 나아가 지식인에게도 어떤 영향을 주는지 살펴보아야 할 것이다.

고대 그리스의 지식인은 상업의 발달이 축적한 부유한 생활로 인해 정신적으로 한가로웠다. 그들은 자신들의 생활 문제를 해결하였고 또 그 한가로움으로 지성적 사고 활동에 종사하였다. 여기에는 두 가지 의미가 담겨 있다. 첫째, 그들은 생활을 위해 지식을 구한 것이 아니다. 이런 점은 지식의 순수성을 담보할 수 있었으며 이로 인해 서방은 지식을 위해 지식을 만드는 우수한 학통을 양성할 수 있게 되었다. 둘째, 그리스 철학자들은 대부분 정치에 열정을 보였지만 그것은 그들에게 단지 하나의 사회 활동이자 사고의 대상일 뿐, 결코 정치를 개인의 유일한 출구로 삼지 않았다. 이는 정치에 대한 독립성을 증명하는 것일 뿐만 아니라 서방은 독립적으로 개인 입장이나 사회 입장을 양성하였지 통치자의 입장에서 정치의 우수한 통치를 논하는 것은 아니라는 것이다. 중세는 종교가 강한 시기로서 지식인들은 대부분 종교 단체로 흡수되었다. 종교 단체는 당시 정치와 사회에 대해 독립적인 지위를 유지하였다. 그 후 근대에 이르러 지식인들은 상공업 발전과 함께 출현하였다. 그 형태는 지식을 가지고 상공업을 지지하였고 또한 상공업으로 지식을 지지하였다. 이처럼 지식인은 사회적 발판이 있었고 또한 정치로부터 독립성을 유지하였으며, 아울러 그리스 시대의 일반 철학자들이 상상도 할 수 없던 광범위한 활동 범위를 개척하였다. 근대 서방 문화의 다양성은 각종 다른 문화와의 접촉으로 생겨난 것도 있지만, 주요한 것은 풍부한 사회생활로부터 생겨난 것이며, 이로써 문화의 활동 범위도 커져갔던 것이다.

귀족의 몰락으로 인해 형성되기 시작한 중국의 사대부계층은 여기에서 말하고자 하는 지식인을 의미하는데, 그들은 사회적으로 물질 생활의 근거가 없었고 정치 외에 자유 활동의 세계가 없었다. 전국(戰國) 시대에 출현한 '유사'(游士)·'양사'(養士)는 중국 지식인의 특성을 설명한다. '유'(游)는 사회적으로 그들의 뿌리가 없음을 의미하고 '양'(養)은 식객을 하는 것만이 생존의 방법이었음을 의미한다. 그러나 '유'의 범주도 정치에 한정되어 있었으며 '양'의 범주 또한 정치에 국한되어 있었다. 그야말로 중국 지식인은 처음부터 정치의 기생충이었고 통치 집단의 걸인이었다. 따라서 역사적 조건 속에서의 정치적 상황은 중국 지식인의 성격 형성에 결정적인 작용을 하였다.

하지만 중국 역사 속 지식인의 성격이 현재와 똑같다고 생각한다면 그것은 큰 오산이다. 현대 지식인의 성격은 당·송 이래 과거제도에서 역사적인 근원을 찾을 수 있다. 당·송을 전후로 지식인과 정치의 관계는 커다란 차이가 있기 때문에 지식인의 성격도 대체적으로 두 개의 다른 역사 단계로 구분된다. 이 점은 현재 역사를 논하는 사람들이 소홀히 하는 점이라 특히 제시해보고자 한다.

전국 시대의 유사(游士)는 진시황의 분서갱유라는 대숙청을 거치면서 한 단락이 끝났다. 서한(西漢)이 개국할 때 사인들의 수는 많지 않았다.

문제(文帝) 이전까지 정부와 사인들은 아직까지 정식으로 제도화된 관계는 아니었다. 문제 2년 11월에 현명하고 방정하며 직언과 직간에 능한 사람을 천거하도록 조서를 내렸다. 이는 최초로 사인들이 정부가 열어둔 정상적인 문을 통해 들어간 것이었다. 한 무제(漢武帝) 때는 비록 동중서(董仲舒)의 말을 듣고 태학(太學)을 세웠지만 한대의 인재가 태학에서(왕안석은 변법을 시행할 때 삼사법〔內舍, 外舍, 上舍〕을 만들어 학문을 발전시키고 인재를 모으고자 했다. 하지만 이는 이론상으로는 맞지만 결과는 삼사 중에서 인재가 나오지 않았다는 것이다. 역대 국학도 인재를 배출하지 못했다. 대개 인재는 사회로부터 나왔으며 결코 천자 문하의 관학에서 나오지 않았다. 관학은 단지 인재를 망칠 뿐이었다. 이 점에 대해서는 황이주黃梨洲의 『원학原學』 속에 분명하게 보인다) 나온 수는 극히 적었고 대개 문제가 건립한 지방에서 천거하여 선발하는 제도를 통해 배출되었다. 과거(科擧)의 과목은 인재를 찾는 표준이자 독서인에게 요구하는 표준으로서 크게 현량방정(賢良方正)과 효렴(孝廉)으로 나뉘었으며, 거기에다 직언과 직간 및 여러 가지 재주와 기능을 더하였다. 현량은 재학(才學)을 중시하고 효렴은 행의(行義)를 중시하였다. 후한(後漢)에 이르러 현량과 효렴 두 과(科) 외에 돈박(敦朴)·유도(有道)·현능(賢能)·직언(直言)·독행(獨行)·고절(高節)·질직(質直)·청백(淸白) 등이 증설되었지만 여전히 주요한 것은 현량과 효렴 두 과였다. 이러한 표준에 대한 평가와 결정은 사회의 여론에 의해 결정되었다. 이른바 "행실과 재능을 구분하는 것은 반드시 지방 시골에서 한다"(영원永元 5년 3월 조서)고 하였는데, 당시 이를 '청의'(淸議)라 하였다. 이는 주군(州郡)에서는 여론에 근거하여 추천하였으며, 주군에서 경험이 있는 하급 관리로부터 위로는 구경(九卿)에까지 이르렀다. 양한을 나누어 보면, 효렴 방면의 인재들이 현량 인재보다 많았다.

  여기에서 몇 가지 역사적인 의미를 엿볼 수 있다. 첫째, 선비들이 벼슬에 오르는 길은 정부가 실시하는 과거를 통하는 것이 정도(正道)이지, 선비들이 직접 정치에 빌붙어 나가는 것이 아니다. 이는 선비들에게 염치를 알게 하고 사회를 근본으로 삼아야 함을 말해준다. 둘째, 선비들의 행실과 재능을 구분하는 것은 황제 중심의 영감(靈感)에서 나오는 것이 아니라 지방 시골의 '청의'에서 나오는 것이다. 사회와 정부가 공동으로 가진 인사권이며 사회는 일종의 원동력이다. 즉 정부가 인사권을 사회와 공유한다는 것과 다름없다. 그러므로 사인이 정부에 들어가려면 먼저 필히 사회에 들어가야 한다. 사회에서 동정을 얻으려면 반드시 먼저 사회에 대해 책임을 져야 한다. 이는 사인들이 사회를 떠나지 못하게 했을 뿐만 아니라 진실로 거기에는 민주 의의(意義)를 함유하고 있으며 대통일의 전제(專制) 분위기를 조정하였다. 셋째, 중국 문화는 도덕성의 문화이고 사람에게 도덕 행위의 성취를 요구한다. 양한 시대 때 선비에 대한 요구는 주로 이런 점이었으며, 이는 중국 문화의 기본 정신과 일치한다. "서도(西都)에는 단지 군국(郡國)의 천거를 따랐지 시험을 치르는 일은 없었다"는 말은 이러한 특색을 분명히 보여준다. 선비가 지방 마을의 칭찬을 얻으려면 반드시 품행과 절조를 훈련해야 하며, 선비가 품행과 절조를 훈련하는 데는 반드시 시골 마을의 격려가 필요했다. 원봉(元鳳) 원년 군에서 의(義)를 행한 자를 뽑아 5명에게는 비단을 50명에게는 말을 하사하여 돌려보내면서, "짐은 관직의 일에 근실하고 효제를 닦아 향리를 가르치는 것에 힘쓰고자 한다"고 조서를 내렸다. 이와 같은 교화 위에서 상하가 서로 온정으로 돈독하니 오늘날에도 여전히 감동을 준다.『남사』(南史)에서 "한나라 때 선비들은 수신에 힘썼던 고로 충효가 풍속이 되었다. 벼슬에 오르는 것도 이로 말미암지 않음이 없다"고 하였다.

따라서 중국 문화의 정신은 천거의 표준을 통해 선비들로 하여금 그것을 몸에 뿌리내리게 만들었고, 이로부터 아래로는 사회에까지 퍼져 깊이 스며들게 하였다. 백성을 교화하여 풍속을 바로잡는다는 '화민성속'(化民成俗)의 문화는 양한 시대에 이미 완성되었으며 중국의 민족성은 양한 시대에 비로소 응집되었다고 할 수 있다. 따라서 한 조대(朝代)의 명칭이 한 민족의 명칭이 되는 원인이 바로 여기에 있다. 또 유방(劉邦)이 서민의 신분으로 천자가 된 것을 보아도 결국 한나라는 조정과 사회의 거리가 그다지 멀지 않았던 것이다. 서도(西都)의 거인공사(擧人貢士)는 대부분 시골에서 나왔고 동도(東都) 또한 여러 차례 "암혈을 밝혀보니 숨은 은자들이 드러났다"고 하였다. 시골의 유생이 일단 천거가 되어 조정으로 나오면 강개하면서 귀족들과 국가 정책(예를 들어 염철론鹽鐵論 같은 것)에 대해 토론한다. 한대는 통일을 이룬 황제에게 평민 풍격의 전통이 있어서 황제를 현격하게 띄우거나 신격화하지 않았다. 이 때문에 직언 직간이 양한 시대 사인을 취하는 또 다른 중요한 과목이 되었으며, 어떤 이는 이를 "능히 짐의 과실을 직언할 수 있는 사람"(장제章帝 건초建初 5년 1월 조서)이라고 분명하게 지적하였다. 이는 정치에서 천하의 온정이 통할 수 있다는 것이며, 황제의 지위를 사회로 끌어내어 낮추고 선비들의 기개를 신장할 수 있다는 것을 의미한다. 따라서 한대의 등용제도가 비록 폐단은 있었지만 보여주고자 했던 기본 정신은 확실히 진정한 민주의 길을 향해 나아갔던 것이다. 대체로 이때는 중국 지식인과 정치의 관계가 가장 합리적인 시대였고 또한 중국 문화의 성취가 가장 컸던 시대라고 할 수 있다.

 위 문제(魏文帝)에 이르러 상서(尙書) 진군(陳群)이 구품관인법(九品官人法)을 만들었다. 주군(州郡)에서 "현명한 사람 가운데 식견이 있는 자"를 골라 대소중정(大小中正)을 세워 담당 인물을 구별하고 언행에 따라 9등급을 정하여, 정부가 사람을 등용하는 표준으로 삼았다. 이른바 '구품중정'(九品中正)이다. 남북조(南北朝) 때 다소 줄기는 했지만 대체로 수(隋) 개황(開皇)까지 이어지다가 폐지되었다. 이 변혁은 대략 두 가지 폐단이 있다. 첫째, 동한 시대부터 서서히 일기 시작한 문벌(門閥)이 위진(魏晉)에 이르러 성숙되었다. 이로써 표준의 책임을 맡은 '중정'(中正)들에게 영향을 주어 진(晉) 유의(劉毅)가 말했듯이 "상품에는 비루한 가문이 없고 하품에는 세족이 없다"는 상황에 이르게 되었다. 둘째, 한 사람의 인품을 감정하는 데 공평하기란 어려운 것이다. 이는 마단림(馬端臨)이 "대개 지방에서 천거하는 것(한대)은 다수의 좋은 여론을 얻어서 행해진 것이지만, 구품중정은 한 사람의 비평에 기탁한 것이다. …… 또한 반드시 구품에 한정하고 오직 한 사람에 달려 있으므로 그 법은 너무 구속적이고 그 뜻은 너무 협소하며 그 행적은 너무 다 드러난다. 그러므로 사심 없는 시골의 평을 모아 수행할 수 있는지를 살피고 그 직업의 수행 능력을 살핀 후 그 재능을 시험하여 양한의 법과 같게 하는 것만 못하다"고 말한 것과 같다.

이 때문에 진나라 유의 이후 공격을 하며 폐지하려는 사람들이 많아졌다. 그러나 대체적으로 중정의 감별은 여전히 선비의 품행과 도의(道義)를 표준으로 삼았다. 이러한 표준은 중정이 사회로부터 가져온 것이며 이론적으로 정치권력에 좌지우지되지 않았다. 당시에는 관직은 높은데 등급이 낮은 사람도 있었고 관직은 없는데 등급이 높은 사람도 있었다. 또한 황제는 중정의 등급에 대해 간섭할 수 없었다. 예를 들어 송 문제(文帝)는 사인(舍人) 왕굉(王宏)을 매우 총애하였고 왕굉 역시 사인이 되어 구품의 대열에 들고 싶어 하자, 문제는 왕구(王球)를 찾아가 상의해보라고 했지만 왕구는 이를 받아들이지 않았다. 그러자 문제는 "내가 어찌할 수가 없구나"라며 탄식하였다. 제(齊) 세조(世祖)도 기승진(紀僧眞)을 총애하였고 그 또한 세조 앞에서 "사대부 되길 청하자", 세조는 강효(江斅)를 찾아가보라고 했다. 결과적으로 목적을 이루지 못하고 "기가 죽어 돌아왔다." 이에 세조가 "사대부는 본디 천자의 명이 아니다"라고 하였다. 이를 통해 사대부의 존엄을 엿볼 수 있으며, 정치권력이 함부로 빼앗을 수 있는 것이 아님을 알 수 있다.

그러나 사대부의 내적인 행위가 근실하지 못하면 청의에 의해 축출되었다. 진(晉)·송(宋) 시기의 기록들이 그러하다. 고정림(顧亭林)은 "구품중정의 설치는 비록 사실에서 많이 벗어나지만 본뜻(삼대·양한 때에 주리 州里에 청의가 존재하였던 본뜻)은 사라지지 않았다. 무릇 탄핵을 받고 청의에 회부된 자는 종신토록 등용되지 않아 마치 금고(禁錮)와 같은 효력을 내었다. 송나라 무제는 제위를 찬탈한 후 곧바로 조서를 내려 향촌의 여론과 청의에 어긋나거나 뇌물죄와 절도죄를 범한 자들을 모조리 내치라고 함에 따라 청의가 다시 시작되었다. 이후로 특별 사면을 베풀 때는 사문(赦文)에 이 말이 들어갔다. 그러나 향론에 오점이 있어도 조서를 내리는 수고를 마다하지 않고 대신 무마해줄 정도에 이르렀으니, 어찌 삼대의 바른 도리가 아직도 백성들에게 내보이고, 중인의 의견을 두려워함이 여전히 변풍의 시대에서도 나타나는 것이 아니겠는가?"라고 하였다. 또 진혜전(秦蕙田)도 "무릇 등급의 청탁(淸濁)은 천자도 맘대로 결정할 수 없었지만, 한두 사람의 입을 통해 취하면 당시 아홉 등급의 고하는 본래 공론이 되었다. …… 모두 실질을 잃은 것은 아니다"라고 하였다. 이를 통해 구품중정의 의도는 여전히 황제가 인사권을 함부로 쓰지 못하게 하고, 사대부들도 사회에서 제멋대로 하지 못하게 한 것임을 알 수 있다. 지식인은 여전히 황제와 일반 백성의 중간에 서서 일관되게 균형을 잡는 기능을 하였다. 자신들도 일관되게 균형을 잡는 기능 속에서 정치에 대해서도 적절한 존엄을 유지하고 약간의 인격도 가질 수 있었다.

이쯤에서, 남북조의 세족(世族) 문제, 즉 가문과 권문세가의 문제에 대해 조금 이야기하고자 한다. 심약(沈約)은 양(梁) 천람(天監) 연간 "한대 이후부터 본래 사인과 서민의 구별이 없었다. …… 비록 명문의 자손이지만 또한 모두 서민의 선비들이었다. …… 진(晉)나라 이후 그 유폐가 조금 바뀌어가면서 민간 초야의 고상한 군자들이 제거 대상에 들어가게 되었으며 말년에 이르러 전적으로 '벌열'(閥閱)이라고 칭했다"고 상소를 올렸다. 이렇듯 사인과 서민의 갈림길에서 남북조 3백 년은 사람을 등용할 때 세족에서 많이 취했다. 사대부는 이에 이르러 사회상의 특수 계층을 형성하였고 지식인 귀족을 형성하였으니, 이는 사회의 대변혁이었지만 당연히 폐단도 많았다. 그러나 지식인들을 정치적인 관계에서만 논하자면 좋은 영향도 있다. 첫째, 이러한 가문은 여전히 사회적 청의의 제약을 받았다. 예를 들어 사혜연(謝惠連)은 부친상을 입자 10여 수의 시를 지어 그를 아껴주던 회계(會稽)의 군리(郡吏) 두덕령(杜德靈)에게 보내어 청의를 구하였다. 이로써 "자리가 없어지더라도 존현한 자의 대열에 참가하지 않는다"는 것을 보여준 것이다. 때문에 육조 사대부들은 활달하고 구애받지 않는다고 일컬어지지만 실제를 고찰해보면 왕왕 효의(孝義)의 행함을 돈독히 하고 가휘(家諱)를 엄격히 금지하였으며 절대로 유럽의 귀족과는 달랐다. 둘째, 지식인의 가문은 지식인의 정치적 독립성을 보장하므로 결코 조정의 형국에 따라 부침(浮沈)하지 않았다. 그러므로 마단림은 "비록 조대가 바뀌고 정권이 옮겨지고 사물이 바뀌어도, 세족들은 오히려 당당하게 세가임을 자부한다"고 하였다. 이를 사회 입장에서 말하자면, 변란이 빈번한 때에도 그들은 여전히 사회문화를 지탱하는 중심이 되었다는 뜻이다. 그들은 자신들의 가문에 의지하여 조정을 깔보았으며 어느 한 조정의 기생물로 변하지 않았다. 그러므로 육조의 사대부는 명문 귀족의 분위기가 많으며 후세의 구차하고 비열한 상황과는 다르다. 지식인 자체로 놓고 볼 때 귀중한 행운이라 할 수 있다.

3

과거제도는 엄격히 말하면, 수(隋)대 대업(大業) 연간에 진사과(進士科)가 생기면서 시작되어 당·송·원·명·청까지 이어져 폐지되지 않았다. 이는 지식인들의 운명에 커다란 변화이자 중국의 역사적 운명의 크나큰 변화였다. 과거시험은 남북조의 문벌 자손들의 입장에서 볼 때 일종의 개방이라 할 수 있지만, 이를 정권의 개방이라고 여긴다면 커다란 오산일 것이다. 현대의 회사들도 시험을 통해 직원을 모집하지만, 이것이 어찌 회사 주주(株主) 권리의 개방이라 할 수 있겠는가? 이 제도가 실행된 이후 역대로 뜻이 있는 선비들은 이를 인재의 큰 적으로 여기지 않음이 없었다. 이는 과거 과목 내용인 시부(詩賦)·경의(經義)·팔고(八股) 등과 관계있는 것은 아니다. 과목을 보완하는 문제는 오늘날 사람들이 생각할 수 있는 것이라면 옛사람들도 일찍이 생각했던 것이다. 문제는 여전히 과거제도 자체에 있는 것으로서, 그것은 바로 중국 문화의 한 단점으로 발전하였다. 그 나쁜 작용은 설립 기능에서 크게 벗어났으며 그 폐단은 오늘날까지 흘러들어와 수습되지 못하고 있다.

지방에서 추천하는 제도의 인재 표준은 행의(行義)와 명절(名節)이고 선택의 근거는 사회 여론이지만, 앞서 말했듯이 관료가 되는 지름길은 관부나 조정에서 모집하고 추천하는 것이었다. 과거시험은 사실상 문자만을 볼 뿐이다. 문자와 한 개인의 행의, 명절과는 아무런 관련이 없다. 이는 사대부로 하여금 중국 문화의 기본 정신에서 벗어나게 했을 뿐만 아니라 문화에 대한 진정한 책임감도 없게 만들었으며, 나아가 인간의 도덕 행위를 성취하는 문화정신을 침몰시켜 표류하여 정착할 수 없게 하였다. 문자의 좋고 나쁨은 조정의 수준을 헤아려야 하는 것이지 사회의 청의와는 아무런 관련이 없다. 이는 사대부로 하여금 정신이나 형식 면에서 완전히 향리를 버리고서 아랑곳하지 않게 만들었으며, 완전히 현실적 사회와 멀어지게 하였고, 더욱더 뿌리 없이 표류하게 하였다. 한편으로는 조정으로 하여금 더는 어쩌지도 못하고 또 이렇다 할 방법도 없게 만들었으며, 사회와 함께 인재의 출로에 대한 권력을 함께 지니게 되면서 지방에서 추천하는 제도의 민주정신은 이로 인해 변하여 사라지게 되었다.

  과거시험은 모두 명유(名儒)나 대신(大臣)들에게 자신의 초고 문장을 보여주는 '투첩자거'(投牒自擧)의 방식이었다. 이는 사대부들의 염치를 파괴하고 그들로 하여금 날로 비천함을 좇고 또 거기에 만족하게 하였다. 사인과 정치의 관계를 단순한 이익과 녹봉을 얻는 길로 축소하였고 독서를 단순한 이익과 녹봉을 받는 도구로 간주하게 하였다. 마을에서 천거하는 제도 아래서 사대부와 정치의 관계는 아래로부터 위를 향해 생장하는 것이지만, 반대로 과거제도 아래서 사대부와 정치의 관계는 전적으로 조정의 조서에 의해 아래로 하달된 것이다. 황제는 이로 인해 천하를 경시하는 마음을 갖게 되고 제멋대로 전횡하려는 헛된 생각을 품게 된 것이다. 그러나 마을에서 추천하여 선발하는 제도는 과거에 안정적인 사회, 건강한 기풍, 건전한 지방 행정제도를 갖고자 했으며, 더욱이 황제도 항상 겸손하게 백성을 잘 돌보며, 사회를 존중하고 문화를 존중하였으므로 이로 인해 사대부를 존중하려는 진정한 양심을 지니고자 했다. 그러나 과거제도가 간소해지고 쉽게 행해지면서 전제자(專制者)들은 안일하고 오만하며 이기적인 마음을 갖게 되었다. 때문에 수(隋)나라가 비록 짧았고 후대에서 이 제도에 대한 공격이 많았음에도 불구하고 끝내 바꿀 수 없었던 것이다.

당대(唐代)는 민족적 생명력이 매우 강한 시대였고 선비를 뽑는 과목도 비록 수대의 것을 따랐지만 일반적인 과목은 6개였다. 그러나 황제가 직접 조서를 내려 시험을 보는 '등과기'(登科記)에 50여 종류가 있고, '곤학기문'(困學紀聞)에는 86종이 있었다. 그야말로 천하 각양각색의 인재들을 모두 끌어모을 수 있었으니 벼슬에 오르는 길은 매우 넓었다고 하겠다. 그러나 자연적인 추세는 진사과에 중심을 두었다. 그 폐단은 당시의 사람들이 잘 알고 있었다. 설겸광(薛謙光)은 일찍이 "옛날의 선비를 뽑는 제도는 실로 지금과 다릅니다. 먼저 그 행위의 근원을 살피고 마을에서의 명성을 관찰하였습니다. 사람들은 권면하고 사양하는 풍습을 숭상하고 선비들은 경박한 행위를 버렸습니다. …… 대중의 의견이 이미 그 고하를 정하면 군수는 그 옳고 그름을 어지럽히기 어려웠습니다. …… 그러나 오늘날의 거인은 사실과 차이가 있고, 고을의 의견에는 서민들의 글이 부족하며, 품행에 대해서는 나이 든 사람의 의견이 없습니다. 책시(策試)는 주부(州府)에서 시끄러이 다투고, 은혜를 구함이 엎드려 절하는 것을 감당하지 못하고 있습니다. …… 위에다 시를 바쳐 오직 조그만 은택이라도 바라며 머리부터 발끝까지 비벼대며 선택의 은혜를 바랍니다. …… 대저 이는 자신의 마음을 좇고자 함이 절실하면 공적인 이치는 어그러지고, 벼슬을 탐하는 본성이 드러나면 청렴한 풍습은 엷어지는 것과 같습니다"라고 상소를 올렸다.

보응(寶應) 2년 예부시랑 양관(楊綰)이 명경(明經)·진사(進士)·도거(道擧, 노장사상 등의 학설을 시험 보는 것)를 시험 보는 것을 잠시 중단할 것을 청했다. 숙종(肅宗)은 이서균(李棲筠) 등 4인의 연구 결과를 보고 "지금 선비를 취함은 작은 방법으로 시험을 치르는 것이지 원대한 방법으로 취하지 않고 있다. 이는 달팽이나 지렁이의 먹이를 바다에 드리우고서 배를 통째로 삼킬 만한 큰 고기를 바라는 것과 같다"고 지적하면서 "드리운 먹이를 먹는 것은 모두 작은 고기이며 과목을 취하는 것도 모두 작은 방법이다"라면서 줄곧 고쳐야 한다고 주장하였다. 일이 비록 실행되지는 않았지만 '먹이를 드리운다'는 의미에다 세상에 전해오는 홍무(洪武) 연간에 말한 "천하의 영웅이 모두 내 사정거리에 들어왔다"의 '사정거리 안에 들어오다'라는 의미가 더해져, 실로 이러한 과거제도의 정신과 면모를 잘 묘사하고 있다. 사대부와 정치의 관계는 '먹이를 드리운다'와 '사정거리 안에 들어온다'는 관계로 변했으며, 사람과 사람의 관계가 아닌 고기를 낚는 사람과 동물의 관계가 된 것이다. 이러한 관계가 정치의 진로를 가로막았으니, 사대부가 그 문으로 들어가려면 먼저 자신의 정신 상태를 동물처럼 단지 입고 먹는 것만 알게 하고 시비나 염치는 아랑곳하지 않고 정치에 대해서는 당연히 피동적인 노예가 되도록 괴롭혀야만 했다. 이러한 문으로 일단 비집고 들어가면 득의하고 만족하여 힘껏 '사정거리' 안에서 '먹이'를 취할 수 있는 것이다. 그러므로 당나라 때 "진사는 경박하다", "세상에서 모두 걱정한다"(『新唐書』「選擧志」)는 말처럼 청렴한 선비들은 당나라 사회와 함께 사라지게 된 것이다.

송(宋) 태조(太祖)는 오대의 도적과 이적 들이 서로 능멸하는 것을 입은 후, 진정으로 환란을 후회하는 마음을 근본으로 삼았다. 마음에 걸리듯 부족하다는 생각이 들어 "이치나 도리가 가장 중요하다"고 받아들여, 관용의 정치를 베풀고 자손들에게 사대부를 죽이지 말도록 권계하였다. 이것이 송대 유학이 새롭게 부흥할 수 있었던 중요한 조건이었다. 관리 등용제도는 당나라의 구제도를 이어받았지만 격식은 더욱 완비되었다. 문벌 세력이 이미 약해지고 인쇄 기술이 점차 발달하면서 사인들의 숫자도 크게 증가하였다. 순화(淳化) 3년 공거(貢擧)에 통과한 공사(貢士)만 해도 대략 만 7천여 명에 이르렀다. 또한 평민도 공부를 할 수 있었지만 공부를 마친 후 한나라 때 선비들처럼 농사를 지으며 독서를 할 수는 없었기 때문에, 이들은 사회적으로 한가롭게 지내는 무리가 되었으며 생계를 꾸려가는 데도 자립의 방도가 전혀 없었다.

선비와 서민의 갈림길 외에도 유생과 관리의 갈림길도 있었다. 이는 송대에 이르러 더욱 극명해졌다. 사대부는 실질적인 일을 훈련할 기회가 적었을 뿐만 아니라 의식 문제를 모색할 방도도 적었다. 양구산(楊龜山)은 「답연자안서」(答練子安書)에서 "옛날의 가난한 자들이 어찌 단지 농사만 짓고 고기만 잡았을 뿐이겠는가! 지금 우리로 하여금 농사를 지으라고 한다면 할 수 있겠는가? 그러지 못할 것이다. 고기를 잡으라고 한다면 할 수 있겠는가? 그러지 못할 것이다. 지금 이렇게 하지 못하는 많은 사람들이 장차 도랑 속에서 말라가기를 기다리는 것이 과연 옳은 것인가? 그렇지 않다면 사람에게 요구함을 면할 수 없게 되니, 이는 마치 무덤 사이에서 그것을 행하는 것과 같다. 그러니 몸을 굽혀 다른 사람에게 구하기보다는 차라리 의로써 임금에게서 녹을 구하는 것이 낫지 않겠는가?"라고 하였다. 이 얼마나 궁상맞고 초라한 어조인가! 한나라의 사대부가 할 수 있는 것을 송나라 이후는 할 수 없어서 오직 "임금에게 봉록을 구하는" 길을 찾아야 했으며, 그 길은 오직 과거시험뿐이었다.

송나라 때 과거 과목은 명나라 이후의 팔고문(八股文)에 비해 광범위하지만, 어떤 문화 내용이든 간에 봉록을 찾는 도구로 변했고, 원래의 정신은 여지없이 사라졌으며, 그 기능도 원래의 뜻과는 정반대가 되어버렸다. 이 때문에 주자(朱子)는 "과거시험의 문장이 인생의 재앙이다"라고 하면서 사람들이 이 액을 겪은 후 학문을 할 수 있기를 희망하였다. 그는 『근사록』(近思錄)을 지을 때, 본래 "과거시험이 사람의 마음을 해치는 점을 논함"이라는 한 부분을 더 집어넣으려 했는데 여백공(呂伯恭)이 반대하여 그만두었다. 이를 통해 과거시험 자체가 학문의 장애가 되었으니, 이는 팔고문의 형성을 기다릴 필요조차 없었음을 잘 알 수 있다. 게다가 대량으로 늘어난 과거시험의 예비자들은 목숨을 걸고 이 좁은 길로 비집고 들어왔고, 스스로 선택한 일이니 본디 이렇다 할 염치도 없었다. 벼슬길에 나가게 되면 간사하고 거짓됨은 반드시 저절로 따르는 것이다.

가유기(柯維騏)의 『송사신편』(宋史新編)에서는 과거 과목의 폐단을 "의미를 유포하고"(傳義), "시험지를 뒤바꾸고"(換卷), "번호를 바꿔 쓰며"(易號), "시험지를 유출하고"(卷子出外), "송대에 시험 답안지 글씨체를 알아보지 못하도록 다시 써서 채점하는 방식〔謄錄法〕을 없앰"〔謄錄減裂〕 등이라고 하였다. 그래서 감독·채점을 담당하던 사람들은 "인재를 구하는 데 있지 않고 오로지 폐단을 방지하는 데 마음을 썼다." 당나라 때 서원여(舒元輿)는 일찍이 "조정에서 시험을 치를 때는 작고 은미한 곳까지 다 찾아내어 이르지 않은 곳이 없었다. 선비들은 맨머리에 맨발로 시험장으로 들어갔으며, 나이 든 사람 가운데는 책을 던지고 나오는 자도 있었다"고 하였다. 이런 종류의 간교함을 막는 조치는 갈수록 엄하고 심해졌다. "머리를 풀고 옷을 젖히게 하고 귀와 코까지 찾아냈다"(『日知錄』 '索引'條 「金史」). 이 때문에 주자는 "오늘날 위에 있는 사람들은 확실히 선비를 도적처럼 대하고, 선비들 또한 확실히 도적으로 자처한다." 이것이 바로 가장 솔직한 말이라 하겠다.

이와 같이 아래위가 도적으로 대하는 판국은 명·청대에 이르러 더욱 심했다. 이러한 도적 성격의 집단이 이룬 사회는 반드시 간특한 도적의 사회이고 조정 역시 그러한 조정인 것이다. "군자가 시골에 머물면 풍속이 좋아진다"는 옛사람의 말은 당시에 "지금 사인들이 많이 모인 곳은 풍속이 나쁘다"(『呂氏家塾記』)는 지경으로 바뀌게 되었다. 또 "위로는 임금에게 이르고 아래로는 백성을 윤택하게 한다"는 말은, 당시 선비들이 잃는 것을 두려워하는 마음 때문에 "백만의 목숨을 죽이고 수백 년의 사직을 망하게 하는 것은 단지 사대부들이 잃을 것을 두려워하는 마음 때문이다"(『呂氏家塾記』)라는 지경까지 이르게 되었다. 그러므로 황동발(黃東發)은 송말에 위태로운 위기가 네 번 있었다고 지적하였다. 주요한 것은 사대부들이 책임을 지지 않는 것과 시비를 말하지 않는 "무치"(無恥, 『戊辰輪對第一箚子』)에 있다고 하였다. 송대는 바로 이 '무치'한 무리들에 의해 억눌렸던 것이다. 원대의 "유가가 아홉째이고 걸인이 열째이다"(九儒十丐)라는 구호는 송대 지식인들이 스스로를 그렇게 목 조른 것이었다.

명대 사회의 결론은 고정림의 『생원론』(生員論)에서 설명하고 있다. 『생원론』에서 "천하의 생원을 없애면 관부의 정치가 깨끗해지고 천하의 생원을 없애면 백성의 곤궁함이 회복되며, 천하의 생원을 없애면 파벌의 습관이 제거되고 천하의 생원을 없애면 세상에 유용한 인재들이 나오게 된다"고 하였다. 그는 또 과거 속에서 생원들이 "선비는 선비가 되지 못하고 관리는 관리가 되지 못하고 사병은 사병이 되지 못하고 장수는 장수가 되지 못했다"고 정면으로 지적하였다. 이를 통해 명나라가 도적과 이민족에게 망한 것은 필연적일 수밖에 없다는 것을 알 수 있다. 만주족은 이민족으로서 중원을 능멸하였으며 위협과 유혹을 동시에 펼쳤다. 팔고문 외에도 조서를 읽는 노예화 방법을 만들어냈다. 이에 사대부들은 '도적'의 분위기에다 '노예'의 분위기까지 더해져서 당·송·명대와 같이 과거제도 속에서 진정으로 인생과 사회와 민족을 위해 힘차게 일어나라고 부르짖는 사람 역시 많을 수가 없었다. 고거학(考據學)의 출현은 총명하고 재주 있고 지혜로운 선비들이 정면의 문제를 피하고 공허(空虛)함을 도피하려는 심정에서 시작한 것에 불과하다. 후에 이미 하나의 풍조가 된 상황에서 서로 명성을 드러내기 위해 하나의 방도를 열게 된 것이다. 량치차오(梁啓楚)는 이를 중국의 문예부흥이라고 했지만 이는 중서 문화의 근원에 대해서 지나치게 피상적이고 남의 말을 그대로 듣는 수준임을 면할 순 없다.

　이쯤에서 우리는 이러한 역사적 상황에서 정이(程頤)·정호(程顥)·주자(朱子)·육상산(陸象山)·왕양명(王陽明) 등의 인물이 출현하였고, 이들에게는 과거시험 밖의 또 다른 학문이 있었으며, 과거로 인해 이름을 드날리는 것 외에도 인생이란 게 있었으며, 조정 말고도 발붙일 만한 근거가 있었으며, 무엇이 선비의 참된 일이고 무엇이 선비의 진실한 책임인지 그리고 어떻게 해야 비로소 진정한 한 사람이라고 할 수 있는지 등에 대해 생각해봐야만 한다. 이것이야말로 도적과 노예가 된 분위기 속에서 진정한 사람의 각성이자 지식인의 각성이며, 중국의 진정한 문예부흥인 것이다. 다행히도 그들이 있기에 긴긴 밤에 한 줄기 밝은 빛을 보는 것과 같이 사람의 도리를 끊임없이 유지할 수 있는 것이다. 이 얼마나 힘든 것이며 이 얼마나 기백이 있는 것이며 위대한 것인가! 이들은 단지 다수 가운데 소수일 뿐이다. 하지만 그들의 존재는 영원히 한겨울의 송백과 같이 사람들에게 봄의 색깔을 알게 하고 봄이 있음을 믿게 한다. 하지만 쭉 뻗은 측백나무와 울창한 소나무 그 자체가 결코 봄은 아닌 것이다. 이것이 결국 중국 문화의 한계이자 중국 문화의 비극인 것이다.

4

앞서 서술한 도적과 노예의 분위기 속에서 중국 지식인들의 운명은 부지불식간에 피동적으로 순장(殉葬)되었고, 집단적인 자각을 통해 역사적 운명과 자신의 운명을 구제해나가기가 어려웠다. 남명(南明)은 2백여 년을 지속하지 못했지만 마사영(馬士英)·완대월(阮大鋮) 같은 무리들이 여전히 당시 다수 선비들의 기풍을 대표하면서 대세를 장악하였다. 따라서 이러한 비통한 교훈 속에서 무릇 정치적으로 한 소리 할 수 있는 사인들은 진정한 한마디 탄식조차 낼 수 없었으니, 어찌 천하에 마음은 죽었는데 몸이 죽지 않는다는 도리가 있을 수 있겠는가. 그러나 사인 가운데는 진정한 반성을 통해 항상 스스로 사회에 발을 붙여 현실 정치에 의해 유린되지도 더럽혀지지도 않은 이들이 있다. 이 점이 바로 중국 역사 속에서 매번 흥망의 순간 언제나 훌륭한 인재들이 나온 이유이다. 또한 역대로 조서를 내려 현인을 구할 때에도 어리석은 자에서부터 자신을 따르는 신하에게만 맴돌지 않고 은둔해 있는 사람까지 반드시 주의를 기울였던 것은 이들이 현실 정치에서 멀리 떨어져 있는 사회 인사들이었기 때문이다. 명(明)말 고정림·황이주·왕선산(王船山)·안습제(顔習齊) 등과 그들의 학문이 나올 수 있었던 까닭과 자신에 이르러 끊기거나 혹은 한번 전해진 후에 정신이 변했던 까닭은 그들이 사인과 과거제도하의 정치 관계에서 진정한 해탈을 했기 때문이다.

고정림·황이주는 문화적인 관점에서 일치하지는 않지만 정치 면에서는 하나의 공통점이 있다. 바로 지방과 사회를 신장함으로써 민중의 힘을 배양하고 조정을 제어하는 것이며, 독서인의 인격과 자존심을 회복함으로써 인재를 배양하고 전제를 제어하는 것이다. 그러므로 그들은 봉건제도의 뜻을 논하면서 정전제도, 인재 등용, 학교(그들 마음속의 학교는 정치를 주도하면서 정치적 제약을 받지 않는 학교를 말함), 군도(君道, 천하가 주인이고 임금은 객인 경우), 신도(臣道, 신하는 천하를 위한 것이지 임금을 위한 것이 아님) 및 염치를 알고 실질의 도를 숭상하는 사대부의 도리에 대해 논하였다. 그들은 황제가 곧 성인이고 신이라는 관념, 조정만 있고 지방은 없는 집권 관념, 신하들은 분주하게 일하고 임금을 위해 신하를 만들고 임금을 위해 죽는 노예 관념, 천자의 옳고 그름이 시비의 판단이 되어 황제가 천하의 옳고 그름을 전횡하는 관념을 없애고자 하였다. 그들은 황제에게는 천하를 부각하고 조정에게는 사회와 지방을 부각하며, 과거 공명에 대해서는 인격과 학문을 부각하고자 했다. 그들의 정신은 위대했고 그들의 지향점은 명확했다. 그러나 단지 중국 문화의 힘에만 의지하여 중국의 역사 조건을 바꿔놓을 순 없었으므로 황이주는 "이『명이대방록』(明夷待訪錄)을 가지고 밝은 주인을 만나길" 바랄 수밖에 없다고 하였고, 고정림 역시 오직 "훗날의 왕에게서 한번 다스려지기를 기다린다"고 하였다. 주자는 그토록 과거를 반대했지만 여전히 자신의 두 손자가 "본분에 의지하여 과거 준비를 하여 수재가 되기를" 희망하였다. 고정림은 민족성이 강했지만 조카에게 진사 시험을 보아 이민족을 섬기게 하였다. 이러한 사실은 중국 문화가 이미 만들어진 역사 조건 앞에서 아무런 권리도 없었음을 의미한다. 때문에 단지 중국 문화에 의지해서는 한 번 다스려지고 한 번 혼란한 순환을 희망할 뿐, 결코 중국 역사의 옭매듭을 풀 수는 없었다.

  고립적이던 것에서부터 동서 문화가 정식으로 교류한 이후 중국은 역사상 일대 전환기를 맞는다. 중국 문화는 서방 문화와 접촉하면서 새로운 국면이 열렸으며, 중국 역사는 서방 문화와 접촉함으로써 새로운 생명을 얻었다. 서방 문화가 대표하는 과학과 민주는 한편으론 중국 문화정신을 주관 상태 속에서 맞이하여 도덕을 객관화하여 법치로 만들었고, 동기를 구체화하여 능력 있게 하였으며, 또 가시적이고 측정 가능한 지식을 가지고 볼 수도 없고 헤아릴 수도 없는 도덕문화의 부족한 일면을 보충하였다. 또 다른 한편 과학과 민주를 통해 새로운 생활 조건과 방법을 제공함으로써 2천여 년 동안 해결하지 못했던 문제를 해결할 수 있게 하였다. 고정림, 황이주 등은 늘 당시를 삼대(三代)·양한(兩漢) 시대로 돌리려고 하였다. 삼대의 상황은 상상적인 요소가 많으므로 여기에선 잠시 논하지 않겠다. 양한으로 말하자면, 천 년 이후의 사회는 당연히 천 년 이전의 사회와 다르므로, 후세 사람들은 그 정신을 배우고 익힐 뿐, 당시의 사실(事實)대로 돌아간다는 것은 매우 어려운 일이다. 한나라 때 사인들이 독서와 공부를 병행한 것은 소극적인 태도였다. 하지만 근대는 과학을 지배하고 생활을 지배하였으며, 여기에는 "한가롭게 지내는 것을 낙으로 삼는다"는 현실 생활 문제를 벗어난 것도 없다. 과학이 확대된 사회생활은 지식인과 함께 사회 발전의 확대 가능성을 따르게 되며, 여기에는 수재(秀才)가 아니면 더는 설 자리가 없는 그런 문제는 없다. 민주가 정부와 인민의 형세를 바꾸면서 마을에서 천거하던 것을 정치 최고 권력의 위치까지 확대하였고, 청의도 한 나라의 정치를 추동하는 원동력으로 확대하였으며, 여기에는 동한 때의 선비들처럼 일단 청의를 조정에 추천했다가 죽음의 화를 당하는 일 같은 것은 없다. 이는 당연히 발생해야 하는 변화였다. 중국 고유의 인문정신, 인격주의에서 보자면 일종의 비약적인 신장이라고 할 수 있다. 과거제도 아래 양성된 사대부들의 성격을 놓고 보자면, 예전에 물들어 있던 더러움을 씻고 재생의 희망을 밝힐 수 있었다.

  이곳에서 상세하게 중서 문화가 접촉한 후에 발생한 우여곡절과 지체된 사실, 원인, 책임 등은 거론하지 않겠다. 이는 모두 생각할 수 있는 것이고 또 여러 방면과 관련되기 때문이다. 다만 일단 이 위대한 문화와 접촉을 하면서 이론적으로나 형세적으로나 원하든 원하지 않든 간에, 처음부터 끝까지 접촉을 통해 받아들이지 않을 수 없었다는 점을 지적하고 싶다. 무술변법(戊戌變法)이 신해혁명(辛亥革命)으로 발전되면서 중국에는 처음으로 쑨중산(孫中山) 선생을 우두머리로 하는 지식인 집단의 혁명이 출현하였으며, 이는 진정으로 수재들이 반란을 일으킨 것으로 비단 만청 정부(滿淸政府)를 뒤엎었을 뿐만 아니라 2천 년 동안의 전제(專制)를 뒤엎었다. 하늘과 땅을 놀라게 할 만한 이러한 사건은 서방 문화와 접촉 후에 발생한 커다란 영향이라고 생각하지 않는다면 달리 해석할 방법이 없다. 이는 과거제도하의 지식인들의 성격이나 역사적 조건이 이미 크게 변화하기 시작했음을 의미한다. 정면으로 새로운 운명을 향해 앞으로 나아가고 있던 것이다.

하지만 마땅히 인정하여야 할 점이 있다. 첫째, 유럽은 중세부터 근대를 향한 변화가 일어났고 모험적인 상인들은 지식인들의 앞에 서 있었다. 상인을 중심으로 한 신흥 시민계급의 역량은 시민계급 조직 성원의 하나인 지식인들의 역량보다 훨씬 컸다. 그러나 중국은 지식인들이 앞장을 섰지만 사회 변화의 정도에서는 훨씬 뒤처졌다. 이는 지식인들이 앞을 향해 나아가는 힘에 한계가 있었음을 의미한다. 즉 지식인들은 신흥의 객관적 사회 요구를 가지고 앞을 향해 나아가는 근원으로 삼거나 또 이러한 근원으로부터 오는 규약성이 없었음을 의미한다. 그러므로 쉽게 단명할 수 있었고, 또 상궤를 따르지 않고 좌충우돌하면서 궤도에서 벗어날 수 있었다. 둘째, 구사회에서 새로운 사회로 바뀌면서 반드시 정치적인 역량을 소극적인 상황으로 물러나게 함으로써 사회와 각 개인으로 하여금 자유로운 분위기 속에서 자신의 의지와 역량에 근거하여 일어날 수 있게 하였으며, 사회로 하여금 힘 있는 사회가 되게 하고 개인은 힘 있는 개인이 되게 하였다. 이러한 힘 있는 사회와 개인은 점차 무력한 사회와 개인으로 대체되었고 국가도 이에 따라 변화하게 되었다. 그러므로 소극적인 민주정치가 실제로 강대한 국가를 배양할 수 있었던 것이다. 서한(西漢) 초 황로(黃老)사상이 지배하면서 이러한 추형(雛形)이 갖춰졌다.

그러나 근대 민주정치와 강대한 민족국가는 표리의 과정이며 이는 확고부동한 예이다. 민주정치는 정부가 적게 관여하는 무위정치(無爲政治)이다. 정부가 적게 관여한다는 것은 사회와 개인이 많은 일에 간섭을 받지 않는다는 것이다. 중국의 과거 전제정치는 중추적 권력으로부터 사회를 통제하는 힘이 약했고, 덕치(德治)와 인정(仁政) 등의 관념으로 사회적인 통제를 반대하였으며, 이는 확실히 서구 역사의 왕권 전제와는 다르다. 그러나 천여 년 동안의 과거제도는 형식적인 면에서나 정신적인 면에서 사인들을 통제하고 괴롭히고 모욕함이 이르지 않은 곳이 없었다. 과거제도 하의 일반 선비들의 품덕과 자질은 실제로 농민에 비해 훨씬 형편없었다. 『유림외사』(儒林外史), 『관장현형기』(官場現形記) 등은 이러한 집단이 남겨놓은 완전하지 않은 실록(實錄)이다. 바다로 통한 이후부터 내우외환으로 인해 잠시 중추적인 정치 압력이 약해지자 과학과 민주로 인해 사인들의 흉금은 열리게 되었고, 이는 신해혁명의 역사적 대전환의 표상이 되었다. 그러나 당시의 사인들은 문화의식 면에서의 자각이 대단히 낮았으며 자신이 처한 시기가 만든 원인과 결과에 대해 깊은 이해가 부족하였으니, 이 또한 추세가 그러했기 때문이다. 신해혁명의 방향을 굳건하게 하려면 먼저 사인들에게 정치적으로 해방을 얻게 하고, 이로부터 사인들의 성격에 철저한 변화를 가져왔어야 한다.

이는 결코 지식인들이 정치를 떠나야 한다는 것을 말하는 것이 아니다. 그들이 당연히 사회에 근거하고 자신의 지식과 인격 위에서 정치를 좌지우지해야지, 정치권력으로 인해 지식인의 지식과 인격이 계속 좌우지되어서는 안 된다는 말이다. 바꾸어 말하면, 지식인들은 단숨에 민중정치의 문을 열었지만, 자신들 역시 민주정치의 배양을 받아야 한다는 뜻이다. 이는 국가가 비교적 긴 평화 국면을 유지하기를 바라는 것이다. 쑨중산 선생은 이와 같은 조건을 쟁취하기 위해 임시 대총통 자리를 양보했으며, 황극강(黃克强) 선생은 남경에 머무는 것을 취소했던 것이다. 긴 역사적 의미에서 보자면, 쑨중산 선생이 민국 원년에 임시 대총통이 되는 것을 사양하고 13년간의 연소용공(聯蘇容共)을 내세웠던 것은 천하를 주인으로 삼겠다는 그의 위대한 인격의 표현이다. 총통을 사양한 것은 그 의의가 실로 민국 13년에 국민당을 만든 것보다 훨씬 뛰어나다. 그러나 불행히도 위안스카이(袁世凱)의 군주제 야심은 신해 연간의 새로운 열림을 파괴하고 안정된 상황이 되지 못하게 하였다. 또한 매수, 암살, 협박 등의 비겁한 수단으로 인해 잠시 잠복하는 듯했지만 근본적으로 사라지지 않은 뿌리 깊은 과거제도가 양성한 사대부의 성격은 과도기적 사회의 해이한 상태에서 다시 부활하게 되었다. 이른바 한학대사(漢學大師) 유신숙(劉申叔), 양학대사(洋學大師) 엄기도(嚴幾道)조차도 모두 주안회(籌安會)에 가입하여 '육군자'(六君子)라고 불리게 되었다. 이는 역사적으로 쌓여온 습성을 없애기란 참으로 어려운 것이며, 중국의 지식인들은 또다시 새로운 환경 속에서 천 년간 이어온 옛길로 걸어가기 시작했음을 의미한다.

위안스카이의 전제정치가 실패한 후, 중국은 줄곧 군벌의 혼란과 제국주의 침략의 긴장 상태에서 북벌(北伐), 초비(剿匪), 항전(抗戰) 등 20년간 장기적인 군사 행동이 이어졌다. 군사 행동이 권력을 집중하고 기율, 복종을 요구하는 것은 어쩔 수 없는 것이겠지만, 민주적 분위기의 배양과는 아주 상반되는 것이다. 게다가 연소용공으로 인해 지식인의 최대 집단인 국민당으로 하여금 [······] 조직의 방향을 하나의 권력 중심점이 일체의 조직을 통제하는 식으로 나아가게 했으며, 이로써 군사를 집중하는 요구와 개인 권력 의지의 만족에 부합하도록 했다. 이러한 조직의 방향 속에서 사람들은 인격, 지식, 사회의 입장에 서서 정치나 국가에 대해 직접 책임을 지는 것이 아니라, 개개인은 권력 중심점으로 던져져서 다시 이러한 권력 중심점으로부터 각 개인을 연계시킴으로써 권력 중심점에 대해서만 책임을 졌다. 그러므로 인격, 지식, 사회가 사람의 출발점이나 도착점이 아니라, 권력 중심이 사람의 출발점이자 귀결점인 것이다. 권력 중심은 정치나 국가에 대해 직접적이고 나머지는 모두 간접적이다. 이 점에서 사람들은 중국 문화가 상식적인 인문주의를 중시한다는 점에 주의하지 않는다. 중국의 지식인들은 근본적으로 열광적인 기질이 부족하고 또한 진정으로 우상을 믿지도 않는다. 그러므로 이러한 통제 방식이 가져온 집중 효과는 예상했던 강도에 다다르지 못할 뿐만 아니라 시간상으로도 아주 짧아서 각 개인의 권력분쟁으로 분열되었으니, 이른바 파벌 싸움이 그것이다. 원칙상의 통제 관계가 순수한 현실 이해의 통제 관계로 바뀐 것이다.

이러한 통제 관계는 한편으론 단지 '군중'을 찾으면서 다른 한편으론 '유모'를 찾는 격이다. 누구라도 요행히 정치적 권리를 가지면 한 무리의 군중을 찾을 수 있고, 누구라도 젖을 문지르면 유모로 보일 수가 있다. 인격으로부터 온 염치와 객관적 문제로부터 온 옳고 그름, 국가·민족·사회로부터 온 책임감 및 사람과 일의 관계로부터 온 능력의 고하 등은 모두 이런 관계가 함유하는 내용과 결코 양립할 수 없으며, 한 단계 한 단계 깨

끊이 씻어나가지 않으면 안 된다. 이른바 조직 활동은 간단히 말해 '미끼를 던지는 것'과 '사정거리 안으로 들어오게 하는' 것이다. 이러한 활동이 가져온 자연적인 결과는 인사 면에서 나쁜 것이 좋은 것을 밀어내는 법칙을 실현하였으며, 천여 년의 과거정신(科擧精神)으로 하여금 정당의 조직에서 죽은 시체를 빌려다가 부활시킨 형국이 되게 하였고, 조직의 새로운 병에 과거 사대부들의 옛 술을 채운 형국이 되었다. 그러나 과거는 정치 입문의 출로를 막을 수 있다. 개인이 문을 연 후에야 정신적으로 해방을 얻을 수 있고, 의지가 있어야만 의연하게 학문을 하고 공을 세울 수 있는 것이다. 그러나 이러한 조직에서 노는 것은 마치 '강호'(江湖)에서 노는 것과 같아서 놀수록 빠지고 좁아져서 결국 사람과의 관계에서 더욱 멀어지게 되어, 한번 가면 되돌아올 수 없는 것과 같게 된다. 즉 사람에 대한 통제는 태어나서 죽음에 이르기까지 사(私)에서 공(公)에 이르기까지 육체에서 영혼에 이르기까지 요구된다.

근래 20여 년 동안 지식인들의 성격을 살펴보면, 대략 세 가지 형태로 나눠볼 수 있다. 첫째, 개인의 작은 이해(利害) 중심의 편의주의(便宜主義)이다. 이 같은 편의주의 아래서는 조금도 천하의 공적 시비를 지켜나갈 수 없다. 어제의 그름이 오늘은 옳음이 되기도 하며, 비공식적인 원망이 곧장 공개적인 칭찬으로 변하며, 구두로 하던 비평이 바로 문자로 된 찬양으로 바뀐다. 둘째, 모습을 공손하게 하며 힘을 다해 헤아린다. 백 번 말하면 백 번 따르고 백 번 부르면 백 번 응답한다. 그러나 실제로 한 가지 일도 하지 않고 한 가지 일도 이루지를 못하며, 앞에서 웃으면서 받아들이는 것이 결코 배후에서 전심전력하는 것을 의미하지 않는다. 셋째, 기회를 포착하여 제멋대로 굴고 협잡하여 이익을 획득한다. 이때 군중들은 의연하게 일어나 평소 받들던 우두머리를 협박할 수 있으며, 재야 무리들도 분연히 일어나 평소 어용을 받아들인 조정을 협박할 수 있다. 힘이 미치는 곳마다 참으로 "백만의 목숨을 앗아가고 수백 년의 사직을 망하게 한다"는 사실을 아무렇지 않게 여기니, 무슨 염치와 예의가 있겠는가. 공손을 표현하기 위해 집권의 구호에 정통하고, 빼앗기 위해 민주적 이론에 응수한다.

공손과 갈취는 인과 관계이자 순환 관계로서 정치적으로 집권할 수 없게 만들고 더욱 민주를 행할 수 없게 만드니, 그야말로 더 나아갈 수가 없는 것이다. 〔……〕

시대는 필경 진화한다. 과거의 거자(擧子)와 생원(生員)은 전체 지식인의 절대다수를 차지하였지만 현재 새로운 형태의 거자, 생원은 전체 지식인 가운데 점유하는 비율이 적다. 하지만 이러한 소수는 언제나 현실 정치와 함께 얽혀 있어서 정치제도는 그들을 제약하고 그들 또한 정치를 제약한다. 하지만 우리는 정치가 생사 운명을 결정하는 비극적인 시대에 처해 있으며, 진정 이것이야말로 시대의 옭매듭이다. 이 옭매듭이 풀어졌는지의 여부에 대해서는 각자 평담한 마음으로 현실 문제를 대하면서 하나씩 하나씩 착실하게 생각해보기를 바란다. 우즈후이(吳稚暉) 선생은 이 시대의 현명한 사람이다. 그는 자신의 유골을 바닷속 깊은 곳에 버리라고 유언을 남겼는데, 나는 이것이 인류의 미래에 대한 그의 무한한 비애를 상징한다고 생각한다. 하지만 이것이 우리 지식인들의 최후의 운명이라고 말하고 싶진 않다. 과거정신을 따라 아래로 내달음이 지금에 이르러서 이미 바닥까지 떨어진 것이다. 나는 양한·육조·당·송·원·명·청 및 오늘날에 이르기까지 사람들이 정치에 요구하는 표준을 비교해 보았다. 한 세대 한 세대가 다르게 하강하는 추세가 뚜렷했다. 이미 날은 저물고 갈 길은 막혀서 실로 한 발짝도 나아갈 길이 없는 것 같다.

그러므로 나는 중국 문화와 서방 문화에 도움을 청하고 각자의 양지(良知)에 도움을 청하고 각 개인의 삶을 모색하는 욕망에 도움을 청하여, 모든 사람과 함께 이 어려운 옭매듭을 풀고자 한다. 주자는 송대에는 상하가 도적으로 서로 연계되었다고 지적한 후, 바로 이어서 "단지 위의 사람들이 선악을 분별하고 바른 사람 쓸 것을 주장하여 선비들로 하여금 권세에 아부하는 것을 덜 알게 한다면, 사람의 마음은 저절로 변하게 된다"고 하였다. 이것이야말로 가장 무기력한 논조라 하겠다. 나는 이 뜻을 모방하여 다음과 같은 결론을 내리고자 한다. "지금 단지 대가의 인격을 배양하고 중서 문화를 존중하여 각각의 사람들로 하여금 자신의 양심에 대해, 자신의 지식에 대해, 객관적 문제의 시비 득실에 대해 책임을 지게 하고, 또한 두 발로 땅 위에 굳건히 서게 하고, 아래에서부터 위를 향해 뻗어나가게 하며, 두 다리가 거꾸로 매달려 공중으로부터 떨어지게 하지 않는다면, 사람들의 마음은 저절로 바뀌고 형세도 저절로 변할 것이다."〔강태권 옮김〕

• 李維武 編, 『徐復觀文集』第一卷 "文化與人生", 湖北人民出版社, 2002.

제6장 중국의 지식인

● 첸무 錢穆

1

나는 일찍이 중국의 지식인에 대해 이야기한 적이 있었다. 이는 중국 역사의 힘의 동맥이므로 특별히 좀더 이야기하고자 한다.

중국의 지식인은 과거부터 지금까지 변하지 않았던 것은 아니다. 하지만 공통점은 줄곧 인문정신을 지도의 핵심으로 삼았다는 것이다. 이로 인해 그들은 종교에도 매몰되지 않았고 자연과학에도 깊이 빠지지 않았다. 그들의 지식 대상은 현실·인생·정치·교육·사회·문예 등 여러 방면에 집중되었다. 장점은 정수(精髓)가 응집해 있는 것이고 단점은 사방으로 퍼져나가려는 지향이 없다는 것이다.

춘추 시대부터 이야기해보자. 당시는 이미 문화가 시작되어 여러 나라의 경대부(卿大夫), 즉 노(魯)나라의 유하혜(柳下惠)·장문중(臧文仲)·계문자(季文子)·숙손목자(叔孫穆子), 제(齊)나라의 관중(管仲)·안영(晏嬰), 위(魏)나라의 거백옥(蘧伯玉)·사추(史鰌), 송(宋)나라의 공자어(公子魚)·자한(子罕)·상술(向戌), 진(晉)나라의 조쇠(趙衰)·숙향(叔向)·한선자(韓宣子), 초(楚)나라의 손숙오(孫叔敖)·영윤자문(令尹子文)·정자산(鄭子産)·오계찰(吳季札), 진(秦)나라의 백리해(百里奚)·

유여(由余) 등이 있었다. 이들은 모두 당시의 귀족들이었지만 후에 중국 학자의 원시 전형이 되었다. 그들의 지식 대상은 이미 천귀신도(天鬼神道)의 미신을 뛰어넘었고 전통적인 종교적 분위기에서도 벗어났으며, 인문정신을 중시하면서 역사성과 세계성을 가지고 당시 국제성과 사회성을 위한 출발점으로 삼았다. 오직 인생 중심에서 보편적 도덕 윤리 규범을 추구하면서 정치 시스템까지 뻗어나갔으며, 결코 오로지 귀족계급 자체의 좁은 관념으로 스스로를 한계 짓지 않았다. 하지만 그들은 사람의 일을 방기하지 않은 채 광대한 우주를 향해 나아가 자연 만물의 이치를 탐색하기도 했다. 따라서 그들은 서방의 종교적 성격도 서방의 과학정신도 부족했지만, 인문의 중심에서 점차 융통성 있고 명철하게 깨어 있는 경지에까지 이르렀다. 이후 전국(戰國) 시대에 평민 학자들이 생겨나면서 귀족계급은 갑자기 쇠락하였다. 그 사이 귀족과 평민 두 계급 간의 격렬한 투쟁은 없었다. 열국의 봉건 시대가 이삼백 년을 거치면서 진한(秦漢)의 대통일을 맞이하게 되었다. 이러한 역사적인 업적은 그 근원을 미루어 살펴보면, 춘추(春秋) 시대 귀족 학자들의 기백과 도량, 조예 깊은 학식과 수양 또한 큰 공이라 할 수 있다. 전국이 춘추를 뒤엎은 것이 아니라 춘추가 전국을 잉태한 것이다.

전국 시대의 학자는 다수가 평민계급에서 일어났지만 시간상 춘추 시대와 멀지 않아서, 그들의 생활이나 의식 수준은 거의 농후한 귀족 분위기에 물들어 있었다. 그들의 학술적 노선과 취향은 여전히 춘추를 따라 역사성·세계성·사회성의 인문정신을 출발점으로 삼았으며, 동시에 정치에 대해 커다란 포부와 관심을 가지고 있었다. 상층의 귀족들은 그들에게 길을 열어주면서 그들을 위로 끌어올리려고 온 힘을 다하였다. 그들 대다수는 정치계로 들어가는 것을 인생과 사회에서 이상과 포부를 발전시키는 당연한 지름길로 여겼다. 그러니 학문을 연구하고 저술을 하는 것은 정치적으로 재능을 발휘하지 못했을 경우에 하는 것이다. 공자가 전심으로 자신의 학문을 강연하고 저술을 한 것은 만년의 일이다. 묵자(墨子)도 평생 동안 열국을 분주하게 돌아다녔다. 이른바 "공자의 자리는 따뜻할 겨를이 없었고 묵자의 굴뚝은 검을 수 없었다" 하였으니, 이 모두 정치 활동에 바빴기 때문이다. 공·묵 이래로 이러한 분위기는 더욱 심했다. 결국 그들의 정신적 관심은 정치를 벗어나지 않았던 것이다.

장자(莊子)와 노자(老子)는 은둔 인물로 일컬어지지만 그들의 강학(講學)과 저술은 정치에 대해 큰 뜻을 품고 있었다. 소극적으로는 정치를 공격한다고 말할 수 있지만 이 또한 그들이 정치적 염원을 포기하지 않았음을 증명하는 것이다. 이는 중국 역사 전통의 인문정신의 훈련 속에 마땅히 있는 것이다. 이러한 의식형태를 위를 향한 형태라고 말한다면, 이는 정치에 편중하기 때문에 아래로 향하지 않아서 사회 하층을 위해 노력을 기울이지 않는다. 당시 열국이 서로 왕래를 하면서 이미 세계 형태의 문화적 분위기는 형성되었다. 예를 들어 진중자(陳仲子)의 부류들은 설령 작은 지역에 은둔해 살면서 평생토록 정사(政事)를 돌보지 않았지만 그 기풍(氣風)이 나아가는 바는 여전히 그로 하여금 정치성을 떨쳐버리지 못하게 하였다. 정치의 문은 이미 열려 있어서 정치적 무대로 뛰어오르는 것은 전 세계 즉 중국 전 인류에 대해 문화적으로 큰 공헌을 세운 것이니, 어찌 인문정신을 중시하는 지식인이 시도해보려 하지 않겠는가.

그들의 생활과 의기(意氣)는 매우 호방하다. 맹자는 당시 뜻을 이루지 못했지만 그의 뒤에는 수십 대의 수레가 따랐고 따르는 자도 수백 명이었으며 제후들에게 기식하며 지냈다. 양혜왕(梁惠王)이나 제선왕(齊宣王)은 당시 최고의 권세를 누리던 왕들이었다. 만약 조금 벗어나 말하자면, 이론적으로 높은 품격에 있었던 것이 아니라 짧은 시간에 재상에 이른 것이다. 백만 대군의 생사와 국가 존망의 큰 전쟁에서 일반 평민 학자들은 의견을 발표하여 국제적 향방에 영향을 줄 수 있었다. 예를 들어 노중련(魯仲連)이 진(秦)을 황제로 칭하지 않은 것이 바로 그것이다. 후대인들은 이러한 인물들과 의기를 바라보기만 할 뿐 받아들이진 못했다. 그러하니 이러한 전국 시대를 중국 역사상 후대의 학자들이 가장 부러워하면서 칭찬을 하는 것이 조금도 이상할 게 없다.

만약 이 점을 명확하게 안다면, 중국의 학자들이 왜 시종일관 서방의 자연과학의 길로 가지 않고, 천문(天文)·산수(算數)·의학(醫學)·음악(音樂)과 같은 지식을 무시하면서, 단지 한 가지 기술이라고 간주하여 마음을 쏟아 연구하지 않았는지 알 수 있다. 이러한 것들은 중국의 학자들에게 단지 견문이 넓은 학문이라고 여겨졌을 뿐이다. 그들은 더 큰 일에 종사하여 사회와 인생에 더욱 크게 공헌한 후, 총명함과 마음의 여력이 더러 생겨 밖으로 넘쳐나서 하는 일이라고 생각하였다. 이는 전체 인생 속에서 단지 한 모서리이자 지엽적인 것일 뿐이다. 여기에 온 마음을 쏟는 것은 마치 해결할 수 없는 문제에 미련하게 매달리는 것과 같으며, 대부분 시급한 일이 아니라고 여겼다. 국가가 잘 다스려지고 경제가 번영하며 교화가 잘 밝혀지는 것은 모두 인문적인 일에 속하는 것이므로, 중국 학자의 관념에 비추어 볼 때, 이를 천문·산수·의약·음악 등의 종류와 비교하면 그 중요성은 그야말로 천양지차일 뿐만이 아니다. 때문에 천문, 산수를 다스린 이들은 역법(曆法) 방면으로 돌려 농사에 유익하게 하였다. 예를 들어 음양가(陰陽家) 추연(鄒衍) 등은 당시 오직 천문 지식을 실제 정치에 억지로 끌어다가 응용하여 천문을 이야기하였지만, 이는 실로 정치를 이야기한 것이고 인의와 도덕을 이야기한 것이며 인문정신을 이야기한 것이다. 음악 같은 종류도 일종의 인문 수양을 하는 것이라 여겼으며, 마음과 인격의 이상 경계에 이르는 일종의 도구로 보았다. 공자는 음악을 매우 중시하였고 음악에 대한 관념도 이와 같다. 좀더 설명하자면, 음악은 사람과 사람 간의 교류와 사회 풍속의 도야에 쓰이는 일종의 도구이자, 인문정신을 지향하고자 하는 도구이다. 때문에 중국의 지식계에서 자연과학이 독립적인 하나의 학문이 될 수 없었던 것이다. 만약 인문정신에서 벗어나 독립한다면, 단지 하나의 기예이자 기술로 간주되어 경시를 받았으니, 자연히 깊이 연구하고자 하는 바람은 생길 수가 없는 것이다.

이는 자연과학만 그런 것이 아니다. 정치에 대해 말하자면, 중국 지식인의 이상 속에서 정치를 위한 정치를 해선 안 된다. 정치가 만약 인문 중심에서 벗어난다면 한 가지 기예나 기술만도 못한 것이다. 맹자가 장의(張儀)·공손연(公孫衍)의 무리들을 매우 멸시했던 이유가 바로 그것이다.

공자·묵자·맹자·순자를 지팡이에 대 삼태기를 메고 있는 무리로 보고 장자의 무리들이 비방과 비웃음을 샀던 것도 바로 여기에 있다. 장자 등이 유가와 묵가의 정치 활동을 무시한 것도 인문정신으로부터 착안하여 보았기 때문이다. 인문 전반에 대해 보는 방법은 유가·묵가가 각각 다르지만 사실은 여전히 인문 범위 안에 서 있는 것이지 결코 인문 범위 밖에 서서 초인문적인 시각에 근거하여 비평한 것이 아니다. 이와 같이 한 계단 한 계단 끌어올리면서 모든 지식과 활동을 인문 전반의 관점에서 그 의의와 가치를 잰 것이다. 때문에 중국 전통 지식계는 자연과학의 일사일물(一事一物)에 대해 힘을 다해 종사하려는 이상도 없었고, 인문계에 대해 오직 어떤 한 지식을 탐구하거나 오직 어떤 한 일에 종사하려는 이상도 없다. 어떠한 지식이나 일도 단지 전반적 인문에 도달하기 위한 도구이자 방법일 뿐이다. 만약 어느 특수한 일부분에 집중적으로 노력을 기울인다면 한쪽으로 치우쳐 전체를 개관할 수 없으며 하나를 통해 그 밖의 것을 이끌어내지 못하므로, 여전히 하나의 기술과 기예로 전락하고 만다. 또한 자연과학에 속하는 한 가지 기술과 기예가 인문 전반에 효용이 있는 것이다. 만약 인문의 일 속에서 한 부분을 떼어내어 전문적으로 연구하는 과정에서 하나의 치우친 견해를 가지고 홀로 앞으로 나아가면, 때로는 도리어 인문 전반에 더욱 무익하게 된다.

공자의 제자 가운데 자로(子路)는 군대를 다스리는 일에, 염구(冉求)는 이재(理財)에, 공서화(公西華)는 외교에 각각 능하였다. 저마다 자신만의 특기가 있었지만 공자가 특별히 아낀 제자는 바로 안연(顏淵)이었으며, 그는 전문적인 재능이 없었다. 묵가는 기계 제조와 성광역학(星光力學)에 조예가 상당했지만 묵자나 묵가의 후예들은 오직 이것만을 중시하진 않았다. 전국 시대에는 전문적인 인재들이 많았다. 백규(白圭)의 치수(治水), 손오(孫吳)의 치병(治兵), 이회(李悝)의 농지 개혁 등이 있었지만 지식계에서 공동으로 추앙하고 위세를 떨친 사람들은 결코 그들이 아니다. 당시 지식계가 추구한 바는 여전히 전반적인 인문사회 전체와 관련한 것이다. 이 점을 정확하게 이해한다면, 전국 시대 지식계의 활동 목표가 비록 위를 향한 것이고 정치를 가리키는 것이지만, 그들의 근본적 동기는 역시 사회적인 것으로 하층의 전체 민중에 착안한 것임을 알 수 있다. 그들의 태도는 이러하였으므로, 정치를 위해 정치를 했을 뿐만 아니라 사회를 위해 정치를 하고, 전반적인 인문 전체의 이상을 위해 정치를 했다. 그들은 정치를 초월한 입장을 지니고 있었으므로 현실 정치와 합치할 수 없는 때도 있었던 것이다. 때문에 설사 "공자의 자리는 따뜻할 겨를이 없었고 묵자의 굴뚝은 검을 수 없었다" 할지라도 공자와 묵자는 시종 정치권에 빠지지 않았으며, 항상 자신의 이상 조건과 맞지 않으면 실제 현실 정치에서 물러나 다시 강학과 저술에 종사했던 것이다. 하지만 그들은 마음속으로 결코 정치를 포기하지 않았으며 언젠가 자신들의 이상이 정치적으로 실현되기를 바랐다. 이러한 태도는 장자와 노자도 예외는 아니다. 그들 역시 이상적인 정부와 이상적인 정치 지도자가 출현하기를 열망하였다. 따라서 전국 시대 학자들은 정치적 이상을 향해서는 늘 적극적으로 앞을 향해 나아갔지만, 막상 현실 정치에 대해서는 늘 소극적이면서 타협을 하지 못했으며 일종의 유약한 성향을 띠기도 했다. 이러한 의식형태는 후대까지 전해지면서 전형적인 중국 지식인의 한 가지 특징이 되었다.

   정치는 현실에 끌려가는 것도 현실에 대응하는 것도 아니고, 전체 인문적 체계의 적극적인 이상을 위해 수단과 도구가 되는 것이다. 이러한 인문 이상은 인생의 커다란 세계성·사회성·역사성 속에서 추정하여 찾을 수 있다. 이러한 정신은 춘추 시대에는 불분명하여 자각하지 못하다가 전국 시대에 이르러 자각의 경지에 이르게 되었다. 그들의 정치적 이상은 여전히 문화적 이상과 인간적 이상 속에서 나왔으며, 정치는 단지 문화와 인간 삶의 한 줄기일 뿐이었다. 이러한 이상이 설사 실제 정치에서 펼쳐 보일 수 없다 하더라도 여전히 인생, 문화의 기타 영역에서는 표현될 수 있었다. 중요한 것은 근본을 그들의 개인 생활과 가정 생활로 돌리는 것이다. 공자는 『논어』(論語)에서 "부모에게 효도하며 형제간에 우애하여 이를 정치에 실행한다. 이 또한 정치를 하는 것인데 어찌 벼슬하여 정치하는 것만이 정치를 하는 것이겠는가?"라고 하였다. 가정 생활이 바로 정치 생활이고 가정의 이상이 바로 정치의 이상이며, 모두 문화와 인간 삶의 한 줄기에 속하는 것이다. 그러므로 이상적인 인간을 완성하기를 기대하는 것은 바로 이상적인 정치가를 완성시키는 것과 같으니, 정치 사업을 전체 인생 속에 녹여내었음을 의미한다. 만약 단독으로 정치를 전체 인생 속에서 꺼내어 독립시킨다면 정치의 본래 의미를 잃어버리는 것이다. 한 명의 정치가가 된다는 것이 반드시 이상적인 인간이 된다는 것은 아니다. 『대학』(大學)에서는 줄곧 성의(誠意) · 정심(正心) · 수신(修身) · 제가(齊家) · 치국평천하(治國平天下)를 하나로 꿰었지만 "첫째는 모두 수신을 근본으로 한다"를 귀착점으로 삼았다. 장자도 내성외왕(內聖外王)의 도를 말하면서, 내성(內聖)은 성의 · 정심 · 수신 · 제가이고 외왕(外王)은 치국 · 평천하라고 하였다. 치국평천하 또한 인생, 문화의 이상을 실현하는 것이다. 이러한 이상은 반드시 먼저 각 개인에게서 실현되어야 비로소 많은 사람들에게 실현될 수 있다. 이러한 문화적 이상이 각 개인에게서 실현될 수 없다면 어떻게 많은 사람들에게 실현될 수 있겠는가? 대중은 개인의 집합이므로 개인이 없으면 대중도 있을 수 없는 것이다.

 인생은 본래 평등한 것이며 사람은 모두 성인이 될 수 있으므로, 치국평천하의 최고 이상은 사람들로 하여금 성인이 될 수 있게 하는 데 있다. 바꿔 말하자면, 사람들로 하여금 이상적인 문화, 인생의 최고 경계에 도달케 하려는 데 있다. 이러한 노력은 먼저 각 개인으로부터 시작하는 것이며, 이것이 이른바 '수신'이자, '법도가 있는 도(道)'인 것이다. 커다란 정방형이든 작은 정방형이든 결국 하나의 정방형이며, 모든 사람들은 결국 한 명의 개인인 것이다. 하나의 정방형을 알면 모든 정방형을 알 수 있으며, 한 개인의 이상 경계는 모든 개인의 이상 경계라 할 수 있다. 정치 사업은 사람들이 이를 잘할 수 있도록 도와주는 데 있으며, 수신은 자신이 먼저 이 일을 이루는 것이다. 이 이론은 유가가 특히 제시한 것이지만 실제로 묵가 · 도가도 이 관점에서는 유가와 크게 다르지 않다. 이는 중국 전통사상의 일반적인 커다란 규범이다. 각 개인의 인격은 먼저 보통 사람들의 인격 속에서 그 범주를 규정해야 한다. 성인도 단지 하나의 공통된 범주로서 하나의 공통적인 전형이며, 이상 속의 보통 인격이 특수한 인격 위에서 실천되고 표현된 것일 뿐이다. 성인의 인격은 바로 가장 공통성이 풍부한 인격이다.

이와 같은 관점에 근거하면, 무릇 특수한 인격에 속하거나, 무릇 한 범주를 이루고 하나의 전형을 이룬 인격에 속하면, 보통의 성질을 함유함이 적을수록 그 인격의 이상적 가치도 또한 떨어진다. 공자·묵자·장자는 그들이 이상적으로 바라는 보통 인격의 실제 내용은 다르지만, 이상적 보통 인격을 찾아서 특수 인격을 실현하는 근본 관념을 주장하는 점에서는 차이가 없다. 이러한 이상적 보통 인격은 여전히 세계성·사회성·역사성 즉 인문정신 속에서 이해되고 귀납된다. 이러한 층차는 유가·묵가·도가의 삼가(三家)가 다르지 않다. 만약 이상적인 인간이 되려면 이상적인 특수인이 되는 것이 아니라 이상적인 보통인이 되는 것이다. 이상적인 면에서 최고의 보통 인격은 바로 최고의 인격인 것이다. 성인은 단지 사람들이 모두 바라는 가장 보통의 사람이다. 그러므로 그들은 정치적 흥미에서부터 인생의 흥미를 실현하였으며, 이러한 종류의 인생의 흥미는 매우 농후한 종교적 성격을 띤다. 이른바 종교적 성격이란 인생의 가치를 인정하는 것으로서 개인에 속하지 않고 전체 대중에 속하는 것을 의미한다. 이러한 인정을 거쳐야 기꺼이 자기 개인을 대중 속으로 몰입시키고, 대중을 위해 그 개인을 완성할 수 있다.

특수한 인격은 대중을 초월하여 그 자신의 특수한 개인주의를 완성하는 것으로, 시종 중국 학자들은 중요하게 여기지 않았으며, 이는 중국의 지식인을 규정짓는 하나의 특색이 되었다. 전국 시대의 학자는 이론상 자각적으로 중국 지식인을 위해 이 두 가지 특색을 보여주었으며, 마침내 중국 역사문화상 특수한 방향으로 나가는 것을 이끌어냈다.

2

서한(西漢)의 학자들은 전통적인 정신 면에서는 전국 시대와 멀지 않지만, 당시 사회 형세가 지식인들의 의식과 성격에 끼친 영향은 전국 시대와는 확연히 다르다. 전국 시대는 열국이 분쟁 중이던 시기이므로 지식인이 정치에 참여할 때, 일정한 법제나 규칙의 속박이 없었다. 짚신을 신고 초립을 쓰고도 국왕을 만날 수 있었다. 짧은 시간 안에 우경(虞卿)이 재상의 인수를 취한 것과 같다. 당시는 국왕이 선비들을 예로 대했을 뿐만 아니라, 많은 귀족들도 소문을 들어 그들을 존경하면서 진력으로 예우하였다. 당시 지식인들은 엄청나게 많았으며 분별없이 왕공대인(王公大人)의 문하에 들어와 식객이 되어 옷이나 거마를 바라고 검을 차고 유유자적한 대우를 요구했다. 전국 시대의 학자들은 이론상으로는 엄숙했지만 이미 자발적으로 춘추 시대를 초월한 귀족들이었다. 하지만 생활 면에서는 제멋대로이고 낭만적이며 활달하고 구속이 없었다. 춘추 시대의 귀족처럼 전통적인 전형이 아니었다. 그들의 의기는 비록 높았지만 실제 생활은 여전히 상층의 귀족에 의존하여 기생의 형태로 존재했다. 그들은 늘 천하를 주유하면서 아침에는 진나라를 저녁에는 초나라를 따르면서 합종연횡의 시대적 습성과 풍격에서 벗어날 수 없었다.

   진한의 대통일 정부가 성립되면서 봉건 귀족은 점차 소멸되어갔고 관리가 되는 길도 하나밖에 없었으며, 또한 법으로 정한 절차가 있어서 어느 누구도 이를 뛰어넘어 위반할 수 없었다. 이로써 학자들의 기세는 보이지 않게 억제되어갔다. 이런 형세는 한 무제에 이르러 크게 정해졌다. 먼저 이 점에 대해 개탄한 사람이 동방삭(東方朔)이다. 그는 『답객난』(答客難)에서 "그때는 그때고 지금은 지금이다"라고 하면서, 시대가 변했으니 우리의 신분과 기회가 어찌 전국 시대의 사람들과 비교할 수 있겠냐는 것이다. 다음은 양웅(楊雄)이다. 그는 『해조』(解嘲)에서 "오늘날 현령은 선비를 청하지 않고, 군수는 스승을 맞이하지 않고, 경들은 식객에게 읍하지 않고, 장상은 공손한 표정이 없다"고 하였다. 전국 시대 학자들이 이때에 태어났다면 그들 역시 활동의 여지가 없다고 느낄 것이라는 것이다. 다음은 반고(班固)이다. 그는 『답빈희』(答賓戲)에서 "우리에게 안연의 청빈한 생활과 공자의 획린절필의 마음을 배우게 하는구나! 노중연과 우경의 무리들에게 이는 당시의 우연하고 특수한 정황일 뿐이니, 누가 본받아 배우겠는가?"라고 하였다.

그들은 아직도 전국 시대의 것들을 기억하고 있었지만 시대적 상황으로는 배울 수 없다는 것도 알고 있었다. 그들의 생활은 대부분 농촌으로 돌아가서 반농반독(半農半讀) 하는 것이었다. 공손홍(公孫弘)은 목축(牧畜)을 하였고 주매신(周賣臣)은 땔감을 캤다. 서한 때 독서인은 대부분 농사의 여가 속에서 일 년 중 석 달 간의 겨울은 총기가 특히 발달하여, 세 번의 겨울 9개월의 시간이면 충분하다고 말하곤 하였다. 일반적으로 15세에 글을 읽기 시작하여 30세까지 공부하면, 15년 겨울 동안 45개월의 긴 시간이 누적되었으니, 서른 살이 되어서야 비로소 다재다능한 인재가 될 수 있었다. 이제 그들은 자루에 양식을 담고 짐을 어깨에 메고 전국 시대의 유사들처럼 각 지역을 맹목적으로 돌아다니고자 하지 않았다. 시대는 변하여 그들은 현(縣)에서 배워 국립 대학으로 보내졌다. 졸업 후 고향으로 돌아가 지방의 작은 관리직에 몰두하였다. 성과를 낸 사람은 다시 중앙으로 선발되어 올라와 왕궁에서 시위를 맡으면서, 평상시에는 대전과 궁정에서 창을 들고 똑바로 서 있다가, 황제가 외출하면 기마 부대와 함께 수행을 한다. 그런 연후에 다시 이로부터 벼슬길로 들어서게 된다. 때문에 서한 시기 학자들의 출신 성분은 향촌의 순박한 농민들이었으며 근실한 대학생이었고 분수를 알고 법을 지키는 공무원이었고, 상대방의 말과 안색을 살피는 시위대(侍衛隊)였다. 이처럼 성실하니 더는 특이하고 남다른 대우라고 할 순 없으며, 이로 인해 서한 시대의 돈독(敦篤)·온중(穩重)·겸퇴(謙退)·평실(平實)의 풍기를 형성하였던 것이다.

그러나 역사상의 전국 시대 유풍은 끝내 그들의 머릿속에서 지워질 수 없었다. 전국 시대의 학자들은 늘 자신을 성인으로 여겼으며, 성인이 되는 것은 곧 명왕(明王)이 되는 것이라고 인식하였다. 그때의 국왕은 참으로 거듭 양보하면서 지존의 보위를 그들에게 내주었으며, 그들은 역시 가만히 앉으면서 사양하지 않았다. 왕의 스승을 하거나 국상이 되어도 그것은 그것보다 못한 것이었다. 그러나 서한의 학자는 그렇지 않았다. 자신들의 지위가 낮아지자 오직 공자를 하늘처럼 떠받들고 신성화하였다. 공자는 그들의 교주였고 이 때문에 왕에게 그들의 교주를 존중하고 떠받들기를 요구하였다. 이렇게 왕의 지위와 그들의 차이를 없애려고 하였다. 학술이 하나의 존엄을 정하는 것 또한 학술계 자체의 요구이지 황제의 힘으로 억지로 할 수 있는 것이 아니었다. 한대가 중간에 쇠하면서 황실의 위신도 추락하고 그들도 결국 학자 신분의 귀족으로 추대받자, 한 왕조에게 황제의 자리를 왕망(王莽)에게 내주라고 강요하였다. 이는 학자의 기세가 다시 뻗어나갈 기회였지만 불행히도 사람과 몸은 패하였고, 한(漢) 왕실이 다시 일어나자 서한 학자들이 마침내 전국 시대의 선비를 동경하게 되었다.

동한(東漢)의 사풍(士風)은 서한과 다르다. 왕망은 태학생이고 한 광무(光武) 또한 태학생이었다. 이는 동한의 학자들로 하여금 마음속으로 이상한 그림을 상상하게 만들었다. 또한 서한 중엽 이래로 사회적 학풍이 급속도로 발전하면서 도처에 수십에서 수백의 학자들이 결집하여 큰 스승의 아래로 모두 모여들어 학문을 구하는 것은 아주 평범한 일이었다. 당시 큰 스승은 평생 동안 천여 명 이상의 제자를 두는 것이 특이한 일도 아니었다. 학자들은 하층사회에서 점점 지위를 차지하였다. 곤궁한 자들은 벼슬을 하지 않고 더는 벼슬길에 나아가려 하지 않았다. 왕망 말년의 공승(龔勝), 광무(光武) 초년의 엄광(嚴光)은 후대 중국 지식인이 이룬 두 종류의 전형적인 인물이다. 고상하여 벼슬을 하지 않는 것은 동한 시대 사풍(士風)의 한 특색이었다.

동한 무제(武帝) 초, 태학(太學)이 흥성할 무렵 태학생의 수는 단지 50명으로 한정하였지만 후에 점차 증가하여 일이백 명에서 3천여 명까지 이르렀고 동한 말에는 3만 명까지 되었다. 태학 자체가 하나의 커다란 사회가 되었다. 중앙 정부에 가까이 있으면서 자연 하나의 집단을 이루고 세력도 형성하였다. 배우러 온 사람들의 대부분은 중년층이었다. 그들은 졸업에 급급하여 출로를 찾는 데 뜻을 두지 않았으며, 단지 학교를 하나의 돌아가는 지점으로 간주하여 그 사이에서 노닐면서 8년이나 10년이 되어도 떠나려 하지 않았다. 태학 안에서의 언담은 점차 국가의 여론 향배가 되었고 정치에 영향을 미쳤다. 사람이 많아지자 말 한마디 행동 하나가 주목을 끌었으며, 풍류와 운치는 개인 생활의 일상적 풍격에서도 서로 배우며 즐기고자 하는 관심거리가 되었다.

동한의 학풍은 점차 종교의식에서 예술적 취미로 변하였다. 각 개인의 생활은 예술 작품처럼 여겨 배우고 감상하였다. 곽태(郭泰)·서치(徐稺)·황헌(黃憲) 등은 세상을 풍미하면서 주목을 받았다. 동한 학자의 기본 정서는 여전히 농촌적 색채가 있었지만, 점차 대도시 사교적 색채에 물들어갔다. 그들은 서한 사람들처럼 그렇게 순박(淳朴)하거나 돈후(敦厚)하지 않았으며, 전국 시대 사람들처럼 높이 뛰어올라 활약하지 않았으며, 도리어 춘추 시대 사람들처럼 온화하고 전아함이 있었다. 다만 춘추 시대는 귀족적 혹은 관료적이었지만 동한은 평민적이고도 서생(書生) 같았다. 서생들의 잠재 세력은 이미 사회에 깊숙이 뿌리를 내리고 있었고, 그들은 내심 자신이 높은 자리에 있으며 범속하지 않은 직관을 가지고 있다고 인식하였다. 그들은 서생 귀족이 되었다. 전국 시대 평민 학자들처럼 일촉즉발의 형세에 놓이지 않았고, 서한 시대의 농촌 학자들처럼 비굴하게 남에게 아첨하지도 않았다. 그들의 사회적 지위는 정치권력을 멸시하고 한옆으로 방치하도록 하였다. 그때는 명성이 관직보다 우세하였으며, 정부의 작위와 봉록은 사회적 명망을 이길 수 없었다. 군신의 관계는 친구 사이보다 훨씬 못하였다. 그들의 인생은 하나의 예술품이 되어 풍랑을 견디지도 못했고 싸움을 이겨내지도 못했다. 정치는 급속히 부패하고 암담해졌지만 사회에는 아직까지 청렴한 명성과 고결한 절개가 남아 있었으므로, 이러한 상황에서 서로 큰 충돌이 생겼다. 당고(黨錮)로 인해 명사들은 거의 사라졌고 동한도 이에 따라 멸망하였다.

사실 이러한 서생 귀족은 학자들의 의식형태 속에서 양성되었을 뿐만 아니라, 사회경제적 지위 속에서도 형성된 것이다. 동한 말년에는 이미 권문세가들이 두각을 나타냈다. 이에 대를 이은 서생은 대를 잇는 벼슬 집안으로 변하여 커다란 혼란의 시기를 거치면서 서생들은 호걸로 변했다. 그래서 삼국(三國) 시대는 또 하나의 특수한 풍격을 형성하였다. 삼국은 엄연히 작은 춘추 시대의 한 단계였다. 조조(曹操)·제갈량(諸葛亮)·노숙(魯肅)·주유(周瑜) 등은 모두 서생들이 전란 중에 정치 무대에 뛰어오른 경우이다. 그들은 비록 국왕으로 신하로 장군으로 외교 대사 등으로 높은 관직에 거하고 있었지만, 여전히 유생의 전아한 풍류를 간직하면서 서생의 모습을 벗어던지지 않았다. 제갈량과 사마의(司馬懿)가 오장원(五丈原)에서, 육손(陸遜)·양고(羊祜)가 형(荊)·양(襄)에서 대치했던 일은 역사적으로 아름다운 이야기가 되었다. 이전에는 단지 춘추 시대에만 이러한 고풍스러운 아취가 있었다. 전체 삼국 시대 인물은 모두 서생의 분위기를 버리지 않았으며 동시에 호걸의 분위기도 버리지 않았다. 동한의 전통적인 명사의 분위기는 공융(孔融)·관녕(管寧)과 같은 두 가지 유형이며, 시세(時勢)에 억압받고 억눌려 드러나지 않았다. 서진의 형세는 점차 안정되면서 명사의 전통도 머리를 들고 다시 일어났다. 이후의 동진(東晋)에서 남조(南朝)까지 강동(江東)에 안거하면서 동한 명사의 맥을 이어갔다. 오호북조(五胡北朝) 시기 이민족 통치하에 놓인 지식인들은 위로는 삼국을 뛰어넘어 멀리 서한을 이어서 순박한 가운데 호걸의 기백이 있었다. 하지만 쌍방은 가문의 배경 면에서 양한(兩漢)·삼국과 달랐다.

3

가문은 사람들의 흉금을 작게 만들었다. 한편으론 사회를 벗어나서 자신이 사회에서 특수한 지위를 점하고 있다고 느끼게 하며, 다른 한편으론 정부를 쉽게 여겨 국가가 집만큼 중요하지 않다고 느끼게 한다. 이러한 분위기는 동진과 남북조 시대에 더욱 두드러졌다. 북조는 처한 상황이 힘들어서 가문을 보존하기 위해 한편으론 하층 민중에게 접근하여 역량을 확대하지 않을 수 없었고, 다른 한편으론 정치적으로 힘써 싸워 안전을 쟁취하지 않을 수 없었다. 남방의 가문은 우월감 속에 유약한 보수적 성격을 띠며, 북방의 가문은 어려운 위기 속에서 버텨나가려는 진취적 성격을 띤다. 그러나 두 지역은 모두 가문의 세력에 의지하여 큰 혼란 중에서도 역사적 전통의 인문 유산을 유지·보호하면서, 앞을 잘 지키고 훗날을 기다리는 굳건한 보루를 만들어갔다. 중국 문화는 남방의 가문들이 전파되면서 장강 이남의 새로운 세계를 열었고, 북방의 가문은 굳게 지켜나감으로써 황하 지역의 옛 생명을 보존할 수 있었다. 이것은 가문의 세력이 역사의 큰 소용돌이 속에서 굴하지 않는 굳건한 기둥이 되고 사라지지 않는 공적을 이루었다.

전국 시대의 중국 학자들은 인문적 이상에 대해 분명하게 두 분야로 나뉘었다. 유가와 묵가는 비교적 상향성(上向性)이 강하고, 도가인 장자와 노자류는 하향성(下向性)이 강했다. 그들 상상 속에 있는 본디의 순수함과 순박함으로 돌아가려는 정신은 도시의 지식인을 결집하여 농촌으로 돌아오게 하고, 역사적 흐름을 순수한 옛 형태로 돌아오게 하고자 하였다. 이러한 의향은 서한 농촌 학자들의 잠재의식 속에 일찌감치 뿌리가 깊이 박혀 있었다. 서한의 학자들은 표면적으로는 유가의 형태를 띠었지만 내심 깊은 곳엔 도가적 성향이 있었다. 이러한 변화는 갈수록 더욱 두드러지게 나타났으며 동한이 바로 그 전환점이다. 동한 사대부의 의식과 절조는 개인주의에 치우치기보다는 비교적 사회 대중에 편향되었다고 보아야 한다.

삼국의 사대부는 친구를 군신보다 중하게 여겼다. 조조·유비·손권이 삼국으로 정립된 것은 군신이라는 윤리적 명분이 아니라 친구라는 윤리의 도의적·개인적 친분이다. 제갈량이 유비를 위해 온 힘을 다한 것은 한 나라에는 도적이 둘일 수 없다는 정치 관념 때문이기도 하지만, 더욱 중요한 것은 삼고초려(三顧草廬)를 한 친구 간의 진심 어린 성의에 감동했기 때문이다. 그렇지 않았다면 난세에서 생명을 온전하게 구하였지 제후들에게 등용되기를 구하지 않았을 것이며, 이는 도가적 태도이지 유가적 태도가 아니다. 이를 통해 삼국 시대에는 여전히 도가사상이 바닥에 깔려 있고 유가는 외부의 얼굴이었으니, 여전히 양한을 이어받아 옛 궤도를 이어나가고 있음을 알 수 있다.

양진(兩晉)에 이르러 이러한 모습은 더욱 두드러지게 나타났다. 개인주의를 좇아 문을 나서면 친구이고 문을 닫으면 가족이었다. 도가사상은 서한 시대에는 황로(黃老)사상이 두드러졌고 위진 시대에는 노장사상이 두드러졌다. 황로사상은 정치성을 띠었지만 노장사상은 개인주의로 향하였다. 개인주의의 내재적 정신을 가지고 태학의 대규모 도시의 사교를 물들였으니, 이는 동한 시대의 전형이 되었다. 또한 황건과 동탁의 동란을 물들였으니, 이는 삼국의 전형이 되었다. 나아가 조정이 잠시 편안하고 가문들이 번성하던 환경 덕택에 위진 시대의 청담(淸談)과 동진과 남조의 전형이 되었다. 당시 친구의 실제적인 내심 또한 개인주의였으며 권문세가의 가정 역시 개인주의였다. 개인주의는 장기간의 역사문화적 시련을 거치면서 태고적 순박(淳朴)으로 돌아가지 못하고 도리어 개인이 물러나는 상황으로 변하였으니, 원만한 만족과 밖에서는 기대할 수 없는 예술적 인생을 힘써 추구하였다.

  유가와 묵가가 사회의 많은 사람들을 위해 이상을 세우고 분투 목표를 드러낸 것은 할 수 없는 것인데도 여전히 그것을 행하려는 일종의 종교적 열성이 있음을 분명히 알 수 있으며, 이것이 바로 전국 시대의 정신이다. 현재는 마치 파도가 용솟음치는 바다 위에 처량하고 밝은 둥근 달이 홀로 떠오르는 것과 같다. 우거진 가시와 숲 속에서 한 송이 부드럽고 아름다운 꽃을 길러내는 것이며, 농촌의 인정미를 변화한 도시로 가져오는 것이다. 군국(軍國)의 번잡하고 무거운 짐을 짊어진 위급한 정부를 산림으로 오게 하여 쉬게 하고, 부귀하고 존귀한 안락한 가정을 자연으로 불러들여 소박하게 한다. 하지만 이는 당시의 커다란 희극이자 비극이라고 할 수 있다.

  북방의 가문은 절대로 이와 같은 심정도 없었고 또 가능한 환경도 없었다. 예술 인생은 불가능했으며 그들에게 다시 종교 인생으로 향하도록 강요하였다. 전원의 인생은 불가능했으며, 그들에게 다시 정치적 인생으로 향하도록 강요하였다. 노장은 남방으로 북쪽은 여전히 유가로 돌아갔다. 그들은 사회적 역량을 모아 정치를 쟁취하고 또 정치적 역량을 빌려 사회를 쟁취하였다. 그들의 의중에는 개인도 가정도 있을 수 없었다. 큰 사회 안에서 하나의 합리적인 정부를 세우는 것만이 그들의 개인과 가정을 안정되게 하는 것이었다. 북방의 가문들에게는 또 다른 순박함이나 천진함이 있었다. 남방 사회는 농촌에서 원림과 풍치를 이루었다면 북방 사회는 척박한 불모의 땅에서 개간 경작을 하는 혼돈스러운 들판일 뿐이었다. 이 민족의 통치가 결국 전복되고 수·당의 번성이 마침내 이르렀고, 변란이 제거되어 치도를 이루어 막힌 후에 형통하게 되었으니, 이것이 북방 선비들의 공적이다.

여기에는 동일한 의기투합이 있었다. 남북의 지식인은 약속이나 한 듯이 모두 새로운 종교를 향해 나아갔으니, 바로 인도 불교가 그것이다. 개인주의자는 세상을 초월한 종교를 통해 현실에서 도피하고 거기에 마음을 기탁하고자 하였다. 집단주의자들도 세상을 초월한 종교를 통해 새로운 삶을 자극하거나 역량을 회복하고자 하였다. 남방은 공적(空寂)한 정신으로 불교에 접근하였고, 북방은 비통과 고통의 정신으로 불교에 접근하였다. 그 사이에는 여전히 공통적인 경향이 있었다. 불교가 중국에 들어오면서 여전히 상층 세력이 하층 세력을 이겼다. 가장 중요한 것은 불교가 널리 알려지면서 급속히 지식화, 이론화했다는 것이다. 바꾸어 말하면, 종교이면서 철학이 되었다는 것이다. 소승불교는 중국에서 세력을 얻지 못했지만 대승불교는 크게 발전하여 퍼져나갔다. 불교가 중국에 들어오면서 중국의 하층 민중에 직접 전파된 것이 아니라 중간에 한 번 손을 거쳐 중국 지식인들의 여과 작용을 거쳤다. 불교가 동쪽으로 오면서 중국 전통문화의 이성적 단련을 거쳐 형태가 약간 변하면서 중국화의 길로 접어들었다. 이 점은 오히려 남북의 지식인들이 중국 역사문화에 크게 공헌한 공적이라 할 수 있다. 이 점에 대해서는 좀더 이야기할 필요가 있다.

위에서 이미 말했듯이, 중국의 지식인들은 멀리 춘추 시대부터 시작하여 이미 세계성·사회성·역사성 안에서 인문정신을 탐구하고 이를 향후 목표의 중심으로 삼았다. 이러한 추세는 전국 시대에 접어들면서 이지적인 자각에 이르렀다. 이러한 정신의 최대 특색은 개인을 대중 속에 몰입시켜 보편화하는 것이다. 지식의 기능은 지식인 자신에게서 드러났지만 지식의 대상과 궁극적 목표는 애당초 대중화에 있었다. 춘추 시대의 지식인은 귀족계급에 속하였지만 그들의 지식 대상은 보편적인 대중이나 모든 인간에게 있었으며, 결코 특수한 계급 장벽은 없었다.

서방은 그렇지 않다. 서방인은 지식에 대해 처음부터 보편적인 전 인류에 대해 찾아나가려는 취지는 결코 없었다. 이로 인해 서방 사회는 먼저 하나의 지리멸렬하고 각각 나누어진 작은 국면에서 발전한 것이다. 이집트 · 바빌론 · 페르시아 · 그리스 · 인도 · 로마 · 아랍 등은 각기 다른 세계, 다른 사회, 다른 역사를 가지고 있었으므로 지식 대상도 역시 개별화로 치달았다. 이를테면 개성의 펼침이지 전체의 응집은 아니다. 그들의 인생철학 역시 각자 자신의 길을 향해 매진하는 것이었다. 유랑시인 · 운동가 · 음악가 · 정치연설가 · 조각가 · 기하학자 들은 각자 자신만의 성격이 있고 각자의 기호가 있으며 각자 자신의 천부적인 소질을 충분히 펼치는 것이다. 그 종류가 다양하여 사방으로 내닫는 것이다.

이치로 보자면, 사회는 각 개인의 집합이며 각 개인이 나뉘어 함께 나아가는 것으로, 사회 전체가 앞을 향하는 것과 다름없다. 하지만 다른 점도 있다. 선 위에서 앞으로 나가는 것을 이끄는 사람은 언제나 소수의 특수 인물이다. 뒤처져 따라갈 수 없는 사람도 여전히 하나로 섞어야만 사회집단의 진짜 골간이 되는 것이다. 결과적으로 시인 · 운동가 · 음악가 · 연설가 · 조각가 · 수학자 들은 사회 군중을 초월한 외재적인 경모의 대상일 뿐 군중 자신은 아니며, 군중 자체가 내재적으로 향유하거나 공동으로 소유할 수 있는 대상도 아니다. 지식과 이상 생활은 집단을 초월한 외부적인 것으로서 여러 모양의 형태로 예리하게 드러낸다. 이러한 사회에서는 하나의 공통적인 것을 요구한다. 군중을 위해 내재적으로 공유하고 함께 향유하는 지식과 생활상의 이상을 요구한다. 그러나 이러한 종류의 지식과 생활상의 이상은 일종의 외재적인 것을 초월한 형식으로 드러나는데, 바로 종교, 하느님, 신이다. 군중의 공통적 인성(人性)은 단지 하느님과 신의 몸에서 반영된다. 군중들의 내심의 공동 요구는 단지 하느님과 신에게서 얻는다. 인생의 이상적 생활이 가장 발전할 수 있는 가능성은 시인 · 음악가 · 조각가 등이 아니라 하느님의 자녀가 되어 종교의 신도가 되는 것이다. 반드시 이러한 대상이 있으면 군중은 비로소 각자의 만족을 얻게 된다. 이곳에서 군중이 만족을 얻으면 정치 · 사회에 대한 공동의 요구는 도리어 옅어진다. 그러므로 특이한 인재는 특수한 개인의 장점 즉 음악 · 시 · 조각 · 기하학 등을 계속해서 발전시키고, 여러 가지 다각적인 형태로 표현하면서 각자 끝없이 앞을 향해 나아가는 것이다.

서방 문화는 이러한 길을 좇으면서 정치는 영원히 분열되었다. 최근에 이르기까지 하나의 유럽에 수십 개의 국가가 존재하면서 사회는 끊임없이 투쟁을 거듭하면서 봉건주의, 자본주의, 공산주의가 끊임없이 여기저기에서 일어났다. 문학 · 예술 · 과학 · 철학 등은 하나하나 떨어진 누더기 옷이 되어 종교라는 바늘로 꿰매지기를 기다려야 한다.

중국의 지식 대상과 이상 생활은 일찍부터 인문 전체의 공동 목표에 집중되어 있었다. 모든 지식은 하나의 지식의 분파를 이루었고, 모든 발전은 하나의 발전의 단계를 이루었으며, 모든 추구는 하나의 추구를 이루어놓은 것이다. 시인이 되고 음악가가 되는 것은 단지 자기 개성을 펼쳐나가는 것이며, 이는 전체의 한 부분일 뿐이다. 사회 전체를 위해 노력과 희생을 하는 것이 인생 최고의 천직이므로 중국 지식계의 상향성을 형성하고 정치에 적극적인 것이다. 정치에 적극적인 것을 중국 지식계의 타락과 치욕이라 할 순 없다. 반드시 먼저 종교적 의미를 띤 집단과 관련한 열정을 이해해야만 비로소 중국 선진 학자들의 내재 동향을 이해할 수 있다. 이로부터 백팔십도 방향을 바꾸어 치국 · 평천하에서 정심 · 성의 · 수신으로 돌리는 것이 개인주의는 아니다. 사람은 모두 요순(堯舜)이 될 수 있으며 온 거리는 모두 성인이며, 개인의 생활 속에서 보편적인 인격과 대중들의 인생이 반영된다. 성인이 있기 때문에 하느님이 더는 필요치 않은 것이다. 서방은 사람마다 모두 하느님의 신도가 될 수 있지만 중국은 사람마다 모두 성인이 될 수 있다. 하느님은 초월적인 외재적 존재로서 인문의 범위 밖에 높이 서 있다. 성인은 살짝 돌아보면 내재하니, 여전히 인문 범위 안에서 평범한 한 사람인 것이다.

성(聖)에 대한 동경과 숭배야말로 유가정신이라고 할 수 있다. 그러나

도가의 장자는 '성인'이란 두 글자는 사람들을 쉽게 빠지게 한다고 보았으며, 성인이 되는 것은 사람들보다 뛰어난 일종의 초월적이고 외재적인 것이라고 잘못 생각하게 하였다. 그러므로 그는 참되고 순박함으로 돌아가고 자연으로 돌아가야 한다고 외쳤다. 이 때문에 중국 도가의 자연주의는 사람들로 하여금 세속과 함께 어울리고 개성의 빛을 꺾고, 장차 개인을 대중의 깊은 연못에 침잠케 하여 하나로 혼합되기를 바랐지, 결코 개성이 집단 속에서 두각을 드러내는 것을 요구하지 않았다. 이에 도가는 그들의 이상적인 인간을 성인이라 칭하지 않고, '진인'(眞人)이라고 불렀다. 유가에서 말하는 성인은 모든 사람들이 다 될 수 있지만 도가의 진인은 자연 바로 그것이므로 하고자 하면 그것을 잃게 된다. 도가는 이상 정치도 마땅히 무위(無爲)여야 하며, 모든 이상적인 인생도 무위여야 한다는 것이다. 도가가 말하는 이른바 '내성외왕'은 바로 이상적인 무위의 인격을 가지고 이상적인 무위의 정치를 이끌어가는 것이다. 일체의 유위(有爲)도 모두 무위에서 나오는 것이며, 모든 것은 반드시 무위 위에서 근본[體]을 세워야 한다는 것이다. 무위를 근본으로 하면 유위의 쓰임[用]이 발생한다는 것이다. 이렇게 여러 가지 형태가 첨예하게 드러난다는 것은 도가의 이상 속에서는 큰 원(圓) 밖으로 나가서도 안 되며 이 큰 원형(圓形)을 무너뜨려서도 안 된다는 것이다. 다각적으로 표현된다는 것은 응당 둥근 형태의 중심을 향해야 하고 이 큰 원형 내에 포함되어야 한다는 것이다.

 중국의 전통 인문정신을 파악하고 있다는 점에서 도가사상을 본다면, 기실 여전히 유가적 규범을 벗어나지 못하였으며, 여전히 유가 입장에서 부족한 것을 보충하고 폐단을 고치는 것이거나 혹은 좀더 확장해나간 것일 뿐이다. 이 때문에 장자 마음속의 이상적인 인물과 이상적 생활은 늘 공자와 안연이라는 것이다.

 중국 지식인들의 내재적 정신의 이러한 특징을 이해해야만 비로소 아무리 변해도 그 본질은 바뀌지 않는다는 점에 입각하여 중국 역대 지식인의 각양각색의 면모를 볼 수 있다. 다각적으로 발전한 서방 사회에서는 모든 사람들의 공동체와 관련한 종교정신에 대해 어느 누구도 거절하거나 부인할 순 없을 것이다. 중국에서 지식의 대상은 본래 사람들의 대공동체를 출발점으로 삼았다. 이는 춘추전국 시대부터 이미 점차 분명해져갔다. 서한의 농촌 학자들은 통일 정부의 갑작스러운 성립을 맞이하면서 자신들이 박약하다고 느꼈으며, 이는 전국 시대의 정신으로 하여금 활약성을 잃게 만들었고, 결국 한대의 유학은 각자의 직업에 따라 규율을 지켜나갈 수밖에 없었던 것이다. 왕망 신정부의 실패 후 동한의 지식인들은 정치를 통해 이상사회를 세우고 이상적인 인생을 실현할 용기와 열정이 더욱 위축되자 개인 생활로 주의를 돌리게 되었다. 유가에서 도가로, 공자와 묵자에서 장자와 노자로 바뀌면서 개인주의로 빠져들게 되었으며, 또 가문과 서생 중심의 사회에 의해 폐쇄되어 개인주의 아래서 점차 집단에 대한 관심을 잃어갔다.

  불교가 동쪽으로 온 것은 또 하나의 새로운 자극이었다. 집단적인 공통된 옛 전통은 새로운 종교의 유입으로 소생하였다. 우선 노장사상을 불교와 회통하고 다음은 공맹사상을 불교와 회통함으로써 쇠약해진 심장에 새로운 피를 넣어 활력을 불러일으켰다. 먼저 지도림(支道林)·승조(僧肇)가 있었고 바로 이어 혜원(慧遠)과 축도생(竺道生)이 있었다. 특히 후자 두 명은 사람마다 모두 불성(佛性)이 있으며 사람마다 모두 성불(成佛)의 근본 도리가 있다고 지적하였다. 그러나 혜원 때 번역된 불경에는 근본적으로 이런 뜻이 없었다. 또한 생공(生公) 때 『이원경』(泥洹經) 여섯 권이 먼저 나왔는데, 논하는 바가 이 뜻과 근본으로 상반되었다. 생공은 굳건하게 이 뜻을 고수하였지만 승계의 동인들에 의해 배척당하였다. 그 후 『대열반경』(大涅槃經)이 전부 번역되어 나오면서 처음으로 생공의 주장이 옳다는 것이 증명되었다. 혜원과 축도생 두 사람은 본디 중국 전통 문화정신을 가지고 불경을 읽을 수 있었으므로 불경으로부터 중국 전통정신의 가장 중요한 요체를 이끌어낼 수 있었음을 알 수 있다.

  위진남북조 시기 불학의 가장 큰 공헌은 인도 불교를 모두 흡수했다는 점만은 아니다. 더 중요한 것은 그것을 철저하게 소화하여 중국 전통문화와 접목시켜 점점 자국의 것으로 만들어 오래된 뿌리 위에 새로운 꽃이 피게 했다는 점이다. 이는 이 시대 지식인들의 절대적인 큰 공헌이다. 그들은 의지가 매우 굳었고 용맹스럽게 정진하였으며 세상의 비탄과 백성의 질고를 잘 아는 절대적 종교정신을 가지고 있었다. 동시에 중국 전통 인문 중심의 이지적(理智的)인 밝음을 더하여 중국 지식계가 전에 갖지 못했던 새로운 전형을 만들었다. 4천 년 이래 중국 지식인들의 여러 가지 변모된 모습을 연구하려면 그때의 몇몇 고승전(高僧傳) 속에 망라한 인물을 주의하지 않으면 안 된다.

4

수·당 시대에는 권문세가와 고승들이 지식계를 대표하였다. 한과 당은 모두 통일을 이끈 시대이지만 당대(唐代) 지식인의 기백과 의식은 서한과 확연하게 달랐다. 서한의 지식인들은 농촌으로부터 와서 빈한하게 일어났다면 당대는 권문세가로부터 나와 귀족적인 분위기를 띤다. 그들의 가족은 정치나 사회적인 면에서 멀리는 동한 그 위로 오륙백 년을 거슬러 올라가거나, 가깝게는 백여 년 전후를 거슬러 올라가 보아도, 대체로 끊이지 않고 이어오는 유명한 족보를 갖고 있으며, 각기 권세와 명예와 관작이 끊이지 않았다. 이러한 지위는 결코 정부가 그들에게 준 특권에 의존한 것이 아니다. 고대 봉건 귀족사회에서 법에 의해 세습된 것이다. 그들 각 가문에서 비롯한 예교와 자제들의 수양은 각 시대마다 정치, 사회, 학술, 문예, 인격과 절조, 사업과 공훈 면에서 자신의 능력에 따라 계속 이러한 영광을 누려왔다. 물론 많은 특수한 기반도 있었지만, 이는 외재적인 신분이 아니라 확실히 내재적 훈도(薰陶) 때문이라고 생각하였다. 이러한 권문세가들의 오만함은 때로는 고대 귀족들을 더욱 뛰어넘었다. 황제의 가정은 이런 점에서 논한다면, 많은 가문에 훨씬 못 미친다. 단지 권문세가들의 자존심만 놓고 보자면, 당대 지식인은 멀리 서한과도 다르고, 또 동한 이하와도 같지 않다.

동한의 명사(名士)들은 사회에서 교류하던 친구들의 명예를 빌려 조정과 벼슬과 봉록 문제를 다루었다. 위·진 이래로 정권의 힘을 빌려 가문의 지위를 공고히 하였다. 당시 권문세가는 내심 늘 부끄러움을 느끼곤 하였다. 현재 가문의 전습이 오래되자 자존감이 자괴감을 덮어버렸으며, 또한 가문과 가문 간의 상호 존중은 동한 시대 고립되고 빈한한 명사들의 지위에 비하면 더욱 견고해졌다. 이는 비단 권문세가들 스스로 이렇게 느꼈을 뿐만 아니라 왕실 또한 이에 동감했다. 그 당시 왕실은 가문에 대해 일종의 열등감 같은 것이 있었으며, 영명하고 탁월한 당 태종도 예외는 아니었다. 그는 사회적으로 정한 문벌고하(門閥高下)에 대해 자주 문제 삼거나 따지곤 했다. 그는 또 봉건적인 것에 대해 자주 의논하였다. 한번은 여러 공신들에게 자사(刺史)를 세습한다고 명령하였는데, 장손무기(長孫無忌)와 14명이 대의(大義)로 논박해오자 그만둔 적이 있었다. 이는 당 태종이 옛것을 숭모하고 명예를 좋아하는 것뿐만 아니라, 실제로 당 태종은 가문은 외적인 객관적 존엄이 있다는 것을 알았기 때문이다. 그는 직감적으로 이가(李家)는 결코 군벌에서 나온 집안이 아니라는 것을 알았기 때문에 자주 봉건적인 것을 생각했던 것이다. 당시 봉건제도의 정명(正名)의 정의를 거쳐야만 이가(李家) 황제로 하여금 다시금 온 세상에서 존경받는 많은 가문의 위에 있다고 할 수 있었을 것이다. 이러한 형세는 자연히 한 고조(高祖)와는 달랐다.

 한 고조는 평민사회 속에서 일어나 황제가 되었다. 이를 두고 당시엔 그가 천명을 받은 것이라고 하였고 그 자신도 천명에 의해 되었다고 자처하였다. 당대는 문벌사회 속에서 일어났으므로, 단지 문벌 세력을 조금씩 그의 정권 시스템 속으로 끌고 와 조정할 생각이었다. 그리고 당시 여러 공신들도 위선적이거나 겸손하지 않았다. 장손무기의 논거는 바로 중국 전통 문화정신에 근거하여 정치의 대원칙은 현자를 구하여 함께 다스리는 것이니, 설사 우리가 공을 세웠다 하더라도 우리 자손이 모두 현인일 필요는 없으며, 만약 그들에게 상을 준다면 이는 백성들을 해치는 일이라는 것이었다. 백성이 무슨 죄가 있는가? 만약 그들이 직위를 걸고 죄를 인정하지 않는다면, 이 어찌 스스로 죽음을 부르는 것이 아니겠느냐고 하였다.

이 얼마나 깨어 있는 생각인가! 설령 가문이 당시 변용된 새로운 신봉건이라고 한다 해도, 당시 명문 집안이 다 봉건정신을 가지고 있었다고 말할 순 없다. 춘추 시대의 훌륭한 경과 대부 들도 위에서 거론한 바와 같이 그들이 단지 봉건의식을 가지고 있다고는 말할 수 없다. 그러므로 동한 이후의 신흥 가문은 항상 정치에 대해 소극적이며 폐쇄적이었다. 그러나 당대의 문벌들은 정치에 대해 적극적이고도 협력하려는 태도를 보였다. 그들은 결코 정부가 문벌 세력을 약화시킬 것이라고 생각하지 않았으며, 차라리 정부를 추대하고 정부를 옹호하여 천하를 태평하게 하여, 문벌 세력도 이와 함께 평안하고 안락함을 누리고자 하였다. 이러한 기백과 태도는 당시 문벌 세력에서 비롯되어 사회를 통해 성숙된 것이지 정치로부터 길러진 것이 아니었다. 이들은 정치적으로 도리어 항시 선두적인 자세를 가지고 있었으며, 자신들은 늘 정부를 보좌하는 것이지 정부에 의존하는 것이 아니라고 생각하였다.

이로 볼 때, 서한의 정치는 순박하고 근실하다. 이는 지방 행정과 하급 관리들에게서 가장 잘 드러났다. 그러나 당대 정치는 웅대하고 광대하다. 중앙과 상급 관료들에게서 가장 잘 표현되었다. 당대 지식인은 그 가문에서 늘 보고 들어서 일찍부터 세상일에 익숙했고 정사(政事)에도 통달하였다. 그러므로 일단 큰일을 맡았다 하면 모두 기개와 재주가 있어서 서한 시대처럼 착실하게 일을 했지만, 그 도량은 크고도 훨씬 뛰어났다. 서한은 현량한 지방 장관들이 많이 있었지만 이렇다 할 만한 큰 재상이나 고급 관료는 없었으니, 이러한 면에서 당대와는 비교가 안 되는 것이다. 당대 지식인들은 크게 의논하는 것을 좋아하고 큰 계획을 세우기를 좋아하였으며, 판을 크게 벌리기를 좋아하고, 크게 조직하는 것을 좋아하였다. 한인(漢人)은 돈후하지만 당인은 스케일이 크며, 한인은 토속적이지만 당인은 활달하다. 이는 그들의 출신과 배경이 다르고 기백과 풍모가 다르기 때문이니, 정치사회적으로 드러나는 표현도 또한 다른 것이다.

그러나 당대 지식인들이 중국 역사문화에 세운 커다란 공헌은 정치에 있지 않고 종교적인 면에 있다. 당대 지식인을 잘 관찰하려면 불가의 제자들로부터 착안해야만 한다. 모두 현장(玄奘)에 대해 알고 있으므로 여기에선 이야기하지 않겠다. 더욱 중요한 것은 천태(天台), 선종(禪宗), 화엄(華嚴) 삼종(三宗)이다. 이들은 이미 중국 문화 전통에서 새로운 불교를 창건하였다고 말할 수 있다. 특히 육조(六朝) 혜능(慧能) 이하의 선종은 정신적인 면에서나 의식적인 면에서 가히 새로운 종교혁명이라고 할 수 있다. "내가 만약 여래를 만난다면, 한 방에 때려죽여 개에게 주어 먹이리라!" 이는 대체 무슨 말인가! 후대에서는 이를 광선(狂禪)이라 불렀지만, 당시에는 절대적인 이해와 절대적인 용기가 있지 않으면 감히 이 말을 꺼내지도 못했다. 위·진 이래의 중국 불교도들은 중국 지식인들의 마음에는 결코 종교적인 열정이 없지 않았다는 것을 증명하였다. 그러나 귀중한 것은 그 종교적인 열정 속에서도 여전히 밝은 이지(理智)를 잃지 않았다는 것이다. 이 둘 사이는 적절하게 조화를 이루면서 서로 어그러짐이 없었다. 좀더 자세히 말하자면, 육조의 승려는 열정이 이지를 이겼으며, 수·당은 이지가 열정을 이겼다. 하지만 그러한 이지의 뒤에 그러한 열정이 없다면, "여래를 때려죽여 개에게 주어 먹인다"는 말을 할 수 없었을 것이다.

서방의 종교사를 읽어본다면, 특히 마르틴 루터[Martin Luther, 1483~1546]의 종교혁명 이래 용납할 수 없는 장기 유혈사태가 한 차례 있었다. 이를 중국으로 돌려보면, 하늘도 땅도 놀랄 종교 대혁명이 단지 고요함 속에서 부드럽게 진행되고 있었으니, 이 얼마나 위대한 공적인가! 중국 지식계의 정신적 기백이 가장 활발하던 시대의 첫째는 전국 시대의 제자(諸子)들이었고, 둘째는 당대 선문(禪門)의 조사(祖師)들이다. 이들은 중국 지식인의 새로운 유형으로 후대에서 자세히 연구하고 진심으로 숭경할 만한 가치가 있다. 송대에 이르러 사람들은 "유문(儒門)은 희미해지고 호걸은 대부분 세상 밖에서 다 거둔다"고 하였는데, 틀린 말이 아니다. 당대의 뛰어난 호걸들은 모두 선사(禪寺)로 들어갔다. 그들의 문화사상의 공헌을 동시대 가문들이 세속에서 한 것과 비교해 보면, 정치·문예 등 여러 가지 방면에서의 성적이 참으로 크다. 선문의 여러 조사들이 논의할 때의 풍모나 강당에서 강론하는 것을 자세히 살펴보면, '호걸'(豪傑)이라는 두 글자를 쓰는 게 당연하다는 것을 알 수 있을 것이다. 당대 지식인들은 모두 호걸의 기백을 가지고 있었다.

진정으로 당대에서 불학이 지닌 평판과 힘을 이해하려면, 한유(韓愈)에 대해 살펴보아야 한다. 한유는 자신을 맹자에 비유하면서 불교를 배척할 것을 주장했지만, 그는 실제로 유문의 호걸이라 하기에 충분하다. 이는 정신적 기백을 가지고 평가하여 이해해야 한다. 실은 전국 시대의 학자들도 호걸기가 있고 삼국 시대도 호걸기가 있었지만 그러한 것들은 모두 난세의 호걸이며, 당대야말로 성세(盛世)의 호걸인 것이다. 성세의 호걸은 알아보기 힘들지만 깊은 산의 절에 은둔하는 호걸들은 더욱 알아보기 힘들다. 혜능, 마조(馬祖) 같은 이들은 모두 불세출의 호걸이다. 그들이 없었다면 하반부 중국사는 분명 달라졌을 것이다. 그들은 역사를 결정하는 힘을 가지고 있었지만 오히려 산속에 숨어 있었다.

후반부 당대는 문벌과 산사(山寺) 외에도 진사(進士)들이 득세하였다. 당대 초기의 문벌들은 한편으론 봉건을 반대하고 다른 한편으론 과거제도를 공개적으로 실행하고 추진하였다. 다 아는 바이지만, 위진남북조의 구품중정제(九品中正制)는 문벌들의 호신부였으나 그들이 득세한 후에 폐기되었다. 혹자는 당 태종이 일찍이 "천하의 영웅이 모두 사정거리에 있다"고 한 말을 후대에서는 당연한 말이라고 생각하지만 이는 중국 전통의 정치정신을 이해하지 못하고, 또 중국 지식인의 전통적인 인문 관점을 이해하지 못한 것이라고 하였다. 근거가 없는 한두 마디의 말로 상하 고금을 이야기하고 역사를 개괄하는 것은 진실로 역사를 높고 큰 누각에 묶어놓는 것이다.

진사제도는 정치사에서 정권의 개방이자 문벌 세력이 한발 물러난 것이므로 많은 새로운 지식인들이 정부로 들어올 수 있었다. 문벌 출신이 아닌 사람들은 처음에는 정치를 이해하지도 못했고 또 전통 문인으로서의 심오한 인성이나 수양도 없었다. 또 양한의 서생처럼 농촌에서 반경반독의 순박한 생활을 하지도 않았으며, 국가의 관립 학교에서 정식 교육을 받지도 못했다. 어떤 사람들은 절에서 기숙하면서 과거를 준비하였다. 예를 들어 왕파(王播)가 혜조사(惠照寺)란 절에서 식객으로 있을 때, 밥 먹기 전에 종을 치는데 중들은 그가 얄미워 식사를 마친 후에 종을 쳤다는 이야기가 그중의 하나이다.

　당시 과거시험 과목은 겉만 화려한 시부(詩賦)를 중시하였다. 가장 중요한 것은 『문선』(文選)을 읽는 것이어서, "문선이 다 떨어지면 수재가 반이고, 문선에 익숙하면 수재가 넉넉하다"는 말이 있었다. 과거제도는 절차가 많아서 응시자들의 자존심을 꺾기도 하였다. 그들은 먼저 이력을 보여주고 신분을 검사받았다. 시험에 임할 때는 스스로 초와 땔감을 준비하고 자리 깔개와 식기 등을 어깨에 메고 손에 들었으며, 호명을 마친 후에 시험장으로 들어가 짚방석을 깔고 하는 등 여러 가지 절차는 관리들의 경시를 받기에 충분했다. 그들은 또한 고관대작의 문을 거쳐야만 성망과 명예를 얻을 수 있었다. 일단 급제를 하게 되면 부귀가 눈앞에 보였으며, 성대한 연회와 술맛을 돋우는 기녀들을 모아 미친 듯이 한판을 벌였다. 이러한 인재들은 자신이 정권을 장악하기를 기다리며 단지 "파교의 눈보라 속에서 나귀 위에서 시구를 찾네"라는 옛 습관만을 기억하면서 이미 좋은 진사가 되었다고 생각하였다. 이로써 진사의 경박함은 만당(晩唐) 사회와 정치에 커다란 악재가 되었다.

　그들은 서한 시대 사람들과 같이 비굴한 심리는 있었지만 그들의 소박함은 없었다. 동한 시대 사람들과 같이 무리를 지으며 교류하는 위풍은 있었지만 그들처럼 절개를 존중하진 않았다. 남북조 이래의 문벌 자제처럼 부귀의 기회는 있었지만 그들과 같은 예교와 소양 및 정치적 상식은 없었다. 전국 시대의 유사(游士)들처럼 평지에서 하늘로 오르는 꿈은 가지고 있었지만 그들처럼 대인(大人)을 깔보고 왕후를 무시하는 기백은 없었다. 그들은 불을 밝히며 불경을 공부하면서 승려들과 청빈하고 힘든 생활을 보냈지만 승려들과 같은 종교정신이나 철학정신은 없었다. 이러한 분위기는 줄곧 이어져 실제로 중국 지식계의 커다란 추락을 가져왔다. 과거제도를 정치제도로 놓고 말하자면, 크게 비난할 수 없을 것이다. 그러나 그 폐단은 크게 책망받을 만하다. 당대(唐代)에서 사람들은 끊임없이 이 제도를 반대하거나 계속해서 고칠 것을 계획했다. 하지만 대체적으로 이 제도는 늘 정권을 개방하고 인재를 선발하는 데 있었다. 단번에 고치지 못하여 결국 당대 정부는 경박한 진사들의 손에서 사라져갔던 것이다.

5

북송이 시작되면서 문벌은 이미 존재하지 않았고 사찰도 몰락하고 인재도 두루 찾지 않았다. 선종(禪宗)이라는 새로운 종교는 사람들로 하여금 고개를 돌려 환속하게 하였다. 그리고 진사들의 경박함은 결국 천하의 큰 일을 감당할 수 없게 되었다. 이런 상황에서 북송의 지식인들은 새로운 풍조를 열어 새로운 생명을 찾아야 했다. 서원(書院)에서의 강학(講學) 활동은 이로부터 준비하기 시작했다. 그들은 절 안의 종교정신을 현실 사회로 돌려놓아야 했다. 청정적멸(淸淨寂滅) 즉 열반(涅槃)의 최고 출세(出世) 관념을 수신·제가·치국·평천하의 중국 전통 인문 중심의 옛 이상으로 전환해야 했다. 당대 선종의 조사(祖師)들은 단지 불교 교리 면에서는 무엇보다도 송대 사람들에게 길을 열어주었다. 송대 유학자들은 정식으로 절에서 벗어나 정치사회와 현실 인생의 범위로 들어왔지만, 여전히 집단적 관심의 종교적 열정은 버리지 않았으며, 또 이론상으로 철저하게 그들을 파괴하여 자신의 것을 건립하고 조(趙)의 깃발을 뽑아 한(漢)의 붉은 깃발을 세우는 것은 송대 유학자들이 당면한 첫째 일이었다. 그것이야말로 얼마나 어렵고 얼마나 세심한 일인가!

다음으로, 그들은 사회에서의 자유 교육을 가지고 남북조·수·당대의 문벌 교육을 대신하고 정부나 국가 기관에서 학교를 세울 것을 독촉하였다. 일시에 각지에서 서원 학교풍이 크게 일어났다. 그러나 중요한 것은 경비 조달에 있지 않고 교실의 건축이나 서적의 준비에 있었다. 더욱 중요한 것은 스승의 자질이었다. 인격적으로 모범이 되어야 하며 풍모에서도 좋은 영향을 주어야 하며, 학술사상으로도 구체적인 이끌어감이 있어야 했다. 이처럼 공립 학교는 결국 서원만 못하였으므로 개인의 강학이 마침내 송대의 커다란 학술운동으로 바뀌게 된 것이다. 그러한 개인들은 정부에 의지하지 않았으므로 견제를 받거나 관료화하지 않았다. 사회적으로도 권문세가나 재력가의 지원이 없었고, 또 종교 형식에서 벗어나고자 했으며, 위로는 정부 아래로는 사회 군중의 협조와 지지를 받을 수 있었다. 그들은 문화에 착안하여 위로는 반정부적인 태도를 가지고 있었고, 아래로는 반종교적인 길을 걸으면서 그 틈새에서 처신을 해야 했으니 이 또한 어렵고도 힘든 일이었다.

당시의 고시제도는 계속 존재하고 발전하여 많은 지식인들은 열심히 시부를 공부하여 관록을 넓혀나갔다. 청고(淸高)한 이들은 이를 포기하고 절로 들어가 인생을 탐구하고자 하였다. 송대의 유학은 사방이 모두 적이었으므로 정치적·종교적인 유혹 속에서 새로운 길을 찾아야 했다. 그들은 불교를 배척하였지만 여전히 불교의 중생을 제도하는 희생정신은 지니고자 했으며, 정치에 대항하였지만 스스로 정치에 들어가 치국평천하의 큰 포부를 완성하고자 하였다. 범중엄(范仲淹)은 수재(秀才)가 되었을 때 천하를 자신의 책임이라고 여기면서 "천하의 근심을 먼저 걱정하고, 천하의 즐거움을 후에 즐거워한다"고 하였다. 그는 이 시기의 새로운 풍조를 연 전형적인 인물이었다. 그들은 새로운 정치를 통해 새로운 종교를 완성하려 하였으니, 이는 확실한 전국 시대 유가정신의 부활인 것이다.

그러나 사회 배경은 그들로 하여금 동한처럼 되게 요구하였으니, 그들이 의존한 것은 서생들의 사교 단체였으며, 사회 명교(名敎)를 조정 관작의 위에 놓으려 하였다. 또 그들로 하여금 위진 이후의 승려들과 같기를 바랐으므로, 황제들도 마땅히 도를 배우고 덕을 닦아야 했으며 마땅히 그들의 학생이 되어야 했다. 신하는 임금에게 존경과 예의가 있어야 하고 학생도 스승에게 존경과 예의가 있어야 했다. 왕형공(王荊公)·정이천(程伊川)은 경연강관(經筵講官)을 맡았을 때, 모두 이를 위해 힘을 다하면서 황제들도 정식으로 머리를 숙여 스승을 존경하고 도를 중시하게 하였다. 그들은 서한의 순박함은 높이 샀지만 서한인의 비굴한 태도를 무시하였으며, 공자를 신격화하려 하지도 않았다. 그들은 높은 위치에 있고 황제 정부의 정치적 권위를 초월해 있었다. 하지만 가문에 의지함도 없었고 불교를 가지고 출세하려는 태도도 갖지 않았으며, 너는 너 나는 나처럼 엄격하게 정치와 구분하였다. 그들은 단지 인문 중심의 '도리' 이 두 글자를 가지고 상하를 설복하고자 하였다. 서한의 순박(淳朴), 동한의 청고(淸高), 당인의 활달(豁達)은 송인의 엄숙(嚴肅)으로 이어졌다. 그들의 지나친 엄숙함이 후인들로 하여금 '도학선생'(道學先生)이라는 호칭을 듣게 하였으니, 인간적인 면에 가깝지 않다고 생각했기 때문이다. 하지만 결국 그들 나름대로의 정신이 있었으니, 후에 청대(淸代)에 이르기까지 칠팔백 년 동안 중국의 정치, 사회가 결국 이러한 정신에 의해 지탱되었다.

중국 조대에서 가장 선비를 숭상하는 풍조가 뚜렷했던 때는 동한(東漢)이고, 북송(北宋)이 이를 이어받았다. 광무제(光武帝) 때 태학생들이 한(漢)의 업적을 부흥하자, 일시에 동학들은 함께 따르며 개국을 하였다. 북송은 오대(五代)를 이어 군신이 제멋대로 날뛰고 송 태조(太祖) 역시 군인으로서 정변을 일으켜 권력을 장악하였다. 황제로 등극을 하면서 바로 군권을 없애고 선비를 존중하는 존사(尊師)의 풍조를 적극 제창하였다. 그러나 동한과 북송의 사풍은 모두 존왕대의(尊王大義)를 중시하지 않았다. 동한은 '당고(黨錮)의 옥(獄)'이 있었고, 북송은 경력(慶歷)과 희령(熙寧) 연간 두 차례의 신정(新政)이 있었지만 모두 많은 선비들의 반대로 인해 혼란한 국면에 빠지고 망국에까지 이르렀다. 주염계(周濂溪)는 불교를 참고하여 신유학을 제창하였으며, 공자와 안연의 즐거운 점을 찾아내고 정이(程頤)·정호(程顥) 형제를 가르쳤다. 공자는 안연에게 "등용되면 나아가 행하고 내쳐지면 물러나 은둔하는 것을, 오직 나와 너만이 할 수 있구나!"라고 하였다. 염계(濂溪)가 이를 공자와 안연의 즐거운 점이라고 칭한 것은 내쳐지면 물러나 은둔한다는 점에 있었다. 후에 정이·정호는 서원에서 강학을 하며 벼슬길에 나가지 않았다. 장횡거(張橫渠)는 "천지를 위해 마음을 세우고 백성을 위해 명을 세우며, 지나간 성왕을 위해 끊어진 학문을 잇고, 만세를 위해 태평을 연다"를 구호로 삼았지만, 이른바 '지나간 성왕의 끊어진 학문' 또한 재야에 물러나 있는 것을 주되게 여긴 것이지, 조정에 있는 것을 주되게 여긴 것은 아니다. 남송의 주자(朱子)가 이를 이어받아 역시 연평(延平)의 현승(縣丞)에서 은퇴하여 재야에 묻혀 수양하는 것을 중히 여겼으며, 나이가 들어 비로소 벼슬에 나섰지만 결국 이천(伊川)과 함께 위학(僞學)이라는 이유로 조정으로부터 금고(禁錮)를 받았다. 그러나 이러한 학풍은 원대에서 크게 받아들여졌다.

명(明)이 일어나 재상을 폐하여 방효유(方孝儒)는 십족(十族)의 주살(誅殺)을 받았다. 이때 사풍(士風) 또한 재야로 쏠렸고 조정에 뜻을 두지 않았다. 양명(陽明)은 조정의 법을 어겨 멀리 용장역(龍場驛)으로 쫓겨났지만 깨달음을 얻어 도를 전하였다. 그의 제자 왕용계(王龍溪), 왕심재(王心齋)의 학문은 과거도 보지 않고 벼슬자리에도 나아가지 않고서 재야에서 학문을 연구했던 대표적 예라 할 수 있다. 고헌성(顧憲成)·고반룡(高攀龍)의 동림(東林) 강학은 선비는 정사(政事) 이외의 것에 몸을 맡겨서는 안 된다는 이유로 힘써 그 폐단을 배척하였다. 그러나 명대는 동림당(東林黨)의 화(禍)로 망한다. 명의 유민 고정림(顧亭林), 황이주(黃梨洲), 왕선산(王船山), 이이곡(李二曲) 등은 중화 민족의 문화 생명을 망국의 끝에서 유지해나갔으니, 그 공은 지금까지 이어지고 있다. 중화 민족의 명맥은 공자가 앞에서 진작시켰고 염계가 그 뒤에서 이어받았다. 공자는 물러나고 등용되는 용사행장(用捨行藏)의 이 두 가지를 중용의 도에 맞도록 주력하였지만, 염계는 물러나 숨는 것을 상도(常道)로 삼고 나아가 쓰이는 것을 권도(權道)로 삼았다. 이는 중국 2천 5백 년 이래 대체적인 사풍의 추세(趨勢)라고 할 수 있다.

몽골의 광풍 노도가 중국을 휩쓸면서 서생의 도리는 그들에게 통하지 않았고, 문화에 대처하고 민족을 이끌기 위해서 종교에 의존해야만 했다. 불교의 부흥 외에도 북방에서는 신도교 즉 전진교(全眞敎)가 새롭게 일어났다. 구장춘(丘長春) 등 전진교의 일곱 진인(眞人)의 엄호(掩護) 때문에 북방 중국의 천만 생명을 구하였고 전통문화의 한 줄기 생기를 이어갔다. 당시 유생은 거지와 같은 무리로 간주되었으며, 가장 잘 봐줘야 승려나 도

사로 보는 것이었다. 그들은 사회의 한구석에 숨어서 정치에 참여하지도 못하고 사회 중심의 지도적인 지위도 점할 수 없었다. 당시 지식인들은 이와 같은 상황에서 도리어 의외의 발전을 가져왔다. 시문 · 희곡 · 소설 · 예술 · 자화(字畵) · 원림(園林) · 의약 · 산수 · 역법 · 공정 · 수리 · 기계 등 다방면에 걸쳐 매진하였다. 어떤 이들은 아문(衙門)에 들어가서 공문서를 기록하였고, 어떤 이는 농사를 짓거나 장사를 하고 생산에 종사하였다. 원대의 중국 사회는 실로 새로운 변형을 보여주었다. 만약 몽골 정권이 오랫동안 유지되었다면 중국은 아마도 서방 국가와 마찬가지로 다각적인 형태를 드러낼 수 있었을 것이며, 혹은 종교 · 문화 · 정치 · 경제가 각기 나뉘어 나아갔을 것이다. 다행히 백 년이 안 되어 몽골 정권은 붕괴되었고 민족 혁명의 큰 파도가 중국인들로 하여금 다시 한(漢) · 당(唐)의 정통을 회복하게 하였다. 이에 따라 명(明)대의 서생도 당 · 송의 옛 궤도로 다시 돌아갔다.

명대의 이학가(理學家)에게는 송인의 격조가 아직 남아 있었지만 결국 송대와는 달랐다. 하나는 사회적 물자가 풍부했고 다른 하나는 원대 이래 사회적 빈부가 고르지 않았다. 비록 남북조 · 수 · 당의 문벌 세력만은 못했지만 명대 서생의 가정은 송대에 비해 훨씬 부유했다. 더욱이 강남은 노비들을 많이 거느리고 있어서 일이백 명은 놀랄 만한 것도 아니었다. 과거 제도 또한 변하여 일단 진사(이는 당송의 진사가 아니다. 당송의 진사는 명대의 거인擧人과 같다)가 되면, 낮은 관리를 하지 않고 훌쩍 뛰어올라 정치상의 젊은 인재가 되었다. 이 때문에 명대의 지식인들에게도 다분히 호걸의 기가 있었지만, 송대를 닮았다기보다 당대를 닮았다고 할 수 있으며, 이는 당시의 학술 분위기에도 영향을 끼쳤다. 만약에 주회암(朱晦庵)을 불가의 혜원 · 축도생에 비교한다면, 왕양명은 종문조사 혜능과 마조(馬祖)라 할 수 있다. 왕양명 문하의 용계(龍溪), 태주(泰州)는 더욱 호방하다. 강남 강북에서 강연 장소를 두루 세워 남녀노소, 목공 도공, 장사꾼 병졸 등을 불문하고 글자를 모르는 사람 등을 모아놓고 강연을 하였다. 한 차례의 대화는 모두 훌륭한 글이 되었고, 모든 사람들이 성인이었다. 그들은 위를 향해서 정치 노선을 걸으면서 치국평천하를 이야기하지 않았다. 도리어 아래를 향해 사회 노선을 따라가면서 오직 정심(正心)과 성의(誠意)를 강연하였다. 양지(良知)의 학문은 본디 대중 철학이고 평민 철학이다. 태주와 용계가 여기서 더 나아가 전심전력으로 사회 활동을 했던 점은 주의할 만한 일이며, 중국 전통 지식인의 또 다른 새로운 형태이다.

전국 시대의 묵가에게 일찍이 이러한 모습이 있었다. 유가는 정식으로 이 길을 걸어가다가 명대의 왕학(王學) 양지(良知)학파에서 시작했다고 보아야 할 것이다. 위로 거슬러 올라가면, 남송의 육상산(陸象山)에서 이미 이런 징조를 볼 수 있다. 이러한 풍격은 유가에서 온 것이 아니라 실로 불가에서 온 것이다. 유가 전통의 정치성을 희석하고 불교 전통의 사회성을 집어넣었다. 이러한 전환은 특히 논할 만한 가치가 있다. 그러나 이러한 풍격은 혜능·마조가 선사(禪寺)의 강당에서 종교혁명으로 완성시켰으며, 이는 부정적인 문장으로 쉽게 드러낼 수 있었다. 현재 사회 교육에 종사하려면 긍정적인 문장으로 바꿔야 하지만 여전히 선종의 옛 형식을 썼기 때문에 그 유폐(流弊)를 면하기 어렵다. 폐단 가운데 핵심은 무엇보다도 지식인 자신들에게 있다. 이탁오(李卓吾) 부류들은 광기와 괴이함에 빠져 책망을 받았으며, 당시에 확실히 나쁜 영향을 많이 끼쳤다. 하지만 이 길 역시 여하튼 새로운 길이었다. 당대 이후의 중국은 전국 시대와 진작부터 달랐으며, 아래를 향한 경향은 위로 향하는 경향에 비해 훨씬 중요하였다. 태주와 용계가 강연하는 과정의 많은 기로에서 만약 이러한 정신에 비추어 계속 나아갔다면, 분명 탄탄대로를 걸어갈 수 있었을 것이다. 애석하게도 명대 이후 이러한 길을 잘 이어간 사람이 없다는 것이다.

명대 중엽 이후 과거제도 속에서 팔고문(八股文)이 시작되었다. 그것은 죽음의 길이었고 삼사백 년의 학술 생명을 생매장하였다. 양지(良知), 광선(狂禪)학파의 폐단으로 인해 동림의 강학이 격렬하게 일어났고, 팔고문의 폐단으로 인해 명·청 사이에 박학홍사(博學鴻詞)의 고증학(考證學)파가 일어났다. 박학홍사란 말은 청(淸) 정부가 만든 것이다. 만명(晚明)의 유로(遺老)들은 이러한 미칭을 받진 못했지만, 실제로 그렇게 되는 데 전혀 부족함이 없었다. 중국의 학풍은 동한과 양송(兩宋) 모두 학술이 정치를 능가하려는 의도가 있었으며, 동림이 바로 이러한 전통을 이어받았다. 남북조·수·당의 불학은 종교를 빌려 정치를 피하였다. 양지학파의 태주와 용계 두 지파(支派)는 이러한 유풍에 영향을 받았다.

중국은 넓은 영토와 많은 인구를 지닌 대국으로 하층사회가 정치에 영향을 끼치는 것은 언제나 상층 정치가 사회에 영향을 주는 것만큼 쉽게 효력이 있지 않으며, 적어도 최선을 다해 힘써야 한다. 상층 정치가 요동하면 이상사회는 쉽게 생겨나지 않는다. 동림이 비록 재야에서 강학을 했지만 그들은 정신적으로는 전국(戰國) 이래 전통적으로 위로 기우는 특징에 더욱 가까웠으므로 정치를 잊지 못했다. 그러나 동한의 당고(黨錮), 양송의 위학(僞學), 만명의 당사(黨社)는 끝내 정치를 암흑에서 꺼내지 못해 실패하였다. 전국, 서한, 당대의 문벌은 지식인으로서 직접 정치에 참여하면서 실제 정권을 장악하여 시운(時運)을 번창하게 하였다.

양한(兩漢)의 단점은 평민사회 지식인들이 갑작스럽게 대통일 정권의 건립을 만났지만 모습은 초라하고 겁이 많으며 나약하고 비굴한 마음을 가지고 있었다는 점이다. 당시의 대립 구도는 황실(皇室, 외척과 환관을 포함)과 지식인의 대립이었다. 당대의 우(牛)·이(李) 당쟁은 바로 문벌 세력과 과거 진사 간의 각축 구도였다. 양송과 만명 때는 문벌이 없고 서원(書院) 강학파와 과거(科擧) 관리 간의 대항이었다. 이를테면 당·송·명 삼대의 정치 실권은 실제로 이미 평민사회 지식인의 손에 의해 조종되었던 것이다. 평민사회의 지식인 중에는 스스로 가문을 나누는 이도 있었다. 한 파(派)는 전통 정신을 이어받아 정치로써 사회를 추진하기를 바라는 진짜 선비들이었고, 다른 파는 전적으로 과거제도에 의지하여 정치계로 끼어 들어와 단지 작위를 얻으려는 위선적 선비들이었다. 이러한 대립 속에서 위선적 선비들은 수단과 방법을 가리지 않고 승리를 얻었으며, 참된 선비들 가운데는 왕후(王侯)를 섬기지 않는 전통적 마음을 고상히 여기면서 하층으로 돌아가 힘을 썼다. 동한·양송·명대는 모두 이와 같은 경향이 있다. 단지 당대의 문벌들은 그 자체가 이미 사회 하층과 거리가 있었기 때문에 실패하면 만회할 수 없었다. 또 다른 한 길은 바로 불교의 절로 숨어 들어가는 것이다. 원대에 불교가 변질되어 전진교가 북방에서 광범위하게 유행했던 것은 바로 이런 이유이다.

    종합해서 말하자면, 동한 이후 지식인들이 몸을 가둔 곳은 가문이고 남북조 이후는 불사(佛寺)이며 송·명은 서원이었다. 서원이 가장 실제적인 힘이 없어서 채경(蔡京)·한차주(韓侂冑)·장거정(張居正)·위충현(魏忠賢) 등은 멋대로 그들을 학대하였다. 그러나 지식인을 학대하는 것은 반드시 다른 지식인에 의지해야만 했다. 당대 이후 과거제도를 실시하고 정권이 급격하게 개방되었지만 인재를 양성하는 교육기관은 함께 나란히 나아갈 수 없었던 것이다. 이는 정권을 개방하여 위선적 선비들을 끌어들임으로써 참된 선비들의 이상적인 앞길을 막은 것이다. 만약 이러한 추세를 알았다면, 태주·용계 일파는 바로 동림(東林)·복사(復社)와 함께 서로의 장점을 잘 드러낼 수 있었을 것이다. 또한 후대의 지식인들이 만명(晚明)을 이어받아 이 두 길을 걸어갔다면, 여전히 정치·사회적으로 상당한 힘을 발휘할 수 있었을 것이다. 불행히도 만청(滿淸) 정부는 이 두 길을 모두 막아버렸다.

6

    청대 학풍의 새로운 추세는 박학파(博學派)에 집중되었다. 그들은 이전의 역사 문헌 중에서 실학(實學)을 발굴하는 데는 주의를 기울였지만, 목전의 현실 사회에서 실제 활용될 인재를 양성하는 것을 소홀히 했다. 만청 정부는 끊임없이 고압(高壓) 정책을 펼쳤으므로 서원의 강학정신도 더는 부흥하기가 어려웠고, 반정부의 일부 층이 박학파의 내부로 들어왔다. 만명의 유로들은 여전히 정치, 사회의 모든 문제에 주의를 기울이면서 과거 역사 속에서 이폐(利弊)를 진찰하여 새로운 방안을 정해 다시 흥성하기를 기대하였다. 불행히도 그들이 바라는 이상적 시기는 늦게까지 출현하지 않았고 점점 그 희망이 암담하고 희미해지자, 박학파들은 마침내 고대의 전적을 연구하는 것으로 대상을 돌렸다. 교감(校勘)·훈고(訓詁)·고정(考訂)은 실사구시(實事求是)이다. 하지만 이와 같은 실사(實事)는 이미 현실 속의 일이 아니고, 단지 옛 종이 더미 중에서 책벌레 생활을 하는 것이다. 그들이 드러내고자 한 것은 송을 반대하고 한을 존중하는 이른바 '반송존한'(反宋尊漢)이었다. 그러나 한대의 유가가 중시하는 점은 경전에 통하고 쓰임에 통하며, 공자를 신격화함으로써 정치적 리더의 지위를 쟁취하는 것이었다. 청대의 유가는 이런 점에 흥미가 없었다. 조정은 송유(宋儒)에 근거하여 경전을 해석할 것을 법령으로 정하였다. 청유(淸儒)는 교감·훈고·고정 등 각 방면에서 송유를 배격했다. 송을 반대한다는 것은 정부를 반대하고 법령을 반대한다는 것과 다름이 없었지만 그 일은 여기에서 그쳤다. 그들의 반정부는 이미 현실 정치를 벗어났고, 이는 곡학아세(曲學阿世)도 아니지만 그렇다고 바른 학문이라고 말할 수도 없었다. 그들이 말하는 정학(正學)이란 교감·훈고·고정을 하는 것이지 치국평천하라는 목전의 구체적 사정에 있지 않았다.

 이전 동한의 태학생은 청의(淸議)를 가지고 당시 관립의 박사(博士)들의 장구학(章句學)을 반대하였다. 청유는 한대 박사들의 장구학을 전용하여 조정의 과거(科擧) 법령(法令)을 반대하는 것이다. 그들의 학문 연구 정신은 사실 어떤 점에서는 원(元)대와 유사하며, 모두 해결할 수 없는 문제에 매달려 한 모서리를 향하는 것으로, 현실 인생과 멀리 떨어지고 정치 사회의 현실 중심에서 도피하는 것이다. 근대 사람들이 청유의 학문 연구 방법을 추숭하는 것은 서방 과학정신에 접근하였다고 보았기 때문이다. 그러나 그들은 이미 중국 지식인의 옛길에서는 멀리 떨어져 있다. 정치·경제·역사·종교 등의 실제 인생을 가볍게 보고, 문자(文字)의 서본학(書本學)에 편향되어 있다. 바꾸어 말하면, 인문 중심을 벗어나 옛 종이 더미의 책에 한정되어 단순히 학술을 위한 학술을 할 뿐이다. 그들은 재상이나 스승을 할 생각이 없고 현세에 살아 있는 사람들에게도 주의를 기울이지 않으며, 공동체에 대해서도 관심이 없다. 오직 오래되고 진부한 책에 흥미를 집중하여 서생이나 학자가 되려고 하였다. 그들은 모든 사람들은 성인이 될 수 있다는 교훈에 귀 기울이지 않았고, 단지 사람들에게 성인의 책을 읽게 할 생각만 하였다. 성인의 책을 읽지만 대의(大義)에 통하거나 진리를 변별하는 것을 중하게 여기지 않고, 판본(版本) 자구(字句), 성음(聲音) 훈고(訓詁), 사물(事物) 고증(考證) 등만 중시했다. 총체적으로 인문을 중심으로 삼고자 하지 않았다. 한유(漢儒)는 성인을 신격화하였고 청유(淸儒)는 성인을 문헌화하였다. 근인은 또 청대의 학술이 서방의 문예부흥과 유사하다고 하지만, 이는 절대로 청유의 진면목을 알지 못하는 것이다. 굳이 서방 문예부흥과 비교하자면, 송유이지 청유는 아니다. 이러한 분위기는 도함(道咸) 이후 청 정권이 붕괴되면서 비로소 변하였다.

완원(阮元)은 청대 건가학파(乾嘉學派) 박문고증학(博聞考證學)의 일원으로 후위(後衛)의 대장이다. 그는 만년에 『자치통감』(資治通鑑), 『문헌통고』(文獻通考) 두 권을 제시하여 이통(二通)이라고 불렀다. 그는 글을 읽으면서 이 두 권을 읽지 않으면 통유(通儒)가 될 수 없다, 학문을 하면서 이 두 종류를 배우지 않으면 통학(通學)이 될 수 없다고 하였다. 그의 안목은 경전에서 역사로 옮겨졌으니 바로 정치, 사회 현실의 사람들에게 옮겨진 것이다. 하지만 그는 여전히 반송(反宋)의 자세를 취했기 때문에 중국 전통 지식인이 줄곧 공동체에 관심을 기울이던 종교정신은 없었다. 완원에서 다시 공자진(龔自珍)을 거쳐 캉유웨이(康有爲)에 이르면서 거듭 공자를 신격화하고, 다시 신격화된 공자를 가지고 정치 지도를 쟁취하려 했으니, 이러한 변화야말로 서한(西漢)에 접근하고 있다. 하지만 서한의 학자들은 농촌에서 왔으므로 농촌의 순박한 생활을 겪어봤고 또 대다수가 하층의 정치적 실제 일 속에서 단련되고 연마된 사람들이다. 그러나 청유는 명대인과 유사하여 생활은 대부분 도시화하였고 일단 진사가 되면 정치적으로 버릇없는 총아(寵兒)가 되어 근본적으로 한인들처럼 순박하고 돈후할 수 없었다. 신격화된 공자는 종사(宗師)가 되어 학술계에 새로운 풍조를 형성하였으니 황당무계한 게 아니면 제멋대로인 것이다. 공자진은 도함 이후 지식인들이 놀라울 정도로 흠모하며 배우는 대상이 되었지만,

캉유웨이는 대놓고 성인으로 자처하였으니 괴탄하고 분방함이 하나의 기풍을 이루었다. 단지 강충원(江忠源)·증국번(曾國藩)·호임익(胡林翼)·나택남(羅澤南)은 청대 한학(漢學) 분위기에서 비교적 강하지 않은 호남(湖南) 출신으로, 그들은 송학(宋學)을 제창하고자 하였지만 군사 생활로 말려들어갔다. 강충원·호임익·나택남 등은 모두 일찍 죽어서 오직 증국번만이 남아 있었지만 군대에서 너무 세월을 보냈고 학술계에서는 또한 동성파(桐城派)의 고문(古文)으로 한정짓고 있었기 때문에 그 영향은 크지 않았다. 만청 학술계는 실로 뒤에 오는 새로운 시대를 맞이하지 못하고 준비와 기초만을 만들었을 뿐이었다.

바꾸어 말하면, 이후의 새로운 시대는 실로 모두 외부의 충격에 있었지 결코 안에서 잉태된 것이 아니다. 신해혁명(辛亥革命)은 단지 청대 전통 정권의 목을 잘랐을 뿐이며, 240년의 청 정권은 일찍감치 먼저 중국 전통 지식인의 목숨을 끊어놓았다. 신해혁명 이후 중국의 지식인들은 급히 옛 종이 더미 속으로 뚫고 들어가 기이하면서도 황당한 길로 떨어져 일시에 해결책을 찾지 못하였고, 게다가 서방 지식의 신조류에 휩싸이면서 별다른 큰 힘이 없었고 본래의 자신으로 돌아갈 방법도 없었다. 결국 이러한 짧은 시기에 새로운 학술도 새로운 인재도 없었으며, 새로운 인재가 없으니 새로운 국면에 대응할 방법도 없었다. 다만 정치의 새로운 틀에 헛되게 매달리고자 했으니, 이는 기둥도 없고 주춧돌도 없는 것이니 이런 틀에 어찌 매달릴 수 있겠는가?

신해혁명 이후 일시적인 풍조는 사람들마다 신학(新學)을 부르짖으며 스스로 새로운 인간이기를 바랐다. 옛것은 기(氣)를 잇지 못했다. 예를 들어 오래된 나무는 허리를 자르면 생기를 잃는다. 하지만 가지를 붙이려 한다면 반드시 뿌리 위에 붙여야 한다. 현재야말로 마음을 모질게 먹고 뿌리를 캐는 일을 할 때라고 생각하였다. 정치혁명 후 문화혁명을 크게 외쳤고, 문화혁명이 부족하자 이어서 사회혁명을 크게 부르짖었다. 그들은 예전의 뿌리를 다 뽑아야만 비로소 새로운 것을 잘 심을 수 있다고 생각했다. 이는 신해 이후 40여 년간 중국 지식계의 큰 바람이었다. 하지만 불행히도 40년의 노력이 2천 년 동안 잠재해 있던 문화를 이기지 못하였다. 이러한 희망과 바람은 단지 새로운 겉옷을 걸치는 것일 뿐 몸은 예전 그대로인 것이었다.

　가장 두드러진 예를 들자면, 40년간의 지식인 가운데 어느 누가 정치를 잊을 수 있었는가, 어느 누가 평생 학술계에 머리를 파묻고 있었는가 묻고 싶다. 만약 한 명이라도 있었다면 그것은 매우 드문 일일 것이다. 왕궈웨이(王國維)나 어우양징우(歐陽竟無)는 바로 건가(乾嘉)의 전통을 가지고 있었지만, 인간 사회 중심에 서 있지는 않고 그냥 길에 서 있었으므로 사회에 커다란 영향을 주었다고 할 수 없다. 기타 사람들은 모두 서양화(西洋化)되기를 원했지만 진실로 서양화된 학자는 아주 적다. 그들은 첫째 목숨을 걸고 번역일을 하지 않았다. 유일한 예외가 옌푸(嚴復)이다. 그는 평생을 바쳐 번역을 하였고 스스로 책을 쓰는 것도 게을리하지 않았다. 그러나 후에 정치의 소용돌이에 휘말렸다. 다음으로는 서방 학술 가운데 일가 일파를 골라 독실하게 믿고 잘 배우면서 법도를 엄수하고 규율을 뛰어넘지 않으려 하지 않았다. 창조는 어렵다는 것을 알았지만 학습 또한 쉽지 않았다. 일가일파를 학습한다는 것은 이미 어려운 것이다. 고대 그리스로부터 근대에 이르기까지 서구와 고금의 각 나라를 종합하여 그 정수(精髓)를 골라 정통하게 이해한다는 것은 더욱 쉽지 않은 일이었다.

　만약 중국이 정말로 서방을 배우려 한다면 진심으로 서양화되어야 한다. 위·진·남북조·수·당의 고승들이 좋은 본보기이다. 반드시 독신(篤信)·호학(好學)·사수(死守)·선도(善道)해야만 한다. 목숨을 다해 죽음으로써 증거를 지키지 않으면 학문을 좋아하는 것이 아니고, 그 증거를 믿지 않으면 어찌 능히 도(道)를 좋아한다고 할 수 있겠는가? 중국 40년은 서구화의 성과가 없었다. 이는 지식인들의 허물이다. 서구화를 높이 외치면서 바라보기만 하는 것은 실제로 혜능·마조가 될 생각만 하고 먼저 도안·승조·혜원·축도생이 되려 하지 않았던 것이다. 먼저 머리를 숙여 서방의 제자·신도가 되려 하지 않고 머리를 들어 중국의 대사(大師)·교주(敎主)가 될 생각을 하였으니, 이것은 여전히 도함 이래 함부로 날뛰던 것이 다한 것이 아니었다. 공정암(龔定庵)은 "단지 기풍(氣風)만 열었지 스승이 되지 않았다"고 하였다. 백 년 이래 모두 기풍을 열 생각만 했던 것이다. 서방의 계몽운동을 학습하는 것은 도리어 중국 2천 년 학술문화를 야만(野蠻)으로 여기고, 철부지 어린아이로 보는 것이었다. 그들은 진심으로 불교를 배우지 않으면서 단지 석가모니에 의존하여 공자와 노자를 욕하였다. 먼저 진실한 학자가 되려 하지 않고 사회의 한구석으로 물러나, 서방 학자들처럼 각각 나뉘어 다각적인 면을 보여주지 않았다. 스스로 정치사회의 지도적 중심이라고 자처하면서 스스로를 신도통(新道統)이라 여겼다. 도통의 건립이 어찌 이렇게 쉽겠는가?

  정말 어떤 일가일파를 인정하여 서방의 것을 배운 것은, 허심탄회하게 말하자면, 오늘날의 공산당뿐이다. 하지만 그들 또한 단지 레닌과 스탈린을 배우는 것을 인정하였지 마르크스·엥겔스를 배우려 하지 않는다. 그들이 힘을 쏟은 것은 역시 정치였지 학술사상은 아니었다.

  예전의 중국 지식인은 항시 학술을 통해 정치를 이끌려고 하였지만 40년간의 새로운 지식인은 정치를 빌려 학술을 조종하려고 하였다. 이런 점에서 보자면, 오늘날 중국 지식인들은 여전히 중국 전통문화의 속박을 탈피하지 못하고, 여전히 상향의 성격을 띠고 하향은 아니며, 여전히 정치적인 지도권을 쟁취하고 여전히 치국평천하 정신을 높이 외쳐댄다. 서방은 과학·종교·철학·예술이 각 부문별로 나뉘어서 각각의 전문적인 장점이 있다. 그러나 중국은 모든 게 뒤섞인 채 옛 전통을 뒤엎고 옛 문화를 뒤엎고 새로운 정치를 창조하고 새로운 사회를 건립한다고 외쳐댄다. 이런 하나하나는 모두 고담광론(高談狂論)일 뿐이다. 만약 고담광론이 아니라고 한다면, 이는 위대한 정신의 표현이다. 이런 위대한 정신은 적어도 종교적인 열정이 있어야 하는데, 바로 사회 대중에 대한 관심인 것이다. 하지만 이 40년 이래 중국 지식인들에게 불행히도 가장 결핍된 점이 바로 이것이다. 청대를 답습하지만 송유를 무시하고 공자를 타도하자고 크게 외친다. 서방을 모방하면서 개인의 자유를 제창하지만, 진심으로 기독교를 받아들이지는 않는다. 힘을 다해 중국을 다각적이면서 첨예화된 서방 사회로 바꿀 생각을 했지만 도리어 커다란 허점을 남겨놓았으니 사회 하층 전체를 돌아보지 않은 것이다.

근대 중국인이 서구화를 추숭한 것은 마르크스〔Karl Marx, 1818~83〕, 엥겔스〔Friedrich Engels, 1820~95〕, 스탈린〔Iosif V. Stalin, 1879~1953〕, 레닌〔Vladimir Lenin, 1870~1924〕의 공산주의에 이르러 끝을 맺는다. 전 중국이 통일되고 30년이 지난 지금 나름대로의 이유가 있으니 살펴볼 필요가 있다.

서방은 종교와 정치가 분리되었다. 먼저 고대 그리스와 로마에서 근대에 이르기까지 정치 방면에 속하는 것은 전부 분열과 쟁탈 속에 있었으며 이는 피할 수 없었다. 통일된 추세는 오직 종교 방면뿐이었다. 그러나 예수는 유대인으로 서구의 여러 민족들은 나눌 수 있지만 합칠 수 없었으니, 이로써 알 수 있다. 마르크스도 또한 유대인으로 유물사관을 주장하고 예수를 믿지 않았지만 공산주의는 실제 국가 간의 경계를 초월하고 천하 인류를 하나로 돌아가게 하였으니, 마치 변화된 모습의 종교라 하겠다. 이것은 오직 유대인은 그럴 수 있지만 서구인은 그렇게 할 수가 없다. 레닌은 혁명이라는 구호를 썼으나, 지금에 이르기까지 소비에트는 여전히 유럽 제국주의 전통을 벗어나지 못하였다. 오직 공산주의만이 결국에는 세계성·만국일체성을 지닌다. 즉 인류 전체의 공통성을 지닌다는 것은 실로 유럽인들의 근대 상업자본의 성격을 뛰어넘었으며 광대한 공통의 한 면을 볼 수 있다는 것이다. 이는 의심할 수 없이 명백한 것이다.

근대 중국이 비록 서양화를 흠모하여 "새선생"〔塞先生, Science〕과 "덕선생"〔德先生, Democracy〕이라는 구호가 있었지만, 그러한 풍조는 베이핑(北平)에만 있었던 것이므로, 당시 난징 중앙대학은 『학형』(學衡)을 통해 들고일어나 이를 반대하면서 중국 전통문화의 자존심을 부르짖었다. 이는 단연코 부인할 수 없는 현상이다. 공산당은 또 사회 다수에 영합하여 마침내 일시에 쉽게 성공하였다. 게다가 당시 서방인들은 결국 중국의 공산화를 서구화의 한 면이라고 간주하여 곁에서 도왔으니, 미국이 그 좋은 예이다. 소련의 세력은 서방으로부터 다시 동침(東侵)을 하여 외몽골이 자주독립을 하였고, 관외삼성(關外三省)과 한반도의 북부는 모두 소련의 범위 안으로 귀속되었는데, 이는 모두 미국의 생각에서 나온 것이다. 당시 미국은 중화민국과 함께 일본에 맞서 항전했지만, 중국 병력이 약해 소련에 의지하느니만 못했다. 또한 중국은 결국 동방의 황색인이라는 점과 소련이 서방의 백인과 같다는 점은 결국 큰 차이가 있다. 미국인이 큰 힘을 마다 않고 소련을 끌어들여 다시 동방으로 돌아오게 한 것은, 역사적으로도 분명하며 다들 알고 있는 사실이다. 자본주의와 공산주의는 민족 혈통의 큰 구별로써 말한 것이지만 실로 작은 구별이다. 하지만 황색 인종과 백색 인종의 외모상 차이야말로 큰 구별이다. 이는 근대 미국인의 심리로 말하자면 이미 뚜렷한 증거가 있다.

다시 호의적인 견해로 중국 공산당을 본다면, 그들은 이미 마르크스의 유물사관(唯物史觀)과 공산주의를 일종의 종교 신앙으로 삼아, 이를 통해 중국 근대 지식인들이 사회 전체에 관심을 갖도록 자극하였고, 또 그들 가슴속 깊이 숨어 있던 일종의 종교가 요구하는 변용된 만족을 얻게 하였다. 그러나 중국은 계속 이러한 방향으로 나가면서 스스로 완전히 소비에트화로 나아갔지, 완전히 서양화된 것이 아니었다. 소비에트는 실로 근대 서양 문화의 대반역자였다. 40년 이래로 중국의 지식인들은 힘을 다해 서양화를 제창하였지만 결과는 서양에 대해 격렬한 반역자의 길을 가고 있는 것이다. 이러한 변화는 여전히 중국 전통문화에 내재된 요구가 배후에서 방해한 것이라고 말할 수 있다. 반드시 먼저 이러한 의미를 이해한 후에 나아가 중국이 과연 소비에트화할 수 있을지를 추론해봐야 한다.

나는 일찍이 서양인들에게는 중국인들과 같은 전통의 천하관(天下觀)이 없다고 하였는데, 이는 인류가 서로 처한 도의관(道義觀)과 윤리관(倫理觀) 때문이다. 서양의 공산주의는 유물적인 것으로 단지 혈기 외향적 인생을 중시하여 중국 전통의 심성 내향적 인생을 중시하는 것과 가깝지 않으며, 그 사이에는 커다란 차이가 있지만 중국인은 그것을 스스로 알지 못할 뿐이다. 유심(唯心)이 변하여 유물(唯物)이 되고, 신문화운동은 서양의 기독교를 배척하면서 더욱 유물화로 치달았는데, 이는 중국인의 전통과는 먼 것이다. 중국인이 이에 대해 스스로 알지 못하는 것을 힘들어한다면 이는 아주 감탄할 만한 일이다. 중국 전통문화 정신은 개별적 인격 속에서 보편적 인격이 반영되어 나오는 것이니, 사람들은 모두 요순이 될 수 있고 모두 다 부처가 될 수 있다는 전통 신앙이 있다. 이러한 신앙은 유가의 성선론(性善論)에 기초한다. 도가가 비록 성선론을 명백하게 제창하지는 않았지만, 내재된 경향은 여전히 인성(人性)은 선(善)하다는 것을 주장하면서, 자연으로 돌아가자는 귀진반박(歸眞反朴)을 이상으로 하였다. 축도생에서 혜능의 불학에 이르기까지 모든 사람에게는 불성(佛性)이 있다고 주장하였는데, 이는 바로 중국 전통의 변용된 성선론이라 하겠다. 기독교는 중국에서 불교처럼 광범위하게 전파되지 못했다. 그 유일한 난제는 성선(性善)과 성악(性惡)의 두 관념이 극단적으로 충돌하는 과정에서 방해를 받은 것이다. 마르크스의 유물사관과 계급투쟁은 서방 전통의 성악 관점 아래서 연출된 것이다. 그렇지 않다면 모든 인생이 오직 물질생활에 의해 조종받지는 않을 것이다. 모든 의식이 오직 계급의 입장에 의해 결정되지는 않을 것이다. 모든 역사 진보도 오직 계급투쟁으로부터 완성되지는 않을 것이다.

기독교의 성악 관념은 하느님을 숭상하고 조절하였지만 마르크스 유물사관은 철두철미하게 성악론에서 시작하였다. 기독교의 하느님은 전 인류 각 개인의 인생에 관심이 있지만 마르크스는 어떤 계급의 물질 생활에만 관심이 있었다. 마르크스는 경제에 관해서만 이야기를 했고 영혼은 이야기하지 않았다. 이 때문에 서방에서 기독교와 병존할 수 없었다. 마르크스를 믿는 사람들은 필히 먼저 예수를 뒤엎었다. 이 40년 이래의 중국 지식인은 바로 이 같은 목표 아래 노력을 하면서 일찌감치 공산주의를 위해 방해물을 제거하고 앞길을 이끌었던 것이다. 그러나 불행하게도 이상의 분석에서 본 바와 같이, 중국의 근대는 철저하게 서구화도 되지 못하고 소련으로 향하였다. 그 배후에는 여전히 중국 전통문화의 잠재 세력이 어둠 속에서 조종하고 있었기 때문이다.

다음은 서방의 문화 시스템 속에서 기독교가 지니는 지위와 기능에 대해 이야기해보자. 서방 문화 시스템은 외형으로만 보자면, 다각의 형태가 첨예하게 방사(放射)하는 것 같다. 그러나 각각의 각도가 방사하는 지향점은 모두 세속적 욕구가 아주 강하고, 권력 추구의 의지도 끈질기며, 개성의 자아 긍정도 지극히 견고하다고 볼 수 있다. 단지 기독교인들은 현세를 초월하여 하느님을 향하며, 나아가 박애와 희생정신으로 실제 인생의 여러 가지 충돌을 희석함으로써 다각형의 문화 시스템 속에서 상호 융화하고 협력하는 것을 핵심으로 한다. 만약 서방 문화 속에서 기독교를 뺀다면 반드시 전체가 변형되고, 도처는 유물과 투쟁만이 존재하는 인류 투쟁의 아수라장이 될 것이다. 중국인은 자기 문화의 잠재의식 아래서 또 다른 관점으로 기독교를 보고 그것을 거부했지만, 전통문화 속에 본래 간직해둔 인문 중심의 종교 열정, 즉 사회 전체에 대한 관심은 도리어 3백여 년의 학술 전향을 거치면서 잊혀갔다. 이와 같이 근대 지식인은 외부적으로 말하자면, 이미 현실을 초월하지 못하고 한층 높은 지향적 정신을 표현하는 것이다. 내부적으로 말하자면, 소아(小我)를 초월하지 못하고 개인을 희생하지 못하고 사회 전체에 관심이 없다. 이러한 상황에서 첫째는 서방 문화를 대할 때 자기 전통의 모호한 개념으로 대하다 보니 일종의 우습게 보는 심리가 생겨났고, 둘째는 현실적 이해타산의 무게에 쫓겨 방향을 바꿔 받아들인 것이다. 거부하든 받아들이든 간에 서방 문화에 대해 결국 얕은 정도는 건넜지만 그 깊은 것은 아직 건너지 못했으니, 폐해를 만나고 이로움은 얻지 못한 상황이 되어버렸다.

 서방의 종교 신앙은 인생의 깊은 곳에서 출발하였다. 중국인의 이른바 인(仁)·의(義)·예(禮)·지(智)·신(信)은 모두 내부 심리를 가리켜 한 말이다. 서방의 종교도 예(禮)와 신(信)의 구별이 있으며, 과학과 민주에 내부 심리가 없다고 말할 순 없다. 근대인 가운데 량치차오(梁啓超)는 중국은 예치(禮治)를 중시하고 서방은 법치(法治)를 중시하여 상대적이라고 하였는데, 이는 문화의 큰 차이가 이곳에 있음을 말하는 것이다. 법치는 외적인 형법을 중시하며 주요한 것은 다수의 의향(意向)이다. 다수는 외적인 물질을 중히 여기고 내심(內心)을 중히 여길 줄 모른다. 그러나 인생이 외물(外物)을 만나면 변하게 되며, 오직 심성(心性)이 천성(天性)에 속하므로 항시 순환하는 것이다. 중국 문화의 모습이 5천 년 동안 전해져 오늘까지 이른 그 주요한 원인이 바로 여기에 있다.

 5·4운동 때 서방 문화의 인식에 대해 단지 민주정치와 과학 두 방면으로 제시하고, 아울러 선명하게 반종교적인 기치를 내세웠다. 하지만 서방 문화에서 진실로 기독교가 없다면 민주정치는 단지 사람에 대해 권리를 쟁취하고 과학은 사물에 대해 이익을 쟁취하는 것과 같다. 이는 모든 것이 물질과 권리 위로 떨어져서 모두 다 투쟁성으로 변하고, 공리적 색채를 순환할 것이다. 그러나 자기의 전통문화는 일시에 급히 떨어내지 못해서 정수(精髓)도 잃어버리고 쓸모없는 것도 존재하게 된다. 민주정치와 과학정신은 이러한 조류 속에서 전부 변질되어 정치는 모든 것의 위에 놓이며, 한편으로는 인문 중심이 되고 다른 한편으로는 극단적인 성악(性惡)론을 향해 걸어가게 되는 것이다.

 현 중국의 지식인이 자신의 문화 전통을 논한다면, 본디 이미 학문은 끊기고 도(道)는 상실되고 생사는 단절과 연속을 거듭하여 한 가닥도 받아들 수 없을 것이다. 만청 정부의 240년의 전습(傳襲)을 지나오면서 중국의 전통정신은 일찍이 휴짓조각이 되었다. 처한 사회적 입장에서 말하자면 참으로 가련할 뿐이다. 양한에는 지방 찰거(察擧)가 있었고 위진남북조에는 문벌이 있었고, 수·당 이후에는 공개 과거제도가 있었고, 전통 정치에서는 관리 임명과 감찰제도가 있어서, 한편으론 그들로 하여금 의지하는 바가 있게 하였고, 다른 한편으론 삼가고 신중하도록 하였다. 의지하는 과정에서 마음의 평안을 얻었고 삼가고 신중을 기하는 과정에서 마음을 놓지 않았다. 중인(中人) 이하는 이 궤도를 따르면서 다행히 큰 허물은 없었다. 그러나 농촌 경제의 담백하고 안정됨은 중국 전통 지식인들의 최후의 퇴보였다.

 근 백 년 이래, 정치 체제는 급격히 변하였고 사회 경제도 변하였다. 이전 중국 지식인이 의탁할 곳은 현재 아무 데도 없다. 그래서 내심 겁을 먹거나 꺼리는 바도 없다. 근대 중국 지식인의 새로운 신분은 예전에는 전례가 없던 것으로 완전히 외국 유학 가는 것을 유일한 방법으로 삼았다. 많은 청년들이 본국에서는 결코 받아보지 못했던 상당한 기초 교육을 받기 위해 국외로 갔던 것이다. 묻고 싶다. 세상의 어느 나라가 중국을 이해하고 있는가? 또 어느 나라가 진심으로 중국을 위해 특별히 중국에 적합하게 응용할 수 있는 지식과 인재를 훈련시켜주겠는가? 그들은 외국으로 건너가 어떤 과정(課程)을 선택하든 서로 상관하지 않고 황급하게 사오 년 혹은 오륙 년 동안 겉핥기 식으로 사방팔방을 돌면서 학문을 마치고 돌아온다. 이해도 다르고 상상도 다르고 전통도 다르고 현상도 다르니, 어떻게 긁어모아 안배를 잘할 수 있겠는가? 각국 간의 정치와 풍속의 연원의 미세함과 본질의 변화 발전 앞에서 그들은 망연해진다. 본국의 전통의 중요한 도리와 이해득실의 곡절을 대하며 더욱 망연해진다. 결과적으로 배우는 것이 모두 소용이 없다고 느끼면, 극단적으로 그들은 본국의 모든 것에 대해 증오와 적개심이 증가하게 된다. 더 말할 수 없는 것은 외국 유학이 또 다른 변용된 과거(科擧)라는 것이다. 서양물이 든 팔고(八股), 서양물이 든 한림(翰林)은 비록 희롱해도 수락하면서 그것을 받아들이는 것을 부끄럽게 생각하지 않는다는 것이다. 중국 전통 지식인은 당대 이래로 비록 모두 과거에 참가하였지만 도리어 과거 속에서 길러져 나오지 않았으며, 현재는 완전히 외국의 새로운 과거제도에 맡겨 새로운 중국의 이상적인 새로운 인재가 나오기를 바라고 있다.

  이상(理想)도 누더기이고 인재 또한 누더기이므로 반드시 자기 손에 바늘을 가지고 잘 꿰매기를 기다려야 한다. 손에 바늘이 없다면 일체의 새로운 풍조, 새로운 이론, 새로운 지식은 긍정적으로는 중국에 대해 본디 가지고 있던 배척과 저주를 취합하는 데 쓰일 것이며, 부정적으로는 각자 사생활과 입신양명의 디딤돌과 호신부로 쓰일 것이다. 현재 중국 지식인의 운명은 각박했고 책임은 컸으며 의지할 기반은 약했고 양성 수준도 얕았다. 결과적으로 국내에서는 외국에서 돌아온 사람들에게 실망하였고, 마찬가지로 국외에서 돌아온 사람은 국내에 대해 실망하였다. 중국을 증오하면서 점차 서방을 증오하게 되었다.

그러나 분개할 필요도 비관할 필요도 없다. 중국은 장차 여전히 중국일 것이고, 중국의 지식인은 앞으로도 여전히 중국의 지식인이 될 것이다. 새로운 중국의 지식인들이 생겼는데 새로운 중국이 없을 것이라고 두려워하지 않는다. 가장 중요한 관건은 지식인 자신에 내재된 정신적인 각성과 인문 중심의 종교적인 열정의 부활이다. 이는 진실로 지식인 자신의 노력에 달려 있다. 모든 외부 환경은 순리적으로 해결할 수 있다. 만약 2천 년 이래의 중국 전통 지식인의 두텁고 온축된 것으로 돌아가 그들과 함께 여러 면에서 변하면서, 만약 중국 전통문화 자체가 독특한 가치가 있다고 인정한다면, 이러한 정신의 부활은 마치 막다른 곳에서 새로운 길을 만난 것과 같은 것이다. 시국이 아무리 어수선하고 암담해도 새벽은 늘 찾아오니, 신중국의 지식인이여! 일어나라! 일어나라! 〔강태권 옮김〕

- 錢穆, 『國史新論』, 三聯書店, 2001.

제7장 '지식계급'을 논하다

● 페이샤오퉁 費孝通

　지식계급은 이미 매우 유행하는 명사이다. 이 명사는 중국 사회에 지식의 분화가 발생하였으며, 그중 일부 사람들이 지식의 보유를 타인과 구별되는 특성으로 여긴다는 것을 나타낸다. 여기에서 문제가 발생한다. '지식'이 어떻게 사회 분화의 기초가 될 수 있는가? 사회를 분화하는 지식의 성질은 어떠한가? 이러한 지식은 어떻게 일부 특정인들의 손에 독점되는가? 이러한 독점은 어떤 좋은 점이 있으며, 어떻게 유지되며, 이 부분이 어떻게 사회 안에서 계급을 이루는가? 이러한 구조가 중국 현대화에 어떠한 영향을 미치는가? 이 몇 가지가 내가 이 글에서 논하고자 하는 문제이다.

1. 지자(知者)의 지식

　사회 분화의 기초를 이룰 수 있는 것은 반드시 구별되는 표시가 있어야 한다. 남녀 두 성별은 분화의 기초이다. 왜냐하면 그들은 구별되기 때문이다. 현대 사회 중의 주요한 분화는 경제에 근거하지만, 결코 빈부는 아니다. 빈부는 상대적인 '차이'이지 '구별'은 아니다. 현대 사회를 분화하는 것은 생산수단 소유권의 유무이다. 생산수단을 장악하는 것과 생산수단이 없는 것은 다르고 또한 대립하는 두 계급을 형성한다. 그렇다면 지식이 어떻게 사회 분화의 기초가 되는가? 세상에 어떻게 일자무식한 사람이 있겠는가? 만약 아무도 일자무식으로는 생활을 영위할 수 없다면 지식 또한 결코 일부 사람들만의 전유물이 될 수 없다. 우리가 무엇을 근거로 '지식계급'이라고 말할 수 있단 말인가?

지식은 아는 것이고, 앎은 인류 모두가 갖는 능력이다. 그러므로 지식은 모든 사람이 소유한다. 다만 고서에서도 명사로 사용되는 '지'(知)를 반드시 광범위하게 일체의 아는 것을 다 포괄하지는 않았고, 또한 '지'를 형용사로 사용할 때는 지자(知者)의 '지'의 뜻도 더욱 좁아진다. 현대에 유행하는 '지식인'이라는 말은 아마도 고서에서 말하는 지자에 근접할 것이다.

『논어』에 나오는 '지'의 용례를 살펴보자. 이것이 동사일 때는 우리가 보통 말하는 '안다'(知道了)라고 하는 '앎'[知]과 같다. 예를 들면

부모님의 연세를 알지 않으면 안 된다.

은나라는 하나라 예법을 이어받았으니 그 손익을 알 수 있다.

다만 '지'가 명사일 때는 도리어 협의의 용법이 될 수 있다. 예를 들면

번지가 '지'에 대해 물었다. 공자께서 말씀하셨다. "민심에 따르도록 힘쓰고, 귀신을 섬기는 사람을 존중하되 그들을 멀리하는 것을 지혜라고 말할 수 있다."

공자께서 말씀하셨다. "대체로 보면 잘 알지도 못하면서 함부로 창작한 자들이 있는데, 나한테는 이런 병통은 없다. 많은 의견을 듣고 그중에서 최선의 것을 택하고, 다방면으로 견식을 넓혀 명심하는 것이 지혜를 쌓는 순서이다."

번지가 '지'에 대해 물었다. 공자께서 말씀하셨다. "인재를 알아봄이다." 번

지가 미처 깨닫지 못하였다. 공자께서 말씀하셨다. "정직한 사람을 들어 부정직한 사람 위에 두면 부정직한 사람을 정직하게 만들 수 있다."

여기에서 말하는 '지'는 '안다'에만 그치지 않고 '도리를 이해한다'는 뜻을 가리킨다. 둘째 인용문에서 공자는 행위의 보통 과정을 설명하였다. 먼저 듣고 보는 것이고, 이어서 선택하고 기억한다. 이에 지식이 비로소 생겨난다. 지식이 견문과 다른 것은 선택이 있다는 점이다. 선택의 근거는 최선이며, 기억은 구별을 하는 것이다. 이렇기 때문에 우리는 앎이란 행위의 표준을 명백히 하여 선택하는 작용을 한다고 말할 수 있다. 이른바 행위의 표준이란 바로 "정직한 사람을 들어 부정직한 사람 위에 놓는다"의 '정직'이란 글자이다. 이해한 후에 자기 자신에 대해서는 '따르고', 타인에 대해서는 '정직하게 만드는 것' 그것이 '일'이다. 그러므로 공자는 행위의 표준을 규범으로 삼아 '지'를 직접 설명할 수 있었다. 무릇 백성을 대할 때는 근본에 힘쓸 수 있고, 귀신을 대할 때는 공경하되 멀리할 수 있는 것을 바로 '지'라고 말할 수 있다. '지'가 여기에서는 인간의 능력일 뿐만 아니라 또한 인간의 품성이어서 인용(仁勇)과 함께 병칭할 수가 있다. 이렇기 때문에 지자는 결코 총명한 사람이나 지력(智力)이 높은 사람 내지 견문이 넓은 사람을 가리키는 것이 아니라 도리에 밝은 사람을 가리키는데, 도리가 바로 규범이다.

인류가 아는 범위 내에서 근거할 수 있는 앎의 특성은 두 종류로 나뉜다. 하나는 사물이 어떠함을 앎이요, 하나는 어떻게 사물을 처리해야 함을 앎이다. 전자는 자연지식이고 후자는 규범지식이다. 『논어』에서 서술하는 앎은 규범지식에 속한다. 공자가 보건대 무릇 전문적인 규범지식을 지닌 사람은 반드시 자연지식을 지닐 필요가 없다. 공자가 대표하는 지자는 "사지를 부지런히 놀리지 않고, 오곡조차 구분하지 못하는" 인물이다. 오곡을 분별하는 것은 자연지식이고, 지자에게는 불필요하다.

번지가 벼 심는 법을 배우기를 청하였다. 공자께서 말씀하셨다. "내가 늙은 농부만도 못하다네." 또다시 채소 심는 법을 배우기를 청하였다. 공자께서 말씀하셨다. "내가 늙은 채소 농사꾼만도 못하다네." 번지가 나갔다.

공자께서 말씀하셨다. "소인이로다, 번지는! 윗사람이 예를 좋아하면 백성들이 감히 예의 바르지 않을 리 없고, 윗사람이 의를 좋아하면 백성들이 감히 고분고분하지 않을 리 없고, 윗사람이 신용을 중시하면 백성들이 감히 성의를 다하지 않을 리가 없다. 대저 이와 같다면 천하의 백성 모두 자식을 포대기에 싸고 등에 업고 찾아올 터인데, 어찌 직접 농사지을 필요가 있겠는가?"

이 말들은 자연지식이 공자와 같은 사람에게는 가치가 없다는 것을 설명하며, 또한 이로써 이러한 사람의 사회적 지위를 알 수 있다. 그들은 위에 있으며, 그들 아래에 있는 것이 백성이고 백성은 밭을 갈고 채소를 가꾸는 사람들이다. 윗사람이 원하는 것은 이들 백성의 존경과 복종이고, 방법은 예를 좋아하고 의를 좋아하고 신용을 중시하는 것이다. 예·의·신용은 규범이고, 이러한 규범을 밝히고 실천하는 것이 '지'이다. 규범지식을 지닌 사람은 반드시 직접 노동할 필요가 없다. 이러한 사회구조는 맹자(孟子)의 입에서 더욱 명백해진다. 한번은 진상(陳相)이라는 자가 맹자의 면전에서 "현자와 백성이 나란히 밭을 갈아먹는다"는 허행(許行)의 주장을 선전하였다. 맹자가 들은 다음 크게 잘못되었다고 여겼으니, 사회는 반드시 일을 나누어야 한다고 인식하였다. 밭 갈기, 베 짜기, 기계 제작, 그릇 굽기는 한 사람이 다 맡을 수 없기 때문이다. 이것은 경제 원리에 입각한 논리이지만, 맹자는 금방 화제를 전환하여 분업의 원리로써 정치상 통치자와 피통치자의 분화를 유지하였다. 여기에서 그는 '위에 있는' 자의 특권을 설명하였다. 그가 말하였다.

모든 기술자의 일이란 사실상 농사를 지으면서 동시에 할 수는 없는 노릇이다. 그렇다면 천하를 통치하는 일만 유독 농사를 지으면서 동시에 할 수 있겠는가? 대인이 해야 할 일이 있고, 평민이 해야 할 일이 있다. 또한 한 사람의 몸으로 모든 기술자가 할 일을 다 갖추고선 반드시 자신이 직접 만든 다음에야 사용한다면 이는 천하를 이끌고서 지치게 만드는 짓이다. 옛말에 이르기를, "어떤 이는 정신노동을 하고, 어떤 이는 육체노동을 한다"고 하였다. 정신노동을 하는 자는 남을 다스리고, 육체노동을 하는 자는 남에게 부려진다. 남에게 부려지는 자는 남을 먹여 살리고, 남을 다스리는 자는 남에게서 먹여지는 것이 천하의 공통된 도리이다.

내가 위의 두 단락 말을 인용한 목적은 자연지식과 규범지식의 구별이 사회 분화의 의의를 포함한다는 것을 설명하기 위함이다. 자연지식은 농민과 기술자가 생계를 의존하는 지식으로, 보통 말로 설명하자면, 자연을 이용해서 생산하는 지식이다. 규범지식은 정신노동자의 도구로, 타인을 통치하는 자는 '남에게서 먹여지고', 생산자에게 봉양을 받으므로 자기 자신은 생산할 필요가 없다. 생산에 종사하지 않으므로 사지를 부지런히 움직일 필요도 없고 오곡을 구분하지 않아도 되는 것이니 "어찌 직접 농사지을 필요가 있겠는가!"

2. 규범은 권위를 수반한다

맹자는 이러한 사회 분화가 "천하의 공통된 도리"라고 말하였지만, 저들 정신노동자들은 내가 위에서 해석하였듯이 규범지식을 구비한 사람들이 왜 윗자리에 있는지, 남을 다스릴 수 있는지, 남에게서 먹여지는지를 결코 설명하지 않았다. 우리가 만약 이들 지식인이 어떻게 이러한 사회적 지위를 얻었는지 분석한다면, "공통된 도리"라는 말은 우리를 만족시켜 주지 못한다. 내가 보기에는 지식인의 지위 일부분은 규범지식의 성질에서 나왔다. 그러므로 여기에서 우리는 다시 규범지식의 성질을 분석할 수 있다.

인간의 생활상 필요인 의식주는 자연의 물자만으로 충족시킬 수 있다. 그러나 사람들은 결코 신화 속의 선녀처럼 말만 하면 무엇이든지 나오듯이 마음대로 자연에서 취하거나 공급받을 수 없다. 사람은 자연 운행의 원칙에 따라야만 비로소 자연의 물자를 사용할 수 있다. 예를 들어 마찰로써 불을 만드는 행위는 초기 인류에게는 매우 중요한 자연지식이었다. 그러나 불을 만드는 사람은 결코 자기 마음대로 아무거나 마찰한다고 불을 얻을 수는 없었다. 불을 만드는 지식의 내용에는 반드시 어떤 물건을 사용해서 어떻게 마찰하고 얼마나 오래 마찰해야 하는지 등의 많은 조건이 포함된다. 이러한 조건 아래 비로소 마찰로 불을 얻는 자연의 규칙을 실현할 수 있다. 이렇게 많은 물질적 조건과 솜씨가 기술이다. 기술은 일정한 순서 아래 일정한 효과를 얻는 것을 규정한다. 기술이 불을 만들어내는 여부를 결정할 수 있다.

인류의 생활 중에서 우리는 결코 불을 만들기 위해서 불을 만들지는 않는다. 불 만들기는 취사·난방·조명, 신 경배 등 다른 목적을 달성하기 위해서이다. 이에 또 다른 문제들이 발생한다. 무슨 용도를 위해서 언제 어느 장소 어떤 장면에 누가 가서 어떤 불을 만들어야 하는가? 불 만들기는 여기에서 이미 하나의 고립된 활동이 아니고 전체 사회제도 중의 일부분이다. 생활과 연관된 불 만들기 활동은 가치 관념이 붙어야 하는지 마는지의 문제가 생긴다. 이것이 공자가 말하는 예이다. 동일한 일과 동일한 동작이 다른 상황에서는 어떤 때는 당연히 해야 하고 어떤 때는 당연히 하지 않아야 한다.

"관중이 예를 잘 알지 않습니까?" [공자가] 말씀하셨다. "임금이 병풍으로 문을 가린다고 관중도 병풍으로 문을 가렸다. 임금이 두 나라 임금의 우호를 위해 술잔을 되돌려 놓는 자리를 마련했는데 관중도 술잔을 되돌려 놓는 자리를 만들었으니, 관중이 예를 안다면 누군들 예를 모르겠는가!"

'응당 이래야 하고 저래선 안 된다'를 결정하는 것은 본문 중에 설명한 규범지식이고 기술이 근거하는 자연지식과는 성질상 다른 것이다.

자연지식은 정확과 부정확이 있고, 부정확은 바라는 결과를 얻지 못한다. 마찰해서 불을 만드는 기술을 준수하지 않으면 결과적으로 불을 만들어내지 못하는 것을 이해하든 못하든 간에, 이 때문에 우리는 또 달리 힘을 써서 사람들이 정확하게 자연지식을 준수하지 않는 것을 방지할 필요가 없다. 규범지식은 그렇지 않다. 사람들이 당연한 규범을 지키지 않아 사회에 손해를 끼친 적이 있다고 해도, 이러한 손해는 결코 쉽게 알 수 없을 뿐만 아니라 개인에게는 손해를 끼치지 않을 수도 있다. 그러므로 사회에서 공동생활을 하는 대부분 사람들의 이익을 보장하기 위해서는 규범을 준수하지 않는 사람에게는 제재를 가해 '응당 이래야 한다'를 '감히 이러지 않으면 안 된다'로 바꿀 수밖에 없다. 제재 작용은 권위의 지지가 필요하다. 권위의 원천은 사회의 공통적 의지이나 사회 구성원 모두가 제재의 대열에 참여할 수는 없으므로, 소수의 인물에게 권위를 부여하여 모두를 위해 이 임무를 대리 집행하도록 한다. 이런 사람들이 윗 절에서 언급한 지자에 해당한다.

변동이 매우 드문 사회에서는 누적된 실제 경험으로부터 얻어진 규범은 항상 사회의 공동생활을 효과적으로 유지한다. 규범의 사회생활에 대한 기능은 그것이 존재하는 이유일 뿐만 아니라 사회 권위의 지지를 받는 이유이기도 하다. 사회 권위의 또 다른 일면은 바로 인민의 승복이다. 승복의 원인은 이로써 생활상의 만족을 획득하는 데 있다. 사회구조는 변동하지 않아 규범이 전통이 되었고, 이전의 성과는 규범이 사람들의 믿음을 사는 빌미가 된다.

공자께서 말씀하셨다. "설명을 하되 창작하지 않고, 고대 전통을 믿고 좋아하는 것은 가만히 생각하니 나 자신을 노팽과 견줄 만하다."

공자께서 말씀하셨다. "내가 매우 노쇠하였구나. 오래되었구나, 내가 꿈에서 다시 주공을 뵙지 못한 것이!"

공자께서 말씀하셨다. "나는 태어나면서부터 모든 것을 아는 자가 아니고, 고대 전통을 좋아하여 부지런히 노력해서 이룩한 자일 뿐이다."

그는 자신이 이룩한 것은 전통을 설명한 것일 뿐이라고 여겼는데, 전통은 예로부터 전해온 규범이고 주공은 전설 중에 이러한 규범을 창립한 인물이다.

전통적 사회는 또한 권위적 사회라고 할 수 있다. 단지 현존하는 규범을 준수하기만 하면 생활상 각종 문제가 해결되는 이러한 사회에서 사람 노릇이란 '왜'의 문제를 탐구할 필요 없이 '응당 어떻게 하지' 또는 '이전 사람들은 어떻게 했었지'만 물으면 충분하였다. "백성은 이끌어 안내만 하면 되지 그 이유를 알게 할 필요는 없다"는 시대는 전통 규범이 유효한 시대였고, 또한 사회구조가 늘 불변하던 시대였다. 그 시대의 문제는 누가 규범을 알고 누가 전통을 아는가였다. 그들은 마치 한 기술자가 기술에 복종하듯이 규범과 전통에 복종하였다. 기술은 사부로부터 전수되었고, 사부는 기술을 아는 사람으로서 권위와 명망을 지녔다. 마찬가지로, 전통을 아는 사람이 사회적 위망(威望)을 누렸다.

여기에서 우리가 주의할 한 가지는 이러한 위망과 정권은 별개라는 사실이다. 나는 「신사를 논하다」(論紳士)에서 중국의 사대부는 결코 정권을 잡은 사람이 아니라고 강조하였다. 중국에서 정권과 여기에서 말하는 사회 권위는 상호 합치점이 거의 없다. 정권은 힘으로 얻을 수 있는 것으로, 정복자와 피정복자의 관계이다. 여기에서 말하는 권위는 사회의 개인에 대한 통제력이다. 유가는 원래 정권과 사회 자체가 구비하는 통제력이 상호 결합하기를 원하였는데, 전자를 패도(覇道)라고 불렀고 상호 결합한 후자가 왕도(王道)이다. 공자는 처음부터 끝까지 소왕(素王)이었고, 소왕과 황권(皇權)이 천하에 병행하였는데, 더욱 정확하게 말하자면 상하 분업 통치였다. 지방의 일은 소왕이 통치하고, 관청 안은 황권이 통치하였다. 소수의 폭군이 확정된 부역 외로 지방사회의 전통 질서를 흔들었던 것을 제외하고는 황권은 본래부터 백성의 생활을 간섭하지 않았다.

3. 문자가 계급을 만들었다

생활이 비교적 간단한 사회에는 규범지식이 결코 소수의 전유물이 아니었으며, 무릇 행위로 이러한 지식을 표출한 사람이면 누구나 전통의 권위를 누릴 수 있었고 특별한 자격이 필요 없었다.

자하가 말하였다. "현자를 존중하고 여색을 중히 여기지 않으며, 부모를 섬김에 전력을 다하고, 친구와의 사귐에 뱉은 말은 반드시 지킨다. 비록 배움이 없더라도 나는 이런 사람을 배운 사람이라고 부르겠다."

특수한 자격이 없는 이유는 사람마다 모두 이러한 지식과 접촉할 기회가 있기 때문이다. 이러한 지식은 세대 사이와 사회 안에서 입에서 입으로 서로 전해져서 누구나 다 익히 아는 것이다. 『논어』 첫머리의 첫째 구에 '습'(習) 자를 사용하여 배움을 설명한다. 이어서 증자의 삼성(三省)을 들었고, 마지막 조목은 "선생께서 전수(傳授)한 것을 복습하지 않았는가?"이다. 『논어』 안에는 듣고 질문하였다는 이러한 구두 교담의 방식이 가득 차 있다. 공자 자신은 "자기만 못한 사람에게 묻는 것을 부끄러워하지 않으며", "태묘에 들어가면 매사를 물어보고 행하였다." 현대에 와서도 학술과 학문은 여전히 서로 통용하며, 그 당시에 문자는 결코 중요한 지위를 점하지 않았던 것이 분명하다. "실천하고 여력이 있으면 학문을 배운다."
그러나 생활은 점차 복잡해지고 고대와 멀어져 입에서 입으로 전해지던 지식에 파별(派別)이 생겨나자 이에 '사실 증명'이라는 문제가 발생하였고, 그 당시의 문헌이 비로소 안건을 결정하는 증빙 자료가 되었다.

공자께서 말씀하셨다. "하나라의 예법을 내가 설명은 할 수 있으나 그 후예 기나라의 문헌으로는 증명할 수 없다. 은나라의 예법을 내가 설명은 할 수 있으나 그 후예 송나라의 문헌으로는 증명할 수 없다. 문헌이 부족하기 때문이며, 충분하다면 나의 설명을 증명할 수 있으리라.

문헌은 모두가 얻을 수 있는 것이 아니고, 문자 또한 모두가 아는 것이 아니다. 규범·전통·문자가 결합한 후에야 사회에 비로소 표준 규범지식을 아는 특수한 인물이 생겨났으니 그를 일러 군자라 부르든, 선비라 부르든, 책 읽는 학자라고 부르든, 지식인이라고 부르든 모두 상관없다.

　나는 「문자의 시골 이동을 논하다」(論文字下鄕, 『鄕土中國』)에서 향토사회는 말만 있고 문자는 없다고 말한 적이 있다. 중국의 문자는 결코 향토의 기반 위에서 발생하지 않았으며 서민적이지 않고, 오히려 묘당(廟堂)에 속하며 관가(官家)적이다. 그러므로 문자의 형식과 문자의 대상 모두 민간의 특성과 다르다. 상형문자는 배우기에 매우 장시간을 요하고, 게다가 상용하지 않으면 망각하기 쉽다. 문언문의 구법과 백화는 다르며, 말을 할 줄 아는 사람이라고 반드시 작문을 하지는 못한다. 문장은 별개의 것으로 반드시 별도로 배워야 한다. 문자가 기재하는 것은 또한 대부분 관가의 문서나 기록 그리고 사실(史實) 혹은 한편 한편 식 인간의 도리로, 보통 사람에게는 별로 쓸데가 없다. 이런 종류의 문자는 누구에게나 배울 기회가 주어지지는 않는다. 장기간의 한가한 틈이 없으면 책을 읽는 학자가 되려고 할 필요가 없다. 한가한 틈은 중국의 전통적 빈곤한 살림살이 속에서 누구나 누릴 수 있는 것이 아니다. 비록 체력을 이용해 생산하는 기술이라도 생산에 종사하는 사람 각자 배불리 먹기 위하여 매일 일하는 시간이 필연적으로 매우 길었으며, 또한 기술이 간단하여 수입이 제한적이어서 한 해 중에 비교적 긴 휴가는 있을 수 없었다. 이렇기 때문에 내가 「녹촌농전」(綠村農田)에서 묘사하였듯이, 생산자는 한가한 틈이 없고 한가한 사람은 생산에 종사하지 않아 생산과 한가한 틈은 상호 배척한다. 바꾸어 말하자면, 어떤 한 사람이 생산자의 부양을 받는 경우가 아니라면 노동에서 벗어날 수 없다는 것이다. 농촌 위주의 중국 경제에서는 이러한 사람은 대부분 지주이고 또한 상당한 대지주로, 세만 받고서도 생활을 유지할 수 있을 만큼의 대지주이다. 공부할 수 있는 자격은 반드시 한가한 틈이 있어야 하고, 지주들만이 한가한 틈을 가진다. 이에 책을 읽는 학자도 이러한 경제 계급 안에 제한된다.

맹자가 말하는 정신노동자가 남에게서 먹여진다는 공통 도리는 결코 정신노동이 당연히 부양을 받아야 할 의무라는 말이 아니며, 남에게서 먹여지는 것은 그들이 당연히 받아야 할 보수이며, 말하자면 남에게 먹여질 만한 자격이 없으면 정신노동에 어울리지 않는다고 하겠다.

육체노동을 하지 않는 사람은 본래부터 정신노동만 해야 하는 사람은 아니다. 바꿔 말하자면 특권에 의지해 생산자의 부양을 받는 사람은 생산에 필요한 기술지식을 가질 필요가 없을 뿐만 아니라, 어떠한 기타 지식이 없어도 여유롭게 남에게 기생하는 생활을 할 수 있다. 만약 그가 이렇게 하지 않으면 그의 특권은 안전하지 않게 된다. 특권은 힘에 의지해서 유지된다. 폭력은 정권 혹은 사회의 권위이다. 문자는 사회 권위를 취득하고 정권의 보호를 받는 관료와 지주의 수단이다. 이에 이런 계급만이 공부할 자격이 있을 뿐만 아니라 또한 이런 계급 또한 공부할 필요가 있어 양자가 서로 결합하여 이런 계급의 특성을 이룬다.

이러한 결합의 결과 도리어 기술지식과 규범지식의 분화가 일어났다. 남녀의 구분처럼 사회적 분화가 일어나듯이 지식 자체는 이러한 양자로 구분되지 않고 사회의 다른 계급들이 다른 지위, 필요와 능력 때문에 다른 성질의 지식을 흡수하므로, 위에서 말한 두 종류의 지식이 두 종류의 사람 속으로 분리되었다는 것이다.

위에서 말하였듯이, 기술지식과 규범지식은 본래 서로 관련이 있다. 그러나 규범지식과 문자가 일단 결합하여 생산에 종사하지 않는 사람의 독점물이 될 때 그것은 기술지식과 분리된다. 이렇게 분리되면 기술도 멈추게 된다. 내가 이미 말했듯이 자연지식은 사회를 거쳐야 비로소 응용되어 유용한 기술이 된다. 사회는 반드시 모종의 자연지식이 어떻게 사회제도 안에 안배되어 생활을 향유하는 사람들의 즐거움을 증가시키는지 결정한다. 이 일을 안배하는 사람은 반드시 기술을 잘 이해하는 사람이어야 하고, 그렇지 않다면 안배할 방도가 없다. "사지를 부지런히 움직이지 않고 오곡조차 구분 못하는" 저들이 만약 기술 권력을 어떻게 응용해서 키워나갈 것인지 결정을 내린다면 그는 단지 "지나친 기교"를 반대한다는 명분으로 기술의 변화를 저지할 뿐이다. 현대 기술의 진보는 생산자가 사회 규범을 결정하는 권력을 취득한 후의 일이다. 일단 이 권력이 생산자에게서 벗어나면 기술의 진보도 즉각 멈춰버린다.

　전통사회에서 지식계급은 기술지식이 없는 계급이지만 사회 규범과 결정자의 권위를 독점한다. 그들은 문자에다 시간을 쏟고 기술상으로 두각을 나타내려 애쓰지만 기술과는 상관이 없다. 중국 문자는 기술지식을 전달하는 데 가장 부적합한 문자이다. 이들은 또한 전통사회에서 하나의 경제적 기득 이익의 계급으로, 그들의 관심은 생산을 제고하는 것에 있지 않고 기득의 특권을 공고히 하는 것에 있다. 그러므로 그들이 눈길을 두는 곳은 규범의 유지로, 도를 수호하는 것이다. 눈에 단지 인간관계만 있는 사람은 보수적이며, 인간관계를 원만하게 안배하려면 반드시 먼저 안정된 기초가 있어야 하는데 이 기초가 바로 인간과 자연과의 관계이다. 이른바 보수는 변동을 주장하지 않는다는 뜻이다. 눈에 단지 인간과 자연의 관계만 있는 사람은 단순히 기술적으로 따지는데, 멈추지 않으려고 하고 전진하고 변화만 추구하는 것에서 벗어나지 못한다. 경제적으로는 효율만을 따지는데 끝이 없다. 기술의 변화는 인간관계의 변화를 수반할 수밖에 없다. 이에 끊임없이 사회적 변동을 야기하며, 변동 중에서 사람과 사람 사이가 조율되지 못해 충돌이 발생하고 생활상 고통이 증가한다. 중국의 전통적 지식인은 전자에 해당하며 후자를 이해하지 못한다. 왜냐하면 그들은 기술지식이 없는 사람들이기 때문이다.

4. 현대 지식인

　중국이 서양의 경제와 정치의 확장된 역량에 의해 현대 세계로 뛰어들어왔을 때, 사회적으로 권위를 쥐고 '아랫사람'이 마땅히 어떻게 환경에 대처해야 하는지 지도하는 인물이 바로 내가 위에서 분석한 지식계급이다. 중국이 외래문화의 영향을 받은 것이 현대에서 시작되지 않았으며, 인도 문화가 한때 강력하게 중국에 진입한 적이 있으나 이러한 외래문화가 결코 사회구조의 혼란을 야기하지는 않았는데, 아마 들어온 것이 상징적이고 문자적이며 사상적인 종류로 중국의 지식인에게 익숙한 내용이었기 때문일 것이다. 그들은 어떻게 대처하고 어떻게 받아들여야 하며 어떻게 한화(漢化)할지 잘 파악하였다. 그러나 현대에 서양으로부터 들어온 것에 대해서는 그러지를 못하였다. 산업혁명 후에 발생한 서양 문화는 자연지식과 기술지식이 중심이 되었다. 그것은 공교롭게도 우리 지식인에게는 낯선 것, 낯설뿐더러 깔보던 것이었다.

 문화의 전파는 사회구조의 제한을 받는다. 우리가 이러한 자연지식과 규범지식이 분화하는 패턴을 가지고 서양 문화와 서로 접촉하였을 때 서양 문화의 무게 중심 또한 전파되어 들어올 길이 없었다. 중국은 자연지식을 구비하였고, 기술에 의지해 먹고사는 사람은 그들의 재력과 사회적 지위가 제한되어 서양 문화와 쉽게 접촉할 수 없었다. 그들은 서양에서 운반해 온 물품과 공구로부터 간접적으로 서양의 기술을 추측할 수 있었으나 직접 기술을 전수(傳受)할 기회는 매우 드물었다(중국 장인이 서양 물품을 모방하는 능력은 놀랍다). 서양 문화와 직접 왕래할 기회가 있어 그들의 문자를 알고 외국으로 나간 사람은 도리어 대부분 지식인이었다. 이 계급 안에서 '중국 학문을 바탕으로 서양 학문을 응용한다'는 공식이 생겨났다. 이 공식은 중국 사회구조 본래의 패턴을 반영한 것에 불과하다. 이런 공식 아래 '윗사람'은 서양 기술의 효용을 보았으나 그들은 여전히 이 지식을 규범지식에 억지로 갈라 넣었고, 사회 형태를 유지하려고 새로운 기술을 강제로 주입하였는데 통하지 않는 일이었다. 중국의 지식인들이 서양 또한 이른바 정신문화가 있다는 것을 결코 모르지 않았다. 서양의 역법·수학·철학·이학 모두 우리보다 강하였다. 이런 것들은 순수 이론 방면이라서 중국의 전통적 지식인으로서는 받아들일 수 없었다. 내가 잘 아는 사회과학으로 말하자면, 뮐러·스펜서·몽테스키외·애덤 스미스 등의 명저는 이미 오래전에 옌푸(嚴復)의 번역본이 있었다. 이러한 이론들은 산업혁명 이후 서양 현대문명의 이론적 기초이나 이러한 혁명 이론이 중국에 들어왔을 때 결코 산업혁명을 불러일으키지는 못하였다. 이것은 이러한 이론이 반드시 현대 기술과 접목하여야만 비로소 작용하며, 기술이 빠져버리면 단지 한 편의 문장에 불과함을 설명한다. 지식인들은 서양 문화의 이론이나 기술을 중시할 수 없었고, 마찬가지로 양자의 연관성도 파악할 줄 몰랐다. 그들이 이렇게 하지 못한 것은 그들이 생활하는 사회구조가 지식을 분화하는 구조였기 때문이다.

중국의 지식인들은 이러한 전통 사회구조의 구속을 받아 중국 현대화의 과정에서 이를 선도하는 책임을 담당하지 못하였다. 내가 이렇게 말하는 것은 이미 지나가버린 세대만을 가리키는 것이 아니고 매우 간절하게 우리 자신 세대까지를 포함시키고 싶어서이다. 우리 세대에는 엔지니어링과 기술을 배우는 사람의 수가 많아졌고, 그들은 또한 이미 직접 서양에 가서 전수할 기회가 있었다. 그러나 그들이 막상 배울 때에는 늘 자연지식과 기술 곧 불 만들기를 어떻게 하는지 이런 문제에만 신경을 쏟고 불을 어떠한 상황에서 만들고 사회에 대한 영향이 어떠한지까지는 생각이 미치지 못하였다. '학업을 완성하고' 금의환향한 이후에 그들은 순식간에 변화하여 남에게서 먹여지고 남을 다스리는 인물이 되어 전통적 지식계급의 사회 지위를 계승한 채 '윗사람'으로 군림한다. 그들의 조상은 기술지식이 없었던 인물이었다. 그러나 그들은 당시 사회에 적합한 규범지식을 가지고 있었다. 현대의 지식계급은 비실용적 기술지식을 가졌으나 현대 사회에 적합한 규범지식은 없다. 이러한 인물은 사회에서 건전하지 못하다. 불건전한 인물이 중국의 변천을 이끈다면 어찌 장님이 눈먼 말을 모는 격이 되지 않겠는가?

나의 이러한 학설이 지나치다고 느끼는 사람도 있을 것이다. 나는 이렇게 생각하길 바라며, 현대의 지식인들이 이렇게 불건전하지 않기를 희망한다. 그러나 나의 견해는 현재 내가 있는 공장에서 관찰해서 나온 것이다. 우리가 연구한 공장 안에서 무릇 학교 출신자는 결코 기능공이 되기를 원하지 않고 반드시 직원이 되려고 하였다. 직원은 하나의 사회 지위일 뿐만 아니라 붓과 입만 놀리고 손을 놀리지 않는 인물이기 때문이다. 엔지니어는 다른 사람의 손을 빌려 기계를 돌리지만 기능공은 자기 손으로 기계를 돌린다. 우리는 또한 직접 자기 손으로 기계를 만지지 않는 사람이 정말 기술을 능숙하게 익혔는지 물을 필요는 없고, 내가 보기에 특별히 관심이 가는 것은 엔지니어링을 전공한 이들 엔지니어가 효과적으로 다른 사람의 손을 이용할 줄 모른다는 사실이다. 공장 관리로 인사(人事)가 기술직무보다 중요한데, 바로 이러한 인재가 중국의 신공업 분야에서 가장 부족하다.

왜 그러한가? 이것은 전통적 지식인이 아직 살아 있기 때문이다.

최근 하버드 대학의 존 킹 페어뱅크(費正淸) 교수가 말하길, 현대 기술의 민간 진입은 중국 현대화에 가장 긴급히 필요한 일이지만 전통적 사회구조는 줄곧 이런 일의 발생을 막고 있다고 하였다. 그는 중국의 앞날을 위해 말한 것이다. 만약 우리가 지식계급 자체를 되돌아보면 우리는 그들을 위해 걱정하지 않을 수 없다. 중국 역사 전체로 말하자면, 아마 사회에서 영도적 지위에 있는 지식인이 현재처럼 이렇게 무능한 시기가 없을 것이다. 이 글은 왜 그들이 이 지경까지 왔는지 답하려는 것이다.

중국의 지식인에게 앞날이 있을지 없을지는 그들이 전통적 사회구조를 변화시켜 자연지식·기술지식·규범지식을 한 가지로 통합하여 그들이 소유한 지식과 기술을 인민을 위해 봉사하여 지식이 한 사회계급의 독점물이 되지 않도록 할 능력이 있는가에 달려 있다. 다시 말하자면 이 지식이 계급이 되는 구태를 타파해야 한다.〔장창호 옮김〕

• 吳晗·費玉淸 共著, 『皇權與紳權』, 天津人民出版社, 1988.

제8장 근대 지식인 자아형상의 변천

● 왕판썬 王汎森

　중국의 근대 지식인은 과거에 익숙했던 규범과 질서가 모두 분쇄되어 자신을 새롭게 자리매김하기 매우 어렵게 변한 시대에 살고 있다. 그러므로 엘리트와 국가 사회, 엘리트와 군중의 관계가 다시 정립되어야 한다. 이것은 중국 역사상 가장 영향이 큰 계층적 변화이고, 그 가운데 많은 우여곡절과 복잡함이 얽혀 있어 이를 완전하게 진술하려면 책 한 권을 써야 할 것이다. 여기에서 논하고 싶은 것은 그 가운데 한 가지 문제일 뿐이다. 곧 신지식인 가운데 대다수는 여전히 사농공상(士農工商)인 사민(四民) 가운데에서 자신을 으뜸이라고 자처하지만 문화 엘리트 집단의 자아형상은 중대하게 변화되었다. 그들은 스스로를 보기를 "선비는 천하를 자기의 책임으로 여긴다"에서 마침내 "나는 왜 아직도 노동자가 아닌가?"로 전환하여 자문하기까지 다다랐다.

　이 글은 위잉스(余英時) 선생의 명문장인 「중국 지식인의 주변화(周邊化)」[1]에서 직접적 영감을 받아서 썼다. 나와 많은 독자들이 모두 그의 글에 깊은 영향을 받았다.[2] 그는 그 글에서 문화와 정치 환경의 변화 및 주변인의 대두로 지식인이 어떻게 한 걸음 한 걸음씩 역사 무대의 변방으로 내몰렸는지를 논하였다. 나의 이 짧은 글은 지식인의 '자아 주변화'라는 시각에서 출발한 것으로 그의 글에 대한 주석이 되었으면 한다. 그러므로 여기에서 우선 세 가지 점을 밝혀둘 것이다. 첫째, 나는 사상사 혹은 문화사의 문제를 다루므로 정치사나 사회사의 시각으로 다루지는 않을 것이다. 만약 후자의 입장에서 다루려면 반드시 사(仕)·신(紳)·상(商)·학(學) 내지 당시 사회에서의 군벌 상황을 고려해야 하며, 더욱이 상인 역량의 흥성과 신식 정당과 군벌의 정치권력 농단 등이 모두 사(士)를 주변화하는 데 영향을 끼쳤음을 고려해야 한다. 그러나 위잉스의 글에서 이미 그 가운데 몇 가지 중요한 문제에 대해서 간명하게 언급하였다. 이 글에서는 현실적으로 지식인이 어떤 처지에 있는지가 아니라 지식인을 어떻게 규정할 것인지 그들의 지위 상정에 중점을 두었으며, 또한 이러한 관점이 역사에 영향을 끼치는 중대한 동력이었음을 밝히고자 한다. 그러므로 이 글은 사상과 심리 단계에만 한정하여 논할 예정이다.

둘째, 이 글은 기본적으로 두 부분으로 나뉠 것이다. 첫째 부분은 만청(晚淸) 시기이고 둘째 부분은 신문화운동 이후로서, 첫째 부분에는 구 '사'(士)를 다루고 뒷부분은 신 '사'(士)를 다룰 것이다. 앞부분의 자아 주변화는 대개 전통 사대부가 자아를 정립하면서 겪는 위기에서 비롯되었으며, 이러한 위기는 한편으로는 외재적 환경의 변화에서 한편으로는 사인(士人)의 내적 반성에서 비롯되었다. 둘째 부분의 자아 주변화는 지식인의 내적 반성 외에 주로 러시아 대혁명의 영향에서 비롯되었다. 내가 생각하기에, 신문화운동 이후에 지식계는 이 문제에 대해 견해가 분열되어 현대 지식인이 사회 발전의 중심이라고 여기는 파와 "어떻게 한 명의 노동자가 될 수 있는가"라고 여기는 파로 나뉘었다. 그리고 이 두 가지 사상은 기본적으로 1930년대 이전에 모두 확립되었다. 이후에 유사한 토론이 많이 전개되었지만[3] 여기에서는 1930년대만을 논하고자 한다. 셋째, 독자들이 매우 쉽게 발견하겠지만, 이 글에서 언급하는 역사적 인물은 시대를 초월하고 입장 또한 다양하며 관련된 자료도 여러 가지로 상이하다. 그럼에도 불구하고 의외로 '사'의 자아형상에 대해서 이처럼 관점이 같은 것은 주목해야 한다. 그러나 내가 여기서 강조하고 싶은 것은, 이것이 결코 당시 사의 자아형상과 관련된 유일한 추세는 아니며, 역사적으로도 반드시 이 노선으로 발전해간 것은 아니라는 점이다. 그러나 후대의 역사 사실과 대조해 보면 많은 경쟁적인 사조 중에서 현실적으로 가장 큰 영향을 끼친 바가 되었다는 점은 인정하지 않을 수 없다.

사실상 군벌이 어떻게 창궐하고 상인 세력이 어떻게 발흥하고 혹은 지식인이 어떻게 정치의 중심 밖으로 배척되었는지 상관없이 사회의 일반적 통념상 지식인은 여전히 가장 중심적 위치에 있었고, 여론 또한 지식인의 수중에 있었으며, 5·4운동 이후에는 더욱 그러하였다. 가장 흥미롭고도 놀라운 점은 지식인이 당시 사회계층 속에서 실제로 어떠한 상황에 있었나보다는 지식인이 어떻게 자신을 상상하고 어떠한 이상으로 자신을 정립했는가 하는 것이다. 이 글은 문화 엘리트가 어떻게 자신에게 반기를 들고 사상 방면에서 자신을 주변화해갔는지를 논할 것이다. 설사 현실적인 행위나 내심의 감정이 반드시 그렇지 않았더라도 이러한 모순에 대한 이런 투의 언급이 역사적으로 중요하지 않다는 것은 아니다. 사실상 마음속의 참된 믿음에서 나왔든 혹은 젊음의 혈기에서 나왔든 간에 유가(儒家) 가치 체계의 붕괴가 심해져서 감정적인 발언을 내뱉었을지라도 실제 행동이나 기타 상황에서는 결코 관점에 집착하지 않았다. 그러나 그러한 것들이 모여 일정한 사조가 된 이후에는 후대 역사의 발전에 실질적 영향을 끼치게 된다. 그러므로 특정한 사회적 환경에서 이루어진 비이성적 언급이라고 해도 결코 역사적 작용을 하지 않는다는 의미는 아니므로 이 점 독자들의 오해가 없기를 바란다.

선진(先秦)의 고서(古書)에는 늘 '사민'의 개념이 나타난다. 일부 고전 중에는 사농공상의 명칭만 보이고 선후 순서는 배열하지 않았다. 또 후대 사람들이 다는 순서와 다르기도 했지만 후에는 점차 사→농→공→상(예를 들면 『管子』「小匡」)이라는 우선순위가 매겨졌다. 맹자(孟子)도 '정신노동'과 '육체노동'이라는 두 종류를 제기하면서 "정신노동자는 남을 다스리고, 육체노동자는 남에게 부려진다"고 하여 정신노동을 하는 사는 통치계층이고 육체노동을 하는 농·공·상은 피통치계층임을 분명히 하였다. 이러한 순서는 몇천 년을 이어왔으며 거의 바뀌지 않았다. 사람들도 왜 농부와 기능공이 물건을 생산해서 정신노동자가 사용하도록 공급해야 하며, 왜 정신노동자들의 일이 하늘 아래 '타인을 통치'하는 것인지에 그다지 큰 의문을 제기하지 않았다.

서방의 봉건 시대에도 유사한 개념이 있었다. 프랑스의 역사가 조르주 뒤비가 그의 『세 가지 질서』[4]에서 세 유형으로 사람을 구분했는데 하나는 전쟁을 하는 귀족, 하나는 생산에 종사하는 일반인, 하나는 하느님에게 기도하는 승려였다. 표현 방식을 약간 바꾼다면 생산자는 곧 '육체노동'자이고, 승려는 '정신노동'자인 것이다. 서양 중세 시대의 사람들은 이것을 절대적인 사회질서로 신봉하였다.

아마도 어떤 사람들은 이하의 견해를 싫어하겠지만 그것은 거의 사실이니, 바로 한대(漢代) 이후의 역사에서 원대(元代)의 이른바 '구유십개'(九儒十丐)[5]라는 일부 특정한 시기를 제외하고는 사의 숭고한 지위가 절대적이었다는 것은[6] 토론할 필요도 또한 질의할 필요도 없었다. 역사상 당연히 사대부에 대해 곤욕을 치르게 하거나 탄압하는 사건도 많이 등장하지만 절대다수 사람들이 사는 사민의 으뜸이라 여겼음은 조금도 논쟁할 여지가 없는 명제였다. 논할 필요가 있는 것은 다만 이러한 절대적이라는 대전제 아래 사의 직능과 임무가 어떠해야 하는지를 반성해보는 것이었다. 그러므로 이 문제를 이해하는 데 가장 편리한 방식은 각 시대 문집의 편집 목차의 분류나 색인 같은 종류의 책을 펴놓고 사와 관련된 조목을 조사하는 것이다. 청대(淸代)를 예로 들면, 적지 않은 글이 훈고(訓詁) 혹은 기타 방식으로 사는 마땅히 어떻게 때로는 자신을 숨기고 때로는 드러내는지의 이상을 논하고 있음을 독자들도 쉽게 알 수 있을 것이다. 사람들도 아마 그가 살던 그 시대 사의 풍조에 불만이 커서 어떤 이는 고함을 질러 나무라며 풀어진 나사를 세게 조이려 했을 것이고, 어떤 이는 사와 사회정치와의 관계를 이상적으로 수정해야만 하는지 등을 논했을 것이다. 그러나 어떠한 경우를 막론하고 청말(淸末) 전에는 지식인이 사의 우위성에 관해 심각하게 의문을 제기한 글은 거의 보이지 않는다.

그러나 청말에 두 가지 관점이 등장하여 급격하게 사의 자아형상을 변화시켰는데, 첫째는 '사민이 모두 선비이다'라는 새 관념이고, 둘째는 이른바 '규범지식'과 '자연지식' 간의 대립이었다.

청말에 서방의 과학기술 지식이 쏟아져 들어와 중국이 좌절을 겪은 이후 전문가 의식이 나타나게 되었다. 그것은 한편으로는 응용적 지식의 기능을 추구하고 다른 한편으로는 분업과 전문성이 강조되면서 기존의 '통유'(通儒)의 이상(理想) 혹은 '군자불기'(君子不器)의 관념을 대신하게 되었다. 그것은 오랜 세월 동안 사회에서 말류로 폄하되던 '백공'(百工)의 지식을 전통 사대부가 추구하였던 지식과 서로 평등한 위치로 끌어올려 치국평천하를 하려면 백공을 기반으로 해야 한다고 여기도록 하였다.

서방의 과학기술 지식이 대거 중국에 들어온 후 거의 두 종류의 지식 형식이 대립하게 되었다. 여기서 페이샤오퉁(費孝通)의 개념을 한 가지 빌리려 하는데, 페이샤오퉁은 "인류가 아는 지식 범위 안에 있는 지식의 성질은 두 종류로 나뉜다. 하나는 사실이 어떠함을 아는 것이고, 하나는 어떻게 사물을 처리해야 하는가를 아는 것이다. 전자는 '자연지식'이고, 후자는 '규범지식'이다"라고 하였다. 그리고 그는 규범지식은 정신노동자가 타인을 통치하는 도구라고 하였다.[7]

과거에는 자연지식과 규범지식을 구분하는 것은 사회적으로나 사상적으로 의미가 없었는데, 처음부터 아예 농민과 기술자들의 자연지식은 사대부가 쳐다보지도 않았던 것으로 결코 대립적 지위를 형성하지 못하였다. "모든 것은 보잘것없고 오로지 독서만이 최고이다"라고 할 때의 책은 주로 사서오경(四書五經)류의 규범지식을 가리켰다. 또한 송대(宋代) 이후의 지식 체계는 기본적으로 『대학』의 팔조목(八條目) 곧 '격물·치지·성의·정심·수신·제가·치국·평천하'를 위주로 하였다. 『대학』 팔조목의 전통 아래서 성장한 지식인에게 격물치지와 수신제가치국평천하의 지식은 연속적인 체제였다. 더욱이 성리학의 전통 아래에서 '격물치지'는 결코 단순히 밖으로 자연지식을 추구하는 것만은 아니라고 여겼다. 그러나 현대 서방의 과학기술 지식이 들어온 후로 사람들은 차츰 이른바 격치와 천하를 치평하는 학문은 다른 것이며,[8] 격치와 사장(詞章)·고

거(考據) 다시 말하자면 자연지식과 규범지식이 다른 것임을 발견하게 되었다.

1. 사민(四民)이 모두 사(士)이다

청말에 '사민이 모두 사'라는 관념이 등장하여 이상적인 현대 국가에서 사는 책을 읽고 과거에 응시하는 소수만의 전용 명칭이 아니며 사람들 모두 교육을 받아야 한다고 여기게 되었다. 증국번(曾國藩, 1811~72)의 몇 마디에 사민이 모두 사대부라는 주장이 함축되어 있다. 그는 "서양인의 학문은 실제를 추구하여 사대부·노동자·군인을 막론하고 모두 글방에 들어가 공부해서 모두 각자의 이론에 밝다"[9)]고 하였다. 그는 '사민이 모두 사대부'라고 말한 것은 아니지만 중국에는 사를 제외하고는 글방에 들어가 공부하는 전통이 없다고 불평은 하였다.

'사민이 모두 사'라는 주장은 매우 간단한 것으로, 곧 사민 가운데 농·공·상도 마땅히 공부를 해서 그들 분야의 전문지식을 추구한다는 것이다. 농·공·상은 대대로 이어오는 전통에만 의지할 수는 없으며 그 안의 지식을 연구해야 하므로 마땅히 사가 되어야 하는 것이다. 곽숭도(郭崇燾, 1818~91)는 고대에 사와 농부·노동자는 서로 동일하였으며 각자 자기의 능력으로 스스로 먹고살았으며, 순(舜)임금과 이윤(伊尹)은 농부였고 전설로는 노동자라고도 하며, 여상(呂尙)은 백정이면서 나무꾼이었으니, 모두가 선비가 될 만하였다고 하였다.[10)] 종천위(鍾天緯, 1840~1900)는 『확충상무십조』(擴充商務十條)에서 사의 정의를 확충할 것을 요구하면서 "상업이 맞는 사가 있고, 노동이 맞는 사가 있고, 농사가 맞는 사가 있다"[11)]고 하였다. 뒤에 량치차오(梁啓超, 1873~1929)는 『변법통의』(變法通義)의 「학교총론」(學校總論)에서 한발 더 나아가 "사가 공부하는 사람을 지칭함은 모든 사람이 다 안다. 그러나 농민 중에 농사를 짓는 사가 있고, 노동자 중에 노동을 하는 사가 있고, 상인 중에 장사를 하는 사가 있고, 군인 중에서 병기를 든 사도 있다. …… 지금은 네 가지 명칭만 있지 사의 실질은 없으니 그 해독이 이 지경에 이르렀다"[12]고 하였다. 이미 곽숭도와 량치차오는 '사민이 모두 사'라는 주장을 분명히 제기했던 것이다. 만약 앞에서 말한 규범지식과 자연지식으로 구분하여 본다면 '사민이 모두 사'라는 것은 사 혹은 '지식인'은 단지 규범지식만 익히는 사람은 아니라는 주장이다.

추구한 것이 자연지식이었든 혹은 규범지식이었든 간에 지금 보면 이것은 얼마나 평범한 관념인가? 그러나 만청 시대에 이것은 지식인을 매우 불안하게 만든 생각으로, 후난(湖南)의 왕카이윈(王闓運, 1832~1916)은 사민이 모두 공부를 하면 위험스러운 것으로 절대 안 될 일이라고 여겼던 것이다.[13]

하지만 '사민이 모두 사'라는 사상은 만청 시대에는 꽤나 영향력이 있었고, 1900년 쩌우룽(鄒容, 1885~1905)의 『혁명군』(革命軍)도 역시 이러한 사조의 영향을 받았다.

> 중국은 인간 집단을 예로부터 사농공상으로 분류하였다. 사는 사민의 으뜸으로 선비라 하고 공부하는 사람이라고 불렀다. 내가 서구인들을 보니 공부를 하지 않는 사람이 없어, 선비가 아닌 사람이 없다. 그러나 중국인들은 특별히 그들을 구별하여 선비라 하고 공부하는 사람이라고 부르므로 나도 이제 선비와 공부하는 사람을 특별히 언급하고자 한다.[14]

쩌우룽의 말은 당시 많은 사람들이 마음속으로 한 생각으로, 구미(歐美)에서는 선비가 아닌 사람이 없으나 중국에서는 사를 독보적으로 보고 사민의 으뜸으로 여김은 잘못이라는 것이다. 이상에서 인용한 증국번·곽숭도·종천위에서 량치차오·쩌우룽에 이르기까지 논의는 수십 년 동안 한 걸음 한 걸음씩 분명히 드러낸 것이다. 그러나 다른 무리들은 이처럼 간단명료하게 직설적으로 말하지 않고 여전히 사는 사민의 으뜸이라는 틀 안에 새롭게 정리하거나 규범지식을 주체로 하는 틀 안에 자연지식을 집어넣으려고 하였다.

왜 이렇게 많은 열정을 쏟았던 것인가? 그것은 사의 우위성을 유지하는 것도 중요하지만 전문지식이 중요한 것도 충분히 이해하고 있었기 때문이다. 그들 중 일부는 '부분화'(compartmentalized)를 차용하여 다루고 있는데, 예를 들어 장즈둥(張之洞, 1833~1909)의 『권학편』(勸學篇)의 '정'(政)과 '예'(藝)의 구분이 그것이다. 그는 이상적인 사는 반드시 '정'(규범지식)과 '예'(자연지식)를 동시에 장악해야 하지만 이 양자 사이에는 앞뒤 순서가 존재하니 정이 예보다 우선한다고 하였다.[15] 왕타오(王韜, 1828~1897)의 "과거제도 이외에 별도로 전문 시험을 설치해야 한다"[16]는 주장도 이 일파의 사상을 대표한다. 이 밖에 다른 사상은 사민이 모두 사라는 것은 승인하지만 사가 배워야 할 것은 '대학'(大學)과 '소학'(小學)이라고 여겼다. 예를 들면 웅역기(熊亦奇)는 이른바 '사민' 이외에 '병'(兵)을 추가하여 '오민'(五民)이 되어야 하고, 이 오민이 배우는 것 중에 대학 부분은 선비만 공부할 수 있고 소학 부분은 전문적인 공부로 사·농·공·상·병이 함께 한다고 하였다.[17] 사는 여타 사민보다 규범지식이란 소양을 더 갖고 있지만 그도 기타 사민과 마찬가지로 모종의 전문지식을 소유해야 하는 것이다.

'사민이 모두 사'를 상술한 조화론자들 중에 누가 당시에 우위를 점했는지 감히 말할 수는 없지만, 우리는 당시에 일종의 신사민관(新四民觀)이 존재하였고 그것이 예로부터 내려온 사→농→공→상의 사민 순서와 점차 충돌하였다는 것은 확실히 알고 있다.

만청 시대는 상인정신의 대두로 "사와 상인은 일이 다르지만 도리는 같다", "훌륭한 장사치가 어찌 큰 선비에 뒤질쏜가?" 등 구식의 사민 질서를 타파하려는 의지가 담긴 견해가 등장하였다.[18] 그러나 사가 사민의 으뜸이라는 사회 가치관이 여전히 존재하였기 때문에 기회가 있다면 여전히 사람들 대부분은 "장사를 그만두고 사가 되기"를 원하였고 혹은 자제를 잘 키워 지식인으로 만들고자 하였다. 만청 시대에는 차츰 사·농·공·상의 지위가 서로 같으며 어느 누가 다른 누구로 전환될 필요가 없다는 여론이 형성되었다. '사민이 모두 사' 외에 만청 시대에 상·공을 기본으로

삼자는 논조도 있었다. 정관잉(鄭觀應, 1841~1923)은 『성세위언』(醒世危言)에서 말하길,

상무(商務)는 국가의 원기이며, 통상(通商)은 그 혈맥을 소통시킨다.[19)]

중국은 농업으로 입국하였고, 서양은 상업으로 입국하였다.[20)]

고 하였고, 또한 말하길,

전부 상업의 도리로 행한다.[21)]

서방 국가의 사·농·공·상 학문을 좇아가면 무형의 전쟁으로 느긋하게 근본을 튼튼히 할 수 있다.[22)]

고 하였다. 그는 서양 학문은 천·지·인의 세 가지 학문으로 나뉘는데 "이른바 인학(人學)은 방언과 문자를 바탕으로 하며, 일체의 정교·형법·식화·제조·상업·각종 기능 등 분야가 모두 인학으로부터 출발하여 매우 발전하였다"[23)]고 하였다. 왕타오는 '상업국본론'(商業國本論)을 주장했고, 쉐푸청(薛福成)은 "상업이 사민의 바탕을 장악한다"고 하였으며, 쑹수(宋恕, 1862~1910)는 "동서양의 문명국은 사농공상의 천하"[24)]라고 하여 현대 국가의 농·공·상의 중요성을 매우 분명하게 부각하였다.

앞에서 인용한 몇 문장은 사민이 똑같이 중요함을 제창하였을 뿐 아니라 은연중에 상이나 공을 사의 위에 두었다. 앞에서 인용한 곽숭도의 『양지서옥문집』(養知書屋文集)에 나오는 언급을 예로 들면, 마지막 몇 구는 당송(唐宋) 이후 사가 한민(閑民)이 되어 자신의 힘으로는 먹고살 수가 없게 되었으므로 사라는 명칭이 사라졌다고 하였다.[25)] 상업을 근본으로 삼든 혹은 선비가 자신의 힘으로 먹고살 수 없어 사의 명칭이 이에 사라졌든 매우 격렬한 주장이었다. 옌푸(嚴復, 1854~1921)는 1895년에 발표한 유

명한 글「구망결론」(救亡決論)에서 역시 '쓸모' 여부로 사의 지위를 결정하였다. 그는 우선 "인재 구하기와 학문 양자는 모두 쓸모를 으뜸으로 삼아야 한다. 그리고 쓸모의 효용은 부강으로 증명되고, 부강의 기초는 격치를 근본으로 한다"[26]고 하였는데, '격치'가 바로 자연지식이고 쓸모가 있어 부강으로 이끌 수 있으나 규범지식은 그럴 수가 없다는 것이다. 그러므로 그는 이 장문의 글에서 대대적으로 사를 비평하면서 사는 "놀고먹는 사람"이며 "선비란 진실로 백성들의 좀벌레"[27]라고 선언하고, "내가 한마디로 단정컨대 쓸모가 없다"[28]고 하였다. 청말에 쩌우룽은 중국 지식인은 쓸모가 없을뿐더러 또한 우둔하며, 백성들의 어리석음은 그들이 공부를 하지 않아서이지만 선비들의 어리석음은 책을 잘못 읽었기 때문으로 우둔한 정도가 백성들을 뛰어넘는다고 하였다.

> 중국의 선비란 실로 골골해서 생기가 없는 사람인데 왜인가? 백성의 아둔함은 배우지 않아서이고, 선비의 아둔함은 배우지 않아야 할 것을 배워서 더욱 아둔하게 되었다.[29]

만약 우리가 위의 논의를 간단히 결론짓는다면, '사민이 모두 사'라는 관념의 대두와 사대부의 마음속에 있는 규범지식을 위주로 하는 전범(典範)의 몰락이 서로 번갈아 가면서 두 개의 중심축을 형성해왔다고 하겠다. 과거에 경시되었던 자연지식이 점차적으로 규범지식과 평등한 지위를 획득하였을 뿐만 아니라, 서서히 자연지식의 지위가 오히려 규범지식을 압도하려 하자 사는 고개를 돌려 자신의 위상을 반성하고 자문하게 되었다. 당시 중국에는 전문지식을 가진 사람이 사실상 매우 드물었다. 그러나 실제적 숫자가 결코 사의 '자아형상'을 변화시키는 데 영향을 주지 않았으며, 자신을 평가하는 사의 기준에도 영향을 주지 못하였다. 이런 종류의 자아에 대한 심각한 질의는 양심적 죄책감에 중요한 출처가 되었다.

2. 관(官)·학(學) 합일의 중단

어떤 측면에서는 1905년 과거시험의 폐지는 자연지식과 규범지식이 갈라진 시점으로, 만청 최후 몇십 년의 여론과 현실이 끝내 자연지식으로 하여금 규범지식의 지위를 압도하여 무너뜨린 계기가 되었다.

과거제 폐지는 시대의 획을 긋는 대사였다. 그것은 지식인들을 위해 많은 새로운 길을 열어주었다. 지식인들은 일생 동안 과거시험을 위한 한정된 몇 권의 책만 파고들지 않아도 되었고, 각종 지식을 자유롭게 섭렵할 수 있게 되었다. 지식인들은 또한 성공을 향한 유일한 좁은 문을 비집고 들어가지 않아도 되었으며, 길이 무한히 넓어져서 각종 전문가가 될 수 있게 되었다. 그러나 어떤 이는 집 앞의 강에 작은 배를 띄워 광활한 세계로 항해했지만 어떤 이는 그 강을 자기와 외부 세계를 가로막는 천연의 장애물로 여겼다. 과거제도의 폐지는 대부분 사람들에게는 앞날을 파괴하는 것이 되었고 규범지식만 지니고 자연지식이 없는 구식 지식인이 사회의 주변으로 내몰리는 계기가 되었다. 과거제도의 폐지는 관·학 합일의 전통을 중단시켜서 일부 사람들에게는 해방이었지만 대다수 지식인에게는 사를 떠돌이 계층으로 몰아내는 것과 같았다. 장멍린(蔣夢麟, 1886~1964)은 『서조』(西潮)에서 그의 소년 시절 동창 중에 과거시험 공부를 열심히 했고 성적이 우수했던 친구 대부분이 폐인이 되어 일생을 마쳤고 구식 학문에 별반 성취가 없었던 그 자신은 도리어 휘황찬란하게 출세 가도를 달렸다고 하였다. 그의 말을 빌려본다. "나의 이러한 화근은 훗날 도리어 복덩이가 되었으나 선생님들이 인정한 일부 동창들의 복덩이는 결과적으로 모두 화근임이 증명되었다."[30]

비록 집필 연대가 1920년대로 오래되었지만 취추바이(瞿秋白, 1899~1935)가 『아향기정』(餓鄕紀程)에서 형용한 이른바 "파산한 사(士)"는 사의 경제생활의 붕괴란 점에서 참고할 만한 가치가 있다고 생각된다. 취추바이는 그 자신이 눈먼 파리가 이리저리 몸을 던지듯 동분서주하며 생활의 출로를 찾았으나 "자신이 파산한 '사'라는 하나의 사회 현상인 줄은 몰랐다!"31)고 말하였다. 사의 경제적 곤란은 두 가지 원인이 있었다. 하나는 과거제도 폐지 후 적응을 못한 선비가 헤매고 방황했기 때문이고, 또 하나는 구식 지식인을 지탱한 전통적 종족과 농업 경제가 서구 상품의 대량 유입에 따라 파산했기 때문으로, 이 두 가지 원인에 의해 구식 지식인은 내동댕이쳐졌다. 취추바이는 이 글로 자기 자신을 묘사하였는데, 과거제도가 폐지될 당시 겨우 7세였으므로 과거제도 폐지로 직접적인 영향을 받지 않았을 것인데도 그마저 그렇게 심각하게 느낄 지경이었다면 늙은 세대들의 경우는 어떠했을지 짐작이 간다.32) 감히 현실의 곤경이 필연적으로 사의 자기 폄하를 야기하였다고 말할 수는 없겠지만 반드시 명심해야 할 것은 1905년 과거제도의 폐지는 공전의 사건이었으며 그 파괴력 또한 공전의 것으로 사의 '무능'을 더욱 선명하게 부각했다는 점으로, 이것이 선비의 자기 폄하와 전혀 관계가 없을 수는 없다.

3. '무능'에서 '부도덕'까지

'쓸모'가 없어 자기 폄하를 야기한 것을 제외하고 청말의 일부 지식인은 도덕적 측면에서 사의 수준을 재어보아도 사가 사민의 모범이 된다는 말 따위는 근본적으로 근거가 없다고 보았다. 당시 사의 도덕적 수준은 최고가 아니었을 뿐만 아니라 아마도 사민 가운데 가장 낮았을 것이다. 이것은 지식인이 스스로에게 반기를 든 새로운 눈높이였다. 장타이옌(章太炎, 1869~1936)은 1906년의 『혁명도덕설』(革命道德說)에서 도덕적 선악으로 사 집단을 포폄하였다.

장 씨의 이 글은 당연히 시대적 배경을 바탕으로 한 것이다. 그는 명백하게 량치차오가 『신민설』(新民說)에서 처음부터 '공도덕'이 '개인 도덕'보다 중요하다고 강조한 몇 편의 문장을 반박하였고 동시에 당시 혁명지사의 도덕적 수준이 낮은 것도 겨냥하였다. 그는 글에서 혁명당원은 우선 개인 도덕을 갖춰야 하며 개인 도덕이 없으면 공도덕을 거론할 자격도 없다고 보았다. 그는 도덕의 정도는 직업에 따라 변한다고 하였는데, 당시 중국인을 농민·노동자·행상·좌판상·학구(學究)·예사(禮士)·통인(通人)·항오(行伍)·서도(胥徒)·막객(幕客)·직상(職商)·경조관(京朝官)·방면관(方面官)·군관(軍官)·차제관(差除官)·고역인(雇譯人) 등 열여섯 종류로 나누었다. "직업이 모두 16등급이니 그 도덕의 차례도 역시 16등급이 되며", 또한 직업이 높고 지식 수준이 높을수록 도덕 수준은 더욱 낮았다. 도덕의 고하를 결정하는 표준은 "품행 방정한가, 약속을 중히 여기는가, 생사를 가볍게 여기는가"였다. 이렇게 간단한 표준으로 따져 보면 농민이 가장 높았고, 노동자·행상·조판상·학구·예사는 비록 각자 결점이 있지만 모두 도덕을 잃지 않은 자들이었으나, 통인 이상은 도덕이 부족한 범주에 들어가기 시작하였다! 그는 "그러므로 이 열여섯 종의 직업을 가지고 도덕적 순서를 매기자면 예사 이하는 모두 도덕적 범주에 들어가고 통인 이상은 부도덕한 자가 많다"고 하였다. "요점을 말하자면, 지식이 더욱 많을수록 권력과 지위가 더욱 높을수록 도덕과는 더욱 멀어진다." 또한 그는 "오늘날 예사·통인과 함께 있으면 필히 학구와 함께 있는 즐거움만 못하고, 학구와 함께 있으면 필히 농민·노동자·행상·좌판상과 함께 있는 즐거움만 못하고, 직업이 있는 장정과 함께 있으면 직업이 없는 아동과 함께 있는 즐거움만 못하다"[33)]고 하였다.

 통인은 도덕의 높고 낮음을 가르는 경계선으로, 통인 이상은 나쁜 사람이고 통인 이하라야 비로소 좋은 사람이었다. 누가 통인인가? "통인이란 여러 가지, 예를 들어 고증학·이학·문학·외국학에 통달한 사람으로, 때로는 두 가지를 겸하기도 한다. 고증학을 하는 선비는 탐욕이 많고, 이학을 하는 선비는 속임수가 많고, 문학을 하는 선비는 다분히 음란하고, 외국 학문에 이르러서는 여러 가지를 아울러 지닌다." 또한 "통인은 대부분 덕행이 없는 편이다"[34)]라고 말하였다. 그러므로 덕행이 없는 사람 속에 전통 학문을 다루는 사람뿐만 아니라 심지어 서양 학문에 밝은 사람도 포함되는 것이다.

 장타이옌은 어떤 측면은 말하지 않았는데 그 뜻은 전문기술에 의지하여 생계를 유지하는 사람들은 비교적 도덕적이고 전문기술이 없거나 직업 자체에서 사회적 왕래가 너무 많은 사람은 도덕 수준을 대부분 유지할 수 없었으며, 사회화가 심할수록 도덕 수준은 더욱 낮았다.

그는 또한 도덕적인 여섯 종류의 사람들이 만약 지식을 가지게 되면 그들의 도덕적 품성이 사라지기 시작한다고 말하였다. "가령 농민이 능숙한 농민이 되고, 노동자가 능숙한 노동자가 되고, 상인이 능숙한 상인이 된다면 도덕 또한 담보할 수 없게 된다. 학구·예사가 통인이 되고 업무 지식이 생겨나서 실행에 옮길 즈음이면 그의 도덕 또한 허망하게 없어진다."[35] 이것은 참으로 기괴한 기준으로 지식이 생겨날수록 도덕은 더욱 없어지고, 능숙한 농민, 능숙한 노동자, 능숙한 상인이 될수록 도덕을 더욱 담보할 수 없게 된다. 그러므로 졸박함이 좋은 것이고 지식은 나쁜 것이며, 지식인은 지식을 소유한 사람이므로 도덕상으로 문제가 있는 사람인 것이다.

흥미롭게도 그는 학구와 통인을 대립시켰다. 학구는 원래 비웃음을 샀으나 여기에서는 비교적 높아졌고, 통인은 원래 유가의 이상이었으나 여기에서는 가장 비도덕적인 인간이 되어버렸다. 그러나 통인 이상은 대부분 관리가 되길 추구하였고, 그가 가리킨 이들의 벼슬하는 길은 대부분 권세가에 빌붙어 명리를 도모하는 방식으로 이것은 유가의 최대 문제가 "명예와 이익에 탐닉하는 것"임을 말해주는데, 그는 "사가 벼슬을 목표로 삼는 것은 더 이상 통하지 않는다"고 여겼다. 그는 과거제가 막 폐지되었을 때 이 글을 썼는데 관학합일(官學合一)의 전통은 잘못되었다고 말하는 것 같다.

장타이옌이 사에 대하여 조금도 사정을 두지 않고 비판한 것은 당연히 그의 '유'(儒)에 대한 연구 및 비판과 분리할 수 없다. 『제자학약설』(諸子學略說)에서 그는 사사건건 "유가의 병통은 마음을 온통 부귀와 봉록에만 쏟는 데 있다"[36]고 하였고, "유가가 명예욕에 빠져 있음을 확연히 알 수 있다"[37]고 하였으며, "군자는 늘 중용의 도를 지켜서 때에 따라 나서기도 하고 때에 따라 겸양한다. 그러므로 도덕적으로 반드시 옳음을 추구할 필요도 없고 이상적으로 반드시 옳음을 추구할 필요도 없으며, 오로지 실천하기 편리한지만 따지면 그만이다. 유가의 도덕을 실천에 옮기느라 고생이 심한 자는 절대로 없어도 이리저리 출세할 줄을 쫓아다니는 자는 도처에 널려 있다"[38]고 하였다. 또한 "유가들이란 이익을 좇는 것에 열중하여 여태껏 종횡가의 책사를 겸하지 않는 자는 없었다"[39]고 하였다. 만약 『혁명도덕설』과 위에서 말한 몇 마디의 말을 비교한다면 도덕 유무의 판단 기준은 동일하게 '고생이 심하든지', 언행일치가 되든지, 행동하면 반드시 성과가 있든지 하는 것이다. 그러나 유가에게 익숙한 것은 현실에 아무런 보탬이 되지 않는 사서오경뿐이었고, 또한 생계를 유지할 전문기술이 없으면서 허장성세로 이른바 치국평천하의 지식을 팔면서 자신의 신분을 유지하던 터라서 단지 이익 추구에만 열심이고 줄을 찾기에 분주할 뿐이지 원칙을 고수할 줄 몰랐다.

장타이옌의 중국 사회 각계각층에 대한 도덕 품질 분석은 그의 만청 선비들에 대한 직접 관찰과 관계있지만(그중에 캉유웨이 등 공교 인물에 대한 불만도 포함된다), 그의 반성과 비판 또한 다름이 아니라 '사'라는 구식 방식은 통하지 않으며 이러한 계층이 존재할 필요가 없음을 가리킨다.

사에 대한 실망은 이 집단 지식인들의 희망을 다른 계층으로 돌리게 하였으니 곧 하층 백성이다. 이러한 사고를 조성한 원인은 매우 많아 여기에서 자세히 논의할 수 없다. 청말에 떠오른 사회주의 사상, 특히 무정부주의는 당연히 관련이 있으며,[40] 이 사상을 언급한 김에 당시의 사상 괴걸 쑹수(宋恕)를 다시 거론하고자 한다. 그는 명백하게 농후한 사회사상을 품고 있었다. 그는 일찍이 놀랍게도 "빈민이 나서서 도통을 결정해야 한다"[41]고 주장하였고, "사대부의 품평은 근거가 없어 농사꾼과 짐꾼이 가리는 참된 시비보다 훨씬 못하다"[42]고도 주장하였다. 아깝게도 그는 이러한 사상을 충분히 발전시키지 못하여 그 깊은 뜻을 파악하기가 쉽지 않다.

쑹수·장타이옌과 시대가 비슷한 '백화도인'(白話道人) 린셰(林獬, 1874~1926)는 "현재 중국의 지식인은 아무런 희망이 없다"고 주장하였다. 백화도인은 『중국백화보』(中國白話報)의 발간사에서 한편으로 말하기를, 이 신문사가 계속 돌아간다면 3년이 못 가 "보증하건대, 농사꾼·수공예꾼·장사꾼·군인 및 아이들·부녀들 저마다 깨우치고, 저마다 학문이 증진되고, 저마다 식견이 증진될 것이니, 그러면 중국의 자강은 실로 유망하다"고 하였다. 또한 동시에 "아이고! 현재 중국의 지식인은 아무런 희망이 없다! 희망이 있는 것은 모두 우리의 몇몇 농사꾼·수공예꾼·장사꾼·군인 및 열몇 살의 어린 청년·아가씨들이다. 우리 세대 사람들이 몰랐다면 그만이지만 만약 천하의 대세를 알고 중국의 시국을 꿰뚫어 보았다면 보는 즉시 실천에 옮겨야지 저들 지식인처럼 자신도 믿지 않으면서 큰소리만 치고 글을 지어 마구 떠벌리면서 게다가 날마다 욕지거리만 해대지 말아야 한다"[43]고 하였다. 우리는 당연히 백화도인이 하층 백성들에게 널리 신문을 보급하기 위하여 이렇게 백성들과 영합하는 말들을 하였다고 짐작이 되지만, 하층 백성을 향한 영합과 격려에 반드시 지식인 폄하가 들어갈 필요는 없었다. 같은 시대에 백화신문을 운영하였던 천두슈(陳獨秀, 1879~1942)가 그의 『안휘백화보』(安徽白話報)를 선전할 때는 이런 말은 하지 않았다.

4. "나는 매우 미안하게도 현재 아직도 노동자가 아니다"

지식인의 자기 폄하와 자아 주변화는 두 단계로 나눌 수 있다. 앞 단계는 '사'였고, 뒷 단계는 '지식인'이었다. 앞 단계는 현실 환경의 강요에 의해서 나왔고, 뒷 단계는 러시아 혁명 사조의 영향으로 지식인의 자아형상이 변화함에 의한 것이다. 앞 단계에서는 의견이 분산되었고, 뒷 단계에서는 의견이 비교적 집중되었다. 앞 단계에서는 사의 품격이 없고 쓸모가 없는 측면이 강조되었지만 뒷 단계에서는 지식인이 된 그 자체가 유죄라고 강조되면서 혹자는 지식인이 되지 않고 노동자가 되는 것이 이상적이라고도 했다. 이 당시 사람들이 지향한 것은 '사민이 모두 선비'가 아니라 '사민이 모두 노동자'였다. 그들은 결코 사민 평등을 주장하지 않았고 사가 사민의 말단이라고 여겼다. 이 단계는 신문화운동에서 시작되었거나 혹은 러시아 혁명 성공 이후라고 해야 한다.

러시아 혁명은 중국의 사회주의자에게 강심제를 한 대 놓아주었다. 리

리다자오(李大釗, 1889~1927)는 러시아 혁명이 성공하였다는 소식이 전해진 이후 『신청년』(新靑年) 5권 5호에 「서민의 승리」(1918년 11월 5일)를 발표하여 앞으로의 세계는 노동자의 세계가 될 것이라고 하면서, "우리는 이런 조류를 모든 사람마다 노동자가 될 기회로 이용해야 하며", 동시에 "우리는 이 시대에 서민이 되어야 하고, 이 시대에 노동자가 되어야 한다. 여러분이여! 빨리 일하러 가자!"[44]고 하였다.

베이징 대학 교장 차이위안페이(蔡元培, 1868~1940)는 「노동은 신성하다」라는 글 한 편을 발표하였는데, 그는 이렇게 말하였다.

> 사용하는 것이 체력이든 머리이든 모든 것이 노동이다. 그러므로 농민은 씨를 뿌리고 가꾸는 노동자이며, 상인은 바꾸고 운반하는 노동자이며, 학교 직원·저술가·발명가는 교육하는 노동자이며, 우리 모두가 노동자이다.[45]

'사민이 모두 선비'에서 '사민이 모두 노동자'까지 전후로 겨우 몇십 년이 지났을 뿐이다.

러시아 혁명 성공 이후 얼마 지나지 않아 5·4운동이 일어났다. 5·4운동은 지식인을 주체로 하는 운동이며, 이 두 가지 사건은 이 당시 지식인과 관련된 문제를 두고 두 가지 견해가 생겨나게 하였는데, 하나는 지식인이 사회의 중심이라고 여기는 것이고 다른 하나는 노동자야말로 사회의 중심이라고 여기는 것이었다. 당시 지식인의 마음속에는 이 두 가지 상호 모순된 생각이 늘 존재하였고, 당연히 이 양자가 손을 잡아야 한다는 주장도 있었다. 리다자오는 1920년에 발표한 「지식집단의 승리」라는 글에서 노동계급과 지식계급은 손을 잡고 협력해야 한다고 하였다. 그는 이 글에서, 5·4 이후에 "지식계급의 승리는 이미 점점 사실로 증명되었다. 우리는 지식계급이 민중의 선구가 되고 민중이 지식계급의 후방 방패가 되기를 매우 기대한다"고 하였다. 하지만 그는 한 걸음 더 나아가 "지식계급"은 "일부분 민중에게 충성하는 민중운동의 선구자"[46]라고 정의하였다. 이렇게 많은 말을 한 다음 그는 민중 주체론 중 민중과 관련을 맺지 않는 지식인은 지식계급이 될 수 없다고 하면서 결코 포기하지 않았다.

　리다자오의 사상은 당시 청년학생 사이에 매우 영향력이 있었다. 뤄자룬(羅家倫, 1896~1969), 푸쓰녠(傅斯年, 1896~1950) 등 『신조』(新潮)의 영수는 당시에 그의 영향을 받지 않을 수 없었다. 1919년 베이징 대학을 졸업한 푸쓰녠은 산둥(山東)의 고향 집에서 훗날 발표하지 못한 원고 「시대적 서광과 위기」라는 글을 썼다. 그는 "그러나 제멋대로 도적질한 것이 어찌 오로지 제왕과 귀족 신사라는 고귀한 호칭뿐이겠는가? 우리 일하지 않고도 먹는 사람들은 사회에 희생하는 무산계급에게도 도적질을 한 자들이다. 앞으로 그들이 우리의 운명을 혁신하는 것과 우리 이전 사람들이 제왕과 귀족의 운명을 혁신한 것은 같은 종류의 운동이다"[47]고 하였다. 이전의 사 또한 "일하지 않고 먹는" 자이나 그들은 땀에 젖은 농민과 노동자를 보면서도 마음이 편치 않거나 미안하다는 느낌은 전혀 없었다. 하지만 새 시대 젊은이들의 생각은 달랐다. 그들은 신사상의 세례를 받았으므로 고대로부터 불변하는 현상을 볼 때 마음속 반응은 확연히 달랐다.

　푸쓰녠과 함께 베이징에 있으면서 낭만적 색채를 지녔던 왕광치(王光祈, 1892~1936)는 좌파 사상과 '신촌주의'(新村主義)의 영향을 받아 1918년 6월에 리다자오 등과 함께 소년중국학회(少年中國學會)를 발기하였다. 1919년 왕 씨가 「소년중국학회의 정신과 그 진행 계획」에서 당시 뜻 있는 청년들을 육성한 이 단체를 묘사하기를, 중국을 개조할 가장 큰 희망은 '중국 노동자'이며, 그들이 이루려는 것은 계급이 없이 "지식계급인 동시에 노동계급"이 되는 이상사회이고, "우리 자신은 노동자이면서 노동계급의 일원"으로 이 사회 안에서는 지식인과 노동자가 함께 있다고 하였다.[48] 왕광치 자신이 지식인이면서도 "노동계급의 일원"이 되기를 희망한 것은 상당히 주목할 만하다. 1919년 말 그는 베이징에서 공독호조단(工讀互助團)을 발기하여 '학자'이면서 '노동자'인 이상적인 생활을 실험하였다. 마오쩌둥(毛澤東, 1893~1976)은 소년중국학회에서 구성원 각자의 옷을 빨아주고 동전 한 닢을 받는 것을 발기해서 북경공독단(北京工讀團)의 '노동자'와 '학생'을 일체화하는 것을 충분히 체험하였다. 비록 북경공

독단과 각지의 호응 조직이 불과 몇 개월 만에 실패를 선고하고[49] 왕광치도 얼마 안 가 국외로 유학을 떠나 끝내 독일에서 죽었지만, 이 사회단체가 당시 청년에게 끼친 영향은 매우 컸다. 어떤 이는 "지식인은 무엇인가? 그래봐야 '사지를 놀리지 않고 오곡조차 구분 못하고', 쓸모가 없는 데다 분수도 지킬 줄 모르는 사회의 좀벌레 인간이 아닌가? 말이야 고등교육을 받은 인간이라고 떠들어대지만 집에 돌아가면 삽을 잡거나 도끼와 끌을 들거나 주판을 치켜들 수 있는 자가 몇이나 되겠는가?"[50]라고 하였다.

이러한 분위기에서 항저우(杭州)에서 온 예민한 청년 스춘퉁(施存統, 1898~1970)은 당시 새로운 풍조에 대하여 매우 민감하였고 신문화운동 때에는 대담하게도 「효도 비판」이란 글을 써서 항저우 정부 당국이 저장(浙江)제일사범학교를 탄압하는 사태를 야기하였다. 그러나 이 시기의 스춘퉁 역시 이러한 새로운 풍조를 민감하게 느꼈으며 이렇게 번뇌하면서 개탄하였다.

매우 미안하게도 나는 현재 아직 노동자가 아니다.[51]

5·4운동을 즈음해서 '계급'이라는 이 개념은 기성 개념을 해명하는 또 다른 주요 무기가 되어 그들의 논설은 갈수록 세밀해졌는데, 예를 들어 리다자오는 '평민정치'는 잘못되었다고 하였다. 그는, 평민정치의 애매함이 인민의 반을 차지하는 부녀를 배제할 수 있으며 아울러 대다수 무산계급의 남자를 '평민'에서 배제하기 때문에, 그가 요구하는 것은 '노동자정치'(Ergatocracy)라고 하였다.[52] 그러나 좌파로 전향한 이후 논조가 날로 격렬해진 천두슈가 현재와 장래의 국민운동을 언급할 때, 주요 동력은 상인·노동자·농민이지만 지식계급의 '연쇄 작용'도 무시할 수 없으며, "바로 지식계급은 특수한 경제적 기반이 없으므로 고정불변의 계급성이 없다"고 여겼다. 마땅히 지식계급이 노동자를 위해 정치에 봉사해야 한다.[53]

1927년에 왕궈웨이(王國維, 1877~1927)가 자살한 후 구제강(顧頡剛, 1893~1980)이 『문학주보』(文學週報)에 추도문을 발표하였는데, 한편으로는 왕 씨를 추도하면서도 한편으로는 그를 나무랐다. 그는 학술 연구 작업은 "노동하는 것"처럼 해야 한다고 말하고, "우리는 일종의 기풍을 조성해서 학자를 사대부계급에서 분리하여 노동자계급에 편입시켜야 한다"고 하였다. 이 말은 두 가지 의의가 있다. 곧 학술 연구는 노동자가 일을 하듯이 해야 하며, 또한 "그들의 지위는 토목공·석각공·농부·여방직공의 지위와 같으며, 그들 모두 자기의 능력으로 재료를 수집하고 수많은 새 물건을 만들어낸다. 그들은 모두 노동자이며 모두 어떠한 신비도 없다." 당연히 "학자들을 사대부계급에서 분리하여 노동자계급에 편입시키므로", 그래서 사람들이 글을 쓰는 사람에게 어떠한 신성함이 있어 반드시 관리가 되어야 하고 또한 사회에서 반드시 "민중의 지도자로 떠받들어지게 마련"이라고 생각할 필요가 없으며, 학문 연구와 관리가 되는 것은 전혀 다른 일이다. 지식인은 반드시 '민중'과 함께 있어야 하는 것이라고 하면서 그는 왕궈웨이를 반면교재(反面敎材)로 삼아 비판하였다. 왕궈웨이는 젊은 시절 이미 일본에서 변발을 잘랐고 민국이 성립한 후에 도리어 변발을 길렀으며 끝내 청나라를 위해 순국하였는데, "이것은 곧 그가 민중으로 자처하지 않으려고 고의로 차별화하여 허장성세로 자신의 고고함을 알려 사대부계급의 존엄을 유지하려는 확실한 증거이다. 이따위 사상에 우리는 절대 동정을 표할 수 없다"[54]는 것이다. 구제강은 원래 왕궈웨이의 제자가 되려고 하였으나 여기에서는 도리어 견책을 하였는데 그 주된 원인은 지식인들은 적극적으로 그들이 좋지 않다고 여기는 신분이 되어야 했고 사대부로 자처하는 것을 부끄러운 짓으로 여겨 '노동자'나 '민중'이 되어야 했지만 왕궈웨이는 도리어 사대부를 유지하려는 자세를 취했기 때문이었다.

몇 년 동안의 선전을 거쳐 "노동은 신성하다"는 논조가 이미 정착하였다. 당시의 각종 신문·잡지를 들춰 보면 모두 "매우 미안하게도 나는 아직도 노동자가 아니다" 혹은 "오로지 내가 노동자이길 바란다"와 유사한 투의 말을 어렵지 않게 볼 수 있으며, 단지 글에서 이같이 극적인 문장이 없을 뿐이었다. 좌파 지식인은 이러한 주장에 매우 민감하였는데, 여기에

선 윈다이잉(惲代英, 1895~1931)의 예만 들면 그는 '사대부구국론'(士大夫救國論)자들을 도처에서 비판하였다. 1924년 10월 청년당 국가주의파에서 『성사주보』(醒獅週報)를 출판하였는데, 이 간행물은 단도직입적으로 공산주의를 반대하였다. 그는 다음 해 4월 25일의 「성사파를 평함」에서 "『성사주보』가 출판된 이후 나에게 그들을 찬성하지 않는 이유가 한 가지 더 늘었으니 곧 그들의 '사대부구국론' 때문이다. 그들은 사·상계급을 매우 중요하게 여겼으나 농·공 평민의 역량은 간과하였다", "그들의 뜻은 단지 이러한 사대부 무리는 너무 엉망이니까 달리 좋은 사대부 무리로 바꾸면 된다고 말한다"고 하였다. 그는 또 "이삼십 년 사이에 캉유웨이(康有爲)·량치차오·장싱옌(章行嚴)·황옌페이(黃炎培)·후스(胡適) 등의 무리가 모두 한때 사대부구국론의 영수가 되었으나 하나하나씩 타락하여 지나간 인물이 되어버렸다"[55]고 하였다. 청년당 영수 쭤순성(左舜生, 1893~1969)은 곧바로 5월 16일 『성사주보』 32호에 「공산당에 답하고 겸하여 윈다이잉 군에게 묻는다」를 발표하여 그들은 결코 사대부구국론을 제기한 적이 없었고, 윈다이잉에 대해서는 우리의 주장을 억지로 사대부구국론이라고 단정한 것을 이해하지 못하겠으며, 아울러 역으로 비꼬기를 공산당은 대학교장·교수 및 대학생이 청년을 이용하고 노동자·농민계급을 이용해서 "정권을 탈취할 무기로 삼는 사대부이다"[56]라고 하였다. 글이 발간되자 윈다이잉이 또 『중국청년』(中國靑年) 82기(1925년 7월 18일)에서 "우리는 꿈에서라도 감히 '사대부'라고 자처하지 않으며, 더욱이 감히 '사대부에 의지해 구국'하겠다고 자처하지도 않았다"고 하였다. 그는 여전히 사대부가 때때로 매국노가 된다는 것을 강조하고, 동시에 쭤순성에게 "그래도 사·상계급을 미신하는 공상을 버리고 우리가 주목하는 하층계급과 함께 그들의 감독하는 역량을 발전시키는 일에 참여하시오!"[57]라고 하였다.

    같은 해 7월, 다이지타오(戴季陶, 1891~1949)가 「국민혁명과 중국 국민당」을 발표하였고, 글 중에서 최소한 앞으로 50년은 중국의 정치가 "삼민주의(三民主義)를 신봉하는 중국 청년의 손"에 완전히 장악될 것이라고 언급하였다.[58] 취추바이가 곧장 『향도』(嚮導)에서 그의 그 유명한 「중국 국민혁명과 다이지타오주의」(1925)를 발표하여 다이지타오는 "정치권력이 이른바 삼민주의 청년(지식계급)의 손에 장악된 이후에 자연히 민주주의가 될 것"[59]이라고 여긴다고 비난하였다. 이상 논쟁으로부터 당시 사상계가 이미 확연하게 두 편으로 갈라졌고, 5·4 이후 '청년'이 유행하였으나 이 시기는 청년만으로는 부족하였으며 노동자만이 역사와 미래 방향의 중담을 짊어질 수 있음을 반드시 인정해야만 하였다. 그리고 그들을 고취하는 것은 당연히 예외 없이 지식인이었다.

5. "거짓 지식계급"

내가 본 많은 관련 글 중에서 가장 대표적이라고 여기는 한 편은 타오싱즈(陶行知, 1891~1946)의 『'거짓 지식'계급』(1927)이다. 그는 존 듀이(John Dewey, 1859~1952)의 가르침을 받아 그의 "생활이 곧 교육"이라는 종지를 숙지하였다. 또한 그는 당시 좌익 지식인의 사상에 상당히 공감하였고, 그러므로 한때 세상을 뒤흔들었던 이 『'거짓 지식'계급』은 위에서 서술한 두 가지 사상의 집합체이며, 거기에다 청대 유가인 안원(顔元, 1635~1704)의 색채를 약간 더한 것이었다.

타오싱즈 사상의 발전 역정과 그 사업은 당연히 위에서의 설명보다 훨씬 복잡하다. 그의 사업은 향촌 교육을 위주로 하며, 그의 이상은 전국 2,600개 향촌 농민 모두가 교육을 받는 동시에 학교를 사회 개조의 중심으로 삼는 것이었다. 그는 이러한 목표를 달성하기 위해서는 전통 교육과 외래 교육 모두 안 된다고 보고, 차츰 "교(敎)·학(學)·행(行) 합일"의 방법을 모색하고 또한 가르치고 배우고 실천하는 세 가지 사이에 쉼표가 있어서는 안 된다고 강조하였는데, 이 세 가지는 하나이기 때문이라는 것이었다.[60] 이런 투의 이론이 점점 무르익을 즈음 그는 효장사범(曉莊師範)을 설립하였고, 효장사범을 창립한 지 1년 후에 『'거짓 지식'계급』을 발표하였다. 이 장편의 글에서 타오싱즈는 '지식'을 '은행'과 동일시하여 만약 지식이 실제 생활에서 아무런 작용을 하지 않으면 "화폐를 마구 찍어내는 것"과 같다고 하였다. 서방의 실용주의는 '사상'은 한 장의 수표라고 강조하면서 비실용적 사상은 곧 현금으로 바꿀 수 없는 수표와 같다는 것이다.[61] 만약 다시 페이샤오퉁의 '규범지식'과 '자연지식'을 가지고 비춰 본다면 타오싱즈의 '참지식'에 대한 정의는 때로는 만청 이래로 '자연지식'을 강조하였던 사람보다도 더 협의적이다. 그는 말하길,

> 경험에서 우러나온 글만이 참된 문자지식이고, 무릇 경험에서 우러나오지 않은 글은 모두 거짓 문자지식이다.[62]

이것은 자기도 모르게 자연과학 중 비교적 심오한 부분을 배제한 꼴이 아닌가? 그가 비판하는 '거짓 지식'이란 바로 구식 지식인에게 익숙한 '규범지식'이다.

> 거짓 지식은 위조 수표와 마찬가지로 반드시 특수한 세력의 보증과 보호를 받아야만 존재한다. '거짓 지식' 계급은 특수 계급이 만들어낸 것으로, 이 특수 계급이 중국에서는 바로 황제이다.[63]

그는 황제가 쓸모없는 거짓 지식을 보호하는 이유는 그들이 강산을 자손만대의 재산으로 만들어주기 때문으로 필히 이들 지식인을 거둬들여야 하며, 거둬들이는 방법은 이 지식인들이 참지식을 버리고 거짓 지식을 취하게 하는 것이라고 하였다.[64] 훗날 페이샤오퉁의 『'지식집단'을 논함』 중에서도 유사한 논점이 등장하였는데 '규범지식'은 황제의 보호에 힘입어 번성해갔다고 한다. 타오 씨가 또다시 말하기를, "거짓 지식의 공부는 깊게 파고들면 들수록 먹고사는 문제는 더욱더 잘 해결되었으며",[65] 또한 모든 가정 교육은 그들의 어린 자제를 황제가 쳐놓은 덫에 걸리도록 내몰았다고 하였다.[66]

이러한 지식은 제왕에게만 별도의 의미를 지녔을 뿐이고, 이를 제외하고는 돈을 주고 살 사람이 더는 아무도 없었다. 제왕이 사 간다고 치더라도 아무짝에도 쓸모가 없으며 겹겹이 쌓아놓고 태워버려야 하는 쓸모없는 것이었다.[67]

그는 근대 중국과 서양의 대항은 다른 말로 바꿔 말하자면 바로 "거짓 지식의 나라"와 "참지식의 나라"의 대립으로, 양자의 대항은 계란으로 바위 치기와 같다고 여겼다.[68]

타오싱즈는 반지식론자는 아니었지만 큰 소리로 "책은 단지 도구일 뿐이다"고 천명하였다. 그는 '사민은 모두 선비'와 유사한 주장을 하였는데, "삼백육십 가지 직종은 직종마다 모두 책이 필요하다"는 주장으로써 "지식인의 특허 영업"을 타파하였고, 이미 삼백육십 가지 직종의 사람 모두가 책을 사용하기 때문에 '지식인'이란 이 직종은 없다고도 하였다. 그는 책은 꺼내어 '응용'하는 것이지 읽는 것이 아니며, "그러므로 책을 언급할 때는 반드시 '책을 응용한다'고 말해야지 '책을 읽는다'고 해서는 안 되며, 그렇게 하면 '거짓 지식' 계급은 숨을 곳이 없어지게 된다"고 하였다.

    농민은 책을 응용해야 하고, 노동자는 책을 응용해야 하고, 상인은 책을 응용해야 하고, 병사는 책을 응용해야 하고, 의사는 책을 응용해야 하고 …… 삼백육십 가지 직종마다 모두 책을 응용해야 한다. 직종마다 모두 책을 응용하는 사람이 되면 참지식이 비로소 더욱 널리 보급되어 더욱 많이 볼 수 있게 된다.

그는 삼백육십 가지 직종 모두 "책을 응용하는 사람"이 되면 "지식인의 특허 영업"도 "삼백육십 가지 직종에 훈장과 지식인이란 지위가 없어지고 동서양 반쪽 지구 위에도 중화 책벌레국이란 존립 근거도 사라질 것이다"[69]라고 말하였다. 기왕의 삼백육십 가지 직종에 "책을 가르치는 장인"과 "책을 읽는 사람"의 지위가 없게 된다면, 그렇다면 "책을 가르치는 장인"과 "책을 읽는 사람"의 지위는 어디에 있는 것인가? 그들을 어떻게 자리매김해야 하는가? 마오쩌둥의 말을 사용하면, "가죽이 없는데 털은 어디에 가서 붙나?"인 것이다.

여기에서 나는 반드시 강조해야 하겠다. 이상 글들의 작자는 모두 지식인으로, 한 마디 한 자도 절대로 농·공·상에서 나온 것이 없다. 진정한 농·공·상은 언제나 지식인에게 상당히 높은 존경심을 지니고 있다. 지식인은 스스로를 혁명하려 하였고 이것은 막을 수 없는 조류였다.

이와 동시에 또 다른 문화 엘리트주의자, 예를 들어 후스(胡適, 1891~1962)·푸쓰녠·장팅푸(蔣廷黻, 1895~1965) 등으로 이들의 주장 중에는 지식인에 대해 이렇게 실망하는 말은 전혀 보이지 않는다. 그들은 여전히 한 무리의 이상을 품은 문화 엘리트 집단이 아직도 적극적이고 긍정적인 역량이 될 수 있으리라고 믿고 '노동계급'에 상대해서 이른바 '사회중심론'을 제기하였는데, 그것은 중국 지식계에 몇십 명의 뛰어난 학자가 출현하여 사회의 중심이 되고 아울러 그들을 핵심으로 삼아 국가의 안정된 발전을 영도하기를 희망한 것이었다. 후스는 일생 동안 주장의 거의 대부분이 어떻게 하면 중국 사회의 고질병을 검토해서 서방 문명과 발걸음을 나란히 할 것인가였으며, 이러한 전제 아래에서는 노동자가 아닌 현대적 지식인만이 이러한 현대 사회를 건설할 담당자가 될 수 있었다. 후스가 1926년에 발표한 두 가지 주장이 이러한 견해를 대표한다. 이해 7월, 후스는 출국하기 앞서 베이징 대학에서 '학술구국'(學術救國)을 강연하였다. "구국은 깃발을 흔들고 고함을 지른다고 실현되지 않으며, 소수의 사람이라도 학술 사업에 투신하여 힘써 수련을 쌓아 실사구시의 정신으로 노력해야만 비로소 이루어진다. …… 일본은 매우 작은 나라이지만 현재는 세계 4대 강대국 중 하나이다. 이것은 우연히 된 것이 아니고 그들 일반인 모두 전적으로 서양의 과학 학술을 흡수해서 성공한 것이다. 여러분이 알듯이, 우리가 무엇을 하든 학술을 떠나선 아무것도 할 수 없다."[70] 같은 해 9월 17일의 일기에서도 말하였다.

독일을 배울 만하고 미국을 배울 만하다. 그들의 기초는 모두 지식과 학문에 의지한다. 이 길이 더디더라도 실제로는 유일한 대로이다.[71]

그리고 그들보다 연배가 높은 차이위안페이, 우즈후이(吳稚暉, 1865~1953), 리스쩡(李石曾, 1882~1973), 왕징웨이(汪精衛, 1883~1944)도 비슷한 주장을 하였다. 우즈후이가 말하길,

> 근일 나와 위안페이, 스쩡, 징웨이 등이 모여 이야기를 나누다가 모두 확연히 깊이 신뢰하게 되었다. 유일한 구국 방법은 오로지 뜻있고 유능한 청년들을 격려하여 가장 수준 높은 학문에 종사하여 이삼십 년간 한 학문에 침잠하게 하는 것이다. 전문적이고 명성 있는 학자가 나와 그의 말 한마디 행동 한 가지마다 모두 족히 사회의 존엄과 신뢰를 불러일으킨 이후에야 학풍이 비로소 크게 변할 수 있을 것이다. 비록 불행히도 국가가 갈라지는 화를 당했지만 한 종족에게 학계의 명망 높은 사람이 있으면, 이민족이 학대하는 조건은 공리(公理)를 견지하는 명인이 없애줄 것이다. 이에 종족이 회복하는 힘은 깡그리 사라지지 않을 것이다.[72]

푸쓰녠에 대해서는 앞에서 이미 언급하였거니와, 그는 5·4 전후 짧은 시기에 지식인이란 신분을 가진 것에 대하여 상당히 죄책감을 느꼈지만, 5·4 이후에 곧바로 해외로 나가 영국과 독일 양국에서 7년 이상 머물면서 당시 서방 자유주의 전통의 세례를 깊게 받으면서 그의 초기 그러한 어조는 7년 이상 연마하는 과정에서 차츰 사라지게 되었다. 그는 훗날 발표한 글들에서 여전히 일관되게 하층 민중을 동정하지만 이미 드러나게 하나의 학술 엘리트주의자가 되어 학술 건설을 중국을 구하는 바른길로 인식하였다.[73] 1931년 9월 18일에 일본이 침략한 이후 전국의 여론 분위기가 지식계급에 대해 비난으로 격심해지자, 장팅푸가 1933년에 발표한 「지식계급과 정치」에서 중국의 근 20년간 내란의 책임을 무인들에게 돌리기보다는 문인들을 나무라야 한다고 매우 죄송스러움을 표시하고 아울러 지식계급은 어떤 일은 반드시 해야 하고 어떤 일은 반드시 하지 말아야 한다고 말하긴 하였으나, 그 역시 지식계급이 나라의 중심이라는 견해는 여전히 견지하였다.[74] 이상의 서술을 통해 문화 엘리트주의자 또한 끊이지 않고 이

어짐을 알 수 있다.

제1단계든 제2단계든 지식인의 자아 폄하 운동은 근본적으로 모두 근대 유가의 자아 자리매김의 위기와 관련이 있다. '사'의 원래 스스로의 자리매김은 무엇인가? 간단히 말해 사서오경을 기본으로 익혀 치국평천하의 이상을 실천하는 것인데, 그들의 직업은 관리가 되는 것이다. "관리가 되면 대부이고, 관리가 되지 못한 것이 사이다. 사는 대부의 후보에 해당한다."[75] 그러나 근대 중국의 현실적 비상시국은 사서오경 중의 '규범지식'으로 하여금 아무리 해도 자연과학의 '자연지식'에 맞서지 못하게 만들었다. 설사 치국평천하 방면이라도 서방의 정치경제 제도 모델이 중국의 사서오경의 규범보다 훨씬 나아 보였고, 1905년 과거제 폐지가 현실적으로 구식 지식인의 원래부터 절대적인 출로였던 벼슬길을 철저하게 단절시켰다. 이상 여러 가지가 구식 지식인의 자아 자리매김을 엄중하게 흔들었고, 러시아 혁명 이후 '계급' 관념이 들어오자 지식인은 자신이 국가의 앞날을 짊어질 계층인지 아닌지 회의하였을 뿐만 아니라 자책과 자괴심으로 자신은 놀고먹는 계층으로 사민의 말단이며 겸손하게 배워서 노동자가 되어야 하고 언제나 "왜 나는 아직도 노동자가 아닌가?"를 자문해야 한다고 여겼다.

리다자오·천두슈·취추바이·윈다이잉 등 사상가들이 지식인에 대해 지닌 논점은 훗날에도 기본적으로 이어져 변하지 않았고, 또한 국가 정책을 형성하였다. 중국의 지식인에 대한 어떠한 역사적 연구에서도 모두 분명히 지적하는 것은, 비록 중국의 지도자들이 많은 지식인이 혁명 동력의 하나이고 가장 먼저 깨우친 성분이라고 인정하였지만 지식인이 받았던 대우는 기본적으로 형편없었다는 점이었다. 형편없는 중에도 기복은 있어 지식인에게 두 번의 '봄날'이 있었지만 탄압 또한 무수하게 받았다. 그러나 정도의 차이를 막론하고 그들의 이상은 지식인을 노동계급의 일원으로 개조하는 것이었다. 마오쩌둥은 건국 초기에 지식인을 "단결·교육·개조"하도록 지시하였다. 이른바 '개조'는 노동자·농민계급의 일원이 되도록 개조하는 것이었다.

관련된 문건을 약간만 읽어보아도 알 수 있거니와, 지식인에게 비교적 관대한 대우를 하게 하려면 당시의 지식인이 이미 노동계급의 일원이라고 반복하여 논증을 해야만 하였다. 예를 들어 1950년 「농촌계급 성분 구분에 관한 결정」에서 당시 전국 2백만 이상 지식인 중 대다수가 '직원'에 속하며 "직원은 노동자계급의 일부분이 된다고 하였다. 저우언라이(周恩來)는 1956년에 발표한 「지식인 문제에 관한 보고」에서 지식인 중 대부분은 "이미 노동자계급의 일원이다"고 하였다. 덩샤오핑(鄧小平)은 1977년에서 1978년까지 주재한 일련의 회의에서 지식인은 노동자계급의 일원임을 반복해서 논증하였다. 1983년에 이르러 후야오방(胡耀邦) 또한 지식인은 이미 노동계급의 일원이라는 선언을 빌려서 지식인의 대우를 제고하였다. 지식인을 탄압하려던 시절에는 무엇이든지 각 방면에서 지식인은 노동자계급에 속하지 않는다는 것을 천명하려고 애썼는데, 예를 들어 마오쩌둥이 1957년 7월 9일에 상하이 간부회의 석상에서 행한 유명한 담화는, 지식인은 노동자·농민의 동맹 형제가 아니라 노동자·농민이 불러서 봉사하도록 일을 맡겼으니 노동자·농민이 시키는 말을 들어야 한다고 강조하였다.[76]

지식인을 혼내주든 아니면 선대하든, 이념의 발전상 '사민이 모두 노동자' 혹은 '나는 왜 아직도 노동자가 아닌가'라는 인식과 일치하므로 그것은 초기의 사상 토론이 국가 정책으로 변화하였음을 보여주기에 충분하다. 지식인 스스로 자기 혁명을 일으키고 스스로 자기 폄하를 가한 결과는 당연히 확실하다. 자기 폄하가 오래되자 통치자는 지식인을 철저하게 짓밟으려 했다. 지식인이 이미 이렇게 자신을 폄하하였는데 통치자가 지식인을 중시할 필요가 어디 있었겠는가? "더러운 지식인"(臭老九)이라는 별명을 지식인에게 선사한 것은 또 다른 지식인이라는 이 사실이 당연히 뜻밖으로 느껴지지 않는다.

결어

　상술한 토론은 일단의 격렬한 역사 변화 곧 '사'가 어떻게 스스로를 사민의 으뜸에서 노동자로 자처하는가를 정리하고자 함이고, 동시에 몇천 년 이래 정치 영역에서 미미한 존재였던 노동자·농민을 정치의 중심에 상정하길 희망해서이다. 이것은 진한(秦漢) 이래로 가장 중요한 변화 중의 하나이다. 이러한 큰 변화는 크게 두 단계로 나눌 수 있다. 첫째 단계는 현실적 좌절이 조성한 것으로, 한편으로는 '자연지식'이 '규범지식'을 압도하였고 한편으로는 관·학 합일체 전통이 중단되었다. 그러나 둘째 단계는 확연하게 뚜렷한 객관적 환경 요소는 없다. 지식인이 여전히 사상계의 주류를 차지하였고 심지어 지식인이 영도한 5·4운동이 일어난 지 얼마 지나지 않아 러시아 혁명의 영향을 받은 지식인들이 왜 나는 아직 노동자가 아니냐고 자문하기 시작하였다.
　자아 주변화는 그러나 당시의 유일한 목소리는 결코 아니었는데, 그것과 서로 맞선 것은 중국의 학술사회를 건립하는 것을 주축으로 하는 한 무리의 문화 엘리트주의였고, 이 두 파는 학술 발전에 두 가지 완전히 다른 견해를 형성하였다. 엘리트주의자는 사상 학술의 수준을 '제고'하여 서방의 발자취를 뒤따라가다가 종국에는 서방을 초월하고자 힘써 추구하였다. 다른 한 파는 모든 방법을 동원해서 '적응'하려고 하였는데, 광대한 농촌을 주체로 하는 중국 사회에 적응하고 심지어 고개를 돌려 민중에게 배우자고 주장하였다. 타오싱즈의 여러 가지 말, 예를 들어 "문화는 대중이 창조한 것이고, 문화는 소수가 독점하는 것", 혹은 "근대 노동자는 발명에 수많은 공헌을 하였지만 모두 과학자들이 훔쳐가 자신의 장부에다 기재하였다"고 하고, 또한 예를 들어 사회가 곧 학교이고 향촌 전체가 우리의 학교[77]라고 말한 것은 모두 뿌리 깊은 심리를 반영한 것으로, 그의 말을 빌려 표현하자면 '소수'(지식인)가 '대중'의 업적을 훔쳤고 소수는 대중에게 배워야 한다는 것이다. 후스·푸쓰녠·장팅푸 등 문화 엘리트주의자는 중국의 지식은 너무 낙후되어 대중은 반드시 지식인의 영도 아래 영국·

미국·일본에게서 배워야 한다고 여겼다. 당연히 이 두 파의 인물들은 구국이 학술의 길을 걸어야 하는지 아니면 노동자·농민의 길을 걸어야 하는지로 확연하게 갈렸다.

 수많은 학자들이 중국의 전통적 지배계층은 일종의 삼위일체 구조를 조성하였다고 지적하였다. 첫째는 관료이고, 둘째는 지주이고, 셋째는 사대부로, 그들은 얽히고설킨 상호 작용과 균형을 형성하였다.[78] 전통 지식인의 역사를 잘 아는 사람은 당연히 순진하게 사대부가 확실히 어떻게 효과적으로 전제적 황권과 대항하였는지 믿지는 않지만 최소한 주관적 이상으로는 적지 않은 지식인이 이렇게 할 수도 있고 또한 마땅히 해야 한다고 스스로 믿었다. 그러므로 천하에 '이'(理)와 '세'(勢)가 가장 존엄하나 이가 세보다 더 존엄하며(여곤呂坤의 말), 때로는 "황권은 우리 유가 중의 유학자가 맡아야 하고 세상의 영웅이 맡아서는 안 되며", "우리 유가 선비가 가장 황제를 잘해낼 수 있다"(증정曾靜의 말) 이런 말들이 나왔던 것이다. 그러나 지식인이 자신이 일개 노동자보다 못함을 알았을 때 이러한 통치자를 제약하고 대항하려고 했던 정당성과 기세는 모두 가소로운 것으로 변해버렸다. 많은 사람들이 왜 현대 중국의 지식인이 점차 통치자를 견제하는 역량을 잃어버렸는지 궁금해하는데, 이것은 당연히 매우 복잡한 문제로 어떤 사람은 지식인의 연약함에 원인을 돌린다. 그러나 돌연 한두 세대의 지식인이 모조리 연약하게 변한 원인 가운데 하나는 틀림없이 자아 주변화 이후 지식인이 통치자에 대항하는 정당성과 자신감을 상실했기 때문이다. 동시에 사회도 다원화의 목소리를 상실하였고, 정책 결정에서도 전문지식의 중요성을 전면적으로 무시하므로 허다한 문제가 따라서 생겨났던 것이다.〔장창호 옮김〕

•『中國近代思想與學術的系譜』, 臺灣聯經出版公司, 2003.

주註

1) 余英時, 『中國文化與現代變遷』, 臺北: 三民書局, 1992, pp. 33~50.
2) 羅志田 형제의 주변 지식인의 대두에 대한 토론을 참조하기 바란다. 「近代中國 社會權勢的轉移: 知識分子的邊緣化與邊緣知識分子的興起」, 그의『權勢轉移: 近代中國思想・社會與學術』(武漢: 湖北人民出版社, 1999, pp. 191~241)에 수록.
3) 1983년에 중공중앙조직부 및 중앙문헌연구실이 펴낸『知識分子問題文獻選編』(北京: 人民出版社, 1983)이 있는데, 어떻게 하면 수십 년 동안 지식인을 탄압했던 분위기를 전환할 수 있는지 논하고 있다.
4) Georges Duby, *The Three Orders: Feudal Society Imagined*, Chicago: Univ. of Chicago Press, 1980.
5) 蕭啓慶의 연구로는 이것은 과장된 견해이고, 그가 보기로는 원대의 유사(儒士)는 결코 무시를 받지 않았다. 『元代的儒戶』참조. 蕭啓慶, 『元代史新探』, 臺北: 新文豐出版公司, 1983, pp. 1~58.
6) 역사 발전의 과정은 본래 매끄러운 곡선이 아니라서 잡음이 사방에서 일어나며, 역사상으로도 지식인에게 가해진 비판적 주장이 없지는 않았다. 진시황의 분서갱유에 호응하는 사람들이 역사상 없지 않았는데, 명대 趙統이『始皇坑儒原』에서 진시황의 지식인 살해는 "잘 죽인 것"이라고 말한 것이 곧 그 일례이다. 책에 대한 태도로 말하자면 책을 태우라고 주장하는 사람도 있었는데, 荀子가 이미 분서의 단서를 열었고(錢穆, 「秦漢學術思想」, 『新亞生活』(雙週刊) 3卷 1期(1961年 5月), 第4講, 『錢賓四先生全集』, 臺北: 聯經出版公司, 1998, 第52冊, 『講堂遺錄』, pp. 175~84), 수・당・오대에도 이런 소리가 적지 않았으며, 顧炎武는『日知錄』에서 이단 혹은 정통 도리와 다른 서적을 태울 것을 주장하였고, 顔元은 아예 책은 "천하의 4대 좀벌레" 중의 하나라고 말하였다. 진시황 등 극단적인 주장을 하는 사람을 제외하고는 사인(士人)들을 폄하하는 주장은 필경 많지는 않다. 그러나 책을 천하의 4대 좀벌레 중 하나라고 한다든지 혹은 기타 서적을 불태우자는 논설은 '정도'(正道)에 부합되지 않는 것으로 서적을 억제하자는 주장이라고 보아야 한다.
7) 費孝通, 「論'知識階級'」, 吳晗・費孝通 等, 『皇權與紳權』, 知識觀察社, 1948, pp. 12~13.
8) 李端棻, 「請推廣學校疏」: "격치・제조・농업・상업・군사・광업 등 여러 학문은

고증(考證)·사장(詞章)·첩괄(帖括)처럼 폐쇄적으로 미사여구의 문장을 짓는 것만으로는 터득할 수가 없다." 鄭振鐸 編, 『晚淸文選』, 上海書店, 1987(1937년 초판본 복사에 근거하고 이하 『文選』이라 간칭함), p. 574.

9) 「擬選聰穎子弟赴泰西各國肄業折」, 『曾國藩全集·泰高(十二)』, 岳麓書社, 1944, 총 p. 7332.

10) 『養知書屋文集』, 文海出版公司, 1968, 卷2, 「論士」, pp. 1~2.

11) 鍾天緯, 『擴充商務十條』(上海皮張制軍), 葛士濬 編, 『皇朝經世文續編』, 國風, 1964, 「光緖十四年序」, 卷116, p. 5a.

12) 『飮氷室文集』, 中華書局, 1950, pp. 15~16.

13) 王闓運, 『王志』, 卷1, 「論尙志」: "공자께서 말씀하시길, '백성들을 알게 해서는 안 된다'고 하셨지만 강학을 하는 사람은 백성들이 알도록 힘쓰고 심지어 사민과 죄수까지 모두 책을 읽고 도리를 깨우치게 해야 한다는 말을 주창하게 되었다." 王闓運 著, 馬積高 主編, 『湘綺樓詩文集』, 岳麓書社, 1997, p. 507.

14) 張玉法 編, 『晚淸革命文學』, 新知雜誌社, 1972, p. 114.

15) 苑書義 等編, 『張之洞全集』, 河北人民出版社, 1998, 卷271, 『勸學篇』外篇, "設學第三", 총 p. 9740. 장즈둥은 학당 설립을 언급할 때 소학당은 '예'를 우선 치중하고 '정'을 나중으로 하고, 대·중학당은 '정'을 우선 치중한 후에 '예'를 가르쳐야 하니, "대체로 시대를 구하는 계책, 나라를 다스리는 방침은 정이 예보다 더욱 급하다"고 하였다.

16) 「變法下」, 『弢園文新編』, 三聯書局, 1998, p. 20.

17) 「京師創立大學堂條儀」, 『文選』, p. 567.

18) 余英時, 『中國近世宗敎倫理與商人精神』, 聯經出版公司, 1987, pp. 104~21.

19) 『盛世危言』, 遼寧人民出版社, 1994, 「商務一」, p. 246.

20) 上同, 「商務三」, p. 255.

21) 上同, 「商務二」, p. 254.

22) 上同, 「商戰下」, p. 244.

23) 上同, 「西學」, p. 27.

24) 孫寶瑄, 「「忘山廬日記」尋宋恕言行」, 胡珠生 編, 『宋恕集』, 中華書局, 1993, p. 1043.

25) 『養知書屋文集』, 卷2, 「論士」, pp. 1~2.

26) 嚴復 著, 王栻 主 編, 『嚴復集』, 中華書局, 1985, 第1册, p. 43.

27) 上同, p. 42.

28) 上同, p. 44.

29) 鄒容, 『革命軍』, 張玉法 編, 『晚淸革命文學』, p. 115.

30) 蔣夢麟,『西潮』, 臺北: 世界書局, 1974, p. 30. 이 밖에 재미있는 실례는 包天笑 (1876~1973)에게서 나왔다. 그의 사촌 형 尤子靑은 원래 과장(科場)에서 매우 득의했던 사람이었으나 과거제가 폐지된 이후에 도리어 신학문의 기풍을 먼저 받아들인 包天笑가 새로운 정보를 그에게 전해주었다. 그리고 훗날 包天笑는 산둥(山東) 칭저우 부(靑州府) 중학당(中學堂)을 운영할 때 학생 중에 그보다 나이가 많은 학생도 많았으며 심지어 수재(秀才)나 거인(擧人) 같은 공명(功名)을 받은 학생도 있어 단지 생원(生員) 자격밖에 얻지 못한 그가 매우 미안할 지경이었다. 包天笑,『釧影樓回憶錄』, 太原: 山西古籍出版社, 1999, pp. 128, 297, 365.
31) 瞿秋白,「餓鄕紀程」,『瞿秋白詩文選』, 人民文學出版社, 1982, p. 33.
32) 예를 들어 몸은 산시 성(山西省)에 있으면서 단지 거인(擧人) 공명만 있었던 劉大鵬(1857~1942)은 과거제도 폐지 사건에 대하여 당시 선비들의 마음이 무너졌으며 지식인들은 장차 어떻게 해야 할지를 몰랐으며 서당의 훈장들도 너도나도 실업자가 되어 먹고살 길이 없었다고 지적하였다. 劉大鵬,『退想齋日記』, 山西人民出版社, 1990, 1905年 10月 15日~12月 25日 等條, pp. 146~48.
33)「革命道德說」,『太炎文錄初編・別錄』, 卷1,『章太炎全集』, 上海人民出版社, 1985, 4冊, pp. 280, 283, 287.
34) 上同, pp. 281~83.
35) 上同, p. 283.
36) 37) 湯志鈞 編,『章太炎政論選集』, 中華書局, 1971, p. 289.
38) 上同, p. 291.
39) 上同, p. 296.
40) 劉師培 등 무정부주의자 모두 이러한 견해를 지녔다.
41) 胡珠生,「宋恕年譜」,『宋恕集』, p. 1126.
42) 上同, p. 1096.
43) 張枏・王忍之 編,『辛亥革命前十年時論選集』, 三聯書局, 1962, 第1卷 下冊, pp. 604~605.
44)「庶民的勝利」,『李大釗選集』, 人民出版社, 1978, p. 111.
45) 蔡元培硏究會 編,『蔡元培全集』, 浙江敎育出版社, 1997, 第3卷, p. 464.
46) 原載,『新生活』, 23(1920年 1月 25日),『李大釗全集』, p. 308.
47) 푸쓰녠의 미발간 원고는 中央研究院 歷史語言研究所가 소장한 "傅斯年檔案"에 있으며, 본래 문건 안에 끼어 있어 아직 매겨진 번호가 없다.
48)『少年中國』, 1: 6(1919年 12月), pp. 6~7.

49) 彭明, 『五四運動史』, 人民出版社, 1984, pp. 512~20.
50) 眞:「敎育的錯誤」, 『平民敎育』, 第9號, 1919年 12月 6日. 彭明, 『五四運動史』, p. 506에서 재인용.
51) 施存統,「復軼千」,『民國日報・覺悟副刊』, 1920年 4月 16日. 스춘퉁은 훗날「只要我是一個工人」(『人民日報・覺悟副刊』, 1924年 12月 7日) 같은 글을 계속 발표하였다. 스춘퉁의「非孝」와 저장제일사범과의 풍조는 夏衍,『懶尋舊夢錄』(增補本), 北京: 三聯書店, 2000, pp. 29~30 참조. 그의 일생의 대략적인 내용에 관해서는 石川禎浩,「施存統と中國共產黨」,『東方學報』, 68冊 (1996), pp. 245~358 참조.
52) 李大釗,「平民政治與工人政治」, 原載『新青年』, 9:6(1922年 7月 1日),『李大釗全集』, pp. 396~98.
53) 陳獨秀,「中國國民革命與社會各階級」, 任建樹・張統模・吳信忠 編,『陳獨秀著作選』, 上海人民出版社, 1993, 第2卷, p. 562.
54) 이상 顧頡剛,「悼王靜安先生」,『王觀堂先生全集』, 文華出版公司, 1968, 冊16, pp. 7134~35.
55) 『中國青年』에 원래 게재; 『惲代英文集』, 人民出版社, 1984, 下卷, pp. 665~66.
56) 左舜生의 글은『醒獅週報』32호, 제2, 3판에 발표되었다.
57) 「答『醒獅週報』三十二期的質難」,『惲代英文集』, 下卷, p. 688.
58) 「國民革命與中國國民黨」, 陽明山莊影印, 1951, p. 63.
59) 瞿秋白,「中國國民革命與戴季陶主義」,『瞿秋白選集』, 人民出版社, 1985, p. 184.
60) 華中師範學院教育科學研究所 主編,『陶行知全集』, 湖南教育出版社, 1985, 卷2,「教學做合一」, p. 41.
61) 『陶行知全集』, 卷2,『'僞知識'階級』, p. 88.
62) 63) 上同, p. 90.
64) 上同, pp. 90~95.
65) 上同, p. 90.
66) 67) 上同, p. 91.
68) 上同, p. 92.
69) 上同, p. 95.
70) 耿雲志,『胡適年譜』, 中華書局, 1986, p. 98.
71) 『胡適的日記』(手稿本), 遠流出版公司, 1990, 第5冊, 쪽수 표시 없음.
72) 「四十九歲日記選錄」,『吳敬恒選集』, 文星出版公司, 1967, "序跋遊記雜文冊", p.

221.
73) 王汎森, *Fu Ssu-nien: A Life in Chinese History and Politics*, Cambridge: Cambridge Univ. Press, 2000, pp. 67~68 참조.
74) 『蔣廷黻選集』, 文星出版公司, 1965, 冊2, pp. 299~306.
75) 朱自清, 「文學的標準與尺度」, 『朱自清古典文學論文集』, 源流文化, 1982, p. 5.
76) 이상 인용문은 戴知賢, 『毛澤東文化思想研究』, 中國人民大學出版社, 1992, pp. 129~75.
77) 『陶行知全集』, 卷3, 『文化解放』, p. 76.
78) 鄒讜, 『二十世紀中國政治』, 牛津大學出版社, 1994, p. 47.

제9장 근대 중국의 사회권력 이동
−지식인의 주변화와 주변적 지식인의 출현[1)]

● 루오즈톈 羅志田

후스(胡適)는 일찍이 1932년에 우리 중국의 6, 70년 역사가 아무런 성과가 없고 중국의 민족자구운동이 실패한 까닭은 "모두 우리가 6, 70년의 세월을 사회 중심을 건립하는 일에 주력하고서도 끝내 얻지 못하였기 때문이다"[2)]라고 하였다. 과거에는 각 전문사(專門史) 간의 영역이 명확하여 서로 침범하지 않았기 때문에 후스의 이러한 관념은 크게 주목을 받지 못하였다. 사실상 모든 문제를 사회 중심의 결핍으로 귀결시키면 너무 느슨하기는 하지만, 각 전문사의 금지된 영역을 넘어 사회 방면에서 사상과 정치 변천이 조성된 원인을 탐색하고 아울러 사상의 진화가 사회 변천에 끼친 영향을 반대로 살펴보는 것도 오늘날 탐색할 가치가 있는 진일보한 방도가 될 것 같다.

근대 중국은 어떻게 해서 하나의 사회 중심을 건립하지 못하였는가? 후스는 중국이 봉건 시대와 너무 멀어졌고 일반인의 군주제에 대한 신념 또한 만청의 타락으로 훼손되고 거기에 과거제도가 사회계급을 너무 평등화하여 인민은 가난하고 자산계급은 없고, 교육은 보급되지 않아 세력 있는 지식집단이 부재한 것 등등이 원인이라고 여겼다. 이러한 견해들은 대부분 일리가 있지만 모두 탁상공론의 느낌도 없잖아 있어 그렇게 적합하지는 않다. 또한 일부 이유, 예를 들어 과거제도는 아마도 전통사회가 사회 중심을 가지는 데에 중요한 요소였을 것이다.

그러나 후스가 주목한 "세력 있는 지식집단의 부재"는 도리어 근대 중국에서 비로소 등장한 새로운 사회 현상으로, 이는 곧 이 문제를 인식하는 선택 방법을 제시한다. 이 문제는 근래 위잉스(余英時) 선생이 진일보한 해답을 내놓았는데, 그중 하나의 근본적인 원인은 전통적 사(士)가 현대의 지식인이 되기까지의 사회적 대변천이다. 그는 아울러 지식인이란 이 집단이 근대 중국 사회에서 나날이 주변화했다는 관점을 제시하여 이 문제를 연구하고 해석하는 데에 새로운 사고의 방향을 열어나갔다.[3]

전근대 중국 사회의 중심은 바로 사회구조의 가운데를 차지하면서 '사민(四民)의 으뜸'이었던 사였으며, 이 사회의 중심이 되는 제도적 기초는 바로 한대(漢代)에서 발단하여 당송(唐宋)에 이르러 성숙하였던 시험을 통해 관리를 선발한 과거제도라고 할 수 있다. 근대에 중국인들은 서양의 충격 아래 늘 "몇천 년 동안 없었던 크나큰 변화 국면"이라는 말을 애용하였다. 만약 당시 중국에서 시대를 가르는 체제 변동이 존재하였다면 과거제도의 폐지가 바로 가장 중요한 변동 중의 하나였다고 말할 수 있다.

과거제도는 정교(政敎)가 상호 연합된 전통 정치이론과 밭을 갈고 책을 읽다가 벼슬길로 나아가는 사회 이동을 실제적으로 작동하게 한, 일종의 문화·교육·정치·사회 등 다방면 기능의 기본 체제(institution)였으며, 그것의 폐지는 관련된 모든 성문제도와 더 많은 관례화한 습관과 행위 등 모두가 되돌릴 수 없는 종지부를 찍었을 뿐만 아니라 필연적으로 사회 전체 각계각층 다방면에 영향을 끼치는 결과가 나타났다. 다만 청대 사람들은 과거제도를 개혁하거나 폐지할 때 기본적으로 단지 그것의 교육 기능만 고려하고(이러한 인식 자체가 전통 중단의 한 표증이다) 미봉할 것만 시도하였지 과거제의 기타 중요한 사회 기능은 일반적으로 당시 사람들의 고려 대상이 아니었기에 당연히 보완은 언급조차 되지 않았고 그 사회적 대가와 영향은 오래갔다.

과거제도 폐지가 끼친 가장 깊은 영향은 사농공상의 4대 사회집단을 기본 요소로 했던 전통적인 중국 사회구조를 해체로 이끈 것이었고, 이러한 사회 변천 과정에서 가장 큰 충격을 받은 것은 사민의 으뜸이었던 사라는 사회집단이었다. 과거를 폐지하고 학당을 일으킨 직접적인 사회적 의의는 기본적으로 인간이 상승하려는 사회 이동의 추세를 바꾸고 사의 사회적 원천을 차단하여 사라는 존재를 하나의 역사적 범주로 만들어버렸으며 신교육제도가 배출한 인재가 이미 사회에서 '자유롭게 떠도는' 현대의 지식인이 되었다는 것이다. 사의 점진적인 소멸과 지식인 사회집단(社會群)의 출현은 중국 근대사회가 전통사회와 구별되는 가장 주요한 특징 중의 하나이다. 사민사회(四民社會)의 해체로 원래 주변에 있었던 일부 사회집단(예를 들어 상인과 군인)이 점차 중심으로 진출하였고, 주변적 지식인이라는 특수한 사회집단이 정치적으로 현저하게 대두하였으나 지식인은 중국 사회에서 나날이 주변화되는 지경에 처하였다.

 이 글은 중국의 전통사회 중 원래 사민의 으뜸이었던 사가 근대에 이르러 지식인으로 전환, 지식인이 사회학적 의미에서 주변화하는 것과 주변적 지식인의 출현이라는 이러한 연속적이고 상관된 그리고 변화가 풍부한 사회 발전 과정을, 중국 사회 발전의 내재적 원리와 서구화 충격 아래 전체 근대 중국의 거대한 변화 등 다양한 틀 속에서 고찰, 분석하고자 한다. 개별 안건에 대한 많은 연구가 부족한 상황에서 이 글은 단지 실험적으로 하나의 개략적인 해설 위주의 방향성만을 제시할 뿐이다. 현재 사회통계자료가 부족하고 부정확하여 이 글의 연구 방향은 특히 사상 변천과 사회 변천의 상호 관계를 중시하고 당시 인물의 심리 상태 변화에서 시작하여 사회 이동을 되돌아 살펴보는 것으로서 진일보한 인식이 있기를 희망한다.

1. 사(士)에서 지식인까지의 사회 변화

 전통적인 사민(四民)사회에서 '사대부'는 이미 하나의 고정된 어휘였다. 사는 '대부' 곧 관리의 기본적인 사회 자원이었으며, 도통(道統)과 정통(政統)은 일치하였다. 상승적 사회 이동(social mobility)은 다른 방법과 선택으로 가능할 수 있으나 사와 대부는 여전히 가장 추앙과 관심을 받는 선택된 자리였다. 바꿔 말하면, 사와 대부의 내재적 논리 연계가 아마도 가장 중요한 사회적 흡인력이었을 것이다. 일단 과거제가 폐지되자 도통과 정통은 곧 양분되었고, 상승적 사회 이동 방향도 따라서 변화하였다. 이러한 사회 이동 과정에 수반한 것은 과거제도의 개선과 학당의 개설에서 과거제도 폐지에 이르기까지의 제도적 개혁 진행 과정이었다.

청대 과거제 개선에서 과거제 폐지까지 관리를 선발하는 표준에서 일련의 변화 과정이 있었다. 과거제가 폐지되기 이전의 10여 년 동안 관리를 선발한 표준은 신구 학문의 겸비를 고려한 것이었다. 왕캉녠(汪康年)이 광서(光緒) 15년(1889)에 향시에 응시하여 세 번째 예(藝)로 소체(騷體)를 지었으나 과장의 격식에 맞지 않아 구식의 사례에 의거해 선발되지도 못하였다. 그러나 다음 과제(次題)「일월성신계언」(日月星辰繫焉)에서 능히 "흡인으로 '계'(繫) 자를 해석함으로써 최신 천문가의 말을 나열하였다"고 하여 주시험관(主考官)이 "신구 학문에서 모두 기초가 있다"고 여겨 1등으로 선발하려고 하였으나 끝내 규칙을 어겼기 때문에 6등으로 식과(式科)에 합격하였다.[4] 과장 규칙을 잘 모르고서도 높은 등수로 선발되었으니 실제로는 '신학'으로 식과에 합격하였음을 알 수 있다. 만청 시대 각 지역은 발전 정도가 달랐고 시험관 각자에게 답안지를 심사할 신축적인 권한이 있어서 이것이 당연히 전국적 상황을 대표하지는 못한다. 하지만 훗날의 발전을 살펴보면 경세학(經世學)으로 시작된 '신학'이 출현한 이후 그 영향이 점차 과거제도로까지 연장된 것은 필연적 추세로 보인다.

초기에 관리를 선발하는 기준의 변화는 대부분은 무의식적이었겠지만 청대 인사 중에는 과거의 사회적 기능에 대하여 깊이 인식하고 주동적으로 기능을 운용한 자도 적지 않다. 량치차오(梁啓超)는 광서 22년(1896)에 왕캉녠에게 서신을 보내, 그가 후난(湖南)의 신임 학정(學政) 장뱌오(江標)에게 정중히 독촉해서 신학문으로 시험을 보되 특별히 "시험을 감독할 때 경서와 고문 시험을 치르지 않은 자는 제자원(諸子員)에 넣지도 말고 우등으로 뽑지도 말 것이며, 또한 경서와 고문을 치를 때도 전적으로 신학문으로 뽑고 그 출제도 모두 시사(時事)로 할 것"을 요구하였다. 그는 "이를 핵심으로 한다면 과거제의 길은 3년 안에 후난에서 크게 바뀔 것이다", 그리고 "후난이 철저하게 변화하면 천하가 바뀔 것이다"[5]라고 생각하였다. 장뱌오는 과연 그가 통제하던 교경서원(校經書院)을 기지로 거기에서 실학회(實學會)를 설치하고 사학(史學)·장고(掌故)·여지(輿地)·산학(算學)·교섭(交涉)·상무(商務) 등 여섯 과목으로 학업 시험을 치렀으며, 그중에서 사학·장고·여지·산학은 다시 경학과 사장과 나란히 성(省) 전체의 시험 과목이 되었다.[6] 이러한 위로부터 아래로의 견인은 확실히 후난 학풍의 큰 변화를 조성하였다.

과거시험의 선발 기준이 변화하자 선비들이 보는 서적들도 변화하였다. 선교사들이 이미 주목하였듯이, 장뱌오가 후난에서 신학문으로 사(士)의 시험을 볼 때 사들은 "마침내 광학회(廣學會)가 역저한 책들을 구하고서는 진귀한 보물을 대하듯 하였다." 『태서신사남요』(泰西新史攬要)와 『중동전기본말』(中東戰紀本末) 등은 "신학문을 이야기하는 자들의 필수 구비 서적"[7]이 되었다. 후난의 거인(舉人) 피시루이(皮錫瑞)는 과거제의 사회적 의의를 제법 잘 이해하였는데, 그는 광서 24년 초에 과거제가 바뀔 것을 알고서는 곧장 "요사이 과거에 나오는 글이 바뀐다고 들었는데 서학(西學)의 책값이 반드시 크게 뛸 것이라"는 생각이 들어 당장 "량쥐루(梁卓如)가 지은 『서서요목』(西書目表)을 구해 읽고 그중에 뛰어난 것 여러 권을 구입해 읽어두었다." 다음 날 그는 동생과 아들과 함께 가격이 오르기 전에 서둘러 광무국(礦務局)과 두시점(豆豉店)에 가서 신식 서적과 신문을 구입하였다(신학문이 홍성하기 이전에는 신식 서적은 광무국과 두시점에서 판매하였고 또한 별다른 정취가 있었다).[8]

책을 사는 사람이 이와 같았고, 책을 파는 사람도 역시 이와 같았다. 무술년 5월, 조정에서 팔고문(八股文) 폐지를 공고하자 장시(江西)의 서적상 옌하이란(晏海瀾)은 그 자리에서 "시문(時文) 폐지로 금화 2천 냥이나 되는 돈을 날리는구나!"라고 개탄하였다. 책을 찍어 내거나 책을 파는 사람들이 당장에 영향을 받았던 것을 알 수 있다. 그러나 그들도 매우 신속하게 시류를 따라갔으니, 두 달 뒤 옌 씨가 서가를 끌고 시험장에 도착하여 판매하였을 때는 이미 "산학과 의서(醫書)가 대부분이었고 팔고·시·부·서예는 별로 소용이 없었다." 5월이 되자 어떤 사람은 이미 폐지된 과목의 책들을 "보관하였다가 복구되는 것을 기다리길" 옌 씨에게 권하였고, 피시루이는 "12만 년 이후에 말인가?" 하면서 남겨둘 필요가 없다고 주장하였다. 옌 씨는 다행히 피 씨의 말을 듣지 않았는데, 그는 훗날 "경학 서적도 여전히 사려는 사람이 있으니 이것은 오경의(五經義) 때문인"[9] 것을 발견하였다. 아직도 '오경의' 과목이 남아 있어서 옌 씨의 손실이 앞에서 예상했던 것보다 크지는 않았다. 다만 무술정변 후에 과연 과거제도가 부활되어 옌 씨의 신학문 서적 투자 또한 당장 손실을 보게 되었으니(그가 긴 안목이 있어 신학문 서적을 몇 년 후 다시 과거제도가 바뀌었을 때까지 보관하였지만 자금을 회수한 기간이 너무 길었다), 과거제 개혁이 서적상에게 직접적인 영향을 끼쳤음을 매우 명백히 알 수 있다.

  응시자로 말하자면 신학문으로 시험을 치르는 것은 아직 중국 중심부의 지식인이 신학문 서적을 구입하지 못하였거나 혹은 구입하였더라도 잘 익히지 못하여 오랫동안 신학문 서적을 읽은 항구나 강변 근처의 사(士)와는 경쟁할 수 없음을 의미하였다. 산시(山西)의 거인(擧人) 류다펑(劉大鵬)은 대략 1895년에 상경하여 응시한 이후에야 비로소 항구나 강변 근처의 사들이 무슨 책을 읽고 있는지 알게 되었다. 새로 사온 신학문 서적을 집중적으로 보습한 후에 그는 마침내 "지금 이 시대는 중국인들 모두 양무(洋務)를 우선으로 하니 선비는 서학을 배워야 남을 이길 수 있다"는 사실을 깨달았다. 이 마지막 말이 관건이다. 만약 서학을 배우지 않으면 '남을 이기는 것'은 매우 힘들었다. 1902년, 청 정부는 또 한 차례 팔고문을 폐지하고 책론(策論)으로 시험 과목을 바꾸었다. 그 다음 해 류다펑이 허난(河南) 카이펑(開封)으로 가서 다시 회시(會試)에 응시하였을 때 산시에서 아직 많이 보이지 않았던 "시무(時務)에 관한 책이 도처에 가득 차서 그 명목을 일일이 들 수가 없음을 발견하였다. 무릇 회시 응시자 모두 서점에 가서 시무에 관한 책들을 구입해서 과거장에서 신법(新法)을 확인하도록 준비하였다." 신학문의 전파가 현저한 지역성을 나타내었고 다른 서적을 읽은 선비는 이미 다른 출발 선상에 서 있어서 과거시험의 공평성과 선발된 인원의 대표성은 모두 과거에 미치지 못하는 것을 알 수 있다.[10]

이렇듯, 천하를 올바르게 다스리는 것을 자신의 임무로 삼는 사명을 실행하기 위해서건, 아니면 벼슬을 하여 조상과 가문을 빛내기 위해서건, 심지어 순수하게 생활을 변화시키기 위해서건, 다만 벼슬길(및 이와 상관된 가르치는 직무)로 나설 요량이라면 어떠한 선비라도 모두 필히 서학을 주류로 하는 신학문으로 전향해야 했다. 산시 거인 류다평은 피동적 추종자의 대표적 사례 중 하나이고, 후난 거인 피시루이는 주동적 추종자의 한 사람으로, 그는 광서 24년에 처음 남학회(南學會) 가입을 결정하였을 때 "내가 학회에 가입한 것은 특별히 신학문을 추구해서이다. 고증과 훈고는 앞으로 선반 위에 처박아두고 아마 다시는 저작할 겨를이 없을 것이다"고 하였다. 피 씨는 가정 환경이 부유하지 않아 학관(學館)을 열어 생계를 유지하였는데, 그가 신식을 추구했던 것은 사회적 측면의 동기가 뚜렷하다. 그는 당시 구식을 고집하나 집안에 재산이 있었던 후난 출신 학자 예더후이(葉德輝)와 이야기를 나눈 적이 있었는데, 그가 "신학을 좋아하지 않을" 수 있는 이유에 대해 꽤나 감탄하였다. 왜냐하면 그는 "진퇴에 여유가 있으므로 이렇게 할 필요가 없었기" 때문이었다. 이 말은 유달리 의미심장한데, "진퇴에 여유가 있지" 않았던 피 씨 자신은 부득불 자기의 장점이었던 고증과 훈고를 포기하고 잘 알지도 못하는 신학문을 추구하면서 당시 후난의 지방관이 추진하던 신정(新政)에 영합하고서야 학관 부지〔館地〕를 취득하였다.[11]

사민사회 말기에 '주경야독'은 본래 이미 갈수록 하나의 상징이 되어버렸고 많은 지식인은 진짜로 땅을 경작하면서 이른바 '필경'(筆耕)을 실행하였다. 공부를 가르치는 학관은 벼슬을 못 하는 지식인에게는 생활의 보장이었을 뿐만 아니라 과거제의 변화는 어떤 사람이 교직을 얻을 수 있을지에 직접 영향을 끼쳤다. 무술년 후난에서 신정이 한창일 때, "노상(瀘上) 방언관에 다년간 있으면서 서양 언어와 문자에 능통한" 스황(師璜)이란 사람이 "후난에 서학이 홍성하다는 소식을 듣고 돌아와서 학관 부지를 구하였다." 그해 5월 장시에 신식 선비 레이젠우(雷見吾)가 피시루이에게 대신 교직을 구해줄 것을 부탁하자 그는 즉시 "이미 팔고문을 폐하여 일을 구하기가 어렵지 않다"고 일러주었다. 서학이 홍성한즉 서양 글을 아는 사람을 위해서 학관이 개방되었고, 팔고문이 폐지된즉 신인들이 일을 구하기가 어렵지 않게 되었음을 알 수 있다. 무술정변 이후 과거제가 복구되자 앞서 "각처의 서원에서 선생〔山長〕을 구하는" 현상이 "지금은 들을 수가 없었다." 같은 사람이 다른 정책 아래 당장 경우가 완전히 달라지는 것을 알 수 있으며, 과거제 개혁은 정말 어떤 사람은 웃게 만들고 어떤 사람은 울게 만들었다.[12]

만약 단지 시험 과목만 바꾸었다면 구식 학자들에게 아직도 선택의 여지가 있을 것이니, 사회에는 여전히 옛날로 회귀할 것이라고 생각하는 사람들이 존재하기 때문이다. 과거제도가 폐지되자마자 신학문을 모르는 자들은 할 수 없이 학관을 잃어버려서 이미 사례금이 많고 적음의 문제가 아니었다. 류다펑이 개탄하였듯이, "선비는 사민의 으뜸인데 앉아서 생업을 잃고 생계를 도모할 방도가 없다. 이러한 시대에 태어났으니 장차 어찌하겠는가?"[13] 이것은 몇천 년 동안 없었던 대변화였다. 전통사회는 위로 정교(政教)가 있고 아래로 경독(耕讀)이 있으며, 경독에서 정교까지의 길은 비교적 힘들었지만 끝내 단절되지 않았었다. 이제는 이 길이 통하지 않았으며 전체 사회의 상승적 사회 이동 통로는 전환될 수밖에 없음을 의미했다. 새로 창립된 학당은 제도로도 수량으로도 모두 대체하기에 부족하였지만, 사회계층 상승을 희망하는 사람은 도리어 줄어들지 않아 사회를 들썩이게 할 중요한 요인 하나가 거기에 잠복해 있었다.

청대에 학당을 일으킨 일은 다시 고찰해볼 만하다.[14] 청 정부가 과거제도를 개혁할 때 이미 학당을 설립해서 과거제도의 교육 기능을 보충하기 시작하였고, 이것은 본래 매우 안목이 있는 조치였다. 신교육 체제는 한두 장의 조서로 단기간 내에 만들 수 없었으나 청대에는 나라 전체의 급박한 정서가 학당제가 성숙할 때까지 기다리지 못하면서 과거제를 곧장 폐지하였다. 구제도가 이미 사라지고 신제도가 아직 크게 작용하지 못하여 전국의 교육은 설익은 밥처럼 되었다. 신학당이 적지 않은 '새 인물'을 배양한 것은 사실이지만 그렇다고 '새로운 학자'를 배출한 것도 아니었다. 학자가 학문이 없으면 훗날 그 사회적 지위가 점차 하락하는 중요한 원인이 된다.

장타이옌(章太炎)이 1897년에 관찰하기를 "절중(浙中) 지역의 풍조가 아직 개방되지 않아 학당을 개설하였으나 사람들은 아이들 장난으로 치부하였다."[15] 저장(浙江)은 바다와 인접하였으나 풍조가 아직 개방되지 않아 학당은 아이들 장난으로 치부되었으니 여타 지역의 상황은 상상이 간다. 몇 년 후 풍조가 개방되었으나 여전히 학당의 교육 수준은 높지 않았다. 1903년에 어떤 사람이 강남(江南)의 교육계를 조사하여 "벼슬아치 중에 학당 개설을 말하면서 학당이 무엇인지 알지 못하고, 지방의 신사(紳士)는 학당 개설을 말하면서 학당을 이익이 꼬이는 곳으로 여기고, 사림(士林)의 인물은 학당 개설을 말하면서 단지 학당을 호구지책으로 여긴다"[16]는 것을 발견하였다. 이로써 위에서 좋아하는 바를 아래에서 반드시 좇았다는 것을 알 수 있다. 조서가 내려지자 저마다 모두 학당 개설을 언급하였다. 하지만 사전에 인재와 물질이 충분히 준비되지 않아 수많은 신학당 또한 원래 설계대로 건설적 기능을 발휘하지 못하였다.

신학문을 광범위하게 보급하려면 아직도 많은 실질적인 어려움이 있었다. 일찍이 팔고문에서 책론으로 개혁할 때 많은 응시생들은 짓지 못하였고 뿐만 아니라 아예 합격자의 답안지를 읽은 자조차 드물었다. 이것은 무술년 당시 후난에서 줄곧 새로운 선비들을 곤혹스럽게 하였으나 근본적으로 해결하지 못한 문제여서 뒤에 가서 부득이 『후난학회조례』에서 "답안지 열람을 원한다는 조항을 첨가하였다."[17] 책론을 고쳐주는 선생이 이미 부족한데 신학이나 서학을 따질 겨를은 더더욱 없었다. 그러므로 난징(南京)·쑤저우(蘇州)·상하이(上海) 등지의 "가장 저명한 대학당"의 형편은 "강남육사학당(江南陸師學堂)의 학생은 사범학교에 편제되었고 팔고문 전문가가 강석(講席)을 지켰다. 격언과 어록으로 교재를 삼는 자가 있었고, 회초리로 학생의 머리를 때리는 자가 있었다. 새 신문 열람을 금지하고 자유를 이야기하는 것을 금하였다." 그리고 "각 부(府)나 주현(州縣)의 중소 학당과 사설 몽학당은 과를 나눠 가르쳤으나 목록을 몰랐고 팔고문은 여전히 사라지지 않고 있었다."[18)]

학당 개설에 가장 공을 들였던 장즈둥(張之洞)이 장기간 관할한 시후(西湖) 지구는 1903년에도 "고통스럽게도 교사가 없음"을 통감하고 기껏해야 기준에 맞지 않는 중등 학당을 개설했을 뿐이었다. 일본 유학을 하였던 현지 학생들이 관찰하였는데, "현재 교사를 초빙하려면 중국을 통틀어 영어·수학을 가르칠 사람은 구할 수 있겠지만, 물리·화학을 가르칠 사람을 구할 수 있다는 말은 아직 들어보지 못하였다." 유학생을 초빙하려 해도 "유학생 가운데 졸업한 사람이 거의 없었다. 설사 한두 명 있더라도 역시 초빙하기가 쉽지 않았다." 만약 외국인을 초빙하려면 "말이 통하지 않는 데다가 보수가 과중한 편이었다." 결과적으로 후난의 신흥 학교에서는 교사로 "거의 대부분 급제했던 편수관을 배치하였다." 후난·후베이(湖北) 양 지역의 형편은 장쑤(江蘇)·저장(浙江)과 기본적으로 비슷하였음을 알 수 있다. 량치차오는 이는 당시 전국의 보편적인 현상이라고 여겼다. 그는 『신민설』(新民說)에서 당시 각 성마다 비록 "너도나도 학당을 개설하였으나 학당의 총책임자는 대부분 명예를 추구하고 이익을 도모하기 위해 관리의 비위를 맞추는 데 가장 능란한 후보자들이었다. 학당의 교원은 대부분 팔고문의 대가들로 갑과(甲科)에 등제하여 한 마을을 쥐락펴락한 거신(巨紳)들이었다"[19)]고 지적하였다.

교원이 이와 같았으니 학생이라고 나을 리가 없었다. 량치차오가 무술년에 "미래의 어려운 시국을 담당할 인재가 모두 [시무]학당의 청년이기를" 희망한 적이 있었다. 예더후이는 반박하며 "톈진(天津)의 수사학당(水師學堂), 상하이의 방언관(方言館), 푸저우(福州)의 선정국(船政局)은 태평천국의 난 이후 연이어 개설되었으며, 주도한 인물 모두 당대의 고관대작이었지만 30년 동안 배출된 인재는 거의 없었다. 어떻게 오늘날 청년들이라고 해서 왕년의 청년들과 다르겠는가? 또한 오늘날의 한두 명 유명

인사라고 해서 왕년의 고관대작과 다르겠는가? 그렇다면 인재와 학당은 전혀 다른 별개의 것임을 알 수 있고, 그렇다면 학당과 서원이 폐단은 마찬가지임을 알 수 있다"[20]고 하였다.

예더후이가 수구적이고 신학문의 단점을 많이 보았기 때문이었다면, 장기간 북양학당(北洋學堂)을 주관하였던 개화파 인물 옌푸(嚴復)도 이런 견해에 찬동하였다. 그는 "구식 인재야 이미 적합하지 않았지만 신식 인재의 배양도 너무 더뎌 아무런 성과가 없었다. 약간의 성과가 있다고 해도 독자적인 것이라 전혀 도움이 되지 못하였다. 내가 북양학당을 관리한 지가 10여 년인데, 솔직히 말하자면 제자들 가운데 마음에 든 자가 하나도 없다"고 하였다. "학식은 있으나 성격이 괴팍한" 우광젠(伍光建)과 "착실하나 지나치게 신중한" 왕사오첸(王邵謙) 이 두 사람을 제외하고는 "나는 비록 명성은 자자하나 모두 평범한 인재뿐이다. 이것은 북양학당만 그런 것이 아니라, 예를 들어 증국번(曾國藩)·쭤쭝탕(左宗棠)·선구이펀(沈桂芬)·이홍장(李鴻章) 등 중흥 노신들도 양무(洋務)를 강조하고 인재 배양을 언급한 지 오래되었지만 앞에서는 해군이든 뒤에서는 육군이든 실로 인재가 하나도 나오지 않았다. 예를 들어 왕스전(王仕珍)·돤치루이(段祺瑞)·펑궈장(馮國璋)은 모두 당시의 이른바 인재였으나 지금 보면 과연 어떠한가?"[21] 과거제도는 이미 사라졌고 학당 또한 인재를 육성해내지 못하자 지식인 '무용'이라는 잠재된 말이 이미 터져 나오기 일보 직전이었다.

사실상 옌푸가 있었던 수사학당은 그래도 조건이 비교적 좋았다. 앞에서 인용한 "육사(陸師) 학생이 사범학교에 편제되는" 이런 현상은 만청 정부가 강병(强兵) 노선을 걸으면서 그 자체의 성과는 원래부터 제한적이었지만 각 군사학교가 학습 과목이 비교적 참신하고 운영이 건실함으로 인해 점차 청대 신학문 인재의 중요하고도 주된 공급처가 되었음을 나타낸다. 옌푸에서 저우수런(周樹人)·저우쭤런(周作人) 형제에 이르기까지 모두 군사학교 출신인 것만 보아도 알 수 있다. 실제로 '신학문'의 시각에서 보면 육사 학생이 교사를 맡는 것은 팔고문 전문가가 맡는 것보다 훨씬 자격이 있었다. 그러나 군사학교 졸업생 자체가 얼마 되지 않아 단시간 내로 당시 전국 각 성·부·주·현의 모든 학당을 개설하는 대세를 감당하지는 못하였다.

당시의 논자들은 "과거급제한 편수관, 팔고문 대가" 이러한 "낡고 무식한 사람"이 가르치면 자식들을 잘못 이끌 뿐이라고 여겼다. 사실 여기서 말하는 '무식'이란 서학에 무식하다는 것이다. 만약 그런 사람이 서학을 가르친다면 아마 진짜 자식들을 오도하였을 것이다. 하지만 만약 그들이 구식 학문만 가르쳤다면 결과가 또한 어떠하였겠는가? 또한 당시 유학생의 서학 수준이 일반인이 인지하는 만큼 그렇게 높았는가? 청년 후스가 받았던 신구 교육이 그가 처한 시대에 대해 어느 정도 정보를 줄 것이다.

후스는 고향 안후이 성(安徽省) 적계현(積溪縣) 상장촌(上莊村)에서 9년 동안 전통적 사숙(私塾) 교육을 받았고, 상하이의 신학당 매계학당(梅溪學堂)에 전학해서 6주 후에 능히 선생님의 '국학' 착오를 바로잡을 수 있게 되자 하루 만에 4학년을 승급하였다. 후에 더 유명한 징충학당(澄衷學堂)에 입학하고는 1년 안에 또 4학년을 승급하였다. 국문 실력을 바탕으로 그는 주로 영어와 수학에 진력하였고, 2년 후에는 "중국 최고의 사립대학"이라고 불리던 중국공학(中國公學)에 합격하였다. 동창들이 모두 항의를 하다가 귀국한 일본 유학생들이었지만 그는 교내에서 영어를 잘한다고 소문이 났고, 수학 또한 "전혀 신경을 쓰지 않았으며", 되레 옛날 시가를 짓거나 백화문 작문을 배우는 것에 진력하였다.[22]

후스의 경력은 우리에게 당시의 교육을 새롭게 인식하도록 제시해준다. 우선 상하이 신학당의 국문 실력이 적계현 상장촌의 사숙만도 못하였다는 것이다. 그는 중국공학에 있을 때를 제외하면 항상 국문에서 우위를 보였다. 그러나 그의 당시 '국학'은 사실 그렇게 뛰어난 수준이 아니었다. 그는 '경의'(經義)에 대해서 처음부터 아예 무엇인지 몰랐다. 국학의 중요한 일부인 '소학'(小學)에 대해서도 그의 실력은 매우 형편없었다. 이러한 후스가 상하이에서는 오히려 늘 국문으로 재미를 보았으니 당시 상하이의 국문 수준이 크게 퇴보하였음을 보여준다. 그러나 상하이 학당의 '신학문' 수준은 매우 괜찮았다. 후스는 중국공학에서 영어와 수학이 특기였으니 당시 많은 유학생들은 단지 허명만 지녔던 것이다. 일본에서 돌아온 많은 유학생들의 '신학문' 방면의 지식 수준이 실제로는 상하이 사립학교의 학생만도 훨씬 못하였고, 이러한 유학생들은 공교롭게도 대부분 각지의 신학당에서 훈련을 받았으므로 같은 신학당이라도 차이는 매우 컸을 것이다.

실제로 청말의 성향(城鄕) 간 차별, 특별히 안후이 성의 아직 항구나 강변의 분위기에 젖지 않은 시골 사숙의 전통적 아동 교육이 훗날 계몽대사(啓蒙大師)로 일컬어지는 후스를 만들어내었다고 할 수 있다. 서양 풍조가 들어온 후 중국의 많은 항구와 강변 지역은 전통적 교육 방식이 이미 크게 미약해졌는데, 그중의 한 결과로 전통 교육에서 가장 강조하였던 '책 읽기와 글자 쓰기'라는 기초 작업이 이전보다 상당히 쇠퇴하였다. 불세출의 소수 엘리트에게만 초점을 맞추었던 중국의 전통 교육은 항구나 강변과 별로 접촉이 없었던 시골에서는 여전히 기본을 유지하였던 것이다. 그리고 후스는 바로 시골 '국문'의 훈련을 바탕으로 "다른 사람 따라가려다 오히려 자신의 원래 발걸음조차 잃는" 상하이의 신학당에서 자신만의 영역을 드러낼 수 있었다. 또한 구식 학문의 기초를 바탕으로 거기에 징충학당에서 받은 영어 훈련을 더해서 그는 전국 각지의 많은 학생들을 물리치고 한 걸음에 경관 유학생(庚款留學生)이라는 진정한 전국적인 소수 엘리트 그룹에 들어갈 수 있었다.

후스의 경력은 동시에 근대 중국인의 상승적 사회 이동 추세의 전환을 반영하였다. 조기의 유학생에는 주변인이 많았고 '좋은 가문의 자제'는 드물었으며, 과거제를 개혁할 즈음에는 유학은 이미 학생들의 공통된 목표가 되었다. 옌푸가 1902년에 관찰하기를, "근래 국내에는 서른 살 전후로 구식 학문의 기초가 든든하고 글재주 뛰어나며 분격하는 마음을 품고서 서양의 신학문을 배우려는 자들이 매우 많았다. 위로 한림원(翰林院)과 육부(六部)의 관리부터 아래로 급제자에 이르기까지 자주 만났다"[23]고 하였다. 후스 자신은 1910년 베이징에 가서 과거시험을 보기 전 모친에게 보낸 편지에서 "현재 시세로는 과거제가 중지되었고 출세할 길은 오직 외국 유학뿐입니다"라고 하였다. 이런 태도는 민국(民國)에 와서는 이미 보편적 현상이 되었다. 민국은 "관비 유학을 공로 보상의 도구로 삼았다" (많은 사람들이 이 상을 받기 원하였던 점이 문제를 가장 잘 설명한다). 후스가 미국에서 공부할 때 "유학계에 관비 유학생이 열에 예닐곱을 차지하였다." 그는 오늘날 "국내 학생들이 마음속으로 오로지 유학을 최고의 목표로 삼는 것"을 주목하였다. 그들은 "과거제는 이미 폐지되었고 관료로 출세하는 길은 오로지 유학이 가장 첩경이다"고 여겼다. 그 당시 일단 한 분야의 학위만 따서 귀국하면 곧장 "옥황상제처럼 떠받들어졌다." 세상 풍조가 지극히 뚜렷하게 변화하였던 것이다.

　상승적 사회 이동 추세의 변화는 근대 중국이 더욱 심층적으로 사회구조가 크게 변하였음을, 곧 사민의 으뜸인 '사'라는 이 낡은 사회집단이 점차 사라지고 사회에서 자유롭게 활동하는 '지식인'이라는 새로운 사회집단이 출현하였음을 보여준다. 사의 소멸은 사민사회가 이미 과거의 역사가 되었음을 의미하고, 사민사회의 해체 자체는 현대 지식인이 사회에서 자유롭게 활동하는 원인의 하나로서 양자는 서로 작용하는 인과 관계인 것이다.

　사(士)라는 자원은 사회 변천에 따라 단절되었고 그것이 지닌 사회에서의 영도적 기능도 멈추었다. 전통적 사는 사민의 으뜸이라는 이러한 사회적 역할에 포함된 의미는 바로 사가 삼민(三民)의 모범이고 대중에게 분배되는 사회적 역할을 따라야 한다는 것이었다. 류다평의 말처럼 사는 "평소에 향리에 머물면서 언행이 일반 평민의 모범이 되었다."[24] 모범 되는 자와 따르는 자의 사회적 분업은 쌍방이 받아들이고 지속하며 각 사회집단이 상호 안정되는 일종의 유기적 연계를 유지하면, 쌍방 모두 지위 고하를 가릴 필요가 없어지게 된다. 사민사회의 해체와 새로운 관념이 유입되어 전통적 사회 분업에 의문이 제기되었고, 과거에는 말하지 않아도 알았던 일을 이제는 논증할 필요가 생겨났다. 린바이수이(林白水)는 1904년에 "현재 중국의 지식인은 모두 상류사회라고 자처한다. 비지식인, 예를 들어 농·공·상·병과 공회당(共會黨)에 속한 사람은 모두 자기는 하류

사회라고 한다"[25)]고 하였다. 독서의 여부로 상류와 하류를 나누는 것은 본래 전통적 관념이지만 반드시 강조해야 할 것은 사회에 이미 이동의 표증이 있었다는 점이다.

'독서인'이란 원래 과도기적 시대의 사와 지식인 간의 공통점이다. 사가 지식인으로 전환되던 시대 사람들은 신분이 전환될 때 확실히 모종의 곤경에 부딪혔다. 신학문이 이미 사를 교육하고 사의 능력을 시험하는 도구가 됨에 따라 청대 최후 10년 동안 과거시험을 통해 배출된 근대 중국의 최후 세대인 사회학적 의미의 사는 사상과 마음가짐에서 아마 전통적 사와는 달랐을 것이다. 반대로 이 세대의 사인(士人)과 중국 최초 세대의 지식인은 사회적 존재 의의는 비록 근본적으로 달랐지만 사상과 마음가짐에서 도리어 여러모로 비슷한 점이 있었다. 독서인의 주체가 이미 지식인일 시기에 당면해서는 윗세대의 '남겨진 사'는 때로는 지식인의 사회적 역할에 함몰되는 신세를 면치 못하였다. 반대로 초기 지식인의 마음가짐과 행위에서 사의 잔영을 엿볼 수 있다.

사와 지식인의 근본적 구별은 바로 참정(參政)과 의정(議政)이었다. 사는 도통(道統)과 정통(政統)을 한꺼번에 갖고 근본에 힘쓸 책임이 있었으므로 장기적 대책이 있어야 했으며, 목전의 국시(國是)에도 반드시 순응해야 했다. 그들에 대하여 말하자면, '천하를 순화하는 것'은 동시에 '인심'(人心)과 '세도'(世道) 양 방면에서 곧 '사회의 양심'이 되는 것을 의미할 뿐만 아니라 또한 실제로 정치 활동에 참여하는 것을 포괄하였다. 한마디로 말하자면, 그들은 반드시 의정도 하고 참정도 해야만 했다(의정과 참정 또한 일종의 '현대'적 구분으로, 전통적 선비에게 논의란 참여의 형식 중 하나일 뿐이었다).

민국 초기 지식인은 대체로 사의 사회적 역할에 동의하였고, 또한 사의 사회적 책임을 계승하려고 노력하였다. 다만 그들은 상대적으로 약간 초연하려고 하였고, 대다수는 후스처럼 "학문을 강구하고 다시 정치를 논하는" 경향이 있어 의정 단계에서 멈추어 '사회의 양심'이 되려 하였고 직접적 참정은 둘째 자리에 두었다. 더욱이 어떤 사람은 학술과 정치의 분리를 시도하여 아예 상아탑에 들어가버렸는데, 후스의 말처럼 "낡은 종이 더미 속으로 되돌아가" 세상일을 따지지 않았다(이것은 아마 선택의 여지가 없는 경우가 더 많았을 것이다). 그러므로 그들은 정치에 대하여 토론은 하되 참여하지 않았고, 보고도 보지 못한 척하며 완전히 논의하지 않았다. 전자는 신문화운동가들이 한마음으로 제창하였으며, 후자는 루쉰(魯迅)이 "신사상이 '낡은 방식'의 침을 맞은 것"이라고 치부한 것이지만 확실히 5·4운동 이후 몇 년간 많은 지식인들이 "스스로 원한 것"이기도 했다.[26]

당연히 개별적으로 신지식인 대열에 끼어든 차이위안페이(蔡元培) 같은 사람은 지식인은 관리도 되지 말고 정치도 논하지 말자고 전적으로 주창하였는데(비록 그는 실제로 정치를 논하고 또한 관리가 되었지만), 바로 사가 점차 사라지고 지식인이 갈수록 독서인의 주류를 차지하게 된 시대적 변화를 다소나마 표현하였다. 예를 들어 장타이엔과 량치차오같이 최후 세대의 사는 일찍부터 벼슬에 나가지 않으려는 시대에 살면서 이른바 "그 자리에 있지 않으면 그것에 관한 정치를 거론하지 않는다"를 실천하였다. 그 시대에는 정치 논의는 바로 정치 참여였다. 그들은 만년에 기본적으로 강의와 연구에 몰두하여 겉으로 보기에는 매우 지식인 같았다. 실제로는 전통 사와 마찬가지로 참정의 뜻을 이루지 못한 이후에야 학문을 하였다. 다만 사회가 이미 크게 변하여 그들은 논할 수만 있었지 참여할 기회는 적었다. 장·량 등이 어쩔 수 없이 정치 논의를 정치 참여보다 많이 하고 심지어 어떤 때는 정치에 전혀 관여하지 않은 것은 모두 사의 시대에서 지식인 시대로 전환하는 사회의 큰 조류를 체현한 것이었다. 그들은 사상적으로 여전히 사이고자 하였으나, 사회적 존재는 그들에게 갈수록 지식인의 사회적 역할에 가깝게 분배되면서 이들의 생애에 비극적 색채를 더하게 되었다.

이 점은 장타이엔과 량치차오에게 가장 동정적 태도(천인커陳仁恪가 말한 "이해하는 동정"은 아니다)를 지닌 연구자들이 가장 소홀히 하는 바인데, 그들은 항상 자기들보다 뒤에 나온 지식인들의 심리 상태로 전통적인 사를 해독하여, 장타이옌과 량치차오가 만년에 가르치는 일에 전념한 것은 정치 활동 중의 '깨달음'에서 비롯되었기 때문이며 그러므로 보다 더 영원한 사상과 문화 영역에 투신하게 되었다고 여기고, 오히려 그들이 끝내 실제 정치에서 완전히 벗어나지 못한 것에 대하여 안타까움을 표시하였다.27) 학술과 정치의 분리를 주장하며 실제 정치가 '더럽고 어둡다'고 여기는 것은 모두 현대 지식인이 지니는 고정관념에 불과하고, 전통적 사에게는 정치는 원래 마땅히 '깨끗하고 투명한' 것으로 '더럽고 어두운' 현상이 나타나는 것은 '도'가 천하에 행하여지지 않기 때문이므로 선비 자신이 일정한 책임을 지고 가일층 바로잡을 의무가 있었다. 그들에게 학문은 바로 정치를 위해 하는 것이고, 학술에 전념하는 것은 참정을 실행하지 못한 다음의 퇴로에 불과하였다.

그러므로 후스와 같은 지식인에게는 정치 참여는 물론이고 심지어 정치에 관한 논의조차도 모두 학술적인 공부에 지장을 주었다는 아쉬움이 다소 존재하였다. 그러나 장타이옌과 량치차오도 언제나 학계로 복귀하도록 내몰리긴 했지만, 오히려 천하가 무도하여 부득이 물러나서라도 인간의 심성을 구원하겠다는 피동적 선택을 하였다. 그들은 정치에 참여하고 싶어 "시기를 기다렸다가 떨쳐 일어나는" 전통적 정서가 언제나 존재하였고, 또한 '출사'의 포부는 늙어도 없어지질 않았다. 그러므로 결코 학술에만 전념하지 못하고 언제나 정치를 논의하면서 정치에 참여하였으며, 기회가 생기거나 가능성이 보이기만 하면 그들은 어김없이 '하산하여' 자신이 직접 세상을 구하려고 노력하였다. 북벌 당시 오랫동안 정치를 입에 올리지 않았던 장·량 두 사람 모두 갑자기 눈에 띄게 활약하였는데, 정론 발표뿐만 아니라 더욱이 직간접적으로 각 세력 사이를 분주히 오갔다. 다만 뒤에 가서 그가 인정하려고 하였던 북방이 이미 희망이 없음을 발견하고서야 차츰 손을 놓게 되었다.28)

량치차오는 1927년 5월에 그의 딸에게 보낸 한 통의 편지에서 과도기적 사와 지식인의 태도의 차이점과 공통점을 잘 표현하였다. 그는 자칭 "날마다 마음속에서 교전이 벌어지는 고통 속에 있었는데", 적지 않은 친구가 그더러 나와서 당을 결성할 것을 재촉하였으나 그는 정당 생활을 싫어하였다. "왜냐하면 기왕 정당을 만들면 보기 싫은 사람도 많이 만나고 하기 싫은 일도 해야 하는데, 이러한 나날이 나는 정말 견디기 힘들다. 만약 방관하면서 어려움을 겁내 숨는다면 스스로 국가에 대한 양심상으로도 그냥 넘어가지 못한다." 그는 끝에 가서 타협하는 방식을 취했는데 바로 정치에 대하여 논의는 하되 참여하지 않는 것이었다. 그러나 신세대 지식인 딩원장(丁文江)은 량치차오가 "전혀 정치를 거론하지 않고" 학문에만 전념하였다고 주장하였다. 량치차오도 "이렇게 하면 나의 양심에 참으로 부끄럽다"[29]고 하였다. 딩원장의 말은 사실상 량치차오가 학술 방면에 더욱 정진하였더라면 하는 그의 희망이었는데, 딩원장 자신이 그때 직접 정치에 참여하고 있었기 때문이었다. 후스는 만년에 자술하면서 "나는 정치에 대해서 시종일관 내가 말한 흥미를 느끼지 않는 흥미라는 태도를 취하였다. 나는 이러한 흥미는 지식인의 사회에 대한 응분의 책임이라고 여긴다"[30]고 하였다. 량·딩·후 세 사람의 정치 참여에 대한 태도는 바로 사에서 지식인까지 과도기를 몸소 겪은 당사자의 심리 상태가 변화한 흔적을 보여준다.

  간단히 말해 청말 민국 초기 지식인은 사회학적 의미에서의 사에서 지식인으로의 전환이 그들의 심리 상태 변화보다도 더욱 철저하였다. 사와 지식인은 사회학적 의미에서 완전히 양분되나, 사상적으로는 도리어 연결되어 분리될 수 없었다. 민국 초기의 지식인들은 의식적으로 새로운 모델의 사회적 역할을 담당하였지만, 무의식중에 천하를 자기의 집으로 여기는 정신과 국시에 대해 마땅히 관심을 가져야 한다는 사의 정신을 계승하였다. 몸은 이미 신식이었지만 마음은 아직도 구식이었고(의식적으로 신식이 되려고 하지만 무의식은 여전히 구식이었다), 그러므로 그들이 처한 시대와 의식적이든 아니든 언제나 일정한 거리를 두는 태도를 지녔다. 이것은 민국 초기 지식인의 많은 행위가 당시 사람들이 이해하지 못하고 요즘 사람들이 보아도 '모순'이 가득한 근본적인 까닭이다. 사회에서 자유 활동을 하는 사회집단으로서의 지식인은 기타 사회집단과 모두 관련이 있지만, 그 활동성 자체는 어떤 의미에서는 기타 사회집단과의 괴리를 의미하고 괴리된 결과는 바로 자신의 주변화였다.

2. 지식인의 주변화

장타이옌은 1918년에 "육칠십 년 동안 보았던 중국 인물은 모두 갑자기 한바탕 떠올랐다가 조금만 성공하면 곧 추락하였다"고 하였다. 왜냐하면 근래 중국인들은 "역사를 몰라 흉금이 비천하여" 그들의 득세는 마치 "근원이 없는 강물이 소나기를 만나 넘쳐나는" 꼴로 당연히 오래가지 못하였기 때문이다. "일국의 인물 중에 5년을 가는 사람이 없으니 중간의 주류가 되는 자리가 마침내 텅 비워졌고", "한 나라에 장기적으로 신뢰할 인물이 없는" 국면이 조성되었다.[31] 장타이옌의 말은 일종의 '시대가 영웅을 만든다'는 함의를 나타낸다. 민국 초기의 사회와 정치 모두 난맥상을 드러냈으며, 그러므로 "소나기"가 빈번하였고 "졸지에 한바탕 떠올랐던" 인물도 확실히 적지 않았다. 그러나 신문화운동과 유사하게 신구를 명백히 구분한 "소나기"는 새롭게 "넘쳐나는 물결"을 이룰 때 노골적으로 일부 "구식 인물"을 떠내려 보내려고 하였다.

장타이옌 자신으로 말하자면, 그의 학식과 '역사' 지식은 당대에 둘째 가라면 서러울 정도였지만, 단지 청말 혁명 당시 "졸지에 떠올라" 민국 건국 이후 몇 년간 넘쳐나는 흔적도 없었을 뿐만 아니라 오히려 이미 퇴물이라는 감이 들었다. 후스가 5·4운동 전후에 젊은 청년으로서 "폭발적으로 큰 명성을 획득하였을" 때 왕년에 역시 젊어서 명성을 얻었던 장타이옌은 장년이면서도 민국 이후의 사상계에서 아예 언저리로 밀려나 있었다. 사대부가 한 몸에 '도통'(道統)과 '치통'(治統) 양자의 중심을 겸하여 지녔던 시대에는 증국번과 같은 사는 조정에 있든 강호에 물러나 있든 언제나 주류의 위치에 있을 수 있었다. 도통과 치통 두 가지 정통성이 분리되고 지식인과 대중이 괴리된 것이 바로 역사 지식에서 결코 증국번에게 손색이 없었던 장타이옌이 도통 방면에서조차 오랫동안 "가운데 주류의 자리"를 차지할 수 없었던 근본적인 원인이었다.

그리고 후스의 세대는 장타이옌 같은 인물이 주변으로 물러나도록 직접 작용하였다. 후스 자신은 일찍이 장타이옌에게 깊은 영향을 받았다. 그는 1922년에 쓴 『50년 이래 중국의 문학』(五十年來中國之文學)에서 장타이옌의 『국고논형』(國故論衡)은 "족히 일가의 말을 이룰 만하며" 2천 년간 중국에서 '저작'이라고 칭할 만한 책 7, 8부 중의 하나라고 하였으니 평가가 낮았다고 할 수는 없다. 하지만 그는 동시에 "이 50년은 중국 고문학이 마무리되는 시기"로 장타이옌은 바로 "이러한 큰 마무리를 하는 인물"을 대표한다고 선포하였다. 진화론의 영향 아래에 놓였던 근대 중국에서 이것은 사상계에서 장타이옌에게 '사형' 선고를 내린 것과 같았다. 그러므로 후스는 장타이옌을 높이 띄웠지만 봉쇄 또한 조금의 여지를 남기지 않았다. 그의 붓끝에서, 제법 '성취'가 있었던 장타이옌은 끝내 "시대의 대세에 어긋남"으로 인해 '실패'의 결말을 벗어나지 못하였다.[32]

이렇게 지식인은 의식적이든 무의식적이든 그들 자신을 주변화하는 데 '공헌'하였다. 이미 서구화와 신문물 숭상이 청말 민국 초기의 주류가 되었으므로 신흥 지식인과 남아 있던 사 사이에 경쟁이 출현할 때는 통상 전자가 승리할 수 있었다. 그러나 지식인이 전통적 사를 사회의 변방으로 몰아내었을 때 그들은 실제적으로 전체 지식인을 주변화하도록 촉진하였다. 사가 사민의 으뜸이라는 것은 사회에서 영도적 역할을 함을 의미하는데, 사민사회 해체 후 지식인은 그들의 부동성(浮動性)과 주변화로 인해 오히려 사회의 영도적 역할을 완전히 이어받지 못하게 되어 근대 지식인의 사회적 지위는 분명히 왕년의 사만 못하게 되었다.

과거제도 폐지가 조성한 도통과 치통 두 가지 정통성이 양분된 직접적인 결과는 바로 사(士)와 대부(大夫)의 분리였다. 청말에 개설한 학당은 최초에는 단지 신식 '대부'를 양성하여 새로운 정세에 대응하려고만 하였다. 특히 경사(京師)대학당의 입학생은 원래 관원이었고 기능상 신형 한림원에 가까웠다. 그리고 청말 인사의 마음가짐이 크게 변하여 장바이시(張百熙)는 관학대신(管學大臣)이 되자 공부는 관리가 되기 위해 하는 것이 아니라고 주장하였다. 그는 1904년 신진 사류(士類)였던 진량(金梁)에게 "수도는 인재가 모이는 곳이고, 오는 사람 모두 벼슬을 얻는 데 뜻을 둔다. 자네는 당연히 학문 추구를 우선으로 두어야 할 것일세. 벼슬이 어찌 구한다고 되는 것이겠는가? 학문만 추구하다 보면 비로소 얻어지는 것이지"33)라고 하였다. 당시 정치의 중심과 언론의 중심은 양분되었고, 당사자들도 분리를 정상으로 여겨 사류의 관념이 이미 크게 변하였음을 알 수 있다. 민국 후에 학생은 이미 평민화되었고, 차이위안페이가 교장이 되자 더욱 "과거제도 시대의 사상"을 배제하려고 대학생은 "마땅히 학술 연구를 천직으로 여겨야지 대학을 출세와 축재의 수단으로 여겨서는 안 된다"고 하였다.

다만 문제의 다른 측면은 만약 대학이 단지 학술 연구만 하는 기관이고 더 이상 관리 양성소가 아니라면 양호한 훈련을 받은 관리는 또한 어디에서 배출할 것인가였다. 청말에서 민국의 정부와 그 당시 지식인은 분명히 이렇게 중대한 문제를 진지하게 고민한 적이 없었다. 과거(科擧)를 볼 때에는 사는 대부의 자원이었으며, 대부도 사의 정당한 직업이었다. 만약 사와 대부가 분리되어 전자가 주로 정치를 논하면서도 정치에 참여하지 않는 직업 지식인으로 바뀌게 되면 필히 새로 출현한 직업 '대부'는 곧 직업 관료가 될 것이었다. 과거제도는 이미 사라지고 새로운 관리 양성 체계도 없다는 것은 관리가 되는 데 더는 자격이 요구되지 않음을 의미하였다. 민국 시기 관료가 넘쳐난 것은 여기에서 비롯되었다. 국가에 중심이 없음으로 인하여 관료가 넘쳐나는 현상이 더욱 심해졌다. 중심의 주류 자리가 비게 되자 주변인에게 기회가 주어졌다. 새로운 관리 양성 체계의 결핍으로 인하여 정통(政統)의 정규 사회 자원은 고갈되었고 원래 주변에서 맴돌던 각 신흥 사회집단(群)이 점차 정통을 차지하기 시작했다. 근대 군인·상공업자와 직업혁명가 등 신흥 권력집단이 재빨리 '시장 법칙'의 수요에 의해 일어났다.

중국의 관리 선발제도가 사라지고 서방의 선거제도가 정식으로 도입되지 않았을 때 새로운 대부가 량치차오의 말처럼 생산에 종사하지 않는 사회집단에서 나오게 되었다. 대부는 사에서 나오지 않고 전통적 관리 생성 방식은 오로지 "나가면 장수가 되고 들어오면 재상이 되는" 한 길만 남았다. 근대 중국에서 군인의 대두는 이미 필연지세 같았다. 페이싱젠(費行簡)의 "민국이 성립하자 군인의 기염이 하늘을 찔렀다"는 말은 시대를 잘 묘사하였다. 어떤 사람은 저널리스트 왕신밍(王新命)과 사위를 삼는 기준을 이야기하면서 "30세 이하에 명성도 있고 사업도 성공한 자이면서 군인이 아니길" 원하였다. 왕신밍이 회답하기를 "과거제도가 이미 폐지된 지금은 30세 이하에 명성도 있고 사업도 성공했으면서 군인이 아닌 자는 실로 찾기 힘들다"[34]고 하였다. 이것이 바로 전형적인 시대 인식이었다.

그렇지만 장군이 모두 재상이 되란 법이 없으며, '출장입상' 또한 어쨌든 정도가 아니었다. 왕신밍의 말은 사실상 사대부의식의 잔존이 아닐 수 없다. 의식적이든 무의적이든 간에 그는 분명히 근대에 주변에서 중앙으로 이동해온 또 다른 대사회집단인 상공업자, 특히 근대에 점점 독립적 신분으로 인정된 신상(紳商)[35]을 무시하였다. 혁명이 이미 근대 중국의 부산물이 된 시대에 쑨중산(孫中山)처럼 직업혁명가라는 새로운 사회집단이 나타난 것이다.[36] 지식인들이 주관적으로 이들 신흥 사회집단과 사회권력을 다툴 욕심이 있었는가 여부에 관계없이 이들의 출현은 객관적으로 지식인들을 중국 사회에서 날로 주변적 처지에 놓이게 하였다.

"관료가 신사보다 못하다"는 상태는 청말에 이미 나타났다. 함풍(咸豊)·동치(同治) 연간에 창설된 단련(團練)은 '신분 상승'의 첩경이 되었는데, 단련은 지방성을 띤 것이며 원적지(原籍地) 향신(鄕紳)만이 창설할 수 있었다. 말하자면 이 길은 신사로 전환하지 않는 관리에게는 열리지 않았다. 태평천국 시기 군사 행동이 자주 일어나고 일부 단련이 관방화되어 관부는 지방 공무를 처리할 때 늘 향신의 협조에 의지할 수밖에 없었다. 교육 방면에서는 서원도 지방관이 통제하였지만 강학(講學) 책임자인 산장(山長)은 오히려 반드시 신사가 담임하였다. 사회적 측면에서 말하자면, 후자가 얻은 것은 실리였다. 청말에 이르러 신정(新政)을 펼 때 항상 관원보다 신사를 임용하는 경우가 많았다. 펑유란(馮友蘭)의 회고에 따르면, 그의 부친이 청말에 우창(武昌)에서 관리로 지낼 때 친구가 있었는데, "그에게 후베이의 벼슬을 버리고 허난으로 돌아가 향신이 되라고 권하고 신사가 관리보다 더 전도가 유망하다고 말하였다"고 하였다. 이것이 점점 시대적 인식이 되어갔고, 그러므로 "당시의 적지 않은 관리들이 일본에 가서 몇 개월 지내다가 원적지로 돌아가 곧바로 향신으로 변신하였다."[37]

과거제도가 폐지된 후 신사의 지위가 더욱 증대되었고, 그 가운데 상인은 또한 갈수록 더욱 중요한 성분이 되었다. 민국에 이르자 상인의 지위가 높아져 더욱 뚜렷하게 "그 자리에서 나오고 싶은" 강렬한 정치 참여의 욕구를 수반하였다. 양인항(楊蔭杭)이 1920년대 초에 관찰하기를, "민국 이래로 관리의 가치는 떨어지고 상인의 가치는 증대하였다. 이에 다소 약삭빠른 관리는 모두 '실업(實業)을 한다'는 허명을 덧붙였는데 마치 이전에 청대의 매관노들 모두 '후보도'(候補道)라는 허울을 거금을 내고 사는 것과 같았다"고 한다. 이렇게 해서 '상객'(정객과 상대적인)이 새로운 사회집단으로 등장하였다. 그는 "중국의 진정한 상인은 모두 성실하고 신중해서 수구적이면서 외부의 일에 관여하지 않는다. 관료들과 왕래하며 회의 참석에 분주한 자는 대부분 모두 상객이다. 그러므로 상객에는 두 종류가 있다. 하나는 관료식의 상객이고, 하나는 건달식의 상객이다"[38]라고 하였다.

전자는 이전의 청나라에 이미 있었으니 바로 상인이 돈을 출연해서 얻은 명예직 후보도로서 관료사회를 오가며 접대를 일삼았다. 민국 이후에도 이런 부류가 여전히 있었고, 아울러 "스스로 관리이면서 상인"인 새 유형도 등장하였다. 즉 "군벌과 관료가 하루아침에 실직하자 백성의 고혈을 짜서 모은 소득을 파산한 정부에 놓아 고리(高利)를 챙기면서 오히려 시대를 앞서가는 재벌 행세를 하였다. 이렇게 형태만 바꾼 관료라는 기계의 부속품도 역시 이른바 상객이었다." 그리고 "건달식의 상객은 민국의 특산품으로 이전의 청대에서는 발전의 여지가 없었다. 그 사람들은 본래 상인과 무관하였고, 기껏해야 몇 장의 주식을 보유하였을 뿐이었다. 그러나 회의장에서의 말재주가 진짜 상인보다 나았고 선거운동 역량이 진짜 상인보다 뛰어났다. 상인들이 대표를 뽑아 관공소의 장을 만날 때마다 앞장서지 않을 때가 없었다. 상인들이 전보를 쳐서 발언할 일이 있을 때마다 그 이름이 끼지 않을 때가 없었다." 이런 사람들은 "형식상 정객은 아니면서 정신상으로는 정객이었고", 때로는 심지어 "입으로는 정객을 욕하면서 실제로는 정객 행세를 하였다."

양 씨는 비록 유학생이었지만 여전히 전통 사(士)의 우월감이 존재하여 상인들이 "그 자리에서 나오고 싶은" 이러한 신풍조에 꽤나 불만을 품었다. 그러나 그는 이것은 당시 새로 일어나는 사회 행위 방식 심지어 새로운 상승적 사회 이동 경향과 관련이 있다고 예민하게 통찰했다. 민국 이래로 "아침에 회의하고, 저녁에 회의한다. 단상의 말은 모두 명언이나 여기서 그치고 말며, 하단 후에 실제 행동은 한 적이 없다. 아침에 전보 치고 저녁에 전보 친다. 전문의 말은 모두 명언이나 여기서 그치고 말며, 전보 외에 실제 행동은 한 적이 없다." 이것은 이미 일종의 직업이 되었다. "더욱이 새로운 종류의 사람들이 있어 새로운 밥을 먹었는데 곧 회의밥을 먹는다고 불리게 되었다. 대체로 그 사람은 본래 직업이 없고 오로지 회의 참석을 직업으로 삼는다. 그 사람이 재주가 없는 것은 아니지만 평생의 모든 재주는 회의에 다 사용하였다. 그의 장점을 열거해보자. 첫째, 연설에 능통하고 목소리가 우렁차다. 둘째, 전보문 작성에 능통하고 문리가 매끈하다. 셋째, 어떤 사람이 몇 표를 얻었는지 표수 계산에 능통하다. 넷째, 광고에 능통하여 신문 잡지에 이름이 대문짝만 하게 나오게 한다."[39]

그는 한 걸음 더 나아가 분석하기를, "회의밥을 먹는 자는 두 종류로 나누어진다. 하나는 관료파이고, 하나는 민간파이다. 관료파의 회의밥을 먹는 자는 곧 의원(議員)으로, 오늘날은 그다지 유행하지 않는다. 유행하는 것은 민간파이다. 그 회의명은 변화가 심해서 시세에 따라 바뀌지만 회의 참석 인물은 아무리 변해도 근본적인 틀은 유지한다." 이들은 "종일토록 힘들게 일해서 바쁘다고 말할 수 있지만 이루어낸 일은 한 가지도 없다. 단지 전보국을 위해 영업을 뛰고 신문을 위해 지면을 확충할 뿐이다." 그러므로 "회의에서 소모되는 재주는 과거시험과 같았다." 마찬가지로 "집회 결사하는 장점은 빠르게 관리가 되는 길과 같았다." 양 씨의 의도는 비꼬는 것이었지만 생각지도 않게 문제의 본질을 건드렸다. 회의가 과거시험과 유사하다면 이러한 "빠르게 관리가 되는 길"은 곧 상승적 사회 이동의 새로운 길이었으며, 또한 과거시험과 유사하다는 점에서 바로 사회의 새로운 변화를 반영하였다. 이것은 아마 훗날 '회의문화'의 시초로서, 그 사회적 기능은 전보국과 신문사를 위해 취업 기회를 만들어내는 데 있었고, 나아가 "회의밥을 먹는 자"의 존재와 발전을 확보하였다.

이러한 가운데 상업계 지위의 상승과 상인의 참여의식 증강이 가장 두드러졌다. 그러므로 "민국 이래로 두 기관이 가장 바빴는데 하나는 전보국이었고, 하나는 상인 단체였다. 일단 문제가 생기면 이 두 기관이 수고하지 않는 경우가 없었으니 마치 약방의 감초 같았다." 이전의 상인들은 만나면 모두 자기 업종에 관한 일만 이야기하였다. 지금은 "몸은 상인이면서 오히려 관료계에 관한 일을 이야기하길 좋아하였다. 몸은 결백한 상인이면서 관료계의 추잡한 일에 간여하고자 하였다." 관리의 임명을 "상인이 나서서 만류하고 거절하였고", 관직의 설치와 폐지를 "상인이 나서서 건의하고 공격하였다." 새로운 사회 행위와 동반하는 것은 이러한 기초 위에서 생겨난 새로운 가치관이었다. "옛사람은 시정 상인을 소인배로 여겼으나 오늘날은 시정 상인을 성인으로 여긴다. 성인으로 여기면 숭배하게 되고, 숭배하면 본받게 된다. 이에 온 나라가 위아래 할 것 없이 모두 시장 논리로 움직였다. 선전이란 광고이자 시장 논리이다. 물건을 팔면 그것을 광고라 하고, 물건을 팔지 않으면서 광고를 하면 그것을 선전이라고 한다."[40]

만약 양 씨가 말한 선전과 광고의 관계가 성립된다면 상인의 정치 참여는 민국의 정치 행위에 그들의 특수한 낙인을 찍은 셈이다. 정치적 성향이 농후한 '상객'이라는 이러한 정치와 상인 중간의 주변 소집단의 출현은 민국 사회(및 정치)에서 매우 연구할 만한 가치가 있었음에도 불구하고 아직까지 주목을 받지 못한 현상이다. 회의와 전보 발송 등 새로운 행위는 일부 사람에게는 사회적 신분 상승의 발판이 되었고 더욱이 의의를 제시할 수 있게 하였다. 비아냥거림으로 가득한 양 씨의 어투로부터 과거제도 폐지 후 원래 지식인과의 관계가 가장 밀접하였던 정치가 현재는 오히려 일부 상인의 관심거리가 되었고, 또한 최소한 일부분은 상인들이 차지해 버렸으며 점차 사회의 언저리로 밀려나기 시작한 지식인들이 이에 대해 불편함을 느낄 뿐만 아니라 심지어 불만을 품었음을 쉽사리 발견할 수 있다.

사민사회는 본래 하나의 유기체였다. 사의 소멸은 기타 삼민이 본업을 유지하기 어렵게 된 것과 상당한 관계가 있었다. 상인과 군인 등 전통적 주변 사회집단의 출현은 단지 "정통이 쇠락하고 낯선 것이 갑자기 튀어나온" 근대 중국의 현저한 특징이 사회구조가 변천하는 과정 중에 나타난 부분적 현상이며, 이와 보조를 맞추어 일부 민간에서도 새롭게 주변화된 사회집단이 등장한 것을 볼 수 있다. 동시에 이러한 사회 변천에 수반되는 매우 중요하지만 지금껏 중시하지 않은 현상이 있는데, 원래 있었던 정치·군사 집단의 사회 구성과 행위가 점차 비정규화되었다는 사실이다. 게다가 상인과 군인보다 더 적극적으로 정치에 참여하고 정상적 궤도를 무너뜨린 것은 '유민'(遊民), '기민'(饑民)과 같은 새로운 주변화된 사회집단의 정치·군사에 대한 참여였다.

과거제가 폐지되었을 때 류다펑은 이미 "세상은 고달프고 백성은 가난해져 사민이 모두 본업을 잃게 되는" 현상을 주시하고 자신도 "사민이 본업을 잃은 후 천하가 안정되길 바란다면 되겠는가?"라고 문제를 제기하였다.[41] 약 20년 후, 양인항은 당시의 상황이 더 심각함을 발견하였다. "토지는 있었으나 농사를 짓지 못하였고, 기술은 있었으나 물건을 만들지 못하였고, 상품은 있었으나 장사를 못하였다." 루쉰이 1907년에 관찰한 바로는, "권력과 언론은 출세로 분주한 무리나 혹은 매우 우둔한 부자 아니면 매점매석에 능한 거간꾼에게 모조리 장악되었다." 양 씨가 또한 발견한 바로는, "인민들이 할 일이 없어 이에 유민이 많아졌다. 인민의 생계가 단절되어 이에 기민이 많아졌다. 기민은 끝내 도적이 되고, 도적이 군인으로 편입되고, 군인이 도적을 겸하였다. 유민은 끝내 지방 건달이 되고 지방 건달이 의원으로 선출되고, 의원이 지방 건달을 겸하였다."[42] 기존 사회구조가 이미 해체되었으나 새로운 사회구조는 아직 온전하게 확립되지 않아 사회 전체가 차츰 난맥상을 드러내었다.

과거제도는 본래 '상하를 통하게 하는' 중요한 사회적 기능을 지녔다. 전통적 사농공상 사민사회에서 사가 사민의 으뜸이라는 가장 중요한 정치적 함의는 바로 사와 기타 삼민의 유기적 관계 및 사가 기타 삼민을 대표하여 정치에 참여하고 정치를 논의함으로써 '상하를 통하게 하는 것'이었으며, 과거제도가 바로 사와 기타 삼민의 유기적 관계를 유지하는 중요한 통로였다는 것이다. 중국의 전통적 사는 농사를 지으면서 공부하는 것을 표방하여 대부분 시골에서 공부하였으나 뒤에 가서는 성읍으로 나가 벼슬을 하였다. 벼슬을 하는 사람 중에 어떤 이는 결원을 기다리다가, 어떤 이는 부모의 상을 당하여, 어떤 이는 나이가 많아서, 태반이 귀향하려고 하였다. 인원의 유통은 정보, 자금 등 많은 통로의 유통을 의미한다. 개괄하면, 과거제도는 중국 사회구조 속에서 실제로 중요한 연계 및 중개 작용을 하였으며, 그 작용이 위로는 관방의 정교(政敎)에까지 미쳤고 아래로는 사의 주경야독에 연계되어 전체 사회가 순환하며 흘러가게 만들었다. 신교육 체제하에 대학(한때는 중학까지 포함되었다)을 졸업하면 기본적으로 성읍에서 직장을 구해 정착하였고, 심지어 사후에도 성읍에 안장되어 이전처럼 뿌리를 찾아 귀향할 필요가 없었다. 이것은 이전의 전체 사회가 돌아가는 방식이 이미 상당히 중단되었음을 의미하며, 그것이 사회에 끼친 심대한 영향 중 하나는 곧 성읍과 향촌의 분리 추세였다.

장타이옌의 견해에 의하면, 지식인의 귀향 단절로 인해 조성된 성읍과 향촌 분리는 대체로 학당(學堂)을 일으키면서 시작되었다. 학당을 일으키는 일에 가장 공을 기울였던 장즈둥은 "어려서 교만하였는데 약관에 승보(勝保)의 빈객이 되어 그의 방자함을 배웠다. 그러므로 관장에서는 스스로 잘났다고 뽐내었고 또한 애써 호방하게 행동하였다." 이런 기풍은 그가 학당을 개설하는 데도 영향을 주었다. "후베이에서 학교를 개설하기 시작하자 다른 성(省)에서 본받았다. 학당 건물이 극히 장중하고 화려하여 마치 과거에 불사(佛寺)를 세우는 듯하였다." 장타이옌은 "배우는 사람은 열심히 공부하고 담백하게 먹은 연후에야 힘든 일을 맡을 수 있고 도덕성도 단단해진다"고 여겼다. 학생에게 좋은 대우를 하는 본뜻은 입학을 권유하는 데 있으며, 다만 "학생이 화려함으로 인해 혈기가 변하고 또한 보상을 요구함이 마치 상인이 자식의 어미 책망하듯이 한다면 영리에 너무 심하게 빠졌다고 보아야 한다. …… 이렇게 공부하면 비록 학술적으로 성취가 있더라도 그더러 귀향하여 시골에서 살라고 하면 하루도 견디지 못할 것이다. 이로써 게으른 선비가 도시에 널려 있는데, 오로지 이록(利祿)만 추구하고 거친 옷과 험한 밥을 수치로 여긴다." 힘든 일을 맡을 수 없을 뿐만 아니라 "평민과는 이미 전혀 다른 계급이 되어버렸다."[43]

훗날 차츰 세인의 주목을 끈 지식인의 '군중 떠나기'가 부분적으로 전통적 주경야독 생활의 중단에서 기인함을 알 수 있다. 민국에 들어선 후 장타이옌이 한 걸음 더 나아가 관찰하였다. "교육계에서 지식계급이란 명칭을 제기한 이후, 은연중에 성읍과 향촌의 구분이 생겨났다." 이른바 '지식계급'은 사실상 교육제도 개혁의 산물이었다. 장타이옌은 예민하게 인식하였는데, "도시에서 지식계급 지위라고 자처하면서 향촌을 무시하였고", 이로 인해 성읍과 향촌 사이에 "문화의 중간 장애물"[44]이 생겨났다. 민국 초기의 지식인들은 서양인을 배워 "민간으로 가자"는 구호를 제창하였으니, 바로 당시 성읍과 향촌이 이미 분리되었다는 명백한 증거였다. 그러나 이 문제는 매우 오랫동안 당시 사람들의 중시를 받지 못하였고, 또한 어떠한 대응 조치도 나오지 않았다.

성읍과 향촌의 분리는 사회 상황을 더욱 복잡하게 만들었다. 지식인이 도시에 거주하면서 이전과 달리 귀향하지 않아 향신의 사회적 자원이 점차 변화하였다. 향신 중 지식인 비율의 하락은 도의의 속박이 날로 감소하고 이른바 '못된 토호 향신'이 출현할 가능성이 점증함을 의미하였는데, 이것은 향촌의 사회질서가 동요하였던 중요한 원인이었다. 류다평은 1926년에 주목하기를, "민국의 신사 대부분은 아부와 접대에 분주한 신사로, 악랄한 생원이나 토착 건달이 아니면 악덕 상인이나 시골 기생충이었다.

신사의 자격을 갖춘 자는 각 현마다 모두 얼마 되지 않았다."[45]

일반적으로 민국 초기에는 중국의 토지 겸병이 그렇게 심하지 않았다. 그러나 중국의 향촌은 본래 그다지 서로 왕래가 없어 경제 수탈과 사회 압제가 지역에 따라 크게 차이가 날 수 있었다. "하늘은 높고 황제는 멀리 있는" 변방(현성에서 멀어도 일종의 변방이다) 지역에는 가끔 비정규 세력이 장악하는 지역(예를 들어 대군벌의 고향)이 나타났는데, 법이 통하지 않는 토호가 많았고 실제로 수탈이나 압제가 특히 심하였던 사례가 존재하였다. 이런 지역의 농민은 경제적이나 사회적 대우 방면에서 주변으로 내몰리는 자가 반드시 많게 마련이었다.

일부 지방의 민간사회는 스스로 견제하고 단속하는 체제가 있었는데, 예를 들어 쓰촨(四川)의 민간 비밀결사 조직원이 큰 역할을 하였다. 그러므로 쓰촨의 빈곤 지역 농민은 토비(몽둥이를 들고 남의 물건을 강탈하는 강도)를 겸직하는 자가 적지 않았고 홍군(紅軍)에 참가하는 자는 오히려 많지 않았다. 그러나 민간사회의 견제가 효과적으로 작용하지 못하였을 때 그런 지역들은 기존 질서와 기존 체제에 대한 반대 정서가 매우 강하였고, 바로 이른바 혁명의 온상이었다. 곧 양인항이 보았던 "불순한 자들이 마구잡이로 모여들었고 곧 신성한 깃발을 높이 들 수 있었다."[46] 이런 지역에서 혁명을 부추기는(혁명을 하면서 '부추긴다'고 하는 것은 더욱 계발성을 지닌다) 주장은 사실상 가장 호소력이 있었다. 도시의 신흥 사회집단과 새로운 사회 행위와 마찬가지로 향촌의 이러한 변화들도 전체 사회 구조가 혼란해진 결과였다.

양인항은 "민국은 절반은 몽둥이 들고 강도질하던 노병 때문에 망하였고 절반은 토착 건달과 지방 양아치 때문에 망하였다. 토착 건달과 지방 양아치는 자치와 자결을 말할 자격도 없듯이 마찬가지로 노병도 국권과 위신을 말할 자격이 없었다"[47]고 여겼다. 그가 관찰한 1920년대 중국 사회의 총체적 모습은 각급 실권자는 정객·군벌과 토착 건달, 지방 양아치로 자신도 믿지 못하였다. 사회에서 가장 도덕 염치를 갖춘 자들은 모두 은둔하였고, 백성들은 또한 정치에 무관심하였으며, 상인 중에 '상객'이 있었으며, 지식인은 이미 주변으로 밀려났고 학자 중에도 다시 '학객'(상세한 것은 나중에)이 있었다. 이러한 총체적 난맥은 공교롭게도 장타이옌이 관찰하였던 중국에서 이미 사회 중심이 없어져버린 바로 이 문제에 있었다.

양 씨 자신도 이 점을 알아보고 주장하였다. "국가는 모름지기 초석이 있어야 하는데 이른바 중심 세력이다. 공화국가는 대다수의 민의를 초석으로 삼는다. 아예 군벌국가까지 내려갈지라도 역시 통일된 무력 세력이 초석이 된다." 그러나 당시는 "민의는 이미 변발을 포기한 듯하였으며, 각 번진(藩鎭)마다 '세력이 크면 왕이 되고 세력이 작으면 제후가 된다'는 추세가 있었고, 중앙 정부는 빈껍데기로 허울뿐인 존재라는 것을 자인하여 비록 '국가'는 있었지만 '초석'이 없었다. 초석이 없으면 국가가 없는 것이다." 이러한 사회에서 누가 중국의 문제를 해결하겠는가? 그의 방안은 "하나의 중심 세력을 조성해서 대다수의 민의를 기초로 삼자"[48]는 것이었지만, 그것은 단지 하나의 아름답지만 요원한 이상일 뿐이고 이러한 중심 세력이 만들어지기 전에는 잃어버린 사회 중심은 어쨌든 누군가가 메워주어야만 했다. 그의 안중에 자리 잡은 폄하의 뜻을 발라내면 노병·건달·상객·학객 등은 모두 일부 신흥 사회집단이 주변에서 중심으로 들어오려는 욕구와 실제적인 노력을 반영하였다. 수많은 주변 사회집단에서 주변적 지식인은 아마 참여의식에서 가장 경쟁력을 지닌 집단의 하나였을 것이다.

3. 주변적 지식인의 출현

근대 중국 특히 민국 초기의 각 주변인 집단 중에서 상층 지식인과 문맹자 사이에 끼인 주변적 지식인은 가장 주목할 가치가 있었으나 여태까지 충분한 주목을 받지 못하였다. 청대 말기의 교육개혁 특히 과거제의 폐지는 주변적 지식인의 대량 출현이 직접적 원인이었다. 과거제도 시대에는 지식인의 '향학열'은 어려서부터 늙을 때까지 멈추지 않아 청대에는 100세 과거 지망생이라는 대단한 일도 있었다. 그러나 신학당은 학생들을 받을 때 연령 제한이 있었다. 초기에는 20세 전후의 초등·중고등학생이 드물지 않았으나 30세가 넘은 사람은 극히 드물었고, 이후에는 입학 연령이 갈수록 낮아졌다. 바꿔 말하면 과거제도 폐지 당시에 이미 성년이면서 아직 '학당에 들어오지' 못한 많은 학생들이 사(士)가 될 가능성이 단절되었다. 신교육 체제 아래 일정한 연령이 되었는데도 아직 지식인계층으로 넘어오지 못한 학생은 더 이상 희망이 없어져버린 것이다. 청대 말기에서 오늘날까지의 중국 고등교육 기구의 용량과 같은 시기 중등교육 졸업생 수량을 서로 비교하면 차이는 미미하다. 이러한 시각에서 본다면, 근대 교육의 개방성은 이전 시대에 미치지 못했다고 할 수 있다. 공부해서 벼슬한다는 전통적 사고의 영향이 아직도 크고(많은 인재가 공부의 길로 나아가는 것을 의미한다) 고등교육 기구의 용량이 매우 부족한 상황에서 주변적 지식인이 많이 생겨나지 않을 수 없었다.

근대 지식인과 주변적 지식인의 등장은 거의 동시에 이루어졌다. 당연히 조기의 학교와 학생의 수준이 모두 차이가 많이 났고, 같은 학교의 학생이라도 서로 비교가 되지 않는 경우가 많았으니 다른 지역 다른 학교의 학생은 더 말할 나위도 없었다. 주관적 혹은 객관적 원인으로 인해 어떤 학생은 지속적으로 진학하여 지식인이 되었고, 어떤 학생은 원하지 않았거나 장기적으로 교육받을 인연이 없어서 주변적 지식인이 되었다. 동시에 근대 중국의 특수한 환경 속에서 일부 교육을 받고 있는 지식청년 가운데는 끝내 지식인이 될 것인지 아직 미정이지만 사회적 이슈에 대한 토론에 참여하는 자도 있었다. 이 글은 기술적으로 체계적 교육을 완료하지 않았을 때의 언론을 편의상 일괄적으로 주변적 지식인의 범주에 넣었고, 계속 깊이 공부하려는 자들에 대해서는 체계적 교육을 완료한 이후의 언론을 지식인의 범주에 넣었다.

대략 1903년부터 근대 지식인과 주변적 지식인의 자각의식은 이미 싹텄다. 그해 1월에 『후베이 학생계』(湖北學生界)가 창간되었는데 꽤나 상징적인 의의가 있었다. 이 잡지의 내용을 보면, 그 속의 '학생'은 이미 청대 과거제에서의 겸칭이 아니고 자각의식을 가지고 독립을 시작한 사회집단이었다. 특히 이 잡지 제2기에 발표된 리수청(李書城)이 쓴「학생의 경쟁」이란 글은 새로운 지식인이 '사'(士)라는 전통 지식인과 주동적으로 구별하려는 자각의식을 잘 반영하였다. 그는 학생을 단독적 사회집단으로 만들어 사대부가 만드는 상등사회와 아예 문맹인 사람들의 하등사회 사이에 놓았다. 아울러 상등사회는 이미 붕괴되어 나라를 구할 수 없고 단지 "뒤를 잇는 자가 수습하기를 기다릴 뿐이고", 하등사회는 조국의 역사와 지리를 모르기 때문에 애국심이 생겨날 길이 없다고 명확하게 지적하였다. "학생은 상등사회와 하등사회 사이에 놓여 있어서 양자의 연결을 위해 없어서는 안 될 존재이다." 구국의 중임을 담당해야 할 뿐만 아니라 "하등사회의 나침반"[49)]이 되어야 한다.

많은 만청 인사들이 반청(反淸) 활동이 청나라 조정이 나라를 구할 수 없다고 여겼기 때문인 것처럼 새로 출현한 학생 사회집단이 사대부로부터 차별화하려는 까닭도 그들이 사대부가 이미 구국의 사명을 짊어질 수 없다고 여겼기 때문이었다. 리수청은 "학생의 위치가 중요하다"고 강조하였을 뿐만 아니라 학생들이 우선 "내부의 경쟁"에 주목해야 한다고 주장하였다. 하나는 "권리의 경쟁"으로, 곧 참정과 의정의 권리이고, 하나는 "세력의 경쟁"으로, 곧 국시 방면의 영향력을 다투었다.

1903년 양두성(楊篤生)이 지은『신후난』은 전문적으로 후난의 "중등사회"라는 주제를 다루면서 중등사회 구성원은 "하등사회의 위탁을 받아 상등사회를 대체하는 자이며", 그 책임은 "하등사회와 제휴하여 상등사회를 바로잡고", "상등사회를 파괴함으로써 하등사회를 육성하는 것"에 있다고 보았다. 동시에 그는 또 이 "중등사회"는 실제로 "후난의 청년 집단"을 가리킨다고 암시하였는데, 대부분 학생 사회집단을 염두에 두고 한 말임을 알 수 있다.[50)] 미국 유학생 쉬자오난(許肇南)은 일국의 명맥이 중등사회에 달려 있다고 주장하였다. 후스가 쉬 씨의 관념을 기념하여 지은 시에서 "여러분은 고기 먹으려고 여우나 쥐를 기다리네. 우리네 젊은이들이 나라의 주인인데. …… 원컨대 뜻과 힘 모아 서로 돕기를, 맹세컨다 나라 위해

진부한 무리 물리치세"[51]라고 하였다. 일본 유학생 장지(張繼)도 "학생은 일국의 원동력이며 문명 진화의 어머니이다. 온 나라에 인재가 없는 오늘날 더욱이 학생 제군들에게 승복하지 않을 수 없으니, 도쿄 유학생은 더욱 온 나라 학생들의 귀감이 되어야 한다"[52]고 강조하였다.

여기서 학생은 당연히 학문의 전달자를 주로 가리킨다. 어느 정도는 아직 '대부'가 되지 못한 '사'가 대부와 갈라서려는 의미로도 볼 수 있어 은연중에 도통과 치통의 분리가 조성한 곤혹감을 엿볼 수 있다. 그 기본적 출발점은 비록 사가 천하를 다스리는 것을 자기의 책무로 여기는 전통 정신이지만 그래도 사를 결코 인정하지 않았다. 더 이상 사로 자처하지 않았으며 도통의 전달자로 자부하지도 않았다. 유학생은 당연히 완전히 지식인이라고 할 수 없었으며 많은 자들이 이미 진정한 '중등사회'로 진입하였다. 그러나 같이 중등사회에 있더라도 고기를 먹는 '여러 어르신네'와 '우리네 젊은이'는 분명히 다른 두 개의 사회집단이다. 후자도 이미 전자를 '진부한 무리'로 보고 나라를 위해 제거할 것을 맹세한다. 이러한 발언들이 곳곳에서 과도기와 맹아기의 특징을 드러내지만 독립과 분리의 경향은 명백하였다.

신학당 사람들의 독립적 신분은 점차 사회의 인가를 받았고 얼마 가지 않아 시대적 공동 인식을 이루었다. 양인항은 "청대 말기 학당 개설 초창기에 무릇 학당에 속한 사람은 누구나 하나의 계급이 되어", 민간에서는 "학당 밥을 먹는 사람"[53]이라고 불렀다고 하였다. "학당에 속한 사람"의 수가 증가함에 따라 차츰 선생과 학생 두 개의 독립된 사회집단으로 분화되었다. 앞에서 장타이옌이 설명한 "교육계에서 지식계급이란 명칭을 제기한 이후, 은연중에 성읍과 향촌의 구분이 생겨났다"는 말은 아마도 양자가 나뉘는 하나의 표증일 것이다. '지식계급'이란 명칭의 등장은 분명히 '학생'과 구별하려는 뜻이 숨어 있다. '학생'이라는 신분 명칭은 원래 아직 발생 과정 중이었던 지식계급(혹은 오늘날 상용하는 '지식인')을 더 많이 대표함으로써 '구식' 학인들과 구분하였을 가능성이 매우 높다. 바로 그렇기 때문에 후에 오히려 오늘날 의미의 학교에서 공부하는 사람만을 가리키게 되었고 마침내 지식계급이란 명칭이 생겨나도록 하였다.

그러나 지식계급 혹은 지식인이 점증하는 학생을 가리키는지는 갈수록 문제가 되고 있다. 과거 일부 학자는 그것을 너무 느슨하게 잡은 감이 없지 않은데, 예를 들어 저우처쭝(周策縱) 선생은 5·4운동 전후의 중고등학생을 지식인 범주에 편입시켰을 뿐만 아니라 또한 제1차 세계대전 때 유럽에서 일하던 근로자 중 글을 아는 사람도 지식인 사회집단에 편입시켰다. 미국 학자 도널드 조던(Donald Jordan)은 1920년대의 중학생을 '상층 엘리트' 안에 집어넣었다.[54] 이러한 분류는 중국과 서양 당시와 현재의 표준을 막론하고 모두 다소 억지에 가깝다. 다만 이들 학자들이 이렇게 하지 않을 수 없었던 것은 어떤 측면에서는 주변적 지식인 사회집단의 근대 중국에서의 중요성을 선명하게 나타내고, 또한 이 사회집단이 신분상으로 모호하였음을 설명하기 위해서였다. 이러한 사회집단에 대한 정의는 전통 중국의 사농공상은 적용되지 않았고 근대 서방의 사회 분류 기준도 억지로 느껴져 그들이 주변적 지식인임을 명확히 해두는 것만 못하였다.

근대 이래로 상승적 사회 이동의 방편은 대부분 도시에 있어서 주변적 지식인들은 자연히 향촌에서 인정받기를 원하지 않았다. 다만 그들이 도시에서 살 길을 마련하기가 매우 어려웠고 또 도시에서 인정받을 방법이 없었으므로 그들은 성읍과 향촌의 분리 추세에 대해 감회가 깊었다. 그들은 중국도 아니고 서양도 아니었으며, 새롭지도 않았고 낡지도 않았으니, 중국학·서양학, 신학문·구학문의 훈련 체계를 모두 이루지 못했으면서 시문을 약간이나마 이해하고 신문 정도나 읽을 줄 알았다. 과거제의 폐지로 이제는 향촌에 거주하면서 주경야독으로 벼슬길로 나아갈 방법이 없어졌고, 도시에서도 또한 '출세'하거나 심지어 생계를 모색하는 능력이 부족하였다. 동성파(桐城派) 고문과 동광체(同光體)의 시를 잘 지어 선대의 노인네들에게 인정받을 수도 없는 데다 '여덟 줄 편지'를 지을 줄 몰라 관아에 들어갈 수도 없었고, 혹은 멋진 변려문을 지어 군벌을 위해 전통문 초안을 작성할 수도 없었으며, 더욱이 자금이나 학력이 없어 서양인의 '꼬부랑 글자'를 익힐 유학 엘리트 집단에도 낄 수가 없었다. 그들은 신흥하는 도시와 쇠락하는 향촌, 엘리트와 대중 사이에 처해 있으면서 양쪽 다 다리를 걸칠 수도 없었고 양쪽 다 동질성을 느낄 수도 없었다. 실제로 당연히 도시와 엘리트 쪽으로 인정을 받고 싶지만 그들에게서 받아들여지지 않았다.

이렇게 계면쩍은 곤경은 청대 말기에 학당을 일으킬 때부터 이미 있었다. 훗날 자립군(自立軍) 무장투쟁에 참가한 후난 학생 린궤이(林圭)는 시무학당(時務學堂)에 들어가기 전 몇 달간 글을 남겼는데, 그 당시 주변적 청년학인이 매사가 여의치 않다고 느끼는 심리 상태를 제법 잘 표현하였다. 그는 중의와 서양의의 구별을 논하면서 중국인과 서양인의 생활을 비교하였는데, 중국인은 "평생 고생하면서 염려하지 않는 날이 없었으며, 한 가지 일을 하려고 하면 막힘없이 순조롭게 되는 경우를 보지 못하였다. 그러므로 조울증이 심해지고 심지어 극도로 우울해져 풍습통(風濕痛)과 한열증(寒熱症)이 안팎으로 번갈아 침입하는데 돌보지 않다가 목숨을 잃는 사람이 많았다! 조울증이 없으면 머리가 편해지고, 조울증이 찾아오면 뇌를 다친다. …… 조울증을 없애지 않으면 뇌가 잘 돌아가지 않으며, 뇌가 잘 돌아가지 않으면 육신은 비록 존재해도 이미 폐물이 되어버린다." 여기에서의 중국인 생활에 대한 묘사가 꼭 당시 일반적 중국인 모두에게 해당되지는 않지만 아직 주변에 머물던 청년학인들은 "신세를 생각하니 장차 어디로 갈까"라는 이러한 안팎으로 번갈아 시달리는 환경 아래 "인간 세상에 부침하며 쌓인 화병 사라지질 않네. 명성을 이루지 못했으니 몸 둘 데가 없다"는 심리 상태를 가장 잘 표현해내었다.[55)]

이때 린궤이는 시무학당에 들어갈 수 있을지 아직 몰랐고, 위아래로 모색하던 그의 번뇌와 초조함을 고향의 선생님에게 띄우면서 공부에 대해 이야기하였던 그 편지 속에 아주 깔끔하게 표현하였다. 그는 독서에서 "조급해하지 않기"를 하지 못하는 것이 근래의 "큰 병"임을 인정하였다. 그는 본래 고향에서 사론(史論)을 다뤘지만 "공력이 미치지 못한다"고 느끼고 마침내 "어려운 것을 버리고 쉬운 것을 따르기로 해서 다시 사장(詞章)을 지었다. 조금이라도 시간이 나면 서적을 뒤적이며 원류를 찾아내어 뜻을 헤아렸다." 그러나 사장은 속성으로 익히기가 힘들 것 같았고 원래 공을 들였던 "옛날 업"은 "또한 까마득히 잊어버린 듯하였다." 훗날 "친구 중에 그것에 대해 통달한 자가 있어 사장은 그다지 볼 일이 없고 다만 무익할뿐더러 또한 해가 되니 차라리 문예를 전공해서 앞길을 개척하는 것이 오히려 쉽다고 말하였다." 이에 그는 또 "지금까지의 일을 그만두고 이 길에 전념하여 매일 사서를 읽었다." 그는 스스로 결론을 맺기를 "이 모든 것은 조급해서 생긴 병이니", 아마 먼저 "속성을 바라는 마음"이 있어 결과적으로 "일이 급할수록 마음은 더욱 혼란해져서 마치 큰 덩어리가 흉부를 치면서 위아래로 마구 부딪히는 것 같고 가슴이 두근거려서 하루 종일 아무 일도 못 하였다"고 하였다.

갑오년 후 국운이 날로 기울고 학인 모두 급히 세상에 나가 세상을 구원하려고 하였다. 정유·무술 연간에 후난 학정 장뱌오와 순무 천위전(陳玉箴)이 마침 교육 내용과 시험 과목의 개혁에 종사하여 학생들 모두 적응하는 과정에 있었다. 린궤이는 사론에서 사장으로, 다시 문예까지 단기간 내에 몇 번이나 "어려운 것을 버리고 쉬운 것을 따르기로 해서", "빨리 이루려는 마음"을 강하게 드러내었다. 그 스스로 당시에 감탄하였듯이, "아! 좋은 시절 다시 오지 않고, 이 망망한 세상 멈출 수가 없구나. 마음껏 신학문을 하려 해도 심오해서 고초가 심하고, 조용히 천명을 지키려 해도 생애에 의지할 데가 없었다." 그가 시무학당에 합격해 들어간 후 당면한 것은 "심오해서 고초가 심한" 신학문을 빨리 숙달하기 어렵다는 사실이었다. 그러므로 설사 무술정변이 없었더라도 그와 같은 청년학인은 아마 졸업하기 힘들었겠고 끝내 이러저러한 기회와 인연으로 현실 정치에 투신하였을 것이다.

린궤이가 남긴 글은 초기 주변적 지식청년의 곤경과 그들의 절박한 심리 상태를 생생하게 재현하였고, 유사한 상황은 민국에 와서 더욱 뚜렷하였다. 1902년에 태어난 또 다른 후난 혁명가 황커청(黃克誠)은 가정 형편이 어려워 19세 이전에 면으로 지은 옷을 입어본 적이 없었지만 친족이 학비를 공동으로 부담하는 학인으로 뽑혔다. 그는 기대를 저버리지 않고 시험을 칠 때마다 일등을 하였다. 성립(省立) 제3사범에 합격한 후 오히려 그곳이 "영문과 수리를 중시하고" 원래 "익숙하였던 고문"을 중요하게 여기지 않아 "차츰 비하감이 생겨났다." "심오해서 고초가 심하였던" 신학문은 확연히 그에게 심리적 압박을 가하였고, 게다가 국가의 내치와 외교상의 곤경이 날로 심해져 황커칭은 학업에 대한 흥미가 점점 떨어지게 되자 방향을 바꿔 "국가·민족·계급 등의 문제를 깊이 탐색하였다." 각종 신문 잡지를 열독한 후에 그는 "단지 나 한 사람만 출로가 없어 고생하는 것이 아니라 중화 민족 전체가 어려운 곤경에 빠져 있음"을 인식하게 되었다. 이에 "과거 개인적인 장래를 위해 출로를 모색하던 행태에서 탈피하여 국가·민족·사회를 위해 출로를 찾도록 뜻을 세웠다." 국공합작 때의 국민당에 들어간 후, "사상적으로 의탁할 곳이 생긴 것 같았고, 과거의 고민하고 소극적이었던 그런 정신 상태를 일소하였다." 마침내 삼민주의로는 "중국 사회의 제반 문제를 근본적으로 해결할 수 없다"고 느끼고, 나아가 "외국의 각종 사조 중에서 마르크스주의 무산계급 혁명의 길을 선택하였다."[56)]

린궤이에서 황커칭까지의 사례에서 알 수 있듯이, 주변적 지식인이 사회에서 그들을 인정해주길 바라는 마음은 여느 사회집단에 뒤떨어지지 않았으나, 다만 그들은 루쉰처럼 그렇게 고정 수입이 있어 비첩(碑帖)을 베끼면서 기분을 전환할 수도 없었고, 또한 후스처럼 그렇게 대학에서 체면이 서도록 높은 월급의 교직을 얻을 수도 없었다. 루쉰, 후스와 마찬가지로 그들은 매일 중국이 서구화 물결의 충격으로 추락하는 것을 목도하였고, 루쉰, 후스와 마찬가지로 그들은 동시에 자기 생애가 희망이 없다는 것을 발견하였다. 이러한 이중의 실의와 슬픔은 주변적 지식인으로 하여금 다른 사람들보다 한층 더 번뇌하고 고민하게 만들었다. 그리하여 더욱 절박하게 보다 원대한 이상에 의탁하여 사회상 모종의 더욱 큰 사업의 일부분이 되고자 하였다. 설사 생활이 별로 나아지지 않더라도 결국은 더욱 크고 높은 목표를 위하여 생존하고 분투하는 것이었다. 그러므로 그들의 사회와 정치에의 참여감과 실제적인 참여는 기타 많은 사회집단보다 훨씬 강렬하였다.

하나의 집단〔群體〕으로서 주변적 지식인들은 사실상 '학생' 사회집단이 초기에 형성될 때의 '중간' 혹은 '과도'적인 특징을 계승하였다. 그들은 몸과 마음 모두 도시와 향촌 그리고 엘리트와 대중 사이에서 배회하였으므로 일정한 정도로는 도시와 향촌 그리고 엘리트와 대중을 연계하거나 소통시키는 작용을 하였다. 이른바 주변은 본래 쌍방향으로, 한 발은 지식인 한쪽을 딛고 있었으며 한 발은 읽고 쓰지 못하는 대중 한쪽을 딛고 있었다. 이렇게 하나로 둘이 가능한 특성은 때로는 공교롭게도 쌍방에게 더욱 쉽게 받아들여지게 만들었다. 지식인들은 그들의 지식적인 일면을 볼 수 있었고, 대중들은 그들의 통속적인 일면을 볼 수 있었다.

근대 중국은 이미 이른바 현대화의 길을 걷고 있었고 그 큰 방향은 총체적으로 서구화였다. 그리고 지식 엘리트의 서구화 정도는 대중들을 훨씬 뛰어넘었다. 첸무(錢穆)는 의화단사건으로부터 상층 지식인과 대중이 민족주의 방면에서 격리되었음을 발견하고선 말하였다. 근대 중국 지식인은 "날마다 자신이 서방에서 배운 많은 것, 중국 민중에게는 결코 절실하지 않은 사상과 이상을 가지고 무조건적으로 그들을 향해 과시하고 자랑하였다. 외국 것은 무엇이든지 모두 옳았고 중국 것은 무엇이든지 틀렸다." 사실상 민족주의 정서가 더욱 강하였던 일반 민중은 이런 것에 대하여 "매우 큰 반감이 생길 수 있었다."[57] 이 양쪽의 관계는 당연히 더욱 복잡하였다. 지식 엘리트가 표현하는 민족주의 정서는 그렇게 강렬하지 않았으나 그들의 내심 깊은 곳에서는 실질적인 민족주의 포부가 실로 조금도 대중에게 뒤지지 않았다. 다만 일반 민중이 인지하는 지식 엘리트는 당연히 그들이 겉으로 표현한 부분에 불과하였다. 첸무가 관찰한 현상은 확실히 존재하였다.

후스가 아직 주변적 지식인일 적에 자신은 줄곧 많은 노력을 기울여 영어를 공부하였으나, 『경업순보』(競業旬報)에서는 되레 세인들에게 "조국의 문자를 날마다 더욱 빛나게 해야지 비천하게 몇 마디 ABCD를 배웠다고 신기해서 난리를 떨지 말아야 한다. 그러고서 어디 사람이라고 하겠는가?"[58]라고 요구하였다. 당시 몇 마디 ABCD를 배우면 확실히 "신기해서 난리를 떨었던" 것을 알 수 있다. 여기에서 저들 ABCD를 말할 줄 아는 사람을 한편으로 부러워하고 한편으로 미워하는 주변적 지식인의 심리가 실감나게 드러난다. 그러나 근대의 "꼬부랑 글자"를 못 배운 주변적 지식인 대부분은 확실히 점차 서구화되었으면서도 동시에 서구화된 엘리트에 대해서는 모종의 불편함을 느꼈다. 그리고 서구화된 지식 엘리트와 일반 민중 사이의 거리는 더욱 뚜렷하게 벌어졌다. 이것은 "평민의 삶에 다가가기" 경향에 찬동하고 그것을 "중국 문학혁명의 예언"[59]으로 보는 신문화 제현에게는 궤변적인 결과라고 말하지 않을 수 없다. 그 원인은 공교롭게도 문학혁명 안에 내포되어 있었다.

 근대에 선비들이 민도를 깨우쳐야 한다고 말하자 백화문으로 대중을 교육할 것을 일찍부터 줄곧 주장하는 자가 있었고, 천두슈(陳獨秀)와 후스 모두 몸소 청말의 백화문운동에 참여하였다. 그러나 만청과 민국 초기 두 차례 백화문운동 또한 큰 차이가 있었다. 후스가 말하길, 전자의 최대 결점은 사회를 두 부분으로 나눈 것이었다. "한쪽은 백화를 응용해야 하는 '그들'이고, 한쪽은 고문과 고시를 지어야 하는 '우리'였다. 우리는 여전히 고기를 먹어도 무방하였으나 그들 하층사회는 고기를 먹을 자격이 없었고 단지 뼈다귀를 던져 주어 먹이면 되었다." 위잉스 선생은 후스의 답안 중 '우리'와 '그들'의 구별은 "아마도 그 자신이 겪은 초기의 심리적 경험을 포함하였던 것"이라고 보았다. 그러나 후스는 "미국에서 7년간 민주주의의 세례를 받은 후라서 최소한 이지적 차원에서는 '우리' 사대부가 '그들' 백성을 경시하는 전통적 심리는 이미 탈피하였다."[60]

 위잉스가 여기에서 강조한 '이지적 차원'이 하나의 관건이 된다. 의식적 차원에서 후스는 확실히 '국어의 문학'이란 건설적인 혁명을 빌려 '그들'과 '우리'를 합하여 중국의 '전국 인민'으로 융합해내려는 목적을 달성하려고 하였다. 그는 '국민의 교사'가 되려고 스스로의 위치를 정하고 기껏해야 '그들'을 경시하는 것에서 '그들'을 중시하도록 바꾼 것에 불과하였다. (하지 않은 것은 하려고 생각도 하지 않은 것과는 당연히 다르다.) 관건은 일단 "평민의 삶에 다가가기"가 목표가 되었다면 무엇이 살아 있는 문학인지는 후스 등이 자신의 기호에 따라 정하는 것이 아니라 사실은 '일반인'이 결정해야 하였다. 대중 마주 보기가 목표가 된 후에는 청중이 되어야지 지식인이 심판이 되어선 안 되었다. 후스 등은 내심 이 심판이라는 사회적 역할은 아직 내놓지 않았다고 보인다. 역대로 살아 있는 문학 곧 새로운 문학 형식은 백성이 나서서 변화시킨 다음 사(士)의 개조를 거쳐 확정된다는 후스의 인식은 바로 심판의 역할을 그대로 두는 전형적인 설명인 것이다.

이는 문학혁명가들이 스스로 해결할 수 없는 곤경을 조성하였다. 한편으로 대중과 마주 서기를 원하면서도 한편으로 대중을 따라가지 않고 대중을 이끌려고 하였다. 메이광디(梅光迪)·런훙쥐안(任鴻雋)·린수(林紓) 모두 정도의 차이는 있지만 이 점을 의식하였다. 메이광디는 만약 백화를 사용한다면 "시골 농부와 같은 시골뜨기 모두 시인이 된다"고 여겼고, 런훙쥐안도 동감하였다. 그는 후스에게 보낸 편지에서 "귀하의 문학혁명이 성공한다고 가정하면 우리나라에서 시를 짓는 자는 모두 경극조의 높은 억양일 것"이라고 하였다. 린수는 "베이징과 톈진의 행상꾼들 모두 교수를 시켜도 된다"는 이러한 잠재적 가능성에 대하여 매우 경계하였다.[61]

이 점에서 '구파'는 '신파'보다 더 자아의 완벽성을 지녔다. 전통 사대부의 사회적 역할은 본래 한 몸에 모범과 재판관을 겸하였으며, 대중에게 분배되는 사회적 역할은 추종이었고 올바르게 따르는지 여부는 사대부가 판정하였다. 원고와 피고의 구분이 명확하였고 기능도 명확하였다. 다만 민국 초기의 지식인, 특히 의식적으로 대중과 직접 대면하려는 지식인에게 사정은 그렇게 간단하지 않았다. 이들 사대부의 기능 모두를 현대 지식인 거의 대부분은 포기할 준비도 않으면서 동시에 오히려 대중과 가까이하기를 목표로 삼았다. 여기에는 다소간 모순이 존재한다. 관건은 대중이 만약 진짜 '각성하여' 스스로 재판관이 되려고 할 때 지식인이 어떻게 대응할 것인가에 달려 있다. 만약 행상꾼이 더 이상 "모두 교수를 시킬 수" 없는데도 "자기 자리에서 벗어나려 생각해서" 주동적으로 교수가 되려고 한다면 어떻게 할 것인가? 린수는 이미 여기까지 고려하였으나 신문화인들이야 아직 이 문제를 사고할 겨를이 없었다.

과거에 문학혁명을 연구할 때 모두 그것의 여러 가지 부족한 점을 지적하였지만, 일반적으로 문학혁명이 백화문을 널리 보급하는 것에서 "평민의 삶에 다가가기" 방면의 노력과 성공은 인정하는 편이었다. 사실은 바로 이 점에서 문학혁명은 단지 부분적 성공만 거두었다.[62] 후스가 자칭하기를, "짧은 몇 년 안에 백화 장편소설은 이미 정식으로 받아들여졌다"고 하였다. 실제로 "수레를 끌고 간장을 파는 인물 부류"에 가장 접근한 독자들은 오히려 상당 기간 백화문학 작품을 감상하지 않았다. 장헌수이(張恨水)는 마찬가지로 고문으로 소설을 썼으나 신문화운동 이후에 널리 유행하였고, 또한 그가 썼던 것은 바로 하층과 직접 대면하는 통속소설이었다. 이것은 문학혁명이 백화 방면에서 거둔 '성공'은 사실상 진일보한 분석을 진행해야 함을 잘 설명하고 있다. 만약 판매량으로 말하자면 1920, 30년대 문언소설이 아마도 백화소설보다 못하지 않을 것이다. 미국 학자 페리 링크(Perry Link)는 매우 많은 노력을 기울여 문언소설을 읽었던 그 사람들이 바로 상하이를 중심으로 삼았던 '원앙호접파'(鴛鴦蝴蝶派)가 이미 가까이서 접촉하였던 '일반인'이었다는 사실을 증명해내었다.[63]

문언소설이 상당히 오랫동안 유행한 것은 통계 숫자가 증명하지만, 수많은 문학혁명가 자신은 확실히 인식하지 못하였고 아마 인정하지도 않겠지만, 그들은 "평민의 삶에 다가가기" 방면에서 뜻밖에도 성공이 제한적이었다. 매우 간단하다. 그들 자신의 문학 작품도 실제로 매우 잘 팔렸고 마찬가지로 끊임없이 재판되었다. 이것은 새로운 문제 하나를 제기한다. 문학혁명가들은 도대체 어떤 '일반인'하고 가까이서 접촉하였는가? 누군가의 말처럼 도대체 누가 문학혁명가의 작품을 읽고 있는가? 훗날의 사실이 설명하듯이 상당히 오랫동안 백화소설을 받아들인 것은 단지 특정한 일부 사람들이었다. 그들 중 다수는 린수가 번역한 문언소설의 독자층에서 건너왔고, 일부는 더욱이 훗날에 작가(예를 들어 바진巴金)가 되었다.

또 다른 일부는 대부분 기본적으로 새로운 조류를 동경하거나 '상층사회'로 매진하던 지식청년이었다.

다만 루쉰은 필경 일반 신문화인보다는 깊이가 있었다. 그는 사실상 "민중은 황제가 어디 있는지, 태비가 안녕한지 여부를 바라보는데", 그들에게 대고 무슨 현대적 상식 따위를 이야기할 수 있는지 "어찌 황당하지 않은가"를 이미 인식하고 있었다. 탕마오루(湯茂如)가 1926년에 말하였듯이, "량치차오는 일개 학자이고, 메이란팡은 일개 배우에 불과하다. 그러나 량치차오가 가는 곳은 단지 극소수 지식집단만 환영했을 뿐이고, 메이란팡이 가는 곳은 사회상 일반인의 환영을 받을 수 있었다." 그러므로 루쉰은 아예 "지식집단부터 한편으로 먼저 방도를 강구하고 민중은 장래에 가서 다시 이야기하자"[64]고 주장하였다.

공자께서 말씀하시길, 내가 인하고자 하니까 이에 인이 이르렀다고 하였다. 받아들이는 자 입장에서 보면 '황제와 태비'에게 관심을 갖고 또한 메이란팡을 환영하는 '일반인'들은 본래부터 신조류를 동경하지 않았기 때문에 문학혁명의 '충격'도 그다지 느끼지 못하였고, 자연히 무슨 '반응'이라는 것도 말할 나위가 못 되었다. 원래 의도적으로 "수레를 끌며 간장을 파는 인물 부류"와 직접 대면하였던 백화소설은 단지 상층 엘리트 지식인과 그들을 추종하는 주변적 지식인 사이에서만 유행하였고, 원래 상층 엘리트를 위해 설법하는 것으로 여겨진 고문은 도리어 더욱 하층이면서 겨우 열독 능력만 갖춘 대중 사이에서 풍미하였다. 상당히 역설적 의미가 담긴 이러한 사회 현상은 후스가 제기한 "백화는 살아 있는 문학이고 문언은 죽은 문학"이라는 사상 관념이 사실은 그다지 발을 붙일 데가 없었음을 설명한다.

이것은 후스 일파가 의식적 측면으로 생각하는 것은 대중이었지만 무의식적 측면으로는 엘리트적 포부가 충만하였음을 말해준다. 문학혁명은 실제로 한바탕 엘리트 냄새가 물씬한 상층 혁명이었고, 그러므로 호응도 엘리트와 엘리트로 상승하려는 사람 사이에만 존재하였다. 신문화운동 영도자들이 "평민의 삶에 다가가기" 경향으로 발전을 도모하였던 동시에 대부분 '일반인'과 격리되는 경향은 이미 잠복하고 있었다. 이런 현상은 신문화운동 당시에도 이미 은연중에 보였다.

그러나 다른 각도에서 보면, 민국 초기 상층 학인과 문맹인 사이에 끼었으나 엘리트 계층으로 올라가려고 하였던 주변적 지식인들에게 백화운동이 핵심이었던 문학혁명은 의심할 바 없이 그들의 수요에 적합하였다. 천두슈는 당시에 "중국이 근래에 산업이 발달하고 인구가 집중해서 백화문은 완전히 이러한 수요에 응하기 위해 발생하여 존재한다. 후스 등이 만약 30년 전에 백화문을 제창하였다면 장싱옌(章行嚴)의 문장 한 편이면 반박이 연기처럼 사라졌을 것이다"[65]라고 주장하였다. 자세히 관찰해보면, 천두슈가 말한 백화문의 사회적 배경은 실질적으로 엘리트로 변신하기를 동경하던 성읍의 주변적 지식인과 지식청년에게 있었다.

자신도 바닥에서 분투하여 상층으로 올라온 후스는 이러한 사회에서 인정받기를 희망하는 심리를 잘 이해하였다. 그는 훗날 쓴 『중국신문학대계』(中國新文學大系) 『건설이론집』(建設理論集)의 「서문」에서 "어린아이가 특정한 문자를 배우는 것은 그들이 성장하였을 때 사용하기 위해서이다. 만약 사회의 '상등인'이 그 문자를 전적으로 무시한다면 그 문자를 사용해서 책을 짓거나 학설을 세우지 않으며, 또한 그 문자를 가지고 부귀공명을 구하지도 않는다. 그들은 결단코 배우려 들지 않을 것이니, 그들이 배워봐야 영원히 '상등'사회에 들어갈 수 없기 때문이다!"[66]라고 하였다.

공자와 마찬가지로 후스는 향학열이 있는 사람 모두 상등사회에 진입하길 희망하였고, 그러므로 그는 특별히 교육과 사회적 수요의 관련성을 중시하였다. 그는 미국에서 막 돌아왔을 때부터 주목하였다. "오늘날 학당을 졸업한 인재는 높아지려 해도 높아질 수 없고 낮아지려도 낮아질 수 없이 끝내 일종의 무능한 놈팡이가 되었다. 이것은 모두 학교에서 가르치는 과목이 사회의 수요와 아무런 관련이 없기 때문이다."[67] 후스가 말한 원인이 맞고 틀리고를 떠나 그는 이렇게 중학생에 대한 도시사회의 수요가 제한된 것이 문제의 관건임을 확실히 짚어내었다. 높낮이가 모두 적합하지 않은 것이 바로 주변적 지식인이 진퇴양난의 곤경에 빠진 선명한 모습이었다.

이들은 확실히 백화운동을 지원하였다. 후스가 말한 것처럼, 문학혁명이 매우 쉽게 성공한 "가장 중요한 요소"는 바로 "백화문 자체의 간편성과 교수의 용이성이었다." 그는 더욱 명확히 지적하기를, 문학혁명은 바로 "대중이 매우 좋아하는 소설을 중국의 살아 있는 문학사에서 마땅히 있어야 할 자리에 올려놓으려는 것이었다." 소설의 지위가 올라가자 소설을 읽는 '대중'의 지위도 당연히 따라서 올라갔다. 후스는 아울러 의식적으로 "청년 친구들에게 그들이 벌써 국어를 장악하였다고 일러주었다. 이 국어는 너무 간단해서 가르치지 않아도 배울 수 있을 정도였다." "백화문은 문법이 있으나 이 문법이 간단하고 이지적인 데다 논리적이어서 이러쿵저러쿵 복잡한 일반 문법의 제약을 근본적으로 받지 않으며", 완전히 "스승이 없이 혼자서 통달할 수 있다." 간단히 말하자면, "백화문 학습은 근본적으로 학교에 들어가서 스승을 모시거나 할 필요가 없었다." 실제로 "우리에게 용기만 있다면 우리는 그것을 사용할 수 있다."[68]

이것은 글자만 쓸 줄 알고 용기만 있다면 누구나 다 작문을 할 수 있다는 말이다. 이들 주변적 지식인은 곤궁한 지경에서 어떤 사람이 상류 인물도 백화문을 지어야만 한다고 들었는데, 공교롭게도 그들은 신구 상층 엘리트와 경쟁할 수 있는 능력을 갖춘 사람들이었다. 눈 깜빡할 사이에 조금도 자존심을 깎아내리지 않고도 '상류'로 올라갈 수 있고 게다가 전혀 힘들지 않았으니 어찌 기뻐 춤추며 전적으로 지지하고 옹호해야 할 일이 아니었겠는가? 5·4운동이 일어나자 소형 간행물이 급증하였고 작자와 독자 대부분이 이러한 사회계층에 속한 사람들이었다. 사회학적 측면에서 보면 새로운 신문 잡지 또한 취업 기회가 아니겠는가? 그들은 실제로 스스로가 스스로에게 '사회적 수요'를 창출하였다.

덩광밍(鄧廣銘) 선생의 회고에 따르면, 1923년에서 1925년 사이에 그가 지난(濟南)의 산둥 제일사범(山東第一師範)에서 공부할 때 "서적·신문 소개 서클"(書報介紹社)에 들어갔다. 이 단체는 "주로 판매를 하였지만 판매하는 것 모두 신문화 방면의 책이었고, 북쪽의 신조사(新潮社)와 같았다. 북신서국(北信書局)·미명사(未名社), 남방의 창조사(創造社)·광화서국(光華書局)에서 나온 책을 우리는 모두 팔았다. 나 자신은 매일 혹은 격일로 수업이 없는 시간에 교문에서 두 시간 정도 팔았다." 이들이 바로 '신문학'의 독자층이었다. 덩광밍도 이에 "베이징 대학을 특별히 숭배하고 특별히 동경하게 되었고", 마침내 일거에 베이징 대학에 합격해서 거기서 공부하게 되었지만, 신식을 좇던 이들 주변적 지식청년 중에는 대학에 들어가지 못한 자들도 상당히 많았다.69) 백화문운동이 이들에게 얼마나 요긴하였고 그들의 지지와 옹호가 얼마나 적극적이었는지는 말하지 않아도 다 알 수 있다.

후스의 주장은 민국 초기 사회 이동이 낳은 많은 주변적 지식인의 요구에 부응하여 반대하는 쪽이나 지지하는 쪽 모두 열렬하게 참여하여 호응도가 높았기 때문에(반대하는 것도 호응이라 할 수 있다) 신속하게 전파된 것은 이상한 일이 아니었다. 또한 후스가 쓰는 글은 다분히 의도적이었다. 그는 "하나의 원칙을 정해놓고 문장을 지으면 반드시 남들이 이해하길 바랐고", 이를 위해 고치고 또 고쳤으니 바로 "독자를 배려하기 위해서였다." 후스의 관심은 그 자신이 이해하는지 여부에 그치지 않고 "독자들이 나의 생각을 따라오길" 바랐다. 이런 노력은 자신의 글을 '명료'하게 만들었고 그 결과는 '알기 쉬움'이었다. 알기 쉽다는 것 또한 주변적 지식청년의 요구에 부응하였다. 동시에 그는 글을 쓸 때 "자기의 사상대로만 쓰지" 않았고, "곳곳마다 독자를 배려하여" 어떤 때는 머릿속의 독자로 인해 어쩔 수 없이 "자기의 사상"을 단속하거나 혹은 확대하기도 했다. 이것은 간혹 후스의 표면적 설명이 반드시 그의 본뜻을 완전히 대표하는 것은 아닐 수 있게 만들었다(최소한 큰 뜻을 보여주기는 하였다). 그러나 이처럼 일반 작가와 다르게 한마음으로 독자의 각도에서 출발하는 고심 어린 노력은 민국 초기 사상을 받아들이는 자가 주동적 지위를 차지하게 될 때 후스에게 예상하지 못했던 긍정적 보상을 가져다주었다.70)

확실히 '상층'을 동경하는 주변적 지식인이 바로 서구화 지식 엘리트의 진정한 독자이자 청중이며 추종자였다. 차이허썬(蔡和森)이 1920년 여름에 관찰한 바로, 그가 "본 제법 똑똑한 청년은 대부분 중산계급의 안목과 국가적 색채를 지니고 있었다."[71] 그는 당시 프랑스에서 고학을 하고 있었으며, 그가 본 "제법 똑똑한 청년"들은 대체로 주변적 지식인의 범주에서 벗어나지 않았다. 이들이 "대부분 중산계급의 안목을 지니고 있었던" 점이 매우 주목할 만한데, 이때는 청대 말기의 사회 구성과는 이미 매우 달랐고 각 사회집단의 자아 설정이 전과는 달라져 주변적 지식청년들은 이때 이미 반드시 자신을 '중산계급'(이 점은 『신민학회 자료新民學會資料』 중의 통신을 두루 살펴보면 어디서나 볼 수 있다)으로 보지 않았다. 그들은 엘리트를 따를 마음이 있었기 때문에 "자기 자리에서 벗어나려고 생각하였고", 그들의 실제 지위와는 그렇게 어울리지 않는 '안목'을 지니고 있었다.

문학혁명은 의심할 바 없이 주변적 지식인에게 방향과 출로를 제공하였다. 그들은 망연자실하다가 자각을 하면 반드시 더욱 크고 주동적인 작용을 발휘하려고 했다. 서구화된 지식 엘리트의 진정한 추종자로서 '상층'을 동경하는 주변적 지식인들은 지식 엘리트 앞에서 대중을 대신하여 일종의 가상적 청중이 되었다. 그들은 대중 앞에서 때로는 엘리트를 대신하여 사(士)의 사회 지도자 기능을 집행하였고, 아울러 그들이 받아들인 것을 다시 대중에게 전파하였다. 이러한 중개 기능은 최소한 부분적으로 양자의 격리를 봉합해주면서도 때로는 쌍방간 비현실적인 접근감을 조성해주었다.

주변적 지식인이 대중에게 자기 주장을 펼 때 그 구호는 여전히 기본적으로 지식 엘리트에게서 전승되어온 서구화된 구호였으며, 이것이 근대 중국 전체 사회가 다소간에 모두 서구를 높이는 경향이 된 중요한 원인이었다. 그러나 주변적 지식인도 자기 사상이 있었으며, 그러므로 쌍방을 소통시킬 때 의식적이든 무의식적이든 간에 자기의 바람과 관념을 원고와 피고에게 옮겨놓았다. 더욱이 그 중개 기능은 빠트릴 수 없는 것이라서 결과적으로 쌍방에게 영향을 끼쳤을뿐더러 대체가 아닌 진짜가 되는 상황도 일어났다. 첸무가 관찰한 바로는, 엘리트는 서구화 노선을 걸었으나 대중은 오히려 민족주의 정서가 강했던 현상은 부분적으로 주변적 지식청년의 작용에 기인한 것이었다. 대개 서구화 구호에 포함된 실제 내용은 주변적 지식청년의 손을 거친 후 일반 민중에게 이르면 이미 많이 희석되었다. 만약 근대 중국인이 표출한 민족주의 정서가 아래에서 위로 올라가면서 점차 묽어지는 현상이 있었다고 한다면, 서구화 경향도 위에서 아래로 희석되는 과정이 있었다고 할 수 있다. 여기에 주변적 지식인의 중개 작용의 특별한 의의가 있다.

또한 주변적 지식인은 신구 학문을 모두 제한적으로만 장악했기 때문에 오히려 쉽게 '이미 학문에 통달하였다'고 여기고 더욱 대담하게 행동할 수 있었다. 그들의 행동 능력은 확실히 지식 엘리트를 뛰어넘었다. 린바이수이는 1903년에 "한 고조, 명 태조는 학인이었기에 되었던 것인가? 관운장, 장비가 책벌레였기에 되었던 것인가? 우리의 공부하지 않은 이 영웅들이 만약 어느 날 깨우치게 된다면 대단하면서 무섭게 될 것이다"고 하였다. 그러나 그는 금방 "비록 책을 미처 읽을 겨를이 없더라도 신문은 매일 봐야 한다"[72]고 하였다. 이것은 그가 별로 '학인'이라고 할 수 없는데도 신문을 볼 줄 아는 사람들을 염두에 두었음을 보여준다. 바로 주변적 지식인은 대담하게 일을 추진하기 때문에 일반 민중은 차츰 그들은 '무엇인가 일을 하고' 지식엘리트는 '말만 할 줄 안다'는 인식을 갖게 되었다.

이렇게 중국 전통 중의 반지식 경향도 어느 정도는 "현대적으로 부흥하였다." 량치차오는 『신민설』에서 이미 실명을 지목하면서 학인을 "그들이 국민을 지식으로 이끈단 말인가? 내가 보기에 학인은 많은데 국민이 우매하다. 그들이 도덕으로 국민을 가르친단 말인가? 내가 보기에 학인은 많은데 풍속은 날로 도적질이 성행하고 있다"고 공격하였다. 이들은 "아무런 염치도 없고 먹고 마시기만 좋아하니 학인은 실로 일종의 기생충이다. 국민에게는 좀이 되고 나라에는 해충이 된다"[73]고 하였다.

량치차오의 관념은 린바이수이의 동감을 샀고 그도 "우리 중국에서 가장 쓸모없는 것이 학인들이다. 저들 학인은 목표가 없고 재주가 없고 학문이 없는 것은 말할 나위가 없으며, 설사 목표·재주·학문 이것저것 모두

다 갖춰도 입으로 한두 마디 헛소리만 지껄이고 붓끝에 한두 편 쓸모없는 글만 긁적거릴 뿐이니 무슨 대사를 이룰 능력이 있겠는가?"라고 주장하였다. 그는 특별히 지적하기를, 이전의 학인들은 그래도 쓸모가 있었지만 "현재의 학인들은 이전과 비교할 수가 없다"고 하였다. 그는 본래 국민을 위해 입언할 뜻이 있었는데, 그가 1904년에 쓴 『국민과 그들의 의견』(國民及其意見)에서 "당신은 이 의견이 나 한 사람의 의견이라고 말하는가? 모두가 국민이고 모두가 이러이러한 의견이 있으면 나 백화도인(白話道人)이 당신들을 대신해서 발표만 했을 뿐이다"라고 주장했다. 이전의 사(士)는 성인을 대신해서 입언하였다면 현재 그는 국민을 대신해서 입언하고자 하였다. 입장이 바뀌자 그는 당당하게 국민을 대신하여 단언하였다. "현재 중국의 학인에게는 아무런 희망이 없다."[74]

1915년에 이르러 베이징 정부가 일본의 강요로 '21개조' 중대한 조문을 받아들인 후 량치차오는 다시 한 번 중국 지식인들을 꾸짖었다. "오늘날 국사가 붕괴된 가장 큰 원인"은 바로 사대부가 못난 것에서 비롯되었다. 왜냐하면 나라를 좀먹는 관료, 나라를 병들게 하는 당인(黨人) 모두 사대부이기 때문이다. "백성에게 애국하라고 권한 자가 사대부들이었다. 그러나 국가의 위난을 보고 모르는 척 전혀 움직이지 않는 자가 곧 이 사대부들이다. 백성들의 애국을 이용해서 자신의 출세 방편으로 삼아 축재를 꾀하는 자 역시 이 사대부들이다." 그러나 그는 여전히 자책에 주안점을 두었고 아직도 "한 나라의 운명은 전부 사대부에게 달려 있다"고 여겼다. 그러므로 "국치를 씻는 것은 우리의 자기 혁신에 달려 있다. 우리가 면모를 혁신한 다음에야 국사가 기댈 곳이 있게 된다"[75]고 하였다. 이때는 이미 민국 초기로 량치차오는 여전히 천하를 자기 책임으로 여기는 전통 사대부 관념을 지니고 있었지만, 그가 말한 '사대부'는 사회학적 의미로는 이미 존재하지 않았고 단지 '학인'의 동의어일 뿐이었다.

또 몇 년 후에 양인항은 "위나라 하안(何晏)은 분(粉)이 손에서 떠나지 않았고 걸으면서 자기 그림자를 돌아보았으며, 송나라 왕안석(王安石)은 죄수의 흐트러진 머리와 상주의 세수 못 한 얼굴을 하고선 시서를 논하였는데 두 사람 모두 잘못하였다. 중국의 옛 학자들은 죄수 머리와 상주 얼굴을 한 자가 많았다. 오늘날 구미 유학생은 분이 손에서 떠나지 않고 걸으면서 자기 그림자를 돌아보는 자가 많다"고 하였다. 이른바 "무릇 내면이 성실한 사람은 반드시 겉모습에 드러난다. 걸으면서 그림자를 돌아보는 유학생은 화초나 새처럼 단지 관상가 곁에 둘 만할 뿐이다. 죄수 머리에 상주 얼굴의 케케묵은 샌님은 골동품처럼 고고학자의 연구에 쓰일 뿐이다. 비실용적인 것은 마찬가지이다"[76]라는 것이다. 이는 린바이수이의 지식인 무용론이 발전한 것으로서, 신구 학자 모두 시대적 요구에 부응하지 못하면서 학인과 사회의 단절을 한층 더 강조하였다.

청말 민초의 신구 다툼 과정에서 신구 엘리트 중 어느 한쪽이 주류를 차지하거나 통제력을 장악할 때 다른 한쪽은 별로 호소력이 없었고, 신구 어느 한쪽의 관념이나 학설이 광범위하게 정규적으로 전파될 때는 또 다른 한쪽은 별로 호소력이 없었다. 다만 통일 국면에서는 패하였으나 어느 한쪽도 완전히 통제력을 장악하지 못한 형세였을 때에는 다소나마 교육을 받은 주변인들이 더욱 흡인력을 가진 어느 한쪽 편을 들 수 있었다. 기존의 구체제는 사실상 주변적 지식인에 한자리를 내줄 수 없었기 때문에 구파도 그 자리에서 다소나마 생존할 방책을 확실히 제출하지 못하였고, '새로운 것'의 불확실성은 그들이 제공하는 미래가 최소한 희망이라도 있을 수 있었기에(개인과 국가를 포함해서) 주변적 지식인은 자연스럽게 신식을 추구하는 한쪽을 선택하게 되었다. 더군다나 주변적 지식인의 수가 증대하고 아울러 차츰 자신들의 이 사회집단의 잠재력에 대하여 인식하게 됨에 따라 신식이 구식을 이기는 것은 이미 정해진 코스였다. 이들을 따르는 자들이 신구 경쟁의 승패를 가르는 데 중요한 심지어 결정적인 작용을 하였으므로 지위가 예전과 달라졌다.

그리고 '구식 학자'는 본래 대중과 거리를 두고자 하였으므로 추종자가 적은 것에 대해서는 아마 어느 정도 심리적 준비가 되어 있을 것이다. 그러나 "평민의 삶에 다가가기" 경향에 매우 찬동하였던 신문화운동 제현에게는 대중과의 격리는 하나의 궤변적인 결과라고 말하지 않을 수 없다. 현대의 지식 엘리트는 대중과의 소통조차도 곤란하여 그들로서는 사(士) 자원의 단절로 인하여 나타난 사회 지도자 지위의 공백을 메우지 못하고, 담대하고 의욕이 넘쳤던 주변적 지식인이 도리어 부분적으로 지식 엘리트를 대신해서 이러한 사회 지도자 지위의 공백을 메웠다. 민국 초기 신세대가 구세대를 이기는 이 현상을 빙산의 일각으로 본다면 수면 아래에는 더욱 광범위한 사회적 변천이 숨어 있었다. 바꿔 말하자면, 사상 방면에서 신구 경쟁의 표면적 승부 물밑에는 실로 더욱 심층적인 사회권력의 전이가 잠복하고 있었다.

젊어서 "명성이 폭발하였던" 후스는 1918년에 쓴 한 편의 글에서 상하이라는 큰 무대를 "중국의 절묘한 축소 모형"으로 삼고 무대 위의 공연을 지탱하는 것이 "20년 전의 골동품이 아닌 것이 없다!"고 지적하였다. 골동품이면서 오래되기까지 하였으니 낡은 것은 말할 나위도 없었다. 후스의 당시 견해로는, 이것은 중국의 "정세가 너무 빨리 변해서 생존자가 조금이라도 정신을 차리지 않으면 금방 낙후되어 따라가지 못했기 때문이었다."[77] 확실히 민국 초기 중국 사상계의 급진성은 하루에 천 리를 달렸고, 신식에서 구식으로의 변화는 때로는 불과 몇 년 심지어 몇 달밖에 걸리지 않았다. 후스는 한때 공자진(龔自珍)이 말한 "단지 기풍만 열어주고 스승이 되지 않는다"로 인하여 장스자오(章士釗)와 함께 서로 격려한 적이 있었는데, 왜냐하면 그들은 "똑같이 일찍이 기풍을 연 사람들이기 때문이었다." 그러나 각종 "일찍이 기풍을 연 사람" 또한 대부분 기풍을 개척한 후 얼마 가지 않아 곧 그들의 추종자에게 보수적이고 '낙오'된 사람 취급을 받았다. 그러나 량치차오와 장스자오의 낙오는 서로 다른 점이 있었다.

온화한 성품으로 유명한 후스는 그가 젊었을 때에 "량 선생의 무궁한 은혜를 입었고", 한때 량 씨의 추종자라고 스스로 말하였다. 그러나 "때로는 우리가 그분을 따라 어느 지점에 이르러 계속 앞으로 나가려고 하면 그분께선 오히려 멈추거나 방향을 바꿔 가셨다. 이럴 때면 우리는 다소 실망감을 느끼곤 하였다"고 유감스럽게 말하였다. 그러나 후스도 량치차오가 "이 몇 년 동안 젊은이를 따라 앞으로 뛰어가려고 꽤나 노력하였다.

그분의 다리 힘으로는 때로 헛디딜 수도 있었지만 그분의 경향은 사랑스러웠다"고 인정하였다. 량치차오가 따라 뛰었던 '젊은이'가 바로 후스 등이었으므로 당연히 사랑스러웠을 것이다. 그러나 장스자오는 그렇지 않았다. 그는 젊은이를 따라 뛰지 않았을뿐더러 량치차오를 공격하기를, "젊은이에게 영합하여 줏대 없이 시세나 좇으니 천하가 그를 주책이라고 여긴다"고 하였다. 그러므로 후스는 장 씨가 기꺼이 낙오된 것은 혼을 잃어버리기가 싫어서 할 수 없이 반대편에 서서 우두머리가 되었던 것이라고 하였다.[78]

사실 량치차오가 낙오된 것은 부분적으로는 그가 결코 함께 뛰지 않았기 때문만은 아니었다. 첸지보(錢基博)의 설명으로는, 후스는 귀국하여 "온통 베이징에 관하여 이야기하면서 백화문 사용을 제창하여 한 시대를 풍미하였다"고 한다. 량치차오는 "기꺼이 그의 말을 인용하여 자기 주장을 펴면서 내용을 알차게 하였다. 젊은이들은 '량임공이 우리와 함께 간다'고 떠들었다." 다만 "량 씨는 자기가 배운 것에서 벗어나서 때때로 '젊은이와 함께 가지' 않고 그들이 마구잡이로 흐르는 것을 조절하려고도 하였다." 한 사람의 낙오 여부가 '젊은이와 함께 달리는가'에 달려 있음은 당시의 시대적 광경을 잘 보여준다. 역설적이게도 이러한 시대에 "마구잡이로 흐르는 것을 조절"하려면 반드시 "젊은이와 함께 뛰어야 하였다." 만약 "젊은이와 함께 뛰지" 않으면 근본적으로 "그들이 마구잡이로 흐르는 것을 조절"할 수 없었다. 그러나 만약 "그들이 마구잡이로 흐르는 것을 조절하려는" 고심이 " 젊은이와 함께 뛰는" 노력을 뛰어넘으면 여전히 낙오할 수밖에 없었다.

근대 중국은 사상과 사회를 막론하고 대체로 정통이 쇠락하고 주변이 상승하는 것이 큰 추세였다. 사회의 변천은 사상 변화의 원인이면서 또한 사상 변화의 영향을 받았다. 서구화 물결의 충격 아래 중국의 사(士)들은 문화 경쟁에 대한 인식이 부족하여 서용(西用)의 방향을 따름으로 인해 중체(中體)가 될 수 없었던 일방통행의 길에 올라섰다. 자기 문화의 근거를 상실하자 중국인의 마음가짐은 급변하였다. 세계 문화의 중심에 거한다는 자부심에서 중국 문화가 야만스럽고 세계 문화의 변두리에 물러나 있음을 자인하였다. 그 결과, 사상계에서 사회 전체까지 존서숭신(尊西崇新)의 큰 물결이 형성되어 새로운 숭배의 대상이 되었다.[79)] 일반적으로 시대에 뒤떨어지거나 낙오가 되는 것은 주창자가 시대의 요구에 부응하지 못하거나 시대적 문제를 해결하지 못해서이다. 그러나 정통이 이미 쇠락하고 주변인이 한창 대두하고 있었던 민국 초기의 중국에서는 생각보다 훨씬 더 많이 다른 뜻을 내포할 것이다.

신식 추구는 자연히 젊은이를 중시한다. 논리적으로 말하자면 중국의 전통이 부정적이라면 젊을수록 피해도 적을 것이고, 순결하므로 젊은이가 중국의 미래와 희망을 대표하였다. 그러므로 루쉰은 자신이 저 "어두운 갑문"을 어깨에 짊어질지언정 청년들이 중국 서적을 덜 읽거나 읽지 않기를 바랐다. 첸쉬안퉁(錢玄同)은 40세가 넘는 사람은 모조리 죽이자고 주장하였다. 그들은 하나같이 모두 비교적 순수한 젊은 세대에게만 눈을 고정시켰다. 이렇게 젊은이를 중시하는 풍조가 판을 치자 청중의 호응 여부로 말하는 자의 지위가 결정되거나 상층 지식인이 도리어 주변적 지식인에게 눈웃음을 치는 일종의 특수한 사회권력의 재이전 현상이 나타났다.

신문화운동이 신속하게 퍼져나가 전국의 성읍 지역에서 성행하며 시대의 '빗물 저장소'를 만든 까닭은 사상 이외에 사회적인 근본 원인이 한 가지 있었는데, 바로 수많은 지식청년의 추종 때문이었다. 후스의 "폭발적 명성 획득"은 원래 부분적으로 신흥 주변적 지식 '청년'의 요구에 부응하였기 때문이었다. 훗날 후스도 의식적이든 아니든 줄곧 "젊은이와 함께 달렸다." 그러나 그는 끝내 때때로 "그들이 마구잡이로 흐르는 것을 조절할 생각"을 하지 않아 결국 "폭발적으로 잠시 반짝하였다가 조금 성공하면 곧장 추락하는" 순환 법칙을 벗어나지 못하였고 얼마 가지 않아 량치차오의 전철을 밟았다.

그러나 몇 년 후 북벌 때 겨우 35세였던 후스 자신도 신문화운동의 "늙은 젊은이" 취급을 받고서 이미 "노력하기를 멈추었다." 젊은데도 늙은이 노릇을 하자 뚜렷하게 '낙오'의 상징이 되어버렸다. 신문화운동의 추종자들은 후스 세대를 비난하여 말하였다. "이들 늙은 젊은이는 아직 그들의 선도적 임무를 완수하지 않았고, 아직 많은 사람들을 신시대의 탄탄대로로 인도하지 못하였는데도 손을 놓고 나 몰라라 한다." 그들의 생각과 사고방식이 후스가 왕년에 량치차오를 비난하였던 것과 마찬가지로 같은 수레바퀴 자국에서 나온 듯하였다. 신세대 젊은이들도 후스 세대와 마찬가지로 아무도 인도하지 못해도 여전히 자기의 길을 가야만 했다. 길잡이가 더는 전진하지 않자 신세대는 명확하게 선포하였다. "신시대 …… 이 책임이 우리 청년들의 두 어깨 위에 맡겨졌다."[80] 길잡이는 이미 낙오하여 그들과 멀어지려는 경향을 뚜렷이 보였다. 추종자는 다른 곳으로 떠났고, 사회학적 각도로 보면 후스는 확실히 낙오자가 되었다.

흥미롭게도 량치차오와 후스 등은 자신들이 '한물갔음'을 모두 인지하였다. 량치차오가 제1차 세계대전 이후 정치 활동에서 사상학술 활동으로 전환한 것은 베이양(北洋) 정부의 그에 대한 냉담한 태도에 실망한 데다 지식청년들이 분분히 신문화운동 휘하로 진입하는 것을 목도하고서 '쟁탈'하려는 뜻이 없지 않았다. 안타깝게도 청중이 말하는 자의 지위를 결정하는 시대에 한 '낙오자'의 이러한 노력은 대체로 성공하기 힘들었다. 베이징 대학 시절 량치차오는 이미 청년 중에 공산주의 학설에 동감하는 자가 "100분의 99"라는 사실을 인정하였고, 그도 단지 한 명 되돌리면 한 명 건지는 셈이라는 심정이었다.[81] 후스 자신도 청년 세대의 이탈에 대해 깊이 알고 있었는데, 1936년에 저우쭤런에게 보낸 편지에서 "내가 이 10년 동안 청년 대다수가 나의 편에 서 있지 않음을 분명히 인정한다"[82]고 했다.

어느 정도 비교적 장기적인 정치 구상이 있었고 또한 사회 분업상 이제는 사민의 으뜸이 아니지만 사상 방면에서 다소나마 아직 사회를 위해 방향을 제시할 수 있었던 민국 초기의 지식인은 한 가지 중요한 사회적 가치를 지니고 있었다. 그러므로 민국 초기의 베이양 정부 시기에 일부는 자신을 사회의 중견으로 여기면서 도통과 치통의 분리로 인하여 자기 일신의 선만 도모하게 된 '좋은 사람'이 나서서 정치에 영향을 끼치도록 하여 '호인 정부'(好人政府)를 구성할 생각도 하였다. 중심을 이미 잃었으나 아직은 약간의 여력이나마 보탤 수 있는 시기였다. 그러나 '호인'의 필수적인 '등장'은 사실은 그들이 더는 사회 중심에 거하지 않는다는 직접적 표징이었다. '호인 정치'의 실패 자체는 한 걸음 더 나아가 이들 '호인'도 전통적 사(士)가 그러했던 것처럼 정치의 중심이 될 수 없음을 드러내주었다. 지식인이 이미 사회를 위해 방향을 가리키며 인도할 수 없게 되자 그 존재가치는 자연히 떨어졌기 때문에 구체적인 일을 하는 주변적 지식인에게 자리를 내줄 수밖에 없었다. '호인'들은 스스로 무용함을 알고 그들 중 혹자는 러시아의 무정부주의를 배워 "민간으로 갔고", 혹자는 후스가 인지하였던 것처럼 그렇게 시세를 뒤쫓아감으로써 "낙후의 위험을 면하였다."

본래 주변적 지식인은 사회 이동 중에서 상승하기가 어려워지자 절박하게 일종의 심대한 이상에 의탁하여 사회에서 더욱 큰 사업의 일부분이 되기를 원하였다. 그러므로 사회와 정치 등에 대한 그들의 참여감이 기타 수많은 사회집단보다 훨씬 강했다. 백화문의 보급은 주변적 지식인의 대오를 확대하여 그들의 영향력을 강화했으며, 백화문 자체도 동시에 향후 표어·구호·연설 등 정치 행위의 출현을 위해 복선을 깔아두었다. 후스 등 문화인이 앞서 제창하였고 주변적 지식인의 자각이 뒤따랐다. 그들은 일단 자아가 깨어나자마자 곧바로 사회·정치 활동 가운데에서 더욱 큰 역할을 하기를 원하였다.

5·4운동은 사회 각계가 학생 역량의 중요성을 더욱 주목하게 만들어 베이징·상하이의 신문·출판계는 즉각 대학생을 대량 채용하기 시작하였고, 각 정당은 동시에 중학생의 역량 발전에 주목하였다. 1920년대에 이르러 국가주의파의 리황(李璜)은 각 정당이 중학생들을 정치에 참여하도록 사주하여 유혈 희생 사태를 초래한다고 항의하였고, 루쉰도 광저우(廣州)에 도착해서 북벌군 중에 필사적으로 싸우는 무리가 원래 학생들이었음을 발견하였다.[83] 주변적 지식인이 이미 점차로 중국 정치의 주력군이 되어가는 것은 의심할 바 없었다. 양인항은 "다른 나라 학생은 전력을 다해 학문을 추구하는데도 오히려 따라가지 못할까 염려한다. 중국 학생은 정치

에 마음을 쏟아 학생들이 수고하지 않는 일이 없다"[84]고 보았다. 이렇게 중국 역사상 주변적 지식인은 처음으로 정치운동의 주력군이 되었고, 나아가 일부는 핵심 지도부에 들어갔다. 20세기 중국 각 정치운동의 성패는 통상 대다수 주변적 지식인을 흡인하여 수용하였는지 여부를 살펴보고서 결정된다.

양인항이 관찰하기로는, 학계에도 "'브로커'가 있었는데 하는 일을 '학무'(學務)라고 불렀다. 매사에 끼지 않는 일이 없었고, 전보마다 이름을 올리지 않는 때가 없었다. 그 사람은 원래 교육자가 아니고 '학객'(學客)에 불과할 뿐이었다"고 하였다. 국가 흥망에 필부도 책임이 있다고 말하므로 학계가 국시와 상관이 없다고는 말할 수 없다. "그러나 교육가의 의무는 후진을 교육하여 구국하는 데 있고, 학생의 의무는 학문을 닦아 인재가 되어 구국하는 데 있다." 만약 "학교라는 간판을 걸고 스스로 하나의 계급을 이루어 스스로 하나의 정파를 설립한다면 학업은 황폐해진다. 더욱이 만약 정객에게 이용당하여 여기에 기관을 하나 세우고 저기에 사무소 하나 세우느라 종일토록 공부하지 않고 정객의 생애를 일삼는다면 우리 문화는 땅에 떨어질 것이다."[85] "스스로 하나의 계급을 이룬다"는 '학객'은 앞에서 설명한 '상객'과 마찬가지로 자기 자리에서 벗어날 것만 생각하고 본업에 충실하지 않았다.

양 씨는 주목하기를 당시의 "학생은 자존심이 극도로 높아 공부할 필요가 없다고 떠들어댔다. 또한 이러한 시대에 살면서 공부를 언급할 겨를조차 없다고 말했다. 이에 교육과 정치는 한꺼번에 언급되었고 학생은 정객으로 흘러갔다." 그러나 "만약 사람마다 공부할 필요가 없다고 해서 학교를 정치 단체로 바꾼다면, 가령 사람마다 학교를 경시하여 감히 자제를 입학시키지 않으려 한다면", "교육 파산"을 초래하여 그 참상은 "망국보다 더 심할 것이다." 그는 한 걸음 더 나아가 주장하였다. "학풍 불량은 학생만 책망할 수는 없고 당연히 교직원을 책망해야 한다. 교직원이 되어서 학생의 교외 활동에 대해서 장려하거나 동정을 표시하지 말고 당국에 청원해야 한다. 이런 무리가 교육을 맡으니 주객이 전도되어 학생의 지시를 따르게 되었다."[86)]

　과거제도 폐지는 본래 도통과 치통 양자를 분리하였다. 학술 독립의 관념은 청말부터 제법 많은 인사가 고취하였고 민국에 이르러 주류를 이루었지만 민국의 교육은 오히려 이전보다 더욱 정치화하는 경향을 나타내었다. "학습과 구국 둘 다 틀리지 않는다"는 민국의 내외치가 모두 어려웠던 특수한 환경에서 나온 구호로, 그 자체로 시대적 의의가 있었다. 학생은 공부에만 전념할 것을 주장한 후스도 1921년에 "변태사회 안에서 학생의 정치 간여가 없을 수 없음"[87)]을 인정하였다. 당시의 교사들도 확실히 어려운 점이 있었는데, 만약 학생을 성원하지 않으면 마치 '정의감'이 결핍된 듯이 보였다. 일부 인사는 정치 무대에서의 학인의 활약을 학계 지위의 상승과 정치 참여의식의 증대로 여기는데, 사회적 시각으로 보면 학인의 정치 활동이 중요한 영향력이 있는 것처럼 보이지만 사실은 사회가 날로 더욱 주변화하는 와중에 나타나는 하나의 특수 현상이었다. "학생의 극도로 높은 자존심"과 교직원의 '주객전도'로 인해 "학생의 지시에 따르는 것"을 감수하는 이러한 "기이한 작태"는 바로 민국 지식인 자신이 주변화의 길을 걸은 후 "교사가 학생을 따라 달리는" 시대 추세를 반영하였다.

　1946년에 원이둬(聞一多)는 중국의 교사와 학생은 "도대체 누가 누구에게 배워야 하는가?"라고 자문하였다. 답안은 당연히 교사가 학생에게 배우라는 것이었다. "요즘은 젊을수록 무엇이 중요한지 더 잘 알고, 박학다식한 중년은 오히려 사소한 일을 가지고 트집이나 잡는다. 청년들이 고개를 들고 사람 구실 할 때 중년은 오히려 음침한 권력 앞에 무릎을 꿇는다."[88)] 1946년 원이둬의 친구 주쯔칭(朱自清)이 세상을 떠나자 쉬더헝(許德珩)이 만사(輓詞)로 주 씨가 "교편을 잡은 지 30년에 한편으로 가르치고 한편으로 배웠다. 시대에게 배웠고 학생에게 배웠다"[89)]고 하였다. 이것은 참으로 그 시대의 선생들이 "젊은이를 따라 달리는" 가장 좋은 예이다.

　동시에, 주변적 지식청년 자신도 시대가 급변하는 추세의 영향을 받아 그들의 과격성도 시대에 따라 진보하였다. 그리고 그들이 일단 과격해지자 그 속도 또한 선생 세대보다 더욱 신속하고 맹렬하였다. 그대들은 보지 못하였는가! "문제와 주의" 논쟁에서 훗날의 마르크스주의자 마오쩌둥은 이때 기본적으로 '문제'를 연구할 것을 주장하는 편에 섰다.[90] 마찬가지로 훗날 매우 유명한 공산당원 윈다이잉(惲代英)은 5·4운동 전후 후스에게 보낸 편지 중에서 첸쉬안퉁보다 훨씬 온화한 사상을 드러내었다. 윈다이잉은 "구세력과 지나치게 노골적으로 적이 될 필요는 없다"고 주장하였다. 그가 생각하기에 더욱 효과적인 방법은 "공자의 장점을 발휘해서" 구파의 불만을 다독거린 연후에 구파가 사실상 공자의 도리와 부합하지 않음을 증명하라는 것이었다. 윈 씨는 그 당시 "이른바 신인물들이 완전히 새로운 함양을 모두 갖추지 않았으므로 구세력이 완전히 밀려났어도 신인들이 떨치고 일어나 그들을 대신할 능력도 없었다"[91]는 점을 이미 인지하고 있었다.

이것은 당시에는 극히 드문 탁견이었다. 신파가 옛것을 파괴한 이후 어떤 새로운 것으로 대체하였는가? 후스와 신문화인들이 백화로 문언을 대체하는 이 확실한 답안을 제외하고는 기타 방면의 구체적인 해답은 아직 준비를 못하였던 것 같다. 대신할 수 없는데도 무조건 타도만 한다면 중국의 난맥상을 가중시킬 뿐이었다. 이처럼 온건한 관념을 가진 사람이 결국 얼마 가지 않아 곧바로 무장혁명의 영수가 되었으니, 주변적 지식청년이 일단 행동에 들어가면 그들의 스승 세대보다 훨씬 더 과격했다는 사실을 알 수 있다. 5·4운동 때 만약 후스와 천두슈 사이에 선을 한 줄 그었다면 마오쩌둥과 윈다이잉은 아마도 좀더 온건한 후스 편에 섰을 가능성이 매우 높다. 그러나 그들은 훗날 공산당 내에서 모두 천두슈가 우경화(곧 보수화)하여 애써 그들을 반대한다고 느꼈다. 몇 년 사이에 두 세대의 '진보'의 속도는 이미 완전히 동시에 논할 수 없게 되었다.

북벌 때 살아 있는 후스가 죽은 쑨원과 "아는 것은 어렵지만 실천은 쉬운지" 아니면 "아는 것도 어렵지만 실천도 쉽지 않은지"를 논하면서 관점이 비록 대립하였지만 양자 모두 더불어 '실천'하는 청년에게 눈길을 두었는데, 바로 '지식'과 지식의 운반체는 이미 거의 막바지에 이르러서 할 수 없이 '실천'과 실천의 운반체에게 자리를 내주게 된 것에 대한 하나의 상징이었다. 실천의 운반체 지위가 한번 상승하자 오히려 거꾸로 사상 변천의 방향에 영향을 미쳤다. 위잉스는 마르크스주의 같은 사상이 중국 사회에서 광범위하게 전파된 것은 "가장 먼저 대학생이 물들었고, 연후에 다시 한 걸음 한 걸음씩 교수 계층에 영향을 끼쳤다"[92]고 하였다. 스승이 제자에게 배우는 것이 필생의 목표가 되었다면 제자가 좋아하는 것은 스승도 부득불 배워서 좋아한다. 신문화운동의 스승 세대가 윌슨에서 레닌으로 이동한 것은 바로 이렇게 학생 하나가 교수에게 영향을 끼친 과정을 증명한다. 중국인의 학습 모델이 이미 영미에서 소련으로 전향하였고, 중국의 사상 권력 또한 새로운 이동이 나타났다.[93]

당연히 모델이 어디에 있든지 간에 중국의 학인이 서방을 학습하는 것은 더 새롭고 더 강한 국가를 건립해서 최종적으로 구미를 능가하기 위해서였다. 중국인이 서방으로부터 학습한 것을 전용하여 '제이'(制夷)한 것이 꽤 많은데, 민족주의가 곧 그중 하나였다. 중국에서 외국의 존재가 이미 중국 권력 구조의 한 구성 부분이 된, 이렇게 특수한 정치적 형세는 더욱 모든 중국 정치운동으로 하여금 일정한 민족주의 성격을 지니게 하였다. 사회학적 관점에서 보면, 민족주의 운동은 그 자체로 특수한 흡인력이 있다. 주변적 지식청년은 그 안에서 자기 가치의 실현을 찾아 한 푼의 가치도 없던 백정(nobody)에서 일정한 지위를 가진 인물(somebody)이 되었고, 국가의 구원과 개인의 장래가 융합되어 일체가 되었다. 엘리트 지식인 또한 여기에서 하나의 선택을 발견하였는데, 곧 대중과 국가 민족에게로 더욱 가까이 다가가는 길이 어느 정도는 주변에서 중앙으로 회귀할 가능성을 열었다고 말할 수 있다. 그러므로 민족주의 운동은 지식인의 주변화와 신흥의 주변적 지식인 모두를 위해 모종의 출로를 제공하였고, 그것이 근대 중국에서 한 줄기 큰 물결을 형성한 것도 자연스러운 발전이었다. 〔장창호 옮김〕

- 羅志田, 『權勢轉移: 近代中國的思想・社會與學術』, 湖北人民出版社, 1999.

주註

1) 이 글은 원래 宋德金·周積明 主編, 『中國社會史論』(湖北敎育出版社)을 위해 지어졌으며, 후에 원고 분량이 원래 규정보다 너무 많이 초과하여 전반부를 「과거제의 폐지와 중국 지식인의 주변화」로 제목을 바꿔 붙였고 여기에 실린 것은 전문이다. 『中國社會史論』의 편찬 방식은 『케임브리지 중국사』의 체재를 참고하여 작자에게 "본인의 전기 연구를 기초로 할 것"을 요구하였다. 이 글은 졸고 「중심을 잃은 근대 중국: 청말민초(淸末民初) 사상권세와 사회권세의 전이 및 그 상호작용 관계」(『淸華漢學硏究』, 第2輯)의 결과를 많이 채용하되 원래의 몇몇 논술은 축약한 것이니 흥미 있는 독자는 원문을 참조하길 바란다.
2) 胡適, 「慘痛的回憶與反省」, 『獨立評論』, 第18期(1932年 9月 18日) 참조.
3) 余英時, 「中國知識分子的邊緣化」, 『二十一世紀』, 第6期(1991年 8月), 더 체계적인 논술은 Ying-shih Yu, "The Radicalization of China in the Twentieth Century", *Daedalus*, 122: 2(Spring 1993), pp. 125~50 참조. 본고의 사고 방향은 이 두 글에서 도움을 많이 받았다.
4) 汪詒年 纂輯, 『汪穰卿先生傳記』에 사적이 보이며, 章伯鋒·顧亞 主編, 『近代稗海』, 第12輯, 四川人民出版社, 1988, p. 194 수록.
5) 梁啓超致汪康年, 『汪康年師友書札』, 上海古籍出版社, 1986, 第2冊, p. 1843.
6) 「湖南學政奏報全省歲科兩試完竣情形摺」, 『湘學新報』, 臺北華文書局, 1966, 影印本, 第1冊, pp. 47~48; 李肖聃, 『湘學略』, 岳麓書店, 1985, pp. 222~23.
7) 「三湘喜報」, 『萬國公報』, 第90卷(光緖 22年 6月), 中國史學會 主編, 『戊戌變法』, 上海神州國光社, 1953, 第3冊, p. 376.
8) 皮錫瑞, 『師伏堂日記』(1897~1900년까지의 일기는 네 차례에 걸쳐 『湖南歷史資料』에 1958年 第4輯, 1959年 第1~2輯, 1981年 第2輯으로 나눠 출간되었다. 이하는 연월일만 인용한다), 光緖 24年 1月 20, 21日.
9) 위의 책, 光緖 24年 5月 20日, 7月 20日.
10) 說詳羅志田, 「過去制的廢除與四民社會的解體——一個內地鄕紳眼中的近代社會變遷」, 『淸華學報』(新竹), 新25卷 4期(1995年 12月).
11) 皮錫瑞, 위의 책, 光緖 24年 1月 20日, 23年 11月 14日.
12) 皮錫瑞, 위의 책, 光緖 24年 閏3月 1日, 5月 15日, 25年 11月 23日.

13) 劉大鵬, 『退想齋日記』, 喬志强 標注, 山西人民出版社, 1990, p. 149.
14) 이 방면의 수많은 사실(史實)은 桑兵, 『晚淸學堂學生與社會變遷』(學林出版社, 1995) 참조.
15) 章太炎致譚獻, 姜義華, 『章太炎思想研究』, 上海人民出版社, 1985, p. 63 轉引.
16) 18) 侯生, 「哀江南」, 『江蘇』, 一(1903年 4月), 張枬·王忍之 編, 『辛亥革命前十年間時論選集』, 三聯書局, 1960, 卷1下, p. 537.
17) 皮錫瑞, 위의 책, 光緖 24年 3月 5日, 18日, 閏3月 3日, 4日, 6日, 11日 참조.
19) 「與同志書」, 「對同鄕父老遺子弟航洋遊學書」, 『遊學譯編』, 七(1903年 5月)·六(1903年 4月), 『辛亥革命前十年間時論選集』, 卷1上, pp. 396, 385; 梁啓超, 『飮氷室合集·專集之四』, 中華書局, 1989, 影印本, pp. 63~64.
20) 葉德輝, 『郋元書札·與劉先端黃郁文兩生書』, 長沙中國古書刊印社, 1935, 『郋元全書』版, p. 7.
21) 嚴復, 「與熊純如書」, 1918年 5月 17日, 『嚴復集』, 中華書局, 1986, 第3冊, p. 687.
22) 본 단락과 아래 단락은 羅志田, 「'率性'與'作怪': 少年胡適受學經歷與胡適其人」, 『四川大學學報』, 1995, 第3期.
23) 嚴復, 「論敎育書」, 『外交報』(1902), 『辛亥革命前十年間時論選集』, 卷1上, p. 113.
24) 劉大鵬, 위의 책, p. 69.
25) 林懈, 「論合群」, 『中國白話報』, 1904, 『辛亥革命前十年間時論選集』, 卷1下, p. 909.
26) "魯迅致徐炳昶", 1925年 3月 29日, 『魯迅全集』, 人民文學出版社, 1981, 第3卷, p. 25.
27) 천인커가 주목하기를, 논객들이 매번 량치차오가 "중국 50년 부패한 정치와 절연하지 못한 것을 안타깝게 여기고 선생의 불행이라고 여겼다." 사실은 "선생께서 어려서 유가의 학문을 공부해서 동중서(董仲舒)의 나라와 개인이 하나라는 뜻에 근본하고 이윤(伊尹)의 인류 선각자 자임을 흠모하였다." 그의 정치 참여는 "형세상 부득불 그렇게 하였고", "실로 부득이한 까닭이 있었다" (「讀吳其昌撰『梁啓超傳』書後」, 『寒柳堂集』, 上海古籍出版社, 1980, p. 148). 사상이 증국번과 장즈둥 사이에 머문 천인커는 량치차오에 대해서 확실히 "이해하는 동정"이 있었다.
28) 羅志田, 「中外矛盾與國內政爭: 北伐前後章太炎의 '反赤' 活動與言論」, 『歷史硏究』, 1997, 第6期 참조.
29) 량치차오가 자녀에게 보낸 편지, 1927年 5月 5日, 丁文江·趙豊田 編, 『梁啓超

年譜長編』, 上海人民出版社, 1983, p. 1130.
30) 康德剛 譯註, 『胡適口述自述』, 華東師範大學出版社, 1993, p. 36.
31) 章太炎, 「對重慶學界演說」, 『歷史知識』, 1984年 第1期, p. 44; 「救學弊論」, 『章太炎全集』(五), 上海人民出版社, 1985, p. 96.
32) 胡適, 『五十年來中國之文學』, 『胡適文存二集』, 上海亞東圖書館, 1924, 卷2, pp. 147~57.
33) 金梁, 「光宣小記」, 章伯鋒·顧亞 主編, 『近代稗海』, 第11輯, 四川人民出版社, 1988, p. 286.
34) 沃秋仲子(費行簡), 『民國十年官僚腐敗史』, 榮孟源·章伯鋒 主編, 『近代稗海』, 第8輯, 四川人民出版社, 1987, p. 17; 王新命, 『新聞圈里四十年』, 臺北海天出版社, 1957, p. 136.
35) 馬敏, 『官商之間: 社會劇變中的近代紳商』, 天津人民出版社, 1995.
36) 사회사 혹은 사회학적 경향에서 직업혁명가를 연구한 학자를 나는 아직 보지 못하였고, 사실 크게 개척할 만한 영역이다.
37) 馮友蘭, 『三松堂自序』, 三聯書店, 1984, p. 34.
38) 이 단락과 아래 단락은 楊蔭杭, 『老圃遺文輯』(원문은 1921년 9월 27일 『申報』 게재), 長江文藝出版社, 1993, pp. 420~21 참조.
39) 이 단락과 아래 단락은 위의 책(원문은 1922년 2월 26, 28일 『申報』 게재), pp. 530, 532~33 참조.
40) 위의 책(원문은 1920년 7월 7일, 1922년 4월 5일 『申報』 게재), pp. 49, 564.
41) 劉大鵬, 위의 책, pp. 155, 157.
42) 楊蔭杭, 위의 책(원문은 1925년 9월 25일 『時報』 게재), p. 898; 魯迅, 「文化偏至論」, 『魯迅全集』, 第1卷, p. 46.
43) 章太炎, 「救學弊論」, p. 100.
44) 章太炎, 「在長沙晨光學校演說」, 1925年 10月, 湯志均, 『章太炎年譜長編』, 中華書局, 1979, 下冊, p. 823 轉引.
45) 劉大鵬, 위의 책, p. 336.
46) 楊蔭杭, 위의 책(원문은 1925년 9월 25일 『時報』 게재), p. 898.
47) 위의 책(원문은 1921년 9월 19일 『申報』 게재), p. 414.
48) 위의 책(원문은 1920년 11월 30일 『申報』 게재), p. 141.
49) 이 단락과 아래 단락은 李書城, 「學生之競爭」, 『湖北學生界』, 二(1903年 2月), 『辛亥革命前十年間討論選集』, 卷1上, pp. 452~59 참조.
50) 楊篤生, 『新湖南』(1903), 『辛亥革命前十年間討論選集』, 卷1上, p. 615 참조.
51) 胡適日記(본문에 사용한 것은 亞東圖書館, 1939년판의 『藏暉室札記』이며, 아

래에는 연월일만 주를 단다), 1914年 8月 14日.

52) 自然生(張繼), 「讀'嚴拿留學生密諭'有憤」, 『蘇報』(1903), 『辛亥革命前十年間討論選集』, 卷1下, p. 685.

53) 楊蔭杭, 위의 책(원문은 1922년 2월 28일 『申報』 게재), p. 532.

54) Chow Tse-tsung, *The May Fourth Movement: Intellectual Revolution in Modern China*, Cambridge, Mass, 1960, pp. 9, 38; Donald Jordan, *The Northern Expedition: Chinese National Revolution of 1926~1928*, Honolulu, 1976, pp. 17~18.

55) 이 단락과 아래 두 단락은 林圭致黃奕叟(三信), 약 光緒 23年 세밑, 24年 3月 28日, 24年 6月 25日, 『湖南歷史資料』, 1981, 第1輯, pp. 35~38 참조.

56) 黃克誠, 『黃克誠回憶錄(上)』, 解放軍出版社, 1989, pp. 1~19.

57) 錢穆, 『中國思想史』, 香港新亞書院, 1962, p. 177.

58) 鐵兒(胡適), 「愛國」, 『競業旬報』 第34期. 원래 신문은 翁飛・楊天宏 두 선생이 대신 복사해 주었으며, 여기서 특별히 감사드린다.

59) 胡適, 『五十年來中國之文學』, pp. 164~65.

60) 위의 책, p. 192; 余英時, 「中國近代思想史上的胡適」, 胡頌平 編, 『胡適之先生年譜長編初稿』, 臺北聯經出版公司, 1990, 수정판, 第1冊, pp. 26~27 수록.

61) 胡適日記, 1916年 7月 22日, 24日; 林紓, 「致蔡元培函」, 高平叔 編, 『蔡元培全集』, 第3卷, 中華書局, 1984, p. 274.

62) 唐德剛 譯註, 위의 책, p. 164.

63) Perry Link, *Mandarin Ducks and Butterflies: Popular Urban Fiction in Early Twentieth-Century China*, Berkeley and Los Angeles, 1980.

64) 魯迅致徐炳昶, 1925年 3月 29日, 『魯迅全集』, 第3卷, pp. 24~25; 湯茂如, 「平民教育運動之使命」, 『晨報副刊』, 1927年 1月 25日.

65) 余英時, 위의 글, p. 25 轉引.

66) 姜義華 主編, 『胡適學術文集・新文學運動』, 中華書局, 1993, p. 239.

67) 胡適, 「歸國雜感」, 『胡適文存』, 第4卷, 上海亞東圖書館, 1920, p. 10.

68) 唐德剛 譯註, 위의 책, pp. 166, 229, 163. 후스의 '가장 중요'는 여러 개의 병렬이지 일반적으로 유일하다는 의미의 '가장'이 아니다.

69) 鄧廣銘, 「我與胡適」, 耿雲志 主編, 『胡適硏究叢刊』, 第1輯, 北京大學出版社, 1995, p. 213.

70) 胡頌平 編, 『胡適之先生晚年談話錄』, 中國友誼出版公司, 1993, pp. 23, 240, 66; 唐德剛, 『胡適雜憶』, 華文出版社, 1992, p. 70; 胡適, 『四十自述』, 上海書店影印亞東圖書館, 1939, p. 123.

71) 차이허썬은 이 청년들에게 결코 찬동하지 않았다. 그는 "일종의 명확한 제의서를 만들어 '무산계급 독재'와 '인터내셔널 색채' 두 가지 점을 중시하였다." 蔡和森致毛澤東, 1920年 8月 13日, 『新民學會資料』, 人民出版社, 1980, p. 131.
72) 林懈, 『中國白話報·發刊詞』, 1903年 12月 19日, 『辛亥革命前十年間時論選集』, 卷1下, p. 605. 청대 초기의 증정(曾靜)이 말하기를, 이전의 황제는 모두 뒷골목의 영웅이 해먹었는데, 사실은 황제는 우리 유생이 하는 게 어울린다고 하였다. 린 씨의 인식과는 전혀 상반된다.
73) 梁啓超, 『新民說』, 『飮氷室合集·全集之四』, pp. 89~90.
74) 林懈, 「發刊詞」, 「國民意見書」(1904), 『中國白話報』, 『辛亥革命前十年間時論選集』, 卷1下, pp. 603~605, 894.
75) 梁啓超, 「痛定罪言」, 『飮氷室合集·文集之三十三』, pp. 1~9.
76) 楊蔭杭, 위의 책(원문은 1921년 11월 1일 『申報』 게재), p. 458.
77) 胡適, 「歸國雜感」, p. 2; 胡適致高一涵等(稿), 1919年 10月 8日, 『胡適來往書信選』, 中華書局, 1979, 上冊, p. 72.
78) 이 단락과 아래 단락은 胡適, 『四十自述』, p. 100; 「老章又叛亂了」, 『胡適學術文集·新文化運動』, pp. 164~68; 錢基博, 「現代中國文學史」, 臺北文海, 1936, 증정판 복사, p. 354.
79) 93) 羅志田, 「新的崇拜: 西潮衝擊下近代中國思想權勢的轉移」, 『權勢轉移: 近代中國的思想, 社會與學術』 참조.
80) 梁叔瑩, 「思想上的新時代」, 『晨報副刊』, 1927年 2月 14日.
81) 毛以亨, 『一代新銳梁任公』, 臺北河洛出版社, 1979, pp. 120, 132; 丁文江·趙豊田, 위의 책, pp. 1130~31.
82) 胡適致周作人, 1936年 1月 9日, 『胡適來往書信選』, 中冊, p. 297.
83) 李璜, 「我們爲什麼要辦愛國中學」, 『晨報副刊』, 1926年 7月 27日; 魯迅, 「慶祝滬寧克復的那一邊」, 『國民新聞』(廣州), 1927年 5月 5日, 『中山大學學報』 1975年 3期 重印.
84) 楊蔭杭, 위의 책(원문은 1920년 12월 20일 『申報』 게재), p. 163.
85) 위의 책(원문은 1921년 9월 29일 『申報』 게재), p. 422.
86) 위의 책(원문은 1923년 2월 3일, 6일 『申報』 게재), pp. 711, 713.
87) 羅志田, 『再造文明之夢―胡適傳』, p. 254 참조. 그러나 후스는 "양쪽 다 틀리지 않았다"는 것을 반대하여 한마음으로 공부를 하든지 완전히 정치에 참여하든지 선택하라고 주장하였다.
88) 聞一多, 「八年的回憶和感想」, 『聞一多全集』, 湖北人民出版社, 1993, 第2卷, p. 432.

89) 謝興堯, 「我編專刊」, 『讀書』, 1995年 1月號, p. 134.
90) 마오쩌둥은 일찍이 후난에서 '문제연구소'를 조직하였는데, 이렇게 '문제를 연구하는 것'을 중시하는 인물은 당시 국내에서는 아직 많지 않았다. 汪澍白 等, 「青年毛澤東世界觀的轉變」, 『歷史研究』, 1980, 第5期 참조.
91) 원다이잉의 서신은 耿雲志, 『胡適年譜』, 四川人民出版社, 1989, p. 73에서 인용.
92) 余英時, 「中國近代思想中的激進與保守」, 『歷史月刊』(臺北), 第29期(1990年 6月), p. 145.

제10장 20세기 초 지식인의 지사화와 근대화

● 양궈창 楊國强

    1902년 량치차오(梁啓超)는 「유학생 제군에게 삼가 고함」을 지어 "가장 존경하고 가장 사랑하는 중국의 미래 주인공 유학생 제군 각하에게 머리를 조아려 글을 올려", 신지식집단이 사람들 마음속에 부각되는 모습을 "오늘날 중국은 위태위태하다. 조정에 유신하려는 자는 서로 탄식하며 걱정한다. 아! 인재가 없다. 또 민간에 구국하려는 자가 있으면 서로 탄식하며 걱정한다. 아! 인재가 없다"라고 묘사하였다. 온통 창망한 가운데 "전국의 뜻있는 사(士)"가 고개를 빼들고 발돋움을 하면서 축수했던 것은 모두 "오늘날의 학생"이었다. 그가 감회를 토로하기를,

    대저 앞뒤 1, 2년 사이에 제군이 높이 받들어지고 기대를 받은 것이 이처럼 높은 지경에까지 이른 것은 일국의 가장 중요한 천직이 갑자기 제군의 머리 위에 떨어졌다는 명백한 증거이다.[1]

라고 하였다. 다음 해, 『소보』(蘇報)에서는 「학생군을 제창하며 말한다」(倡學生軍說)를 배포하여 학계를 칭찬하였는데, 어조는 더욱 열렬하였다. "일반적으로 학생이란 오늘날 가장 중요한 지위에 처한 자이다. 그 책임이 무겁고 그 가치가 높아 조금이라도 열성을 가진 자라면 모두 고개를 뽑아

우러러보며 '주인공'이라 이름 붙이고 '사자후'에다 비유하니 그들은 학생에 대하여 이처럼 정성스럽다. 저들 학생은 또한 사이고 다카모리(西鄉隆盛), 주세페 마치니(Giuseppe Mazzini), 카밀로 카보우르(Camillo Benso Cavour), 주세페 가리발디(Giuseppe Garibaldi)로 자처하며 그들의 유일한 이데올로기를 실천함으로써 신중국을 건설하여 우리 한족으로 하여금 무궁한 행복을 영원히 누리도록 만들고자 한다."[2] 이런 글이 묘사하는 것은 모두 유학 중인 학인과 이미 학당에 들어간 학인들이었다. 그들은 청말 최후 10년간 한 무리 한 무리씩 "학문 장려와 인재 육성" 시류에 힘입어 부화되어 나왔으나 뒤에 가서 또 "각기 배운 것을 버리고 각자 개성을 살려", 한 무리 한 무리씩 중국을 개조하자는 시류에 편승해서 동양과 서양의 학리로 세상을 호령하였으며, 동양과 서양의 학리로 세상을 요동치게 하였다. 거사(擧士)와 사인(士人)의 천 년 역사 이후 이것은 중국 지식인에게는 태변기(蛻變期)였다. 경자년(1900)에서 신해년(1911)까지 허물을 벗고 변신 중이었던 지식인은 한때 천하를 쥐락펴락할 기세였지만, 붓끝에서의 자유분방한 기세가 세간의 험한 풍상을 겪은 후에 그들 중 대다수는 또다시 어쩔 수 없는 신세가 되어 어지러이 요동치는 기세 속으로 휘말려 들어갔다.

1

하나의 집단으로서 20세기 최초의 지식인은 신정(新政)이 탄생을 촉진시켰다. 이에 따라 유학과 학당은 처음부터 자연스러운 과정에 있지 않았다. 1901년에 작성된「강초회주삼절」(江楚會奏三折)은 일찍이 변방 관리의 완력으로 학당을 일으킬 것을 제청하였는데, 의도는 '속성'에 있었다.

사정상 급히 인재가 필요하니 오래 기다릴 수 없다. 일본의 문무 각 학교를 조사해보니 모두 속성 교육법이 있는데, 각 과목마다 중요한 것만 뽑아 정리하고 약간 진도가 늦은 자는 재량껏 생략해서 기간을 정해 졸업시켰다. 성지를 받고 대사로 나간 대신 리성둬(李盛鐸)가 일본 문부성·참모부·육군성에 간곡히 부탁해서 나 대신 계획을 세우니, 대·중·초등 각종 속성 교육설을 지어 급한 수요에 응하였다.[3]

이는 선례를 열어 하나의 첩경을 찾으려는 의도였다. 그리고 국가 역량을 사용하여 첩경을 만들어 안내하자 '속성'은 매우 쉽게 다수에게 널리 적용되어 학당을 일으키는 정상적 행태로 변화하였다. 6년 후에 학부(學部)의 주의(奏議) 통계가 말해준다.

> 일본에서 유학하는 사람의 수를 조사하니 이미 만 명이 넘었지만 속성으로 학습한 자가 60퍼센트를 차지하고, 보통으로 학습한 자가 30퍼센트를 차지하고, 중도에 퇴학당하여 빈둥거리며 노는 자가 5, 6퍼센트를 차지하고 고등 및 고등전문학교에 들어간 자가 3, 4퍼센트를 차지하고, 대학에 들어간 자는 겨우 1퍼센트에 불과하였다.[4]

그렇지만 날마다 증가하는 유학생 태반은 첩경으로 가는 것을 선호하였다. 그러나 첩경과 서로 대칭되는 것이 이따금 학문이 아니라 세상 사람 눈에는 "제멋대로 오가고 변덕이 심해서 졸업생은 겨우 1년에 한두 명을 기대하고 뒤에 오는 자는 또 전철을 되풀이하였다"[5]는 것이었다. 그간의 중심이 과목과 지식에 있지 않았다. 속성이 빨라져서 유학이 날로 증가하고 학당도 날로 증가하였다. 궈모뤄(郭沫若)가 훗날 말하길, 신해년 이전에 사방이 단지 20리에 불과하였던 청두(成都) 성안에 법정(法政)학교만 해도 이미 몇 군데가 개설되었고 갈수록 많아졌다고 하였다. 서술 가운데는 조롱이 은근히 담겨 있다. 그 당시 그는 마침 청두에서 "오랫동안 명성이 자자했던" 중학당의 학생이었으나, "국문은 열기가 뜨거웠다 식었다 하는 『당송팔대가문』(唐宋八大家文)으로", 이미 사람을 만족시키지 못하였다. '신학'은 더욱 엉망이어서 "물리화학·수학을 가르치는 교원"이 "내용이 쉬운 교과서조차 구절을 끊어 읽지를 못하였다"[6]고 하였다. 이 몇 마디 말 속에는 문호가 옛일을 추억하며 흘겨보는 모습이 있지만, 당시의 묘당의론(廟堂議論) 중에서 "교육을 받지 못한 사람이 억지로 교육 사무를 행하면 지리멸렬이 만연하고 황당한 일이 계속 전해지므로 그 폐해는 이루 다 셀 수가 없다"[7]고 말한 것을 비추어 볼 때 그가 청두에서 본 경관은 다른 곳에서도 볼 수 있었다. 10년 동안의 학당 육성은 수천수만의 학생을 배출하였으나 일종의 학문 질서를 만들지는 못하였다. 이에 따라 학생들이 항상 학당의 교과 범위를 벗어나서 각자 자기가 옳다고 여기는 대로 행하고 여기저기 맘대로 돌아다녔다. 그간의 중심도 역시 과목과 지식에 있지 않았다.

지식을 비교하면, 10년간의 학당 진흥에서 더욱 광범위한 영향력을 지닌 것은 사상이었다. 유학 중인 지식인과 학당 안의 지식인은 비록 배움을 업으로 하였지만 사실은 사상에 의해 양육되었다.

일찍이 남양공학(南洋公學) 퇴학 풍조 속에서 솜씨를 내보였던 우터궁(伍特公)은 50년 후에 옛일을 회고하면서 가장 인상이 깊었던 대목 중의 하나는 "우리 반 거의 모든 학생이 본"『신민총보』(新民叢報)였다[8]고 했다.『신민총보』의 본색은 곧 사상에 있었다. 퇴학 풍조가 떠들썩하게 일어났던 1929년을 예로 들면, 차례가 그 편목 중에 보이는『신민설』(新民說),『근대 문명 초기 2대가의 학설』(近世文明初期二大家的學說),『지리와 문명의 관계』(地理與文明之關係),『민족 경쟁의 대세를 논함』(論民族競爭之大勢),『서양 학술사상 변천의 대세』(泰西學術思想變遷之大勢),『생계학 학술연혁 소사』(生計學學術沿革小史),『신파 생물학자 소사』(新派生物學家小史),『이탈리아 건국삼걸전』(意大利建國三杰傳),『격물치지학 연혁 고략』(格致學沿革考略),『국가사상 변천 이동론』(國家思想變遷異同論),『민약론 거두 루소의 학설』(民約論巨子盧梭之學說),『세계경제 경쟁의 대세를 논함』(論世界經濟競爭之大勢),『공리주의 태두 벤담의 학설』(樂利主義泰斗邊泌之學說),『정치학학리척언』(政治學學理摭言),『근세 제1여걸 롤랑부인』(近世第一女傑羅蘭夫人),『진화론 혁명가 키드의 학설』(進化論革命者頡德之學說),『아리스토텔레스의 정치학설』(亞里斯多德之政治學說),『구미 각국 입헌사론』(歐美各國立憲史論) 등등은 모두 문자로 사상을 표현한 저작이었다. 한 해 전체 24기(호)인 『신민총보』 안에 그것과 유사한 논설은 180편이 있었다.[9] 서양의 인물, 서양의 역사, 서양의 사상, 서양의 논쟁이 차례대로 중국에 소개되었고, 신문을 읽는 많은 지식인에게는 여기에서 얻은 것은 의심할 바 없이 일종의 사상 세례였던 것이다. 첸지보(傅基博)는 훗날 "『신민총보』가 더욱 널리 전파되었으니, 국민들이 읽기를 좋아해서 판매량이 10만 책 이상에 달하였다. 청나라 조정에서 엄금하였으나 막을 수 없었다"[10]고 하였다. "더욱 널리 전파된" 과정에서 학당이 종래에는 없었던 구독 집단을 제공하였고, 『신민총보』는 사상의 세례로 이 구독 집단을 양육하였다. 이후에 『소보』(蘇報), 『민보』(民報), 『경세종』(警世鐘), 『맹회두』(猛回頭), 『혁명군』(革命軍), 『황제혼』(黃帝魂) 등이 더욱 급진적 사상 파도를 끼고 찾아와 그 세대 지식인을 세례에서 나아가 더 깊이 물들여 너도나도 사상적 분쟁의 소용돌이 속으로 휘말리게 만들었다.

훗날 비분강개한 일격으로 천하에 명성을 떨친 우웨(吳樾)가 『암살시대』(暗殺時代)를 짓고 스스로 마음고생을 서술하였다.

> 『청의보』(淸議報)를 끝까지 읽지 못했지만 작가의 주의가 곧 나의 주의가 되었다. 날마다 입헌을 말하고 날마다 입헌을 바라보면서 사람들에게 서태후가 나라를 망쳤고 지금 황제께서는 성명(聖明)하시다고 말하면 캉유웨이(康有爲), 량치차오를 비난하는 사람들은 내 말을 배척하였는데, 자문해보니 량씨의 주장이 나를 피안으로 올려놓았음을 믿게 되었다. 또 시간을 내어서 『중국백화보』(中國白話報), 『경종보』(警鐘報), 『자유혈』(自由血), 『손일산』(孫逸山), 『신광동』(新廣東), 『신호남』(新湖南), 『광장설』(廣長舌), 『양서』(攘書), 『경세종』, 『근대 중국 비사』(近代中國秘史), 『황제혼』 등의 책을 읽고서 이에 사상이 또다시 변했고 주의가 이를 따랐다. 이에 이전의 량 씨 주장이 거의 나를 망쳤음을 알게 되었다.[11]

『청의보』의 지배력은 사상에서 나왔고, 『경종보』·『자유혈』의 지배력도 사상에서 나왔다. 전자는 '주의'를 가지고 그를 탄생시켰고, 후자는 "사상이 또다시 변했고 주의가 이를 따른 것"을 가지고 그를 재탄생시켰다. 탄생과 재탄생 모두 그 시대의 지식인이 사상에서 벗어날 길이 없었음을 설명한다. 우웨와 이리저리 비교되길 싫어하며 저장고등학당(浙江高等學堂)에 몸담고 있던 장멍린(蔣夢麟)은 한차례 이것저것 모조리 수용한 적이 있었다. "우리는 량치차오로부터 정신 식량을 얻었고 쑨중산 선생과 기타 혁명지사는 우리의 혁명 정서를 부단히 증대시켰다."[12] 량치차오와 쑨중산은 각자의 주장으로 자기의 뜻을 폈고 각자의 주장으로 서로 맞섰다. 그러나 학당의 학생에게는 양자 모두 당시 중국을 위해 고정된 사상 범위와는 선을 긋고 넘어서 있었다. 장멍린은 '정신 식량'을 기꺼이 수용하였고 또한 '혁명 정서'가 부르는 손짓을 피하지 못하였으니 바로 스스로 빠져들어 물드는 모습이었다. 이로써 '정신 식량'과 '혁명 정서'는 한꺼번에 수용되었으며, 동시에 그 시대의 지식인 사상 속에서 피해 나갈 수 없는 길이었음을 설명한다.

학당 안의 지식인은 사상을 받아들였고, 신문·잡지사의 지식인은 사상을 제조하였다. 10개년 학문 육성과 상호 호응하여 "나라 안 신문·잡지사의 발달이 하루에 천 리를 갔다." "학생은 나날이 많아지고 책방이 나날이 많아졌으며 신문·잡지사가 날로 많아졌다." 서로 끌어주고 밀어주면서 옛것은 도태되고 새것이 나오며 일대 장관을 이루었다. 훗날 역사학자의 통계에 의하면, 1900년에서 1918년 사이에 세상에 나온 "각종 정기 간행물은 7, 8백여 종 남짓이 있었다."[13] 여기에서 대량 쏟아져 나온 글 중에 감동적인 것은 서사문이 아니고 '국민을 향도하는' 논설문이었다. 이 때문에 당시 여기에 관여한 인사들은 주저 없이 20세기 초반의 중국은 "언론 시대라고 말할 수 있다"[14]고 지목하였다. 언론 시대가 논설로써 세상과 시대를 다스리고 구원하였고, 사상을 전파하는 문장으로 온통 오색찬란하였으며, 제목 모두 세운이나 국운에 대한 것이었다. 자유·평등·박애·민권·진화·권리·경쟁·서구화·국수·상무·보종(保種)·보교(保教)·입헌·혁명·개인주의·국가주의·민생주의·군국민주주의·

허무주의가 동일한 제목 안에 서로 모였고, 그런 다음 마치 백가쟁명식으로 언론의 호응과 언론의 항쟁이 뒤따랐다. 언론의 호응과 항쟁은 수입된 관념으로써 신학설과 이론을 흠모하는 지식인을 위해 지식을 열어주었고, 또한 수입된 관념으로써 지식인 중에서도 뛰어난 인재들이 모여들게 하였다. 전통 사(士)와 근대 지식인의 변화는 바로 이러한 사상이 혼합되고 연마되는 과정에서 시작되었다. 그러나 수입된 관념은 중국인의 국운과 세운을 말하면서 항상 사람들 마음속에 초조와 다른 생각을 쉽사리 불러일으켜 '국민을 향도하는' 언론을 호응하고 항쟁하면서 성급하게 필봉이 극단을 달리도록 재촉하였다.

량치차오가 한때 언론계를 좌지우지하면서 "극단적 의론"을 표방하였는데 "다소간 과격할지라도 흠이 되지 않았다."

> 왜인가? 내가 이쪽 극단에 치우치면 반드시 어떤 사람이 나타나 저쪽 극단에 치우쳐 나를 교정할 것이고, 또 반드시 어떤 사람이 나타나 양쪽의 가운데를 잡고 나와 우리를 절충할 것이다.

과격과 극단은 원래 일종의 맹목적인 것에서 편향적 사상에 이르는 과정이지만 량치차오의 붓끝에서는 과격과 극단이 모두 자각적이었고 깨어 있었으며 이성화된 것으로, 모든 말들이 여기에서 나왔다.

> 그가 처음에 갑에게 놀라 있는데 내가 그에게 배로 놀랄 만한 을을 보여주면 갑에 놀란 마음을 을로 옮길 수 있고 갑은 오히려 습관이 된다. 그가 을에게 놀랄 즈음이면 나는 다시 그에게 몇 배나 놀랄 만한 병을 보여주면 또 을에 놀란 마음을 병으로 옮길 수 있고 을도 습관이 된다. 이렇게 서로 이어져 무궁무진하게 계속된다. 놀란 것이 한 단계 나아갈 때 습관도 역시 한 단계 나아간다.

이러한 자각적인 과격과 극단은 "만물이 별것 아니라는 말에 가깝지만", "부처님의 설법은 내용도 있고 권위도 있으신데 중생의 그릇이 아직 미성숙하니 권법(權法)을 발휘하지 않는다면 실법(實法)이 아마 효과를 거둘 수 없을 것이다"[15]라고 했다. 그는 '권법'과 '실법' 사이에서 고심하였지만, 고심하는 그런 도리가 사실은 모두 일방적인 희망이었다. 과격과 극단이 일단 언론에 들어가 "국민을 향도하면", "조리가 명석하고 필봉에 늘 감정을 실은" 글이 독특한 '마력'으로 언론을 신속히 먼 곳까지 전파시켰을 뿐만 아니라 또한 독특한 '마력'이 과격과 극단을 사방에 미치도록 촉진하여 "읽는 사람은 그를 따라갈 수밖에 없고 그를 따라 생각하지 않을 수 없도록" 만들었다. 이 과정에서 동지를 양육하였을 뿐만 아니라 논적을 양육하여 "량 씨와 정견이 상반된 사람까지 처음에는 실로 량 씨의 문장에 크게 힘입어 의지를 계발하였다."[16] 사상이 비록 붓끝에서 서술되지만 일단 유포되면 마음대로 통제할 수 없다. 그 당시 극단은 세상을 쉽게 바꾸는 강한 목소리였다. 이 때문에 량치차오의 글은 극단을 달렸고, 장타이옌(章太炎)의 글도 극단을 달렸다. 장스자오(章士釗)는 몇 년이 지난 후 혁명의 역사를 이야기하면서 다시 한 번 깊이 생각해야 할 주장을 남겼다.

보통 사람의 지론은 모두 시대성의 구속을 면하지 못한다. 대개 당시 논객들은 장래의 미지수를 전제로 남을 굴복시키는 것을 좋아하였다. 이는 논리상 인과 전도의 오류를 범한 것이나 논객들은 신경 쓰지 않았다. 끝내 이러한 논점은 왕왕 젊은이의 진취적 기상을 조장하여 혁명 역정에 도움이 되었다. 장타이옌의「옥중에서 신문에 답함」(獄中答新聞報) 같은 글은 공공연히 50년 후의 동상을 큰 도박거리로 삼았는데 그중에서 현저한 예이다.

그는 이로 말미암아 "광무제가 참위설을 빌미로 한나라를 회복하였고 근대 공양가(公羊家)들이 삼통(三統)을 부르짖으며 태평(太平)을 추구하였는데, 무릇 이런 것은 혁명의 밑천으로 혁명의 체질을 키울 수 있다"[17]고 발의하였다. 이러한 도리는 확실히 학리로 따질 수 없다. 과격과 극단을 서로 비교할 때 장타이옌의 단점은 독단에 있었다. "크게 한판 도박하는 것"보다 더 전형적인 것은 "공리가 아직 밝혀지지 않았으면 혁명으로 밝히고, 옛 습속이 모두 남아 있으면 혁명으로 제거한다. 혁명은 천웅과 대황 같은 강한 약제가 아니라 원기를 돕는 일과 병을 고치는 일을 겸비한 양약이다"[18]라는 점이었다. 사람의 마음을 설득하는 데 동원되는 것은 온통 맹렬한 기세뿐이었다. 장스자오가 경험자의 눈으로 당시를 살펴볼 때 이렇게 "미지수를 전제로 뒤집는" 잘못이 혁명 '논객'들 중에 실로 적지 않았다.

20세기 직전 10년 동안 량치차오와 장타이옌은 모두 문장으로 천하를 움직였던 인물이다. 그들의 붓이 극단으로 달린 것은 그 시대를 대표한다. 그러므로 동시대의 신문·잡지에서 "살인" "패가망신" "공자 배척" "성인은 없다" "망국" "복수" "파괴된 교육" "격렬의 장점" "외국의 노예가 되는 것과 만주 정부의 노예가 되는 것이 차이가 없다" "강자가 약자를 능욕하고 다수가 소수를 치는 것 또한 공리에 합당하다" 등등은 모두 한때 눈길을 끌었던 말들이었다. 10년 사이에 한 무리 한 무리의 지식인이 다른 사람의 글을 읽고서 사상을 받아들였고, 그들이 각자 종지를 세운 이후에 또 한 무리 한 무리씩 글을 쓰는 선수가 되어 다시 그들 자신의 문장과 사상으로 남에게 영향을 끼쳤다. 이에 사상 전수가 반복됨에 따라 과격과 독단 또한 반복해서 전수되는 과정에서 각자의 특색으로 격앙하였고 사나워졌다.

1922년 봄 다이톈추(戴天仇)가 『민평보』(民評報)에 짧은 논평을 실었는데 지면 전체가 살기등등하였다. "슝시링(熊希齡)이 매국했으니 죽이자! 탕사오이(唐紹儀)가 백성을 바보로 만들었으니 죽이자! 위안스카이(袁世凱)가 전횡했으니 죽이자! 장빙린(章炳麟)이 권력에 아부했으니 죽이자! 이 4인은 중화민국 국민의 공적이다. 중화민국의 멸망을 구하려면 이 4인을 죽이지 않으면 안 된다."[19] 이때 그는 이제 막 22세였다. 장타이옌이 「캉유웨이가 혁명을 논한 것을 반박하는 서신」(駁康有爲論革命書)을 써서 천하에 혁명 언론의 거물로 지목되었을 때 그는 아직 청두의 신학당에서 공부하는 14세 아이였다. 그리고 9년 후에 혁명 '논객' 중의 학생 세대가 이미 칼을 들고 서서 스승 세대를 향해 성난 눈으로 노려보았다. 그들 사이에 당연히 서로 반박이 오가는 정견 논쟁이 일어났다. 그러나 그들이 살기를 띠고 정쟁을 벌이며 피가 튀는 중에도 볼 수 있는 것은 오히려 스승 세대가 전해온 독단과 과격이었다. 역사의 신진대사는 스스로 원인과 결과가 있고, 역사의 인과 관계는 항상 정리를 돌보지 않는다. 붓끝이 극단을 달리는 선봉을 개척한 량치차오와 장타이옌은 뒤에 가서 뜻이 변해 차례로 손을 씻고 다시는 글로써 풍파를 일으키지 않았다. 그러나 많은 사람들이 그들의 복귀를 원하지도 않았다. "오늘날 지사라고 부르는 자는 뜻을 펼 때 오로지 목소리가 높지 않은 것을 염려하고 주장을 할 때 과격하지 않은 것을 염려한다."[20] 전통적 사(士)가 근대 지식인으로 바뀌는 과정에서 붓이 극단으로 달리는 일이 항상 일종의 내재적 논리가 되어 주류 사상 속에서 오르락내리락하였다. 수입된 관념은 과격과 극단의 장단점을 보완하는 재단을 거쳐 다시 만들어지고 재구성되었고, 또한 재제작·재구성으로 인하여 더욱 간명하게 변하여 사람들의 심금을 흔들어놓았다. 그러므로 붓이 극단으로 달리면 왕왕 중생들을 감염시키기가 더 쉬워진다.

옌푸는 "오늘날 학자는 서양인의 정론은 쉽고 서양인의 과학은 어렵다고 여긴다. 정론은 교만한 풍조가 있고(예를 들어 자유·평등·민권·압력·혁명이 모두 그렇다), 과학은 소박한 뜻이 많다. 게다가 그 사람이 과학을 모르면 그의 정론 또한 대부분 근거가 없다"[21]고 하였다. '교만'은 과격과 대응하고 '무근거'는 독단과 대응하므로 모두 보기 좋은 것은 아니다. 그러나 20세기 지식인의 역사는 바로 이렇게 하나의 사상(정론)이 지식(과학)을 매몰시키는 시대에서 시작되었고, 이제 막 생긴 사회집단으로서 그들의 환골탈태는 사상이 한 시대를 풍미한 것과 서로 인과 관계를 맺었다. 사상의 일시적 풍미는 만청의 마지막 10년의 지식인으로 하여금 한 시대를 풍미하도록 하였지만, 그 사이의 논리는 하나하나씩 복제되면서 누적되어 일종의 사상적 관성이 되었다. 훗날 학리와 학설이 바뀜에 따라 끊임없이 새롭게 변신하였지만, 사상의 관성은 오히려 시간과 공간을 벗어나 다른 학리와 학설과 접붙여졌다. 그러므로 20세기의 사상사에서는 지식인이 과격과 독단으로 태워버린 불과 빛을 언제든지 찾아볼 수 있다.

그들 가운데 태반은 각자의 학리에 의거하였지만, 태워버린 불과 빛은 매우 유사하였다.

2

청말의 마지막 10년 동안 조정과 재야에서 한때 독주하였던 지식인의 보급지는 대부분 유학과 학당이었다. 늘 보았던 전통적인 사(士)와 비교하면 학당과 학생 모두 세상 사람 눈에는 새로운 볼거리였다. 그러므로 지식인이 글로써 주장을 펴서 천하를 떠들썩하게 만들었을 때 그들 자신도 언제나 사람들의 붓끝에 끌려들어가 논의의 대상이 되었다.

1907년 초에 어사(御使) 쉬딩차오(徐定超)가 상주하여, "천하가 학문을 말하여 척박한 고장과 가난한 시골까지 학당을 세웠지만 학자는 매우 드물게" 강의를 하는 실정이니 민간의 위아래가 현격하게 차이가 난다고 조정에 설명하였다.

> 옛날에는 입학할 때 빈부를 따지지 않아 벽을 뚫어 빛을 빌리고도 오히려 큰 인물이 되었고, 나물에 죽을 먹어도 명유가 나왔습니다. 지금은 입학에 드는 비용이 옛날을 훨씬 초과하여 중인의 재산으로 1년을 벌어야 다닐 수 있으므로, 부자는 학당에 오르지만 가난한 자는 바라만 보다가 발길을 돌리니 비록 배우고자 하여도 길이 없습니다.

8개월 후에 급사(給事) 중 리줘화(李灼華)가 상소문에서 학당을 논하였는데, 비탄스러운 어조로 학당은 "각자 한 사람이 한 해 백여 금이 필요하나, 중국에는 가난한 선비가 많아 입학할 힘을 가진 사람은 거의 다 명문거족이나 부자 상인이고 가난한 집 자식은 돌아서서 탄식합니다"라는 뜻을 전했다. 같은 시기 또 다른 상소문 한 통은 수치를 기준으로 옛날과 지금을 비교하였다. "옛날에 변법을 하기 전에는 주현(州縣)에서 한 해에 거의 수천 명이 시험을 봤는데 지금은 한 주현에 간혹 학교 하나를 설치하면 학생은 삼사십 명뿐입니다. 시골 수십 리 근방에도 종종 학교가 없습니다."[22] 확연하게 "수천 명"에서 "삼사십 명"까지 사라진 그 숫자는 모두 "입학에 드는 비용" 때문에 도태된 학생들이었다. 이미 폐지된 과거와 서로 비교하면 학당은 일종의 빈부를 차별하는 도구였다. 이에 따라 묘당의 논의도 가난한 사람을 위해 불공평을 토로하였고, 신문사의 논의도 가난한 사람을 위해 불공평을 토로하였다. 같은 해에 『천의보』(天義報)는 "친정(親政)이 백성을 병들게 하는 화근이다"라고 주장하여 "학당이 과거제의 공평함보다 훨씬 못하다"고 절실하게 꼬집었다.

옛날의 빈민은 농사나 기술을 익히면서 과거 공부를 겸하는 자가 있어서 한미한 가정에서 출세하는 자가 많았다. 또 의숙(義塾)의 제도가 뒤따라 생겨 적빈 가정의 자식도 입학이 가능하였고 학비도 면제되어 그 지방 사람이 들어가는 경우가 매우 많았다. 지금은 학교 졸업장을 받지 않으면 들어갈 수 없고, 가난한 백성은 영원히 학교 졸업장을 받을 희망이 없다.

이렇게 치우친 형세를 내버려둔다면 "부자는 더욱 똑똑해지고 가난한 자는 더욱 무식해지고, 똑똑하면 신분이 귀해질 것이고 무식하면 신분이 천해지게 될 것이 뻔했다."[23] 이런 말들은 언관의 간언과 마찬가지로 모두 학당이 가져온 불평등에 착안한 것이었다. 불평등은 여과의 방식으로 사람을 분류하였고 남은 것은 사회집단 상호 간의 거리감이었다. 이 때문에 전통 사에 비하여 그 당시 유학과 학당 출신의 지식인은 사회 하층과 더욱 멀어져야만 했다. 훗날 양두성(楊篤生)과 천텐화(陳天華)가 연이어 옛날에는 없었던 '중등사회'로 지식인을 견주어 불렀는데,[24] 그들의 의도는 책임을 환기하자는 데에 있었지만 일종의 자각적인 분류와 차별로 굴절되어 나왔다.

사회 하층과 더욱 멀어진 지식인은 또한 농촌사회와도 더욱 멀어졌다. 학당 육성 10년 동안 학당은 조서에 의해 추진되었고, 조서에 의해 추진된 학당은 동시에 조서대로 분포되었다. 바로 "각 성의 서원이 있는 성 소재지에 대학당을 개설하고 각 부청(府廳), 직속 주(州)는 일제히 중학당을 세우고 각 주현(州縣)은 일제히 소학당을 세웠던"[25] 것이다. 이후 현 소재지, 부 소재지, 성 소재지가 신학당의 집결지가 되었다. 이러한 과정에서 교육의 중심이 성읍으로 옮겨 갔고, 아울러 초등학교에서 대학교까지 순서에 따라 대도시로 집중되었다. 조서에 의거해 학교를 일으켰으므로 당시 중국의 학당은 지식과 연관되었을 뿐만 아니라 또한 이록(利錄)과도 연관되었다. 1903년의 『유학역편』(遊學譯編)에는 「동향 부로에게 자제를 해외 유학 보내라고 권하는 편지」(勸同鄕父老遣子弟航洋遊學書)를 간행하여 한바탕 도리를 말하였다.

일개 수재가 되고 일개 거인이 되고 일개 진사와 한림이 되는 일이 오늘날 이미 폐물 취급하는 것과 상관없이 이전에도 무슨 실익이 있었고 무슨 광영이 있었는가? 간혹 천금을 내던져서 수재를 사고 만금을 내던져서 거인을 사는 사람이 있었고 얻지 못하면 큰 병이 났다. 지금이야 해외로 나가 공부하면 부귀명예를 얻을 수 있으니, 비교컨대 일개 수재 · 거인 · 진사와 한림 따위야 반드시 딸 필요가 없고 따봐야 요행일 뿐이며, 게다가 학문과 관계가 없는 자와는 서로 거리가 멀다.[26]

이러한 도리는 유학에서 연역되어 나왔지만 이를 이용해서 학당의 '부귀영화'를 말하자 안성맞춤으로 부모들의 마음을 파고들었다. 이러므로 앞 세기에 옌푸가 마음이 망망한 가운데 "모집에 응해서 해군 생도가 된" 것과 비교하면 20세기 초반 학당에 입학한 사람 모두 희망을 안고 왔었다. 학당은 머나먼 장거리 노정이었다. 이 길을 걷는 사람은 순서에 따라 농촌에서 현 소재지로, 현 소재지에서 부 소재지로, 부 소재지에서 성 소재지로 왔다가 나중에 남북의 대도시에 진입하였다. 이들 가운데 발힘이 더욱 센 사람은 다른 나라로 유학을 갔고, 갈수록 더 멀리 갔다. 당시 명사 중 장스자오는 "창사(長沙) 동향(東鄕)의 화가충(和佳衝)"에서 나왔고, 쑹자오런(宋敎仁)은 타오위안(桃源)의 "상향충(上香衝)에서 나왔으며, 장즈유

(蔣智由)는 저장(浙江)의 제기(諸曁)에서 나왔고, 천두슈(陳獨秀)는 화이닝(懷寧)에서 걸어 나왔다. 그들 모두 학당과 유학의 길에서 매우 멀리까지 걸었고, 아울러 다시 돌아가지 않았다.[27] 그 시대 지식인부터 시작해서 이렇게 한번 나가면 돌아오지 않는 것이 점점 유학생의 정상적인 상태가 되었다.

청말의 학당은 진취적인 학인들을 하나하나씩 성읍으로 불러들였다. 이들은 학당 덕분에 "해외역사" "해외지리" "고등수학" "해석기하" "천문지질" "인문지질" "박물학" "병사학" "물리화학" "법정" "재정" "일어" "영어" "러시아어" "프랑스어" 등등과 인연을 맺었다.[28] 여기에서 배운 자연과학·법리세칙(法理稅則)과 유럽·아시아 등은 모두 서양 학문에서 나온 신지식이었다. 그러나 20세기 초반 이런 것은 모두 도시에 속하였고, 농촌사회와는 동떨어졌을 뿐만 아니라 요원한 것이기도 했다. 이에 따라 공부하는 과정은 농촌과 멀어지는 과정이 되었다. 그러나 물결 사이에 파도를 만드는 자는 대부분 학당 사람으로, 그중의 선봉장은 언제나 열심히 하는 자와 우수한 자였다. 역사학자 구제강(顧頡剛)은 훗날 의고(擬古)로 명성을 떨쳤지만, 그가 쑤저우(蘇州)에서 공부할 때는 오히려 세상사에서 무엇이 의심스럽고 무엇을 의심해야 하는지 아직 몰랐고 이로 인해 매우 쉽게 사상 조류에 휘말려 장캉후(江亢虎)의 사회당에 들어가 순진한 신도가 되기도 했다. 그가 몇 년이 지난 후 당시의 곡절을 말하면서 제삼인칭의 필법으로 할머니와 손자의 대화 한 단락을 기록하였는데, 조류에 휘말린 지식인을 매우 생생하게 묘사하였다.

신사회를 여는 일에 열중하느라 (구제강은) 늘 한밤중까지 일하였다. 할머니가 그에게 물었다. "뭐하느라 그렇게 바쁘냐?" 그가 말하였다. "국가도 없고 가정도 없고 돈도 없는 사회를 만들려고요." 할머니가 말하였다. "가정이 없어지면 날 어디에다 두려고?" 그가 말하였다. "양로원에 모시지요." 이 한마디에 그녀는 노발대발하며 말하였다. "내가 이렇게 널 좋아하는데 너는 아예 날 양로원에 살라고 보내? 말이 되느냐!"[29]

구제강은 내지나 농촌에서 도시로 걸어온 사람이 아니었다. 그러나 그의 몸은 학당에 있으면서 조류에 끌려가는 사상 경력은 지식인이 공유하는 사회상을 반영하고 있으며, 20세기 초반 학당의 학생 대부분은 모두 거기에서 자신의 청춘 시절 모습을 비춰 볼 수 있었다. 구제강이 배운 그런 도리를 그의 조모는 이해할 수 없었으나 그의 조모는 도리어 중국인 다수를 대표한다. 이러한 조모와 손자 사이의 소통 불가는 그 당시의 사상 사조가 어쨌든 다수보다 앞서 나갔다는 사실을 사람들에게 아주 명백하게 보여준다. 10년 사이에 일어난 입헌군주·민주공화·사회혁명·정치혁명·진화대동·러시아 대항운동·미국 상품 불매운동 모두 신문사와 학당이 가장 많았던 도시에서 먼저 일어난 이후에 도시에서 다른 한 도시로 전파되었다. 함성이 도시에서 일어났고 메아리도 도시에서 일어났다. 그러나 중국의 대다수 인구가 거주하는 농촌사회는 자욱한 안개 속에 그것도 눈이 먼 것과 같은 상태로서 도시와는 전혀 다른 사회 같았다. 사상 조류가 지식인을 변천 중인 세계와 재건축 중인 중국에 급속하게 가까이 가게 만들었고, 양자 모두 도시를 자기의 진지로 삼았다. 그러나 근대화 과정은 이미 도시와 농촌을 분리하였고, 전자가 사용하여 소통하는 말은 후자에게는 언제나 낯설었다. 이로 인하여 사상 조류에 흡수된 지식인은 농촌사회와 갈수록 소원해질 수밖에 없었다. 옛날의 선비는 농촌에서 먼 길을 떠났어도 대부분 되돌아올 수 있었다. 그러나 학당에 불려간 학인들은 일단 농촌에서 도시로 들어가면 대부분 돌아올 수 없었다.

지식인은 농촌사회, 하층사회와 격리되었고 그것과 대응하여 농촌사회는 지식인을 자기들과 다르다고 여겼다. 이미 지나간 천 년 역사 속에서 전통적 사(士)의 출발점과 귀착점 모두 농촌에 있었다. 그들은 태생적으로 그곳의 이익을 대표하였다. 구시대는 사민(사농공상)으로 인구를 나누었으며, 사회집단으로 말하자면 사와 농이 가장 서로 잘 알고 또한 가장 서로 친하였다. 10개년 학당 육성은 전통적 사가 근대 지식인으로 전환하도록 촉진하였지만 구식 선비와 비교하면 수많은 농민들은 처음부터 학당과 학생들을 좋아하지 않았다. 왕궈웨이는 냉정하게 세상을 살펴보고 한

때 "백성이 학당을 싫어함이 자못 교회를 바라보는 것보다 더 심하다"[30]고 탄식하였다. 이에 따라 학당 육성과 함께 발생한 것은 항상 시골 사람들이 학당을 때려 부수는 일이었다. 1910년에 장쑤(江蘇) 이싱(宜興)에서 호구조사로 인해 유언비어가 나돌았고, "우민이 무지하여 뒤죽박죽 전하기를 조사자가 모두 학계 관계자라고 하는 바람에 마침내 학당을 원수처럼 여겼던 쌓인 분노를 촉발하여 꽹과리를 울려 군중을 모아 여러 학당을 불태우고 학당 업무를 보는 사람들의 집을 부숴버렸다." 학당 부수기는 여기저기서 많은 호응을 얻었는데, 바로 학당에 대한 불만이 한두 집에 그치지 않았음을 설명한다. "그 후에 지방의 신사가 곧장 학당 편액을 떼어버리고 현의 서원 편액으로 바꿔버렸다." 신사들은 이런 방법으로 군중의 분노를 식혔으나 오히려 선명히 드러난 것은 '우민'의 서원에 대한 선호와 학당에 대해 싫어하는 바였다.[31] 이 이야기에는 학당과 학생 모두 연루된다. 이와는 대조적으로 같은 해 즈리(直隸)의 역주(易州)에서 일어난 학당 파괴는 더 많은 학생과 촌민의 직접적인 충돌이었다. 지방관의 보고는 그 전후 전말을 설명하고 있다.

> 날씨가 가뭄이 들어 고양사(高陽社) 등지의 열여덟 마을 민중이 6월 28일 기우제를 올리려고 성에 들어와 학당 문전을 지나는데 이 학당 학생이 밖에 모여 구경하면서 어리석은 백성이 미신을 믿는다고 자기들끼리 쑥덕거렸습니다. 기우제 지내던 사람들이 듣고서 그 자리에서 논쟁이 일어났습니다. 이때 사람이 많고 기세가 등등해져 마침내 학당으로 몰려 들어가 문과 창 그리고 가구를 죄다 부수었습니다.[32]

비가 오길 비는 행위를 미신이라고 여긴 것은 사실 큰 잘못은 아니었지만, 대중이 여전히 기우제를 지내는 시대에 살 때는 도리의 시비와 사람의 숫자는 반비례하였다. 뒤따른 때려 부수기는 모두 이러한 대비가 야기하였다. 세상일에 관심을 두었던 『동방잡지』(東方雜誌)는 "중국에서 갑신년 이전에 학교에서 난동을 부리고 학교를 훼손하는 일은 학생에게서 일어났다. 갑신년 이후에 학교에서 난동을 부리고 학교를 훼손하는 일은 우민에게서 일어났다"[33)]고 하였다. 학생의 학교 훼손은 학생운동을 가리키고, '우민'의 학교 훼손은 훼학 폭동을 가리킨다. 중국 역사에서 이것은 유일한 상황이었다. 사와 농민 사이에 서로 친숙하던 관계는 "학교에서 난동 부리고 때려 부수는" 과정 중에 산산이 부서졌다. 지식인이 신해혁명 이전 10년 동안 일시적으로 독주한 적이 있었지만 농촌사회의 사람이 볼 때는 그들은 시종 딴 세상에서 와서 평민과 상식의 범위 내에 있지 않았다. 그러므로 루쉰의 붓끝에 나오는 미장(未庄)에서는 신해혁명 이후의 지식인은 아큐(阿Q) 안중에 있던 가짜 양키였던 것이다.

10년에 걸친 학당 육성은 농촌사회와 날로 멀어지는 지식인 집단을 배출하였다. 그러나 그들 중 대다수 역시 도시사회에 융화되기가 매우 어려웠다. 1917년에 리다자오(李大釗)는 「학생 문제」(學生問題)에서 학생을 "사회가 나날이 배양하여" "저절로 양성된 계급"이라고 여겼지만, 뒤에 가서는 한편으로 화도 내고 한편으로 슬퍼하면서 말하였다.

양성된 사람 하나하나 이 계급에 진입하고 이 신분을 얻자마자 이 계급 신분 때문에 사회는 오히려 물과 기름처럼 겉돌았고 배운 것이 무슨 과가 되었든 사회에서 모두 수용하지도 응용하지도 못하였다.

"다른 곳의 학생은 내가 잘 모르지만 베이징과 텐진의 학생이 졸업을 하고도 취직을 못한 자가 만 명이 넘었다." 학당 육성 조칙을 내렸을 때 학당에서 육성한 지식인이 남아돌 거라고 생각한 사람은 거의 없었다. 옛날 선비는 과거 낙방 이후 집으로 돌아갈 수 있었지만 본래 도시에 속해야 할 이 세대의 지식인은 이미 농촌으로 돌아갈 길이 없었다. 이에 따라 장기간 곤경에 처하게 되었다.

학생은 또한 스스로 살아남는 방법을 모색하지 않을 수 없었으며, 부모를 모시고 처자식을 먹여 살릴 일을 하지 않으면 안 되었다. 이에 그가 배운 것이 기술이 되었건, 농사가 되었건, 상업이 되었건, 이학이 되었건, 문학이 되었건, 법정이 되었건, 모두 불문하고 만사가 다 정치 한길로 향하였듯이, 남을 쳐다보며 무료한 생활을 하였다.[34]

이런 말은 깊은 곤혹과 좌절을 표현하였다. 그 당시 지식인이 손뼉을 쳐가며 국운과 세운을 담론할 때 자기의 앞길에 기댈 곳이 없으리라고 생각이 미치는 사람은 거의 없었다. 사회가 지식인을 육성하였지만 사회는 또한 육성해온 사람을 받아들일 충분한 공간이 없었는데, 이것은 근대화 진행 과정 중의 엇박자였다. 이에 처량함과 좌절감 모두 사(士)의 시대가 지나간 이후에 의지할 곳이 없어진 지식인이 20세기 중국에서 주변화할 것임을 미리 보여주었다.

3

"주장(珠江)의 행역이 고달프다 말하지 마세, 박랑사(博浪沙)에서 쓰였던 철퇴 만들지 못할까 걱정일세."[35] 만청의 최후 10년 동안 지식인은 글로써 큰 풍파를 만들며 급격한 사회 변천을 불러왔다. 그러나 후대 사람이 역사를 읽으면서 쉽사리 잊지 못하는 점은 늘 출현하는 각 시대 지식인의 죽음을 가볍게 보는 과격함이었다.

19세기 말기의 백일유신은 실패로 끝났다. 그러나 실패한 후 의젓하게 목이 잘린 탄쓰퉁(譚嗣同)은 오히려 후세에 쉽사리 목숨을 버리는 정신을 고취하는 본이 되었다. 당시 사람은 환란이 처음 시작된 날에 "어떤 서양인이 그를 존경하여 함께 모국(某國)의 대사관으로 도망가 화를 피하기를 청하였다. 탄쓰퉁이 거절하며 말하길, '가는 자가 없으면 누가 장래를 도모하겠소? 죽는 자가 없으면 누가 사(士)의 기상을 고취하겠소? 예로부터 지금까지 지구 상 모든 나라가 백성을 위해 변법을 하면 반드시 먼저 피를 흘렸소. 우리나라는 2백 년 이래 백성을 위해 변법을 하면서 피를 흘리는 자가 없었으니 피를 흘리는 것은 탄쓰퉁부터 시작하겠소'"[36]라고 하였다.

그는 자원해서 죽음을 선택하여 사방으로 튀는 피로 천하를 향해 지식인의 강인함과 장렬함을 보여주었다. 무오년이 지나간 후에 시국의 변화는 그에 대한 감사를 대신하였다. 이어서 일어난 혁명이 한창 열렬하게 사방으로 퍼져나갈 즈음 유신 인물이 20세기에 남긴 영향은 량치차오의 도도한 의론과 탄쓰퉁의 인격적 호소력뿐이었다. 뒤에 일어난 혁명집단은 량치차오와 문자로 예봉을 다투었으나 탄쓰퉁의 호소력은 유신과 혁명을 뚫고 지나와 오랫동안 우국지사의 심저에 공명을 불러일으켰다.

 19세기와 20세기 사이의 이러한 호소력과 공명 모두 생사의 경계를 허물면서 시작되었다……

 탄쓰퉁이 이런 말을 하였다. "지사와 인자는 진섭(陳涉)과 양현감(楊玄感)이 되기를 추구하여 성인의 배척을 받을진대 죽어도 후회가 없다. 만약 그럴 기회가 없다면 차라리 자객이 되어 백성의 기운을 북돋우고 용감한 기풍을 창도함만 못하니 이것 역시 난국을 바로잡는 도구이다!" 또 말하였다. "군주의 권력에 묶여 있는 세상에 이렇게 하지 않으면 스스로 떨치고 빠져나올 방도가 더욱 없으며, 백성은 이에 더욱 몽매해지고 나아지지 못한다." 지당한 말이도다!

그는 "자객이 되는 것"에서 시작하여 "이제 백성의 기운을 북돋우면 이렇게 암살주의를 실행함만 못함"[37]을 굳게 믿었으니, 그가 죽음을 가볍게 여기는 뜻은 매우 명백하였다. 이에 베이징의 첸먼(前門) 정거장에서 다섯 대신을 척살하는 한바탕 폭발 테러를 감행하였고, 암살을 실행한 우웨(吳樾)는 "내장이 갈라지고 수족이 모두 잘리면서" 즉사하였다. 탄쓰퉁의 죽음 불사에서부터 우웨의 죽음 불사까지 모두 그 시대 지식인의 심저에 사납게 일렁이는 파란을 반영하였다. 이러한 파란은 본인의 신념에서 나왔고 급박한 정세가 부채질하였지만 연이어 좌절을 겪은 후에 더욱 비등해졌다. 이에 따라 우웨와 유사한 의거로는 이 밖에 쉬시린(徐錫麟)의 언밍(恩銘) 척살, 펑자전(彭家珍)의 량비(良弼) 척살, 스젠루(史堅如)의 더소우(德壽) 저격 미수, 류쓰푸(劉思復)의 리준(李准) 저격 미수, 슝청지

(熊成基)의 자이타오(載濤) 저격 미수 등이 있었다. 이 사건들은 모두 한때 세상을 진동시켰으며, 서생이 칼을 잡고 죽음을 가볍게 보는 과격성을 목도하게 하였다.

전통 사(士)가 근대 지식인으로 전환되는 과정 중에 지식인은 성현의식에서 갈수록 멀어졌고 호걸의식에 갈수록 가까워졌다. 지식인의 근대화는 이리하여 지식인의 지사화(志士化)와 항상 중첩된다. 이로 말미암아 만청 최후 10년 사이에 한편으로는 학리와 학설이 활기차게 전파되고, 한편으로 지식인이 협기로써 개인 의지를 점화하여 끊임없이 뜨거운 화염을 불태우면서 갑자기 비등하였다가 또 갑자기 꺼져버렸다. 의지가 불타오르는 뜨거운 화염 앞에 적과 자신 모두 매우 쉽게 소진해버린 것이다. 『혁명일사』(革命逸史)에 이런 기사가 적혀 있다.

> 호부시랑 톄량(鐵良)이 남하하여 백성의 재물을 긁어모으기를 성화보다 더 급하게 굴어서 동서(남?) 각 성의 원기가 크게 훼손되고 원성이 길에 자자하였다. 후베이 성 출신 왕한(王漢)이 덕순부(德順府)에서 그를 저격하려고 모의하였으나 경계가 삼엄하여 끝내 손을 쓸 수 없었다. 이에 분해서 유서 한 통을 써놓고 아울러 휴대한 권총을 여관에 두고서 우물에 뛰어들어 자살하였다.

그가 불붙인 열화가 적을 태워버리지 못하자 그가 열화 속으로 들어가 자신을 태워버렸다. 왕한은 주경야독의 집안에 태어나 부형이 "모두 유명한 사(士)여서 어려서 가정에서 훈도를 받아 18세에 오경의 대의를 통달하였다"고 할 정도로 본래 명문 집안의 모범생이었다. 그러나 20세기 초기 지식인의 변화 속으로 녹아들어가 풍기에 선동되어 오히려 일개 총잡이가 되었고, 이로 인해 불귀의 객이 되고 말았다. 그 사이의 변화는 마치 환골탈태와 같은 면이 있다.[38] 지사집단 속에서 자생자멸하는 일원으로서의 왕한은 당시와 훗날 모두 그렇게 유명한 사람은 아니었다. 바로 이 때문에 그가 걸었던 길은 특별한 현상으로 공동적 현상을 비춰 보기에 충분하며, 그 시대 지사의 풍모에 대한 초상화가 되어준다. 의지를 불태운 열화가 숭고함과 비장함을 완성시켰고, 또한 극단과 고집을 완성시켰다. 천톈화가 『세상에 경종을 울리다』(警世鐘)를 짓고 일본의 바다에 몸을 던졌다. 그의 글은 많은 동포를 환기하였으나 그의 울분은 만리창파에 던져졌다. 지식인 중의 뛰어난 인재가 하나하나씩 줄지어 만주족을 습격하느라 죽고, 세상을 깨우느라 죽고, 신념을 위해 죽고, 분노 때문에 죽으면서 그들의 피가 이상주의를 관철하였으며, 또한 죽음을 경시하는 과격함을 관철하였다. 마침내 그 시대의 이상주의는 죽음 경시의 급진성으로 인해 고양되었고, 죽음을 경시하는 급진성은 이상주의로 인하여 격양되었다. 왕지신(汪季新)은 당시 「혁명의 결심」(革命之決心)을 써서 '정'(貞)과 '열'(烈)을 설명하였다.

죽음을 두려워하지 않는 용기는 덕의 뜨거움이고, 번거로움을 기피하지 않는 용기는 덕의 곧음이다. 양자의 쓰임새는 각자 장점이 있다. 쌀을 끓여 밥을 짓는 것에 비유하면, 쌀을 솥에다 담고 땔나무로 열을 가한다. 땔나무가 막 타기 시작하면 그 빛이 거세지만 눈 깜빡할 사이에 타서 금방 재가 되어버린다. 그러나 체질은 비록 재이지만 뜨거운 기운은 올라가서 밥이 되게 한다. 솥의 쓰임새는 물이 스며들지 못하게 하고 불에도 녹지 않게 하며 물과 불이 교대로 끓고 태워도 조금도 그 본질은 변하지 않고 밥을 다 짓도록 하므로 그 타들어 가는 고초는 심하지만 밥을 짓게 된다.

"아! 혁명당원들은 몸을 땔감으로 삼았는가, 아니면 몸을 솥으로 삼았는가? 역시 각자 자기 성격대로 각자 자기 능력을 다하였을 뿐이다."[39] 그가 『민보』(民報)를 운영하는 과정에서 다년간 '솥'이 된 적이 있었고, 이 글을 다 쓴 후에는 바다를 건너 북상하여 섭정왕을 척살하러 갔다. 확실히 그는 '곧음'과 '뜨거움'을 설명하는 사이에 이미 '땔나무'가 되기로 선택하였다. 이상주의와 죽음 경시의 급진성이 상호 감응하여 이상주의와 죽음 경시의 급진성이 더욱 많은 사람을 물들였다. 이에 "폭력주의가 오늘날 판을 치고, 백만 명의 머리가 터럭 하나와 같구나. 해로 씻고 달로 씻어 옥이 빛나건만, 목숨을 가볍게 여기니 칠척장신인들 어찌 우람하다고 하리오?"⁴⁰⁾ 는 의기의 발설일 뿐만 아니라 상식과 일상 이야기가 되어 있었다. 장기간의 감응과 감염으로 한림 출신의 차이위안페이와 문장이 많은 인재 중에서도 으뜸인 장스자오, 후일 덕선생(德先生)과 새선생(賽先生)의 선구가 되었던 천두슈 모두 한때 밀실에서 열심히 공부해 "폭탄 제조술을 배워 암살을 도모하였던" 열정의 소유자들이었다.

몸은 전통적 사(士)가 되고 근대 지식인으로 전환하는 과정에서 신지식과 구지식은 항상 서로 감염되었다. 20세기 최초 10년 동안의 모범형 지식인은 이로 인하여 스스로 독특한 풍격을 이루는 일면을 구비하였다. 그들은 혁명의 부름에 따라 한편으로는 지사화되고 한편으로는 근대화되어 손과 눈이 닿는 곳마다 언제나 힘써 전통을 깨뜨렸다. 그러나 혈맥 안에서는 그들 시대 사람들과 2천 년 역사로 축적된 사(士) 정신은 여전히 서로 통하고 있었다. 『혁명군』(革命軍)을 지은 쩌우룽(鄒容)이 일본에서 상하이로 와서 신세대 인물이 모이는 애국학사(愛國學社)에 갔으나, "성격이 거침없고 남에게 욕을 잘하여 클럽 회원들에게 말하길, '너희들 상하이에 산답시고 더러운 곳에서 음란한 짓거리 하다가 영어 몇 년 배웠다고 앞으로 양놈들 노예나 될 주제에 외국의 학문에 대해 어떻게 알겠느냐?'"⁴¹⁾ 하고 제멋대로 말하면서 "외국의 학문"을 잣대로 삼아 "더러운 곳에서 음란한 짓거리 하는" 인물에 대해 신구를 가리지 않고 모두 마음껏 침을 뱉었으니, 이는 상업사회의 사(士) 본색에 대한 일종의 멸시를 드러낸 것이었다. 훗날 장타이옌이 쑨원에게 편지를 보냈다. "동맹회와 광복회 초창기에 입회자 반은 상류층이라 처음부터 경쟁이 없어 연령표를 배포할 계획이 없었는데 점점 실수가 생겼습니다. 대체로 교양을 익힌 자들이 드물어 호칭을 가지고 시빗거리로 삼은 것은 두 단체의 공통된 허물입니다."⁴²⁾ 그는 '교양'을 잣대로 삼아 혁명집단 안에서 인물 등급을 노골적으로 나눴는데, 행간에 노출된 것은 바로 사대부 특유의 정신적 귀족티였다. 신해 연간에 자살한 양두성은 문장도 잘 쓰고 폭탄도 잘 만든 혁명인물 중의 총아였다. 그러나 "일찍부터 사장(詞章) 구학문에 빠져" 다년간 유학을 마친 후에

"샌님 본색이 여전히 남아 있었다." 이 때문에 그가 『신호남』(新湖南)에서 역사를 언급하면서 "홍수전(洪秀全)·양수청(楊秀淸)이 천주교의 찌꺼기를 훔쳤다"고 직언하고, 동정할 점이 반만주족 운동의 첫 물꼬를 튼 태평천국 이쪽에 있지 않고 "월비(粤匪)를 토벌한" 증국번(曾國藩) 이쪽에 있다고 하였다.[43] 이로써 드러난 포폄과 비평은 여전히 전통이라는 이 혈맥에서 나왔다. 이들에게 지식과 관념의 근대화는 결코 역사가 그들에게 남겨준 문화 콤플렉스를 해소해주지 못하였다.

청말의 혁명은 한때 상공인사회와 비밀사회까지 휘몰아쳤다. 그러나 목숨 경시의 급진성만이 천하를 위해 대의를 펼 수 있다면 자격자 대부분은 바로 역사의 응어리와 문화 콤플렉스를 짊어진 지식인이었다. 장타이옌이 『구서』(訄書)를 지어 "유가 협객"의 명목을 열거하며 말하였다.

> 천하에 급한 일이 있으면 협사에게 맡기지 않을 수 없다. 후영(侯嬴)이 조(趙)나라를 온전하게 한 것이나 북곽자(北郭子)가 안영의 결백을 밝힌 것은 하루아침에 자결하여 그 덕을 조야에 끼쳤다. 또한 유학자의 의는 '살신성인'보다 더한 것이 있는가? 유학자의 쓰임은 "나라의 큰 해로움을 없애고 나라의 큰 환란을 막는" 일보다 더한 것이 있는가? 뜻을 얻은 사람으로는 하후(夏候)가 있고, 뜻을 얻지 못한 사람으로는 비간(比干)·관용봉(關龍逢)이 있다. 유학자들이 그들을 칭송함은 의협심이 강한 영웅이기 때문이다.[44]

"유학자들이 그들을 칭송함은 의협심이 강한 영웅이기 때문이다"는 선비 기상과 협기가 이심전심으로 상통하는 것을 매우 명백하게 지적하였다. 사마천(司馬遷)이 「유협열전」(遊俠列傳)을 지은 이래로 그가 서술한 "남을 곤경에서 구하고 넉넉지 못한 사람을 구제함은 인자에게만 있는 일인가? 신의를 잃지 않고 뱉은 말을 저버리지 않음은 의로운 자가 취할 바이다"[45]는 중국 문화사 중에 누적되어 있어 항상 사(士)들이 끌어다가 거기에다 동경의 마음이나 강개한 심정을 표현하곤 하였고, 연나라와 조나라 지역의 개백정이 이로 인하여 그들의 붓 아래 사모의 대상이 되었다.

선비는 의를 말하고 협객은 의를 행한다. 이 때문에 의와 이의 논쟁으로 등급을 구분하였던 시대에서 사가 상인을 천시함은 정상이었으나 상인을 천시하는 사는 마음속에서 모두 협객을 존경하였다. 2천 년 넘는 역사는 하나의 서술과 재서술의 과정으로, 이로써 보존되는 것은 틀림없이 일종의 정신적인 이심전심이었다. 20세기를 맞은 후에 지식인은 변화 가운데서 분화하는 중이었다. 그 사이에서 역사의 응어리와 문화 콤플렉스를 가장 많이 짊어진 사람은 항상 대의를 말하기를 가장 좋아하는 사람이 되었다. 그들은 이미 신지식인으로 전환되기 시작하였지만 정신적으로는 또한 최후 세대의 사였다. 이에 따라 요동치는 혁명의 갖은 난관 속에서 의를 말하다가 의를 행하는 그들은 다른 사람보다 훨씬 열성적으로 협객의 혼을 불러들이며, 또한 다른 사람보다 더 쉽게 의협심에 이끌려 죽음을 경시하는 급진성을 향해 달려갔다.

1908년에 탕쩡비(湯增璧)가 『숭협편』(崇俠篇)을 짓고 말하였다. "옛날 우웨의 폭탄 한 발 쉬시린의 일격에 비바람이 눈물을 흘렸고 귀신이 통곡을 하였으니, 조상님의 신령이 이에 의지할 곳이 생겼다. 털옷을 입은 이 민족이 깜짝 놀라 그들의 주장을 포기했으니 핑샹(萍鄕)의 의거보다 훨씬 나았다."[46] 그가 우웨와 쉬시린을 칭송하고 예찬하면서 가장 진력한 부분은 바로 협풍과 협기에 있었다. 확실히 그의 붓 아래 혁명인물의 마음의 소리가 있었고, 또한 역사와 문화의 메아리가 있었다. 마음의 소리와 메아리는 20세기 최초 10년 동안에 요동쳤고 지식인의 호걸의식과 지식인의 죽음을 경시하는 급진성은 훗날 탄생한 민국을 돕는 자산이 되었다. 이로 말미암아 남겨진 여러 가지 비가와 비분강개한 감정은 문자로 기술되어 늘 읽히고 늘 새롭게 되었지만, 전통 사가 근대 지식인으로 전화되는 과정에서 죽음을 경시하는 과격성은 어쨌든 충분히 승화할 만한 것은 아니었다. 뒤를 이은 세대에는 그것들이 용납되지 않았다. 그러므로 뒤를 이은 세대에게 그들은 역사의 시야 속에 사라져버린 세대가 되었다. 〔장창호 옮김〕

• 『史林』, 2002, 增刊本.

주註

1) 『飮氷室合集』, 第1册, 文集之十一, 中華書局, 1989.
2) 「倡學生軍說」, 『蘇報』, 1903年 6月 24日.
3) 『光緖朝東華錄』, 第4册, 총 p. 4733, 中華書局, 1958.
4) 「奏定日本校事項章程折」, 『辛亥革命時期期刊介紹』, 第1集, 人民出版社, 1982, p. 121에서 轉引.
5) 『淸末籌備立憲檔案史料』, 下册, 中華書局, 1979, p. 973.
6) 『郭沫若選集』1, 卷上, 四川文藝出版社, 1994, pp. 155, 157.
7) 『淸末籌備立憲檔案史料』 下册, p. 964.
8) 『辛亥革命回憶錄』 4, 人民出版社, 1962, p. 68.
9) 『辛亥革命時期期刊介紹』, 第1集, p. 146 참조.
10) 『現代中國文學史』, 岳麓書社, 1986, p. 383.
11) 『辛亥革命前十年間時論選集』, 第2卷 下册, 三聯書店, 1963, p. 715.
12) 『西潮』, 金楓出版社, 1990, p. 68.
13) 梁啓超, 「鄙人對言論界之過去及將來」, 『大衆報』, 1912年 10月 24日. 『辛亥革命時期期刊介紹』, 第1集, 「說明」.
14) 『辛亥革命前十年間時論選集』, 第1卷 下册, p. 803.
15) 『辛亥革命時期期刊介紹』, 第1卷 上册, pp. 220~21.
16) 『四十自述』, 第4章. 「悼梁卓茹先生」, 「追憶梁啓超」, pp. 211, 115, 中央廣播電視出版社, 1997.
17) 『辛亥革命回憶錄』, 第1集, p. 253.
18) 『章太炎政論選集』, 上册, 中華書局, 1977, p. 204.
19) 『戴季陶集』, 華中師範大學出版社, 1990, p. 389.
20) 『辛亥革命前十年間論選集』, 第2卷 上册, p. 500.
21) 위의 책, 第1卷 上册, p. 113.
22) 『淸末籌備立憲檔案史料』, 下册, pp. 978, 995, 997.
23) 『辛亥革命前十年間時論選集』, 第2卷 下册, p. 969.
24) 위의 책, 第1卷 下册, p. 629; 第2卷 上册, p. 969.
25) 『中國近代學制史料』, 第2輯 上册, 華東師範大學出版社, 1987, p. 520.
26) 『辛亥革命前十年間時論選集』, 第1卷 上册, p. 386.

27) 『辛亥革命回憶錄』 2, p. 138; 『宋敎仁集』, 上冊, 中華書局, 1981, p. 1; 『民國人物碑傳集』, 團結出版社, 1995, p. 784; 『民國名人傳』, 岳麓書社, 1992, p. 471.
28) 『中國近代學制史料』, 第2輯 上冊, pp. 646, 670, 747.
29) 『辛亥革命回憶錄』, 第6集, p. 499.
30) 『王國維文集』, 第3卷, 中國文史出版社, 1997, p. 91.
31) 『中國近代學制史料』, 第2輯 上冊, p. 305.
32) 『辛亥革命前十年間民變檔案史料』, 上冊, 中華書局, 1985, p. 64.
33) 「毀學果竟成風氣耶」, 『東方雜誌』, 1910, 第11期, 時評, p. 78.
34) 『李大釗文集』上, 人民出版社, 1984, pp. 426~27.
35) 『黃興集』, 中華書局, 1981, p. 62.
36) 『淸國殉難六烈士傳』, 『戊戌變法人物傳稿』 上編, 中華書局, 1982, p. 98에서 轉引.
37) 『辛亥革命前十年間時論選集』, 第2卷 下冊, pp. 718~19.
38) 『革命逸史』, 第3集, 中華書局, 1981, pp. 197, 192.
39) 中國近代史資料叢刊 『辛亥革命』 2, 上海人民出版社, 1956, p. 445.
40) 『秋瑾集』, 上海古籍出版社, 1979, p. 82.
41) 章太炎, 「鄒容傳」, 『章太炎年譜長編』, 上冊, 中華書局, 1979, p. 163.
42) 위의 책, p. 383.
43) 『辛亥革命回憶錄』, 第1集, p. 256; 『辛亥革命前十年間時論選集』, 第1卷 下冊, p. 619.
44) 『章太炎全集』(三), 上海人民出版社, 1984, p. 11.
45) 『史記』 「太史公自序」.
46) 『辛亥革命前十年間時論選集』, 第3卷, p. 86.

제11장 청말 지사의 유협적 심리 상태

● 천핑위안陳平原

　1906년 12월 장타이옌은 『민보』(民報) 일주년 기념회 석상에서 연설을 발표하면서 이전과 현재 혁명의 차이를 구분하였다. "이전의 혁명은 속칭 강도들의 결의였고, 현재의 혁명은 속칭 수재들의 반란이다." 수재들의 반란에서 최대의 특징이라면 창과 몽둥이를 휘두르는 동시에 붓과 먹을 놀리는 것을 잊지 않고 정치 주장을 선전함과 동시에 호쾌한 뜻을 전달하는 것이다. 이는 후대에게 '반란자'의 심리를 연구할 수 있도록 진귀한 사료를 남겼다고 하겠다. 우리는 진승(陳勝), 황소(黃巢) 혹은 이자성(李自成)이 깃발을 세우고 일어날 때의 진실한 심리 상태(몇 가지 전설과 시문 및 공지문이 있지만 대부분 군사 행동을 다루었고 역사 인물의 심리 활동은 아니다)는 거의 모르지만, 만청의 지사(志士)는 이와 관련된 많은 문헌을 제공하였다. 후자의 혁명이 성공하여 관련된 사료가 잘 보존될 수 있었던 것 외에도, 후자는 본래 붓과 먹을 잘 놀리는 수재였기에 의식적이든 무의식적이든 반란과 동시에 혁명에 관한 신화를 창조하였다. '역사'와 '신화'를 대조하여 읽는 것이 그 시대 사람의 특수한 심리를 파악하는 데 유리하다. 당연히 이렇게 하면 관련된 사료는 일반적인 정치사와 문학사라는 두 개의 다른 영역을 초월하게 된다. 그 연구 방향은 프랑스 아날학파(Annales School)가 제창한 심리사학과 상상사학(想像史學)에 가깝다.

당시의 명망가 대부분은 만청(晩淸) 지식계의 급진주의 사조에 주목하였는데, 이 사조는 차후 백 년 가까이 중국 정치의 운영에 심대한 영향을 미쳤다. 만청 시대의 지사가 중국 고대의 유협(遊俠)에게 동질감을 느꼈던 이러한 특수 심리에 대한 본문의 해석은 아마 세인의 급진주의 사조에 대한 이해에 도움이 될 것이다.

1. 유협의 '비준법정신'(逍遙法外)

청말은 중국 역사상 드물었던 대변동의 시대로, 비바람이 몰아치고 사방이 온통 암흑에 빠진 듯 국운이 흔들리는 난국을 맞이하자 나라를 구하기 위해 수많은 인인지사(仁人志士)가 일어났다. 이들은 각기 다른 정치집단에 속하여 피차간에 이를 갈 만한 치열한 논전과 분쟁이 일어났다. 정치학의 시각에서 혁명과 개량 양대 파벌의 공과 득실을 살펴보는 것이 필요하겠지만 나는 이러한 논전의 경향을 책략(급진과 보수)의 다툼으로 본다. 정치를 개량하고 중국 사회를 개혁하여 중국 역사의 근대화 노선을 추진한다는 이러한 근본적인 관점에서 두 파의 원칙은 대체로 일치하였다. 더군다나 몸을 나라에 바치는 포부에 이르러서는 정치 득실의 책략으로 인해 그 빛이 마멸될 수는 없었다. 홍미로운 것은 책임정신과 비극의식이 충만하였던 이 시대의 지사들 가운데 남을 유협으로 인정하거나 혹은 시문으로 자칭한 이가 꽤 많았으며 그 생존 방식과 행위 준칙도 옛날 협객의 유풍이 있었다는 사실이다.

"남사 4검"(검공劍公 고욱高旭, 둔검鈍劍 전부傳專, 검화劍華 유악兪鍔, 검사劍士 반비성潘飛聲), 검상(劍霜)·검령(劍靈)·검후(劍侯) 혹은 공협(公俠)·맹협(孟俠)·심협(心俠)·감호여협(鑒湖女俠)류의 별호는 그래도 문인이 큰소리치기를 좋아하는 습관으로 이해할 수 있다. 그러나 만청의 신문·잡지와 서적 중에는 검이니 협이니 자칭하거나 검이니 협이니 이야기하는 많은 문인들이 앉아서 검을 논하였을 뿐만 아니라 또한 일어나서 협행을 실천하여 사람들로 하여금 괄목상대하게 만들었다. "검을 뽑아 소리 높여 노래 부르려니 의협심이 꿈틀거려 참고 주저앉았다."[1] 탄쓰퉁의 감개는 괄목상대하지 않을 수 없으며, 그 시대 사람 특유의 공통된 심리를 전달해준다. 난세에 영웅이 사방에서 일어난다고 해서 당시 사람 모두 반드시 의협심을 과시해야만 하는 것은 아니다. 영웅과 유협은 모두 탁월한 인물이지만 생활하고 뜻을 세우는 곳이 다르고 천하를 깨끗이 만드는 방법 또한 차이가 있다. 만청은 영웅이 배출되던 시대로, 당사자는 오히려 호협(豪俠)으로 표방하길 좋아하였다.

량치차오(梁啓超)는 탄쓰퉁을 칭하여 "의협심을 발휘하길 좋아하고 검술에 능하다"[2]고 하였고, 궈취빙(郭去病)은 추진(秋瑾)을 칭하여 "『검협전』(劍俠傳)을 좋아하고 기마술을 익혔으며 술을 잘 마시고 주가(朱家)와 곽해(郭解)의 사람 됨됨이를 흠모하였다"[3]고 하였다. 시문 안에서 열사가 모모 협이라고 칭한 예는 도처에 널려 있다. '의협심의 발휘'는 계층과 출신을 가리지 않고 문인학사이든 강호호객이든 단지 혁명에 투신만 한다면 전기 작가는 모두 그들의 호협한 성정을 강조하는 것을 선호하였다. 1910년, 광복회 수령 타오청장(陶成章)이 『절안기략』(浙案紀略)을 짓고 열전 부분에서 열사들의 협기를 부각하였다. 예를 들어 천바이핑(陳伯平)은 "오로지 검으로 습격하는 일만 익히면서", "남에게 늘 '혁명 사업은 여러 가지이나 한 사람이 맡을 수 있는 일은 오로지 자객이 되는 길뿐이다'"라 하였고, 마쭝한(馬宗漢)은 "출행하는 인사에게 송별연을 마련하고 평소 의협심이 강해 빈민 모두가 의지하며 존경하였고", 쉬순다(徐順達)는 "주먹을 잘 쓰고 신의를 지키는 사람으로 향리에서 평판이 좋았으며", 위멍팅(余孟庭)은 "격투기를 좋아하고 큰 뜻을 품어 농상에 종사하지 않으려 하였으며", 류뤄쉰(劉弱勛)은 "비록 일솜씨는 엉망이라고 말하지만 약속을 중히 여기고 생사를 도외시하는 기개가 충만한 인물이었으며", 쉬샹푸(徐象輔)는 "목숨을 던져 우정을 지키며 지기를 위해 죽는 것은 바로 그 옛날 섭정(聶政)·예양(豫讓)의 아류였다"[4]라고 하였다.

동맹회의 베테랑 회원 펑쯔유(馮自由)가 1930~40년대에 쓴 『혁명일사』(革命逸史)도 혁명지사의 의협심을 선전하였다. 예를 들어 양취윈(楊

衢雲)은 "사람이 후덕하고 화기애애한 데다가 의협을 행하기를 좋아하였으며 더욱이 민족사상이 강하였고", 친리산(秦力山)은 "타고난 성격이 호협하여 회당(會黨) 성원과 어울리기를 좋아하였고", 리지탕(李紀堂)은 "성품이 호협하며 비밀회당(秘密會黨) 성원과 어울리기를 좋아하였고", 양줘린(楊卓霖)은 "어려서부터 협행으로 마을에 소문이 났으며, 읍내의 비밀회당 성원들도 그와 기꺼이 어울리려는 자가 많았고", 쉬쉐추(許雪秋)는 "성격이 강개하고 의협심이 강해 손님을 좋아하였으며 양반과 강호 협객 모두 그와 함께 어울리길 좋아하여 작은 맹상군이란 별명이 있었고", 왕허순(王和順)은 "어려서부터 남다른 기미가 보여 의협심이 강한 것으로 소문이 났고", 왕한(王漢)은 "망국이 얼마 남지 않았음을 알고 비분강개하여 병서를 탐구하고 검술을 논하면서 당대의 준걸들을 끌어모았으며", 장바이샹(張百祥)은 "어려서부터 큰 뜻을 품고 스스로 비범하다고 자부하였다. 협의를 좋아하여 어려움을 물리쳐주고 다툼을 해결해주면서 은근히 주가와 곽해로 자처하였다" 등등이었다.[5] 간단히 사가(예를 들어 타오청장, 펑쯔유)의 개념이 빈곤한 것에 전부 원인을 돌릴 수야 없겠지만 "의협심이 강하였다" 이 한마디가 아무렇게나 선사하는 상투어가 되어버렸다. 왜냐하면 많은 후대인이 대영웅으로 여기는 자들도 모두 검을 휘두르며 협행을 논하였기 때문이다.

신해혁명 이후 육군총장을 역임한 황싱(黃興)을 예로 들면, 시문 가운데 이런 유형의 유협 어투가 적지 않다. "영웅에게 운이 따르지 않았으니 유랑(劉郎)을 위해 우노라, 중원은 참담한데 협골(俠骨)의 향기 퍼지도다"(「挽劉道一烈士」), "계책이 궁해지자 형가(荊軻)의 고초 또한 보이고, 검을 놓으니 오늘 계찰(季札)의 현명함을 알았네"(「爲宮崎寅藏書條幅」), "주장(珠江)의 행역이 고달프다 말하지 마세, 박랑사(博浪沙)에서 쓰였던 철퇴 만들어내지 못할까 걱정일세"(「蝶戀花 · 贈俠少年」), "오 · 초의 영웅호걸 창이 해를 가리켰고, 강호 협기에 검광이 무지개처럼 찬란하다"(「和譚人風」). 가장 전형적인 것은 황싱이 쑨원에게 "지금의 협객"이라고 칭찬을 받은 미야자키 도라조(宮崎寅藏)[6]를 위해 지은 7율시 한 수이다.

홀로 창망하여 절로 시를 읊으니 강호의 협기를 누가 알아주리오?
천금으로 객을 맞는 건 평범한 일로 이제야 웃으면서 그댈 만나네.
파도에 문장이 세상을 뒤흔드니 과연 의기 충만한 남아로다.
관산에 온통 석양이 저무는데 말 타고 가을바람에 어디로 갈 것인가?
獨自蒼茫自詠詩, 江湖俠氣有誰知?
千金結客渾閑事, 一笑逢君在此時.
浪把文章震流俗, 果然意氣是男兒.
關山萬目斜陽暮, 匹馬秋風何所之?

이 시가 만약 고욱과 류야쯔(柳亞子) 손에서 나왔다면 하나도 신기하지 않다. 그러나 직업혁명가 황싱이 읊었다면 또 다른 의미가 느껴진다. 왜냐하면 송·원 이래로 문인이 서재에 물러나 유협 시문을 짓는 것은 보기 드문 일이기 때문이다. 만청의 지사는 칼을 뽑아 소리 높여 노래를 불렀을 뿐만 아니라 또한 정말 칼을 휘두르며 출전해서 일순간에 "강호 협기에 검광이 무지개처럼 찬란해지는" 불후의 공적을 세웠다. 이 시대 "최후의 유협"을 맞이하여 후대인은 그들의 정치 신앙과 투쟁 책략을 비평할 수야 있겠지만, 그들의 고양된 생명 형태에 대해서는 아마도 감상할 뿐이지 심판할 권리는 없을 것이다.

그러나 무엇이 '유협'인지 역대로 여러 설이 분분하다. 공(公)을 앞세우고 의(義)를 좋아하며 남의 어려움을 돕는 것이 협이고, 강자를 억누르고 약자의 편을 들고 남을 대신해 원수를 갚아주는 것이 협이고, 자유분방하여 어디에도 얽매이지 않으나 남에게 기꺼이 베풀기를 좋아하는 것이 협이고, 술에 취해 살인을 하거나 도적질하는 것도 협이다. 협이라는 명칭은 다양하고 또 복잡하다고 할 수 있다. 표면적으로 만청의 지사가 칭송하는 협객은 대부분 『사기』(史記)의 「유협열전」(遊俠列傳)과 「자객열전」(刺客列傳)에 나오는 인물에 국한되어 사마천의 유협에 대한 해석에 동의하는 것 같다. 그러나 실제로 '협'의 관념은 결코 특정한 사회계층이 아니며, '협풍'(俠風), '협기'(俠氣), '협골'(俠骨), '협정'(俠情)의 해석은 변화무쌍하여 일정하지 않으며, '협'의 관념은 때때로 시간과 장소와 사람에 따라 달라진다.[7] 말하자면 오랫동안 전해지는 협은 역사상 객관적으로 존재하는 두세 마디 말로 설명할 수 있는 실체가 아니며, 일종의 역사의 기록과 문학적 상상의 융합이자 사회 규정과 심리적 필요의 융합이고 당대의 시야와 문장 분류의 특징과의 융합이다.[8] 그러므로 유협 문학 혹은 유협 심리를 토론하려면 착안점은 반드시 이러한 '융합'의 추세와 과정이어야지 하나의 명확한 정의를 내리는 것에 둘 필요는 없다. 만청 지사의 특수한 심리를 탐구할 때의 쟁점은 '옛날 유협'의 진면목이 왜곡되었는지 여부에 있지 않고 이 시대 사람들이 어떻게 자기 특유의 기대하는 시각 속에서 새롭게 '유협'을 해석하는지와 이로 말미암아 구현되는 가치의 방향에 있다.

유협은 "필부라는 하찮은 존재가 살생의 권리를 훔쳤기 때문에" 통일 제국의 통치자에게 절대로 용인될 수 없었다. 한나라 사람 순열(荀悅)이 유협을 일컬어 "말세에 생겨났는데 주진(周秦) 시대 말기에 특히 심하였다. 위가 밝지 않으면 아래가 바르지 않고, 제도가 바로 서지 않으면 기강이 무너진다"(『漢紀』卷10)고 하였다. 근대인 량치차오가 논하기를, "중국의 무사도는 패권국 정치와 서로 시종일관 함께하여", 춘추 시대에 일어나서 전국 시대에 극도로 성행하였고, 한나라 초기에도 유습은 남았지만 쇠퇴하여 미미하였고, 천하가 통일되어 봉건의 흔적이 끊어져 "이후로는 또한 무협으로 세상에 알려지는 자가 다시 나타나지 않았다"[9]고 하였다.

양자의 가치관은 판이하지만 모두 통일 제국이 유협이 생존하는 데 치명적인 위협임을 강조하였다. 한대의 문제 · 경제 · 무제 삼조에서 음양으로 탄압하여 "천백 년 동안 키우기는 힘들었지만 수십 년 만에 없애기는 쉬웠던" 유협은 그들이 대표하는 상무정신조차도 이때부터 맥을 잃고 진작되지 못하였다. "다만 통일된 권력 집중 정부가 붕괴되고 농민이 봉기할 때는 그래도 유사한 인물이 출현하였다."[10] "제도가 바로 서지 않고 기강이 무너지면" 원래 있었던 계층 구분과 도덕규범이 사라지고 개인이 사회조직과 사회구조와 유리될 가능성이 커지면서 유협이 종횡무진 활약할 수 있었다. 위진 이래로 전란이 일어나 왕조가 뒤바뀌는 일이 허다하였고, 유협은 이로 인하여 크게 능력을 발휘할 수 있었다. 그러나 유협 풍조의 고양을 이야기하려면 여전히 만청 시기를 예로 들어야 한다.

류야쯔의 시에 "난세에 하늘의 가르침은 유협을 중히 여겼으니 기꺼이 산화하여 황량한 무덤에서 늙어가네"(「題錢劍秋〈秋燈劍影圖〉」)라 하였고, "보통 재주로 난세의 풍파에 휘말린"(『史記』「遊俠列傳」) 자들이 특별히 유협의 구원이 필요하였기 때문에 유협을 숭배하는 심리가 쉽게 전파된 것은 아니었다. 더 큰 이유는 난세라야만 협객의 칼갈이와 칼춤을 위해 필요한 무대가 제공되었기 때문이었다. 만청의 내우외환은 "제도가 바로 서지 않고 기강이 무너진 것"에서 비롯되며, 더욱 주의할 점은 만청의 지사가 "검에 의지해 멀리까지 협객행"을 할 수 있었던 것은 조정의 간섭이 미치지 못하였던 일본·홍콩 및 국내 조계(租界)의 존재에 힘입은 바 컸다는 것이다. '유협'은 더 이상 강호에 은신하여 조정의 체포를 피하지 않고 해외로 망명해서 계속 항쟁하였는데, 이러한 협객이 떠돌 수 있는 공간의 확대가 만청 시대 유협 풍기가 진작되는 데 중요한 작용을 하였다. 만약 만청의 가장 급진적인 언론과 행위가 해외(더욱이 일본) 유학생과 망명자로부터 나왔고 쑨중산 등의 인물도 해외와 홍콩을 혁명을 수입하는 기지로 삼았던 점을 고려한다면, 이 시대 지식인의 반란 심리의 특수성을 어렵지 않게 이해할 수 있다. 장대를 높이 들고 일어나서 도둑이 되지 않더라도 국경의 관문을 밟기만 하면 마음껏 언론의 자유를 누리며 조정의 권위를 안중에 두지 않아도 되었다. 이것은 이전의 사대부에게는 거의 상상할 수 없는 일이었다. 쑨중산이 회상하기를, "혁명의 고취에 힘을 기울였던" 초창기에는 "늘 홍콩과 마카오 사이를 오가며 마음껏 주장을 펼치면서 거리낄 데가 없었다"[11]고 하였다. 차후에 런던에서 어려움을 당하고 일본에서 추방당하는 등 고초가 있었지만 국내에 들어가지만 않으면 청나라 정부로서도 그를 "법에 따라 극형에 처할 수"가 없었다.

몸은 이국 타향에 있으면서 '거리낌 없이' 토론하고 혁명을 계획할 수 있었으니, 이것은 정서를 배양하고 인심을 격동시키는 데 매우 중요하였다. 비록 『민보』가 봉쇄되는 등의 사건이 있었지만 최소한 일본에서 청나라 황제를 욕하고 반란을 부르짖어도 오히려 생명의 위험은 없었으며, 이것은 "자리를 피해 문자옥에 연루될까 겁을 냈으며, 책을 쓰는 것은 모두 생계를 위함이라네"(龔自珍, 「詠史」)라 하였던 건가(乾嘉)학자와는 하늘과 땅 차이였다. 만청의 학인들이 조국 강산을 가리키며 격앙하는 것은 원래 민족 정서가 고양되고 민주사상의 거센 보급에 따른 필연적 결과였지만 청나라 조정이 "지금 쇠퇴하려는 것은 끊어버리고 장래에 싹이 트려고 하는 것은 잘라버렸던"12) 문제·경제·무제 삼대처럼 유협 문제를 그렇게 처리할 힘이 없었던 것과도 관계가 있었다. 반청 지사가 나라 문을 나서기만 하면 "치외법권으로 자유로웠으니" 청나라 조정으로선 어쩔 수가 없었고 사(士)와 백성들은 크게 고무되었다. 망명자와 유협에 대한 동일시는 관부에 대한 반항 외에도 "검에 의지해 멀리까지 협객행" 하는 이 이미지와 사해를 집으로 삼으면서 생긴 떠돌이 정서와 관련이 있다. 만약 해외 반청 기지가 존재하지 않았다면(해외 유학의 자유를 포함해서) 지식인이 이처럼 용감할 수 있었을지, 유협 풍조가 이처럼 진작될 수 있었을지, 혁명이 이처럼 신속하게 성공할 수 있었을지 참으로 상상이 되지 않는다.

장스자오가 1903년 상하이에서 발생한 『소보』(蘇報) 사건을 회상하면서 "앞서 청조 말기에 사대부가 혁명을 제창하면서 그들의 주장에는 전혀 거리낌이 없었는데, 광서제 재첨(載湉)을 어릿광대라 꾸짖으면서 그의 측근들을 반역 도당이라고 비유한 것은 단지 홍콩과 도쿄의 간행물에서나 가능하였고, 내지에서는 감히 할 수도 없었고 또한 하려고도 하지 않았다"13)고 하였다. 그가 말한 것처럼, 만청의 내지 신문 중에서 혁명을 함부로 말하다가 기꺼이 멸망을 감수한 경우를 조사해보면 "『소보』가 사실상 유일한 사례였다." 그러나 『소보』 사건의 '주범' 장타이옌, 쩌우룽(鄒容) 등은 정말 사생취의 유협 기풍을 크게 갖추었는데도14) 이 사건이 이렇게 판결 난 것은 만청의 상하이 조계에서 발생했기에 가능하였다. 쑨중산이 이 사건 당시의 정치적 파장을 언급한 적이 있다. "이 안건은 청국 황제와 개인이 관련되었고, 조정과 인민의 합동 소송의 시초로, 청조 개국

이래 미증유의 일이었다. 청나라 조정이 소송에서 이기긴 하였어도 장타이엔과 쩌우룽은 기껏해야 2년 수감되었을 뿐이었다. 이에 민간의 기운이 크게 장대해졌다."[15] 청나라 조정이 관대해서가 아니라 단지 조계의 치외법권과 관계되어 장·쩌우 두 사람을 사지에 넣으려고 하였어도 그러지 못하였다.

장타이엔이 사후에 득의만만하게 회상하기를, "당시 청국 정부는 스스로 격을 낮춰 포의(布衣)와 송사를 일으켜", "듣는 사람마다 놀랐고", "만청 조정이 원고를 자처하였으므로 부득불 각국 공사에게 재판을 의뢰하였다. 그러나 이로 말미암아 혁명당과 청나라 조정은 뜻밖에도 두 적국이 대립하는 꼴이 되었다"[16]고 하였다. 생사여탈권을 더는 독점하지 못하고, 당당한 대청제국이 생각지도 못하게 정적을 징치할 힘도 없이 법정에서 재판을 받아 "한·만 양 종족의 대송사"[17]가 되어버렸다. 당초 청나라 정부도 한때 "대역부도·민심선동·반란도모"의 죄명으로 장·쩌우 양자를 '인도'할 것을 강력하게 주장하여 극형으로 다스려 일벌백계하려고 하였지만, 공사단 사이의 갈등과 사회 여론의 압력으로 인하여 어쩔 수 없이 조계 내 사법 심판기구인 회심공해(會審公廨)로 바꾸어 가볍게 책벌하였다. 이 안건을 상하이의 회심공해로 바꾸어 재판을 하자 "청국 관리의 절망과 당원의 기사회생은 모두 예상된 일이었다." 이 안건은 장·쩌우 두 사람만의 목숨과 관계된 것에 그치지 않고 직접적으로 상하이 내지 중국 전체의 풍기와 여론에 영향을 끼쳤다. "설사 청국 관리가 보도를 봉쇄하고 또 사람을 죽여 미상불 국민의 예기를 다소 꺾을지라도, 지금은 한 줄기 광명이 있었다. 만약 황제(黃帝)의 신령이 하늘에서 도와서 다행히 사형을 면할 수만 있다면 비록 『소보』를 봉쇄할지라도 『소보』와 같은 것을 다시 만들 수 있으며, 비록 당원을 체포할지라도 당원이 되었다가 또 탈당하면 그만이었다"(『黃帝魂』「蘇報案」). 그러므로 당시 사람들은 이 안건의 판결을 특별히 중시하였고, 판결의 결과 이로 인하여 마침내 "민간의 기운이 크게 장대해졌다."

각 영사 및 공부국(工部局)에서 안건을 만청 정부에 이관하지 않은 까닭은 결코 정의 수호에서 비롯된 것이 아니라 주로 조계의 치외법권을 보호하기 위한 조처였다. 이 점을 장타이엔은 매우 잘 알고 있었다. 공사단과 청국 정부가 인도하느냐 마느냐로 옥신각신하였던 바로 그때 장타이엔이 「옥중에서 『신문보』에 답하다」(「答獄中『新聞報』」)를 지어 "우리 서생"은 "줄을 지어 감옥에 들어가 피를 흘리겠다는 각오이냐", "조계의 권리를 외국인들이 반드시 쟁취하여 이번 옥사가 내지인에게 떨어지지 않도록 할 것이다. 이것은 각자 자기 의도대로 행동하는 것이니 우리의 뜻과는 다르다"[18]고 하였다. 이런 말을 감사하게만 생각할 수도 없는데, 왜냐하면 조계의 존재가 어쨌든 만청 지사들이 혁명을 선전하고 계획을 획책하는 기지가 되었지만, 결국은 중국의 치욕이었기 때문이다. 양자가 서로 관계를 맺었지만 원칙이 달라 함께 섞어서 거론할 수는 없었다. "한편으로는 외세 침략의 기점이자 중국 주권 박탈의 상징이었고, 다른 한편으로는 서양 문화의 창구이자 중국 개혁의 거울이며 정치범의 보호소였다."[19]

이 시기 전후로 혁명당원들은 조계에서 청국 조정의 간섭을 받지 않는 이 유리한 조건을 이용하여 신문 발행, 서적 출간, 집회, 연설, 정견 발표를 하고 아울러 암살과 무장폭동을 직접 기획하였다. 이에 대하여 바다로 뛰어들어 자살함으로써 중국인을 깨우려고 하였던 천톈화(陳天華)가 『소보』 사건을 설명하면서 두 가지 매우 솔직한 말을 하였다. 하나는 "신문사가 조계 내에 생겨서 중국이 간섭할 수 없으므로 신문사가 이렇게 감히 주장을 폈다"는 것이며, 또 하나는 "저들 지사들이 다행히 조계에 있어서 다소나마 언론의 자유를 누리며 책을 쓰고 신문을 내어 만주 정부를 공격할 수 있었으니 불행 중 다행이라 하겠다"[20]는 것이었다. 바로 이러한 "불행 중 다행"이 있어서 비로소 장·쩌우 등의 인물이 아무런 거리낌 없이 만청 정부를 공격할 수 있었다. 이와 같은 주장은 결코 지사들의 호기를 말살하려는 의도가 아니며, 다만 내지에서라도 만청 지사의 협행은 송·원·명 및 청대 중엽 이전의 협객과 비교해서 '보호소'가 하나 더 있었음을 강조하기 위해서이다. '가능한 것'이 있었던 보호소의 존재는 만청 "백성의 기운이 그 때문에 크게 장대해지고" 유협 풍기가 날로 진작된 필요조건이었다.

2. 중국의 무사도

"세상엔 봄날 시름과 바꿀 만한 것 없으니, 하늘 향해 한바탕 울면 그만일세. 4억 인구 모두 눈물 흘리니, 천애에 어디가 중국 땅이란 말인가!" 탄쓰퉁의「유감」(有感)은 1896년 청일갑오전쟁 이후에 지은 작품으로, 당시 양심 있는 지식인의 공통된 심성이랄 수 있다. 만청의 국력은 날로 쇠미해졌고 언제든지 망국 멸종할 위험이 있었다. 지사들은 분주히 호소하며 세인을 일깨워 망해가는 나라를 구하고자 노력하였다.『얼매화』(孼梅花) 중의 노락도(奴樂島),『노잔유기』(老殘遊記) 중의 침몰한 배는 아직 우화적 필법에 불과하였고,『과분참화예언기』(瓜分慘禍預言記)는 아예 "중국은 광서 갑진년 이후 만민이 재난을 당하여 전국이 폐허가 된다"고 단언하였다. 지사들은 중국이 이러한 액운을 벗어나지 못할 거라고 믿는 것 같았고, 천톈화가 바다에 투신하기 전에 남긴「절명사」(絶命辭)는 "중국이 멸망할 날은 기껏해야 10년이다. 10년 뒤에 죽기보다 차라리 오늘 죽어 제군들에게 그릇된 행실을 단절하고 모두 애국하도록 경종을 울림이 낫도다"[21)]고 하였다. 이렇게 강렬한 위기감은 이 시대 모든 이에게 방법을 모색하도록 촉구하였다.

"백성을 새롭게 하는 것이 오늘날 중국의 첫째 급무임"[22)]을 량치차오뿐만 아니라 거의 모든 지사들이 견지하였다. 다만 어떻게 '백성을 새롭게 할 것인지'에 대해서는 모두의 주장이 일치하지 않았다. 옌푸가 내놓은 처방은 이러하였다. "그러므로 오늘날 정치를 하려면 세 가지를 집중해야 한다. 첫째는 민중의 능력을 진작함이요, 둘째는 민중의 지식을 깨우쳐줌이요, 셋째는 민중의 덕을 새롭게 함이다."[23)] 량치차오는 더욱 명쾌하게 "한마디로 민중의 지식을 넓히고 민중의 기운을 진작할 뿐이다"[24)]라고 하였다. 민중의 지식을 넓히고 민중의 기운을 진작하는 일을 왜 반드시 병행해야 하는지에 대해서는『항주백화보』(杭州白話報)의 해석이 가장 근사하였다. "민중의 지식이 열리지 않았는데 민중의 기운이 쓸 만하면 바로 의화단 무리의 인물이고, 민중의 기운이 진작되지 않았는데 민중의 지식이 쓸

만하면 기껏해야 총명한 노예가 될 뿐이다."25) 민중의 지식을 넓히는 방법은 매우 많으나 주로 서방의 각종 인문사상과 과학지식을 소개하였는데, 대체로 5·4운동 시기의 덕(德)선생과 새(賽)선생으로 포괄할 수 있다. 민중의 의지를 진작하는 일은 "국혼을 부르는" 것에 집중되었으며, 진톈허(金天翮)의 시편에서 말한 것이 좋은 예이다. "분열은 참화를 면할 길 없으니 혼이여 우리 조국으로 돌아오소서"(「招國魂」).

근대 중국의 쇠약과 빈곤 그리고 누차에 걸쳐 열강에게 받은 모욕에 느끼는 바가 많았던 량치차오 등은 "시단은 천 년 동안 퇴폐적인 노래만 읊었으니 무혼은 사라지고 국혼은 비었구나"(「讀陸放翁集」)라며 탄식을 금하지 못하였다. 비록 그때 부른 혼은 모험혼(산과 바다 혼)·군인혼(武士魂)·유협혼(遊俠魂)·종교혼(宗敎魂)·평민혼(平民魂)26) 등을 포괄하지만 관건은 여전히 무혼을 새로 불어넣는 것에 있었다. 다시 말하자면, 다시 한 번 새롭게 상무정신을 고양하려 하였다.

만청의 문인은 유관(儒冠)을 경멸하고 병검(兵劍)을 장려하는 작품을 제법 많이 지었는데, 결코 가식적으로 조작하거나 고의로 호언을 내뱉지 않았으며 살을 도려내는 아픔이 담겨 있었다. 저우스(周實)의 시에서는 "사해에서 원수를 찾아 협객의 검에 의지했네. 백 년 동안 수많은 고초 겪고서야 유관 쓴 것이 후회되네"(「重九」)라 하였고, 천취빙(陳去病)은 "어찌 붓을 내던지는 것이 아쉬우리? 검을 차고 삼변(三邊) 지역 돌아다니길 좋아한다네"(「將赴東瀛賦以自策」)라 하였고, 류야쯔는 "조국이 추락하는 것 참고 지켜보니 유관이 이 몸을 망친 것이 괴롭구나"(「元旦感懷」)라며 비분강개하였다. 진쑹천(金松岑)은 "유가는 죽은 모습을 하고 유협은 생기가 넘치며, 유가는 헛소리만 하고 유협은 실용을 중시한다"고 인정하고, 그러므로 "나라는 유가의 손에 망했다가 유협의 손에 일어나며, 사람은 유가의 손에 죽었다가 유협의 손에 살아나니", "우리 국민의 혼을 주조하려면" 반드시 먼저 "유관을 물에 던지고 유복을 찢어야 한다"(「國民新靈魂」)고 하였다. 오히려 "우리 집안은 몇 대가 모두 군인이라서 패도만 알지 유가를 모른다"(「湖南少年歌」)는 양두(楊度)에게 득의만만한 기색이 없지 않았다. 당연히 가장 좋은 것은 그래도 "글쓰기 공부 다 마치고 검술을 배우니 건아의 풍채에 문호의 재주로다"(柳亞子,「回憶詩」)였다. 그러나 이렇게 문무를 겸비하려는 계산이 결과적으로는 "젊어서 검을 휘두르며 퉁소를 불었건만 검기와 예술혼 둘 다 아득하구나"(柳亞子,「悃悵詞六十首, 四月十七日夜作」)가 되지 않는다고 누가 보증하겠는가? 당장의 급무는 여전히 "좋은 쇠는 못으로 쓰지 않고, 좋은 남자는 군대를 가지 않는다"는, 문을 중시하고 무를 경시하는 국민들의 누습부터 바꾸려고 노력하는 것이었다.

국가가 군대를 훈련시키는 일은 정말 중요하며, 더욱 중요한 것은 국민이 반드시 상무정신을 발양해야 한다. 일찍이 무술정변 이전에 탄쓰퉁은 예부터 지금까지 "유가가 유협을 경시하여 비적 취급하는" 것에 대해 매우 동의하지 않으면서, "차라리 의협심이 강해지면 민중의 의지를 펼 수 있으며, 용감한 기품을 주창하면 이 역시 환란을 평정하는 도구가 된다"[27]고 하였다. 이러한 사고방식은 각파의 지사에게 답습되었다. 1901년 량치차오가 「중국적약소원론」(中國積弱溯源論)을 지어 "임금이나 재상이 되는 자가 군대를 좋아하지 않을 수 있지만 국민이 된 자는 용기가 없으면 안 된다"고 강조하고, 아울러 상무정신의 "중국혼"을 부르짖었다.[28] 1902년 차이어(蔡鍔)가 『신민총보』(新民叢報)에 글을 써서 국민정신을 선전하면서 "한족이 선량하고 나약하기가 다른 종족의 으뜸으로", 이것이 바로 "2천년 이상 이민족에게 짓밟히지 않았을 때가 드물었던" 근본 원인이라고 비판하였다.[29] 양두는 국민의 나약함을 양주학(楊朱學)의 성행 및 "진한 이전에 죽음을 가볍게 여기고 협행을 숭상하였던 무사도"의 실종에 그 원인을 돌리고, "유교가 표면이 되고 양주학이 이면이 되어 이 무사도를 잘라낸 것이 중국이 약해진 까닭이다"[30]고 하였다. 한동안 상무정신을 토론하는 것이 인기 화제가 되어 "상무, 상무 하는 소리"가 "날마다 시국을 우려하는 자의 입에서 끊이지 않았다." 이른바 "진·한 이래 날로 문약으로 흘렀고", 선비는 "종신토록 팔짱을 끼고 점잔을 뺌으로써" 유전이 천성이 되도록 초래하였다. 체골만 유약할뿐더러 "그 패기 또한 경망스러운 데다 썩

씩하지 않았으며, 활기가 없는 데다 강인하지 않아" 이민족의 침략에 항거할 힘이 없었다[31]는 것이 거의 만청 지사의 공통된 인식이었다.

이러한 사조를 가장 대표할 수 있는 것이 량치차오의 『신민설』 중의 '상무론'(尙武論)이다. "상무란 국민의 원기로 국가가 이를 의지하여 성립되며 문명이 이를 의지하여 유지된다." 중화 민족의 '불무'(不武)에 대해서 그는 "병이 든 원인을 살펴본 결과", 첫째는 국세의 통일이다. 국방을 가장 중시하여 "사람들이 용력에 힘쓰고 선비는 전공을 다투었던" 전국 시대만도 못하게 되어 "예악과 읍양을 익히고 서로 문아함을 숭상하여", "문을 중시하고 무를 경시하는 풍조가 이미 생겨나 이에 무사(武事)는 쇠락하고 민간의 의지도 유약해졌다." 둘째는 유교의 유실이다. 공자도 일찍이 강인함과 굳셈으로 민간의 의지를 격발한 적이 있었지만, 아쉽게도 "후대에 천유(賤儒)가 몸을 숨기기가 편하도록 도탄에 빠진 백성을 불쌍히 여기고 잘못을 바로잡으려다 오히려 더 잘못되었다는 말들을 주워 모아서 구실로 삼았고, 강인함을 본받지 않고 부드러움을 본받았으며, 양(陽)을 본받지 않고 음(陰)을 본받았다." 셋째는 패자(覇者)의 몰락이다. "한 사람이 강하면 만 명의 남자가 모두 부드러워지고, 한 사람이 강하면 천하가 모두 약해지는데, 이것은 천하를 패도로 차지한 자의 상식으로", 이런 통치술의 비결은 유약하지 않은 자는 모조리 죽이고 살려두지 않는 것에 있으며, "24개 왕조를 거치면서 철저하게 소탕하여 사기는 바닥에 내려앉았고 기세는 꼬였고 인심은 죽어버렸다." 습속에 물듦에 따라 "중국에서 무인을 경시하는 풍조는 옛날부터 그러하였고", "학인의 의론과 문사의 읊조림 또한 무공을 좋아하는 것을 풍자거리로 삼았고 변방 개척을 큰 경계거리로 여겼다"고 하였다. 이러한 나쁜 풍조가 판을 쳤으므로 필연적으로 세인의 웅심은 훼손되고 호기는 사라지게 되었다.[32]

송·원 이래로 중국인이 지나치게 문을 숭상하고 무를 폄하하여 선비는 팔에 닭 한 마리 잡을 힘도 없어 국난이 닥쳤을 때 괜히 몸을 바칠 뜻과 의지만 보이는 지경에 이르는 것에 대한 비평이 이전에도 산발적으로 있었지만 이처럼 첨예하고 집중된 적은 없었다. "중국이 문약함은 천하에 유명하며 유약한 병은 깊이 고황까지 스며들었다"33)는 세인들의 비평은 국사를 날로 그르친 것 이외에 더욱 중요한 것은 일본의 '대화혼'〔大和魂, yamato damashii〕이 주는 계시 때문이었다. 당시 사람 가운데 혹자는 스파르타에 대해서 이야기하고 혹자는 워싱턴을 이야기하였지만, 중국인에게 자극이 가장 깊었던 것은 여전히 '아주 작은 소국' 일본의 굴기였다. 전하는 말로는 일본의 굴기는 주로 '대화혼'에 힘입어 주조되었다고 하였고, 량치차오가 이에 "나는 일본인에게는 이른바 일본혼이 있다고 들었는데 상무정신이야말로 바로 이것이다. 오호라! 우리 국민은 과연 언제 비로소 이 정신을 가질 것인가?"34)라고 탄식하였다.

일본 민족의 상무정신을 가장 먼저 주목한 사람은 아마 황쭌셴(黃遵憲)일 것이다. "일본 2천 년은 본래 '무'로써 나라를 세웠다"(「陸軍官學校開校禮成賦呈有棲川熾仁親王」). "게다가 지금까지 5백 년 동안 무장 가문에서 무국(武國)을 숭상하여 맹분(孟賁)과 하육(夏育) 같은 용사가 많다"(「赤穗四十七義士歌」). 『일본 잡사시』(日本雜事詩) 중에 일본인의 유협 기질에 대한 찬가가 당대인에게 끼친 영향은 매우 컸다. "군왕 면전에선 칼집을 풀고 예절이 깍듯하네, 집을 나서면 쌍칼에 청홍검을 꽂네. 까닭 없이 한마디에 잘못 노하여, 군왕 옷에 흩뿌려진 목덜미 피가 붉도다." 황 씨가 직접 주를 달아 말하였다. "사대부 이상은 옛날에는 모두 장단도 각 하나씩 쌍칼을 찼고, 집을 나섰을 때 허리춤 옆에 비스듬히 꽂고서는 다다미에 오르면 손에 잡았다가 앉으면 자기 옆에 놓아두었다. 『산해경』(山海經)에 이미 왜국은 관을 착용하고 검을 휴대한다고 하였다. 그러나 일을 좋아하고 생명을 경시해 한마디 말에 눈을 흘기고 다짜고짜 칼을 뽑아 살인하고 또한 때때로 자살한다. 지금은 도검을 가지고 다니는 것을 금하지만 자객과 협사는 여전히 활개를 친다. 사마천이 칭하길 '유협은 무력으로 금기를 범한다'고 하였는데 유독 일본에서 심하게 성행한다." 고대 중국에도 사대부가 검을 차는 풍속이 있었으나 리즈(李贄)가 원망하였듯이, "옛날 남자가 외출할 때 항상 검을 찼고 원행을 할 때는 항상 활과 화살을 휴대하여 매일 휴결(觿玦)이 몸에서 떠나지 않았다." 본뜻은 '문무 겸비'에 있으나 후대에는 순수한 장식품이 되었으며(『焚書』「讀史」「無所不佩」), 무력으로 금기를 범하는 협기가 전무하게 되었다.

황쭌셴은 일본인이 관을 착용하고 검을 차며 사업을 좋아하고 생명을 경시하는 습속에 대하여 아직은 객관적인 소개를 하는 것에 머물렀으나, 탄쓰퉁은 이런 풍습이 일본 민중의 기세가 드세고 국력이 강성하게 된 내재적 원인이었다고 단언하였다. "그들이 변법자강한 효과는 또한 풍속이 검을 차고 유랑하며 비가를 부르고 질타하다가 살인으로 원수를 갚는 기개를 바탕으로 세상에 나와서 개혁의 기미를 고취한 것에서 비롯되었다."35) 이후에도 끊임없이 시를 읊고 글을 지어 일본의 "서생과 검객이 나랏일로 근심하는" 상무정신을 높이 평가하였다(章太炎, 「變法箴言」). 탕차이창(唐才常)은 「협객편」(俠客篇)에서 "나는 일본의 협객이 의분에 권력자를 해치운다고 들었다. 막부의 권세도 이미 기울고 여러 번진의 힘도 꺾이자 변신하여 떨치고 신학문을 익혀 새로운 공간이 그들에게 열렸다"고 하였다.

량치차오의 『자유서』(自由書)「전사하길 기원하다」(祈戰死)와 『신민설』(新民說)「상무를 논함」(論尙武) 모두 일본의 무사도를 "입대하는 깃발에 그가 전사하길 기원하고, 종군하는 시편에는 살아서 돌아오지 않기를 축원한다. 무를 숭상하는 기상이 거국적으로 일치한다"36)고 칭송했다. 장즈유(蔣智由)와 양두는 량치차오의 『중국의 무사도』(中國之武士道)를 위해 서문을 짓고 또한 일본이 강성해진 원인을 그들 "고유의 무사도"로 돌렸다. 량치차오의 「기동협」(記東俠), 천두슈의 『동해병혼록』(東海兵魂錄), 황해봉랑(黃海鋒郎)의 『일본협니전』(日本俠尼傳), 저우쯔(舟子)의 『상무설』(尙武說) 등 모두 일본의 "형가(荊軻)와 섭정(聶政)이 어깨를 나란히 하고, 주가(朱家)와 곽해(郭解)가 재주를 다투는 것을 칭송하였는데",37) 죽음을 가볍게 여기고 호전적이었으며 무를 숭상하고 글을 업신여겼다. 더욱이 이를 확대하여 일본의 유신과 미국의 독립, 유럽의 혁명 성공 전부를 "일본 남아의 협장(俠腸)" "아메리칸의 협골(俠骨)" "프랑스인의 협심(俠心)"으로 돌렸다.38)

전사(戰死)를 기원하는 '대화혼'을 칭송한 목적은 자연히 중국에서 상무정신을 진작하기 위해서였다. 이전에 쩌우룽이 그렇게 중국인이 "다시는 협의와 죽음을 감수하는 기풍이 없으며", "감히 시골의 호협이나 떠돌이 협객과 같은 영웅이 되려고 하지 않는다"고 질책한 것도 한 가지 길이었고,[39] 천두슈처럼 그렇게 『동해병혼록』을 엮은 다음에 다시 『중국병혼록』(中國兵魂錄)을 엮어 그와 대항한 것도 또한 한 가지 길이었다.[40] "지금 도덕을 일신하고 국민을 바꾸고자 한다면 단지 서양 학문만 가지고서는 반드시 불가능하다"[41]는 사실을 잘 알았기 때문에 "문화의 정수로 민족성을 자극하여 애국의 열정을 증진한다"[42]는 점에서 량치차오와 장타이옌(개량파와 혁명파)은 결코 아무런 차이가 없었다. 차이어는 4천 년 중국 역사 가운데 상무의 국혼을 "아무리 찾아도 찾을 수가 없다"[43]고 개탄하였는데, 그것은 그가 너무 명목에 얽매여 융통성을 몰라서 그렇다고 원망할 수밖에 없다. 량치차오도 이에 앞서 일찍이 "내가 황급히 4백여 주(州)를 대대적으로 탐색을 했는데도 찾을 수가 없다"고 개탄하였지만, "오늘날 가장 필요한 것은 중국혼을 만들어내는 바로 이것이다"[44]라고 하여 마침내 위아래로 찾은 결과 곧장 이러한 국혼을 찾아내고 동시에 『중국의 무사도』라는 책을 저술하였다. "우리 조상의 가보를 발굴하여 자손에게 보여주고", 세인들로 하여금 "옛사람의 무용(武勇)정신을 취하여 시대 정세에 따라 선용"[45]하도록 하였다.

량치차오는 "춘추전국에서 한대 초기까지 우리 선민들의 무덕이 태사공 사마천에 의해 드러났기에 『중국의 무사도』 한 권을 지었으며", 이에 「자서」(自敍)를 적어 주지를 설명하였다. "서양과 일본인은 늘 말한다. 중국 역사는 무가 없는 역사이고, 중국 민족은 무가 없는 민족이라고. 오호라! 나는 그 말이 수치스럽고, 나는 그 말에 분노하며, 나는 끝내 그 말에 승복할 수 없다." 우리 선민들이 의협심을 발휘하길 좋아하여 정의심에 불타올랐던 비가를 살펴보라. "사해를 가로 자르고 바람과 벼락을 엮어 혼을 만들고 만 길 낭떠러지에 우뚝 서니 황하와 오악이 찬란하게 빛나건만, 저들 일본인이 무사도 무사도라면서 자부하는 모습을 보건대 어떻게 별안간 미치지 못하게 되었는가? 어떻게 별안간 미치지 못하게 되었는가?"[46] 단지 통일 전제 정체가 확립되어 민족의 무덕이 차츰 사라지고 무협으로 세상에 알려지는 사람이 드물었을 뿐이었다.

"장래에 조국혼을 회복하려면 감히 싸우려는 영웅정신에 기대야 함일세"(楊度,「湖南少年歌」). 국운이 쇠미하여 국혼을 부르고 상무정신에 호소하고, 상무를 추구함으로 인하여 벌써 오래전에 역사의 깊은 곳에 숨어 있는 유협을 추억하고 발굴하였다. 마침내 유협이 정통 사대부에 의해서 2천 년 가까이 내버려졌다가 재차 역사의 표면으로 부상하여 구미의 준엄한 도전을 맞이하였다. "10년을 강호에서 여협을 찾았건만 은낭(隱娘)과 홍선(紅線)은 이미 많지 않네"(柳亞子,「夢中偕一女郎從軍殺賦, 秦凱歸來, 戰瘢猶未洗也, 醒成兩絶紀之」). "나도 10년을 칼을 간 자이건만 세상 어딜 가서 형가를 뵈올 건가?"(柳亞子,「題錢劍秋『秋燈劍影圖』」) 형가를 찾기 어렵고 은낭이 많지 않은 것은 차치하고 설사 강호 중에 과연 이와 같은 기재가 있다 할지라도 다시 나온 유협이 망국을 구해낼 중임을 감당할 수 있겠는가? 성정이 거칠어 통제할 수 없는 유협이 정치투쟁 중에서 발휘할 작용을 그 당시 사람들이 너무 과대평가하지는 않았는가? 혹자는 "몸으로 의리를 위해 복수하는" 유협이 명확한 정치적 신념을 소유한 투쟁 역량으로 변신하는 것은 결코 그다지 쉬운 일이 아니라고 말하였다.

3. 유혈에 대한 숭배

고욱이 「해상에 큰 풍파 일어 마음껏 노래 부르다」(海上大風潮起放歌)에서 읊조렸다. "중국의 협풍이 너무 미미해 이제부터 천 명의 루소가 나오도록 독려해야지. 민권을 크게 발달시키려면 독립! 독립! 외치는 소리 왁자해야지." 루소는 만청 지사의 정신적 스승으로 『민보』 창간호에서 인류 역사상 4대 위인의 사진을 실었는데 루소가 당당히 그 속에 있었다(나머지 세 명은 황제·워싱턴·묵자이다). 루소 등 서양 사상가의 민권·독립·평등·자유 등 관념이 유협과 또한 무슨 관계가 있는가? 만약 협풍이

미미하지 않다면 "천 명의 루소가 나오도록 독려할" 필요는 없단 말인가? 루소의 출현은 의외로 중국 문인들에게 천고의 유협을 떠올리게 하였다. 서양 문화를 받아들임으로써 오래전 역사에 묻혔던 옛날 인물을 예찬하는 이러한 경향은 만청 시절에는 상당히 보편적이었다. 여기에는 하나의 사고방식이 숙성되고 있었으니 바로 옛날 인물의 현대화이다. 유협의 이미지를 새롭게 다시 해석하는 이것은 곧 유협이 역사의 지표 위로 부상하는 데 필요한 전제였다. 비록 이전(송에서 청 중엽까지)에도 일부 유협에 관한 시문이 나왔지만 만청 지사들처럼 진지하게 그것을 중요한 일로 여기고 진지하게 그것을 사회 개조의 중요한 역량으로 삼으려고 한 것은 오히려 처음 있는 일이었다. 이 유협의 재등장은 먼저 정명(正名)이 필수적이다. 세상 사람에게 유협이 단지 의리를 앞세우며 복수만 하는 부류가 아님을 믿게 하려면 지사는 목숨을 버리고 의를 취하는 존재이며 완전히 숭앙하고 본받을 가치가 있음이 중요하였다.

유협을 상기한다는 것은 본래 세상의 변고에 대처하면서 전통 자원에서 도움을 구하고자 함이고, 유협을 해석한다는 것은 더군다나 이러한 논리를 떠날 수 없다. 옛것을 내세워 오늘의 제도를 개혁한다고 말해도 좋고, 옛것을 오늘에 되살린다고 말해도 좋고, 전통적 창조성의 전환이라고 말해도 좋지만, 만청 지사들은 반드시 "유가와 묵가 모두 배척하고 싣지 않았던"(『史記』「遊俠列傳」) 유협이 권위성을 갖춘 모종의 전통 사상으로부터 뒷받침을 받아야만 하였다. 설사 실제 루소의 사상과 무정부주의자의 행위가 세상 사람에게 유협에 대한 추억을 촉발하였다 할지라도 한차례 효과적인 가치 전환을 거치지 않는다면 유협은 여전히 문명사회에 받아들여질 수 없었다.

'유협'에 대한 새로운 해석은 만청 제자학과 불교 부흥의 득을 보았다. 평생 "검을 만지며 일어나 술자리 돌아다니다 비가에 감개가 복받쳐 올랐지. 상투를 묶고 먼 길을 돌아다니며 사방의 싸움터를 전전하였네"(「河梁吟」)라던 탄쓰퉁은 "말술을 마다 않고 「유협전」에 맞장구치기"를 꽤나 좋아하여[47] 『인학』(仁學)에서 '의협'에 대해 극도로 칭송하였고, 「자서」(自

敍)에서는 그들을 묵가로 돌렸다. "묵가에는 두 파가 있다. 하나는 의협으로 내가 말하는 인(仁)이다."[48] 이러한 '의협'의 묵가가 바로 탄 씨가 "자신을 희생할 뜻을 품고서 공리와 평등을 주장하며 오랫동안 동지를 찾고 갖은 방책으로 뜻을 펼 길을 모색하였다"[49]고 밝혔던 것이다. 협객이 묵가에서 나왔다는 설은 만청 이래로 상당히 유행하였다. 량치차오가 1902년에 발표한 「중국 학술사상 변천의 대세를 논함」(論中國學術思想變遷之大勢)에서 묵가를 겸애·유협·명리 세 파로 분류하고, 아울러 유협 일파는 전국 시대부터 한대 초기까지 극성하였으며 "주가·곽해와 같은 무리는 사실은 모두 묵가 제자이다"[50]라고 단언하였다. 장즈유는 유협이 묵가에서 나왔는지 여부는 말하지 않고 대협(大俠)과 소협(小俠) 그리고 공무(公武)와 사무(私武)로 구분된다고 강조하였다. 주가와 곽해는 의리를 앞세워 복수를 하였으므로 나라의 대협이 아니며, "묵가는 의협심을 발휘하다 죽음을 무릅씀으로 해서 나라의 풍기를 바꾸고 나아가 이로써 천하를 구하는 한 방도로 삼고자 하였다"에는 훨씬 미치지 못하였다. "유협의 위대함은 순수하고 사심이 없었으며, 공정하면서 치우치지 않았음"을 척도로 삼아 묵가는 "천고 협객의 모범이 된다"[51]고 한 것은 일종의 역사적 원류라는 말이기보다는 오히려 현대인의 '대협'에 대한 기대라는 표현일 것이다.

똑같이 공익에 힘쓰고 남을 잘 돕는 대협정신에 대한 소환이지만 "의협심이 대단한" 것으로 유명했던 장타이옌은 협을 유가에다 연결하려는 경향이 있었다. 당대인들도 "협이 일어나지 않는 것은 유가가 걸림돌이 되어서이다", "유가는 전제의 자원이고 협은 전제의 강적이다"[52]라는 투의 주장을 하였다. 그는 오히려 '유·협'을 병칭하고 아울러 "세상에는 대유가 있어 협사를 등용하고 아울러 그들을 포용한다. 단지 그들의 감개가 열정적이고 한 가지 성취로 스스로 영웅 행세를 하는 자들이라서 그 명칭이 유가와 다를 뿐이다"[53]고 칭하였다. 세인들은 유가가 어질고 온유하다고 말하는데, 그는 『한비자』(韓非子) 「현학」(顯學) 중에 칠조씨(漆雕氏)라는 유가 인물과 『예기』(禮記) 「유행」(儒行) 중 열다섯 명의 유가 인물을 열거하고선, 전자는 "가장 유협과 비슷하고" 후자는 "모두 강인한 용기가 특별난 자"라고 하였다. 이미 유가가 나약하지 않은 데다 유협의 "살신성인"과 "나라의 큰 장애물 제거"라는 종지가 유가의 의의 실천과 서로 같다면 또한 유·협 병론을 금지할 이유가 어디 있겠는가? 비록 "칠조씨와 같은 유가가 없어지고 시골 마을에 유협이 생겨났다"고 말하는 근거가 설득력이 부족하지만 유협이 "난세를 만나면 백성을 도와주고 치세를 만나면 법을 보필하였다"54)는 점을 강조한다면 실제로는 이미 구류(九流)에게 밀려나 버린 협사의 자리를 쟁취해 올 수 있다는 것이다. "천하에 급한 일이 있으면 협사가 아니면 맡길 데가 없다."55) 이것이 바로 만청 지사들이 마음속에서 가장 하고 싶은 말이었고, 협이 묵가에서 나왔는지 아니면 유가에서 나왔는지는 고증이 모두 그리 정밀하지 않았다.

황칸(黃侃)이 협을 설명할 때 드러나게 장 씨를 답습하여 고작 "협이란 명칭은 옛날에 항시 유(儒)와 견주었다. 「유행」에서 말한 것은 원래 협의 본보기이다"라고 하여 한마디로 고증을 대충 넘겼고, 서술의 중점은 "옛날의 성현은 세상이 도탄에 빠진 것을 슬퍼하고 백성이 설 곳이 없는 것을 애달프게 여겨 아무리 어려운 처지에 놓여도 천하를 구하자는 결심은 변하지 않았으니 이것이 협이 가진 정조이다"56)라는 것에 있었다. 량치차오도 장타이옌의 영향을 받았을 가능성이 매우 높은데, 1904년에 지은 『중국의 무사도』에서 묵자(墨子)를 "세상의 우환을 구하고 사람들의 어려움을 급히 도운" 성인으로 개칭하고 나아가 공자를 중국 무사도의 시조라고 하였다. 똑같이 『한비자』 「현학」을 인용하고서는 칠조씨류의 유가를 "후세 유협의 시조"라 하고, 게다가 "공자 문하의 상무 기풍은 반드시 매우 성행하였을 것"이라고 칭송하면서 "『설문해자』(說文解字)가 유(儒) 자를 수약(需弱) 곧 나약(懦弱)으로 풀이한 것은 공자의 참모습과 거리가 또한 멀지 않은가!"57)라고 조롱하였다.

당시 사람들은 유협이 유가인지 묵가인지 하는 학술 논쟁에는 사실상 별로 관심이 없었고, 다만 묵가의 "이마가 닳아서 발꿈치에 이르도록 천하를 이롭게 하는 것"이나 아니면 유가의 "살신성인"을 가지고 유협의 광탕하고 길들일 수 없는 생명 활력을 규범화하여 그들이 나라와 민중을 이롭게 하고 은혜나 원수를 갚는 것이 아닌, 이상적인 '대협'이 되도록 개조하고자 하였다. 장타이옌은 세인이 유협을 숭앙하는 형태를 네 등급으로 분류하였는데 첫째 등급이 "불세출"의 대협이고, 다음이 주가와 극맹(劇孟)이고, 그 다음이 형가와 고점리(高漸離)이고, 마지막 등급은 "법에 도전하고 금기에 저항한" 곽해와 원섭(原涉)이었다.[58] 어떻게 이렇게 등급을 매겼는지 그는 설명하지 않았다. 『중국의 무사도』의 '범례'에 이르기를, "본편의 취사에는 약간의 재량권이 개입되었다. 예를 들어 전저(專諸)는 형가·섭정과 동류이나, 그는 개인적 야심의 노예가 되었기 때문에 부득이한 바 아니며 또한 전국적인 대계에 끼일 수 없으므로 배제하였다. 예를 들어 계포(季布)는 주가·곽해와 함께 명성을 떨쳤으나, 그는 악착같이 도망 다녔고 또한 출세한 후 위에다 건의한 것도 없었으며 말년에 이르러는 민족이 대외에 진출하려는 웅심을 훼손했기 때문에 배제하였다"고 하였다. 전저를 배제하고 형가와 섭정을 취하고 계포를 배제하고 주가와 곽해를 취하는 것이 정치적 안목에서 나왔든 도덕적 수양에서 나왔든 모두 협이 민중을 돕고 나라를 위해 목숨을 바친 점을 돌출시켜 이 낡은 역사적 이미지 위에 혹시라도 남아 있을 오점을 씻어내고자 노력하였다. 이렇게 한바탕 의미심장한 선택과 개조를 통하여 대협은 성결한 순교자와 구세의 영웅이 되어 세상 사람의 면전에 새롭게 재등장하였다.

이에 유협은 "달려가 남의 곤경을 돕는"(『史記』「游俠列傳」) 것에만 그치지 않고 나아가 "모든 생명을 돕는 것을 원칙으로 삼았으며", 또한 "유가는 인의를 말하며, 인의의 중대한 부분은 유협을 빼고 맡을 자는 없었다."[59] 유협도 "때때로 당대의 법망에 대드는"(『史記』「游俠列傳」) 것에 머물지 않았고 오히려 이상의 높이가 "오늘날 이른바 무정부론자"에 가까웠다.[60] 더욱이 유협은 더 이상 한 사람의 은원을 갚지 않았고 오히려 조말(曹沫)처럼 그렇게 "국가와 사직을 안정시켜" "옛날에 찾아볼 수 없었던 큰 공"을 세웠다. 마침내 유협은 "완력이 센 것을 가리키지 않고 심력이 센 것을 가리키게 되어", 가슴에 웅지를 품은 장량(張良)은 외모가 부인이나 고운 처녀 같았지만 여전히 "천하의 대협"[61]이 되었다. 장타이옌・량치차오・황칸 등이 재삼 해석한 '유협'은 이로부터 수많은 장점만 지녔지 단 하나의 단점도 없었다. 량치차오는 게다가 옛날 유협이 무력으로 법금을 범한 것까지 변명해주었다. "협이 법을 어긴 것은 형세상 필연적이었다. 고의로 범했는데도 천하가 그에게로 돌아가는 것은 왜인가? 필히 금한 법이 천하의 인심에 미흡한 점이 있어 그 법을 범한 자가 천하의 인심에 크게 부합되었기 때문이었다."[62] 황칸은 아예 유협의 영원한 매력을 인정해버렸다. "대지가 한 덩이로 똘똘 뭉쳐 동쪽에서 서쪽까지 남쪽에서 북쪽까지 참으로 못된 종자가 없어지질 않고 폭정이 그치질 않고 부자들은 죽지 않았으니 협이 뭇 백성들의 마음을 얻지 않겠는가?"[63]

유협에 대한 수많은 찬사 가운데 상무정신, 평등의식, 강자를 억누르고 약자 돕기 등은 모두 관건이 아니었고, 만청 지사의 마음을 가장 빼앗은 것은 사실은 바로 '협행 숭상과 목숨 경시'(유가의 말로 번역하면 '살신성인')였다. '유혈'에 대한 숭배와 '희생'에 대한 갈망은 만청 지사들로 하여금 유협 이미지를 해독할 때 쉽사리 그것을 자객화하였는데, 단지 암살의 수단이기 때문만은 아니었고 나아가 그들의 필사의 신념 때문이었다. 최후의 일격 와중에서 생명의 휘황찬란함을 구현(감상)한다는 이 이미지가 사람들을 깊이 도취시켰다. 가장 저명한 것은 탄쓰퉁이 무오변법 실패 후에 외국으로 망명하길 거부한 일이었다. "각국의 변법은 유혈이 따르지 않고 성공한 예가 없다. 오늘날 중국에서 변법으로 인해 피를 흘린 자를 듣지 못하였으니 이것이 나라가 일어나지 못하는 까닭이다. 있다면 쓰퉁부터 시작하겠다!"[64] 이러한 열사의 마음가짐이 만청 지사 사이에는 상당히 보편화되었다. 이른바 "문명이란 피를 흘려서 사는 것이다"와 "열국의 문명 모두 피를 흘려서 샀다"[65]는 이러한 판단과 프랑스 대혁명의 광경, 무정부주의자의 기개 모두 이 시대 사람으로 하여금 굳게 믿도록 만들었다. "내가 이제 하루라도 일찍 죽으면 우리의 자유 나무가 하루빨리 붉은 피를 얻을 수 있고, 하루라도 빨리 피를 얻으면 하루라도 빨리 무성해져 하루빨리 꽃을 피운다."[66]

"유혈이 강을 이루고 죽은 사람이 넘쳐나니 입헌을 위해서라면 요행을 면할 자가 아무도 없었다"[67]를 인증하기에는 폭력혁명이 자연히 최고의 선택이었다. 혁명은 유혈을 필요로 하고, '유혈'은 이로 인하여 일종의 신성감을 획득하였다. 혁명파와 개량파의 논쟁 과정에서 혁명 주창자는 도의상 뚜렷한 우세를 점하였고, 그들은 감히 '유혈'을 즐겼기 때문이었다. 장타이옌이 일컫기를, 혁명이 성공하기 어려운 근본 원인은 당인의 도덕성 결여에 있으며, "도덕이란 그렇게 깊이 말할 필요도 없으며, 단지 확고히 인내하며 약속을 지키고 삶과 죽음을 도외시하면 된다"[68]고 하였다. '격렬'과 '파괴'를 주장하고 아울러 정말 사생을 도외시하였던 우웨(吳樾)는「나의 동지에게 삼가 고함」(敬告我同志)에서 이렇게 논적을 질책하였다. "오늘날에 와서도 건설을 말하고 평화를 말한다면 아마도 죽음을 두려워하는 미사여구에 불과할 것이다."[69] 황칸은 입헌을 주장하는 당원을 비판하면서 역시 '죽음을 두려워한다'는 이 말을 틀어쥐고 논리를 폈다. "지금 왁자지껄하게 저마다 구국을 한답시고 나서면서 죽음을 두려워하는 마음이 가득하다면 그런 마음은 그저 명예를 좋아하고 세력을 탐내고 이익을 좇을 수는 있지만 나라를 구할 수는 없다고 해도 좋다." 정치 책략은 논쟁할 수 있고 학술 논리도 논쟁할 수 있지만 유독 '죽음 불사'와 '죽음을 두려워한다' 이 두 가지는 도덕적 거울의 잣대로 논쟁할 바가 없었다. 그러므로 황칸이 "우리 당의 종지는 감히 죽는 것을 우선해야 한다"[70]고 다소 모호한 구호를 마음껏 외쳤어도 이상할 것이 없었다.

그 당시 '결사' 여부는 인사를 품평하는 최고 척도가 되었다. 천톈화는 암살을 설명할 때 "이는 견지하는 주의가 우리 당과 일치하는지 혹은 우리 당과 정반대 입장에 있는지 여부를 막론하고 죽음을 불사하겠다고 나서면 그걸로 충분하였다"[71]고 하였다. "죽음 불사"를 말하기만 하면 그냥 "그걸로 충분하였다"는 것은 바로 세상 사람들이 모두 삶을 탐하고 죽음을 겁내기 때문이며, 이러한 나약한 천성을 극복한 자는 그의 정치 주장이 어떻든 간에 모두 우러러볼 가치가 있다는 것이었다. 천톈화가 바다에 몸을 던져 자살하자 당시 어떤 사람은「감사론」(敢死論)을 지어 그것이 "필부필부의 행위와 닮았다"고 비꼬았다. 장타이옌은 이 글에 "부지"(附識)를 덧붙여 "자살의 풍조는 당연히 열어야지 경계해서는 안 된다"고 하였다. 이유는 "만약 꼭 죽어야겠다고 선택하고서는 죽음이 태산보다 가볍다느니 태산보다 무겁다느니 경중에 차이가 있다고 말한다면 비록 당연히 죽을 만한 일이어도 아마도 죽을 수 없을 것"이기 때문이라는 것이다. 선진 시대 법가는 세인들이 범법한 유협을 처리하면서 "벌을 주었지만 그들이 용기가 있다고 칭찬하는"(『韓非子』「五蠹」) 이중적인 태도에 반대하였고, 현대 정치가도 "우리 당과 정반대 입장"의 '결사'자를 칭찬하지는 않을 것이다. 그러나 만청 지사들은 그렇게 많은 것을 따지지 않았다. 민중의 의지를 독려하는 것이 당면한 급무였고, '주의 논쟁'은 오히려 그 다음으로 여겼다. 그러므로 "오늘날 민간의 의지를 펴게 하려면 차라리 암살주의를 행하는 것만 한 일이 없다"[72]는 것이었다.

'죽음 불사'를 논하려면 고대의 유협과 자객은 의심할 여지 없이 가장 일류였다. "협객은 죽음을 겁내지 않고 오로지 임무를 완수하지 못할까를 염려하며"(元稹, 『俠客行』), "비록 죽더라도 협골이 향기로워 세상 영웅들에게 부끄럽지 않다네"(李白, 『俠客行』). 『사기』와 『한서』를 막론하고 이 시대 전후의 무수한 시인 묵객이 유협과 자객의 도덕 수양과 정치 작용을 평가하면서 간혹 높고 낮은 차이는 있었지만 이들 "망명의 무리"가 확실히 "자기 몸을 아끼지 않았다"는 점은 아무도 의심하지 않았다. 만청 지사의 유협 숭상은 큰 부분이 이러한 헌신정신에 대한 탄복이었다. 대체로 당시 사람들은 "어찌 꼭 군인에게 겁먹으며, 어찌 꼭 예리한 병기를 무서워하리? 설사 죽음을 각오한 병사의 마음을 얻을지라도 대의를 내세운 군대를 이길 수는 없다"(黃節, 「宴集桃李花下, 興言邊患, 夜分不寐」)고 정말 믿었기 때문에 생사를 도외시함이 기꺼이 국난에 뛰어드는 첫째 요건이 되었다. "생사를 도외시하는 일념뿐이니 천 년이면 시비가 정해지겠지"(王大覺, 「贈周志伊獄中」), "나는 세상을 떠돌며 죽을 장소를 찾았다네, 십 년 동안 칼만 갈며 헛되이 보냈음을 후회하노라"(柳亞子, 「次韻和陳巢南歲暮之作」). 이렇게 "생사를 도외시하고" "죽을 장소를 찾는" 열사의 심리가 만청 지사들로 하여금 유협의 생명의식에 쉽사리 찬동하게 만들었다.

4. 암살 풍조의 고취

만청 지사가 칭송한 유협은 사실은 자객에 가깝다. 추진은「보도가」(寶刀歌)에서 "형가가 진의 빈객이 되려고 생각지 않고, 비수가 한 자 남짓 되도록 궁리했네. 궁전 앞 일격이 비록 성공하진 못했어도, 이미 전제 마왕의 혼은 빼앗았네"라 하였고, 고욱의「협사행」(俠士行)은 "형가가 시중에서 노래 부르니, 듣는 자마다 간담이 갈라지네. 고점리 축을 치며 화답하니, 서로 즐기다 서로 눈물 흘리네"라 하였고, 류야쯔의「완푸화 의사가 왕즈춘 척살 실패 소식을 듣고 느낀 부」(聞萬福華義士刺王之春不中感賦)는 "군권이 무상이라 협혼이 사라지고, 형가와 섭정의 종적이 아득하여 호기가 없네. 이처럼 강산에 적막함이 심한데, 누군가 나타나 큰 풍파 불러 일으키리"라 하였다. 당초 사마천이『사기』를 지을 때 자객과 유협에 대해 별전을 둔 것은 실로 깊은 뜻이 없지 않았다.

유협은 무력으로 법을 어기고, "때때로 당대의 법망에 대들어" 비록 "자기 몸을 아끼지 않고 남의 어려움에 뛰어드는" 거사를 하였지만 결코 정치 투쟁의 유효한 도구는 아니었다. 그리고 자객은 비록 술로 기운을 차리지만, 검술과 은원 갚기는 한번 노하면 천하가 놀라며, "다섯 걸음 안은 피바다를 이루고, 천하가 모두 상복을 입는다"(『戰國策』「魏策」)고 하여 열국이 힘을 드러내는 중요한 수단이 되었다. 위 · 진 시대의 시인은 기본적으로 유협과 자객을 분별하여 읊었으나 그래도 도연명의 "검을 어루만지며 홀로 떠돈다네!" 중에는 이미 "바람이 소슬하니 역수(易水)가 차구나"(「擬古」其八)라는 이미지가 출현하였다. 당대(唐代)의 시인과 소설가의 수중에 이르러서 이미 유협과 자객을 섞어서 한꺼번에 말하면서 경계가 분명하지 않게 되었다.[73] 만청 지사는 유협으로 하여금 국사를 위해 몸을 던져 대의를 지키도록 요구하였지, 힘자랑이나 하고 용기를 뽐내며 흘겨보면 반드시 복수하다가 필연코 자객의 길로 가도록 몰아치지 않았다. 그리고 만청의 암살 풍조의 형성은 지사들의 '유협'에 대한 이러한 해석과 인과관계를 이루었다.

암살은 원래부터가 정치투쟁의 중요한 수단 중 하나이며, 만청 시대에 청나라 조정을 뒤엎는 혁명 와중에 특별히 중요한 역할을 했다. 혁명당원들은 그것을 배만(排滿)의 양대 방법 중의 하나로 정하자(하나는 폭력이고 하나는 암살이다)[74]고 하였고, 신문잡지와 서적은 암살의 장점을 대대적으로 이야기하였으며, 연이은 암살 사건 또한 확실히 투지를 북돋우고 정신을 진작했다. 신해혁명의 성공과 실패의 득실을 생각해볼 때 어찌 되었든 암살의 작용을 무시해서는 안 된다.

무오변법이 실패한 후, 캉유웨이는 해외로 망명해서 미야자키 도라조와의 대화 중에 일본 지사의 유협정신을 크게 칭찬하다가 "종내에는 이러한 협사의 힘을 빌려 서태후를 저격할 뜻을 흘렸고", 으뜸갈 공적을 빼앗지 않겠다는 이유로 미야자키에게 거절당하였다.[75] 똑같이 개량파에 속하는 량치차오는 비록 『중국의 무사도』와 「러시아 무정부주의를 논함」(論俄羅斯虛無黨)을 지었지만 현실 투쟁 중 암살에 대한 영향은 매우 미미하였다. 만청의 암살 활동과 선전은 대체로 혁명당원이 담당하였다. 그리고 당시 사람의 이해에 의하면, "암살주의는 유협주의를 지니지 않으면 감당할 수 없었다."

1900년부터 흥중회(興中會) 회원 스젠루(史堅如)가 양광 총독 더소우(德壽)를 폭사시킬 모의를 해서 우창(武昌) 수의혁명(首義革命)이 성공할 때까지 그 사이 십몇 년간 많은 암살 사건이 발생하였다. 주목할 것은 죽음으로 달려가는 이들 자객 대부분이 뜨거운 피가 끓는 학인이었고 비밀회당 혹은 직업 킬러가 아니었다는 점이다. 또한 살신성인한 이들 '자객' 중의 일부는 심지어 암살 실행 이전 혹은 이후에 '암살' 행위의 의의와 작용에 대해 전문적으로 논하였다. 예를 들어 우웨가 암살 실행 전에 지은 『암살시대』(暗殺時代)에 이르기를, "만주족을 몰아내는 방법은 두 가지가 있다. 하나는 암살이고 하나는 혁명이다. 암살은 원인이 되고 혁명은 결과가 된다. …… 오늘날 시대는 비혁명의 시대로 실로 암살의 시대이다"[76]

라고 하였다. 원성차이(溫生才)가 광저우(廣州) 장군 푸치(孚琦)를 저격한 후 체포되자 "장군 하나 죽으면 장군 하나가 오는데 일에 무슨 보탬이 되겠는가"라는 풍자에 대응하여 감정이 북받친 채 의견을 진술하였다. "푸치 한 명 죽여도 과연 일에 보탬이 되지 않지만 이를 계기로 천하의 앞장이 되었다."[77] 이것은 정치적 두뇌가 빼어난 특수 자객 집단으로, 아마도 러시아 무정부주의자의 행위만이 그들과 견줄 수 있었을 것이다.

실제로 만청 지사들이 암살에 열중하였던 것은 바로 무정부주의자의 자극과 계시를 받아서였다. "강개한 소피아, 고달픈 브르통"(柳亞子, 「偕劉申叔……約爲結社之擧, 卽席賦此」)이라 외치며, 만청 때 소피아(Sophia Lvovna Perovskaya)를 읊은 시문과 소설이 차에 가득 실릴 정도였다. 20세기 초반 유럽을 여행하였거나 일본에 거류하는 한 무리 지식인이 허무주의자의 강령과 분투정신에 매료되어 20세기 "주도권을 잡아 패권을 장악하였고 전 지구의 맹주 노릇을 하는"[78] 새로운 주의를 중국에 소개하였다. 1902년, 마쥔우(馬君武)가 『러시아 대풍조』(俄羅斯大風潮)를 번역하여 "무정부주의자는 각국 정부의 최대 공적이다"[79]라고 크게 칭찬하였다. 1903년, 마쉬룬(馬敍倫)이 『20세기의 새로운 주의』(二十世紀之新主義)를 지어 칭하기를, "저들 무정부주의자는 종지가 높고 식견이 탁월하며 희망이 위대하여 제국주의가 만나면 발길을 돌리고 민족주의가 조우하면 물러갔다"[80]고 하였다. 그 후에 장지(張繼)·차이위안페이(蔡元培)·진이(金一)·류스페이(柳師培)·리스쩡(李石曾) 등의 인물이 모두 한때 무정부주의를 열심히 소개하였다. 만청 지사들에게 무정부주의자가 존경할 만하였던 점은 그들이 "지고한 종지를 품고 백절불굴의 의지력을 갖춘" 것 외에 "관리 살육을 정의로 삼는" 이러한 수단과 "이상을 위해 죽는 것을 두려워하지 않는 정신" 때문이었다.[81] 아마도 중국인은 희생을 숭배하고, 유협과 자객전을 숙독하여 "열 걸음 이내에 검화가 빗발처럼 쏟아지고 피범벅이 되어 서로 바라보며, 만승의 임금에게 달려들어 죽이기를 마치 개를 잡듯이 해치우는"[82] 투쟁을 너무 선호해서일 것이다. 이에 따라 무정부주의자의 정치 이상은 "죽음을 불사하는 자객" 이미지가 더욱 널리 전파되어 사람들 마음속에 깊이 자리 잡은 것에 훨씬 미치지 못하였다.

1903년 상하이에서 출판된 장지가 편역한 『무정부주의』(無政府主義)라는 이 책은 이러한 열렬한 독서 경향을 형성하는 데 무시하지 못할 작용을 하였다. 이 책의 상편은 혁명당원과 무정부주의자가 암살을 제창한 주장을 모아 편집하였고, 하편은 1910년까지 각국 무정부주의자가 정부 요인을 암살한 기록이다. 얀커(燕客)가 이 책을 위해 쓴 「서」(序)는 암살 수단의 유효성을 더욱 강조하였다. "암살 수단을 부러워하지만 그 방법도 간단하고 그 효과도 신속하다. 폭탄 한 방 권총 한 자루 비수 한 자루만 가지면 충분히 만승의 군주에게 덤벼들며 천금의 재산을 파괴할 수 있다. 군대 혁명은 비용이 많이 들고 준비가 번잡스럽고 비밀이 없고 부정확한 것과 비교하면 동시에 논할 수 없다." 이러한 주장은 적잖은 혁명당원들에게 받아들여져 차후 유협 혹은 암살을 토론하는 문장 중에서 끊임없이 그 메아리 소리를 들을 수 있게 되었다.

만약 정말 쑨중산 선생이 말한 것처럼 1900년 스젠루의 암살이 단지 스씨 개인의 단독 결정이라면,[83] 1903년에 설립한 군국민교육회(軍國民教育會)는 고취·봉기·암살이 3대 책략이었고,[84] 1904년 차이위안페이가 조직한 광복회는 "본래 암살을 계획하였으나 폭동자도 망라하였던,"[85] 모두 조직이 있고 목표가 있고 계획이 있는 암살단이었다고 할 수 있다. 1905년 동맹회가 성립된 후에 암살 활동은 더욱 활기를 띠었다. 청국 조정대신 암살에 참여한 청년서생은 약간의 초보적 훈련은 진행하였으나 성공률이 높지 않아 늘 "애석하도다! 검술이 녹슬고 기공은 아직 완성되지 못하였네"(陶淵明,「詠荊軻」)라는 아쉬움이 있었다. 그러나 암살의 성공 여부에 상관없이 모두 민중의 사기를 격려하는 작용을 하였고, 아울러 대신과 요원에 대해서는 모종의 위협 역량을 형성하였다. 여기서는 혁명당원이 채용한 암살 수단의 정치 운용상에서의 득실에 대해서는 논하지 않으며, 이러한 비상수단의 채택을 재촉하는 심리 상태만을 탐구할 것이다.

혁명당원의 선택이 암시하는 것은 우선 쌍방 역량의 대비에서 나온 고려였다. 비록 만청의 사직이 곧 무너질 듯 위태로웠지만, 군사 역량으로 각지의 산발적 봉기를 진압하기에는 충분하였다. 차이위안페이 등이 "혁명에는 두 가지 길이 있다. 하나는 폭동이고, 하나는 암살이다"[86]라고 생각한 것은 그 당시 대규모 폭동을 발동하기에는 곤란이 따랐기 때문인데, 인력뿐만 아니라 재력상의 곤란도 있었다. 캉유웨이, 쑨중산 모두 해외에서 준비해 제때에 운반을 못하여 봉기가 실패로 돌아갔기 때문에 동지들에게 매서운 질책을 받았다. 량치차오가 러시아 무정부주의자들이 "왜 폭동이란 수단을 사용하지 않고 암살이라는 수단을 사용하는지"를 분석했을 때, 특별히 혁명의 밑천을 강조하였다. "무릇 폭동은 반드시 거금이 필요하며", "봉기를 위해 동원해야 할 군중이 최소한 천 명은 필수적이므로", "폭동은 반드시 타인의 힘에 의지해야 하는데 암살은 오로지 자력에만 의지한다"[87]는 것이었다. 린셰(林獬)가 자객은 쉽게 성공한다고 논했을 때도 역시 "첫째, 돈이 많이 들어가지 않는다"[88]는 점을 가장 먼저 지적하였다. 한차례 봉기를 일으키려면 대량의 인력과 물력 동원이 필수적이나 한두 명의 자객만 보내는 일은 상대적으로 훨씬 간단한데 어떻게 기꺼이 하지 않겠는가? 황칸이 "민중을 구하는 도리"가 많은데 하필이면 유독 암살을 선택하는가를 해석하면서 "홀로 적에게 나아간다면 군중이 봉기하는 것보다 편하고, 의외로 수괴가 걸려든다면 군대를 동원해 치는 것보다 빠르다"[89]고 하였다. 탕쩡비(湯增璧)의 의견도 대체로 일치하였다. "전쟁을 배제하고 폭탄을 사용하고 무리를 포기하고 저격을 선택함이니 대체로 수완이 민첩해지고 심지가 집중되기가 대체로 이보다 좋은 것이 없다."[90]

황·탕 양인의 글은 모두 『민보』에 실렸으며, 『민보』는 바로 만청 시기에 암살을 가장 힘써 주창한 간행물로 각 기에 출간한 사진의 반 이상이 암살과 관련이 있었다. 다만 혁명 성공은 단순히 암살에만 의지할 수 없다는 이 점은 누구라도 모두 잘 알고 있었으며, 암살에 가장 열심이었던 인물도 역시 인정하였다. "필부가 검을 들어 악을 제거하기엔 한계가 있으니 결코 우리 당이 전념해야 할 책략은 아니다."[91] 그 당시 "군인이 급하고 자객은 급하지 않다"거나 아니면 "자객은 군인과 더불어 서로 필요로 하는데 어떻게 완급의 구분이 있겠는가" 같은 논쟁이 있었지만,[92] 결정의 관건은 사실상 시기에 있었지 원칙에 있지 않았다. 쑨원은 암살 문제에 대하여 "절대적이라고 주장하지 않았고", 암살은 "오로지 혁명 진행 시기와 상응해야 하며, 우리의 근본 계획을 흔들지 않아야만 비로소 실행해볼 수 있다"[93]고 하였다고 전한다. "혁명은 단연코 단번에 성공할 수 없다"는 사실을 분명히 알면서도 인민은 아직 각성하지 않았고 민중의 주의를 환기하려면 "이렇게 암살주의를 실천하는 것보다 나은 방법이 없으며,"[94] 최소한 "민중의 의식을 고양하고" "국혼을 주조하는" 작용을 발휘할 수 있었다. 따라서 목숨을 희생하고 무고한 사람을 함부로 죽이는 것은 아닌지를 돌아볼 겨를이 없었다.

암살 활동에 큰 힘을 쏟아 이를 고취한 큰 이유는 아직 만청의 지사 대부분이 열혈 청년이지 성숙한 정치가가 아니었기 때문이었다. 그러므로 그들이 더욱 많이 고려한 것은 이상과 신념이었지 실제상의 운영이 아니었다. 혁명은 하나의 복잡한 '시스템공학'으로, 종합적 고찰과 주도면밀한 계산이 필요하였다. 그러나 만청 지사 대부분 정당의식과 조직 관념이 강하지 않았고(장타이옌은 심지어 정당이란 형식을 반대하였다), 정치 이상도 비교적 간단하고 공허하여 이로 인하여 때때로 자기 생각대로 결정해서 감정적으로 행동하였다. "사회의 여러 가지가 진화되지 않은 원인"을 한두 명의 정치가 혹은 귀족과 족장에게 귀결시켰으니 고명한 정치적 주장이라고 말할 수 없었다. 그리고 이로 말미암아 "중생을 지옥에서 건지려면" "오로지 단도필마(單刀匹馬)로 자객이 되는 것이 유일한 통로"[95]라는 신념을 도출하였는데, 이 또한 고명한 투쟁 책략이 결코 아니었다. 이러한 사고방식은 오히려 고대에 정의를 독차지하였던 유협에 더욱 가까웠고 병졸을 이끌고 싸우는 장수에 가까운 것은 아니었다.

그들이 시문과 담화 중에서 각별히 고대의 자객과 유협을 숭앙하는 원인도 이 때문이었다. 황칸은 "형가와 섭정의 사적이 진섭(陳涉)과 오광(吳廣)보다 낫다"[96]고 칭찬하였고, 탕쩡비는 열사 류다오이(劉道一)의 "마음이 순결하고 고상하니 장량·예양·형가·섭정이 어떻게 그의 장렬함에 비할 것인가!"[97]라고 찬양하였다. 그리고 류야쯔는 "오랑캐의 먼지가 중원을 뒤덮어 협사의 풍기가 오랫동안 진작되지 않았다"로 시작하는 애도시에서 스젠루에서 추진에 이르기까지 여러 영웅 열사들의 사적을 열거하고 아울러 그들의 공동 소원을 서술하였다. "한족(漢族) 위해 복수함이 온당하니 일격에 천지를 광복시키리"(「有悼二首, 爲徐伯蘇烈士作」). "다섯 걸음 안에 피로 물들여 세계의 행복을 위해 나아가는"[98] 것에 심취한 연극의 결과에 다시 희생에 대한 숭배가 더해져 만청 지사들은 당연히 개인적 영웅주의 색채가 충만한 자객을 숭앙하였기에 현대 전쟁에서 결정적 작용을 하는 군단의 사병 혹은 장군에게는 별로 관심을 갖지 않았다. 유협의 개인적 매력은 천백 년 시인 묵객(墨客)의 선양을 통해 진작부터 이 시대 사람들의 뇌리에 깊이 각인되어 있었다. 한편으로 만청 지사들은 새로운 정치 이념으로써 낡은 유협 이미지와 자객정신을 재해석하였고, 다른 한편으로는 신비한 색채가 충만한 유협몽(夢)은 언제나 만청 지사들의 사고방식과 투쟁 책략의 선택을 제약하였다.

    문인이 대거 혁명에 투신함과 동시에 붓을 놀려 암살을 제창(찬송)하자 혁명당원들로 하여금 격정에 겨워 자신을 내던지게 하여 살신성인의 빛나는 이미지가 널리 전파되었지만, 또한 이렇게 피비린내 나는 극렬한 활동을 어느 정도 문학화하게도 만들었다. 적잖은 시문이 암살의 실제적 정치 작용은 중시하지 않으면서 거꾸로 그것의 심미적 가치를 감상하는 경향이 있었다. 역사가는 대부분 정치투쟁의 책략과 영웅사관에 치우쳐 만청의 암살 풍조를 논하였지만 사실은 이들 지사의 지식구조와 심리 특징에 더 관심을 경주해야 했다. 오랫동안 검증을 마친 직업혁명가(예를 들어 쑨원)가 아니라 대부분은 혈기가 한창 들끓는 청년 지식인이었고, 헌신정신과 낭만적 격정이 있는 데다 또한 언어 문자에 대한 지나친 심취로 인해 쉽게 충동되고 흥분하였다. 암살이 풍조가 된 것은 정치가의 의도적 유도 외에 그 당시 사람들의 암살 이미지(그러나 실제 수단이 아니다)에 대한 미련 때문이기도 했다. 그 당시 암살을 이야기하는 글 중에는 자객의 운명에 대해서는 거의 언급하지 않아 대의를 지키고 국난을 위해 죽는 것이 매우 쉬운 일처럼 보였다. 혁명의 열풍 가운데 우웨와 같이 진심으로 "노예로 사는 것이" "노예가 되지 않고 죽어버림"[99)]만 못하다고 믿는가 하면, 혹은 천톈화처럼 그렇게 "우연히 죽을 수 있는 기회만 생기면 죽겠다"[100)]고 하는 자도 적지 않았다.

그러나 나는 유협 관련 시문 중에 구현된 만청 지사의 생명 경시 경향은 그들이 심미적 안목으로 '사망'이란 이 이미지를 바라보는 것과 관련이 있다고 생각한다. 탕쩡비는 『숭협론』(崇俠論)에서 "필부가 검을 들고" 전제 마왕을 척살할 것을 부르짖고, 글의 말미에 역수(易水)에서 비가를 부르는 이 장면의 미감을 유난히 부각하였다. "또한 역수가에 바람이 일렁이고 떨어지는 해는 황량하였다. 친지는 오열하며 의관을 희게 차려입고 전송하였다. 술기운이 얼큰해져 검을 뽑고 격을 치며 소리 높여 노래 부르니 노발이 충천하고 기세가 무지개까지 뻗쳤다. 대장부가 상심해서 아녀자처럼 손수건을 적시는 모습은 아예 없다. 이는 고대의 협풍으로 어찌 오늘날에만 다시 볼 수 없는가?"[101)] 이처럼 제법 글재주를 갖춘 선전선동 문장이 녹림호걸한테는 아무런 효과가 없었지만, 만청 지사들 중에는 이로 인해 비가를 한 곡 부르며 격앙된 채 죽으러 가는 자들이 드물지 않았다. 그들을 가장 심취하게 만든 것은 임위일격(臨危一擊)의 실전 효과가 아니라 "술기운이 얼큰해져 검을 뽑고 격을 치며 소리 높여 노래 부르는" 정경이었으니, 여기에서 그들의 문인(文人)적 심리 상태를 볼 수 있다.

이것도 원래 일리가 없지 않다. 만청의 지사가 중시한 것은 '열사정신'이지 무술 실력이 아니었다. 암살은 곧 "일은 사람이 꾸미지만 성공은 하늘에 달려 있는" 일로, 우연성이 너무 커서 성패로 영웅을 논할 수 없었다. 이에 따라 만청 지사가 자객을 대대적으로 언급한 것은 단지 국민 중에서 언제라도 나라를 위해 목숨을 희생하는 '열사정신'을 양성하기를 희망했던 것이지 결코 진심으로 암살을 고취하거나 실행하려던 것은 아니었다. 영웅은 하늘이 때를 주고 환경이 유리할 때 공적을 세우며, 자객은 단독으로 행동하며 다른 역량을 빌리지 않는다. 전자는 그들의 재지(才智)를 취하고, 후자는 그들의 정신을 떨친다. 그러나 당시 사람들이 볼 때에 "영웅 하나 얻는 것이 참으로 열사 하나를 얻는 것만 못하였다 하였으니", 왜냐하면 "영웅은 진짜인 경우가 드물지만 열사는 가짜일 수 없기 때문이었다." 영웅은 국난에 반드시 목숨을 내던지지 않으나 자객은 거의 다 "장수는 한번 가면 다시 돌아오지 않는다"를 중시하였다. "그러므로 자객의 도는 필사의 도라고 말한다."[102] 희생을 숭상하는 만청 지사들에게는 이 때문에 영웅보다 자객이 훨씬 더 매력이 있었다.

천고의 문인들이 유협과 자객을 이야기하면서 가슴이 뛰는 자가 많이 있었으나 만청 지사들은 훨씬 더 격앙되곤 하였다. 캉유웨이는 「『사기』「자객전」을 읽고」(「讀『史記·刺客傳』」)라는 시에서 말하길, "사마천의 『사기』는 분한 마음에 섭정을 높였고, 도연명의 시는 형가를 흠모하여 읊었네. 요리(要離)의 무덤 옆에 누울 자 그 누구랴? 박랑(博浪)에 철추가 없으니 어찌할 것인가?" 캉유웨이는 아직 "창생(蒼生)이 4백 조나 되는데 어찌 검객 한 사람이 칼 가는 소리를 들어야 하는지 심히 부끄럽다"고 탄식할 뿐이었고, 장타이옌은 몸소 실천하여 1914년 위험을 무릅쓰고 베이징으로 들어와 위태로운 국운을 만회하려고 애쓰면서 목청껏 노래 불렀다. "시국이 위태로워 검을 뽑고 장안에 들어가서 다섯 걸음 안을 피바다로 만들려고 앞다투었네!"(「時危」) 캉·장 두 사람은 단순히 자객 전고를 사용하여 보국의 정회와 필사의 신념을 나타냈던 것일 뿐, 결코 암살이라는 수단을 진심으로 선택하려 한 것은 아니었다.

5. 회당과 연합하는 책략

만청의 각 사회계층 중에서 고대 유협의 생존 방식에 가장 근접한 것으로는 비밀회당(秘密會黨)을 꼽을 수 있다. 혁명당원들은 반청 세력을 확대하기 위해 회당과 연합하는 투쟁 책략을 채택하였고, 또한 만청 지사의 유협적인 심리 상태를 형성하는 데 영향을 끼친 중요한 요인의 하나이기도 하였다.

쑨중산 선생이 당초 혁명 사조가 막 일어날 때의 시국 정세와 실행하였던 전략 방법을 회고할 때 "내지 사람 중에서 배만(排滿)이란 말을 듣고 이상하게 생각하지 않는 자는 단지 회당(會黨) 사람뿐이었다. 그러나 저들은 모두 지식이 얕고 단체가 산만한 데다 기댈 데가 전혀 없어 그저 지켜보고 있다가 호응할 수는 있어도 원동력으로 사용할 수는 없었다"[103]고 하였다. 그때의 혁명지사 중 조심스럽게 회당을 이용하자고 주장하는 사람도 꽤 되었으나, 회당은 명확한 정치 이상이 없는 데다 또한 거칠고 성질이 사나운 사람이 많아서 제어하기가 어려웠다. 예를 들어 천톈화는 "회당은 어쩌다가 이용할 수는 있지만 믿고서 본영을 삼을 수는 없었다"[104]고 하였고, 장기간 저장(浙江)에서 회당과 관계를 맺고 또한 많은 성과를 올렸던 타오청장조차도 "회당의 사력을 다한 도움을 얻기는 어렵다"[105]고 인정하였다. 그러나 회당과의 연합은 이론이 옳고 그름의 문제가 아니라 투쟁 책략이 문제였다. 회당은 '반청복명'(反淸復明)을 표방하였고, 혁명파의 '혁명배만'(革命排滿)의 원칙과 대체로 일치하였다. 이 밖에 회당은 사회 밑바닥 계층에 깊이 들어가 있어 막대한 활동 역량을 지녔고, 이 점은 혁명당원들이 따라가지 못하는 부분이었다. 새 군대가 감화되어 개조되기 전까지 회당은 혁명당원이 이용할 수 있는 중요한 무장 역량이라 할 수 있었다.

무오변법 실패 후, 만청 지사들은 더 이상 위에서부터 아래까지 개혁을 실행할 방도가 없었고, 할 수 없이 하층사회의 역량에 의지하게 되었다. 그리고 1900년에 "자립군 봉기는 바로 우리나라 최초의 근대 지식인 집단이 처음으로 하층의 회당 군중과 반청의 목표 아래 성사된 초보적 연합이었다."[106] 저우시루이(周錫瑞)의 통계 분석에 의하면, 서류상 조사 가능한 봉기 참여자 64인 가운데 22인은 비밀회당의 두령이었고, 5인은 군대 안에 있었고(비밀회당 역량의 주요 거점), 37인은 지식인이었다.[107] 차후에 혁명당원의 누차에 걸친 봉기는 대부분 비밀회당과의 합작과 떼어놓을 수 없었다.

자립군 봉기가 진압된 후에 후난 순무(巡撫) 위롄싼(兪廉三)이 상주문을 올려 이번 봉기를 "대체로 이번 반역도 중에는 두 종류가 있습니다. 하나는 문인으로 모두 각처 학당에서 학업 중이거나 한때 해외로 나갔던 학생인데 캉유웨이 등과 평소 왕래가 잦았습니다. 하나는 비적으로 곧 내지에서 예로부터 있었던 회당 무리인데 재물을 탐하여 저들과 연합하였습니다"라고 분석하였다. 그가 볼 때 "군영의 패잔병이나 직업이 없는 유민"의 "절도와 강도 짓"은 본래 걱정거리가 아니었다. 왜냐하면 그들은 "손에 예리한 무기나 엄청난 자금이 없는 데다 가슴에 원대한 뜻 같은 것이 없었기" 때문이었다. 걱정스러운 것은 이러한 '문인'과 '비적'의 결합이었다.[108] 훗날 사실이 증명하듯이, 그의 걱정은 제법 선견지명이 있었다. 혁명파와 개량파는 모두 회당의 지지와 합작을 쟁취하려고 노력하였다. 예를 들어 쑨원의 홍중회(興中會), 황싱의 화흥회(華興會), 타오청장·추진의 저장광복회(浙江光復會) 등 모두 회당과 손을 잡았고, 이로 인하여 반청 투쟁 과정에서 막대한 작용을 하였다.

연구자가 설명한 것과 같이, "어떤 방면에서 혁명파와 비밀회당은 천연적 동맹이었다. 양자 모두 망명의 무리라고 선포되었고, 모두 전통사회의 등급에 들어갈 수 없는 사람들로 구성되었으며, 모두 외국인의 통치를 한탄하였다."[109] 쩡푸(曾樸)가 차례로 저작한 『얼매화』(孽梅花)는 모두 천첸추(陳千秋)가 쑨원의 명을 받들어 "각처의 회당과 연합"한 것과 가로회(哥老會) 두목이 "강 위의 건아들을 이끌고 청년회(靑年會) 회장 쑨 군(孫君)의 삼색 깃발 아래 함께 들어가려는" 희망을 표시한 것을 언급하고 있다. 들리는 말로는, "내우외환에 어찌 같은 민족끼리 싸우겠는가!"[110]가 연합한 이유였다고 한다. 사실 연합한 근본 원인은 회당은 "공부한 사람"의 신사상과 재정적 지원이 필요하였고, "공부한 사람"은 회당의 조직 시스템과 군사 역량이 필요하였기 때문이었다. 양자가 손잡고 반청 투쟁을 전개하는 과정에서 혁명당원들은 신사상으로 회당을 점진적으로 개조하는 것을 잊은 적이 없었다. 타오청장은 "그들을 계도하는 방법은 혁명 서적을 많이 운반해서 내지에 전파하는 것이었고", "혁명사상도 마침내 중·하 양 계층에까지 보급되었다"[111]고 하였다. 회당을 개조하는 것이 그리 간단한 일은 아니었으나 신시대의 교통과 정보 전파 매체가 발달하고 혁명당원들이 가는 곳마다 무대에 올라 민족 대의를 연설하는 일 등이 더하여지자

회당 소속 인물은 지식을 증진하고 안목을 넓히기에 유리하였고, 이로 인하여 지난날 산만하고 재물을 탐하였던 회당은 타이리산(泰力山)의 예언처럼 "만주의 사명염라(司命閻羅)"가 될 가능성을 갖추었다.112)

펑쯔유가 회당이 만청에서 일으킨 작용을 이야기할 때 말하였다. "무술·경자 두 차례 변란 이후 마침내 혁명지사가 시세를 타고 떨치고 일어나 날마다 회당과 연합하는 일에 힘썼으며, 이로 말미암아 여러 회당이 점점 민족·민권 두 가지 사상에 물들었고, 만청의 마지막 황제는 이 때문에 일이 많아졌다."113) 혁명당원이 회당과 연합할 때는 두 종류의 운영 방식이 있었다. 하나는 회당의 세력이 "날로 강대해지는 것을 보고 시세에 밀려서" 그들과 합작하여 "그들을 위해 기세를 조장하고 풍랑이 일도록 도왔다"114)는 것이다. 구체적인 방법은 무기 제공과 재정 지원을 포함해서 그들이 단독으로 거사하거나 연합해서 봉기하도록 종용하는 것이었다. 예를 들어 1907년에 쑹자오런(宋敎仁)이 둥베이(東北)로 달려가 다구산(大孤山) '마적'과 연합하고 "여러분과 우호 관계를 맺어 남북에서 협공해서 함께 대사를 도모하고 싶다"115)고 표시한 적이 있고, 황싱은 북방의 회당에 비용을 제공하여 거사를 촉구해서 "베이징을 깜짝 놀라게 하면 이것이야말로 기묘한 계책이다. 세가 비록 다 완성되진 않았지만 베이징의 청국 군대를 견제하기에는 충분하기를"116) 희망한 적이 있다. 이것은 기본적으로 회당을 이용하여 사회 동란을 야기하고 청국 조정의 군사력을 분산하여 이 기회를 틈타 무장봉기를 하는 책략이었다. 말하자면 회당을 측면 부대로 삼고 혁명당원 자신들이 장악한 무장 부대를 '원동력'으로 삼은 것이었다.

다른 방식은 혁명당원이 직접 회당에 참가해서 영도권을 장악하여 그들을 심복으로 의지할 수 있는 혁명 역량이 되게 하는 것이었다. 1908년, 멀리 파리에서 무정부주의를 선전하는 것을 종지로 삼는『신세계』(新世界)가 일찍이 "가라, 회당과 짝이 되어라!"라는 구호를 외쳤는데, 이유는 "중국 회당의 힘은 실로 중국 근대사에서 장관"117)이기 때문이었다. 그러나 이 이전에 쑨원 일파가 벌써 이 책략을 실행했었다. 예를 들어 쑨원의 "스젠루를 장강으로 보내 회당과 연락하고, 정스량(鄭士良)에게 홍콩에서 기관을 설립하여 회당을 초대하도록 하고, 이에 장강회당과 양광(兩廣)·푸젠(福建)회당이 흥중회에 병합되는 일이 있었다."118)

혁명파의 회당 운용에서 가장 전형적인 것은 저장광복회의 활동이라 할 수 있다. 천취빙이 쉬시린(徐錫麟)을 위해 전기를 짓고, 그가 "사오싱(紹興)에 속하는 회당을 움직이면서 우두머리들을 모조리 사귀고 인근 진화(金華) 지역의 여러 부(府)까지 선이 닿았다. 이에 따라 민중 사이에서도 종종 그대의 이름을 아는 사람이 생겨났고", 대통학교(大通學校)를 개설하자 "녹림호걸들이 무리 지어 모여들고 세력 또한 더욱 융성해졌다"119)고 하였다. 이 대통학교의 개설은 그 일에 참여해서 책임을 맡았던 타오청장의 소개에 의하면, 놀랍게도 "각처 회당 두목을 두루 부르고", 또한 본학교 학생 모두 광복회 회우가 된다고 규정하여 "이에 대통학교가 마침내 농민 봉기군 수령들이 모이는 장소가 되었다." 훗날 추진은 심지어 "각 홍문(洪門) 부하를 팔군(八軍)으로 편제하여 '한족을 광복시키고 국권을 크게 떨친다'(光復漢族, 大振國權) 여덟 자를 사용하여 팔군의 기호로 삼아", 언제든지 무장봉기를 할 준비를 하였다.120)

혁명당원이 회당을 움직인 것은 확실히 고명한 아이디어였다. 비록 청국 조정을 무너뜨리는 최후 일격 가운데 신군이 결정적인 작용을 하였지만 회당이 사회 위기를 조성한 것과 신군 안에서 그들의 강대한 세력 모두 만청의 '혁명 배만' 투쟁의 과정에서 중요한 지위를 차지하였다. 혁명당원이 회당을 움직일 수 있었던 까닭은 반청이라는 공통된 원칙 외에 또한 유협에 대한 일치된 숭앙에서 비롯되었다. 말하자면, 정치 이상과 조직 형식을 빼고 단순히 개인 기질로만 따진다면 만청 지사와 회당 소속 인물 모두 '의협 행위'를 칭송하거나 찬동하였다.

아마 바로 이렇기 때문에, 만청 지사는 "바른 군자(君子)"에게 천시당하는 이들 재야 영웅을 꽤 이해할 수 있었다. 당초 쑹자오런은 만주의 '마적'과 연락하기 위하여 그들의 두령인 리다춘 등에게 서신을 보내어 "요해(遼海) 주변에서 의사(義士)들이 모여서 약자를 돕고 강자를 혼내주며 관리에게 항거하고 민중을 구제한다"고 칭찬하고 아울러 동지라고 끌어당겼다.[121] 이것은 결코 임시방편으로 하는 말이 아니었다. 민중이 회당에 참가하는 심리와 회당의 성격과 견해에 대해 혁명당원들은 상당히 통달해 있었다. 예를 들어 쑨원은 "그들의 단체를 단단하게 결집시키려면 박애를 베풀어 피차 수족처럼 서로 돌봐주고 환난에 서로 돕도록 해야 하니 이는 강호의 나그네와 집 없는 떠돌이에게 가장 적합한 것이다"[122]라고 하였고, 타오청장은 "회원의 원칙은 오로지 의기를 숭상하고 유비·관우·장비를 본받는 것이었다. 의기를 숭앙하고 힘써 평등주의를 추구하였으므로 피차 모두 형제라고 불렀으며, 정체는 공화제를 주장하였다"[123]고 했다. 우즈후이(吳稚暉) 등이 편집을 맡은 『신세계』에서 발표한 「가라, 회당과 짝이 되어라!」와 차이위안페이 등이 운영하는 『아사경문』(俄事警聞)에서 발표한 「회당에 고함」(告會黨)은 심지어 강호 사나이인 회당 소속 인물들은 "죽음을 가볍게 받아들이는 고대 무사의 풍격을 지녔으며", "한 사람 한 사람마다 『삼국지』 중의 장비를 닮았고, 『수호전』 중의 노지심을 닮았으며", "군국주의의 좋은 재료가 된다"고 칭찬하였다.[124] 샤민(俠民)의 장편소설 『중국흥망몽』(中國興亡夢)에 이르러서는 아예 붉은 오랑캐당(紅胡子黨: '마적')의 우두머리로 하여금 그가 어떻게 "매번 칼을 뽑아 남을 돕고", "이로써 몇 번이나 법망에 저촉되었는지" 마음껏 자랑하게 하였는데, 그러고 보니 바로 사마천 붓끝의 옛날 유협이었다.[125]

회당에 속하는 인물은 "환란에 상부상조하는" 것을 주요한 원칙으로 삼았고, 그들이 의리를 강조하고 평등을 말하는 것은 『삼국지』와 『수호전』의 영향을 받았는데, 이 점은 이미 현대 학자들에 의해 증명되었다.[126] 회당에 속하는 인물 대부분은 우매하고 방탕하였으나 또한 거침이 없고 소탈하며 의리를 중시하고 신용을 지키며 불공평한 일에 참견하길 좋아하는 그들의 성격으로 인하여 만청 지사들에게 높이 평가되었다. 쑨원이 물색한 첫째 동지였던 정스량은 "한때 회당에 들어간 적이 있었지만", 쑨원을 감동시킨 것은 바로 그의 "사람됨이 의협심이 강하고 의기를 숭상하였으며, 교유 관계가 넓어 사귀는 사람이 모두 강호의 인사라서 동창들 가운데 비슷한 자가 없었다"127)는 점이었다. 이 선택은 거의 상징적 의미를 지닌다. 아마도 회당 중의 일류 인물이 "의협심이 강하고 의기를 숭상하였던" 점이 바로 똑같이 "의협심이 강하고 의기를 숭상하였던" 만청 지사와 함께 어울려 같은 노선을 걷게 하였을 가능성이 매우 높다. 반드시 만청 지사가 모두 천성이 의협심이 강하지는 않았지만 회당과 연락을 할 수 있는 자는 모두 검을 뽑아 든 채 목청 높여 노래 부르며 마음껏 의협심을 발휘하는 것을 좋아하였다.

"의협심을 발휘하길 선호하고 검술을 좋아하여", "호걸을 물색하기" 위하여 천하를 돌아다녔던 탄쓰퉁128)이 만약 일찍 죽지 않았더라면 아마 회당과 연락할 가장 좋은 인물이 되었을 것이다. 그가 세상을 떠난 뒤에 그의 '문경지우'(刎頸之友)였던 탕차이창은 이에 "칠척 장신의 하찮은 몸이 오랜 친구를 보내려니 뜨거운 피 솟구쳐서 황량한 언덕에 뿌리노라"고 하였는데, 이를 실천하는 주요 책략은 바로 회당과 연결해서 거사하는 것이었다. 그리고 탕차이창 등은 자립군을 조직하였고 아울러 부유산당(富有山堂)을 창설하여 장강 일대의 각 당파와 통일 전선을 구축하였는데, 진전이 이렇게 신속하였던 까닭은 본인의 천성이 의협심이 강하여 쉽사리 회당 인물들의 호감을 샀던 것 외에도 더욱이 그가 이미 오래전부터 "병란이 장차 일어날 것"을 의식하여 "강호에서 조금씩 호걸 인사를 물색하여 그들과 교분을 맺어놓았기"129) 때문이었다. 혁명당원이 회당과 연락하는 과정에서 저장광복회의 공적이 탁월하였고, 타오청장·쉬시린은 이를 위하여 엄청난 노력을 쏟았다. "몸은 남아의 줄에 끼지 못하지만 마음은 되레 남아보다 뜨겁노라"(秋瑾,「滿紅紅」)라 하였던 감호여협(鑒湖女俠) 추진은 뜻밖에도 회당을 능란하게 이끌고 제어하여 경탄을 자아내었다. 이것은 스스로 "사소한 예절에 얽매이지 않고 자유롭게 행동하고, 술을 좋아하고 검술에 능하여서"라기보다는 "『검협전』(劍俠傳)을 더욱 좋아하고, 주가와 곽해의 인간성을 흠모하였다"130)는 호방한 성격과 관련이 있었다. 바로 "천금을 아끼지 않고 보검을 샀으니 담비 갓옷으로 술을 사야 호방하다 하리!"(秋瑾,「對酒」), "보검과 협골을 누가 같이 견줄 수 있으랴! 평생토록 묵은 은혜와 원수 명백하게 가려왔다네"(秋瑾,「寶刀歌」)라고 하였다. 아마도 바로 이러한 호기와 협골이 회당 인물들을 탄복시키거나 경도하게 만들어 그들이 진심으로 기꺼이 '여류'의 지휘에 복종하도록 만들지 않았나 한다.

혁명당원이 회당과 연합하기는 처음에는 일종의 투쟁 책략이었을 가능성이 높았지만 개조는 쌍방향으로 진행되었다. 더욱이 감정 기질과 행위 방식 등이 정치 이상과 비교적 거리가 멀었던 측면에서 혁명당원들은 실제로 맹우들의 영향을 받지 않을 도리가 없었다. 이미 "의협심이 강하고 의기를 숭상하는" 이 점에서는 쌍방이 공통 화제를 찾았다면, 만청 지사들도 회당과 결맹하여 그들의 유협적인 심리를 강화했다고 말하지 않을 수 없다.

6. 대소 전통 간의 소통

만청 시기는 곧 중국 역사상 매우 중요한 전환점이라는 사실은 아마 누구라도 부인하지 못할 것이다. 논쟁은 이러한 사회 변화 과정 중 전통이 과연 어떠한 작용을 하였는가이다. 만청 사회의 변화와 문화 프레임의 전환 과정에서 선행자가 어떻게 서양 학문을 빌려 전통을 자극하여 전통의 선택과 재구성을 완성하고 그것으로 하여금 개혁을 촉진하는 중요한 사상적 자원으로 삼았는지를 생각해봄은 의심할 바 없이 매우 중요한 일이다. 량치차오·첸무에서 허우와이루(侯外廬)·창순후이(張舜徽)·위잉스(余英時) 등에 이르기까지 모두 청대 중엽 이후 제자학(諸子學)의 부흥과 그것이 주류임을 자부하는 의식형태를 지닌 유가에게 끼친 충격에 대해 주목하였다.[131] 장하오(張灝)는 제자학의 부흥, 대승불교학의 재등장, 유가 전통 중에서 치용(致用)사상의 부각, 이 세 가지 주도적 사조를 만청 지사의 사상으로 삼아 중토(中土)사상의 배경을 형성해 성숙시키고자 하였다.[132] 이러한 사상 배경의 형성은 구조를 조정하여 사회 위기에 대응하는 기능을 하면서도 외부 세계의 충격(군함과 대포에서 제도와 문명까지)과 무관하지 않았다. 이러한 사상 배경을 잘 정리하려면 반드시 '도전과 응전'이라는 연구 모델을 포기하는 동시에 중국사 자체의 '선정주의'에 과도하게 집착해서 서양 학문의 거대한 영향을 무시하는 태도도 버려야 하였다.[133] 중국 학문과 서양 학문의 대화를 전통의 내부 대화와 중첩해서 투시해야 비로소 만청 사회사조의 복잡다기함을 이해할 수 있었다.

단지 전통의 내부 대화만 고려한다 할지라도 제자학과 불교학의 부흥 및 유학의 자아 조정으로는 만청 사상계의 동요와 변혁을 설명하기에 여전히 부족하다. 이 세 가지 주도적 사조의 출현은 확실히 원래 비주류였고 비정통이었던 학설이 주변에서 중심으로 이동하고, 나아가 사회사조까지 격동하도록 영향을 끼쳤다. 그러나 이러한 설명은 결코 완벽하지 않다. 왜냐하면 그것이 '소전통' 혹은 '통속문화'라고 하는 존재의 사상계와 사회사조에 대한 제약을 소홀히 하기 때문이다. 전통의 내부 대화는 사대부가 유·불·도 중에서 이쪽저쪽을 들락날락한 기복에만 국한해서는 안 되며, 유·불·도로 대표되는 엘리트문화와 통속문화의 대화를 포함해야만 한다.

일반적으로 말하면, 대전통(엘리트문화)과 소전통(통속문화) 사이는 이미 서로 독립되고 또한 서로 교류하므로 절대적 폐쇄와 절대적 개방은 모두 상상할 수 없다. 위잉스는 기타 원류가 오래된 문화와 상대적으로 "중국의 크고 작은 전통 간의 교류는 더 활발하였으며, 진한(秦漢) 시대에는 이와 같았으나" "한대 이후 중국의 크고 작은 전통은 점차 격리되어가는 추세였다"[134]고 하였다. 당송 이후는 자연히 개별적으로 탁월한 인물이 나타나 크고 작은 전통을 소통시키려고 하였지만 주류 의식형태의 수호자였던 유생은 기본적으로 소전통을 천시하고 배척하였다. 만청 사회의 동요와 기강의 해이로 초야에서 다수의 지사들이 흥기하였고, 그들의 특수한 사회적 지위와 투쟁 전략으로 인하여 대소 전통 간의 교류가 비교적 활발하였다. 더욱이 만청 지사의 유협 심리의 형성은 주로 민간문화 정신에서 훈도를 받은 바가 컸다.

고대 유협의 기원에 대해서 지금까지 학술계의 여러 학설이 분분하다.[135)] 전국 시대에 관하여 "고대에 문무를 겸비한 인물은 둘로 나뉘었고, 칼을 쓰기를 꺼리는 자들을 '유'(儒)로 돌리고, 힘쓰기를 좋아하는 자가 '협'(俠)이 되었다"는 구제강(顧頡剛)의 생각[136)]은 또한 많은 공격을 받았다. 그러나 구 씨가 사회 분업과 문무가 분리되어 발전한 관계를 강조하면서 진한 즈음 유협이 흥성하고 쇠락하였던 역사의 궤적을 서술한 것은 대체로 신뢰할 수 있다. 사가들은 동한 이후를 더는 유협 열전으로 보지 않았는데, 통치자는 반드시 그들을 죽여야만 속이 후련했을 뿐만 아니라 사대부도 그들이 무력으로 법을 어기거나 스스로 살생의 대권을 쥐는 것을 천시하였다. 설사 역대 왕조에 여전히 목숨을 가볍게 여기고 의를 중히 여기면서 약자를 돕고 강자에 대항하는 협사가 적잖이 있었더라도 기세와 규모 면에서 모두 절대로 진한 시대를 따라잡기는 어려웠다. 문인학사가 가끔 유협을 찬미하였지만 이때의 '유협'은 이미 "술잔을 돌리다 마음이 틀어져서 칼 뽑아 싸우다 원수가 되었네"(鮑照,「代結客少年場行」)만이 아니라, 반드시 "기꺼이 국난을 위해 목숨을 바치니 죽는 것 보기를 원래 자리 돌아가듯 하네"(曹植,「白馬篇」)가 되어야만 했다. "칼을 차고 협행을 하면서 변방지대를 누비다가 공을 세워 상을 받는다"는 이러한 삼부곡(三部曲)을 빌려 협객청춘 시대의 불법 행위를 용서받게 했을 뿐만 아니라 오히려 앞으로 집안을 지키고 나라를 보위하라는 전주곡이 되어 사람들이 흠모하면서도 무서워하는 상궤에서 일탈한 '유랑아'를 다시금 문명사회로 돌아오게 하였다.[137)]

이처럼 공의를 위해 달려가고 개인적 원수는 갚지 않으며, 용맹스럽고 싸움에 능하면서도 오만불손하지 않은 유협은 이미 영웅과 거의 차이가 없어졌고, 이 또한 후대로 내려갈수록 유협시(遊俠詩)와 변새시(邊塞詩)가 한꺼번에 섞이게 되는 원인이 되었다. 현실 속의 유협은 "법을 따르지 않고", "항상 세상의 법을 어기므로" 필연코 사회의 저층에 머물 운명이었다. 상대적으로 안정된 사회에서 그러한 가치관은 장래에 출장입상(出將入相)하기를 희망하는 유생에게서 인정받을 수 없었다. 문인이 추억하는 유협은 사실상 일종의 역사인물과 문학적 상상의 혼합이며, 아울러 그 당시 주류 사상의 재해석을 거친 것이었다. 부산(傅山)·김성탄(金聖歎)과 황종희(黃宗羲)가 동시에 사회가 급변하며 요동치던 명말 청초 시기에 살면서 유협을 깊이 이해한 것은 어렵고도 귀중한 일로, 한 사람은 "매번 자객전과 유협전을 탐독할 때마다 신나서 안색이 펴지면서 생기가 돌았다"(傅山,『霜紅龕文集』「雜記三」)고 칭찬하였고, 한 사람은 "『규발객전』(虯髮客傳)을 읽는 것이 또한 통쾌하지 아니한가!"(金聖歎,「西廂記批語」)라고 백하였고, 한 사람은 "유가 선비가 좁은 소견이라도 품게 되면 그의 행동은 유협의 길로 나서지 않을 수 없다"(黃宗羲,「陸周明墓誌銘」)고 찬미하였다. 유협이 추억되는 것은 여전히 '회고'(懷古)에 국한되며, 또한 유가 사상의 구속과 규제를 받아야만 했다. 지식인이 유협을 위한 전면적인 복권을 결코 바라지도 않았고, 더군다나 실제로 따라 하는 일은 언감생심이었다.

그러나 만청 시대는 달랐다. 만약 캉유웨이의 "검을 어루만지며 길게 소리 지르며 돌아갈거나, 온 산에 비바람 치니 시퍼런 검봉에서 휘파람 소리 울리네"(「出都留別諸公」)가 단지 보국의 정회와 호방한 기운만을 표시했다고 말한다면, 탄쓰퉁과 류야쯔는 아예 협으로 자처하며 협으로 타인을 칭찬하였다. "살아서 이광(李廣)을 따르니 참으로 기발한 행운이요, 죽어서 요리(要離) 옆에 누우니 실로 장쾌한 유람이로다"(譚嗣同,「丙申之春……」), "이미 협골을 내던지며 도박을 걸었더니 영웅이란 명성 얻어 만방을 진동시키네"(柳亞子,「吊鑒湖秋女士」). 만청 시문 중의 "협골과 굳센 창자 아직은 쓸 만하다 자부하네"(周實,「書憤」)는 결코 문자 유희만은 아니었으며, 이 시대 많은 사람들이 유협의 행동 방식에 찬동하였고, 어떤 이는 심지어 선혈과 생명으로 천 길 낭떠러지에 떨어진 '유협전'을 다시 썼다.

만청 지사의 유협 심리의 형성은 정치적 책략에서 나왔고 또한 문학적 상상에서 기인하였다. 양자 모두 만청 사상문화계 가운데 크고 작은 전통의 교류와 소통과 서로 밀접한 관계가 있었다. 이상주의적 색채를 띠었던 만청 지사는 기왕 위로부터 아래로 하향식으로 나라를 잘 다스릴 수 없다면 군치(群治)로 개량해서 사회의 진보를 추진하는 방법밖에 없다고 보았다. 힘써 민중을 일깨우려고 힘썼던 계몽가와 "혁명 사업의 중견"인 "하층사회" 사이[138]는 결코 단순히 개조와 비개조의 관계만은 아니었고 일종의 광범위하면서도 심각한 '대화'였다. 엘리트문화가 통속문화를 개조하는 동시에 또한 통속문화에 의해 개조되었다. 소전통의 가치 상승과 주류 의식형태를 향한 도전은 적잖은 깨어 있는 인사들로 하여금 안목과 취미를 조정하게 하여 어느 정도 그것의 가치 관념을 인정하게 만들었다. 만청 지사가 부분적으로 "문무 겸비"와 "검을 차고 협행을 하는" 고대 선비풍을 회복한 것은 바로 이러한 크고 작은 전통의 대화에 힘입은 바가 컸다.

혁명에 심취하였던 만청 지사들은 "온화를 말하지 말고 오로지 파괴만 말하자"[139]고 맹세하며 역사를 뒤집어 보았고, 필연적으로 역대 왕조에서 깃대를 높이 들고 봉기하였던 녹림호걸을 인정하였다. 진섭(陳涉)을 "중국 최초의 혁명가"라고 불렀고, 홍수전(洪秀全)이 "한족 쾌남아"가 되었으며, 살인을 밥 먹듯이 저지른 장헌충(張獻忠)일지라도 "녹림영웅"이라고 여겼으니, 바로 그들 모두 한때 "정부를 무너뜨리고 널리 국민을 구하자"는 뜻 때문이었다.[140] 단지 량치차오만이 강력하게 다른 논조를 주창하여, "오늘날 국내에서 혁명을 미신하는 지사들이" "혁명의 결과"를 따지지 않은 채 회당을 움직여 무기를 들여와서 정부를 전복하려 한다고 보고 이러한 '하등사회 혁명' 방식에 대하여 매우 못마땅하게 여겼다. 그가 기대하는 '중등사회 혁명'은 출현하지 않았으나, 혁명당원이 거사할 때 의지한 '하등사회'는 "혈관 속에 모두 황건(黃巾)·틈(闖)·헌(獻)의 유전자를 함유하였다"[141]는 것인데, 이것이 바로 만청 지사들이 당면한 문제였다. 개량이냐 혁명이냐 논쟁 중에서 혁명파는 '죽음 불사'라는 도덕적 우세로써 우위를 점하였다. 그러나 량치차오의 염려는 일리가 없지 않았다. 파괴와 반란을 강조하고 암살 수단을 선택하여 부분적으로 회당을 인정하는 생존 방식은 지식인을 주체로 하는 혁명당원들로 하여금 점차적으로 하층사회의 정치의식과 문화 관념을 향하여 가까이 다가가게 만들었기 때문이다.

이러한 경향은 사상문화계에서 실천되어 '협'으로 유·불·도가 삼분천하하는 전통 국면을 타파하려고 하였다. 협은 지식이 없고 독립적 사상 학설이 없으며 구류십가(九流十家)와 같은 계층이 아니라는 개념이었다. 비록 유협이 "자기 몸을 아끼지 않고 남이 곤경에 처했을 때 기꺼이 달려가는" 정신 기개가 "또한 충분히 훌륭한 점이 있었다"(『史記』「游俠列傳」) 하여 옛 문인의 감탄을 자아냈지만, 만청에 이르러서야 지식인이 비로소 협이 유가에서 나왔다느니 혹은 묵가에서 나왔다느니 하는 논쟁을 상기시켰다. 이전에 협은 주로 일종의 민간문화 정신으로 하층사회가 숭배하고 모방하였다. 협의 가치 증대는 유가의 가치 하락을 의미하였다. '유협'을 병칭하면 이미 유학의 독존 지위가 타파된다. 더욱이 장타이옌·황칸 사제지간처럼 그렇게 유가적 인의 이상을 실현하는 중임을 전부 협사의 어깨 위에다 올려놓은 경우에는 더 말할 나위가 없었다.142) 그리고 '묵협'을 제창하는 방식도 마찬가지로 유가의 중심적 지위 쇠락과 중국문화에서 크고 작은 전통의 소통을 의미하였다.
　'유협'은 일종의 문학적 상상으로서 만청에서도 크고 작은 전통이 대화하는 모습을 드러냈다. 만청 지사들은 국운 쇠약의 원인을 중국인이 문을 중시하고 무를 숭상하지 않는 습속에 돌리기를 좋아하였고, 나아가 "중국 역대 시가는 모두 종군이 고생스럽다고 말한다"143)고 책임을 추궁하였다. 사실 육조의 유협시와 당대의 변방 시인들이 '전사를 기원한' 강개한 비가가 어찌 없었겠는가? 송·원대 이후 중국 시가 확실히 유미(柔美)한 쪽에 치우쳤을 뿐이다. 그러나 중국 문학에는 여전히 양강(陽剛)에 치우친 일면도 있었는데 왜 세상 사람들은 보고도 발견하지 못하였을까? 『수호전』에서 『삼협오의』(三俠五義)에 이르기까지 명청 소설 가운데 민간 전통에 가까운 작품에는 상무와 호탕한 기가 많다(문인기가 농후한 소설도 가끔 '협객'이 등장하지만 대부분은 가짜이다. 『유림외사儒林外史』 제12회 중의 장티에비張鐵臂가 그 예인데 이 한 가지만 봐도 문인의 심리를 알 수 있다). 단지 소설(더욱이 민간의 숨결이 농후한 장회章回소설)이 아직 고급 문화의 전당에 오르지 못하였기 때문에 당시 사람들은 너도나도 중국 문학은 상무정신이 부족하다고 탄식하였다.

　만청 지사들은 군치로 개량하려는 정치운동과 보조를 맞추기 위하여 "소설계 혁명"이란 구호를 제기하였고, 이전에 "하찮은 기량"으로 폄하되었던 소설을 "문학의 최상승"으로 높여놓았다. 시문 숭상으로부터 소설 중시에 이르기까지 이러한 문학적 전향의 핵심은 "소설은 불가사의한 힘으로 인간의 도리를 지배한다"는 것을 인식하는 것으로, "육경이 가르치지 못하는 것을 소설로써 가르쳐주기를" 희망하였다.[144] 하나의 문학 형식을 받아들임은 동시에 그 안에 포함된 문화정신과 심미적 취향까지 받아들이는 것을 의미하였다. 처음에 량치차오는 전통소설을 전면 비판하는 자세를 취하여 『수호전』과 『홍루몽』을 도적질을 가르치고 음란질을 가르치는 대표라고[145] 하였지만, 얼마 가지 않아 량 씨 등 신소설 제창자들은 다시 『수호전』과 『홍루몽』을 크게 찬미하고 나섰다. 한편으로는 서방 민주정신의 계발을 받아 『수호전』은 "순전히 사회주의이다"[146]라고 큰소리쳤고, 한편으로는 호탕하고 무를 숭상하는 민간문화 정신의 훈도를 받아 『수호전』의 "무덕을 고취하고 협풍을 진작하며" "무협의 모범을 유전시켜 사회가 보너스를 받도록 하였다"[147]고 대견해하였다.

　신소설가들은 『수호전』을 재평가하였을 뿐만 아니라 『수호전』의 속편을 써서 '양산'을 재구성하였다(예를 들어 시링둥칭西泠冬青과 루스어陸士鍔가 각각 『신수호新水滸』를 썼다). 『수호전』의 전통과 무정부주의를 결합한 소설들은 암살과 복수를 크게 외쳤고, 회당과 연합하여 봉기를 일으키자는 작품으로는 예를 들어 왕먀오루(王妙如)의 『여옥화』(女獄花), 하이톈두샤오쯔(海天獨嘯子)의 『여왜석』(女媧石), 화이런(懷仁)의 『루소전』(盧梭傳), 천징한(陳景韓)의 『자객담』(刺客談) 등이 더욱 능히 "무덕을 고취하고 협풍을 진작하였다." 여파는 소설가가 '상무'가 중심이 아니더라도 소설 중에 협사나 암살과 관계된 묘사를 몇 단락 삽입하기를 선호하는 데 미쳤는데, 예를 들어 쩡푸(曾朴)의 『얼매화』, 린수(林紓)의 『검성록』(劍醒錄), 리보위안(李伯元)의 『문명소사』(文明小史), 뤼성(旅生)의 『치인설몽기』(痴人說夢記) 등이 있다. 천징한은 더욱이 전문적으로 "협객을 이데올로기로 삼는"『신신소설』(新新小說) 잡지의 편집자로 있으면서 기(期)마다 각종 유형의 '협객담'을 실었다. 일순간에 상무를 중시하고 협객을 이야기하는 것이 소설 창작의 인기 종목이 되었다.

1907년 쑹자오런은 둥베이 지방으로 가서 그가 "20세기의 양산박"이라고 부르는 "만주의 마적"과 손을 잡았다.[148] 편지를 보내 "함께 대사를 도모하자"고 희망하였던 그날에 그는 "한 중국 서점에 가서 『대공의』(大公義)와 『아녀영웅전』(兒女英雄傳)을 구입하였다."[149] 그의 일기에는 책을 구입한 목적을 설명하지 않았지만 당시의 심경을 추측건대 아마도 '마적'과 손을 잡은 이 일과 전혀 관계가 없지 않다. 이 일은 꽤 상징적 의미를 지닌다. 만청 지사들이 회당과 연합하여 함께 거사하려면 필연적으로 녹림호걸과 강호 사나이를 표창하는 이러한 '해적'(海盜)소설들을 인정해야만 했다. 그리고 신소설가들이 '상무' 소설의 창작에 참여하게 되면서 필연적으로 청대 협의소설의 전통을 개조하기 위해 노력하게 되었다. 가장 현저한 점은 바로 협객의 발판이 다시 관부에서 강호로 이동하여 더는 "왕을 위해 앞장을 서지" 않고 "하늘을 대신해 도를 행하였다"는 이러한 가치관의 전환이 차후 무협소설의 번창과 중요한 관계가 있다는 것이었다.

크고 작은 전통의 대화를 통하여 원래 하층사회에서 유행하였던 협의소설이 민주사상의 세례를 받고, 만청 지사들은 "협사 기풍을 진작하는" 것에 자극을 받아 그들의 유협 심리를 더욱 강화하였다. 다만 신해혁명 후 유협정신은 재차 실종되었다. 왕년에 "입신은 유사(儒士) 아니면 협사(俠士)이고, 지기는 검과 퉁소일세"(周實, 「無盡庵獨坐」)라고 하였던 지사들이 일단 강산을 차지하자 착안점이 파괴에서 건설로 전환되었고, 지탱 역량도 회당에서 사신(士紳)으로 전환되었으며, 암살 행위는 모두 견책을 받았다(최소한 겉으로는 이러하였다). 이에 법을 따르지 않는 유협은 할 수 없이 또다시 강호로 숨어들었다. 쑨원이 총통에 취임한 그 다음 날부터 각 성에서 회당의 해산을 명하는 포고가 연이어 발포되자,[150] 새로운 권력자는 예외 없이 골목의 '협'이 "필부의 미천한 신분으로 살생의 대권을 휘두르는"(『漢書』「遊俠傳」) 것을 허락하지 않았다. 신정부가 회당 금지를 일종의 정치 책략으로 삼은 공과 득실을 여기서는 논하지 않겠지만, 녹림의 호기가 사라지고 암살 풍조가 없어지자 설사 개별적으로 상무정신을 숭상하는 독립적 인사라 할지라도 역시 정말 '협풍을 드러낼' 수가 없었다. 1930~40년대 국난이 눈앞에 닥쳤을 때 적잖은 문인과 학자들이 병사(兵士)와 협사를 담론하기 시작하였는데,[151] 아마도 이를 빌려 민중의 의지를 격려하기를 희망하였지만, 더 이상 만청 지사들처럼 그렇게 앉아서 검을 논하고 일어나서 협의를 실천하지는 못하였다.

"이날 갈 길이 막힌 저 선비, 왕년의 유협 영웅이었네"(黃侃,「效庚子山詠懷」). 만청 시기 지사 혹은 대협은 영원히 역사의 깊은 곳에 숨어들기 전에 잠시 반짝 반사된 빛이었다. 현대인은 협의를 행하기 위해 꺼내 들 보검을 잃어버렸을 뿐만 아니라 유협 시가조차도 읊지 못하게 되고 유일하게 남은 것은 "도살장을 지나가며 씹어대는" 것에 가까운 무협소설이었다.

만청 지사들이 청국 조정을 전복한 공적은 수시로 사람들이 언급하지만, 나는 그들이 정신적 기질로 삼은 유협적 심리 상태를 더욱 높이 평가한다. 책임의식·비극의식·급진정서, 반항과 파괴욕, 위기 때 일격으로 문제의 근본을 해결하는 사고방식, 검기·호기·강호기와 건달기 등등을 포함해서이다. 만청의 특수한 사상문화 배경과 만청 지사가 채용한 특수한 정치 책략은 이 시대 사람들로 하여금 어느 정도 옛 문인의 협객몽을 실현해주었다. 단순히 이 점만으로도 후대인이 부러워하고 그리워할 만한 가치가 있다. 설사 그 사고방식과 정치 책략이 솔직히 모방할 가치가 없다고 할지라도. 〔장창호 옮김〕

- 陳平原,『中國現代學術之建立 ─ 以章太炎·胡適爲中心』, 北京大學出版社, 1998, 第七章.

1) 2) 27) 35) 47) 48) 49) 64) 128) 蔡尙思 等編, 『譚嗣同全集』, 中華書局, 1981, pp. 150, 543, 344, 8, 289, 266, 546, 543.
3) 陳去病, 『鑒湖女俠秋瑾傳』, 『南社』, 第9集 『文集』, 1914.
4) 「浙案征略」, 湯志均 編, 『陶成章集』, 中華書局, 1986, pp. 374, 375, 381, 388, 384, 388.
5) 馮自由, 『革命逸史』, 第1集, 中華書局, 1981, pp. 4, 85, 92; 第2集, 中華書局, 1981, pp. 158, 183, 199; 第3集, 中華書局, 1981, p. 188; 第5集, 中華書局, 1981, p. 182.
6) 孫中山, 「『孫逸仙』序」, 中國近代史資料叢刊 『辛亥革命』(一), 上海人民出版社, 1981, p. 92.
7) 龔鵬程, 『大俠』(錦冠出版社, 1987), p. 48: "진한·남북조·수당 및 명청·민국 초기 각 시기의 협에 대한 견해를 비교하면 알 수 있듯이 협은 결코 고정된 유형 혹은 인물이 아니었다."
8) 73) 137) 陳平原, 『千古文人俠客夢—武俠小說類型研究』, 人民文學出版社, 1992, pp. 2, 26~28, 16~26.
9) 46) 梁啓超, 『中國之武士道』, 「自序」, 『飮氷室合集·專集』, 第6冊, 中華書局, 1936.
10) 陶希聖, 『辯士與遊俠』, 臺北: 商務印書館, 1971, p. 98.
11) 15) 103) 118) 122) 127) 「建國方略」, 『孫中山選集』, 人民出版社, 1981, pp. 192, 200, 197, 197, 195, 192.
12) 57) 61) 62) 梁啓超, 위의 책, pp. 61, 2, 49, 60.
13) 章行嚴, 「蘇報案始末記敍」, 『辛亥革命』(一), p. 387.
14) 장타이옌·쩌우룽 옥중 연구시(聯句詩) 「절명사」(絕命辭) 중에는 협객 이미지가 적지 않다. "돌을 치는데 어찌 반드시 박랑추(博浪椎)라야만 하나?(쩌우) 모두들 기꺼이 굴원(屈原)이 되리니.(장) 고향 사당을 떠나 지금 어디에 있나?(장) 원컨대 선생께서 흙 한 줌만 빌려주오.(쩌우)"
16) 章太炎, 「贈大將軍鄒君墓表」, 『章太炎全集』, 第5卷, 上海人民出版社, 1985, p. 229; 『太嚴先生自定年譜』, 龍門書店, 1965, p. 10.
17) 「咄! 漢滿兩種族大爭訟」, 『江蘇』, 1903年 6月, 第4期.

18) 「獄中答『新聞報』」, 湯志均 編, 『章太炎政論選集』, 中華書局, 1977, p. 234.
19) 張玉法, 『淸季的革命團體』, 臺北, 中央研究院近代史研究所, 1982, p. 133.
20) 陳天華, 『獅子吼』, 第7回, 『陳天華集』, 湖南人民出版社, 1982, p. 159.
21) 100) 104) 「絶命辭」, 『陳天華集』, pp. 235, 236.
22) 梁啓超, 『新民說』, 『飮氷室合集・專集』, 第3册, p. 1.
23) 「原强」, 『嚴復集』, 第1册, 中華書局, 1986, p. 27.
24) 梁啓超, 「『淸議報』一百册祝辭幷論報館之責任及本館之經歷」, 『飮氷室合集・文集』, 第3册, p. 54.
25) 「謹告閱報諸公」, 『杭州白話報』, 1902年 6月, 第1年 第33期.
26) 「國魂篇」, 『浙江潮』, 第1, 3, 7期, 1903; 壯遊, 「國民新靈魂」, 『江蘇』, 1903, 第5期.
28) 34) 「中國積弱溯源論」, 『飮氷室合集・文集』, 第2册, pp. 25, 26.
29) 43) 「軍國民篇」, 毛注靑 等編, 『蔡鍔集』, 湖南人民出版社, 1983, pp. 20, 38.
30) 楊度, 「『中國之武士道』敍」, 『飮氷室合集・專集』, 第6册.
31) 45) 51) 蔣智由, 「『中國之武士道』敍」, 『飮氷室合集・專集』, 第6册.
32) 33) 36) 梁啓超, 『新民說・論尙武』, 『飮氷室合集・專集』, 第3册, pp. 108~18.
37) 『時務報』第39册, 1897年 9月; 『安徽俗話報』, 1904年 7~8月, 第8~9期; 『杭州白話報』, 1902年 6月, 第2年 1~3期; 『第一晋話報』, 1905年 9月, 第3期.
38) 壯遊(金松岑), 『國民新靈魂』.
39) 鄒容, 「革命軍」, 『鄒容文集』, 重慶出版社, 1983, p. 48.
40) 「中國兵魂錄」, 『安徽俗話報』, 1904年 12月, 1905年 6月, 第17~18, 20期.
41) 梁啓超, 『新民說・論私德』, 『飮氷室合集・專集』, 第3册, p. 131.
42) 章太炎, 「東京留學生歡迎會演說辭」, 『章太炎政論選集』, p. 272.
44) 梁啓超, 『自由書・中國魂安在乎』, 『飮氷室合集・專集』, 第2册, pp. 38~39.
50) 「論中國學術思想變遷之大勢」, 『飮氷室合集・文集』, 第3册, p. 21.
52) 91) 101) 撰鄭(湯增璧), 「崇俠篇」, 『民報』, 第23號, 1908年 8月.
53) 54) 55) 58) 60) 『儒俠』 세 편은 각각 『章太炎全集』, 第3卷, 上海人民出版社, 1984, pp. 12, 141, 11, 12, 440 참조.
56) 59) 63) 89) 96) 運甓(黃侃), 「釋俠」, 『民報』, 第18號, 1907年 12月.
65) 梁啓超, 『新中國未來記』; 楊篤生, 「胡南之湖南人」 等.
66) 「熊烈士供詞」, 『辛亥革命』(三), p. 241.
67) 章太炎, 「駁康有爲論革命書」, 『章太炎政論選集』, p. 201.
68) 章太炎, 「革命之道德」, 『章太炎政論選集』, p. 311.
69) 72) 76) 99) 「吳樾遺書」, 『民報』臨時增刊 『天討』, 1907年 4月.

70) 不佞(黃侃),「論立憲黨人與中國國民道德前途之關係」,『民報』, 第18號, 1907年 12月.
71)「怪哉上海各學堂各報館之慰問出洋五大臣」,『陳天華集』, p. 228.
74) 蔡元培,『我在教育界的經驗』; 吳樾,『暗殺時代』; 宋敎仁,『旣設警部復置巡警道果何爲耶』 등 참조.
75) 宮崎寅藏 著, 黃中黃 譯,『孫逸仙』,『辛亥革命』(一), p. 104.
77)「溫生才擊孚琦」,『辛亥革命』(四), p. 172.
78) 80) 馬敍倫,「二十世紀之新主義」,『鄭藝通報』, 1903, 第14～16期.
79) 馬君武,「『俄羅斯大風潮』序言」,『俄羅斯大風潮』, 廣智書局, 1902.
81) 自然生(張繼),「無政府主義及無政府黨之精神」,『無政府主義思想資料選』, 上冊, 北京大學出版社, 1984, pp. 28, 34.
82) 金一,「『自由血』緖言」,『無政府主義思想資料選』, 上冊, p. 53.
83) 孫中山,『建國方略之一: 心理建設』은 스젠루가 더소우(德壽)를 폭사시키려는 시도는 임시로 본인이 결정한 것이라고 말하였다. 馮自由,『革命逸史』, p. 16 에서는 쑨중산이 스젠루 등을 광저우로 파견하였고 본래부터 "거사 조직과 암살 기관" 두 직무가 있었다고 하였다.
84) 馮自由,『革命逸史』 初集, p. 112 참조.
85) 105) 111) 114) 120) 123) 陶成章,「浙案紀略」,『陶成章集』, pp. 334, 425, 342, 335, 378, 423～24.
86)『蔡元培自述』, 臺北傳記文學出版社, 1967, p. 39.
87) 梁啓超,「論俄羅斯虛無黨」,『飮氷室合集・文集』, 第5冊, pp. 26～27.
88) 94) 95) 白話道人(林獬),「論刺客的敎育」,『中國白話報』, 1904年 8月, 第17～18期.
90) 97) 揆鄭(湯增璧),「劉道一」,『民報』, 第25號, 1910年 1月.
92) 寄生(汪東),「刺客校軍人論」,『民報』, 第16號, 1907年 9月.
93)『胡漢民自傳』,『革命文獻』, 第3輯, 臺灣, 1958 참조.
98)「意大利暗殺歷史之一」,『新世紀』, 第23號, 1907年 11月.
102) 湯增璧,「革命之心理」,『民報』, 第24號, 1908年 10月; 寄生(汪東),「刺客校軍人論」,『民報』, 1907年 9月, 第16期.
106) 150) 蔡少卿,『中國近代會黨史研究』, 中華書局, 1987, pp. 287, 313～29.
107) 周錫瑞 著, 楊錫之 譯,『改良與革命』, 中華書局, 1982, pp. 22～23.
108)「光緒二十六年閏八月二十一日湖南巡撫兪廉三奏折」,『辛亥革命』(一), pp. 273, 271.
109) 費正淸 主編,『編橋中國晚淸史』, 下冊, 中國社會科學出版社, 1985, p. 560.

110) 小說林本『孽海花』, 第4~5回, 眞善美本『孽海花』, 第29回 參照.
112) 秦力山,『革命箴言』. 王德昭,『從改革到革命』, 中華書局, 1987, p. 195 轉引.
113) 馮自由,『革命逸史』, 第5集, pp. 42~43.
115) 121) 149)『宋敎仁日記』, 湖南人民出版社, 1980, pp. 357, 356.
116) 「復孫中山書」,『黃興集』, 中華書局, 1981, p. 19.
117) 「去埃! 與會黨爲伍」,『新世紀』, 第42號, 1908年 4月.
119) 南史氏(陳去病),『徐錫麟傳』,『民報』, 第18號, 1907年 12月.
124) 「去埃! 與會黨爲伍」,『新世紀』, 第42號;「告會黨」,『俄事警聞』, 1903年 12月 20日.
125)『中國興亡夢』,『新新小說』, 1904年 10月, 第2期.
126) 蔡少卿,『中國近代會黨史硏究』, p. 19에서 "우리는 청대 이래 각지 주요 회당의 결사 상황을 조사하였고, 그들의 기본 종지가 대부분이 어려울 때 상부상조하기라는 것을 발견하였다"고 하였고, 羅爾網,「『水滸傳』與天地會」(『會黨史硏究』, 學林出版社, 1987)에서는 천지회의 "사상 근원이『수호전』에서 나왔다"고 증명하였다.
129) 「致唐次丞書」,『唐才常集』, 中華書局, 1980, p. 244.
130) 徐自華,「鑒湖女俠秋君墓表」,『秋瑾集』, 中華書局上海編輯所, 1962, pp. 185~87.
131) 예를 들어 梁啓超,『中國近三百年學術史』; 錢穆,『中國近三百年學術史』; 侯外廬,『近代中國思想學說史』; 張舜徽,『淸代揚州學記』; 余英時,『中國近代思想史上的胡適』등이다.
132) 張灝 著, 高力克 等譯,『危機中的中國知識分子』, 第1章, 太原: 山西人民出版社, 1988.
133) 柯文 著, 林同奇 譯,『在中國發現歷史』, 第4章, 中華書局, 1989.
134) 余英時,『士與中國文化』, 上海人民出版社, 1987, pp. 132, 138.
135) 崔奉源,『中國古典短篇俠義小說硏究』, 聯經出版事業公司, 1986, "緒論"部分對各家說法的介紹.
136) 顧頡剛,「武士與文士之蛻化」,『史林雜識』, 中華書局, 1963, p. 89.
138) 「民族主義之敎育」,『遊學譯編』, 1903年 9月, 第10期. 이 글에서 말한 "하등사회"는 비밀사회·노동사회·군인사회를 포함한다.
139) 亞盧(柳亞子),「中國立憲問題」,『江蘇』, 1903年 9月, 第6期.
140) 亞盧,「中國革命家第一人陳涉傳」; 復漢種者,「新國史略」; 金一,「莽英雄殺人記」. 세 글은 각각『江蘇』, 第9~10期, 第6期, 第7期에 나눠 실려 있다.
141) 梁啓超,「中國歷史上革命之硏究」,『飮氷室合集·專集』, 第5冊, pp. 31~41.

142) 장타이옌이 십몇 년간 세 차례에 걸쳐 저작한 세 편의 『儒俠』과 황칸의 『釋俠』을 참고하였다.
143) 梁啓超, 「自由書·祈戰死」, 『飮氷室合集·專集』, 第2冊, p. 37.
144) 康有爲, 「『日本書目志』識語」; 梁啓超, 「論小說與群治之關係」, 『二十世紀中國小說理論資料』, 第1卷, 北京大學出版社, 1989 참조.
145) 梁啓超, 「譯印政治小說序」, 『淸議報』, 第1冊, 1898年 12月.
146) 蠻, 「小說小話」, 『小說林』, 1907年 2月, 第1期.
147) 『小說叢話』中定一語, 『新小說』, 第15號, 1905年 4月.
148) 劫(宋教仁), 「二十世紀之梁山伯」, 『二十世紀之支那』, 1905年 6月, 第1期.
151) 예를 들어 顧頡剛·郭沫若·聞一多·雷海宗 등이 모두 따로 글을 써서 논술하였다.

제12장 20세기 초 중국 신지식계 사단

● 상빙 桑兵

　무술변법(戊戌變法) 시기, 중국에는 유신파(維新派)의 지도하에 수십 개의 학회가 설립되었으며, 사회적으로도 큰 영향력을 끼치고 있었다. 그러나 정변(政變) 이후 이 학회들의 활동은 대부분 정체되었다.[1] 청(淸) 조정의 강압적인 당금(黨禁) 조치로 비밀결사 외에는 사회단체들이 살아남아 활동을 전개하기 힘든 상황이었다. 1901년, 청 조정이 다시 신정(新政)을 실시함으로써 유신 사업에 대한 각종 규제가 거의 폐지되었다. 이후 짧은 기간 내에 중국 전역에서 진보적인 신지식층을 중심으로 한 사단(社團)이 설립되었는데, 이는 이후 입헌(立憲) 및 지방자치 단체 그리고 다양한 신상(紳商) 단체의 등장을 재촉하는 역할을 하였다. 한편, 몇몇 유명한 소규모 혁명 단체들이 출현함으로써 사람들의 눈길을 끌었고 그 뒤에는 입헌 단체들의 영향력이 크게 성장했기 때문에 20세기 초, 특히 1901~04년 사이에 설립된 여러 사단들에 대한 관심은 상대적으로 낮아질 수밖에 없었다. 이러한 사단들의 중간자적인 역할과 영향력에 대한 고찰은 신지식층의 위상 변화와 그 역할, 그리고 이러한 사단의 출현으로 나타난 신사, 관, 민의 관계가 재구성된 사회적 변동에 대해 어떻게 적응해갔는지에 관한 심도 있는 관찰을 가능케 해준다. 이 외에도 당쟁(黨爭)의 소용돌이 속에 빠져들기 전, 이러한 사단들은 근대 중국 지식인들의 성격과 패기를 한층 더 잘 체현할 수 있었기 때문에, 후세인들이 좀더 초월적 위치에서 그들의 신분과 사명을 조망할 수 있게 해준다.

1. 유형 분포와 사회적 요인

장위파(張玉法) 선생은 『청말 입헌 단체』라는 저서에서 통계와 도표를 통해 청말 10년 사이에 존재했던 각종 사단들에 대해 중국 내 각 지역과 국외에 설립된 단체는 668개지만 그중 1900~04년 사이에 설립된 것은 단지 37개(일본·미국 등의 화교, 유학생, 국외 추방자 단체 포함)뿐이었다고 설명하고 있다. 그러나 이는 실제 수치와 큰 차이를 보인다. 고증된 바에 따르면, 청말 상회(商會, 총회와 분회 포함)만 해도 900개가 넘는다.[2] 1909년에 이르러서는 중국 전역에 723개의 교육회가 설립되는데 이는 전년의 506개에 비해 훨씬 증가한 수치이고, 이러한 발전 추세는 이후에도 계속되었다. 장쑤(江蘇)를 예로 들면, 교육회가 1909년에는 55개뿐이었지만 3년 후에는 2배 수치인 115개로 늘어났다.[3] 또한 농학회(農學會)도 1911년에 적어도 19개의 총회와 276개의 분회가 있었던 것으로 추정된다.[4] 이 세 가지만 감안해도 2,000개를 넘기 때문에 장위파 선생이 통계한 수치를 훨씬 능가한다.

1906년, 청 조정이 헌정 실시 방안을 선포하면서 그 이전 시기 잇달아 합법적인 지위를 취득했던 각 사단들이 법적 보장을 받을 수 있게 되었기 때문에, 신상(紳商)을 중심으로 하는 사단들이 더욱 활기를 띠게 되었다. 위에서 언급한 상회·교육회·농회들이 바로 대부분 이 시기에 설립된 것이었다. 한편, 무술 유신파의 선전과 활동 그리고 이후 민간에서 개명신사들 스스로 당을 결성하는 경향 또한 새로운 사단들의 등장을 촉진한 중요한 요인으로 작용하였다. 변법 실패 후, 국외에서는 화교(華僑)를 상대로 보황회(保皇會)가 활동하고 있었고, 국내에서는 정기회(正氣會)와 중국의회(中國議會)가 지방 신사(紳士)들을 결집시켜 무술 학회의 정신이 이어져 내려갈 수 있었다. 청 조정이 신정을 실시한 뒤 신사들의 모임은 지하

활동에서 밖으로 나와 공개적으로 진행되었고 그 유형도 단순한 정치 조직에서 다양한 기능을 갖춘 단체로 발전하였다. 『소보』(蘇報) · 『국민일일보』(國民日日報) · 『아사경문』(俄事警聞) · 『중외일보』(中外日報) · 『대공보』(大公報) · 『경종일보』(警鐘日報) · 『신보』(申報) · 『영동일보』(嶺東日報) · 『회보』(匯報) 그리고 『동방잡지』(東方雜誌) · 『신세계학보』(新世界學報) · 『대륙보』(大陸報) · 『선보』(選報) 등 수십 종에 달하는 신문과 잡지에 따르면, 1901~04년 장쑤(강녕江寧 포함) · 저장(浙江) · 광둥(廣東) · 푸젠(福建) · 장시(江西) · 후베이(湖北) · 후난(湖南) · 안후이(安徽) · 산둥(山東) · 즈리(直隷) · 허난(河南) · 펑톈(奉天) · 쓰촨(四川) · 윈난(雲南) · 광시(廣西) 등의 성(省)과 상하이에 271개의 다양한 신식 사단(분회 제외)이 설립되었다고 한다. 상술한 신문과 잡지 들이 대부분 상하이에서 발간되었고 내지에 있는 지역들은 정보 유통이 원활하지 못했기 때문에 이러한 통계 수치가 완전한 것이라고 보기는 힘들지만, 대체로 그 시기 신식 사단들의 중국 전역에서 활발히 활동하던 모습을 반영하고 있으므로 구체적인 분석에 필요한 논거로 사용될 수 있을 것이다.

다른 측면에서도 이러한 단체들의 기본적인 상황을 더욱 잘 이해할 수 있다. 우선 사단의 지역적 분포는 아래 도표와 같다.

성(省)수	장쑤	저장	상하이	푸젠	광둥	장시	후베이	후난	안후이
	77	51	42	20	18	10	9	8	8
즈리	쓰촨	동3성	허난	산둥	구이저우	광시	윈난	산시	
8	6	5	4	4	3	1	1	1	

통계의 불완전함을 염두에 두더라도, 이러한 분포는 당시 각 지역의 사회 발전 상황 및 신흥 세력의 활동과 밀접히 연관되어 있음을 알 수 있다. 장쑤 · 저장 일대는 경제와 문화가 비교적 발달되고 외부 세계와의 연계도 활발할 뿐만 아니라 무술변법 이후 상하이로 몰려들기 시작한 개명인사들이 사단을 설립하는 등 다양한 방식으로 조직적인 연락을 시도하고 있었다. 이에 따라 강학회(强學會) · 정기회 · 중국의회 그리고 이후 중국교육

회(中國教育會)·국민총회(國民總會)·대아동지회(對俄同志會)·쟁존회(爭存會) 등이 시기에 따라 그 방침과 취지를 달리함에도 불구하고, 이 단체들의 인원 구성은 계승 관계를 유지하였으며 그 핵심 성원들은 종종 여러 단체에 관여하면서 중요한 역할을 수행하였다. 가령 예한(葉瀚)은 정기회 간사장(幹事長), 중국의회 서기(書記), 중국교육회 온화파(溫和派)의 지도자 등으로 활동했다.

이러한 단체들이 대부분 성도(省都)나 대·중 도시들에 집중되어 있기는 했지만 일부는 부(府)·주(州)·현(縣)·진(鎭)과 같은 기층사회로까지 확대 발전되었다. 예를 들면 초기 민립교육회는 상하이·항저우(杭州)·쑤저우(蘇州)·난창(南昌)·푸저우(福州)·청두(成都)·지난(濟南)·광저우(廣州)·바오딩(保定) 등 도시에 총회를 설립한 것 외에도 각 부·주·현에 적지 않은 분회를 두었다. 또한 후베이 부전족회(湖北不纏足會)는 발기 후 짧은 기간 내에 20여 개의 분회를 설치했다. 일부 지역에서는 독자적으로 단체를 설립하기도 했는데, 진화(金華)·사오싱(紹興)·간저우(贛州)·후저우(湖州)·주장(九江)·창저우(常州) 일대의 교육회가 바로 현지인들이 직접 발기하고 이 지역에 적(籍)을 둔 타 지역 인사들이 함께 조직한 단체로서, 초기에는 성도(省都)의 교육회와 예속 관계에 놓여 있지 않았다. 개명인사들이 집결된 일부 향(鄕)과 진(鎭), 예를 들어 장쑤의 동리(同里)·여리(黎里)·진택(震澤)·진묘(振墓)와 저장의 태계(埭溪), 광둥의 서양보(西洋堡) 등 지역에도 여러 유형의 사단이 설립되었다. 위에서 언급한 271개의 사단 중 127개가 대도시에, 62개가 주와 현에, 그리고 나머지는 중소 도시에 집중되어 있었다.

다음으로, 기능적 측면에서 구분하면 교육회 21개, 부전족회 34개, 연설회(演說會) 25개, 체육회 17개, 학생회 26개, 애국단체 17개, 과학연구회 18개, 문학·희곡·사진 등 예술단체 16개, 부녀단체 16개, 실업단체 17개, 위생 및 풍속 개량 단체 8개, 사범연구회(師範研究會) 5개, 종교 사단 1개가 있었고 기타는 혼합 성격의 단체로 거의 모든 영역을 섭렵하였다.

각종 신식 사단의 출현은 중국의 사회관계가 새롭게 다시 분화되어 조합되는 큰 변화의 시기가 나타나고 있음을 보여준다. 이러한 과정은 두 가지 상호 작용의 중요한 측면을 내포하고 있었다. 첫째, 사회 직업 분화가 아주 세밀해져, 각 단체들 간의 구분도 더욱 선명해졌고 작은 단체의 의식도 보편적으로 강화되었다는 점이다. 사람들은 각 단체의 서로 다른 지향점을 알게 되었고, 조직적인 방식으로 이러한 공통의 지향점을 더 잘 표현하고 수호해야 할 필요성을 느끼기 시작했다. 사회 공공 생활 속에서 다른 단체들에 대해 자신의 태도와 요구를 말하고, 또한 공공 대표로서의 자리를 확보하고자 했다. 예를 들어 항저우의 경우, "각 학당(學堂)의 학생들과 상공인들은 모두 회관(會館)과 공소(公所)를 두고, 이를 단체가 모이는 곳으로 삼았는데 사(士) 계층만이 산만하고 기율이 없기 때문에"[5] 전절학생회관(全浙學生會館)을 창설했다. 둘째, 서로 다른 단체에서 분화되어 나온 신흥 인사들은 새로운 조직 방식을 통해 모임을 갖고 그 역량과 사회적 위상을 높이고 영향력을 확대함으로써 지방과 국가의 사무에서 중요한 역할을 담당하고자 했다. 이로써 사단은 사회적인 연대를 실현하는 새로운 방식으로, 이미 분열상을 보이기 시작한 혈연·지연 등 기존의 연대 방식을 점차 대체하게 되었다.

이와 동시에 신식 사단의 등장은 두 가지 사회적 추세의 영향을 직접적으로 받고 있었는데, 하나는 개명신사와 청년학생의 결합이었고 다른 하나는 도시와 진(鎭)의 신흥 세력 응집이었다. 이 두 가지 추세는 종종 서로 교차되고 삼투되어 나타났다.

근대 중국에서 새로운 지식층의 형성은 최초로 서학동점의 영향 속에서 드러났다. 이와 특히 밀접한 관계가 있는 것은 첫째, 신사집단에서 분리되어 문화·교육·신문 등의 업종에 종사하던 개명인사들이었고 둘째는, 중국 내 신식 학당(중국인이 설립한 것과 교회에서 설립한 학당 모두 포함)과 유학운동 속에서 양성된 청년학생들이었다. 중국의 사림(士林)은 역대로 이른바 이단아들을 배출해왔지만, 서학이 전파되기 전까지 그들의 말은 인정도 지지도 받지 못하고, 단지 개별적인 현상으로만 존재하면서 영향력도 그리 크지 못하였다. 그러나 서학의 전파와 더불어 기존의 제도에 불만을 품고 있던 이단아들이 점차 새로운 길을 모색하기 시작했고 부강한 서방은 그들의 모방 대상 그리고 행위의 합리성과 합법성을 증명하는 근거가 되었다. 이러한 가장 추상적이고 공통된 인식이 이 단체 의식의 기본 바탕을 이루고 있었다. 무술 시기, 선진 인사들은 전통적 신권(紳權)으로 황권(皇權)과 민권(民權) 사이에서 평형점을 찾고자 신사들을 동원해 변법을 주장하였다. 경자년(1900) 이후 학생 단체가 점차 확대되면서 정치적 독립성이 높아졌고, 개명신사와 학생들의 결합은 전자와 기층사회의 연계를 확대하는 동시에 후자의 경향성이 더욱 분명해지기도 했다. 연해와 내지, 도시와 향진(鄕鎭) 사이에는 사회 발전의 차이가 존재하였으므로 신학(新學)과 그러한 사업의 발전은 상하이를 중심으로 이루어졌고 각 대도시를 주축으로 하는 방사형 구조를 형성했다. 이러한 구도는 사단 조직에 분명 제약을 초래했다.

신식 사단의 주요 구성원은 개명신사와 청년학생이었다. 학생회·교육회와 같이 각자 독자적으로 구성된 단체를 제외한 대부분의 사단들은 상호 연합으로 공동 설립되었다. 개명신사는 그 속에서 주도적인 역할을 하면서 정신적 지도자와 재정적 버팀목이 되었고 청년학생들은 행동대의 역할을 했다.

개명신사와 학생의 결합에는 세 가지 방식이 있었다. 첫째는 학생들이 이미 주체적 의식을 갖고 독자적으로 사회 활동을 전개, 자체의 단체를 설립한 뒤 개명 진보인사들과 결합하는 방식이었다. 거아운동(拒俄運動) 과정 중에 푸저우(福州) 동문학당(東文學堂)의 학생들은 "해외 소식을 접하고 시국에 분개하여 연설회·체육회 등과 함께 내지의 동지(同志) 수십 명이 모여"[6] 사회 진보인사들로 구성된 몇몇 소규모 단체와 연합해 해빈공회(海濱公會)를 발기했다.[7] 그 이후 푸저우 학계와 각 계층의 개명인사들로 구성된 단체들은 서로 밀접한 관계를 유지했고 여러 차례 애국민주운동에서 공동 집회를 열고 협조 기구를 설립하여 행동을 같이했다.[8] 상하이 중국교육회와 남양공학(南洋公學) 퇴학생들의 결합은 더욱 전형적이어서, 애국학사 성원들은 대부분 중국교육회에 가입했다. 둘째는, 개명신사들이 학교 설립을 통해 청년학생들을 모집·양성하고 그 단체 내에 학생 조직을 만듦으로써 예속 관계를 형성하는 방식이었다. 예를 들면 우장(吳江)의 동리교육연구지부에 부설된 청년회는 10~16세의 학생을 모집하고 "청년들의 지혜와 식견을 개발하고 독립정신과 애국심 발양을 중심으로", "모두에게 지식을 가르친다면 구시대의 여독(餘毒)을 제거하고 20세기의 새로운 인물이 될 수도 있을 것"이라고 하면서, 이를 통해 천 년 넘게 향진(鄕鎭)사회에 지속되어 내려온 낡은 교육의 관습 속에서 "아침에는 미소년이던 것이 저녁에는 누추한 노인"[9)]으로 변하는 악순환을 바꾸고자 했다. 셋째는 학생들이 개인 명의로 진보인사들이 설립한 각종 신식 사단에 가입하는 방식으로, 이는 당시 가장 보편적으로 사용되던 방식이었다.

연해와 내지, 도시와 향진의 신지식층들의 결합은 쌍방향적인 상호 작용으로 나타났다. 중국은 도시 인구의 유동성이 비교적 큰 편이고 적지 않은 신사들이 도시사회와 밀접한 연관을 맺고 있었다. 그들은 벼슬길에 올라 관원이 되는 것 이외에도, 적지 않은 사람들이 상업에 종사하거나 학교를 설립해 교육에 종사하거나 정부 부서에서 일하였다. 그들은 도시에서 중요한 역할을 맡고 있는 동시에 향촌의 명사이기도 했다. 20세기 초 기층 사회가 덜 개방되어 있었기 때문에, 낡은 것을 타파하고 새로운 것을 지향하려는 꿈을 안고는 있었지만 그 힘이 미미해 완고한 세력과 대항할 수 없었던 그들은 흔히 적(籍)이 같은 대도시 인사들의 힘을 빌릴 수밖에 없었다. 또한 문명 진화의 분위기를 전파하고자 했던 후자도 주동적으로 고향의 혁신을 돕고 있었다. 상하이와 각 성도에 설립된 단체들 중 적지 않은 단체들이 분회 설치를 통해 내지의 부·현·향진으로 그 세력을 대폭 확대하고자 계획하고 있었다. 이러한 조합의 변화는 신흥 세력의 역량을 크게 성장시켰다. 사오싱(紹興)교육회의 설립은 바로 이러한 결합을 잘 보여준다. "처음에는 부중(府中)의 인사들 중 그 뜻을 이루려는 자들이 부에 의탁해 공공 학당을 건설하고자 했기 때문에 모두의 힘을 모으지 않으면 일을 성사시킬 수 없었으므로 부에 회(會)를 조직해 그 일을 준비했다. 올

봄에 이르러 어느 정도 단서가 잡히기는 했지만 아직 힘이 모자라 그 일을 성사시킬 수 없었고 전 군(郡)을 동원할 수도 없었다. 상하이는 인사들이 집결된 곳이므로 허위차이(何豫材)를 상하이에 보내 이 일을 의논하게 하고 차이허칭(蔡鶴廎)이 동인(同人)들을 모아 서원(徐園)에 회(會)를 설립하기로 했다." "모두 함께 조속히 소부(紹府) 교육회를 상하이에 설립할 것을 의논했다."10) 사오싱에 적을 둔 상하이 인사 징위안산(經元善), 두야취안(杜亞泉) 등 50여 명이 이 일에 참여했다. 차이위안페이(蔡元培)는 연설에서 "우리의 책임은 사오싱인(紹興人)의 인격을 높이고 세계와 아무런 관계도 맺지 않는 사람이 되지 않도록 하는 것이다", "상하이는 전국 교통의 바퀴 축(穀輻)이다. 안으로는 문화를 수입할 수 있고 밖으로는 서로 연계를 맺을 수 있으므로 이곳에 교육회를 설립하여 매개(媒介)의 역할을 맡기는 것도 괜찮을 것이다. 또한 상하이는 서구를 수입하는 첫 종착지로 사(士)나 상(商)을 불문하고 모두 견문이 넓은 것은 물론, 노동자도 상대적으로 내지 각 성보다 개통된 자들로 보인다"11)고 하였다.

개인적 차원에서 장웨이차오(蔣維喬)의 경력은 이러한 추세를 잘 보여준다. 그는 창저우(常州)에 있을 당시 이미 동인들을 연합하여 수학사(修學社)를 조직하고 체육전습소(體育傳習所)·장서각(藏書閣)·대개연설회(大開演說會)를 설립했다. 중국교육회에 가입한 이후 그는 상하이 애국학사(愛國學社)에서 강의를 하는 한편 옌롄루(嚴練如)·셰런빙(謝仁氷) 등과 함께 악가강습회(樂歌講習會)에 들어가 공부했다. 여름 방학이 다가오자 "학회의 성원들이 너도나도 여름 방학을 보람 있게 보낼 일들을 논의했는데, 돌아가서 학당을 설립하려는 사람도 있었고 연설회를 열려는 사람도 있었다." 장웨이차오는 옌롄루, 셰런빙 등과 함께 고향으로 돌아가 음악연구회·체육회·연설회 개최에 대해 논의했다.12) 그들의 주도 아래 방학을 맞아 돌아온 학생들도 음악회·체육회를 열고 애국가를 부르고 상무(尙武)정신을 선양했다.13) 이전 시기 투징산(屠敬山) 등이 창저우에서 연설회를 연 적이 있었지만 연설에 능한 사람이 적었기 때문에 별다른 성과를 거두지 못하였다. 그러나 방학 동안 고향으로 돌아온 지사(志士)

들의 지원으로 큰 변화가 나타났다. "여러 지사들이 각 학당으로 간 후, 그곳에 머물면서 교육을 담당한 사람들이 매주 연설회를 열고 변함없이 체조를 했다."[14] 일부 지방 사단들은 바로 외지로 가 공부한 사람들이 많아지면서 설립된 것이었다. 예를 들면 난샹전(南翔鎭)은 "예로부터 번성했고 근년에는 학풍(學風)이 크게 열려 사방으로 유학 가는 사람들이 날로 많아졌다"고 하였다. 통계에 따르면, "타 지역으로 유학 간 사람이 3, 40명이 넘어 주변 지역은 비할 바가 못 되었다."[15] 이처럼 신인(新人)이 많아지면서 결사가 필요해졌고 "동지들은 학회 설립을 통해 공덕(公德)을 양성하고 새로운 지식을 상호 교환하였으므로 그 이름을 난샹(南翔)학회라 불렀다."[16]

도시와 향진의 신흥 세력의 합류로 상하이 등 대도시에는 여러 신식 사단들이 활발한 활동을 하는 것과 동시에 일부 중소 도시들에도 단체들이 출현하기 시작했다. 창수(常熟)에는 1903년을 전후하여 개지회(開智會) · 교육회지부 · 명리회(明理會) · 체육회 · 통학회(通學會) · 사범강습회(師範講習會)와 체조회(體操會) · 음악회 등이 설립되었다.[17] 쑹장(松江)에는 유동회(幼童會)와 서보회(書報會) 각 2개와 체조회 3개 그리고 화학연구회(化學硏究會) · 음악강습회 · 사범강습회 등이 있었다.[18] 원저우(溫州)의 루이안(瑞安)에는 체육회 6~7개와 학생회 · 연설회가 있었다.[19] 광둥 서양보에는 교육회 · 학회 · 연설회 · 열보회(閱報會) · 여학회(女學會)가 있었다.[20] 이처럼 조직 형식이 소통과 의존을 중심으로 지방에 분산된 진보적 개명인사들을 취합함으로써 도시 신흥 세력의 연장선상에 놓인 지점 및 문명 진화의 분위기를 전파하는 중심이 됨으로써, 신흥 세력의 능동성이 도시와 상부사회뿐만 아니라 광범한 기층사회에도 지속적인 충격과 영향을 줄 수 있게 되었다. 아래에서 위로 이르는 변혁의 원동력이 변화하는 기층사회 내부에서 생겨났고 이는 기존 혁신 사업에서 보여준 위에서 아래로의 단방향적 피동 국면을 변화시켰다.

조직과 연합을 통해 나타난 역량의 확산은 새로운 것을 추구하고자 하는 요소가 비교적 빈약했던 사회집단에서 더욱 뚜렷한 효과를 거둘 수 있었다. 그 당시 중국 여성계는 여전히 무지몽매 상태에 빠져 있었고 도시에도 새로운 사상을 가진 사람들이 그다지 많지 않았다. 그러나 여학회의 발기를 통해 도시의 여성계 신인들이 연합하여 활동을 전개하고 독자적인 견해를 피력할 수 있게 되면서 여권(女權)에 대한 사회의 반응을 이끌어낼 수 있었다. 1902년에 설립된 푸저우 여학회에는 10여 명의 여성이 참가했고 수강자는 60명을 넘었다.[21] 상하이 여학회의 초기 성원은 20명으로 "대부분 중국어와 서양어에 모두 능통하고 학식이 깊은 유지(有志) 여성으로서, 그들은 여학을 진흥하고 중국 수천 년 동안 내려온 여학의 암흑과 폐해를 씻고자 했다."[22] 2년 뒤 장주쥔(張竹君)이 상하이에서 여자흥학보험회(女子興學保險會)와 위생강습소를 발기할 때는 회원이 60명에 달했다.[23] 광저우 여학회는 설립 당시 "오양(五羊)의 지식인 여성들이 함께 일어나니 그에 동참하는 자가 수십 명에 달했고"[24] 적지 않은 남성들이 찾아와 축하 인사를 하고 청강했다.

간혹 개명인사들의 힘이 역부족일 때 도시 동인들의 도움을 청하는 것 이외에 인근 지방의 동일한 유형의 사단과 연계를 맺고 그 지지와 성원을 받기도 했다. 이와 동시에 회원들은 일정한 조직 방식으로 정기 회의를 열고 다양한 활동을 전개하고 새로운 지식을 교환, 편달하면서 의식 수준과 행동력을 제고하였다. 사단의 활동이 비교적 활발한 지방에는 단체가 상호 연합하는 것이 추세였다. 예를 들면 푸저우의 개지회(開智會)·익문사(益聞社)·숭실회(崇實會)가 해빈공회로 재조직되었고 장쑤 교육회 우시(無錫) 지부는 강습회·조사회·학생회·자치회·문예회·운동회 등 다수의 단체가 연합하여 이루어진 것이었다.[25]

2. 취지와 활동

20세기 초, 신식 사단들은 비록 그 구성원과 역할이 서로 다르고 활동의 중점도 같지 않았지만 모두 공통된 동기와 총체적 목표가 있었는데, 그것은 바로 '개지'(開智)와 '합군'(合群)[26]을 양대 주의로 삼았다는 점이었다. 이는 신흥 세력 이해의 일치가 그들의 의식 속에 반영되어 명확한 취지로 형성되었음을 보여주는 것이었다. 이른바 개지(開智)라 하는 것은, 새로운 지식을 전파하고 사회 풍조를 계몽시켜 민중을 일깨우고 민중의 도덕을 진화시키는 것이었다. 1903년 푸저우 익문사(福州益聞社) 일주년 기념 행사 당시 내빈들의 증연(贈聯)은 바로 이러한 염원을 잘 보여준다. "전 지구의 언론과 사상을 모으고, 새 학계의 지혜와 견문을 돕는다", "국내외에서 견문을 얻어 세상을 지향하는 법을 배우고 여러 친구들이 모여 시국을 이야기한다", "진단(震旦)의 분위기를 열고 문명 진화의 조류(潮流)를 높인다"[27] 등이었다. 그러면서도 이들은 각자 중시하는 바가 달라 청년 학자들을 대상으로 신인 양성에 적극적인 사단이 있는가 하면, "문명 사상을 주입함으로써 하등사회의 계몽을 목적으로"[28] 광범한 민중을 대상으로 하는 사단도 있었고, 더욱 급진적으로 국민성의 전면 개조를 내세우면서 중국은 "첫째로 노화〔老成〕, 둘째는 진중함 때문에 부패한 세계로 타락"했으므로 소박함과 노동으로부터 시작해서 상무정신을 키우고[29] 전족(纏足)·아편·도박, 풍수와 미신, 첩 들이기, 불량한 생활 습관 등 악습과 누습을 타파해야 한다고 주장하는 사단도 있었다.

이러한 취지를 실현하기 위해 신식 사단들은 다음과 같은 활동을 폭넓게 전개하였다.

1. 학교를 설립하고 인재를 양성해서 신식 교육을 발전시켰다. 사단의 조직자들은 "20세기 초 세계는 병전(兵戰)과 상전(商戰)의 시대에서 학전(學戰)의 시대로 바뀌었다. 이러한 시기에 태어나 이러한 나라에 입각하여 이러한 사회 속에 깊이 들어가 누구나 인재를 양성해야 하며 누구나 인재를 양성할 책임을 지닌다",[30] "학당은 교육의 일부를 주관하며 전체 발전의 중심점이나 진화의 이치가 분명치 않고 합군의 기초가 마련될 수 없어 국가 관념이 생기지 못하며 권리사상이 발달할 수 없었기에 그 영향으로 민족이 위축되고 국세가 퇴폐하게 되었는바 교육을 그 첫째로 해야만 한다"[31]고 주장했다. 이에 따라 전문적인 교육회가 학당 교육을 추진했을 뿐만 아니라 기타 사단들도 종종 학교 설립을 중요한 임무로 삼았다. 국내

에 신식 학당 교육을 발전시키는 것 이외에, 톈진(天津)·상하이·청두(成都)·양저우(揚州) 등 지역에 유학운동을 추진하는 유학회(遊學會)를 설립하고 민간의 힘으로 국내외와 연계를 맺고 유학(留學) 사업에 편리와 도움을 제공하였다.

  2. 신문·잡지·도서를 발간하고 다양한 형식의 신문과 책을 볼 수 있는 기구를 조직해서 문명을 전파했다. 어느 정도 실력과 규모를 갖춘 사단들이 출판부를 설치해 일간지와 잡지를 펴내고 도서국과 인서사(印書社)를 설립해서 각종 서학(西學)과 신학(新學) 저작들을 출판했다. 신문과 도서를 발간할 만한 여력이 못 되는 단체들은 도서관이나 열서보사(閱書報社)를 설립해 새로 발간된 책과 신문을 구입하여 사람들이 빌려 볼 수 있게 했다. 불완전한 통계에 따르면, 1904년 이전까지 장쑤·장시·광둥·푸젠·쓰촨·후베이·저장·산둥·후난·안후이·베이징·허난·구이저우 등 지역에 신문과 책을 읽을 수 있는 기구가 116개나 있었다.[32] 그중 일부는 꽤 규모를 갖추고 있었는데 저장 원저우의 영읍서보공회(永邑書報公會)의 경우, 2년간의 경영을 통해 "새 책과 낡은 책이 모두 2만여 권이 있었다. 한사(寒士)는 책 구입에 여념이 없고 매일 읽으러 오는 사람들이 그치지 않았다. 사회 풍조가 개방되어 외국으로 유학 가는 경우도 날로 많아졌는데 이는 이 서회(書會)의 공로라고 해도 과언이 아니었다."[33]

  3. 집회와 연설 활동을 전개했다. 근대 기준으로 볼 때 청말의 문자 해득률은 매우 낮았고 거기에 경제적 조건의 제한으로 책과 신문의 직접적인 영향력은 비교적 낮은 편이었다. 따라서 각 단체들은 모두 연설을 중요한 보충 수단으로 삼았다. "신문과 책은 글을 아는 사람들을 불러일으킬 수 있지만 연설은 글을 모르는 사람들을 불러일으킬 수 있다. 그러므로 동지들은 연설을 보급"[34]해야 한다고 했다. 그들이 연설회를 설립하는 것 이외에 적지 않은 사단들도 연설 기구를 부설하였다. 형식적인 면에서도 매우 다양했는데, 고정된 장소와 시간에 매번 새로운 주제를 연설하는 방식도 있었고 사전에 주요 연설자를 정하거나 임시로 국내외의 명사들을 초청하거나, 회원들이 번갈아 연설하고 내빈과 청중들도 즉흥적으로 연설에 동

참할 수도 있었다. 취저우(衢州)의 강산선강회(江山宣講會)는 매달 2회 연설회를 개최했는데 "참석하는 사람들이 적지 않았다."[35] 장시 덕육회(江西德育會)의 "연설은 7일 연설(일요일 연설), 의무 연설(국정과 민업, 풍속 등에 대해 의견이 있을 경우 동지들을 모아 그 생각을 토로하는데 고정된 시간은 없다), 특별 연설(국가, 지방 도시와 관련된 중대 사건이 발생한 경우, 이 일과 연관이 있는 사람이 임시로 여는 경우도 있다) 등으로 구분"[36]되었다. 어떤 단체는 향진으로 가서 순회 연설을 하기도 했다. 저장 승현(嵊縣)의 연습연설회(練習演說會)는 평소에 하는 연설회 외에도 "각지로 가 연설함으로써 국민의 사상을 환기하고 하류(下流)의 사회를 계몽"[37]하고자 했다. 지난 교육연구공소(濟南敎育硏究公所)는 매달 본소(本所)에서 진행하는 한 차례 연설회 외에 "연설장을 여러 개 설치해 민지(民智)를 널리 깨치는 데 유익하고자"[38] 계획되었다. 시간과 장소에 구애받지 않고 연설회를 개최하는 단체도 있었다. 취저우 부전족회의 회원인 위톈민(餘天民)은 약혼식에 친척과 친구 들이 많이 모인 기회를 타서 "전족을 하지 않는 편안함을 강력히 피력"[39]하기도 했다. 연설회 조직자들은 그 효과를 높이기 위해 사전에 연설 요지(要旨)를 실은 전단지를 배포하여 이해를 돕거나, 유명한 신학 명사와 귀국 유학생을 초청해 특별 연설을 개최함으로써 청중을 끌어모으기도 했다. 상하이 중국교육회의 회원들은 정기적으로 장원(張園)에서 연설회를 연 것 이외에 종종 초청을 받고 각 학당으로 가서 연설을 하기도 했다. 주요 연설자가 시국을 잘 포착하고 최신 소식을 전하는 데다 그 방식이 생동감 있고 재미있었으므로 청중이 매번 수백 명에 달했다.

4. 체육회와 군사 훈련을 통해 신체를 단련하고 문약의 풍조를 쇄신하고자 했다. 중국의 전통적인 숭문경무(崇文輕武) 풍조는 근대 국제사회의 약육강식 분위기와 맞지 않는 것이었다. 지식인들은 군국민주의(軍國民主義)의 기치 아래 상무(尙武)의 풍조를 제창했고 교육의 취지도 덕·지·체의 고른 중시로 바뀌었다. 사단들도 체육을 중시하여 체육부를 부설하거나 체육회를 전문적으로 설치해 체조와 군사 훈련을 진행했다. 1903년

방학을 맞아 고향으로 돌아온 무비육사(武備陸師)의 학생들은 원저우의 루이안 성(瑞安城)에서 6~7개의 체육회를 만들어 고향의 청년들을 훈련시켰다.[40]

5. 희곡·음악·환등기 등을 이용해 근대의식을 전파하고 낡은 풍속을 개량했다. 상하이·광저우·사오싱 등 지역의 희곡개량회, 상하이·창수 등 지역의 악가강습회·음악연구회, 후베이·전장(鎭江) 등 지역의 활동사진사 등은 모두 새로운 방식이나 기존 방식을 개선하여 대중에게 새로운 것을 전파하고 낡은 풍속의 타파를 꾀했다. 이에 대해 "과학 발달의 정신, 상무의 격앙된 투지가 창가라는 것에 의해 전개되니, 창가는 실로 우리나라 학업 방침의 지도라 할 수 있다"[41]고 평가하는 사람도 있었다. 음악을 보조 연설 수단으로 하는 것은 하층 민중들을 대상으로 하는 선전에서 특히 효과를 보였는데 "하등사회 및 부인(婦人), 유자(孺子) 들이 손에 손을 잡고 와서 연설을 설서(說書)처럼 듣고 풍금 소리를 설서자의 현색(弦索)으로 들으니, 무더운 여름철에도 얼굴에 웃음꽃이 가득 피고 떠날 줄을 모른다. 이는 모두 소리가 사람을 깊이 감동시켜"[42] 계몽 선전의 영향력을 더욱 높여주었다.

6. 조사를 진행하고 실업(實業)을 발전시켰다. 그 규모가 비교적 큰 사단들은 조사·실업 등의 부서를 설치하여 현지의 현물 경제와 사회 인문을 조사, 새로운 것을 선전하고 낡은 것을 타파하고 실업을 발전시켰다. 그러나 대다수 사단들의 실업 계획은 자금난과 인재 부족으로 단지 출판업에 제한되었으며 상공업 분야에서 성공한 사례는 극히 드물었다. 또한 일부 조직자들은 명의상으로는 실업 발전을 장기 목표로 삼기는 했지만, 사실은 단지 재원(財源)을 만들어 경비 부족을 해결하고 조직의 활동을 전개하는 데 사용하기 위한 것이었지 진정으로 실업 개발에 노력한 것은 아니었다. 이러한 상황은 신식 사단의 성원들이 주로 비실리적 신사업 종사자로서 상공업 경영 경험과 의지가 부족했음을 보여준 것이었다.

7. 종합 과학관, 전문 연구회를 설립해 근대과학을 수입하고 발전시켰다. 푸젠·광둥·후베이·안후이·장쑤·저장 등 지역에는 종합 보급형

과학연구회가 출현한 동시에 지학(地學)·의학·농학·잠학(蠶學)·이화(理化)·산학(算學)·화학 등 전문 학회가 설립되었다. 이들 중 적지 않은 곳들이 중국 근대과학 연구 기구의 초기 형태가 되어 유명한 과학자들을 배출해냈다.

신지식층 사단의 둘째 종지(宗旨)는 연합이었다. 근대 중국의 국력 쇠약은 바로 민심 이산, 민력 쇠약, 민권 미약에 기인한 것이었다. 국가를 어려운 처지에서 구하려면 반드시 국민 간의 화해와 연합으로부터 시작해야만 하며, 이것은 당시 진보적 지식계의 보편적인 공통된 인식이었다. 이런 '연합'에는 여러 유형과 차원이 있었다. 첫째 유형은 이해관계가 같은 이들끼리의 연합이었다. 예컨대 학생, 부녀, 교원, 언론인 등이었다. 그들은 공통된 이해관계로 상호 같은 집단 속의 일원이라고 느끼고 있었다. 상하이 여자흥학보험회(上海女子興學保險會)는 여자가 위험한 처지에 빠지게 된 원인이 "반은 남자의 압박, 반은 여자 자신들의 포기" 때문이며, 그 근원은 여자가 "배우지 못하고, 연합할 줄 모르는" 데 있다고 지적하였다. 따라서 "여성 교육을 제창하고 서로 도와 힘을 합쳐 실천할 것을 취지로 삼아", "이전 부패하고 나쁜 관습을 씻어내야만 한다."[43] 더 나아가 "국내외의 여성들이 단결해서 수천 년의 악습을 쓸어버려 고쳐야 한다"[44]고 다짐하였다. 후난에서 교직을 맡은 외성 적(籍)을 가진 교원들은 여상구락부(旅湘俱樂部)를 조직했는데, "그 종지는 전적으로 서로 연락하며 지식을 교환하는 데"[45] 있었다. 또한 상하이 환구중국학생회(上海環球中國學生會)는 "각 지역 학생들의 목소리를 연결하는 것이 목적"[46]이었다. 상하이 남시상학회(上海南市商學會)의 취지는 "상업계가 힘을 합하여 상학(商學)을 가르쳐서 외세에 대항하여 권리를 되찾는"[47] 것이었다. 회원들은 연설을 통해 상계 인사들 중에는 서양의 상인들과 경쟁할 때, "단체와 단결해서 같이 저항하지 않고 각자 자신들의 이익만을 도모하기 때문에 행동이 일치하지 않아 종종 서로 싸우는 폐단이 나타난다"[48]고 비판하였다. 그러면서 내부 경쟁 상황을 개선하여 서로 연합해서 같이 외세에 대항하자고 호소하였다.

둘째 유형은 '지연 유대의 전환'이었다. 구체적으로 두 가지 형식이 있었다. 우선 타향살이를 하는 동향인들이 서로 연락을 강화하고 사단을 이루는 것이었다. 예컨대 각 지역의 동향회, 상하이의 푸젠 학생회(福建學生會), 사오싱 교육회(紹興敎育會) 등이다. 몇몇 비지연성(非地緣性) 사단도 동인들의 추대를 받아 현지인들 모임의 핵심이 되었다. 예를 들자면 상하이의 국민총서사(國民叢書社)와 같은 경우 상하이에서 거주하는 후베이 성(湖北省) 사람들이 서로 연락하는 것을 도와주면서도 상하이 현지의 진보적 지식인 및 해외에 있는 후베이 성 출신의 사람들과 연락하는 '다리' 역할까지 수행하였다. 그 다음으로, 현지 진보적 인사들의 상호 연합 및 연합을 통해 지방자치를 도모하였다. 그들은 "교육을 개선하여 인재를 양성하는 것"을 목적으로 삼아, "국민 독립정신을 제창하고 연합의 힘을 결집시켜 진화사상을 발전시켜야 하며", "문명을 보급함으로써 학술계의 남녀 청년들로 하여금 국민의 자격을 갖추는 데 힘써 장차 지방자치, 국민동맹의 기초로 삼는다."[49] 이 두 유형의 사단들은 종종 공개적으로 서로 지지해주었다. 일부 동향 사단은 현지에 사는 동향인들 사이의 관계를 강화하는 데 힘썼을 뿐만 아니라 주로 고향에서 지방자치를 추진할 때, 고향 발전과 관련한 제반 사무에 영향을 미쳤다.

1903년 5월 상하이에 사는 우시(無錫) 출신의 동향인들은 "우시 출신 인사들이 연합하여 새로운 우시 건설의 기초를 닦자"[50]는 슬로건을 내세우면서 '신우시회'(新無錫會)를 결성하였다. 이 사단의 발기인은 "구미(歐美) 법치사회의 핵심은 헌법"이라고 여겨 "헌법의 성립은 반드시 지방자치를 기초로 한다. 한 국가의 국민들 중에 한 사람이라도 지방자치의 임무를 모른다면 (그 사람은) 헌법이 부여한 권리를 누릴 수 없을 뿐만 아니라 국민으로서의 자격도 부족한 사람"이라고 주장하였다. 그리고 "어느 나라든 자기 영토 중의 한 지역에서라도 만약에 그 주민들이 (헌법이) 국민들에게 요구하는 의무를 다하지 못하거나 헌법으로부터 부여받은 권리를 누릴 줄 모른다면, (그 지역은) 진정한 자치 지역이라고 할 수 없다"[51]고 강조하기도 했다. 때문에 "학계 개선, 사회 혁신, 국민 자격 조성, 지방자치 조직"[52])을 자신들의 원칙으로 정하였다. 이와 같은 사실로 볼 때, 이러한 신식 사단의 지연성(地緣性)은 혈연 유대에 따른 종족 메커니즘이 아닌, 같은 사회정치적 목적을 가진 단체였다. 따라서 신식 사단 조직자들은 구식 조직이 이미 사회 변화의 요구에 부합할 수 없다고 판단하여 일부 지역적 신식 사단을 구식 조직(회관) 영역 이외의 다른 곳에 설립하였다. 예컨대 상하이에서 설립된 사오싱 교육회는 모임 장소를 천신(穿心)거리 절소회관(浙紹會館)으로 정하였다.[53] 차이위안페이의 견해에 따르면 "교육이라는 것은 단순히 학교, 학당에서 공부하는 것에만 국한되는 것이 아니고 연설, 신문 서적 발간, 풍습 개량, 토론회 개설 등이 다 교육의 범주에 속한 활동들이었다."[54] 교육회를 만드는 목적은 사오싱 지역에 선진적인 문명문화를 소개해주고, 나아가 사오싱인들의 인격을 향상하는 데 있었다. 회관, 공소는 주로 지연 유대의 관계를 이용하여 동향인과 동업자들의 이익을 조정하는 데에 관심을 두는 '지역 중심'의 조직이었다. 그러나 신식 사단은 고향 사회의 발전을 추진하는 데 관심을 가지고 있었다. 전자가 '사회관계의 멀고 가까움'을 기준으로 했다면, 후자는 '사상 경향의 이합(離合)'을 행동의 지침으로 삼았다.

연합의 최고 체현은 국가 민족 관념의 승화였다. 소단체와 지방성 사단의 설립은 한편으로는 중국 사회의 다원화를 반영하는 것이었고, 다른 한편으로는 근대 민족국가 관념의 자극 아래 단체의식이 생장 발육한 것, 즉 "작은 단체에서 큰 단체를 이루고"[55] 부분적인 연합이 근대 민족국가로 향해 나가는 한 단계를 보여주는 것이었다. 황권(皇權)으로부터 민권으로 국가의 주체를 전이시키는 것은 좁은 지역주의의 국면을 타파하는 것일 뿐만 아니라 전통적 사직관(社稷觀)의 질곡에서 벗어나는 것이기도 했다. 1902년 장웨이차오는 창저우에서 동지들을 소집하여 단체를 조직, "지방 국민의 동맹을 전체 국민의 동맹의 기초로 삼는다"[56]고 하였다. 많은 지역성 사단은 자신들의 목표를 전체 국가에 두었다. 예컨대 중국교육회, 박애관(博愛館)은 "상하이에 본부를 만들고 각 지역에 지부를 만들자"[57]고 계획하였다. 톈진 유학회(天津遊學會)는 톈진에서 본부를 만든 다음에 점점 확장하여 각 성 각 지역에 지부를 만들기로 하였다. 쩌우룽(鄒容)은 중국학생동맹회를 조직하자고 제의하면서 "국내외에 있는 전체 학생들을 대상으로 각 성에 본부를 만들고 각 지역마다 지부를 설립하자"[58]고 하였다. 목적은 "나라의 앞날을 위하여 싸울 수 있는, 학계에서 절대적인 권위를 가지는 단체를 만든다"[59]는 데 있었다.

 푸젠 학생회의 건립 목적은 주로 현지 출신의 신식 인사들을 연합시켜 나라의 혁신 사업에 크게 이바지하게 한다는 것이었다. 그 창시자는 "최근 상하이, 한커우(漢口), 난징에 푸젠 사람들이 많은데 그들 중에 학교에서 공부하거나, 각 철도국에서 사업을 하거나 각 전보국에서 전보 관리를 하거나, 남북양(南北洋) 해군에서 운전을 훈련받았거나 하는 자들인데, 서로 연락하고 연합할 수 있는 전체 조직이 없어서 다들 불편하였다"고 서술하였다. 그리고 푸젠 사람들은 글쓰기나 연설, 문명 개화의 정도에서 모두 다른 성 출신자만 못하다는 것을 감안하여 "몇몇 현실을 잘 파악한 동향인들이 서로 연합하여 열심히 하면 그들보다 뒤질 리가 없을 것이다"라고 다짐하였다. 그들은 "푸젠 성 출신자들이 도로 공정(道路工程), 전보, 해군 등 사업에서 우세한데, 이러한 유리한 점을 충분히 이용하면 어찌 새로운 중국을 건립할 수 없겠는가?" "만약에 큰 사단을 만들어 중국의 앞길을 차근차근 연구하고, 일하는 방침을 제때에 파악하여, 거기에 미주, 남양(南洋) 지역에서 활동하는 동향인들의 세력까지 끌어들인다면 반드시 장점을 발양하고 단점을 피할 수 있을 것이다. 나아가 장차 1, 2천 조를 모금하는 것도 별로 어렵지 않은 일일 것이다!"[60]고 생각하였다.

 위에서 서술한 단체들이 특정한 단체 구성원을 대상으로 한 것이라고 한다면, 단체 혹은 계층을 초월하려고 한 조직들도 있었다. 중국통학회(中國通學會)는 조직의 취지를 "안에서 학식을 넓혀 도리를 연구하며 대외적으로는 운동을 확장하여 외세에 대항함으로써 질서 있는 사회를 만들어 우리 국민의 고상한 품성을 양성하는 데"[61] 두었다. 민족자치회는 "자치에 관련한 법률을 연구하는 것을 바탕으로 자치의 기초를 닦아 결과적으로 이런 자치법을 실행하는 것이었다. 그리고 궁극적으로는 개인의 자치부터 국가의 자치로 밀고 나가는 것이었다." 그리고 "먼저 4, 50명의 동지들이 상하이에서 총회를 설립한 다음, 각자 본적지에서도 지부를 만들어 지방에서 먼저 자치를 실행한 후 다른 지역에까지 자치를 보급하는 것이었다."[62] 1903년 거아운동(拒俄運動) 중 상하이에서 사민총회(四民總會)가 성립되었는데, 그 성격은 "농민, 사업자, 관리, 수공업자 등 전체 국민들을 연합한 대규모 단체"[63]였다. 이 조직은 나중에 '국민총회'로 이름을 바꾸어 근대적 민주의식에서 공통의 미칭(美稱)을 찾아내어 오랫동안 갈라져 있었던 일반인들이 처음으로 국민이라는 통일된 기치 아래 모이게 했다.

근대국가의 민족관 침투와 대도시 사단의 전국적 확장 의도의 영향을 받아, 많은 지방에 있는 작은 단체들도 선명한 지역적 색채를 띠고는 있었지만 그 구성원들은 지방의식을 지나치게 고집하지는 않았다. 거아(拒俄)와 항불(抗法)운동 속에서, 창수 교학동맹회(常熟教學同盟會)와 개지회(開智會)는 함께 연합 회의를 열어 연설을 하며 공동 헌장을 만들어서, 함께 상하이 국민총회에 가입하기도 하였다. 그리고 "회원들 중에 사민회에 가입하고 싶지 않은 자가 있으면 우리 동맹회의 순수함을 더럽히지 말고 스스로 빠져나가라"[64]고 공개 선언하기도 했다. 다른 저의가 있는 한 사람이 "프랑스 군대가 광시(廣西)에 있지 창수에 있는 것이 아니고, 설령 창수에 있다 해도 당신들의 힘으로는 도저히 대항할 수가 없다"고 하자 당장 "동포들의 적"이라는 비판을 받았다. 그리고 비판자들의 발언은 열렬한 박수까지 받았다.

3. 두 가지 두드러진 특징

무술 시기 학회와 예비 입헌(豫備立憲) 이후의 사단(社團)과 비교해 볼 때, 이 시기 사단은 두 가지 두드러진 특징이 있었다. 하나는 민간적 성격을 갖추고 있으며 관방적 색채가 아주 적다는 점이고, 다른 하나는 구성원이 신지식층을 주축으로 삼아, 사(士)가 많고 신(紳)이 적으며, 더욱이 신

또한 주로 문화, 교육, 언론 사업에 관련된 사람이지 상인, 관료와 밀접한 관계가 있는 사람이 비교적 적게 개입했다는 점이다.

청나라는 명말(明末) 사림(士林)들의 결사(結社)가 조정을 간섭함으로써 정세가 불안하고 당쟁이 심해진 점을 거울 삼아 결사들의 집회를 엄격히 금하였다. 순치(順治) 9년과 17년 두 차례 명을 내려 "모든 사람이 단체로 모여 정부를 좌지우지하고 백성을 억압하는 것을 삼가야 한다"고 규정하였다. 아울러 "앞으로 다시 이런 일이 생기면 바로 파면된다. 신하가 만약에 사실을 숨기는 경우에는 적발되는 대로 같이 죄를 묻도록 하겠다"[65)]는 것처럼 엄중히 처벌하는 법률 판례도 제정하였다. 그로부터 사림들은 문(文)으로만 모였을 뿐 시정(時政)과 멀리 떨어지게 되었다. 무술유신운동(戊戌維新運動)에서 유신파(維新派) 사람들이 금령을 어기고 각지에서 몇십 개의 학회를 설립하였다. 그러나 이들은 신권을 확장하여 민권을 넓히자는 구호를 내걸고 관신(官紳)의 정치적 영향력에 의지해 청 중기 이후 지방 신사 세력 대두 추세에 호응하였다.

얼마 안 되어 정변이 일어나 청 정부가 다시 집회를 엄격히 금하는 것을 법령으로 명문화하고 당옥(黨獄)도 다시 크게 일어났다. 경자근왕(庚子勤王)이 실패한 후에 당옥이 다시 일어났다. 신축(辛丑) 이후, 청 정부가 신정(新政)을 다시 회복했으나 당금(黨禁)은 풀어주지 않았다. 1904년, 상회(商會)가 합법적인 지위를 획득하였다. 그 이후로 신상(紳商)들이 입헌과 지방자치 단체를 다수 설립하여, 청 정부는 어쩔 수 없이 1909년에 '결사집회율'(結社集會律)을 제정해서 이들의 합법성을 승인하였다. 그러나 학계의 집회는 여전히 금지하였다. 신상들이 사단 조직 활동에 개입한 것은 자신들의 역량이 확대되었음을 반영하는 것일 뿐만 아니라 당시 조정 정책의 긴장 및 이완과도 밀접한 관련이 있었다. 1901~04년에 출현한 신식 사단들은 정부 측의 허가를 받지 못하였으나, 청 정부의 사회 통제가 상대적으로 느슨할 때를 이용하여 완만하게 성장함으로써 생존과 발전의 공간을 확보할 수 있었다.

사(士)를 주축으로 한 개명인사와 학생이 모여 만든 사단과 관의 허가와 지지를 받은 신상 혹은 신사가 주축이 된 사단에는 많은 측면에서 차이가 있었다. 먼저, 전자는 자유와 평등에 대한 이상적 추구에 편중하였고 후자는 현실적인 이익과 권력 쟁탈에 치중하였다. 따라서 전자는 문명을 수입하여 국민을 양성함에 목적을 두고 대부분 교육 홍보 활동에 종사하였으며, 권력 경쟁에 개입하는 일이 많지 않았다. 후자는 결집을 통해 권력을 나누려고 했다. 기층사회 권력의 독점을 그대로 유지할 뿐만 아니라 민권의 흥기를 명목으로 신권의 확장을 도모하고, 지방 심지어 중앙 정권에도 참여하였다. 다음으로, 전자는 전체 국민들의 대표가 되기 위해 꾸준히 노력하였고 사적인 단체 의견을 많이 내지는 않았다. 후자는 자기 단체의 의도를 우선적으로 표현하고 지속시켰다. 심지어 목적을 이루기 위해 다른 단체의 이익을 희생하는 것까지도 감수하였다.

전자는 황권(皇權)과 관권(官權)을 반대하고 민권을 쟁취하면서 위로는 민주를 요구하고 아래로는 민의를 대표하며 사단 내부에서도 민주제를 실시하였다. 후자는 위로는 분권을, 아래로는 집권을 주장하고, 오히려 보편적인 민권이 실행되어 자신들의 기득권을 위협할까 봐 두려워했다. 내부 조직은 계파별, 개인 간 세력 균형에 의해 제약을 받았지만, 권력의 내원은 지위, 명망, 재부 그리고 사교 등의 요소에 의해 더 많이 결정되었고, 조직 구성원 간의 의견 불일치에 의한 것은 아니었다. 따라서 권력의 분배는 단지 계파와 개인 권력의 강약 여부에 따른 것이었다. 또한 전자는 정부에 대항하고 조정을 멀리하는 의도를 분명히 갖고 있었고, 후자는 정부와 서로 의존하면서도 옥신각신하는 관계에 있었다. 앞의 단체는 "중국이 부진한 이유는 민족이 자치할 수 없음에 있고, 민족이 자치할 수 없는 이유는 역대 지배자들의 음모로 인해 이런 자치 정체가 아예 형성되지 못했기 때문이었다. 따라서 지배자들 마음대로 조정하며 스스로의 이익을 챙길 뿐이었다. 이것은 막대한 여독(餘毒)이다. 지금에 이르러서도 국민들은 자치에 대해 거의 알지 못한다"[66]고 지적하면서 정부 조정을 목표로 삼았다.

상학회(商學會)도 당시의 금기 사항을 어기며 행동하였다. 어떤 사람은 강연에서 "외국 상인들은 정부의 구속을 받지 않고 독단적으로 일을 할 수가 있다. 정부가 일이 있어 자금을 모으려면 상인에게 빌려야 한다. 평상시 일이 없을 때도 정부가 온 힘을 다해 상인을 보호해준다. 그러나 중국이 전쟁에 져 배상을 하게 되자, 정부는 상인들의 돈뿐만 아니라 관리들의 개인적 몫은 물론 심부름꾼의 몫까지 수탈하였으며, 조금이라도 맘에 들지 않으면 우리가 돈 내는 것에 반항한다며 관아로 불러들이거나 심지어 병사를 출동시켜 토벌하기까지 한다. 하하! 이것이야말로 대청 제국(大淸帝國) 폐하님의 깊은 은혜란다. 우리 상인들이 스스로 생각하기에 이런 세상에 단체로 모이지 않는다면 독재에서 벗어날 수가 없고 18 지옥에 영원히 사는 것과 다름이 없을 것이다"[67]라고 지적하였다. 비합법적인 상태로 인해 이런 소단체들이 수시로 파괴되고 취소당할 수도 있었고, 충돌은 구성원과 관부의 대항 정서를 한층 더 자극하였다. 그래서 그들은 완고한 관리를 반대하는 동시에 정부에 대한 태도와 입장에 대해서도 생각해볼 수밖에 없었다. 두 가지 사단의 차이점은 근대 중국의 사(士)와 신(紳), 혹은 문화 사업에 투신한 신사와 기타 이권과 관련된 사업에 종사하는 신사(혹은 신상)의 발전 추세 면에서 서로 다르다는 것을 분명히 보여주는 것이었다.

   신지식계를 주축으로 한 사단의 중요한 특징 중의 하나는 내부에서 보편적으로 민주적 원칙과 절차를 실시하고 있었다는 점이다. 구체적인 상황은 다음과 같다. 1. 회원은 모두 지위가 평등하며 같은 권리, 의무와 책임을 누리고 감당한다고 명확히 규정되어 있었다. "회원은 누구나 다 내부 업무를 간섭할 수 있다", "회원이든 회장이든 모두 다 평등하게 대우한다"[68], "(신분의) 귀천, 고저의 구별이 없다."[69] 어떤 사단은 공개적으로 '공화'(共和)라는 규정을 밝히고, "안으로는 정기적으로 지식을 교류하고 새로운 이치를 밝혀내, 독립적이고 구속받지 않는 인격을 키우며, 밖으로는 정기적으로 서로 연락하고 단체 세력을 확장하여 자유운동의 단체를 만들자"[70]고 외쳤다. 2. 직원은 회원들의 무기명, 기명, 거수 등의 방식으로 다수에 의해 뽑히며 임기는 보통 반년에서 1년으로 매우 짧았다. 연임의 횟수가 정해진 경우도 있었다. 규모가 아주 작은 조직은 대부분 직접 선거를 실시하고 구성원이 많은 조직은 간접 선거를 실시하였다. 즉 회원에 의해 직원이 뽑힌 다음, 직원들이 직원장을 추천해서 내부 업무를 결정하였다. 3. 삼권분립(三權分立)의 원칙에 의해 조직 기구를 만들어 평의원, 간사, 검찰 등 각 부서를 설치함으로써 서로 감독하고 견제하여 균형을 유지하였다. 4. 일반적인 회계는 평의회에서 결정하되 중대한 사건은 전체 회원 대회에서 토론을 거쳐 표결해야만 했다. 직원의 책임은 의결 사항을 집행하는 것이고 직원장의 책임은 주로 지도가 아닌 협조였다. 5. 사단에 가입하려는 경우, 회원 1~2명의 소개를 통해 일정한 절차를 거쳐야만 했으며, 엄격한 자치 규칙도 제정해 회원들의 의결을 거치는 것 이외 단독으로 행동하면 안 된다고 요구하였다. "회원이 개인적인 의견이 있는 경우 회의에서만 토론할 수 있고 결정이 내려지지 않은 상태에서 단독 행동은 금지 사항이었다." 회비도 내야 했고 규칙도 잘 준수해야 했다. "회칙을 준수하지 않거나 책임을 포기하거나 단체의 명예를 해치는 경우, 검찰원의 권고를 듣지 않는 사람은 평의회에서 의결을 제출해 제명할 수 있었다."[71] 어떤 사단들은 구체적인 상황에 따라 특수한 규칙도 덧붙였다. 예를 들어 여자 학회의 경우 회원들이 입학해서 공부를 해야 했으며, 전족을 하면 안 되었고, 결혼은 자주적으로 결정해야 한다고 요구하였다.[72]

　이 시기의 신식 사단은 조직이 느슨하거나 지속되는 주기가 짧다는 단점은 있었지만, 무술 학회에 비해 성숙하고 안정된 모습을 보여주었다. 무술 시기 여러 학회의 규칙을 총괄하여 볼 때 이 학회들은 확실히 신식 사단의 맹아적 모습을 지니고 있었다. 다수의 학회들이 종지(宗旨)와 해야 할 사업 그리고 여러 특수한 규칙을 규정하여, 예컨대 아편금지회는 아편을 피울 수 없고 부전족회는 전족한 여자와 혼인이 불가능하였지만 조직 원칙이나 형식 그리고 기구 설치와 일반적인 기율은 제기하지 않았다. 이것은 뜻이 같은 사람끼리 스스로 연합하여 이룬 친목회에 더 가까웠다. 어떤 사단은 명문으로 규정하기를 "본회는 평등을 추구하여 회장을 따로 두지 않는다"고 하였다. 단지 1인을 추천해서 '구성원 장부와 활동 장부'만을 관리하였다.[73] 어떤 사단은 문(文)으로만 모였다. 예컨대 경사서학회(京師西學會)는 주마다 한 번 모여서 독서 감상을 교류하였고, "4시간으로 한정해서, 반찬은 4개를 넘지 않고 술은 3잔을 넘지 않기"[74]에 충실하였다. 따라서 조직 간의 연결 고리가 되지 못했다.

일부 학회들이 비록 조직 형식에 대한 규정은 있었으나 분명히 모방의 흔적이 보이며, 서구 사단들의 핵심을 알지 못하고 모방하는 경우가 많았다. 예컨대 어떤 사단은 태서교회(泰西敎會)와 적십자회를 본보기로 삼았으나[75] 종교 자선 조직과 사회 정치 결사의 차이가 무엇인지를 몰랐다. 또한 중국 전통사회의 조직 명칭을 계승하여, 사무소는 공소청(公所廳)이라 이름을 짓고 직원은 총리(總理), 협리(協理), 분리(分理), 동사(董事), 사사(司事), 제조(提調), 좌판(坐辦), 회판(會辦)이라 명명하였다. 개별 단체를 제외하면 무술 학회는 모두 다 분권제형(分權制衡)이란 민주제 조직 원칙을 이행하지 않았다. 대다수는 회원이 한두 명을 추천하여 일상 사무를 관리하고 상설 기구는 없었다. 단지 보국회(保國會)만 조직이 비교적 완비되어 총리, 치리(值理), 상의원(常議員), 비의원(備議員), 동사 등을 두었다. 상의원은 정책을 결정하고 총리는 이행하고, 동사는 일상 회계 업무를 처리하였다.[76] 1905년 이후 신상 사단은 겉으로는 규정이 근대 결사의 원칙과 일치하나, 실제는 여전히 개인의 실력에 따라 운영되었다. 게다가 정부의 간섭이 매우 강하였다. 각종 정부파 단체도 권력이 과도하게 집중되는 문제가 존재하였다. 이 때문에, 이 시기 신식 사단은 신지식계의 조직 내 민주 추구 시도에 대한 성패를 비교적 직접적으로 드러내 보여주었다.

4. 사회적 영향

신식 사단은 도시와 농촌의 신흥 세력의 결합을 추진했고 기층사회의 추신 세력으로 하여금 받들 수 있는 핵심적 가치를 갖추게 하였으며 관, 향신(鄕紳), 민 사이의 항상 고정된 관계를 깨뜨렸다. 근대 문명의 바람을 기층사회로 불게 하는 동시에 그 지역의 각계 인사들로 하여금 새롭게 나타난 사물에 대해서 자기의 입장을 밝히지 않을 수 없게 했고 그것을 통해서 사회의 분화와 재정립을 가속화하였다. 원저우 루이안의 연설회는 1903년 9월까지 이미 정기회가 15차, 특별회가 2차, 의사회(議事會)가 3차, 연구회가 8차나 열려 "사회에 미친 영향이 매우 컸다. 그러나 이를 반대하는 자도 적지 않았는데 그들을 대략 4개의 파벌로 나눠 볼 수 있다. 하나는 위문명파(僞文明派)로 연설회의 이점을 알고 있지만 자기들이 주최하는 회의가 아니기 때문에 있는 힘을 다해서 ×××〔내용 불분명〕. 또 하나는 보수파인데 연설회는 유가사상의 주장과 도통(道統)을 어기는 일이고 팔고 시대(八股時代)에 있을 수 없는 일이라며 헐뜯었다. 셋째는 혼돈파(混沌派)인데, 연설회가 곧 기독교라 불렀다. 마지막 하나는 무이론파(無理論派)이다. 그들은 사실과 언론의 경계를 모르고, 연설회를 행정 관부 취급하며 지방에서 무슨 일이라도 생기면 꼭 게첩(揭帖)을 올려 연설회를 조롱하곤 하였다."[77] 그리하여 사회 성원들 사이에 옛 경계가 동요되기 시작했고, 신식 사단과 신식 사단에서 진행되는 여러 사업들에 대한 태도나 반응에 따라 다시 분류되어 그 경계가 다시 나뉘었다. 신식 사단의 설립과 이로운 것은 더욱 불러일으키고 해로운 것은 없애는 그들의 활동은 특히 현지 권력을 장악한 신동(紳董)들의 지위와 보수 세력의 기득권에 위협이 되었기 때문에 진보적 역량과 보수적 역량이 기층사회에서 충돌하였다.

저장(浙江) 취저우(衢州)의 강산시(江山市) 선강회(宣講會) 연설 때 "오직 광범위하게 학당을 개설하고 각종 신문을 구입해서 읽어야" 비로소 자구책을 구할 수 있으며 동북삼성(東北三省)의 참화를 면할 수 있다고 주장하고, 사람들을 선동해서 "현관(縣官)에게 현재 보유하고 있는 학당의 공금을 끌어들여 어떤 이도 점용하지 못하게 하라"[78]고 하였다. 여리진(黎里鎭) 연설회도 중국 학당의 부패를 질책했기 때문에 이전 서원(書院) 동사(董事) 산장(山長)을 화나게 했다.[79] 신구 세력은 바로 그것 때문에 격렬한 대결을 벌이게 되었다. 당시 "법제를 개혁하는 조서가 내려졌지만 농촌에 나이 많은 유생이 여전히 시사(時事)와 신정(新政)이 뭔지 모르고 학당이나 신문사가 열리는 일이 생길 때마다 방해를 하곤 했다."[80] 지방의 신동이 재정을 장악하고 "용렬하게 바로 백성을 마구 짓밟고 자기의 이익만 추구하며 연회를 베푸는 일에는 돈을 아끼지 않지만 학교를 설립한다면 자기를 더럽힐 듯이 도망친다." "또 무식한 자라면 배척하거나 헐뜯는 일도 생긴다."[81] 그들은 자신의 권세에 기대거나 무식한 대중들을 선동해서 온갖 수단을 써서 혁신 사업에 방해를 하곤 했다. 은성교육회(鄞城敎育會), 동리연설회(同里演說會), 창저우 연설회(常州演說會), 신회외해열보회(新會外海閱報會), 창저우 체육회(常州體育會), 푸저우 해빈공회(福州海濱公會), 쑤저우 진묘진체육회(蘇州陳墓鎭體育會), 여리연설회(黎里演說會) 등은 모두 보수 세력의 반대를 겪었다. 그들 중에는 헛소문을 퍼뜨려 연설회는 "마인회"(罵人會)[82]라고 욕하는 이도 있었고 "심지어 (연설회에서 주는) 차에 약을 넣어 마시면 (연설회가) 선전하는 종교를 믿는다는 소문도 생겼다."[83] 또 "각 회원의 가족들에게 알려 그들을 단속해서 연설회에 압력을 가하기도 했다."[84]

그 외에도 자신의 권력을 이용해서 연설 회의장을 폐쇄하거나 연설회가 서원(書院)이나 절간의 장소를 빌리는 것을 금지하는 일도 있었다. 그들의 말로는 "서원은 나의 관할 범위에 있는데 남이 여기 와 연설을 하는 것을 허락해줄 리가 어디 있느냐"[85]고 하였다. 지방의 관리들은 우선, 자신의 권위가 흔들릴까 봐 걱정도 되고 또 모인 군중들이 무슨 말썽을 일으킬까 봐 계속해서 연설회에 압력을 가하였다. 자싱 연설회(嘉興演說會), 창사 여상구락부(長沙旅湘俱樂部), 공학회(贛學會), 징저우 도서의기관(荊州圖書儀器館), 우시 체육회(無錫體育會), 그 외에도 많은 학생자치 단체들이 관부에서 회당 모반(會黨謀叛)이나 장정에 부합되지 않는다는 명목으로 해산당하거나 활동이 금지되어 재물을 압수당할 뿐만 아니라 공공연히 체포당하곤 했다. 우시 체육회가 설립된 뒤 당국은 그들이 "민생(民生)을 위한다는 거짓말을 하면서 사실 병사를 훈련하고 나중에 혁명의 선구자로 양성하려고 하니 엄격하게 처벌을 내리지 않으면 앞으로 우환이 될 수도 있을 것이다"[86)]라고 해서 그들을 암암리에 체포한 일도 있었다.

신흥 세력의 단결과 상호 간의 호응을 보고 충격을 받은 관료와 토호들도 결탁하여 방해를 공모하였다. 창저우 연설회는 사회 대중들의 인기를 대단히 끌어들인 반면에 "어떤 토호는 평소에도 보수적이기로 유명한데 연설회를 꼭 없애야 시원하다 여겨 공학(公學)의 어떤 동사에게 편지를 보내서 극력 저지를 시도해보았다. 공학의 총교(總敎)인 화뤄시(華若溪)가 그 편지를 연설회 회원들에게 보여줬는데 그들은 답신을 써서 화뤄시에게 보냈다. 편지의 내용은 그 토호의 관점을 반박하는 것이었다. 상황이 이렇게 되자 토호는 끝까지 손을 떼지 않고 계속 헛소문을 퍼뜨렸고, 결국 연설회 회원들 모두가 반역자라며 우양(武陽) 양현조회공학(兩縣照會公學)의 동사가 그들이 활동을 하지 못하게 종용했다."[87)] 마유위(馬幼魚) 등이 은군(鄞郡)에서 교육회를 설립했는데, 거인이 막 된 리스위(歷適豫)와 가오전샤오(高鎭孝) 등이 위협하였다. "교육회를 개설하여 연설을 하는 것은 예금(例禁)에 속하는 일이라 속히 해산하지 않으면 우리는 꼭 관청에 아뢰어 너희들을 잡아 죄를 추궁하고 처벌할 것이다."[88)] 허난(河南) 궁 현(鞏縣) 연설회가 "상당히 일시에 유명해지자" 현령이 "인심을 현혹했다는 명목으로 강력하게 간섭을 했다. 게다가 여러 보수파 인사들이 일어나 맞장구를 쳐서 왕 모 씨와 장 모 씨를 반대하니 여러 지사들의 모임이 상대가 되지 못하는 바람에, 할 수 없이 연설회 활동은 점차 멈출 수밖에 없었다."[89)]

요컨대 신식 사단을 통해서 도입된 혁신 사업은 일반 대중들로부터는 차분한, 심지어 적극적인 반응을 많이 얻었는데 공개적으로 반대 입장을 취한 사람들은 주로 지방의 못된 세력이나 완고한 관신(官紳)들이었다. 그 외 보통 관료들이나 신동(紳董)들은 자기의 권력이 손해 입을까 걱정되어 그들의 행위에 대해 방임하거나 감싸주었다. 이것은 청 정부가 지방의 신권을 이용해서 추진한 신정(新政)이 기층사회에서 일으킨 반향과 현저히 다르다고 할 수 있다. 청 정부가 추진한 신정은 정부의 권력이 기층사회로 확장되는 중요한 일환으로서 강제적이고 약탈적인 성격을 띠었다.

지방의 권력을 장악하고 있던 관신들은 신정 때문에 증가된 재정적 부담을 민중들에게 전가하여 이미 극히 가난해진 그들의 생활을 한층 더 빈곤하게 만들었다. 바로 그것 때문에 학당을 파괴하거나 납세를 거부하거나 호적조사(戶籍調査)를 저지하는 일들과 같은 민중들의 반항을 초래하였다.

그러나 신정이 실행되기 전에 진행되던 신식 사단의 각종 혁신 사업은 혁신의 내용이 같지만 위의 결과와는 달리 농촌의 젊은이, 심지어 일반 대중들의 환영을 받았다. 창저우 연설회가 무양공학의 장소를 빌려 연설회를 개최한 일이 있었는데, "음력 정월 7일부터 13일까지 연설회를 들으러 오는 사람들이 항상 5백 명 이상이었다. 연설이 격앙될 때마다 청중들의 박수 소리가 우레와 같았다. 그것을 보니 사회의 분위기가 점점 개방돼가는 것을 알 수 있었다."[90] "청중들 중에서는 행상인, 심부름꾼부터 지식인에 이르기까지 각종 직업에 종사하는 사람들이 다 있었고 날마다 5백 명 내지 7백 명이 들어와 그들이 앉을 자리조차도 없을 정도로 많았다."[91] 허난의 궁 현 연설회의 경우에는 "한때 청중들이 2백 명 정도에 달하여, 과분위기(瓜分危機)로 민족이 멸종의 참화를 당하고 있다는 연설을 듣고 나서 눈물까지 흘리는 자도 있었다. 그리하여 송사만(宋寺灣)과 황야(黃冶) 등의 마을에서도 연설회가 연이어 열리게 되었다."[92] 그래서 "연설이란 늙고 사상이 썩은 사람들의 원수가 되고 젊은 사람들의 친구가 된다"는 평가도 생겨났다.[93] 계몽과 선전뿐만 아니라 풍속 개량과 흥리 사업(興利事業)을 할 때도 설득과 시범을 솔선수범함으로써 민중들이 쉽게 받아들일 수 있도록 그들이 자원해서 돈을 기부하는 자금 모집 형식을 택하였다.

후에 청 정부가 지방의 신동(紳董)들에게 학당 경영과 조사의 권리를 부여함으로써 신정 실행에 대한 저항력이 약해졌다. 그러나 신동들이 그 기회를 빌려 더 많은 권력을 얻게 돼 민중들은 더욱 심하게 착취를 당함으로써 신동과 민중들 사이의 모순은 한층 더 격화되었다. 사실 신식 사단의 활동은 정신 교육 방면에 치중하여 실질적 이익의 재분배를 거의 하지 않았고, 단지 지방 신사들의 일부 권력적 자원만 침범하였다. 그러나 이것은 민중이 결코 본능적으로 혁신을 배제한 것이 아니며, 더구나 신정 반대가 수구를 의미하는 것도 아니었고, 그들로 하여금 반항하게 한 주요 원인이 낡은 것을 제거하고 새로운 것을 만든다는 방향의 성격이 아닌, 신정으로 인한 그들의 기본적 생존 조건에 대한 침범과 위협 때문이라는 것을 보여주었다.

마찬가지로 지방의 신동들이 신정을 받아들이느냐, 받아들이지 않느냐 는 것도 이익 관계를 전제로 하였다. 진보인사들의 혁신 활동에 대한 배척, 반대에서 조정(朝廷)의 신정을 적극 지지하는 태도로 전환한 것도 자신의 이해득실을 전제로 하였던 것이다. 그들은 아래에서 위로 실행되어 가는 혁신이 기득권 유실을 초래할까 봐 걱정하면서도 위에서 아래로 내려가는 변혁을 통해 국가의 권력을 함께 나누고자 했다. 청 정부의 지방 신사를 통한 신정 실시는 근대화가 요구하는 사회적 동원과 사회 조직의 역할을 효과적으로 하지 못하고 오히려 후자가 권력을 임의로 이용했기 때문에 사회 모순은 더욱 격화되었다. 권력 확장의 시도는 오히려 권력 와해의 계기가 되었다. 단순히 신과 구의 기준을 이용해서 각 사회집단의 변혁에 대한 태도, 위치와 역할을 판단할 수는 없다. 신해혁명 때 신지식층과 구신사들 간의 분리와 대립 경향은 만주 정권을 반대하는 혁명으로 감춰졌고 두 세력은 잠시 동지가 되었다. 중화민국 정부가 성립된 뒤 가라앉아 있던 모순이 신속하게 떠올랐고 더욱 격화되어 개명인사로부터 전환된 지식인과 청년학생은 신사에 의해 지탱되어온 정통 질서 사이의 모순을 끝내 극복하지 못하고 민권을 실현하기 위해 할 수 없이 다시 신사들과 투쟁하기 시작하였다.

상술한 분석에 대한 검증은 저장 황옌(黃岩)과 장쑤 난후이(南匯) 두 지역의 전형적인 사례에서 더욱 분명하게 나타난다.

저장 연해 타이저우 만(台州灣)에 위치한 황옌은 지역 곳곳이 구릉이라 교통이 불편하였다. 1903년 1월, 애국학사의 구(邱)씨 성의 동지가 상하이에서 황옌으로 와 현지 여러 동지와 함께, "천하의 대세를 여론화하고 내지에서 일처리하는 방법을 축적해야만 했다." 먼저 황옌에 열서보소(閱

書報所)를 설립하였는데, 경비가 부족하여 각 동지들이 "각 신사들의 집을 돌며 기부를 권하였으나", "기금이 백여 원이 되지 않아 극히 어려운 처지에 당하였고, 게다가 악의에 찬 소문이 곳곳에 적지 않았다." 이렇게 되자 동지들의 집단 의견으로, 성 서쪽 금강교(錦江橋) 문창사(文昌祠)에 교육사를 설립하여 총회로 삼고, "이를 황옌의 일을 처리하는 기점으로 삼았다." 아울러 황옌의 자치표 초안을 만들어, 교육·실업·군사·교통·헌법·재판·미술 등 7부와 몽학당(蒙學堂)·여학당·공예학당·열서보소·연설회·의사회·전족반대회·번역단체 등을 두었다. "부서가 아직 확정되지도 않았는데 저항이 일어났다." 문창사는 원래 왕(王), 린(林), 관(管), 천(陳) 등의 성씨를 가진 사람들이 돈을 내어 수축한 것으로, 린 모 씨가 이 사당은 그 자신의 선조를 위한 곳으로 삼겠다며 나서서 괴롭히고 지현(知縣)에게 교육사 폐쇄를 청원하였다.

1월 14일, 연설회가 처음으로 개최되었는데 들으러 온 청중이 3백 명에 달하였다. 연설자는 "연설은 진리를 추구하며, 진리의 절정은 즉 공자도 역시 배반할 수 있는 것이다"라고 말하여 청중들이 웅성웅성거리며 소란스러워졌다. 2월 13일 제2차 연설회에서, 청중은 백 명 정도로, 린 모 씨는 이것을 핑계로 지현(知縣)에게 청하여 근거 없는 말로 대중을 현혹하는 죄로서 치죄하도록 했다. 그러나 교육사는 사전에 몽학당을 개설하게 된 전말과 장정(章程)에 대해 이미 (조정에) 보고를 올렸다. 지현 선치(沈錡)는 "상관(上官)들이 학당 개설을 독촉하기 때문에, 이 일을 통해 상관들의 환심을 살 수 있겠다. 게다가 교육사의 사람이 많아서 세력이 만만치 않으니 그들에게 좀 양보하고 연설하지 말라고만 권하라"고 하였다. 몽학당을 개설한 이후, "소문을 들은 사람들이 끊임없이 와서 공부를 하였다." 학생들은 급속한 속도로 70명에 이르렀다. 3월 13일, 제3차 연설회가 개최되었고, 린 모 씨는 사방에 유언비어를 퍼트렸다. "세 명의 서당 선생도 그의 뒤를 따라다니니까 순식간에 한 목소리를 내게 되어, 듣는 것을 견딜 수가 없었다." "연설이 시작되자 하늘을 찌를 것 같은 소리가 울리며, 어떤 사람은 주먹으로 때리려고도 하였다. 그래서 해산되었다." 4월 연설회는 강요에 의해 할 수 없이 중단됐다.

  4월 하순, 쉐정안(學政案)이 타이저우(台州)에 도착하여 현지 신사들이 모여들었다. "동지들이 그가 큰 무대를 열 수 있는 사람이라 여겼기 때문에 태학사를 개설하고자 하였다." 5월 4, 7, 12일 타이저우 옥황묘에서 연이어 강연을 열었고, 현지 지사와 귀국 유학생들이 강연을 하였다. 강연에서는 "서인(西人)들의 잔혹한 학대와 과분(瓜分)을 위한 준비, 과분 뒤의 상황", "중국과 일본의 우열 비교 그리고 유신(維新)의 종지(宗旨)", "태학사가 타이저우와 세계의 관계를 설명하고, 바깥 세상의 분위기가 한창이지만 타이저우가 곧 발붙일 여지도 없을 것"이라고 하였다. 그 후 태학사는 장정(章程)을 선포하고 정식으로 학회를 설립하였다. 강연을 들은 학생들이 7, 8백여 명에 이르렀으며, 서명을 한 사람은 2백여 명으로 "대부분 황옌 사람이었다." 이후 황옌 교육사는 문창의 상(像)을 때려 부수고 서당의 학생들은 항저우 대학당 퇴학생들의 지지를 받으며 가족의 반대를 무릅쓰고, "원래대로 머리를 자르고", "혁명을 위해 변발을 잘랐다." 거아항불운동(拒俄抗法運動)이 일어나자, 교육사는 "중국의 앞날에 큰 영향을 미칠 것이다. 동지는 국민으로서의 책임이 있으니, 어찌 (이를) 도와 구하는 바가 없을 수 있겠는가?" 이에 특별 강연회를 성황묘에서 개최하였다. 이 묘는 "완고한 두목의 근거지이니, 일시에 홀로 직접 와서 도전하는 것이 참 뜻밖이구나. 혼돈파(渾沌派)는 고시를 써서 말하길, '광시(廣西)와 타이저우는 수천 리의 거리가 있는데, 프랑스 병사를 빌리더라도 너희들과 무슨 상관이 있겠는가? 가령 프랑스 병사가 타이저우에 들어온다면 너희 약골들이 무엇으로 그들을 방어할 수 있는가?'라고 물었다."

  교육사 사람들은 이 같은 공격적인 말을 두려워하지 않고 연설을 계속하였다. "모든 것은 대세와 관련되어 있어서 우리 국민들에게 알려주는 것이다. 우리 국민들은 재물을 버리더라도 이에 힘써주길 바란다. 순식간에 지지하는 소리가 일어나, 도와주겠다는 소리가 멀리까지 전해졌다. 전기료를 당장 주는 자는 약 묵은(墨銀) 30여 원을 내면서 정부에 힘써서 되는 대로 권력과 이익을 쟁취하라고 전보로 당부하였다. 비록 돌이 바다에 가라앉은 듯 영향이 하나도 없었지만, 황옌의 풍조는 120도의 절정에 이르는 것처럼 떠들썩하였다. 교육사 회원을 본 외지인들은 감복하였지만, 같은 교육사에 속하는 회원이라도 아침에 친구이지만 저녁에 적이 될 수도 있는 생각을 가지고 있었다." 그래서 동지들은 "무장을 평화로 삼아, 즉 체육을 제창하고 큰길에서 국가를 부르고 학교 운동장에서 매일 몸을 단련하였다. 문약한 학생들이 병사가 되니, 곧 황옌의 유사 이래 보지 못한 바였다. 사람들이 다 한족의 풍습을 뒤엎으니 이를 피해 다녔다"[94]고 하였다. 지현 선치는 이 교육회가 성황묘에서 연설을 한다는 얘기를 듣고, "여러 유생들을 구속하고자 했으나, 하마터면 당화(黨禍)가 벌어질 뻔하고", 후에 연설자가 경사대학당(京師大學堂)에서 가르치고 있는 제자였기 때문에, "더 캐묻지 않았다."[95]

황옌의 혁신, 보수 양 세력은 거의 세력이 비등하였으나, 장쑤 난후이는 열신(劣紳)과 관부(官府)의 결탁으로 인해 대다수의 단체 회원들이 감옥에 수감되었다. 난후이는 상하이 교외에 위치하며 그 현과 신창진(新場鎭)에 강학회를 열고 매주 일요일마다 강연을 하였다. "강연을 하는 날에, 계속 몽관(蒙館)에 의해 먹고사는 사람, 팔고명수(八股名手)라 불리는 유명한 몇몇 사람들이, 연설회에서 사람들의 행위를 보면서 놀라지 않은 사람이 없었다." 그들의 방해와 파괴로 인해 연설과 체조는 억지로 일시 중지되었다. 얼마 되지 않아, 난후이 학당에서 학생들을 가르치는 귀국 일본 유학생 구츠잉(顧次英)이 현지를 돌며 강연을 하였다. "신창(新場)에서 저우푸(周浦)로, 저우푸에서 대단(大團)으로, 대단에서 촨사(川沙)로, 강연회마다 사람들에게 둘러싸여 듣는 사람이 100명에 달한다. 찬 바람과 더운 날씨에도 불구하고 땀 흘리며, 기침을 하면서도 움직이지 않았다." 이후 신창 강연회 회원이 이를 경청한 뒤 구 씨와 촨사 학당(川沙學堂)의 총리(總理) 황옌페이(黃炎培), 용문서원(龍門書院)의 주샹파(朱祥發)를 강연에 다시 초빙하였다. 그리고 이를 홍보하는 전단도 대량으로 뿌렸다. "이른바 중국 위기는 극에 달하였으니 과분위기설은 곧 이루어질 것이다. 우리는 다 같은 중국인이니까, 함께 힘을 합쳐 가장 고귀한 중국을 구해야 한다"는 것이었다. 강연 전날, 강학회원과 황옌페이 등과 함께 영녕사(永寧寺)에 가서 어긋난 말로 사람을 현혹하는 서천문(西天門) 교사를 적발하였는데 무뢰배 황더원(黃德淵)과 충돌이 일어났다. 다음 날 성황묘에서 연설할 때 구츠잉은 단체의 이름으로 사교(邪敎)를 없애자고 제의하였다. 그래서 학생들이 묘에서 숨어 있는 귀신 항아리를 때려 부수었다.

황더원이 말하기를 "당신들은 이런 학생을 본 적이 있느냐? 예로부터 이런 사람이 없었다. 그들이 오늘도 간섭하고, 내일도 간섭하고, 앞으로 어떤 지경에 이를지 모르겠다. 우리 신창 사람들의 옷과 음식이 이로부터 없어질 것이다. 그리고 내가 듣기로는 정부도 이런 학생들을 좋아하지 않는다 하니 분명 그들의 행위는 본분을 지키지 않은 것임에 더는 의문이 없다"고 하였다. 강연이 있던 그날 밤, 황더원이 "피해야만 할 일을 끄집어내서 신을 노하게 한 말로 군중을 모여들게 했다 하여, 읍의 무뢰한 3백여 명이 모여 강학회를 훼방하는 바람에 사람들이 다치고 물건이 파손되었다." "본래 대부분의 신동(紳董)들은 우리 회원들과 뜻이 맞지 않는다. 학당을 개설하려면 공비를 모아야만 한다. 각 공비는 모두 여러분의 집과 가족들의 의식(衣食)과 관련되어 있으므로 힘써서 반항할 수밖에 없다. 그래서 학회가 설립된 후 불만의 말이 자꾸 나왔다. 황더원은 이 사실을 잘 알기 때문에 더욱 무서워할 것이 없었다. 사실 신동이 그의 힘으로 학회를 방해하려고 한다"고 했던 것이었다.

황옌페이 등이 연명으로 고소를 하자, 난후이 현령 다이윈인(戴運寅)이 황더원 등을 구속하였다. 공당(公堂)에서 황더원은 "이 무리들이 군중을 모아 강연을 하는 것은 위로는 임금에게 불충하는 것이요, 아래로는 현령에게 불손한 것이니, 소인이 감히 경종을 울리기 위해 공격을 한 것이옵니다"라고 하였다. 다이윈인이 "이 무리들 사정에 대해서는 잘 알고 있다. 이 무리들은 모두 혁명당인으로, 만약 윗 관부에 상세하게 상소를 올리고 회답을 기다리면 그들 우두머리의 머리를 자를 수 있을 것이다"[96]라고 말하였다. 그리고 황더원을 풀어주고, 명령을 내려 황옌페이, 구츠잉 등 4명을 체포하였다. 재판이 있던 날, 다이윈인은 "너희들이 무슨 학문을 강연하는 것이냐, 너희들은 황상을 모함하고, 황태후를 모함하면서 혁명당으로서 반역을 꾀하는 것이 아니냐"며 크게 꾸짖었다. 아울러 남양(南洋)과 수사경무처(水師營務處)에서 일본 유학생과 상하이 애국학사의 혁명당 서찰을 조사하며 위협을 주었다. 교회 인사의 간여로 황옌페이 등은 운좋게 몸을 피할 수 있었다. 다이위안인과 황더원 등은 근거를 날조해서 누명을 씌워 말하길, "온 마을이 놀라 두려워하고, 소문이 사방에 떠돌고 있습니다. 학계(學界)의 제군들이 화가 미칠까 두려워하며, 강을 건너 물 위에서 기거하여 선비들을 볼 수가 없습니다"[97)]라고 하였다. 혁명 세력은 큰 타격을 받게 되었다.

상술한 전형적인 사례는 다음과 같은 내용을 분명히 밝히고 있다. 1. 문명 변혁의 선봉은 주로 개명신사와 청년학생이며, 그들은 서방의 근대 사상가들이 제창한 이상적 사회 원칙에 따라 민주정치와 균형 있는 경제, 개인의 자유, 사회 평등을 요구하였다. 그러나 그들의 추구가 지나치게 이상적일 때, 비록 민중의 보편적인 지지를 얻는다 해도 오히려 사회적 계몽 역할밖에 일으키지 못하였다. 이상화된 모델에 따라 설립된 사단은 민주화의 추구와 추세를 대표하며, 모순적 충돌을 일으키기도 했지만, 격렬한 반대가 일으킨 정치적 심리적 압박을 받아들이기 힘들기도 했다. 2. 지방신동(紳董)의 정치 변혁에 대한 태도는 그들이 차지하는 지위와 역할 변화에 달려 있었다. 그들은 자신들의 이익에 충돌하고 도전하는 신지식층의 발전을 원하지 않았고 신정권에 의지하여 자신들의 권력 지위를 공고히 하고 제고하기 위해 노력하였다. 3. 청 왕조는 변혁을 하고자 하는 동기가 있었으며 아울러 이를 위해 노력한 적도 있었다. 각 지방관도 이 기회를 빌려 결과를 보고하기도 했지만, 이러한 일들이 일으킬 각종 필연적인 나쁜 결과들을 더 두려워했다. 특히 민간의 진보적 세력 흥기가 자신들 권위의 동요를 불러일으켜 사회적 통제가 힘들어질까 봐 두려워했다. 완고한 관료들은 이 기회를 틈타 민간의 혁신을 방해함으로써 신정은 변질되었다. 4. 민중은 비교적 쉽게 신지식층이 일으킨 이상적 변혁을 받아들였고, 조정 관부에 대한 정치변혁에도 마찬가지 태도였으나, 자신과 결부된 이익이 큰 손해를 보자 심리적으로 강력하게 저항하였다. 이것으로 볼 때, 청말 신사와 상인의 결합과 분화의 추세는 상호 교차되는 것이었으며, 신지식층 사단이 민권 흥기의 추세를 반영하였으나, 지방 신동들이 훨씬 더 청 중기 이래 신권의 확장 추세를 대표하였다. 진정으로 근대 계약 관계로 전환한 경우는 그리 많지 않았다. 신권 확장이 비록 황권을 약화시키고 민권을 보조하는 역할을 한다 할지라도 민권의 대립적 측면도 존재하였다. 그것은 위로는 분권을, 아래로는 전제라는 메커니즘에 대한 중요한 사회적 조건을 형성하기 때문이었다. 중국에서 사회 조직이 민주적 방향으로 전환될 때, 사람들은 밖으로부터 들어온 모델의 권력 기원, 권력 운영상 나타나는 민의와 집중의 관계, 혹은 민주의 방향을 유지하고자 하지만 방향성이 흩어지는 것, 혹은 효과적으로 권력을 운용하는 것이 민주의 궤도를 이탈할 수도 있다는 점 등을 이해하기 어려웠다. 신지식층과 신사 사이의 모순 격화는 민국 이후 사회적 충돌의 정점을 이루었고, 결국 일부 사람들과 민중의 결합을 도출하여, 아래로부터 위로의 신권 분쇄를 목표로 하는 혁명운동을 불러일으켰다. 한편, 다른 일부 사람들은 민의와 신념이 상호 지탱하는 사회적 양심을 견지함으로써 권력이 주도권을 잡고 있는 현실과 영원히 부합할 수 없게 되었다. 〔이호현 옮김〕

- 桑兵, 『淸末新知識界的社團與活力』, 三聯書店, 1995, 第八章.

주註

1) 李文海,「戊戌維新運動時期的學會組織」,『戊戌維新運動史論文集』.
2) 徐鼎新,「舊中國商會溯源」,『中國社會經濟史研究』, 1983, 第1期; 王笛,「關于淸末商會統計的商榷」,『中國近代經濟史研究資料』, 第7輯.
3) Marianne Bastid, *Educational Reform Early 20th-century China*, p. 63.
4) 朱英,『辛亥革命時期新式商人社團研究』, p. 253.
5) 『警鐘日報』, 1904年 6月 12日.
6) 「福州東文學堂學生退校及入校事件」,『國民日日報』, 1903年 8月 8日.
7) 福州一學生,「福州學界之蠢」,『國民日日報』, 1903年 8月 14日.
8) 「福建挽回路權要聞」,『警鐘日報』, 1904年 11月 15日.
9) 「吳江縣同里鎭敎育硏究支部附設之靑年會敍」,『蘇報』, 1903年 3月 21日.
10) 杜士珍,「論滬上建設紹興敎育會事」,『新世界學報』, 1903年 2月 27日, 第11期.
11) 「蔡君民友演說紹興敎育會之關系」,『蘇報』, 1903年 3月 12日.
12) 「論音樂之關系」,『女子世界』, 1904年 8月 11日, 第8期.
13) 『警鐘日報』, 1905年 1月 16日.
14) 「論常州武陽兩縣令之荒謬」,『蘇報』, 1903年 5月 20日.
15) 「南翔學生來函」,『警鐘日報』, 1904年 7月 14日.
16) 「南翔學會章程」,『警鐘日報』, 1904年 7月 16日.
17) 「常昭調査一斑」,『江蘇』, 1904年 5月 15日, 第11·12期 合刊.
18) 「學界滙聞」,『警鐘日報』, 1904年 8月 14日.
19) 『國民日日報』, 1903年 9月 24, 27日.
20) 「記女學會」,『女子世界』, 1904年 8月 11日, 第8期.
21) 「記女學會」,『中外日報』, 1902年 3月 7日.
22) 『選報』, 第20期, 1902年 6月 26日.
23) 「記衛生講習會」,『警鐘日報』, 1904年 5月 23日.
24) 「女學立會」,『滙報』, 第416號.
25) 「江蘇敎育會無錫支部章程」,『警鐘日報』, 1904年 8月 6日.
26) 「鎭江講學社緣起」,『滙報』, 第426號.
27) 「福州益聞社祝典」,『蘇報』, 1903年 5月 4日.
28) 「戲劇改良會開辦簡章」,『警鐘日報』, 1904年 8月 7日.

29) 金松岑,「同里教育支部體育會演說」,『蘇報』, 1903年 3月 17日.
30) 「揚州師範學會啓」,『蘇報』, 1903年 3月 18日.
31) 「教育會支部研究會序」,『蘇報』, 1903年 3月 2日.
32) 이 수치는 필자가 당시 수십 종의 신문, 잡지 등의 보도 통계에 의거한 것이다.
33) 「溫州之教育界」,『警鐘日報』, 1904年 8月 17日.
34) 『鷦居日記』, 壬寅 8月 初9日.
35) 「祥志江山演說會」,『東健雜志』, 第4期, 甲辰 12月.
36) 「記德育會」,『警鐘日報』, 1904年 9月 20日.
37) 「練習演說會之發達」,『警鐘日報』, 1904年 11月 9日.
38) 「教育研究所之月會」,『警鐘日報』, 1904年 6月 28日.
39) 「志士新婚之演說」,『警鐘日報』, 1904年 12月 21日.
40) 「記體育會」,『國民日日報』, 1903年 8月 14日.
41) 初我,「記常熟公立校發起音樂科事」,『女子世界』, 第8期.
42) 「論音樂之關系」,『女子世界』, 第8期.
43) 「女子興學保險會章程」,『警鐘日報』, 1904年 4月 25日.
44) 張竹君,「女子興學保險會序」,『警鐘日報』, 1904年 4月 24日.
45) 「阻止俱樂部集會演說」,『警鐘日報』, 1904年 11月 16日.
46) 「滬江烟景」,『滙報』, 第8年 第48號, 1905年 7月 26日.
47) 「白話道人附記」,『中國白話報』, 1904年 4月 16日, 第9期.
48) 滬南商學會會員演述,「經商要言」,『中國白話報』, 第9期.
49) 「教育會支部研究會序」,『蘇報』, 1903年 5月 20日.
50) 『童子世界』, 第31號, 1903年 5月 27日.
51) 「新無錫會之緣起」,『蘇報』, 1903年 7月 2日.
52) 「新無錫會章程」,『蘇報』, 1903年 5月 28日.
53) 「紹興教育會」,『蘇報』, 1903年 5月 20日.
54) 「蔡君民友演說紹興教育會之關系」,『蘇報』, 1903年 3月 12日.
55) 「天津青年會緣起」,『大公報』, 1902年 7月 5日.
56) 『鷦居日記』, 壬寅12月 除夕.
57) 「中國教育會章程」,『選報』, 1902年 7月 5日, 第21期.
58) 「遊學會章程擬稿」,『蘇報』, 1903年 3月 19日.
59) 「論中國學生同盟會之發起」,『蘇報』, 1903年 5月 31日.
60) 「文明介紹」,『中國白話報』, 1904年 3月 31日, 第8期.
61) 「中國通學會章程」,『鄭藝通報』, 第13號, 1903年 8月 7日.
62) 「孫君子殖來函」,『蘇報』, 1903年 7月 7日.

63) 「海上熱力史」, 『蘇報』, 1903年 5月 6日.
64) 「常熟教學同盟會與開智會共和特別演說」, 『蘇報』, 1903年 6月 8日.
65) 轉引自張玉法, 『清季的立憲團體』, pp. 149~50. 이 외 蕭公權, *Rural China: Imperial Control in the Nineteenth Century*, p. 242; Edward J. M. Rhoads, *China's Republican Revolution: The Case of Kwangtung, 1895~1913*, p. 24 참조.
66) 「孫君子殖來函」, 『蘇報』, 1903年 7月 7日.
67) 滬南商學會會員演述, 「經商要言」, 『中國白話報』, 第9期.
68) 「兩浙女學會簡章」, 『警鐘日報』, 1904年 8月 25日.
69) 「中國教育會章程」, 『選報』, 1902年 7月 5日, 第21期.
70) 「常州開智會共和憲章」, 『蘇報』, 1903年 4月 15日.
71) 「中國教育會第一次修改章程草稿」, 『蘇報』, 1903年 5月 15日.
72) 「兩浙女學會簡章」, 『警鐘日報』, 1904年 8月 25日.
73) 「法律學會章程」, 『湘學報』, 第38冊, 1898年 5月 30日.
74) 「京師開西學會緣起」, 『知新報』, 第45冊, 1898年 3月 3日.
75) 「衡州任學會章程」, 『知新報』, 第56冊, 1898年 6月 19日.
76) 康有爲, 「保國會章程」, 『國聞報』, 1898年 5月 7日.
77) 「記演說會」, 『國民日日報』, 1903年 9月 27日.
78) 「詳志江山演說會」, 『東浙雜志』, 甲辰12月, 第4期. 另据 1904年 12月 11日 『警鐘日報』, 報道, 某某者爲郭景翹.
79) 「吳江演說會之阻力」, 『蘇報』, 1903年 4月 19日.
80) 「鎭江講學社緣起」, 『滙報』, 第426號.
81) 「海鹽演說會撮影」, 『浙江潮』, 第7期.
82) 「吳江演說會之阻力」, 『蘇報』, 1903年 4月 19日.
83) 「外海興學」, 『滙報』, 第417號.
84) 「陳墓墟演說會發達」, 『警鐘日報』, 1904年 11月 2日.
85) 「吳江演說會之阻力」, 『蘇報』, 1903年 4月 19日.
86) 「密拿新黨連志」, 『蘇報』, 1903年 7月 4日.
87) 「紀常州演說會事」, 『蘇報』, 1903年 3月 23日.
88) 『蘇報』, 1903年 5月 20日.
89) 「滿人干涉演說」, 『警鐘日報』, 1904年 10月 25日.
90) 「紀常州演說會事」, 『蘇報』, 1903年 3月 23日.
91) 「記常州武陽兩縣令之荒謬」, 『蘇報』, 1903年 5月 20日.
92) 「滿人干涉演說」, 『警鐘日報』, 1904年 10月 25日.

93) 「吳江演說會之阻力」, 『蘇報』, 1903年 4月 19日.
94) 「黃巖學界」, 『蘇報』, 1903年 6月 17日. 이 보도는 구군(邱君)의 일기에 의거해 작성되었다.
95) 「嗚呼黃巖學界公敵之縣令沈錡」, 『蘇報』, 1903年 6月 22日.
96) 「新場講學會之歷史」, 『國民日日報』, 1903年 9月 25~29日.
97) 「南滙縣黨獄始末記」, 『江蘇』, 1903年 8月 23日, 第5期.

지은이 소개(게재순)

쉬지린 許紀霖
화둥 사범대학 역사학과 교수로 중국 근대사상사가 전공이다. 21세기 중국 사상사와 지식인, 그리고 상하이 도시문화 등이 주요 연구 분야이다. 주요 저서로 『全球正義與文明對話』(2004), 『帝國, 都市與現代性』(2006), 『公民性與公民觀』(2006), 『公共空間中的知識分子』(2007), 『現代性的多元反思』(2008), 『世俗時代與超越精神』(2008), 『啓蒙的遺産與反思』(2009) 등이 있다.

황핑 黃平
중국사회과학원 미국연구소 소장이자 중국사회과학원 연구원으로 있으며, 주요 연구 분야는 사회학이다. 주요 논문으로 「吉登斯」, 「有目的之行動與未預期之後果」, 「公共秩序的建構及其限制」, 「全球化與社會發展研究中的新問題」 등이 있으며, 저서로 『尋求生存』(공저, 1997)이 있다.

위잉스 余英時
미국 미시간 대학, 하버드 대학, 예일 대학 교수와 홍콩 신야서원(新亞書院) 원장, 그리고 홍콩 중문대학 부총장 등을 역임하였다. 현재 프린스턴 대학 객좌교수와 타이완 중앙연구원 원사로 재직하고 있다. 주요 저서로 『論戴震與章學誠: 淸代中期學術思想史研究』(1976), 『紅樓夢的兩個世界』(1978), 『史學與傳統』(1982), 『中國思想傳統的現代詮釋』(1987), 『歷史人物與文化危機』(1995), 『現代儒學論』(1996), 『陳寅恪晚年詩文釋證: 兼論他的學術精神與晚年心境』(1998), 『宋明理學與政治文化』(2004), 『人文與理性的中國』(2008), 『中國文化史通釋』(2010), 『情懷中國: 余英時自選集』(2010) 등이 있다.

두웨이밍 杜維明
1940년 윈난 성(雲南省) 쿤밍(昆明)에서 태어나 1968년 미국 하버드 대학에서 철학 박사학위를 받았다. 1988년에는 미국의 인문예술과 과학 아카데미에서 원사의 영예를 획득했다. 현재 베이징 대학 고등인문연구원 원장이자 하버드 대학 중국학 종신교수로 있다. 중국 전통 유학의 현대화 전환을 중심으로 연구를 펼친 현대 신유학 연구의 대표 학자이다. 주요 저서로 『今日儒家倫理』(1984), 『人性與自我修養』(1988), 『儒家思想: 創造轉化的人格』(1991), 『新加坡的挑戰』(1989) 등이 있다.

옌부커 閻步克
베이징 대학 역사학과 교수로 주요 연구 분야는 위진남북조 시대 정치사이다. 주요 저서로 『從爵本位到官本位』(2009), 『波峰與波谷: 秦漢魏晉南北朝的政治文明』(2009), 『服周之冕』(2009), 『中國古代官階制度引論』(2010), 『官階與服等』(2010) 등이 있다.

쉬푸관 徐復觀

중국 현대 신유가 연구의 대표 학자 가운데 한 명으로 유가사상, 중국 전통과 문화, 중국 지식인의 성격, 역사, 운명 등에 관하여 많은 연구를 하였다. 주요 저서로『兩漢思想史』(2004),『學術與政治(甲·乙集)』(2009),『徐復觀雜文』(六集, 1984),『中國藝術精神』(2001),『中國思想史論集』(2005),『石濤之一研究』(1973) 등이 있다.

쳰무 錢穆

중국의 저명한 역사학자로 1895년 장쑤 성(江蘇省) 우시(無錫)에서 태어났다. 1930년 베이징 옌징(燕京) 대학 교수로 부임한 후, 베이징 대학, 시난(西南) 연합대학, 치루(齊魯) 대학, 화시(華西) 대학, 쓰촨(四川) 대학 등에서 가르쳤다. 1945년 중일전쟁에서 승리한 후에는 우시의 장난(江南) 대학에서 가르쳤다. 1949년 홍콩으로 가서 신야서원을 세웠으나 1964년 원장직에서 물러났다. 1967년 이후 타이완에 거주하면서 원화(文化) 대학에서 교편을 잡았다. 1990년에 타이베이(臺北)에서 작고했다. 주요 저서로『國學概論』(1931),『先秦諸子繫年』(1935),『中國近三百年學術史』(1997),『國史大綱』(1939),『中國歷代政治得失』(1952),『宋明理學概述』(1953),『中國學術思想史論叢』(1978),『中國史學名著』(1973),『中國思想史』(1952) 등이 있다.

페이샤오퉁 費孝通

1910년 장쑤 성에서 태어나 옌칭 대학과 칭화 대학에서 공부한 뒤, 영국 런던 대학에서 철학 박사학위를 받았다. 귀국 후에 중앙민족학원 부원장 등을 역임했지만 반우파투쟁과 문화대혁명으로 두 차례나 실각한 바 있다. 1972년 복권한 뒤에 전국인민대표대회(전인대) 상무부위원장, 중국민주동맹 주석 등을 역임했다. 그는 현대 중국을 대표하는 사회인류학, 민족학자로 특히 농촌 문제 연구에 독보적인 업적을 남겼으며, 중국 향촌사회 연구에 크게 기여하였다. 2005년 베이징에서 작고했다. 주요 저서로『鄕土中國』(1948),『江村經濟』(1939),『費孝通文集』(1999),『生育制度』(1947),『人文類型』(1944),『工業文明的社會問題』(1964) 등이 있다.

왕판썬 王汎森

타이완 중앙연구원 부원장으로 주요 연구 분야는 역사학이다. 주요 저서로『章太炎的思想』(1985), *Fu Ssu-nien: A Life in Chinese History and Politics*(2000),『中國近代思想與學術的系譜』(2001),『晚明淸初思想十論』(2004),『近代中國的史家與史學』(2008) 등이 있다.

루오즈톈 羅志田

쓰촨 대학 역사문학학원 교수이다. 주요 저서로『民族主義與近代中國思想』(1998),『權勢轉移: 近代中國的思想, 社會與學術』(1999),『二十世紀的中國思想與學術掠影』(2001),『亂世潛流: 民族主義與民國政治』(2001),『國家與學術: 淸季民初關於 '國學' 的思想論爭』(2003),『裂變中的傳承: 20世紀前期的中國文化與學術』(2003) 등이 있다.

양궈창 楊國强

화둥 사범대학 쓰몐(思勉)인문고등연구원 교수이자 중국현대사상문화연구 연구원이다. 또한 상하이 도서관 역사문헌 특별 초청 연구원과 상하이 역사학 이사 등을 맡고 있다. 주된 연구 분야는 중국 근대사이며, 청나라 말기 지식인과 중국 근현대 사회 변천사에 특별한 관심을 갖고 있다. 주요 저서로 『百年嬗蛻』(1997), 『上海通史·民國政治』(主編, 1999), 『義理的士人與世相』(2008), 『義理與事功之間的彷徨』(2008), 『近代中國社會研究』(主編, 2008) 등이 있다.

천핑위안 陳平原

베이징 대학 중문학과 현대문학연구실 주임이자 베이징 대학 21세기중국문학연구센터 학술위원회 주임이다. 주요 저서는 『北大精神及其他』(2000), 『文學史的形成與建構』, 『觸摸歷史: 五四人物與現代中國』(1999), 『北京: 都市想像與文化記憶』(2005) 등이 있다.

상빙 桑兵

중산(中山) 대학 역사학과 교수이자 근대중국연구센터 주임, 쑨중산연구소 소장이다. 청나라 말기의 정치·사회·문화, 근대 중국의 지식과 제도 전환, 그리고 근대 중일 관계 등이 주요 연구 분야이다. 주요 저서로 『國學與漢學』(2010), 『晚清民國的國學研究』(2001), 『孫中山的活動與思想』(2001), 『庚子勤王與晚清政局』(2004) 등이 있다.

옮긴이 소개(가나다순)

강태권 康泰權
국민대 중어중문학과 교수로 재직 중이며, 주요 연구 분야는 고대소설이다. 특히 중국의 금서(禁書)소설에 대해 주로 연구하고 있다. 저서로 중국의 문학을 알기 쉽게 풀어 쓴 『중국 고전문학의 이해』(국민대학교 출판부, 2000)와 『동양의 고전을 읽는다』(휴머니스트, 2006)가 있으며, 역서로는 『금병매』(전 10권, 솔, 2002)가 있다.

박종혁 朴鐘赫
국민대 중어중문학과에 재직 중이며, 주요 연구 분야는 한시와 고전이다. 중국 고전에 담긴 문학과 철학의 교육에 관심이 있다. 주요 논문으로 「『역경』의 시가적 성격에 관한 논의와 의미」, 「노자의 무위자연과 경물사상」 등이 있으며, 저서로 『주역의 현대적 이해』(공저, 국민대학교 출판부, 2006), 역서로는 『자치통감 경세요결 100선』(아세아문화사, 2008), 『장자우언선주』(학고방, 2010) 등이 있다.

이호현 李浩賢
상하이 푸단(復旦) 대학에서 박사학위를 받았으며, 현재 인하대학교 BK21 동아시아한국학 박사후연구원으로 재직 중이다. 상하이 사회의 특성에 관심이 있으며, 최근에는 1930년대 영화를 통해 상하이 사회를 연구하고 있다. 논문으로 「근대 속 상하이 영화: 1930년대 좌익영화를 중심으로」, 「1930년대 상하이 '신여성담론'의 기획:『신보』(申報)와 『신보』(晨報)의 영화평과 독자평을 중심으로」 등이 있으며, 저서로는 『동아시아 언론매체 사전』(공저, 논형, 2010) 등이 있다.

장창호 張昌浩
국민대에 출강하고 있으며 중국 고전산문과 경학이 전문 분야이다. 지금은 중국의 현대화 과정에서 경학의 역할과 변화에 주로 관심을 갖고 있다. 논문으로 「맹자산문연구」, 「맹자와 장자에 대한 문학적 비교연구」, 「맹자외서고」 등이 있으며, 저서로는 『사서삼경의 이해』(공저, 국민대학교 출판부, 2006), 『중국 고전산문의 이해』(공저, 학고방, 2011) 등이 있다.

팽철호 彭鐵浩
국민대 중어중문학과 교수로 재직 중이며, 주요 연구 분야는 중국 고전문학 이론이다. 『문심조룡』을 위시한 중국 고전문학 이론과 중국 문학 전반에 관심을 갖고 연구하고 있다. 저서로 『중국 고전문학 풍격론』(사람과책, 2001), 『임기응변의 중국인』(사회평론, 2003), 『중국문학통론』(신아사, 2010) 등이 있다.